最新经济管理政策法规汇编丛书（第一辑）

中国安全生产管理政策法规汇编

2014年版

丛书编辑部 编

经济管理出版社
ECONOMY & MANAGEMENT PUBLISHING HOUSE

最新经济管理政策法规汇编丛书（第一辑）

专家审读组

组　长：李文阁（全国人大常委会法工委行政法室处长）

成　员：李　辉（全国人大常委会法工委行政法室主任科员）

张　涛（全国人大常委会法工委行政法室主任科员）

田　林（全国人大常委会法工委行政法室主任科员）

杨　威（全国人大常委会法工委行政法室主任科员）

最新经济管理政策法规汇编丛书

编辑说明

一、为了方便煤炭、非煤矿业、危险化学品经营企业和其他工贸企业经营者、行业研究者和监管者全面、系统地了解和掌握安全生产相关政策法规，指导产业投资以及政府对安全生产相关政策法规的完善与更新，我们特编印此书。

二、《中国安全生产管理政策法规汇编》按以下顺序编排：第一编综合类政策法规；第二编煤矿与非煤矿山安全生产类政策法规；第三编危险化学品安全生产类政策法规；第四编工贸企业与道路交通安全作业类政策法规；第五编建设工程项目安全管理类政策法规；第六编部分地方政策法规。

三、本汇编较为系统地梳理、收录了我国近3年以来，中央及地方出台的安全生产领域的政策及法规，在编写过程中我们对一些已经失去时效或相关部门明确表示作废、终止的政策法规进行了筛选和删除。

四、本书将根据国家和地方安全生产管理政策法规的制定、出台及更新情况及时进行修订。

五、由于时间仓促，本书在编写方面难免存在不足，敬请指正。

编　者

2013年12月

目 录

第一编 综合类政策法规

第二编　煤矿与非煤矿山安全生产类政策法规

第三编　危险化学品安全生产类政策法规

第四编 工贸企业与道路交通安全作业类政策法规

第五编 建设工程项目安全管理类政策法规

第六编 部分地方政策法规

第一编　综合类政策法规

中华人民共和国安全生产法

第一章　总　则

第一条　为了加强安全生产，预防和减少生产安全事故，保障人民群众生命财产安全和职业健康，促进经济社会和谐发展，制定本法。

第二条　在中华人民共和国领域内从事生产经营活动的单位（以下统称生产经营单位）的安全生产及其监督管理，适用本法。

第三条　安全生产管理，坚持安全第一、预防为主、综合治理的方针。

第四条　生产经营单位必须遵守本法和其他有关安全生产的法律、法规，加强安全生产管理，建立、健全安全生产责任制度，符合安全生产条件，确保安全生产。

第五条　生产经营单位是安全生产的责任主体，主要负责人对本单位的安全生产工作全面负责，分管安全负责人、技术负责人和其他负责人在各自职责范围内对安全生产工作负责。

第六条　生产经营单位的从业人员有依法获得安全生产保障的权利，并应当依法履行安全生产方面的义务。

第七条　工会依法组织职工参加本单位安全生产工作的民主管理和民主监督，维护职工在安全生产方面的合法权益。

第八条　国务院和地方各级人民政府应当加强对安全生产工作的领导，将安全生产工作纳入国民经济和社会发展规划，制定安全生产的发展规划和政策措施，保障安全生产工作经费，支持、督促安全生产监督管理部门和有关部门依法履行安全生产监督管理职责，并对安全生产监督管理中存在的重大问题及时予以协调、解决。

第九条　国务院和县级以上地方各级人民政府设立安全生产委员会，其工作职责由国务院和县级以上地方各级人民政府规定。

国务院安全生产监督管理部门承担安全生产综合协调职责，依照本法和国务院规定的职责，对全国安全生产工作实施综合监督管理；县级以上地方各级人民政府安全生产监督管理部门依照本法和本级人民政府规定的职责，对本行政区域内安全生产工作实施综合监督管理。

国务院有关部门依照本法和其他有关法律、行政法规的规定，在各自的职责范围内对有关的安全生产工作实施监督管理；县级以上地方各级人民政府有关部门依照本法和其他有关法律、法规的规定，在各自的职责范围内对有关的安全生产工作实施监督管理。

县级以上人民政府安全生产监督管理部门对有关部门和下一级人民政府的安全生产工作实行监督检查、指导协调。

第十条　国务院有关部门应当按照保障安全生产的要求，依法及时制定有关的国家标准或者行业标准，并根据科技进步和经济发展适时修订。

生产经营单位必须执行依法制定的安全生产强制性国家标准或者行业标准。

第十一条　各级人民政府及其有关部门应当采取多种形式，加强对有关安全生产的法律、法规和安全生产知识的宣传，组织开展安全生产教育和培训，推进安全文化建设，提高全社会的安全生产意识和安全防范能力。

第十二条　依法设立的为安全生产提供技术服务的社会服务机构，依照法律、行政法规、规章、国家标准、行业标准和执业准则，接受生产经营单位的委托为其安全生产工作提供技术服务。

第十三条　有关协会、学会等社团组织应当积极为安全生产提供服务。大中专院校和中小学应当开设安全知识课程，提高青少年安全知识和防灾能力。社会保险机构应当积极参与有关安全生产保险，减少生产经营单位抵御事故的风险。

第十四条　国家实行生产安全事故责任追究制度，依照本法和有关法律、法规的规定，追究生产安全事故责任人员的法律责任。

第十五条　国家鼓励和支持安全生产科学技术研究和安全生产先进适用技术、装备的推广应用，发展安全产业，适时淘汰落后产能，提高安全生产水平。

第十六条　国家对在改善安全生产条件、防止生产安全事故、参加抢险救灾等方面取得显著成绩的单位和个人，给予奖励。

第二章　生产经营单位的安全生产行为

第十七条　生产经营单位应当具备本法和有关法律、行政法规、规章和强制性国家标准或者行业标准规定的安全生产条件；不具备安全生产条件的，不得从事生产经营活动。

第十八条　生产经营单位的主要负责人对本单位安全生产工作负有下列职责：

（一）建立、健全本单位安全生产责任制；

（二）组织制定并督促落实本单位安全生产规章制度和操作规程；

（三）配备符合条件的分管安全负责人、技术负责人，并赋予其技术决策和安全生产指挥权；

（四）保证本单位安全生产投入的有效实施；

（五）督促、检查本单位的安全生产工作，及时消除生产安全事故隐患；

（六）组织制定本单位安全教育培训计划并监督落实；

（七）组织开展安全生产标准化建设；

（八）组织实施本单位从业人员的职业健康工作；

（九）组织制定并实施本单位的生产安全事故应急救援预案；

（十）及时、如实报告生产安全事故；

（十一）每年向职工代表大会、职工大会、股东大会报告本单位的安全生产情况。

分管安全负责人协助主要负责人履行安全生产管理职责，具体组织、实施、落实本单位有关安全管理制度和安全检查。

技术负责人协助主要负责人履行技术管理职责，具体组织、实施、落实本单位有关安全技术措施。

其他负责人在各自职责范围内对相关安全生产工作负责。

第十九条　生产经营单位应当具备的安全生产条件所必需的资金投入，由生产经营单位的主要负责人予以保证，并对由于安全生产所必需的资金投入不足导致的后果承担责任。

第二十条　矿山、冶金、城市轨道交通、建筑施工单位和危险物品的生产、经营、储存单位，应当设置安全生产管理机构或者配备专职安全生产管理人员。

前款规定以外的其他生产经营单位，从业人员超过三百人的，应当设置安全生产管理机构并配备专职安全生产管理人员；从业人员在三百人以下的，应当配备专职或者兼职的安全生产管理人员，或者委托具有国家规定资质条件的注册安全工程师事务所提供安全生产管理服务。

生产经营单位依照前款规定委托注册安全工程师事务所提供安全生产管理服务的，保证安全生产的责任仍由本单位负责。

矿山、冶金、城市轨道交通、建筑施工单位和危险物品的生产、经营、储存单位的专职安全生产管理人员应当取得注册安全工程师资格，并具备3年以上相应工作经历。注册安全工程师管理办法由国务院安全生产监督管理部门制定。

第二十一条　生产经营单位的主要负责人、分管安全负责人和安全生产管理人员必须具备与本单位所从事的生产经营活动相应的安全生产知识和管理能力。

危险物品的生产、经营、储存单位以及矿山、冶金、城市轨道交通、建筑施工单位的主要负责人、分管安全负责人和安全生产管理人员，应当由有关主管部门对其安全生产知识和管理能力考核合格后方可任职。考核不得收费。

第二十二条　安全生产管理机构以及安全生产管理人员应当履行下列职责：

（一）贯彻执行安全生产法律、法规和强制性国家标准、行业标准，参与本单位安全生产决策；

（二）参与制定安全生产规章制度和安全操作规程并督促执行；

（三）监督和指导本单位其他机构、人员履行安全生产职责；

（四）开展安全生产检查，制止和查处违章指挥、违章操作、违反劳动纪律的行为；

（五）制止超能力、超强度、超定员组织生产；

（六）对发现的事故隐患，督促有关业务部门和人员及时整改，并报告本单位负责人；

（七）落实岗位达标、专业达标和企业达标为主要内容的安全生产标准化建设；

（八）参与本单位安全生产应急预案的制定及演练；

（九）法律、行政法规规定的其他职责。

第二十三条　生产经营单位应当对从业人员进行安全生产教育和培训，建立教育培训档案，保证从业人员具备必要的安全生产知识，熟悉有关的安全生产规章制度和安全操作规程，掌握本岗位的安全操作技能。未经安全生产教育和培训合格的从业人员，不得上岗作业。

第二十四条　生产经营单位采用新工艺、新技术、新材料或者使用新设备，必须进行可行性技术论证，了解、掌握其安全技术特性，采取有效的安全防护措施，并对从业人员进行专门的安全生产教育和培训。

第二十五条　以劳务派遣形式用工的，劳务派遣单位应当对劳务派遣人员进行必要的安全生产教育和培训；用工单位应当对劳务派遣人员进行岗位安全操作规程和安全操作技能的教育和培训。

用工单位与劳务派遣单位应当在劳务派遣协议中明确各自承担的教育和培训的职责和具体内容。

用工单位对现场劳务派遣人员负有安全管理职责。

第二十六条　生产经营单位的特种作业人员必须按照国家有关规定经专门的安全作业培训，取得特种作业操作资格证书，方可上岗作业。

特种作业人员的范围由国务院安全生产监督管理部门会同国务院有关部门确定。

第二十七条　生产经营单位新建、改建、扩建工程项目（以下统称建设项目）的安全设施，必须与主体工程同时设计、同时施工、同时投入生产和使用。安全设施投资应当纳入建设项目概算。

对于依照国家有关规定应当进行审批、核准或者备案的建设项目，其安全设施未与建设项目主体工程同时设计的，负责建设项目审批、核准或者备案的部门，不得批准、核准或者备案该建设项目。

第二十八条　矿山、冶金、城市轨道交通建设项目和用于生产、储存危险物品的建设项目（以下统称高危建设项目），以及其他国家和省级重点建设项目，应当分别按照国家有关规定进行安全条件论证和安全评价。

第二十九条　建设项目安全设施的设计人、设计单位应当对安全设施设计负责。

高危建设项目的安全设施设计应当按照国家有关规定报经有关部门审核，审核部门及其负责审核的人员对审核结果负责。

第三十条　高危建设项目的施工单位必须按照批准的安全设施设计施工，并对安全设施的工程质量负责。

高危建设项目竣工投入生产或者使用前，必须依照国家有关规定对安全设施进行验收；验收合格后，方可投入生产和使用。验收部门及其验收人员对验收结果负责。

第三十一条　国家和省级重点建设项目的安全设施设计经依法抽查不合格的，施工单位应当停止施工。

国家和省级重点建设项目竣工验收后，其安全设施应当按照国家有关规定报安全生产监督管理部门和有关部门备案，安全生产监督管理部门和有关部门应当进行抽查。经依法抽查不合格的，不得投入生产或者使用。

第三十二条　生产经营单位应当在有较大危险因素的生产经营场所和有关设施、设备上，设置明显的安全警示标志和警示说明。

第三十三条　安全设备的设计、制造、安装、使用、检测、维修、改造和报废，应当符合国家标准或者行业标准。

生产经营单位必须对安全设备进行经常性维护、保养，并定期检测，保证正常运转。维护、保养、检测应当作好记录，并由有关人员签字。

第三十四条　生产经营单位使用的涉及生命安全、危险性较大的特种设备，以及危险物品的容器、运输工具，必须按照国家有关规定，由专业生产单位生产，并经取得专业资质的检测、检验机构检测、检验合格，取得安全使用证或者安全标志，方可投入使用。检测、检验机构对检测、检验结果负责。

涉及生命安全、危险性较大的特种设备的目录由国务院负责特种设备安全监督管理的部门制定，报国务院批准后执行。

第三十五条　国家对职业危害严重、危及生产安全的落后技术、工艺、设备实行淘汰制度。

生产经营单位不得使用国家明令淘汰、禁止使用的危及生产安全的落后技术、工艺、设备。

生产经营单位不得使用国家明令淘汰、禁止使用的危及生产安全的工艺、设备。

第三十六条　生产、经营、运输、储存、使用危险物品或者处置废弃危险物品的，由有关主管部门依照有关法律、法规的规定和国家标准或者行业标准审批并实施监督管理。

生产经营单位生产、经营、运输、储存、使用危险物品或者处置废弃危险物品，必须执行有关法律、法规和国家标准或者行业标准，建立专门的安全管理制度，采取可靠的安全措施，接受有关主管部门依法实施的监督管理。

第三十七条　生产经营单位对重大危险源应当登记建档，进行定期检测、评估、监控，并制定应急预案，告知从业人员和相关人员在紧急情况下应当采取的应急措施。

生产经营单位应当按照国家有关规定将本单位重大危险源及有关安全措施、应急措施报有关地方人民政府安全生产监督管理部门、有关部门和应急救援机构备案。

第三十八条　生产、经营、储存、使用危险物品的车间、商店、仓库不得与员工宿舍在同一座建筑物内，并应当与员工宿舍、居民住宅保持安全距离。

生产经营场所和员工宿舍应当设有符合紧急疏散要求、标志明显、保持畅通的出口。禁止封闭、堵塞生产经营场所或者员工宿舍的出口。

第三十九条　生产经营单位进行爆破、吊装、悬吊、挖掘、建筑物和构筑物拆除、船舶修造等危险作业，临近高压输电线路作业，以及在有限空间内作业，应当执行有关危险作业管理制度，安排专门人员负责现场安全管理，确保操作规程的遵守和安全措施的落实。

第四十条　矿山、冶金、城市轨道交通、建筑施工单位和危险物品的生产、经营、储存单位负责人应当按照国家有关规定轮流现场带班。带班负责人应当掌握现场安全生产情况，及时发现和处置事故隐患。

矿山负责人现场带班，应当与从业人员同时下井、同时升井。

第四十一条　国家推行安全生产标准化建设。生产经营单位应当开展以岗位达标、专业达标和企业达标为内容的安全生产标准化建设，加强安全生产基础工作，提高本单位的安全生产水平和事故防范能力。

第四十二条　生产经营单位应当教育和督促从业人员严格执行本单位的安全生产规章制度和安全操作规程；并向从业人员如实告知作业场所和工作岗位存在的危险因素、防范措施以及事故应急措施。

第四十三条　生产经营单位必须建立劳动防护用品管理制度，为从业人员提供符合国家标准或者行业标准的劳动防护用品，并监督、教育从业人员按照使用规则佩戴、使用。

第四十四条　生产经营单位应当建立事故隐患排查、治理和报告制度，并按照规定定期向县级以上人民政府安全生产监督管理部门和有关部门报告事故隐患排查治理情况。

生产经营单位应当建立安全生产动态监控和预警预报体系，每月进行一次安全生产风险分析。发现事故征兆，应当立即发布预警信息，落实防范和应急处置措施。

第四十五条　生产经营单位按照保障安全生产要求，用于隐患排查治理、配备劳动防护用品、进行安全生产教育培训和应急演练等费用，按照国家有关规定，在生产成本中据实列支。

第四十六条　两个以上生产经营单位在同一作业区域内进行生产经营活动，可能危及对方生产安全的，应当签订安全生产管理协议，明确各自的安全生产管理职责和应当采取的安全措施，并指定专职安全生产管理人员进行安全检查与协调。

第四十七条　生产经营单位不得将生产经营项目、场所、设备发包或者出租给不具备安全生产条件或者相应资质的单位或者个人。

生产经营单位应当与承包单位、承租单位签订专门的安全生产管理协议，或者在承包合同、租赁合同中约定各自的安全生产管理职责；生产经营项目、场所有多个承包单位、承租单位的，生产经营单位对承包单位、承租单位的安全生产工作统一协调、管理。

按照前款规定承包、承租生产经营项目、场所的，承包单位、承租单位不得将其承包、承租的生产经营项目、场所再次转包、转租给其他单位。

生产经营项目、场所有多个承包单位、承租单位的，生产经营单位应当与承包单位、承租单位签订专门的安全生产管理协议，或者在承包合同、租赁合同中约定各自的安全生产管理职责；生产经营单位对承包单位、承租单位的安全生产工作统一协调、管理。

第四十八条　非生产经营性建筑物改变用途用于生产经营活动，或者低安全保障设计建筑物改变用途用于高安全保障要求的生产经营活动，所有权人或者使用权人应当依法办理有关手续，并委托具有相应资质的专业技术单位对改变用途的建筑物进行安全评估；符合安全生产要求的，方可用于生产经营活动。安全评估报告应当报所在地县级人民政府安全生产监督管理部门和有关部门备案。

第四十九条 生产经营单位应当建立安全生产报告制度，按照国家有关规定定期向安全生产监督管理部门和有关部门报告本单位安全生产情况，并对报告情况的真实性负责。

第五十条 生产经营单位发生生产安全事故时，单位的主要负责人应当立即组织抢救，并不得在事故调查处理期间擅离职守。

第五十一条 生产经营单位必须依法参加工伤社会保险，为从业人员缴纳保险费。

矿山、冶金、轨道交通、建筑施工单位和用于生产、储存危险物品的单位应当参加安全生产责任保险。

第三章 从业人员的权利和义务

第五十二条 生产经营单位与从业人员订立或者变更的劳动合同，应当载明有关保障从业人员劳动安全、防止职业危害的事项，以及依法为从业人员办理工伤社会保险的事项。

生产经营单位不得以任何形式与从业人员订立协议，免除或者减轻其对从业人员因生产安全事故伤亡依法应承担的责任。

第五十三条 生产经营单位的从业人员有权了解其作业场所和工作岗位存在的危险因素、防范措施及事故应急措施，有权对本单位的安全生产工作提出建议。

第五十四条 从业人员有权对本单位安全生产工作中存在的问题提出批评、检举、控告；有权拒绝违章指挥和强令冒险作业。

生产经营单位不得因从业人员对本单位安全生产工作提出批评、检举、控告或者拒绝违章指挥、强令冒险作业而降低其工资、福利等待遇或者解除与其订立的劳动合同。

第五十五条 从业人员发现直接危及人身安全的紧急情况时，有权停止作业或者在采取可能的应急措施后撤离作业场所，并及时报告生产经营单位负责人。生产经营单位不得因从业人员在前款紧急情况下停止作业或者采取紧急撤离措施而降低其工资、福利等待遇或者解除与其订立的劳动合同。

第五十六条 因生产安全事故受到损害的从业人员，除依法享有工伤社会保险外，依照有关民事法律尚有获得赔偿的权利的，有权向本单位提出赔偿要求。

第五十七条 从业人员在作业过程中，应当严格遵守本单位的安全生产规章制度和操作规程，服从管理，正确佩戴和使用劳动防护用品。

第五十八条 从业人员应当接受安全生产教育和培训，掌握本职工作所需的安全生产知识，提高安全生产技能，增强事故预防和应急处置能力。

第五十九条 从业人员发现事故隐患或者其他不安全因素，应当立即向现场安全生产管理人员或者本单位负责人报告；接到报告的人员应当及时予以处理。

第六十条 工会有权对建设项目的安全设施与主体工程同时设计、同时施工、同时投入生产和使用进行监督，提出意见。

工会对生产经营单位违反安全生产法律、法规，侵犯从业人员合法权益的行为，有权要求纠正；发现生产经营单位违章指挥、强令冒险作业或者发现事故隐患时，有权提出解决的建议，生产经营单位应当及时研究答复；发现危及从业人员生命安全的情况时，有权向生产经营单位建议组织从业人员撤离危险场所，生产经营单位必须立即作出处理。

工会有权依法参加事故调查，向有关部门提出处理意见，并要求追究有关人员的责任。

第四章　安全生产的监督管理

第六十一条　国务院和县级以上地方各级人民政府应当建立安全生产监督管理工作协调机制和分工负责制度，明确安全生产监督管理部门和有关部门的安全生产职责。

乡镇人民政府和街道办事处应当根据本地区安全生产工作的需要，设立负责安全生产工作的机构，配备人员和必要的装备，监督检查本地区安全生产工作，并根据县级人民政府安全监督管理部门的授权依法实施行政处罚。

第六十二条　地方各级人民政府应当根据本行政区域内的安全生产状况，组织有关部门按照职责分工，对本行政区域内容易发生生产安全事故的生产经营单位进行严格检查；发现事故隐患，应当及时处理。

县级以上地方各级人民政府安全生产监督管理部门或者有关部门应当建立重大事故隐患治理督办制度，督促生产经营单位重大隐患治理措施的落实。

第六十三条　安全生产监督管理部门应当综合分析本地区安全生产形势，定期向本级人民政府报告安全生产工作，提出安全生产工作的意见和建议。

安全生产监督管理部门应当对有关部门履行安全生产监督管理职责的情况进行监督，并进行综合考核；发现其他有关部门未依法履行安全生产监督管理职责，以及应当由其他有关部门处理的事故隐患和其他不安全事项时，应当提出意见，要求其他有关部门及时改正或者做出处理。

第六十四条　依照本法第九条规定对安全生产负有监督管理职责的部门（以下统称负有安全生产监督管理职责的部门）依照有关法律、法规的规定，对涉及安全生产的事项需要审查批准（包括批准、核准、许可、注册、认证、颁发证照等，下同）或者验收的，必须严格依照有关法律、法规和国家标准或者行业标准规定的安全生产条件和程序进行审查；不符合有关法律、法规和国家标准或者行业标准规定的安全生产条件的，不得批准或者验收通过。对未依法取得批准或者验收合格的单位擅自从事有关活动的，负责行政审批的部门发现或者接到举报后应当立即予以取缔，并依法予以处理。对已经依法取得批准的单位，负责行政审批的部门发现其不再具备安全生产条件的，应当吊销原批准。

第六十五条　负有安全生产监督管理职责的部门对涉及安全生产的事项进行审查、验收，不得收取费用；不得要求接受审查、验收的单位购买其指定品牌或者指定生产、销售单位的安全设备、器材或者其他产品。

第六十六条　负有安全生产监督管理职责的部门依法对生产经营单位执行有关安全生产的法律、法规和国家标准或者行业标准的情况进行监督检查，行使以下职权：

（一）进入生产经营单位进行检查，调阅有关资料，向有关单位和人员了解情况。

（二）对检查中发现的安全生产违法行为，当场予以纠正或者要求限期改正；对依法应当给予行政处罚的行为，依照本法和其他有关法律、行政法规的规定作出行政处罚决定。

（三）对检查中发现的事故隐患，应当责令立即排除；重大事故隐患排除前或者排除过程中无法保证安全的，应当责令从危险区域内撤出作业人员，责令暂时停产停业或者停止使用；重大事故隐患排除后，经审查同意，方可恢复生产经营和使用。

（四）对不符合安全生产法律、法规、国家标准或者行业标准的场所、设施、设备、器材予以查封或者扣押，并应当在三十日内依法作出处理决定。

监督检查不得影响被检查单位的正常生产经营活动。

第六十七条　生产经营单位对负有安全生产监督管理职责的部门的监督检查人员（以下统称安

全生产监督检查人员）依法履行监督检查职责，应当予以配合，不得拒绝、阻挠。

第六十八条 安全生产监督检查人员应当忠于职守，坚持原则，秉公执法。

安全生产监督检查人员执行监督检查任务时，必须统一标识并出示有效的监督执法证件；对涉及被检查单位的技术秘密和业务秘密，应当为其保密。

第六十九条 安全生产监督检查人员应当将检查的时间、地点、内容、发现的问题及其处理情况，作出书面记录，并由检查人员和被检查单位的负责人签字；被检查单位的负责人拒绝签字的，检查人员应当将情况记录在案，留置送达被检查单位，并向负有安全生产监督管理职责的部门报告。

第七十条 负有安全生产监督管理职责的部门应当制定安全生产监督检查计划，并按照计划实施监督检查；在监督检查中，应当互相配合，实行联合检查；确需分别进行检查的，应当互通情况，发现存在的安全问题应当由其他有关部门进行处理的，应当及时移送其他有关部门并形成记录备查，接受移送的部门应当及时进行处理。

第七十一条 对于生产经营单位拒绝执行停产停业、停止建设、停产停业整顿等行政处罚决定的，为防止发生生产安全事故，负有安全生产监督管理职责的部门可以通知有关部门或者单位采取断电、停供火工用品等临时措施，有关部门或者单位应当予以配合。

第七十二条 监察机关依照行政监察法的规定，对负有安全生产监督管理职责的部门及其工作人员履行安全生产监督管理职责实施监察。

第七十三条 承担安全评价、认证、检测、检验、咨询、培训的社会服务机构应当具备国家规定的资质条件，并对其作出的安全评价、认证、检测、检验、咨询、培训的结果负责。

第七十四条 负有安全生产监督管理职责的部门应当建立举报制度，公开举报电话、信箱或者电子邮件地址，受理有关安全生产的举报；受理的举报事项经调查核实后，应当形成书面材料；需要落实整改措施的，报经有关负责人签字并督促落实。

第七十五条 任何单位或者个人对事故隐患或者安全生产违法行为，均有权向负有安全生产监督管理职责的部门报告或者举报。

第七十六条 居民委员会、村民委员会发现其所在区域内的生产经营单位存在事故隐患或者安全生产违法行为时，必须及时向当地人民政府或者有关部门报告。

第七十七条 县级以上各级人民政府及其有关部门对报告重大事故隐患或者举报安全生产违法行为的有功人员，给予奖励。具体奖励办法由国务院负责安全生产监督管理的部门会同国务院财政部门制定。

第七十八条 国家推进安全生产诚信体系建设。县级以上人民政府安全生产监督管理部门和有关部门组织对生产经营单位安全生产状况进行安全生产标准化分级考核评价，评价结果向社会公开，并通报银行、证券、保险、担保等金融主管部门，作为信用评级的依据。

第七十九条 新闻、出版、广播、电影、电视、网络等单位有进行安全生产公益宣传教育的义务，有对违反安全生产法律、法规的行为进行舆论监督的权利。

第五章　生产安全事故的应急救援与调查处理

第八十条 县级以上地方各级人民政府应当组织有关部门制定本行政区域内生产安全事故应急救援预案，建立应急救援体系。

第八十一条 危险物品的生产、经营、储存单位以及矿山、冶金、城市轨道交通、建筑施工单位应当建立应急救援组织；生产经营规模较小，可以不建立应急救援组织的，应当指定兼职的应急救援人员，并与邻近的应急救援组织签订救援协议。

危险物品的生产、经营、储存单位以及矿山、冶金、城市轨道交通、建筑施工单位应当配备必要的应急救援器材、设备，并进行经常性维护、保养，保证正常运转。

第八十二条　生产经营单位应当按照有关规定制定生产安全事故应急预案，报安全生产监督管理部门和有关部门备案，并定期进行演练。

生产经营单位承办大型群众性活动的，应当制定符合规定要求的活动方案和相应的突发事故应急预案，并按照有关规定履行审批手续。

第八十三条　生产经营单位发生生产安全事故后，事故现场有关人员应当立即报告本单位负责人。单位负责人接到事故报告后，应当立即启动相应应急预案，或者迅速采取有效措施，组织抢救，防止事故扩大，减少人员伤亡和财产损失，并按照国家有关规定立即如实报告当地负有安全生产监督管理职责的部门，不得隐瞒不报、谎报或者拖延不报，不得故意破坏事故现场、毁灭有关证据。

第八十四条　负有安全生产监督管理职责的部门接到事故报告后，应当立即按照国家有关规定上报事故情况。负有安全生产监督管理职责的部门和有关地方人民政府对事故情况不得隐瞒不报、谎报或者拖延不报。

第八十五条　有关地方人民政府和负有安全生产监督管理职责的部门的负责人接到生产安全事故报告后，应当立即赶到事故现场，组织事故抢救。

任何单位和个人都应当支持、配合事故抢救，并提供一切便利条件。

第八十六条　事故调查处理应当按照依法依规、实事求是、尊重科学、注重实效的原则，及时、准确地查清事故原因，查明事故性质和责任，总结事故教训，提出整改措施，并对事故责任者提出处理意见。发生重特大事故，必要时，应当召开听证会；事故处理的过程应当及时、准确向社会公开。事故调查和处理的具体办法由国务院制定。

第八十七条　生产经营单位发生生产安全事故，经调查确定为责任事故的，除了应当查明事故单位的责任并依法予以追究外，还应当查明对安全生产的有关事项负有审查批准和监督职责的行政部门的责任，对有失职、渎职行为的，依照本法第七十七条的规定追究法律责任。

第八十八条　任何单位和个人不得阻挠和干涉对事故的依法调查处理。

第八十九条　国家建立生产安全事故查处挂牌督办和约谈制度。发生重大、较大、一般生产安全事故，除按照有关规定进行调查处理外，国务院、省级人民政府、设区的市级人民政府的安全生产委员会分别对其查处情况实行挂牌督办；安全生产监督管理部门将采取约谈、训诫、通报和召开现场会等措施，加强警示问责和督导整改工作。

第九十条　县级以上地方各级人民政府负责安全生产监督管理的部门应当定期统计分析本行政区域内发生生产安全事故的情况，并定期向社会公布。

第六章　法律责任

第九十一条　负有安全生产监督管理职责的部门的工作人员，有下列行为之一的，给予降级或者撤职的行政处分；构成犯罪的，依照刑法有关规定追究刑事责任：

（一）对不符合法定安全生产条件的涉及安全生产的事项予以批准或者验收通过的；

（二）发现未依法取得批准、验收的单位擅自从事有关活动或者接到举报后不予取缔或者不依法予以处理的；

（三）对已经依法取得批准的单位不履行监督管理职责，发现其不再具备安全生产条件而不撤销原批准或者发现安全生产违法行为不予查处的。

第九十二条 负有安全生产监督管理职责的部门，要求被审查、验收的单位购买其指定的安全设备、器材或者其他产品的，在对安全生产事项的审查、验收中收取费用的，由其上级机关或者监察机关责令改正，责令退还收取的费用；情节严重的，对直接负责的主管人员和其他直接责任人员依法给予行政处分。

第九十三条 承担安全评价、认证、检测、检验、培训工作的机构，出具虚假证明或者严重不符合事实，构成犯罪的，依照刑法有关规定追究刑事责任；尚不够刑事处罚的，没收违法所得，违法所得在五千元以上的，并处违法所得二倍以上五倍以下的罚款，没有违法所得或者违法所得不足五千元的，单处或者并处五千元以上二万元以下的罚款，对其直接负责的主管人员和其他直接责任人员处五千元以上五万元以下的罚款；给他人造成损害的，与生产经营单位承担连带赔偿责任。

对有前款违法行为的机构，吊销其相应资质。

第九十四条 生产经营单位的主要负责人不依照本法规定保证安全生产所必需的资金投入，致使生产经营单位不具备安全生产条件的，责令限期改正，提供必需的资金，对主要负责人处五千元以上二万元以下的罚款；逾期未改正的，责令生产经营单位停产停业整顿，对主要负责人处二万元以上五万元以下的罚款。有前款违法行为，导致发生生产安全事故，构成犯罪的，依照刑法有关规定追究刑事责任；尚不够刑事处罚的，对生产经营单位的主要负责人给予撤职处分并依照生产安全事故报告和调查处理条例的规定给予罚款。

第九十五条 生产经营单位的主要负责人未履行本法规定的安全生产管理职责的，责令限期改正，对主要负责人处五千元以上二万元以下的罚款；逾期未改正的，责令生产经营单位局部或者全部停产停业整顿，对主要负责人处五千元以上二万元以下的罚款。

生产经营单位的主要负责人有前款违法行为，导致发生生产安全事故，构成犯罪的，依照刑法有关规定追究刑事责任；尚不够刑事处罚的，给予撤职处分并依照生产安全事故报告和调查处理条例的规定给予罚款。

生产经营单位的主要负责人依照前款规定受刑事处罚或者撤职处分的，自刑罚执行完毕或者受处分之日起，五年内不得担任任何生产经营单位的主要负责人。

第九十六条 生产经营单位有下列行为之一的，责令限期改正，可以并处五万元以下的罚款；逾期未改正的，责令局部或者全部停产停业整顿：

（一）未按照规定设立安全生产管理机构或者配备安全生产管理人员的；

（二）危险物品的生产、经营、储存单位以及矿山、冶金、城市轨道交通、建筑施工单位的主要负责人和安全生产管理人员未按照规定经考核合格的；

（三）未按照本法第二十一条、第二十二条的规定对从业人员进行安全生产教育和培训，或者未按照本法第三十六条的规定如实告知从业人员有关的安全生产事项的；

（四）特种作业人员未按照规定经专门的安全作业培训并取得特种作业操作资格证书，上岗作业的。

第九十七条 劳务派遣单位未对劳务派遣人员进行必要的安全生产教育和培训，或者用工单位未对劳务派遣人员进行岗位安全操作规程和安全操作技能的教育和培训的，责令限期改正，可以并处五万元以下的罚款。

用工单位与劳务派遣单位未在劳务派遣协议中明确各自承担的教育和培训的职责和具体内容的，按照前款规定处罚。

第九十八条 矿山、冶金、城市轨道交通建设项目和用于生产、储存危险物品的建设项目，以及国家和省级重点建设项目，未按照国家有关规定进行安全条件论证和安全评价的，责令限期改正，可以并处五万元以下的罚款。

第九十九条　生产经营单位有下列行为之一的，责令限期改正，可以并处五万元以上二十万元以下的罚款；逾期未改正的，责令局部或者全部停止建设或者停产停业整顿；造成严重后果，构成犯罪的，依照刑法有关规定追究刑事责任：

（一）高危建设项目没有安全设施设计或者安全设施设计未按照规定报经有关部门审查同意的；

（二）高危建设项目的施工单位未按照批准的安全设施设计施工的；

（三）高危建设项目竣工投入生产或者使用前，安全设施未经验收合格的；

（四）国家和省级重点建设项目安全设施设计未按照规定备案，或者安全设施设计抽查不合格继续施工的；

（五）国家和省级重点建设项目竣工后，其安全设施未按照规定备案，或者安全设施抽查不合格继续投入生产或者使用的；

（六）未在有较大危险因素的生产经营场所和有关设施、设备上设置明显的安全警示标志和警示说明的；

（七）安全设备的安装、使用、检测、改造和报废不符合国家标准或者行业标准的；

（八）未对安全设备进行经常性维护、保养和定期检测的；

（九）未建立劳动防护用品管理制度，为从业人员提供符合国家标准或者行业标准的劳动防护用品的；

（十）特种设备以及危险物品的容器、运输工具未经取得专业资质的机构检测、检验合格，取得安全使用证或者安全标志，投入使用的；

（十一）使用国家明令淘汰、禁止使用的危及生产安全的落后技术、工艺、设备的。

第一百条　矿山、冶金、建筑施工单位和危险物品的生产、经营、储存单位负责人未轮流现场带班的，责令限期改正，可以并处五万元以下的罚款；逾期未改正的，责令局部或者全部停产停业整顿。

第一百零一条　生产经营单位有下列情形之一的，责令限期改正，可以并处五万元以下的罚款；逾期未改正的，责令局部或者全部停产停业整顿：

（一）未建立事故隐患排查、治理和报告制度的；

（二）未定期向县级以上人民政府安全生产监督管理部门和有关部门报告事故隐患排查治理情况；

（三）未建立安全生产动态监控和预警预报体系的；

（四）未每月进行一次安全生产风险分析的；

（五）发现事故征兆，未立即发布预警信息，落实防范和应急处置措施；

（六）未按照规定如实报告安全生产情况的。

第一百零二条　未经依法批准，擅自生产、经营、储存危险物品的，责令停止违法行为或者予以关闭，没收违法所得，违法所得二十万元以上的，并处违法所得一倍以上五倍以下的罚款，没有违法所得或者违法所得不足二十万元的，单处或者并处二十万元以上一百万元以下的罚款；造成严重后果，构成犯罪的，依照刑法有关规定追究刑事责任。

第一百零三条　生产经营单位有下列行为之一的，责令限期改正，可以并处五万元以上二十万元以下的罚款；逾期未改正的，责令局部或者全部停产停业整顿；造成严重后果，构成犯罪的，依照刑法有关规定追究刑事责任：

（一）生产、经营、储存、使用危险物品，未建立专门安全管理制度、未采取可靠的安全措施或者不接受有关主管部门依法实施的监督管理的；

（二）对重大危险源未登记建档，或者未进行评估、监控，或者未制定应急预案的；

（三）进行爆破、吊装、悬吊、挖掘、建筑物和构筑物拆除等危险作业，临近高压输电线路作业，以及在有限空间内作业，未安排专门管理人员进行现场安全管理的。

第一百零四条　生产经营单位将生产经营项目、场所、设备发包或者出租给不具备安全生产条件或者相应资质的单位或者个人的，责令限期改正，没收违法所得；违法所得十万元以上的，并处违法所得一倍以上五倍以下的罚款；没有违法所得或者违法所得不足十万元的，单处或者并处十万元以上五十万元以下的罚款；导致发生生产安全事故给他人造成损害的，与承包方、承租方承担连带赔偿责任。

生产经营单位既未与承包单位、承租单位签订专门的安全生产管理协议又未在承包合同、租赁合同中明确各自的安全生产管理职责，或者未对承包单位、承租单位的安全生产统一协调、管理的，责令限期改正；逾期未改正的，责令停产停业整顿。

第一百零五条　非生产经营性建筑物改变用途用于生产经营活动，或者低安全保障设计建筑物改变用途用于高安全保障要求的生产经营活动，所有权人或者使用权人未依法办理有关手续，并委托具有相应资质的专业技术单位对改变用途的建筑物进行安全评估，或者安全评估报告未按照规定报所在地县级人民政府安全生产监督管理部门和有关部门备案的，责令限期改正，并可以对所有权人或者使用权人处以五万元以下的罚款；逾期未改正的，责令停止使用。

第一百零六条　两个以上生产经营单位在同一作业区域内进行可能危及对方安全生产的生产经营活动，未签订安全生产管理协议或者未指定专职安全生产管理人员进行安全检查与协调的，责令限期改正；逾期未改正的，责令局部或者全部停产停业。

第一百零七条　生产经营单位有下列行为之一的，责令限期改正，并处十万元以上五十万元以下的罚款；逾期未改正的，责令局部或者全部停产停业整顿；造成严重后果，构成犯罪的，依照刑法有关规定追究刑事责任：

（一）生产、经营、储存、使用危险物品的车间、商店、仓库与员工宿舍在同一座建筑内，或者与员工宿舍的距离不符合安全要求的；

（二）生产经营场所和员工宿舍未设有符合紧急疏散需要、标志明显、保持畅通的出口，或者封闭、堵塞生产经营场所或者员工宿舍出口的。

第一百零八条　生产经营单位与从业人员订立协议，免除或者减轻其对从业人员因生产安全事故伤亡依法应承担的责任的，该协议无效；对生产经营单位的主要负责人处十万元以上五十万元以下的罚款。

第一百零九条　生产经营单位的从业人员不服从管理，违反安全生产规章制度或者操作规程的，由生产经营单位给予批评教育，依照有关规章制度给予处分；造成重大事故，构成犯罪的，依照刑法有关规定追究刑事责任。

第一百一十条　生产经营单位主要负责人在本单位发生重大生产安全事故时，不立即组织抢救或者在事故调查处理期间擅离职守或者逃匿的，给予降职、撤职的处分，对逃匿的处十五日以下拘留，并依照生产安全事故报告和调查处理条例的规定给予罚款；构成犯罪的，依照刑法有关规定追究刑事责任。

生产经营单位主要负责人对生产安全事故隐瞒不报、谎报或者拖延不报的，依照前款规定处罚。

第一百一十一条　生产经营单位发生重大、特别重大生产安全责任事故或一年内发生 2 次以上较大生产安全责任事故并负主要责任，以及存在重大隐患整改不力的，依照国家有关规定限制新增的项目核准、用地审批、证券融资和银行贷款。

第一百一十二条　有关地方人民政府、负有安全生产监督管理职责的部门，对生产安全事故隐瞒不报、谎报或者拖延不报的，对直接负责的主管人员和其他直接责任人员依法给予行政处分；构成犯罪的，依照刑法有关规定追究刑事责任。

第一百一十三条　生产经营单位不具备本法和其他有关法律、行政法规和强制性国家标准或者行业标准规定的安全生产条件，经停产停业整顿仍不具备安全生产条件的，予以关闭；对决定关闭的生产经营单位，有关部门应当依法吊销其有关证照。

第一百一十四条　生产经营单位拒绝、阻挠负有安全生产监督管理职责的部门及其监督检查人员依法实施监督检查的，责令改正，可以并处2万元以下的罚款；逾期未改正的，责令停产停业整顿，处5万元以上10万元以下罚款；构成犯罪的，依照刑法关于妨害公务罪或者其他罪的规定追究刑事责任。

第一百一十五条　本法规定的行政处罚，由安全生产监督管理部门决定；予以关闭的行政处罚由负责安全生产监督管理的部门报请县级以上人民政府按照国务院规定的权限决定；给予拘留的行政处罚由公安机关依照治安管理处罚法的规定决定。有关法律、行政法规对行政处罚的决定机关另有规定的，依照其规定。

第一百一十六条　生产经营单位发生生产安全事故造成人员伤亡、他人财产损失的，应当依法承担赔偿责任；拒不承担或者其负责人逃匿的，由人民法院依法强制执行。

生产安全事故的责任人未依法承担赔偿责任，经人民法院依法采取执行措施后，仍不能对受害人给予足额赔偿的，应当继续履行赔偿义务；受害人发现责任人有其他财产的，可以随时请求人民法院执行。

第七章　附　则

第一百一十七条　本法下列用语的含义：

生产经营单位，是指从事生产或者经营活动的基本单元，包括企事业法人、合伙组织、个体工商户和自然人等生产经营主体。

生产经营活动，是指在工作时间和工作场所，为实现某种生产、建设或者经营目的而进行的活动，包括从事与工作有关的预备性或者收尾性活动。

主要负责人，是指生产经营单位内对生产经营活动负有最高决策权的人，包括法定代表人、实际控制人、厂长、经理等。

事故隐患，是指违反安全生产法律、法规、规章、国家标准、行业标准、安全规程和管理制度的规定，或者因其他因素在生产经营活动中存在可能导致事故发生的物的危险状态、人的不安全行为和管理上缺陷。

重大事故隐患，是指危害或者整改难度较大，需要全部或者局部停产停业，并经过一定时间整改治理方能排除的事故隐患，或者因外部因素影响致使生产经营单位自身难以排除的事故隐患。

危险物品，是指易燃易爆物品、危险化学品、放射性物品等能够危及人身安全和财产安全的物品。

重大危险源，是指依据安全生产强制性国家标准、行业标准或者国家有关规定辨识确定的危险设备、设施或者场所。

生产安全事故，是指在生产经营活动中造成人身伤亡（包括急性工业中毒）或者直接经济损失的事故。

第一百一十八条　本法自2002年11月1日起施行。

中华人民共和国特种设备安全法

中华人民共和国主席令

（第四号）

《中华人民共和国特种设备安全法》已由中华人民共和国第十二届全国人民代表大会常务委员会第三次会议于2013年6月29日通过，现予公布，自2014年1月1日起施行。

中华人民共和国主席　习近平

2013年6月29日

中华人民共和国特种设备安全法

（2013年6月29日第十二届全国人民代表大会常务委员会第三次会议通过）

第一章　总　则

第一条　为了加强特种设备安全工作，预防特种设备事故，保障人身和财产安全，促进经济社会发展，制定本法。

第二条　特种设备的生产（包括设计、制造、安装、改造、修理）、经营、使用、检验、检测和特种设备安全的监督管理，适用本法。

本法所称特种设备，是指对人身和财产安全有较大危险性的锅炉、压力容器（含气瓶）、压力管道、电梯、起重机械、客运索道、大型游乐设施、场（厂）内专用机动车辆，以及法律、行政法规规定适用本法的其他特种设备。

国家对特种设备实行目录管理。特种设备目录由国务院负责特种设备安全监督管理的部门制定，报国务院批准后执行。

第三条　特种设备安全工作应当坚持安全第一、预防为主、节能环保、综合治理的原则。

第四条　国家对特种设备的生产、经营、使用，实施分类的、全过程的安全监督管理。

第五条　国务院负责特种设备安全监督管理的部门对全国特种设备安全实施监督管理。县级以上地方各级人民政府负责特种设备安全监督管理的部门对本行政区域内特种设备安全实施监督管理。

第六条　国务院和地方各级人民政府应当加强对特种设备安全工作的领导，督促各有关部门依法履行监督管理职责。

县级以上地方各级人民政府应当建立协调机制，及时协调、解决特种设备安全监督管理中存在的问题。

第七条　特种设备生产、经营、使用单位应当遵守本法和其他有关法律、法规，建立、健全特种设备安全和节能责任制度，加强特种设备安全和节能管理，确保特种设备生产、经营、使用安全，符合节能要求。

第八条　特种设备生产、经营、使用、检验、检测应当遵守有关特种设备安全技术规范及相关标准。

特种设备安全技术规范由国务院负责特种设备安全监督管理的部门制定。

第九条　特种设备行业协会应当加强行业自律，推进行业诚信体系建设，提高特种设备安全管理水平。

第十条　国家支持有关特种设备安全的科学技术研究，鼓励先进技术和先进管理方法的推广应用，对做出突出贡献的单位和个人给予奖励。

第十一条　负责特种设备安全监督管理的部门应当加强特种设备安全宣传教育，普及特种设备安全知识，增强社会公众的特种设备安全意识。

第十二条　任何单位和个人有权向负责特种设备安全监督管理的部门和有关部门举报涉及特种设备安全的违法行为，接到举报的部门应当及时处理。

第二章　生产、经营、使用

第一节　一般规定

第十三条　特种设备生产、经营、使用单位及其主要负责人对其生产、经营、使用的特种设备安全负责。

特种设备生产、经营、使用单位应当按照国家有关规定配备特种设备安全管理人员、检测人员和作业人员，并对其进行必要的安全教育和技能培训。

第十四条　特种设备安全管理人员、检测人员和作业人员应当按照国家有关规定取得相应资格，方可从事相关工作。特种设备安全管理人员、检测人员和作业人员应当严格执行安全技术规范和管理制度，保证特种设备安全。

第十五条　特种设备生产、经营、使用单位对其生产、经营、使用的特种设备应当进行自行检测和维护保养，对国家规定实行检验的特种设备应当及时申报并接受检验。

第十六条　特种设备采用新材料、新技术、新工艺，与安全技术规范的要求不一致，或者安全技术规范未作要求、可能对安全性能有重大影响的，应当向国务院负责特种设备安全监督管理的部门申报，由国务院负责特种设备安全监督管理的部门及时委托安全技术咨询机构或者相关专业机构进行技术评审，评审结果经国务院负责特种设备安全监督管理的部门批准，方可投入生产、使用。

国务院负责特种设备安全监督管理的部门应当将允许使用的新材料、新技术、新工艺的有关技术要求，及时纳入安全技术规范。

第十七条　国家鼓励投保特种设备安全责任保险。

第二节　生　产

第十八条　国家按照分类监督管理的原则对特种设备生产实行许可制度。特种设备生产单位应当具备下列条件，并经负责特种设备安全监督管理的部门许可，方可从事生产活动：

（一）有与生产相适应的专业技术人员；

（二）有与生产相适应的设备、设施和工作场所；

（三）有健全的质量保证、安全管理和岗位责任等制度。

第十九条　特种设备生产单位应当保证特种设备生产符合安全技术规范及相关标准的要求，对其生产的特种设备的安全性能负责。不得生产不符合安全性能要求和能效指标以及国家明令淘汰的特种设备。

第二十条　锅炉、气瓶、氧舱、客运索道、大型游乐设施的设计文件，应当经负责特种设备安全监督管理的部门核准的检验机构鉴定，方可用于制造。

特种设备产品、部件或者试制的特种设备新产品、新部件以及特种设备采用的新材料，按照安全技术规范的要求需要通过型式试验进行安全性验证的，应当经负责特种设备安全监督管理的部门核准的检验机构进行型式试验。

第二十一条　特种设备出厂时，应当随附安全技术规范要求的设计文件、产品质量合格证明、安装及使用维护保养说明、监督检验证明等相关技术资料和文件，并在特种设备显著位置设置产品铭牌、安全警示标志及其说明。

第二十二条　电梯的安装、改造、修理，必须由电梯制造单位或者其委托的依照本法取得相应许可的单位进行。电梯制造单位委托其他单位进行电梯安装、改造、修理的，应当对其安装、改造、修理进行安全指导和监控，并按照安全技术规范的要求进行校验和调试。电梯制造单位对电梯安全性能负责。

第二十三条　特种设备安装、改造、修理的施工单位应当在施工前将拟进行的特种设备安装、改造、修理情况书面告知直辖市或者设区的市级人民政府负责特种设备安全监督管理的部门。

第二十四条　特种设备安装、改造、修理竣工后，安装、改造、修理的施工单位应当在验收后三十日内将相关技术资料和文件移交特种设备使用单位。特种设备使用单位应当将其存入该特种设备的安全技术档案。

第二十五条　锅炉、压力容器、压力管道元件等特种设备的制造过程和锅炉、压力容器、压力管道、电梯、起重机械、客运索道、大型游乐设施的安装、改造、重大修理过程，应当经特种设备检验机构按照安全技术规范的要求进行监督检验；未经监督检验或者监督检验不合格的，不得出厂或者交付使用。

第二十六条　国家建立缺陷特种设备召回制度。因生产原因造成特种设备存在危及安全的同一性缺陷的，特种设备生产单位应当立即停止生产，主动召回。

国务院负责特种设备安全监督管理的部门发现特种设备存在应当召回而未召回的情形时，应当责令特种设备生产单位召回。

第三节　经　营

第二十七条　特种设备销售单位销售的特种设备，应当符合安全技术规范及相关标准的要求，其设计文件、产品质量合格证明、安装及使用维护保养说明、监督检验证明等相关技术资料和文件应当齐全。

特种设备销售单位应当建立特种设备检查验收和销售记录制度。

禁止销售未取得许可生产的特种设备，未经检验和检验不合格的特种设备，或者国家明令淘汰和已经报废的特种设备。

第二十八条　特种设备出租单位不得出租未取得许可生产的特种设备或者国家明令淘汰和已经报废的特种设备，以及未按照安全技术规范的要求进行维护保养和未经检验或者检验不合格的特种设备。

第二十九条　特种设备在出租期间的使用管理和维护保养义务由特种设备出租单位承担，法律另有规定或者当事人另有约定的除外。

第三十条　进口的特种设备应当符合我国安全技术规范的要求，并经检验合格；需要取得我国特种设备生产许可的，应当取得许可。

进口特种设备随附的技术资料和文件应当符合本法第二十一条的规定，其安装及使用维护保养说明、产品铭牌、安全警示标志及其说明应当采用中文。

特种设备的进出口检验，应当遵守有关进出口商品检验的法律、行政法规。

第三十一条　进口特种设备，应当向进口地负责特种设备安全监督管理的部门履行提前告知义务。

第四节　使　用

第三十二条　特种设备使用单位应当使用取得许可生产并经检验合格的特种设备。

禁止使用国家明令淘汰和已经报废的特种设备。

第三十三条　特种设备使用单位应当在特种设备投入使用前或者投入使用后三十日内，向负责特种设备安全监督管理的部门办理使用登记，取得使用登记证书。登记标志应当置于该特种设备的显著位置。

第三十四条　特种设备使用单位应当建立岗位责任、隐患治理、应急救援等安全管理制度，制定操作规程，保证特种设备安全运行。

第三十五条　特种设备使用单位应当建立特种设备安全技术档案。安全技术档案应当包括以下内容：

（一）特种设备的设计文件、产品质量合格证明、安装及使用维护保养说明、监督检验证明等相关技术资料和文件；

（二）特种设备的定期检验和定期自行检查记录；

（三）特种设备的日常使用状况记录；

（四）特种设备及其附属仪器仪表的维护保养记录；

（五）特种设备的运行故障和事故记录。

第三十六条　电梯、客运索道、大型游乐设施等为公众提供服务的特种设备的运营使用单位，应当对特种设备的使用安全负责，设置特种设备安全管理机构或者配备专职的特种设备安全管理人员；其他特种设备使用单位，应当根据情况设置特种设备安全管理机构或者配备专职、兼职的特种设备安全管理人员。

第三十七条　特种设备的使用应当具有规定的安全距离、安全防护措施。

与特种设备安全相关的建筑物、附属设施，应当符合有关法律、行政法规的规定。

第三十八条　特种设备属于共有的，共有人可以委托物业服务单位或者其他管理人管理特种设备，受托人履行本法规定的特种设备使用单位的义务，承担相应责任。共有人未委托的，由共有人或者实际管理人履行管理义务，承担相应责任。

第三十九条　特种设备使用单位应当对其使用的特种设备进行经常性维护保养和定期自行检

查，并作出记录。

特种设备使用单位应当对其使用的特种设备的安全附件、安全保护装置进行定期校验、检修，并作出记录。

第四十条 特种设备使用单位应当按照安全技术规范的要求，在检验合格有效期届满前一个月向特种设备检验机构提出定期检验要求。

特种设备检验机构接到定期检验要求后，应当按照安全技术规范的要求及时进行安全性能检验。特种设备使用单位应当将定期检验标志置于该特种设备的显著位置。

未经定期检验或者检验不合格的特种设备，不得继续使用。

第四十一条 特种设备安全管理人员应当对特种设备使用状况进行经常性检查，发现问题应当立即处理；情况紧急时，可以决定停止使用特种设备并及时报告本单位有关负责人。

特种设备作业人员在作业过程中发现事故隐患或者其他不安全因素，应当立即向特种设备安全管理人员和单位有关负责人报告；特种设备运行不正常时，特种设备作业人员应当按照操作规程采取有效措施保证安全。

第四十二条 特种设备出现故障或者发生异常情况，特种设备使用单位应当对其进行全面检查，消除事故隐患，方可继续使用。

第四十三条 客运索道、大型游乐设施在每日投入使用前，其运营使用单位应当进行试运行和例行安全检查，并对安全附件和安全保护装置进行检查确认。

电梯、客运索道、大型游乐设施的运营使用单位应当将电梯、客运索道、大型游乐设施的安全使用说明、安全注意事项和警示标志置于易于为乘客注意的显著位置。

公众乘坐或者操作电梯、客运索道、大型游乐设施，应当遵守安全使用说明和安全注意事项的要求，服从有关工作人员的管理和指挥；遇有运行不正常时，应当按照安全指引，有序撤离。

第四十四条 锅炉使用单位应当按照安全技术规范的要求进行锅炉水（介）质处理，并接受特种设备检验机构的定期检验。

从事锅炉清洗，应当按照安全技术规范的要求进行，并接受特种设备检验机构的监督检验。

第四十五条 电梯的维护保养应当由电梯制造单位或者依照本法取得许可的安装、改造、修理单位进行。

电梯的维护保养单位应当在维护保养中严格执行安全技术规范的要求，保证其维护保养的电梯的安全性能，并负责落实现场安全防护措施，保证施工安全。

电梯的维护保养单位应当对其维护保养的电梯的安全性能负责；接到故障通知后，应当立即赶赴现场，并采取必要的应急救援措施。

第四十六条 电梯投入使用后，电梯制造单位应当对其制造的电梯的安全运行情况进行跟踪调查和了解，对电梯的维护保养单位或者使用单位在维护保养和安全运行方面存在的问题，提出改进建议，并提供必要的技术帮助；发现电梯存在严重事故隐患时，应当及时告知电梯使用单位，并向负责特种设备安全监督管理的部门报告。电梯制造单位对调查和了解的情况，应当作出记录。

第四十七条 特种设备进行改造、修理，按照规定需要变更使用登记的，应当办理变更登记，方可继续使用。

第四十八条 特种设备存在严重事故隐患，无改造、修理价值，或者达到安全技术规范规定的其他报废条件的，特种设备使用单位应当依法履行报废义务，采取必要措施消除该特种设备的使用功能，并向原登记的负责特种设备安全监督管理的部门办理使用登记证书注销手续。

前款规定报废条件以外的特种设备，达到设计使用年限可以继续使用的，应当按照安全技术规范的要求通过检验或者安全评估，并办理使用登记证书变更，方可继续使用。允许继续使用的，应当采取加强检验、检测和维护保养等措施，确保使用安全。

第四十九条　移动式压力容器、气瓶充装单位，应当具备下列条件，并经负责特种设备安全监督管理的部门许可，方可从事充装活动：

（一）有与充装和管理相适应的管理人员和技术人员；

（二）有与充装和管理相适应的充装设备、检测手段、场地厂房、器具、安全设施；

（三）有健全的充装管理制度、责任制度、处理措施。

充装单位应当建立充装前后的检查、记录制度，禁止对不符合安全技术规范要求的移动式压力容器和气瓶进行充装。

气瓶充装单位应当向气体使用者提供符合安全技术规范要求的气瓶，对气体使用者进行气瓶安全使用指导，并按照安全技术规范的要求办理气瓶使用登记，及时申报定期检验。

第三章　检验、检测

第五十条　从事本法规定的监督检验、定期检验的特种设备检验机构，以及为特种设备生产、经营、使用提供检测服务的特种设备检测机构，应当具备下列条件，并经负责特种设备安全监督管理的部门核准，方可从事检验、检测工作：

（一）有与检验、检测工作相适应的检验、检测人员；

（二）有与检验、检测工作相适应的检验、检测仪器和设备；

（三）有健全的检验、检测管理制度和责任制度。

第五十一条　特种设备检验、检测机构的检验、检测人员应当经考核，取得检验、检测人员资格，方可从事检验、检测工作。

特种设备检验、检测机构的检验、检测人员不得同时在两个以上检验、检测机构中执业；变更执业机构的，应当依法办理变更手续。

第五十二条　特种设备检验、检测工作应当遵守法律、行政法规的规定，并按照安全技术规范的要求进行。

特种设备检验、检测机构及其检验、检测人员应当依法为特种设备生产、经营、使用单位提供安全、可靠、便捷、诚信的检验、检测服务。

第五十三条　特种设备检验、检测机构及其检验、检测人员应当客观、公正、及时地出具检验、检测报告，并对检验、检测结果和鉴定结论负责。

特种设备检验、检测机构及其检验、检测人员在检验、检测中发现特种设备存在严重事故隐患时，应当及时告知相关单位，并立即向负责特种设备安全监督管理的部门报告。

负责特种设备安全监督管理的部门应当组织对特种设备检验、检测机构的检验、检测结果和鉴定结论进行监督抽查，但应当防止重复抽查。监督抽查结果应当向社会公布。

第五十四条　特种设备生产、经营、使用单位应当按照安全技术规范的要求向特种设备检验、检测机构及其检验、检测人员提供特种设备相关资料和必要的检验、检测条件，并对资料的真实性负责。

第五十五条　特种设备检验、检测机构及其检验、检测人员对检验、检测过程中知悉的商业秘密，负有保密义务。

特种设备检验、检测机构及其检验、检测人员不得从事有关特种设备的生产、经营活动，不得推荐或者监制、监销特种设备。

第五十六条　特种设备检验机构及其检验人员利用检验工作故意刁难特种设备生产、经营、使用单位的，特种设备生产、经营、使用单位有权向负责特种设备安全监督管理的部门投诉，接到投诉的部门应当及时进行调查处理。

第四章　监督管理

第五十七条　负责特种设备安全监督管理的部门依照本法规定，对特种设备生产、经营、使用单位和检验、检测机构实施监督检查。

负责特种设备安全监督管理的部门应当对学校、幼儿园以及医院、车站、客运码头、商场、体育场馆、展览馆、公园等公众聚集场所的特种设备，实施重点安全监督检查。

第五十八条　负责特种设备安全监督管理的部门实施本法规定的许可工作，应当依照本法和其他有关法律、行政法规规定的条件和程序以及安全技术规范的要求进行审查；不符合规定的，不得许可。

第五十九条　负责特种设备安全监督管理的部门在办理本法规定的许可时，其受理、审查、许可的程序必须公开，并应当自受理申请之日起三十日内，作出许可或者不予许可的决定；不予许可的，应当书面向申请人说明理由。

第六十条　负责特种设备安全监督管理的部门对依法办理使用登记的特种设备应当建立完整的监督管理档案和信息查询系统；对达到报废条件的特种设备，应当及时督促特种设备使用单位依法履行报废义务。

第六十一条　负责特种设备安全监督管理的部门在依法履行监督检查职责时，可以行使下列职权：

（一）进入现场进行检查，向特种设备生产、经营、使用单位和检验、检测机构的主要负责人和其他有关人员调查、了解有关情况；

（二）根据举报或者取得的涉嫌违法证据，查阅、复制特种设备生产、经营、使用单位和检验、检测机构的有关合同、发票、账簿以及其他有关资料；

（三）对有证据表明不符合安全技术规范要求或者存在严重事故隐患的特种设备实施查封、扣押；

（四）对流入市场的达到报废条件或者已经报废的特种设备实施查封、扣押；

（五）对违反本法规定的行为作出行政处罚决定。

第六十二条　负责特种设备安全监督管理的部门在依法履行职责过程中，发现违反本法规定和安全技术规范要求的行为或者特种设备存在事故隐患时，应当以书面形式发出特种设备安全监察指令，责令有关单位及时采取措施予以改正或者消除事故隐患。紧急情况下要求有关单位采取紧急处置措施的，应当随后补发特种设备安全监察指令。

第六十三条　负责特种设备安全监督管理的部门在依法履行职责过程中，发现重大违法行为或者特种设备存在严重事故隐患时，应当责令有关单位立即停止违法行为、采取措施消除事故隐患，并及时向上级负责特种设备安全监督管理的部门报告。接到报告的负责特种设备安全监督管理的部门应当采取必要措施，及时予以处理。

对违法行为、严重事故隐患的处理需要当地人民政府和有关部门的支持、配合时，负责特种设备安全监督管理的部门应当报告当地人民政府，并通知其他有关部门。当地人民政府和其他有关部门应当采取必要措施，及时予以处理。

第六十四条　地方各级人民政府负责特种设备安全监督管理的部门不得要求已经依照本法规定在其他地方取得许可的特种设备生产单位重复取得许可，不得要求对已经依照本法规定在其他地方检验合格的特种设备重复进行检验。

第六十五条　负责特种设备安全监督管理的部门的安全监察人员应当熟悉相关法律、法规，具有相应的专业知识和工作经验，取得特种设备安全行政执法证件。

特种设备安全监察人员应当忠于职守、坚持原则、秉公执法。

负责特种设备安全监督管理的部门实施安全监督检查时，应当有二名以上特种设备安全监察人员参加，并出示有效的特种设备安全行政执法证件。

第六十六条　负责特种设备安全监督管理的部门对特种设备生产、经营、使用单位和检验、检测机构实施监督检查，应当对每次监督检查的内容、发现的问题及处理情况作出记录，并由参加监督检查的特种设备安全监察人员和被检查单位的有关负责人签字后归档。被检查单位的有关负责人拒绝签字的，特种设备安全监察人员应当将情况记录在案。

第六十七条　负责特种设备安全监督管理的部门及其工作人员不得推荐或者监制、监销特种设备；对履行职责过程中知悉的商业秘密负有保密义务。

第六十八条　国务院负责特种设备安全监督管理的部门和省、自治区、直辖市人民政府负责特种设备安全监督管理的部门应当定期向社会公布特种设备安全总体状况。

第五章　事故应急救援与调查处理

第六十九条　国务院负责特种设备安全监督管理的部门应当依法组织制定特种设备重特大事故应急预案，报国务院批准后纳入国家突发事件应急预案体系。

县级以上地方各级人民政府及其负责特种设备安全监督管理的部门应当依法组织制定本行政区域内特种设备事故应急预案，建立或者纳入相应的应急处置与救援体系。

特种设备使用单位应当制定特种设备事故应急专项预案，并定期进行应急演练。

第七十条　特种设备发生事故后，事故发生单位应当按照应急预案采取措施，组织抢救，防止事故扩大，减少人员伤亡和财产损失，保护事故现场和有关证据，并及时向事故发生地县级以上人民政府负责特种设备安全监督管理的部门和有关部门报告。

县级以上人民政府负责特种设备安全监督管理的部门接到事故报告，应当尽快核实情况，立即向本级人民政府报告，并按照规定逐级上报。必要时，负责特种设备安全监督管理的部门可以越级上报事故情况。对特别重大事故、重大事故，国务院负责特种设备安全监督管理的部门应当立即报告国务院并通报国务院安全生产监督管理部门等有关部门。

与事故相关的单位和人员不得迟报、谎报或者瞒报事故情况，不得隐匿、毁灭有关证据或者故意破坏事故现场。

第七十一条　事故发生地人民政府接到事故报告，应当依法启动应急预案，采取应急处置措施，组织应急救援。

第七十二条　特种设备发生特别重大事故，由国务院或者国务院授权有关部门组织事故调查组进行调查。

发生重大事故，由国务院负责特种设备安全监督管理的部门会同有关部门组织事故调查组进行调查。

发生较大事故，由省、自治区、直辖市人民政府负责特种设备安全监督管理的部门会同有关部门组织事故调查组进行调查。

发生一般事故，由设区的市级人民政府负责特种设备安全监督管理的部门会同有关部门组织事故调查组进行调查。

事故调查组应当依法、独立、公正开展调查，提出事故调查报告。

第七十三条 组织事故调查的部门应当将事故调查报告报本级人民政府，并报上一级人民政府负责特种设备安全监督管理的部门备案。有关部门和单位应当依照法律、行政法规的规定，追究事故责任单位和人员的责任。

事故责任单位应当依法落实整改措施，预防同类事故发生。事故造成损害的，事故责任单位应当依法承担赔偿责任。

第六章 法律责任

第七十四条 违反本法规定，未经许可从事特种设备生产活动的，责令停止生产，没收违法制造的特种设备，处十万元以上五十万元以下罚款；有违法所得的，没收违法所得；已经实施安装、改造、修理的，责令恢复原状或者责令限期由取得许可的单位重新安装、改造、修理。

第七十五条 违反本法规定，特种设备的设计文件未经鉴定，擅自用于制造的，责令改正，没收违法制造的特种设备，处五万元以上五十万元以下罚款。

第七十六条 违反本法规定，未进行型式试验的，责令限期改正；逾期未改正的，处三万元以上三十万元以下罚款。

第七十七条 违反本法规定，特种设备出厂时，未按照安全技术规范的要求随附相关技术资料和文件的，责令限期改正；逾期未改正的，责令停止制造、销售，处二万元以上二十万元以下罚款；有违法所得的，没收违法所得。

第七十八条 违反本法规定，特种设备安装、改造、修理的施工单位在施工前未书面告知负责特种设备安全监督管理的部门即行施工的，或者在验收后三十日内未将相关技术资料和文件移交特种设备使用单位的，责令限期改正；逾期未改正的，处一万元以上十万元以下罚款。

第七十九条 违反本法规定，特种设备的制造、安装、改造、重大修理以及锅炉清洗过程，未经监督检验的，责令限期改正；逾期未改正的，处五万元以上二十万元以下罚款；有违法所得的，没收违法所得；情节严重的，吊销生产许可证。

第八十条 违反本法规定，电梯制造单位有下列情形之一的，责令限期改正；逾期未改正的，处一万元以上十万元以下罚款：

（一）未按照安全技术规范的要求对电梯进行校验、调试的；

（二）对电梯的安全运行情况进行跟踪调查和了解时，发现存在严重事故隐患，未及时告知电梯使用单位并向负责特种设备安全监督管理的部门报告的。

第八十一条 违反本法规定，特种设备生产单位有下列行为之一的，责令限期改正；逾期未改正的，责令停止生产，处五万元以上五十万元以下罚款；情节严重的，吊销生产许可证：

（一）不再具备生产条件、生产许可证已经过期或者超出许可范围生产的；

（二）明知特种设备存在同一性缺陷，未立即停止生产并召回的。

违反本法规定，特种设备生产单位生产、销售、交付国家明令淘汰的特种设备的，责令停止生产、销售，没收违法生产、销售、交付的特种设备，处三万元以上三十万元以下罚款；有违法所得的，没收违法所得。

特种设备生产单位涂改、倒卖、出租、出借生产许可证的，责令停止生产，处五万元以上五十万元以下罚款；情节严重的，吊销生产许可证。

第八十二条 违反本法规定，特种设备经营单位有下列行为之一的，责令停止经营，没收违法经营的特种设备，处三万元以上三十万元以下罚款；有违法所得的，没收违法所得：

（一）销售、出租未取得许可生产，未经检验或者检验不合格的特种设备的；

（二）销售、出租国家明令淘汰、已经报废的特种设备，或者未按照安全技术规范的要求进行维护保养的特种设备的。

违反本法规定，特种设备销售单位未建立检查验收和销售记录制度，或者进口特种设备未履行提前告知义务的，责令改正，处一万元以上十万元以下罚款。

特种设备生产单位销售、交付未经检验或者检验不合格的特种设备的，依照本条第一款规定处罚；情节严重的，吊销生产许可证。

第八十三条 违反本法规定，特种设备使用单位有下列行为之一的，责令限期改正；逾期未改正的，责令停止使用有关特种设备，处一万元以上十万元以下罚款：

（一）使用特种设备未按照规定办理使用登记的；

（二）未建立特种设备安全技术档案或者安全技术档案不符合规定要求，或者未依法设置使用登记标志、定期检验标志的；

（三）未对其使用的特种设备进行经常性维护保养和定期自行检查，或者未对其使用的特种设备的安全附件、安全保护装置进行定期校验、检修，并作出记录的；

（四）未按照安全技术规范的要求及时申报并接受检验的；

（五）未按照安全技术规范的要求进行锅炉水（介）质处理的；

（六）未制定特种设备事故应急专项预案的。

第八十四条 违反本法规定，特种设备使用单位有下列行为之一的，责令停止使用有关特种设备，处三万元以上三十万元以下罚款：

（一）使用未取得许可生产，未经检验或者检验不合格的特种设备，或者国家明令淘汰、已经报废的特种设备的；

（二）特种设备出现故障或者发生异常情况，未对其进行全面检查、消除事故隐患，继续使用的；

（三）特种设备存在严重事故隐患，无改造、修理价值，或者达到安全技术规范规定的其他报废条件，未依法履行报废义务，并办理使用登记证书注销手续的。

第八十五条 违反本法规定，移动式压力容器、气瓶充装单位有下列行为之一的，责令改正，处二万元以上二十万元以下罚款；情节严重的，吊销充装许可证：

（一）未按照规定实施充装前后的检查、记录制度的；

（二）对不符合安全技术规范要求的移动式压力容器和气瓶进行充装的。

违反本法规定，未经许可，擅自从事移动式压力容器或者气瓶充装活动的，予以取缔，没收违法充装的气瓶，处十万元以上五十万元以下罚款；有违法所得的，没收违法所得。

第八十六条 违反本法规定，特种设备生产、经营、使用单位有下列情形之一的，责令限期改正；逾期未改正的，责令停止使用有关特种设备或者停产停业整顿，处一万元以上五万元以下罚款：

（一）未配备具有相应资格的特种设备安全管理人员、检测人员和作业人员的；

（二）使用未取得相应资格的人员从事特种设备安全管理、检测和作业的；

（三）未对特种设备安全管理人员、检测人员和作业人员进行安全教育和技能培训的。

第八十七条 违反本法规定，电梯、客运索道、大型游乐设施的运营使用单位有下列情形之一的，责令限期改正；逾期未改正的，责令停止使用有关特种设备或者停产停业整顿，处二万元以上十万元以下罚款：

（一）未设置特种设备安全管理机构或者配备专职的特种设备安全管理人员的；

（二）客运索道、大型游乐设施每日投入使用前，未进行试运行和例行安全检查，未对安全附件和安全保护装置进行检查确认的；

（三）未将电梯、客运索道、大型游乐设施的安全使用说明、安全注意事项和警示标志置于易于为乘客注意的显著位置的。

第八十八条　违反本法规定，未经许可，擅自从事电梯维护保养的，责令停止违法行为，处一万元以上十万元以下罚款；有违法所得的，没收违法所得。

电梯的维护保养单位未按照本法规定以及安全技术规范的要求，进行电梯维护保养的，依照前款规定处罚。

第八十九条　发生特种设备事故，有下列情形之一的，对单位处五万元以上二十万元以下罚款；对主要负责人处一万元以上五万元以下罚款；主要负责人属于国家工作人员的，并依法给予处分：

（一）发生特种设备事故时，不立即组织抢救或者在事故调查处理期间擅离职守或者逃匿的；

（二）对特种设备事故迟报、谎报或者瞒报的。

第九十条　发生事故，对负有责任的单位除要求其依法承担相应的赔偿等责任外，依照下列规定处以罚款：

（一）发生一般事故，处十万元以上二十万元以下罚款；

（二）发生较大事故，处二十万元以上五十万元以下罚款；

（三）发生重大事故，处五十万元以上二百万元以下罚款。

第九十一条　对事故发生负有责任的单位的主要负责人未依法履行职责或者负有领导责任的，依照下列规定处以罚款；属于国家工作人员的，并依法给予处分：

（一）发生一般事故，处上一年年收入百分之三十的罚款；

（二）发生较大事故，处上一年年收入百分之四十的罚款；

（三）发生重大事故，处上一年年收入百分之六十的罚款。

第九十二条　违反本法规定，特种设备安全管理人员、检测人员和作业人员不履行岗位职责，违反操作规程和有关安全规章制度，造成事故的，吊销相关人员的资格。

第九十三条　违反本法规定，特种设备检验、检测机构及其检验、检测人员有下列行为之一的，责令改正，对机构处五万元以上二十万元以下罚款，对直接负责的主管人员和其他直接责任人员处五千元以上五万元以下罚款；情节严重的，吊销机构资质和有关人员的资格：

（一）未经核准或者超出核准范围、使用未取得相应资格的人员从事检验、检测的；

（二）未按照安全技术规范的要求进行检验、检测的；

（三）出具虚假的检验、检测结果和鉴定结论或者检验、检测结果和鉴定结论严重失实的；

（四）发现特种设备存在严重事故隐患，未及时告知相关单位，并立即向负责特种设备安全监督管理的部门报告的；

（五）泄露检验、检测过程中知悉的商业秘密的；

（六）从事有关特种设备的生产、经营活动的；

（七）推荐或者监制、监销特种设备的；

（八）利用检验工作故意刁难相关单位的。

违反本法规定，特种设备检验、检测机构的检验、检测人员同时在两个以上检验、检测机构中执业的，处五千元以上五万元以下罚款；情节严重的，吊销其资格。

第九十四条　违反本法规定，负责特种设备安全监督管理的部门及其工作人员有下列行为之一的，由上级机关责令改正；对直接负责的主管人员和其他直接责任人员，依法给予处分：

（一）未依照法律、行政法规规定的条件、程序实施许可的；

（二）发现未经许可擅自从事特种设备的生产、使用或者检验、检测活动不予取缔或者不依法予以处理的；

（三）发现特种设备生产单位不再具备本法规定的条件而不吊销其许可证，或者发现特种设备生产、经营、使用违法行为不予查处的；

（四）发现特种设备检验、检测机构不再具备本法规定的条件而不撤销其核准，或者对其出具虚假的检验、检测结果和鉴定结论或者检验、检测结果和鉴定结论严重失实的行为不予查处的；

（五）发现违反本法规定和安全技术规范要求的行为或者特种设备存在事故隐患，不立即处理的；

（六）发现重大违法行为或者特种设备存在严重事故隐患，未及时向上级负责特种设备安全监督管理的部门报告，或者接到报告的负责特种设备安全监督管理的部门不立即处理的；

（七）要求已经依照本法规定在其他地方取得许可的特种设备生产单位重复取得许可，或者要求对已经依照本法规定在其他地方检验合格的特种设备重复进行检验的；

（八）推荐或者监制、监销特种设备的；

（九）泄露履行职责过程中知悉的商业秘密的；

（十）接到特种设备事故报告未立即向本级人民政府报告，并按照规定上报的；

（十一）迟报、漏报、谎报或者瞒报事故的；

（十二）妨碍事故救援或者事故调查处理的；

（十三）其他滥用职权、玩忽职守、徇私舞弊的行为。

第九十五条　违反本法规定，特种设备生产、经营、使用单位或者检验、检测机构拒不接受负责特种设备安全监督管理的部门依法实施的监督检查的，责令限期改正；逾期未改正的，责令停产停业整顿，处二万元以上二十万元以下罚款。

特种设备生产、经营、使用单位擅自动用、调换、转移、损毁被查封、扣押的特种设备或者其主要部件的，责令改正，处五万元以上二十万元以下罚款；情节严重的，吊销生产许可证，注销特种设备使用登记证书。

第九十六条　违反本法规定，被依法吊销许可证的，自吊销许可证之日起三年内，负责特种设备安全监督管理的部门不予受理其新的许可申请。

第九十七条　违反本法规定，造成人身、财产损害的，依法承担民事责任。

违反本法规定，应当承担民事赔偿责任和缴纳罚款、罚金，其财产不足以同时支付时，先承担民事赔偿责任。

第九十八条　违反本法规定，构成违反治安管理行为的，依法给予治安管理处罚；构成犯罪的，依法追究刑事责任。

第七章　附　则

第九十九条　特种设备行政许可、检验的收费，依照法律、行政法规的规定执行。

第一百条　军事装备、核设施、航空航天器使用的特种设备安全的监督管理不适用本法。

铁路机车、海上设施和船舶、矿山井下使用的特种设备以及民用机场专用设备安全的监督管理，房屋建筑工地、市政工程工地用起重机械和场（厂）内专用机动车辆的安装、使用的监督管理，由有关部门依照本法和其他有关法律的规定实施。

第一百零一条　本法自 2014 年 1 月 1 日起施行。

国家安全生产事故灾难应急预案

（2006 年 1 月 22 日）

1 总 则

1.1 编制目的

规范安全生产事故灾难的应急管理和应急响应程序，及时有效地实施应急救援工作，最大程度地减少人员伤亡、财产损失，维护人民群众的生命安全和社会稳定。

1.2 编制依据

依据《中华人民共和国安全生产法》、《国家突发公共事件总体应急预案》和《国务院关于进一步加强安全生产工作的决定》等法律法规及有关规定，制定本预案。

1.3 适用范围

本预案适用于下列安全生产事故灾难的应对工作：

（1）造成 30 人以上死亡（含失踪），或危及 30 人以上生命安全，或者 100 人以上中毒（重伤），或者需要紧急转移安置 10 万人以上，或者直接经济损失 1 亿元以上的特别重大安全生产事故灾难。

（2）超出省（区、市）人民政府应急处置能力，或者跨省级行政区、跨多个领域（行业和部门）的安全生产事故灾难。

（3）需要国务院安全生产委员会（以下简称国务院安委会）处置的安全生产事故灾难。

1.4 工作原则

（1）以人为本，安全第一。把保障人民群众的生命安全和身体健康、最大程度地预防和减少安全生产事故灾难造成的人员伤亡作为首要任务。切实加强应急救援人员的安全防护。充分发挥人的主观能动性，充分发挥专业救援力量的骨干作用和人民群众的基础作用。

（2）统一领导，分级负责。在国务院统一领导和国务院安委会组织协调下，各省（区、市）人民政府和国务院有关部门按照各自职责和权限，负责有关安全生产事故灾难的应急管理和应急处置工作。企业要认真履行安全生产责任主体的职责，建立安全生产应急预案和应急机制。

（3）条块结合，属地为主。安全生产事故灾难现场应急处置的领导和指挥以地方人民政府为主，实行地方各级人民政府行政首长负责制。有关部门应当与地方人民政府密切配合，充分发挥指导和协调作用。

（4）依靠科学，依法规范。采用先进技术，充分发挥专家作用，实行科学民主决策。采用先进的救援装备和技术，增强应急救援能力。依法规范应急救援工作，确保应急预案的科学性、权威性和可操作性。

（5）预防为主，平战结合。贯彻落实“安全第一，预防为主”的方针，坚持事故灾难应急与预防工作相结合。做好预防、预测、预警和预报工作，做好常态下的风险评估、物资储备、队伍建设、完善装备、预案演练等工作。

2　组织体系及相关机构职责

2.1　组织体系

全国安全生产事故灾难应急救援组织体系由国务院安委会、国务院有关部门、地方各级人民政府安全生产事故灾难应急领导机构、综合协调指挥机构、专业协调指挥机构、应急支持保障部门、应急救援队伍和生产经营单位组成。

国家安全生产事故灾难应急领导机构为国务院安委会，综合协调指挥机构为国务院安委会办公室，国家安全生产应急救援指挥中心具体承担安全生产事故灾难应急管理工作，专业协调指挥机构为国务院有关部门管理的专业领域应急救援指挥机构。

地方各级人民政府的安全生产事故灾难应急机构由地方政府确定。

应急救援队伍主要包括消防部队、专业应急救援队伍、生产经营单位的应急救援队伍、社会力量、志愿者队伍及有关国际救援力量等。

国务院安委会各成员单位按照职责履行本部门的安全生产事故灾难应急救援和保障方面的职责，负责制订、管理并实施有关应急预案。

2.2　现场应急救援指挥部及职责

现场应急救援指挥以属地为主，事发地省（区、市）人民政府成立现场应急救援指挥部。现场应急救援指挥部负责指挥所有参与应急救援的队伍和人员，及时向国务院报告事故灾难事态发展及救援情况，同时抄送国务院安委会办公室。

涉及多个领域、跨省级行政区或影响特别重大的事故灾难，根据需要由国务院安委会或者国务院有关部门组织成立现场应急救援指挥部，负责应急救援协调指挥工作。

3　预警预防机制

3.1　事故灾难监控与信息报告

国务院有关部门和省（区、市）人民政府应当加强对重大危险源的监控，对可能引发特别重大事故的险情，或者其他灾害、灾难可能引发安全生产事故灾难的重要信息应及时上报。

特别重大安全生产事故灾难发生后，事故现场有关人员应当立即报告单位负责人，单位负责人接到报告后，应当立即报告当地人民政府和上级主管部门。中央企业在上报当地政府的同时应当上报企业总部。当地人民政府接到报告后应当立即报告上级政府，国务院有关部门、单位、中央企业和事故灾难发生地的省（区、市）人民政府应当在接到报告后2小时内，向国务院报告，同时抄送国务院安委会办公室。

自然灾害、公共卫生和社会安全方面的突发事件可能引发安全生产事故灾难的信息，有关各级、各类应急指挥机构均应及时通报同级安全生产事故灾难应急救援指挥机构，安全生产事故灾难应急救援指挥机构应当及时分析处理，并按照分级管理的程序逐级上报，紧急情况下，可越级上报。

发生安全生产事故灾难的有关部门、单位要及时、主动向国务院安委会办公室、国务院有关部门提供与事故应急救援有关的资料。事故灾难发生地安全监管部门提供事故前监督检查的有关资料，为国务院安委会办公室、国务院有关部门研究制订救援方案提供参考。

3.2　预警行动

各级、各部门安全生产事故灾难应急机构接到可能导致安全生产事故灾难的信息后，按照应急预案及时研究确定应对方案，并通知有关部门、单位采取相应行动预防事故发生。

4　应急响应

4.1　分级响应

Ⅰ级应急响应行动（具体标准见1.3）由国务院安委会办公室或国务院有关部门组织实施。当国务院安委会办公室或国务院有关部门进行Ⅰ级应急响应行动时，事发地各级人民政府应当按照相应的预案全力以赴组织救援，并及时向国务院及国务院安委会办公室、国务院有关部门报告救援工作进展情况。

Ⅱ级及以下应急响应行动的组织实施由省级人民政府决定。地方各级人民政府根据事故灾难或险情的严重程度启动相应的应急预案，超出其应急救援处置能力时，及时报请上一级应急救援指挥机构启动上一级应急预案实施救援。

4.1.1　国务院有关部门的响应

Ⅰ级响应时，国务院有关部门启动并实施本部门相关的应急预案，组织应急救援，并及时向国务院及国务院安委会办公室报告救援工作进展情况。需要其他部门应急力量支援时，及时提出请求。

根据发生的安全生产事故灾难的类别，国务院有关部门按照其职责和预案进行响应。

4.1.2　国务院安委会办公室的响应

（1）及时向国务院报告安全生产事故灾难基本情况、事态发展和救援进展情况。

（2）开通与事故灾难发生地的省级应急救援指挥机构、现场应急救援指挥部、相关专业应急救援指挥机构的通信联系，随时掌握事态发展情况。

（3）根据有关部门和专家的建议，通知相关应急救援指挥机构随时待命，为地方或专业应急救援指挥机构提供技术支持。

（4）派出有关人员和专家赶赴现场参加、指导现场应急救援，必要时协调专业应急力量增援。

（5）对可能或者已经引发自然灾害、公共卫生和社会安全突发事件的，国务院安委会办公室要及时上报国务院，同时负责通报相关领域的应急救援指挥机构。

（6）组织协调特别重大安全生产事故灾难应急救援工作。

（7）协调落实其他有关事项。

4.2　指挥和协调

进入Ⅰ级响应后，国务院有关部门及其专业应急救援指挥机构立即按照预案组织相关应急救援力量，配合地方政府组织实施应急救援。

国务院安委会办公室根据事故灾难的情况开展应急救援协调工作。通知有关部门及其应急机构、救援队伍和事发地毗邻省（区、市）人民政府应急救援指挥机构，相关机构按照各自应急预案提供增援或保障。有关应急队伍在现场应急救援指挥部统一指挥下，密切配合，共同实施抢险救援和紧急处置行动。

现场应急救援指挥部负责现场应急救援的指挥，现场应急救援指挥部成立前，事发单位和先期到达的应急救援队伍必须迅速、有效地实施先期处置，事故灾难发生地人民政府负责协调，全力控制事故灾难发展态势，防止次生、衍生和耦合事故（事件）发生，果断控制或切断事故灾害链。

中央企业发生事故灾难时，其总部应全力调动相关资源，有效开展应急救援工作。

4.3　紧急处置

现场处置主要依靠本行政区域内的应急处置力量。事故灾难发生后，发生事故的单位和当地人民政府按照应急预案迅速采取措施。

根据事态发展变化情况，出现急剧恶化的特殊险情时，现场应急救援指挥部在充分考虑专家和有关方面意见的基础上，依法及时采取紧急处置措施。

4.4　医疗卫生救助

事发地卫生行政主管部门负责组织开展紧急医疗救护和现场卫生处置工作。

卫生部或国务院安委会办公室根据地方人民政府的请求，及时协调有关专业医疗救护机构和专科医院派出有关专家、提供特种药品和特种救治装备进行支援。

事故灾难发生地疾病控制中心根据事故类型，按照专业规程进行现场防疫工作。

4.5　应急人员的安全防护

现场应急救援人员应根据需要携带相应的专业防护装备，采取安全防护措施，严格执行应急救援人员进入和离开事故现场的相关规定。

现场应急救援指挥部根据需要具体协调、调集相应的安全防护装备。

4.6　群众的安全防护

现场应急救援指挥部负责组织群众的安全防护工作，主要工作内容如下：

（1）企业应当与当地政府、社区建立应急互动机制，确定保护群众安全需要采取的防护措施。

（2）决定应急状态下群众疏散、转移和安置的方式、范围、路线、程序。

（3）指定有关部门负责实施疏散、转移。

（4）启用应急避难场所。

（5）开展医疗防疫和疾病控制工作。

（6）负责治安管理。

4.7　社会力量的动员与参与

现场应急救援指挥部组织调动本行政区域社会力量参与应急救援工作。

超出事发地省级人民政府处置能力时，省级人民政府向国务院申请本行政区域外的社会力量支援，国务院办公厅协调有关省级人民政府、国务院有关部门组织社会力量进行支援。

4.8 现场检测与评估

根据需要，现场应急救援指挥部成立事故现场检测、鉴定与评估小组，综合分析和评价检测数据，查找事故原因，评估事故发展趋势，预测事故后果，为制订现场抢救方案和事故调查提供参考。检测与评估报告要及时上报。

4.9 信息发布

国务院安委会办公室会同有关部门具体负责特别重大安全生产事故灾难信息的发布工作。

4.10 应急结束

当遇险人员全部得救，事故现场得以控制，环境符合有关标准，导致次生、衍生事故隐患消除后，经现场应急救援指挥部确认和批准，现场应急处置工作结束，应急救援队伍撤离现场。由事故发生地省级人民政府宣布应急结束。

5 后期处置

5.1 善后处置

省级人民政府会同相关部门（单位）负责组织特别重大安全生产事故灾难的善后处置工作，包括人员安置、补偿，征用物资补偿，灾后重建，污染物收集、清理与处理等事项。尽快消除事故影响，妥善安置和慰问受害及受影响人员，保证社会稳定，尽快恢复正常秩序。

5.2 保险

安全生产事故灾难发生后，保险机构及时开展应急救援人员保险受理和受灾人员保险理赔工作。

5.3 事故灾难调查报告、经验教训总结及改进建议

特别重大安全生产事故灾难由国务院安全生产监督管理部门负责组成调查组进行调查；必要时，国务院直接组成调查组或者授权有关部门组成调查组。

安全生产事故灾难善后处置工作结束后，现场应急救援指挥部分析总结应急救援经验教训，提出改进应急救援工作的建议，完成应急救援总结报告并及时上报。

6 保障措施

6.1 通信与信息保障

建立健全国家安全生产事故灾难应急救援综合信息网络系统和重大安全生产事故灾难信息报告系统；建立完善救援力量和资源信息数据库；规范信息获取、分析、发布、报送格式和程序，保证应急机构之间的信息资源共享，为应急决策提供相关信息支持。

有关部门应急救援指挥机构和省级应急救援指挥机构负责本部门、本地区相关信息收集、分析

和处理，定期向国务院安委会办公室报送有关信息，重要信息和变更信息要及时报送，国务院安委会办公室负责收集、分析和处理全国安全生产事故灾难应急救援有关信息。

6.2　应急支援与保障

6.2.1　救援装备保障

各专业应急救援队伍和企业根据实际情况和需要配备必要的应急救援装备。专业应急救援指挥机构应当掌握本专业的特种救援装备情况，各专业队伍按规程配备救援装备。

6.2.2　应急队伍保障

矿山、危险化学品、交通运输等行业或领域的企业应当依法组建和完善救援队伍。各级、各行业安全生产应急救援机构负责检查并掌握相关应急救援力量的建设和准备情况。

6.2.3　交通运输保障

发生特别重大安全生产事故灾难后，国务院安委会办公室或有关部门根据救援需要及时协调民航、交通和铁路等行政主管部门提供交通运输保障。地方人民政府有关部门对事故现场进行道路交通管制，根据需要开设应急救援特别通道，道路受损时应迅速组织抢修，确保救灾物资、器材和人员运送及时到位，满足应急处置工作需要。

6.2.4　医疗卫生保障

县级以上各级人民政府应当加强急救医疗服务网络的建设，配备相应的医疗救治药物、技术、设备和人员，提高医疗卫生机构应对安全生产事故灾难的救治能力。

6.2.5　物资保障

国务院有关部门和县级以上人民政府及其有关部门、企业，应当建立应急救援设施、设备、救治药品和医疗器械等储备制度，储备必要的应急物资和装备。

各专业应急救援机构根据实际情况，负责监督应急物资的储备情况、掌握应急物资的生产加工能力储备情况。

6.2.6　资金保障

生产经营单位应当做好事故应急救援必要的资金准备。安全生产事故灾难应急救援资金首先由事故责任单位承担，事故责任单位暂时无力承担的，由当地政府协调解决。国家处置安全生产事故灾难所需工作经费按照《财政应急保障预案》的规定解决。

6.2.7　社会动员保障

地方各级人民政府根据需要动员和组织社会力量参与安全生产事故灾难的应急救援。国务院安委会办公室协调调用事发地以外的有关社会应急力量参与增援时，地方人民政府要为其提供各种必要保障。

6.2.8　应急避难场所保障

直辖市、省会城市和大城市人民政府负责提供特别重大事故灾难发生时人员避难需要的场所。

6.3　技术储备与保障

国务院安委会办公室成立安全生产事故灾难应急救援专家组，为应急救援提供技术支持和保障。要充分利用安全生产技术支撑体系的专家和机构，研究安全生产应急救援重大问题，开发应急技术和装备。

6.4　宣传、培训和演习

6.4.1　公众信息交流

国务院安委会办公室和有关部门组织应急法律法规和事故预防、避险、避灾、自救、互救常识的宣传工作，各种媒体提供相关支持。

地方各级人民政府结合本地实际，负责本地相关宣传、教育工作，提高全民的危机意识。

企业与所在地政府、社区建立互动机制，向周边群众宣传相关应急知识。

6.4.2　培训

有关部门组织各级应急管理机构以及专业救援队伍的相关人员进行上岗前培训和业务培训。

有关部门、单位可根据自身实际情况，做好兼职应急救援队伍的培训，积极组织社会志愿者的培训，提高公众自救、互救能力。

地方各级人民政府将突发公共事件应急管理内容列入行政干部培训的课程。

6.4.3　演习

各专业应急机构每年至少组织一次安全生产事故灾难应急救援演习。国务院安委会办公室每两年至少组织一次联合演习。各企事业单位应当根据自身特点，定期组织本单位的应急救援演习。演习结束后应及时进行总结。

6.5　监督检查

国务院安委会办公室对安全生产事故灾难应急预案实施的全过程进行监督检查。

7　附　则

7.1　预案管理与更新

随着应急救援相关法律法规的制定、修改和完善，部门职责或应急资源发生变化，以及实施过程中发现存在问题或出现新的情况，应及时修订完善本预案。

本预案有关数量的表述中，“以上”含本数，“以下”不含本数。

7.2　奖励与责任追究

7.2.1　奖励

在安全生产事故灾难应急救援工作中有下列表现之一的单位和个人，应依据有关规定给予奖励：

（1）出色完成应急处置任务，成绩显著的。

（2）防止或抢救事故灾难有功，使国家、集体和人民群众的财产免受损失或者减少损失的。

（3）对应急救援工作提出重大建议，实施效果显著的。

（4）有其他特殊贡献的。

7.2.2　责任追究

在安全生产事故灾难应急救援工作中有下列行为之一的，按照法律、法规及有关规定，对有关责任人员视情节和危害后果，由其所在单位或者上级机关给予行政处分；其中，对国家公务员和国家行政机关任命的其他人员，分别由任免机关或者监察机关给予行政处分；属于违反治安管理行为的，由公安机关依照有关法律法规的规定予以处罚；构成犯罪的，由司法机关依法追究刑事责任：

（1）不按照规定制订事故应急预案，拒绝履行应急准备义务的。

（2）不按照规定报告、通报事故灾难真实情况的。

（3）拒不执行安全生产事故灾难应急预案，不服从命令和指挥，或者在应急响应时临阵脱逃的。

（4）盗窃、挪用、贪污应急工作资金或者物资的。

（5）阻碍应急工作人员依法执行任务或者进行破坏活动的。

（6）散布谣言，扰乱社会秩序的。

（7）有其他危害应急工作行为的。

7.3　国际沟通与协作

国务院安委会办公室和有关部门积极建立与国际应急机构的联系，组织参加国际救援活动，开展国际间的交流与合作。

7.4　预案实施时间

本预案自印发之日起施行。

中华人民共和国国务院令

（第 639 号）

《铁路安全管理条例》已经 2013 年 7 月 24 日国务院第 18 次常务会议通过，现予公布，自 2014 年 1 月 1 日起施行。

总理　李克强

2013 年 8 月 17 日

铁路安全管理条例

第一章　总　则

第一条　为了加强铁路安全管理，保障铁路运输安全和畅通，保护人身安全和财产安全，制定本条例。

第二条　铁路安全管理坚持安全第一、预防为主、综合治理的方针。

第三条　国务院铁路行业监督管理部门负责全国铁路安全监督管理工作，国务院铁路行业监督管理部门设立的铁路监督管理机构负责辖区内的铁路安全监督管理工作。国务院铁路行业监督管理部门和铁路监督管理机构统称铁路监管部门。

国务院有关部门依照法律和国务院规定的职责，负责铁路安全管理的有关工作。

第四条　铁路沿线地方各级人民政府和县级以上地方人民政府有关部门应当按照各自职责，加强保障铁路安全的教育，落实护路联防责任制，防范和制止危害铁路安全的行为，协调和处理保障铁路安全的有关事项，做好保障铁路安全的有关工作。

第五条　从事铁路建设、运输、设备制造维修的单位应当加强安全管理，建立健全安全生产管理制度，落实企业安全生产主体责任，设置安全管理机构或者配备安全管理人员，执行保障生产安全和产品质量安全的国家标准、行业标准，加强对从业人员的安全教育培训，保证安全生产所必需的资金投入。

铁路建设、运输、设备制造维修单位的工作人员应当严格执行规章制度，实行标准化作业，保证铁路安全。

第六条　铁路监管部门、铁路运输企业等单位应当按照国家有关规定制定突发事件应急预案，并组织应急演练。

第七条 禁止扰乱铁路建设、运输秩序。禁止损坏或者非法占用铁路设施设备、铁路标志和铁路用地。

任何单位或者个人发现损坏或者非法占用铁路设施设备、铁路标志、铁路用地以及其他影响铁路安全的行为，有权报告铁路运输企业，或者向铁路监管部门、公安机关或者其他有关部门举报。接到报告的铁路运输企业、接到举报的部门应当根据各自职责及时处理。

对维护铁路安全做出突出贡献的单位或者个人，按照国家有关规定给予表彰奖励。

第二章 铁路建设质量安全

第八条 铁路建设工程的勘察、设计、施工、监理以及建设物资、设备的采购，应当依法进行招标。

第九条 从事铁路建设工程勘察、设计、施工、监理活动的单位应当依法取得相应资质，并在其资质等级许可的范围内从事铁路工程建设活动。

第十条 铁路建设单位应当选择具备相应资质等级的勘察、设计、施工、监理单位进行工程建设，并对建设工程的质量安全进行监督检查，制作检查记录留存备查。

第十一条 铁路建设工程的勘察、设计、施工、监理应当遵守法律、行政法规关于建设工程质量和安全管理的规定，执行国家标准、行业标准和技术规范。

铁路建设工程的勘察、设计、施工单位依法对勘察、设计、施工的质量负责，监理单位依法对施工质量承担监理责任。

高速铁路和地质构造复杂的铁路建设工程实行工程地质勘察监理制度。

第十二条 铁路建设工程的安全设施应当与主体工程同时设计、同时施工、同时投入使用。安全设施投资应当纳入建设项目概算。

第十三条 铁路建设工程使用的材料、构件、设备等产品，应当符合有关产品质量的强制性国家标准、行业标准。

第十四条 铁路建设工程的建设工期，应当根据工程地质条件、技术复杂程度等因素，按照国家标准、行业标准和技术规范合理确定、调整。

任何单位和个人不得违反前款规定要求铁路建设、设计、施工单位压缩建设工期。

第十五条 铁路建设工程竣工，应当按照国家有关规定组织验收，并由铁路运输企业进行运营安全评估。经验收、评估合格，符合运营安全要求的，方可投入运营。

第十六条 在铁路线路及其邻近区域进行铁路建设工程施工，应当执行铁路营业线施工安全管理规定。铁路建设单位应当会同相关铁路运输企业和工程设计、施工单位制定安全施工方案，按照方案进行施工。施工完毕应当及时清理现场，不得影响铁路运营安全。

第十七条 新建、改建设计开行时速120公里以上列车的铁路或者设计运输量达到国务院铁路行业监督管理部门规定的较大运输量标准的铁路，需要与道路交叉的，应当设置立体交叉设施。

新建、改建高速公路、一级公路或者城市道路中的快速路，需要与铁路交叉的，应当设置立体交叉设施，并优先选择下穿铁路的方案。

已建成的属于前两款规定情形的铁路、道路为平面交叉的，应当逐步改造为立体交叉。

新建、改建高速铁路需要与普通铁路、道路、渡槽、管线等设施交叉的，应当优先选择高速铁路上跨方案。

第十八条 设置铁路与道路立体交叉设施及其附属安全设施所需费用的承担，按照下列原则确定：

（一）新建、改建铁路与既有道路交叉的，由铁路方承担建设费用；道路方要求超过既有道路建设标准建设所增加的费用，由道路方承担；

（二）新建、改建道路与既有铁路交叉的，由道路方承担建设费用；铁路方要求超过既有铁路线路建设标准建设所增加的费用，由铁路方承担；

（三）同步建设的铁路和道路需要设置立体交叉设施以及既有铁路道口改造为立体交叉的，由铁路方和道路方按照公平合理的原则分担建设费用。

第十九条 铁路与道路立体交叉设施及其附属安全设施竣工验收合格后，应当按照国家有关规定移交有关单位管理、维护。

第二十条 专用铁路、铁路专用线需要与公用铁路网接轨的，应当符合国家有关铁路建设、运输的安全管理规定。

第三章 铁路专用设备质量安全

第二十一条 设计、制造、维修或者进口新型铁路机车车辆，应当符合国家标准、行业标准，并分别向国务院铁路行业监督管理部门申请领取型号合格证、制造许可证、维修许可证或者进口许可证，具体办法由国务院铁路行业监督管理部门制定。

铁路机车车辆的制造、维修、使用单位应当遵守有关产品质量的法律、行政法规以及国家其他有关规定，确保投入使用的机车车辆符合安全运营要求。

第二十二条 生产铁路道岔及其转辙设备、铁路信号控制软件和控制设备、铁路通信设备、铁路牵引供电设备的企业，应当符合下列条件并经国务院铁路行业监督管理部门依法审查批准：

（一）有按照国家标准、行业标准检测、检验合格的专业生产设备；

（二）有相应的专业技术人员；

（三）有完善的产品质量保证体系和安全管理制度；

（四）法律、行政法规规定的其他条件。

第二十三条 铁路机车车辆以外的直接影响铁路运输安全的铁路专用设备，依法应当进行产品认证的，经认证合格方可出厂、销售、进口、使用。

第二十四条 用于危险化学品和放射性物品运输的铁路罐车、专用车辆以及其他容器的生产和检测、检验，依照有关法律、行政法规的规定执行。

第二十五条 用于铁路运输的安全检测、监控、防护设施设备，集装箱和集装化用具等运输器具，专用装卸机械、索具、篷布、装载加固材料或者装置，以及运输包装、货物装载加固等，应当符合国家标准、行业标准和技术规范。

第二十六条 铁路机车车辆以及其他铁路专用设备存在缺陷，即由于设计、制造、标识等原因导致同一批次、型号或者类别的铁路专用设备普遍存在不符合保障人身、财产安全的国家标准、行业标准的情形或者其他危及人身、财产安全的不合理危险的，应当立即停止生产、销售、进口、使用；设备制造者应当召回缺陷产品，采取措施消除缺陷。具体办法由国务院铁路行业监督管理部门制定。

第四章 铁路线路安全

第二十七条 铁路线路两侧应当设立铁路线路安全保护区。铁路线路安全保护区的范围，从铁路线路路堤坡脚、路堑坡顶或者铁路桥梁（含铁路、道路两用桥，下同）外侧起向外的距离分别为：

（一）城市市区高速铁路为10米，其他铁路为8米；

（二）城市郊区居民居住区高速铁路为12米，其他铁路为10米；

（三）村镇居民居住区高速铁路为15米，其他铁路为12米；

（四）其他地区高速铁路为20米，其他铁路为15米。

前款规定距离不能满足铁路运输安全保护需要的，由铁路建设单位或者铁路运输企业提出方案，铁路监督管理机构或者县级以上地方人民政府依照本条第三款规定程序划定。

在铁路用地范围内划定铁路线路安全保护区的，由铁路监督管理机构组织铁路建设单位或者铁路运输企业划定并公告。在铁路用地范围外划定铁路线路安全保护区的，由县级以上地方人民政府根据保障铁路运输安全和节约用地的原则，组织有关铁路监督管理机构、县级以上地方人民政府国土资源等部门划定并公告。

铁路线路安全保护区与公路建筑控制区、河道管理范围、水利工程管理和保护范围、航道保护范围或者石油、电力以及其他重要设施保护区重叠的，由县级以上地方人民政府组织有关部门依照法律、行政法规的规定协商划定并公告。

新建、改建铁路的铁路线路安全保护区范围，应当自铁路建设工程初步设计批准之日起30日内，由县级以上地方人民政府依照本条例的规定划定并公告。铁路建设单位或者铁路运输企业应当根据工程竣工资料进行勘界，绘制铁路线路安全保护区平面图，并根据平面图设立标桩。

第二十八条　设计开行时速120公里以上列车的铁路应当实行全封闭管理。铁路建设单位或者铁路运输企业应当按照国务院铁路行业监督管理部门的规定在铁路用地范围内设置封闭设施和警示标志。

第二十九条　禁止在铁路线路安全保护区内烧荒、放养牲畜、种植影响铁路线路安全和行车瞭望的树木等植物。

禁止向铁路线路安全保护区排污、倾倒垃圾以及其他危害铁路安全的物质。

第三十条　在铁路线路安全保护区内建造建筑物、构筑物等设施，取土、挖砂、挖沟、采空作业或者堆放、悬挂物品，应当征得铁路运输企业同意并签订安全协议，遵守保证铁路安全的国家标准、行业标准和施工安全规范，采取措施防止影响铁路运输安全。铁路运输企业应当派员对施工现场实行安全监督。

第三十一条　铁路线路安全保护区内既有的建筑物、构筑物危及铁路运输安全的，应当采取必要的安全防护措施；采取安全防护措施后仍不能保证安全的，依照有关法律的规定拆除。

拆除铁路线路安全保护区内的建筑物、构筑物，清理铁路线路安全保护区内的植物，或者对他人在铁路线路安全保护区内已依法取得的采矿权等合法权利予以限制，给他人造成损失的，应当依法给予补偿或者采取必要的补救措施。但是，拆除非法建设的建筑物、构筑物的除外。

第三十二条　在铁路线路安全保护区及其邻近区域建造或者设置的建筑物、构筑物、设备等，不得进入国家规定的铁路建筑限界。

第三十三条　在铁路线路两侧建造、设立生产、加工、储存或者销售易燃、易爆或者放射性物品等危险物品的场所、仓库，应当符合国家标准、行业标准规定的安全防护距离。

第三十四条　在铁路线路两侧从事采矿、采石或者爆破作业，应当遵守有关采矿和民用爆破的法律法规，符合国家标准、行业标准和铁路安全保护要求。

在铁路线路路堤坡脚、路堑坡顶、铁路桥梁外侧起向外各1000米范围内，以及在铁路隧道上方中心线两侧各1000米范围内，确需从事露天采矿、采石或者爆破作业的，应当与铁路运输企业协商一致，依照有关法律法规的规定报县级以上地方人民政府有关部门批准，采取安全防护措施后方可进行。

第三十五条　高速铁路线路路堤坡脚、路堑坡顶或者铁路桥梁外侧起向外各200米范围内禁止抽取地下水。

在前款规定范围外，高速铁路线路经过的区域属于地面沉降区域，抽取地下水危及高速铁路安全的，应当设置地下水禁止开采区或者限制开采区，具体范围由铁路监督管理机构会同县级以上地方人民政府水行政主管部门提出方案，报省、自治区、直辖市人民政府批准并公告。

第三十六条　在电气化铁路附近从事排放粉尘、烟尘及腐蚀性气体的生产活动，超过国家规定的排放标准，危及铁路运输安全的，由县级以上地方人民政府有关部门依法责令整改，消除安全隐患。

第三十七条　任何单位和个人不得擅自在铁路桥梁跨越处河道上下游各1000米范围内围垦造田、拦河筑坝、架设浮桥或者修建其他影响铁路桥梁安全的设施。

因特殊原因确需在前款规定的范围内进行围垦造田、拦河筑坝、架设浮桥等活动的，应当进行安全论证，负责审批的机关在批准前应当征求有关铁路运输企业的意见。

第三十八条　禁止在铁路桥梁跨越处河道上下游的下列范围内采砂、淘金：

（一）跨河桥长500米以上的铁路桥梁，河道上游500米，下游3000米；

（二）跨河桥长100米以上不足500米的铁路桥梁，河道上游500米，下游2000米；

（三）跨河桥长不足100米的铁路桥梁，河道上游500米，下游1000米。

有关部门依法在铁路桥梁跨越处河道上下游划定的禁采范围大于前款规定的禁采范围的，按照划定的禁采范围执行。

县级以上地方人民政府水行政主管部门、国土资源主管部门应当按照各自职责划定禁采区域、设置禁采标志，制止非法采砂、淘金行为。

第三十九条　在铁路桥梁跨越处河道上下游各500米范围内进行疏浚作业，应当进行安全技术评价，有关河道、航道管理部门应当征求铁路运输企业的意见，确认安全或者采取安全技术措施后，方可批准进行疏浚作业。但是，依法进行河道、航道日常养护、疏浚作业的除外。

第四十条　铁路、道路两用桥由所在地铁路运输企业和道路管理部门或者道路经营企业定期检查、共同维护，保证桥梁处于安全的技术状态。

铁路、道路两用桥的墩、梁等共用部分的检测、维修由铁路运输企业和道路管理部门或者道路经营企业共同负责，所需费用按照公平合理的原则分担。

第四十一条　铁路的重要桥梁和隧道按照国家有关规定由中国人民武装警察部队负责守卫。

第四十二条　船舶通过铁路桥梁应当符合桥梁的通航净空高度并遵守航行规则。

桥区航标中的桥梁航标、桥柱标、桥梁水尺标由铁路运输企业负责设置、维护，水面航标由铁路运输企业负责设置，航道管理部门负责维护。

第四十三条　下穿铁路桥梁、涵洞的道路应当按照国家标准设置车辆通过限高、限宽标志和限高防护架。城市道路的限高、限宽标志由当地人民政府指定的部门设置并维护，公路的限高、限宽标志由公路管理部门设置并维护。限高防护架在铁路桥梁、涵洞、道路建设时设置，由铁路运输企业负责维护。

机动车通过下穿铁路桥梁、涵洞的道路，应当遵守限高、限宽规定。

下穿铁路涵洞的管理单位负责涵洞的日常管理、维护，防止淤塞、积水。

第四十四条　铁路线路安全保护区内的道路和铁路线路路堑上的道路、跨越铁路线路的道路桥梁，应当按照国家有关规定设置防止车辆以及其他物体进入、坠入铁路线路的安全防护设施和警示标志，并由道路管理部门或者道路经营企业维护、管理。

第四十五条　架设、铺设铁路信号和通信线路、杆塔应当符合国家标准、行业标准和铁路安全防护要求。铁路运输企业、为铁路运输提供服务的电信企业应当加强对铁路信号和通信线路、杆塔的维护和管理。

第四十六条　设置或者拓宽铁路道口、铁路人行过道，应当征得铁路运输企业的同意。

第四十七条　铁路与道路交叉的无人看守道口应当按照国家标准设置警示标志；有人看守道口应当设置移动栏杆、列车接近报警装置、警示灯、警示标志、铁路道口路段标线等安全防护设施。

道口移动栏杆、列车接近报警装置、警示灯等安全防护设施由铁路运输企业设置、维护；警示标志、铁路道口路段标线由铁路道口所在地的道路管理部门设置、维护。

第四十八条　机动车或者非机动车在铁路道口内发生故障或者装载物掉落的，应当立即将故障车辆或者掉落的装载物移至铁路道口停止线以外或者铁路线路最外侧钢轨5米以外的安全地点。无法立即移至安全地点的，应当立即报告铁路道口看守人员；在无人看守道口，应当立即在道口两端采取措施拦停列车，并就近通知铁路车站或者公安机关。

第四十九条　履带车辆等可能损坏铁路设施设备的车辆、物体通过铁路道口，应当提前通知铁路道口管理单位，在其协助、指导下通过，并采取相应的安全防护措施。

第五十条　在下列地点，铁路运输企业应当按照国家标准、行业标准设置易于识别的警示、保护标志：

（一）铁路桥梁、隧道的两端；

（二）铁路信号、通信光（电）缆的埋设、铺设地点；

（三）电气化铁路接触网、自动闭塞供电线路和电力贯通线路等电力设施附近易发生危险的地点。

第五十一条　禁止毁坏铁路线路、站台等设施设备和铁路路基、护坡、排水沟、防护林木、护坡草坪、铁路线路封闭网及其他铁路防护设施。

第五十二条　禁止实施下列危及铁路通信、信号设施安全的行为：

（一）在埋有地下光（电）缆设施的地面上方进行钻探，堆放重物、垃圾，焚烧物品，倾倒腐蚀性物质；

（二）在地下光（电）缆两侧各1米的范围内建造、搭建建筑物、构筑物等设施；

（三）在地下光（电）缆两侧各1米的范围内挖砂、取土；

（四）在过河光（电）缆两侧各100米的范围内挖砂、抛锚或者进行其他危及光（电）缆安全的作业。

第五十三条　禁止实施下列危害电气化铁路设施的行为：

（一）向电气化铁路接触网抛掷物品；

（二）在铁路电力线路导线两侧各500米的范围内升放风筝、气球等低空飘浮物体；

（三）攀登铁路电力线路杆塔或者在杆塔上架设、安装其他设施设备；

（四）在铁路电力线路杆塔、拉线周围20米范围内取土、打桩、钻探或者倾倒有害化学物品；

（五）触碰电气化铁路接触网。

第五十四条　县级以上各级人民政府及其有关部门、铁路运输企业应当依照地质灾害防治法律法规的规定，加强铁路沿线地质灾害的预防、治理和应急处理等工作。

第五十五条　铁路运输企业应当对铁路线路、铁路防护设施和警示标志进行经常性巡查和维护；对巡查中发现的安全问题应当立即处理，不能立即处理的应当及时报告铁路监督管理机构。巡查和处理情况应当记录留存。

第五章　铁路运营安全

第五十六条　铁路运输企业应当依照法律、行政法规和国务院铁路行业监督管理部门的规定，制定铁路运输安全管理制度，完善相关作业程序，保障铁路旅客和货物运输安全。

第五十七条　铁路机车车辆的驾驶人员应当参加国务院铁路行业监督管理部门组织的考试，考试合格方可上岗。具体办法由国务院铁路行业监督管理部门制定。

第五十八条　铁路运输企业应当加强铁路专业技术岗位和主要行车工种岗位从业人员的业务培训和安全培训，提高从业人员的业务技能和安全意识。

第五十九条　铁路运输企业应当加强运输过程中的安全防护，使用的运输工具、装载加固设备以及其他专用设施设备应当符合国家标准、行业标准和安全要求。

第六十条　铁路运输企业应当建立健全铁路设施设备的检查防护制度，加强对铁路设施设备的日常维护检修，确保铁路设施设备性能完好和安全运行。

铁路运输企业的从业人员应当按照操作规程使用、管理铁路设施设备。

第六十一条　在法定假日和传统节日等铁路运输高峰期或者恶劣气象条件下，铁路运输企业应当采取必要的安全应急管理措施，加强铁路运输安全检查，确保运输安全。

第六十二条　铁路运输企业应当在列车、车站等场所公告旅客、列车工作人员以及其他进站人员遵守的安全管理规定。

第六十三条　公安机关应当按照职责分工，维护车站、列车等铁路场所和铁路沿线的治安秩序。

第六十四条　铁路运输企业应当按照国务院铁路行业监督管理部门的规定实施火车票实名购买、查验制度。

实施火车票实名购买、查验制度的，旅客应当凭有效身份证件购票乘车；对车票所记载身份信息与所持身份证件或者真实身份不符的持票人，铁路运输企业有权拒绝其进站乘车。

铁路运输企业应当采取有效措施为旅客实名购票、乘车提供便利，并加强对旅客身份信息的保护。铁路运输企业工作人员不得窃取、泄露旅客身份信息。

第六十五条　铁路运输企业应当依照法律、行政法规和国务院铁路行业监督管理部门的规定，对旅客及其随身携带、托运的行李物品进行安全检查。

从事安全检查的工作人员应当佩戴安全检查标志，依法履行安全检查职责，并有权拒绝不接受安全检查的旅客进站乘车和托运行李物品。

第六十六条　旅客应当接受并配合铁路运输企业在车站、列车实施的安全检查，不得违法携带、夹带管制器具，不得违法携带、托运烟花爆竹、枪支弹药等危险物品或者其他违禁物品。

禁止或者限制携带的物品种类及其数量由国务院铁路行业监督管理部门会同公安机关规定，并在车站、列车等场所公布。

第六十七条　铁路运输托运人托运货物、行李、包裹，不得有下列行为：

（一）匿报、谎报货物品名、性质、重量；

（二）在普通货物中夹带危险货物，或者在危险货物中夹带禁止配装的货物；

（三）装车、装箱超过规定重量。

第六十八条　铁路运输企业应当对承运的货物进行安全检查，并不得有下列行为：

（一）在非危险货物办理站办理危险货物承运手续；

（二）承运未接受安全检查的货物；

（三）承运不符合安全规定、可能危害铁路运输安全的货物。

第六十九条 运输危险货物应当依照法律法规和国家其他有关规定使用专用的设施设备，托运人应当配备必要的押运人员和应急处理器材、设备以及防护用品，并使危险货物始终处于押运人员的监管之下；危险货物发生被盗、丢失、泄漏等情况，应当按照国家有关规定及时报告。

第七十条 办理危险货物运输业务的工作人员和装卸人员、押运人员，应当掌握危险货物的性质、危害特性、包装容器的使用特性和发生意外的应急措施。

第七十一条 铁路运输企业和托运人应当按照操作规程包装、装卸、运输危险货物，防止危险货物泄漏、爆炸。

第七十二条 铁路运输企业和托运人应当依照法律法规和国家其他有关规定包装、装载、押运特殊药品，防止特殊药品在运输过程中被盗、被劫或者发生丢失。

第七十三条 铁路管理信息系统及其设施的建设和使用，应当符合法律法规和国家其他有关规定的安全技术要求。

铁路运输企业应当建立网络与信息安全应急保障体系，并配备相应的专业技术人员负责网络和信息系统的安全管理工作。

第七十四条 禁止使用无线电台（站）以及其他仪器、装置干扰铁路运营指挥调度无线电频率的正常使用。

铁路运营指挥调度无线电频率受到干扰的，铁路运输企业应当立即采取排查措施并报告无线电管理机构、铁路监管部门；无线电管理机构、铁路监管部门应当依法排除干扰。

第七十五条 电力企业应当依法保障铁路运输所需电力的持续供应，并保证供电质量。

铁路运输企业应当加强用电安全管理，合理配置供电电源和应急自备电源。

遇有特殊情况影响铁路电力供应的，电力企业和铁路运输企业应当按照各自职责及时组织抢修，尽快恢复正常供电。

第七十六条 铁路运输企业应当加强铁路运营食品安全管理，遵守有关食品安全管理的法律法规和国家其他有关规定，保证食品安全。

第七十七条 禁止实施下列危害铁路安全的行为：

（一）非法拦截列车、阻断铁路运输；

（二）扰乱铁路运输指挥调度机构以及车站、列车的正常秩序；

（三）在铁路线路上放置、遗弃障碍物；

（四）击打列车；

（五）擅自移动铁路线路上的机车车辆，或者擅自开启列车车门、违规操纵列车紧急制动设备；

（六）拆盗、损毁或者擅自移动铁路设施设备、机车车辆配件、标桩、防护设施和安全标志；

（七）在铁路线路上行走、坐卧或者在未设道口、人行过道的铁路线路上通过；

（八）擅自进入铁路线路封闭区域或者在未设置行人通道的铁路桥梁、隧道通行；

（九）擅自开启、关闭列车的货车阀、盖或者破坏施封状态；

（十）擅自开启列车中的集装箱箱门，破坏箱体、阀、盖或者施封状态；

（十一）擅自松动、拆解、移动列车中的货物装载加固材料、装置和设备；

（十二）钻车、扒车、跳车；

（十三）从列车上抛扔杂物；

（十四）在动车组列车上吸烟或者在其他列车的禁烟区域吸烟；

（十五）强行登乘或者以拒绝下车等方式强占列车；

（十六）冲击、堵塞、占用进出站通道或者候车区、站台。

第六章　监督检查

第七十八条　铁路监管部门应当对从事铁路建设、运输、设备制造维修的企业执行本条例的情况实施监督检查，依法查处违反本条例规定的行为，依法组织或者参与铁路安全事故的调查处理。

铁路监管部门应当建立企业违法行为记录和公告制度，对违反本条例被依法追究法律责任的从事铁路建设、运输、设备制造维修的企业予以公布。

第七十九条　铁路监管部门应当加强对铁路运输高峰期和恶劣气象条件下运输安全的监督管理，加强对铁路运输的关键环节、重要设施设备的安全状况以及铁路运输突发事件应急预案的建立和落实情况的监督检查。

第八十条　铁路监管部门和县级以上人民政府安全生产监督管理部门应当建立信息通报制度和运输安全生产协调机制。发现重大安全隐患，铁路运输企业难以自行排除的，应当及时向铁路监管部门和有关地方人民政府报告。地方人民政府获悉铁路沿线有危及铁路运输安全的重要情况，应当及时通报有关的铁路运输企业和铁路监管部门。

第八十一条　铁路监管部门发现安全隐患，应当责令有关单位立即排除。重大安全隐患排除前或者排除过程中无法保证安全的，应当责令从危险区域内撤出人员、设备，停止作业；重大安全隐患排除后方可恢复作业。

第八十二条　实施铁路安全监督检查的人员执行监督检查任务时，应当佩戴标志或者出示证件。任何单位和个人不得阻碍、干扰安全监督检查人员依法履行安全检查职责。

第七章　法律责任

第八十三条　铁路建设单位和铁路建设的勘察、设计、施工、监理单位违反本条例关于铁路建设质量安全管理的规定的，由铁路监管部门依照有关工程建设、招标投标管理的法律、行政法规的规定处罚。

第八十四条　铁路建设单位未对高速铁路和地质构造复杂的铁路建设工程实行工程地质勘察监理，或者在铁路线路及其邻近区域进行铁路建设工程施工不执行铁路营业线施工安全管理规定，影响铁路运营安全的，由铁路监管部门责令改正，处10万元以上50万元以下的罚款。

第八十五条　依法应当进行产品认证的铁路专用设备未经认证合格，擅自出厂、销售、进口、使用的，依照《中华人民共和国认证认可条例》的规定处罚。

第八十六条　铁路机车车辆以及其他专用设备制造者未按规定召回缺陷产品，采取措施消除缺陷的，由国务院铁路行业监督管理部门责令改正；拒不改正的，处缺陷产品货值金额1%以上10%以下的罚款；情节严重的，由国务院铁路行业监督管理部门吊销相应的许可证件。

第八十七条　有下列情形之一的，由铁路监督管理机构责令改正，处2万元以上10万元以下的罚款：

（一）用于铁路运输的安全检测、监控、防护设施设备，集装箱和集装化用具等运输器具、专用装卸机械、索具、篷布、装载加固材料或者装置、运输包装、货物装载加固等，不符合国家标准、行业标准和技术规范；

（二）不按照国家有关规定和标准设置、维护铁路封闭设施、安全防护设施；

（三）架设、铺设铁路信号和通信线路、杆塔不符合国家标准、行业标准和铁路安全防护要求，或者未对铁路信号和通信线路、杆塔进行维护和管理；

（四）运输危险货物不依照法律法规和国家其他有关规定使用专用的设施设备。

第八十八条　在铁路线路安全保护区内烧荒、放养牲畜、种植影响铁路线路安全和行车瞭望的树木等植物，或者向铁路线路安全保护区排污、倾倒垃圾以及其他危害铁路安全的物质的，由铁路监督管理机构责令改正，对单位可以处5万元以下的罚款，对个人可以处2000元以下的罚款。

第八十九条　未经铁路运输企业同意或者未签订安全协议，在铁路线路安全保护区内建造建筑物、构筑物等设施，取土、挖砂、挖沟、采空作业或者堆放、悬挂物品，或者违反保证铁路安全的国家标准、行业标准和施工安全规范，影响铁路运输安全的，由铁路监督管理机构责令改正，可以处10万元以下的罚款。

铁路运输企业未派员对铁路线路安全保护区内施工现场进行安全监督的，由铁路监督管理机构责令改正，可以处3万元以下的罚款。

第九十条　在铁路线路安全保护区及其邻近区域建造或者设置的建筑物、构筑物、设备等进入国家规定的铁路建筑限界，或者在铁路线路两侧建造、设立生产、加工、储存或者销售易燃、易爆或者放射性物品等危险物品的场所、仓库不符合国家标准、行业标准规定的安全防护距离的，由铁路监督管理机构责令改正，对单位处5万元以上20万元以下的罚款，对个人处1万元以上5万元以下的罚款。

第九十一条　有下列行为之一的，分别由铁路沿线所在地县级以上地方人民政府水行政主管部门、国土资源主管部门或者无线电管理机构等依照有关水资源管理、矿产资源管理、无线电管理等法律、行政法规的规定处罚：

（一）未经批准在铁路线路两侧各1000米范围内从事露天采矿、采石或者爆破作业；

（二）在地下水禁止开采区或者限制开采区抽取地下水；

（三）在铁路桥梁跨越处河道上下游各1000米范围内围垦造田、拦河筑坝、架设浮桥或者修建其他影响铁路桥梁安全的设施；

（四）在铁路桥梁跨越处河道上下游禁止采砂、淘金的范围内采砂、淘金；

（五）干扰铁路运营指挥调度无线电频率正常使用。

第九十二条　铁路运输企业、道路管理部门或者道路经营企业未履行铁路、道路两用桥检查、维护职责的，由铁路监督管理机构或者上级道路管理部门责令改正；拒不改正的，由铁路监督管理机构或者上级道路管理部门指定其他单位进行养护和维修，养护和维修费用由拒不履行义务的铁路运输企业、道路管理部门或者道路经营企业承担。

第九十三条　机动车通过下穿铁路桥梁、涵洞的道路未遵守限高、限宽规定的，由公安机关依照道路交通安全管理法律、行政法规的规定处罚。

第九十四条　违反本条例第四十八条、第四十九条关于铁路道口安全管理的规定的，由铁路监督管理机构责令改正，处1000元以上5000元以下的罚款。

第九十五条　违反本条例第五十一条、第五十二条、第五十三条、第七十七条规定的，由公安机关责令改正，对单位处1万元以上5万元以下的罚款，对个人处500元以上2000元以下的罚款。

第九十六条　铁路运输托运人托运货物、行李、包裹时匿报、谎报货物品名、性质、重量，或者装车、装箱超过规定重量的，由铁路监督管理机构责令改正，可以处2000元以下的罚款；情节较重的，处2000元以上2万元以下的罚款；将危险化学品谎报或者匿报为普通货物托运的，处10万元以上20万元以下的罚款。

铁路运输托运人在普通货物中夹带危险货物，或者在危险货物中夹带禁止配装的货物的，由铁路监督管理机构责令改正，处3万元以上20万元以下的罚款。

第九十七条　铁路运输托运人运输危险货物未配备必要的应急处理器材、设备、防护用品，或者未按照操作规程包装、装卸、运输危险货物的，由铁路监督管理机构责令改正，处1万元以上5万元以下的罚款。

第九十八条　铁路运输托运人运输危险货物不按照规定配备必要的押运人员，或者发生危险货物被盗、丢失、泄漏等情况不按照规定及时报告的，由公安机关责令改正，处1万元以上5万元以下的罚款。

第九十九条　旅客违法携带、夹带管制器具或者违法携带、托运烟花爆竹、枪支弹药等危险物品或者其他违禁物品的，由公安机关依法给予治安管理处罚。

第一百条　铁路运输企业有下列情形之一的，由铁路监管部门责令改正，处2万元以上10万元以下的罚款：

（一）在非危险货物办理站办理危险货物承运手续；

（二）承运未接受安全检查的货物；

（三）承运不符合安全规定、可能危害铁路运输安全的货物；

（四）未按照操作规程包装、装卸、运输危险货物。

第一百零一条　铁路监管部门及其工作人员应当严格按照本条例规定的处罚种类和幅度，根据违法行为的性质和具体情节行使行政处罚权，具体办法由国务院铁路行业监督管理部门制定。

第一百零二条　铁路运输企业工作人员窃取、泄露旅客身份信息的，由公安机关依法处罚。

第一百零三条　从事铁路建设、运输、设备制造维修的单位违反本条例规定，对直接负责的主管人员和其他直接责任人员依法给予处分。

第一百零四条　铁路监管部门及其工作人员不依照本条例规定履行职责的，对负有责任的领导人员和直接责任人员依法给予处分。

第一百零五条　违反本条例规定，给铁路运输企业或者其他单位、个人财产造成损失的，依法承担民事责任。

违反本条例规定，构成违反治安管理行为的，由公安机关依法给予治安管理处罚；构成犯罪的，依法追究刑事责任。

第八章　附　则

第一百零六条　专用铁路、铁路专用线的安全管理参照本条例的规定执行。

第一百零七条　本条例所称高速铁路，是指设计开行时速250公里以上（含预留），并且初期运营时速200公里以上的客运列车专线铁路。

第一百零八条　本条例自2014年1月1日起施行。2004年12月27日国务院公布的《铁路运输安全保护条例》同时废止。

国务院关于进一步加强安全生产工作的决定

（国发〔2004〕2 号）

安全生产关系人民群众的生命财产安全，关系改革发展和社会稳定大局。党中央、国务院高度重视安全生产工作，新中国成立以来特别是改革开放以来，采取了一系列重大措施加强安全生产工作。颁布实施了《中华人民共和国安全生产法》（以下简称《安全生产法》）等法律法规，明确了安全生产责任；初步建立了安全生产监管体系，安全生产监督管理得到加强；对重点行业和领域集中开展了安全生产专项整治，生产经营秩序和安全生产条件有所改善，安全生产状况总体上趋于稳定好转。但是，目前全国的安全生产形势依然严峻，煤矿、道路交通运输、建筑等领域伤亡事故多发的状况尚未扭转；安全生产基础比较薄弱，保障体系和机制不健全；部分地方和生产经营单位安全意识不强，责任不落实，投入不足；安全生产监督管理机构、队伍建设以及监管工作亟待加强。为了进一步加强安全生产工作，尽快实现我国安全生产局面的根本好转，特作如下决定。

一、提高认识，明确指导思想和奋斗目标

1. 充分认识安全生产工作的重要性。搞好安全生产工作，切实保障人民群众的生命财产安全，体现了最广大人民群众的根本利益，反映了先进生产力的发展要求和先进文化的前进方向。做好安全生产工作是全面建设小康社会、统筹经济社会全面发展的重要内容，是实施可持续发展战略的组成部分，是政府履行社会管理和市场监督管理职能的基本任务，是企业生存发展的基本要求。我国目前尚处于社会主义初级阶段，要实现安全生产状况的根本好转，必须付出持续不懈的努力。各地区、各部门要把安全生产作为一项长期艰巨的任务，警钟长鸣，常抓不懈，从全面贯彻落实“三个代表”重要思想，维护人民群众生命财产安全的高度，充分认识加强安全生产工作的重要意义和现实紧迫性，动员全社会力量，齐抓共管，全力推进。

2. 指导思想。认真贯彻“三个代表”重要思想，适应全面建设小康社会的要求和完善社会主义市场经济体制的新形势，坚持“安全第一、预防为主”的基本方针，进一步强化政府对安全生产工作的领导，大力推进安全生产各项工作，落实生产经营单位安全生产主体责任，加强安全生产监督管理；大力推进安全生产监管体制、安全生产法制和执法队伍“三项建设”，建立安全生产长效机制，实施科技兴安战略，积极采用先进的安全管理方法和安全生产技术，努力实现全国安全生产状况的根本好转。

3. 奋斗目标。到 2007 年，建立起较为完善的安全生产监管体系，全国安全生产状况稳定好转，矿山、危险化学品、建筑等重点行业和领域事故多发状况得到扭转，工矿企业事故死亡人数、煤矿百万吨死亡率、道路交通运输万车死亡率等指标均有一定幅度的下降。到 2010 年，初步形成规范完善的安全生产法治秩序，全国安全生产状况明显好转，重特大事故得到有效遏制，各类安全生产

事故和死亡人数有较大幅度的下降。力争到2020年，我国安全生产状况实现根本性好转，亿元国内生产总值死亡率、十万人死亡率等指标达到或接近世界中等发达国家水平。

二、完善政策，大力推进安全生产各项工作

4. 加强产业政策的引导。制定和完善产业政策，调整和优化产业结构。逐步淘汰技术落后、浪费资源和环境污染严重的工艺技术、装备及不具备安全生产条件的企业。通过兼并、联合、重组等措施，积极发展跨区域、跨行业经营的大公司、大集团和大型生产供应基地，提高有安全生产保障企业的生产能力。

5. 加大政府对安全生产的投入。加强安全生产基础设施和支撑体系建设，加大对企业安全生产技术改造的支持力度。运用长期建设国债和预算内基本建设投资，支持大中型国有煤炭企业的安全生产技术改造。各级地方人民政府要重视安全生产基础设施建设资金的投入，并积极支持企业安全技术改造，对国家安排的安全生产专项资金，地方政府要加强监督管理，确保专款专用，并安排配套资金予以保障。

6. 深化安全生产专项整治。坚持把矿山、道路和水上交通运输、危险化学品、民用爆破器材和烟花爆竹、人员密集场所消防安全等方面的安全生产专项整治，作为整顿和规范社会主义市场经济秩序的一项重要任务，持续不懈地抓下去。继续关闭取缔非法和不具备安全条件的小矿小厂、经营网点，遏制低水平重复建设。把安全生产专项整治与依法落实生产经营单位安全生产保障制度、加强日常监督管理以及建立安全生产长效机制结合起来，确保整治工作取得实效。

7. 健全完善安全生产法制。对《安全生产法》确立的各项法律制度，要抓紧制定配套法规规章。认真做好各项安全生产技术规范、标准的制定修订工作。各地区要结合本地实际，制定和完善《安全生产法》配套实施办法和措施。加大安全生产法律法规的学习宣传和贯彻力度，普及安全生产法律知识，增强全民安全生产法制观念。

8. 建立生产安全应急救援体系。加快全国生产安全应急救援体系建设，尽快建立国家生产安全应急救援指挥中心，充分利用现有的应急救援资源，建设具有快速反应能力的专业化救援队伍，提高救援装备水平，增强生产安全事故的抢险救援能力。加强国家、省（区市）、市（地）、县（市）四级重大危险源监控工作，建立应急救援预案和生产安全预警机制。

9. 加强安全生产科研和技术开发。加强安全生产科学学科建设，积极发展安全生产普通高等教育，培养和造就更多的安全生产科技和管理人才。加大科技投入力度，充分利用高等院校、科研机构、社会团体等安全生产科研资源，加强安全生产基础研究和应用研究。建立国家安全生产信息管理系统，提高安全生产信息系统的准确性、科学性和权威性。积极开展安全生产领域的国际交流与合作，加快先进的生产技术引进、吸收和自主创新步伐。

三、强化管理，落实生产经营单位安全生产主体责任

10. 依法加强和改进生产经营单位安全管理。强化生产经营单位安全生产主体地位，进一步明确安全生产责任，全面落实安全保障的各项法律法规。生产经营单位要根据《安全生产法》等有关法律规定，设置安全生产管理机构或者配备专职（或兼职）安全生产管理人员。保证安全生产的必要投入，积极采用安全性能可靠的新技术、新工艺、新设备和新材料，不断改善安全生产条件。改进生产经营单位安全管理，积极采用职业安全健康管理体系认证、风险评估、安全评价等方法，落实各项安全防范措施，提高安全生产管理水平。

11. 开展安全质量标准化活动。制定和颁布重点行业、领域安全生产技术规范和安全生产质量工作标准，在全国所有工矿、商贸、交通运输、建筑施工等企业普遍开展安全质量标准化活动。企业生产流程的各环节、各岗位要建立严格的安全生产质量责任制。生产经营活动和行为，必须符合安全生产有关法律法规和安全生产技术规范的要求，做到规范化和标准化。

12. 搞好安全生产技术培训。加强安全生产培训工作，整合培训资源，完善培训网络，加大培训力度，提高培训质量。生产经营单位必须对所有从业人员进行必要的安全生产技术培训，其主要负责人及有关经营管理人员、重要工种人员必须按照有关法律、法规的规定，接受规范的安全生产培训，经考试合格，持证上岗。完善注册安全工程师考试、任职、考核制度。

13. 建立企业提取安全费用制度。为保证安全生产所需资金投入，形成企业安全生产投入的长效机制，借鉴煤矿提取安全费用的经验，在条件成熟后，逐步建立对高危行业生产企业提取安全费用制度。企业安全费用的提取，要根据地区和行业的特点，分别确定提取标准，由企业自行提取，专户储存，专项用于安全生产。

14. 依法加大生产经营单位对伤亡事故的经济赔偿。生产经营单位必须认真执行工伤保险制度，依法参加工伤保险，及时为从业人员缴纳保险费。同时，向受到生产安全事故伤害的员工或家属支付赔偿金。进一步提高企业生产安全事故伤亡赔偿标准，建立企业负责人自觉保障安全投入，努力减少事故的机制。

四、完善制度，加强安全生产监督管理

15. 加强地方各级安全生产监管机构和执法队伍建设。县级以上各级地方人民政府要依照《安全生产法》的规定，建立健全安全生产监管机构，充实必要人员，加强安全生产监管队伍建设，提高安全生产监管工作的权威，切实履行安全生产监管职能。完善煤矿安全生产监察体制，进一步加强煤矿安全生产监察队伍建设和监察执法工作。

16. 建立安全生产控制指标体系。要制订全国安全生产中长期发展计划，明确年度安全生产控制指标，建立全国和分省（区、市）的控制指标体系，对安全生产情况实行定量控制和考核。从2004年起，国家向各省（区、市）人民政府下达年度安全生产各项控制指标，并进行跟踪检查和监督考核。对各省（区、市）安全生产控制指标完成情况，国家安全生产监督管理部门将通过新闻发布会、政府公告、简报等形式，每季度公布一次。

17. 建立安全生产行政许可制度。把安全生产纳入国家行政许可的范围，在各行业的行政许可制度中，把安全生产作为一项重要内容，从源头上制止不具备安全生产条件的企业进入市场。开办企业必须具备法律规定的安全生产条件，依法向政府有关部门申请、办理安全生产许可证，持证生产经营。新建、改建、扩建项目的安全设施必须同时设计、同时施工、同时投产和使用（简称“三同时”），对未通过“三同时”审查的建设项目，有关部门不予办理行政许可手续，企业不准开工投产。

18. 建立企业安全生产风险抵押金制度。为强化生产经营单位的安全生产责任，各地区可结合实际，依法对矿山、道路交通运输、建筑施工、危险化学品、烟花爆竹等领域从事生产经营活动的企业，收取一定数额的安全生产风险抵押金，企业生产经营期间发生生产安全事故的，转作事故抢险救灾和善后处理所需资金。具体办法由国家安全生产监督管理部门会同财政部门研究制定。

19. 强化安全生产监管监察行政执法。各级安全生产监管监察机构要增强执法意识，做到严格、公正、文明执法。依法对生产经营单位安全生产情况进行监督检查，指导督促生产经营单位建立健全安全生产责任制，落实各项防范措施。组织开展好企业安全评估，搞好分类指导和重点监管。对

严重忽视安全生产的企业及其负责人或企业主，要依法加大行政执法和经济处罚的力度。认真查处各类事故，坚持事故原因未查清不放过，责任人员未处理不放过，整改措施未落实不放过，有关人员未受到教育不放过的“四不放过”原则，不仅要追究事故直接责任人的责任，同时要追究有关负责人的领导责任。

20. 加强对小企业的安全生产监管。小企业是安全生产管理的薄弱环节，各地要高度重视小企业的安全生产工作，切实加强监督管理。从组织领导、工作机制和安全投入等方面入手，逐步探索出一套行之有效的监管办法。坚持寓监督管理于服务之中，积极为中小企业提供安全技术、人才、政策咨询等方面的服务，加强检查指导，督促帮助小企业搞好安全生产。要重视解决小煤矿安全生产投入问题，对乡镇及个体煤矿，要严格监督其按照规定提取安全费用。

五、加强领导，形成齐抓共管的合力

21. 认真落实各级领导安全生产责任。地方各级人民政府要建立健全领导干部安全生产责任制，把安全生产作为干部政绩考核的重要内容，逐级抓好落实。特别要加强县乡两级领导干部安全生产责任制的落实。加强对地方领导干部的安全知识培训和安全生产监管人员的执法业务培训。国家组织对市（地）、县（市）两级政府分管安全生产工作的领导干部进行培训；各省（区、市）要对县级以上安全生产监管部门负责人，分期分批进行执法能力培训。依法严肃查处事故责任，对存在失职、渎职行为，或对事故发生负有领导责任的地方政府、企业领导人，要依照有关法律法规严格追究责任。严厉惩治安全生产领域的腐败现象和黑恶势力。

22. 构建全社会齐抓共管的安全生产工作格局。地方各级人民政府每季度至少召开一次安全生产例会，分析、部署、督促和检查本地区的安全生产工作；大力支持并帮助解决安全生产监管部门在行政执法中遇到的困难和问题。各级安全生产委员会及其办公室要积极发挥综合协调作用。安全生产综合监管及其他负有安全生产监督管理职责的部门要在政府的统一领导下，依照有关法律法规的规定，各负其责，密切配合，切实履行安全监管职能。各级工会、共青团组织要围绕安全生产，发挥各自优势，开展群众性安全生产活动。充分发挥各类协会、学会、中心等中介机构和社团组织的作用，构建信息、法律、技术装备、宣传教育、培训和应急救援等安全生产支撑体系。强化社会监督、群众监督和新闻媒体监督，丰富全国“安全生产月”、“安全生产万里行”等活动内容，努力构建“政府统一领导、部门依法监管、企业全面负责、群众参与监督、全社会广泛支持”的安全生产工作格局。

23. 做好宣传教育和舆论引导工作。把安全生产宣传教育纳入宣传思想工作的总体布局，坚持正确的舆论导向，大力宣传党和国家安全生产方针政策、法律法规和加强安全生产工作的重大举措，宣传安全生产工作的先进典型和经验；对严重忽视安全生产、导致重大事故发生的典型事例要予以曝光。在大中专院校和中小学开设安全知识课程，提高青少年在道路交通、消防、城市燃气等方面的识灾和防灾能力。通过广泛深入的宣传教育，不断增强群众依法自我安全保护的意识。

各地区、各部门和各单位要加强调查研究，注意发现安全生产工作中出现的新情况，研究新问题，推进安全生产理论、监管方式和手段、安全科技、安全文化等方面的创新，不断增强安全生产工作的针对性和实效性，努力开创我国安全生产工作的新局面，为完善社会主义市场经济体制，实现党的十六大提出的全面建设小康社会的宏伟目标创造安全稳定的环境。

中华人民共和国监察部令

（第28号）

《监察机关参加生产安全事故调查处理的规定》已经2011年8月18日监察部第8次部长办公会议、2012年7月18日中央纪委第77次书记办公会议审议通过。现予公布，自2013年1月1日起施行。

监察部部长　马　驭

2012年11月15日

监察机关参加生产安全事故调查处理的规定

第一章　总　则

第一条　为了规范监察机关参加生产安全事故调查处理工作，落实生产安全事故责任追究制度，防止和减少生产安全事故，根据《中华人民共和国行政监察法》、《中华人民共和国安全生产法》、《生产安全事故报告和调查处理条例》及其他有关法律、行政法规，制定本规定。

第二条　监察机关参加本级人民政府统一组织或者本级人民政府授权有关部门组织，上级监察机关委托、指定，以及本级监察机关领导人员批准的生产安全事故调查处理工作，适用本规定。

第三条　监察机关参加生产安全事故调查处理，应当坚持科学严谨、依法依规、实事求是、注重实效的原则。

对生产安全事故违法违纪行为的调查处理，应当做到事实清楚、证据确凿、定性准确、处理恰当、程序合法、手续完备。

第四条　根据生产安全事故造成的人员伤亡或者直接经济损失情况，监察机关按照下列规定实行分级调查；必要时，上级监察机关可以直接办理所辖各级监察机关管辖范围内的生产安全事故的调查处理：

（一）造成30人以上死亡，或者100人以上重伤（包括急性工业中毒，下同），或者1亿元以上直接经济损失的特别重大事故，由国务院监察机关参加调查；

（二）造成10人以上30人以下死亡，或者50人以上100人以下重伤，或者5000万元以上1亿元以下直接经济损失的重大事故，由省级人民政府监察机关参加调查；

（三）造成3人以上10人以下死亡，或者10人以上50人以下重伤，或者1000万元以上5000万元以下直接经济损失的较大事故，由设区的市级人民政府监察机关参加调查；

（四）造成3人以下死亡，或者10人以下重伤，或者1000万元以下直接经济损失的一般事故，由县级人民政府监察机关参加调查。

没有造成人员伤亡或者直接经济损失，但是社会影响恶劣的事故，国务院或者有关地方人民政府认为需要调查处理的，监察机关依照本规定执行。

第五条　重大及以下等级事故，事故发生地与事故发生单位不在同一个县级以上行政区域的，原则上由事故发生地的县级以上监察机关为主参加调查；必要时，由对事故发生单位有管辖权的监察机关为主参加调查，有关监察机关协助调查。发生争议的，由其共同的上级监察机关决定。

调查结束后，有关监察机关按照管理权限分别处理各自管辖范围内的事项。在作出处理决定之前，应当通报、协商各自的处理意见。协商不一致的，由其共同的上级监察机关决定。

第六条　监察机关参加生产安全事故调查处理，依法履行下列职责：

（一）参与事故的原因、性质等方面的调查认定；

（二）组织开展对事故涉及的监察对象违法违纪行为的调查，依法作出监察决定或者提出监察建议；

（三）受理对事故涉及的监察对象违法违纪行为的控告、检举；

（四）对监察对象在事故调查处理工作中履行职责、遵纪守法情况进行监督；

（五）向有关监察对象提出监察建议，督促总结事故教训，健全生产安全规章制度。

第二章　立案与调查

第七条　监察机关参加生产安全事故调查，以本级人民政府、上级监察机关或者本级监察机关批准参加调查的决定、批复作为立案依据，不再另行履行立案报批手续。立案时间为作出决定、批复之日。

经认定属于自然灾害或者刑事案件的，按照有关规定处理。

第八条　监察机关参加生产安全事故调查，应当制定调查方案，经监察机关参加调查组的负责人批准后执行。

调查方案包括应当查明的问题和线索；调查人员的组成和分工；调查步骤、方法等内容。

第九条　监察机关应当依法、全面、客观地收集相关证据。调查取证时，调查人员不得少于二人。

第十条　监察机关可以进行现场勘查、检查，并应当制作笔录或者勘查、检查报告，由参加勘查、检查的人员和见证人签名或者盖章；必要时可以拍照、录像。

第十一条　监察机关进行调查询问应当个别进行，并现场制作谈话笔录。

第十二条　监察机关根据调查工作需要，可以提请有关行政部门、机构予以协助；对涉及的专门性问题，可以提请有关专门机构或者人员作出鉴定结论。

第十三条　监察机关应当将调查认定的违法违纪事实形成书面材料，与被调查人见面，并听取其陈述和申辩。

监察机关应当要求被调查人在调查事实见面材料上签署意见并签名。被调查人提出异议的，监察机关应当作出书面说明。

第十四条　事故调查结束后，监察机关参加事故调查的部门应当制作调查报告。调查报告的主要内容包括：立案依据；事故的基本事实；事故的原因及性质；有关单位和人员的责任及处理建议等。

第十五条　监察机关参加生产安全事故调查的时限，按照《生产安全事故报告和调查处理条例》的有关规定执行。

第十六条 监察机关参加生产安全事故调查的人员有下列情形之一，应当自行回避；被调查人、控告人、检举人以及与事故发生单位有利害关系的公民、法人或者其他组织有权申请其回避：

（一）是被调查人或者控告人、检举人的近亲属的；

（二）本人或者近亲属与事故发生单位有利害关系的；

（三）与被调查人或者控告人、检举人有其他关系，可能影响事故公正调查处理的。

监察机关负责人的回避，由上一级监察机关负责人决定；其他调查人员的回避，由所在监察机关负责人决定。监察机关发现参加调查的人员有应当回避的情形，可以直接决定该人员回避。

第十七条 监察机关参加生产安全事故调查的人员应当遵守事故调查组的纪律，保守秘密，不得擅自发布与事故有关的信息。

第十八条 监察机关在参加生产安全事故调查处理中，对监察对象涉嫌贪污、受贿等违反行政纪律的问题，可以根据实际情况并案或者另行立案调查处理。另行立案调查的，按照监察机关有关规定办理。

第十九条 发现调查组成员涉嫌违法违纪的，监察机关参加事故调查的部门应当报告本监察机关，经本监察机关负责人批准，由有关部门按照管理权限调查处理。

第三章 事故处理

第二十条 监察机关对事故责任人员处理意见的审核，按照以下规定办理：

（一）由国务院统一组织或者国务院授权有关部门组织，国务院监察机关参加调查的特别重大事故，国务院监察机关参加调查的部门应当将案件移送审理部门进行审理；审理部门进行审理后，提交国务院监察机关研究决定或者提出意见；

（二）由地方人民政府组织或者授权、委托有关部门组织调查的生产安全事故，监察机关参加调查的部门应当将案件移送审理部门进行审理；由本监察机关提出对责任人员的处理意见，经地方人民政府同意后，报上一级监察机关备案；

（三）根据上级监察机关的相关决定或者批复参加调查的，监察机关参加调查的部门应当将案件移送审理部门进行审理；由本监察机关提出对责任人员的处理意见，并报作出相关决定或者批复的上级监察机关审定。

由上级监察机关参加调查的事故处理意见，已经上级监察机关审理的，下级监察机关在落实处理意见过程中可以不再审理。

第二十一条 移送审理的事故类案件，应当具备以下材料：

（一）立案依据；

（二）调查报告；

（三）参加调查部门的意见及其主管领导的批示；

（四）全部证据材料；

（五）被调查人事实见面材料和本人的意见及参加调查部门对其意见的说明；

（六）事故技术鉴定报告；

（七）其他应当移送审理的材料。

第二十二条 对重大复杂、社会关注度高、定性处理难度大的案件，监察机关参加事故调查的部门在基本事实查清、基本责任明确后，经本监察机关领导批准，审理部门可以提前介入审理。

第二十三条 监察机关依法提出的处理意见，应当提请事故调查组纳入事故调查报告。

第二十四条　监察机关在接到本级人民政府对事故调查组调查报告的批复后，应当依照法律、法规规定的权限和程序，对负有责任的监察对象直接作出处分决定或者逐级通知下级监察机关作出处分决定。下级监察机关落实处理意见的情况，应当在作出处分决定六十日内逐级报上级监察机关备案。

第二十五条　监察机关对监察对象作出处分决定后，应当抄送本级人民政府人事部门或者有关部门执行。

第二十六条　监察机关在事故调查处理中应当加强与司法机关的协作配合。被调查人涉嫌犯罪的，应当移送司法机关依法处理。

第二十七条　事故责任人中的监察对象受到刑事追究的，监察机关应当根据司法机关的生效判决、裁定和决定及其认定的事实、性质和情节，按照管理权限依法给予处分或者作出其他处理。

第二十八条　监察机关应当会同有关部门对落实处理意见和执行处分决定的情况进行监督检查。

拒不执行或者故意违反规定不正确执行、故意拖延或者擅自变更处理意见、处分决定的，对负有责任的领导人员和直接责任人员依法给予处分。

第二十九条　受到处分的监察对象对处分决定不服的，可以依照《中华人民共和国行政监察法》、《中华人民共和国公务员法》和《行政机关公务员处分条例》的有关规定提出申诉。

第四章　附　则

第三十条　监察机关参加本级人民政府统一组织或者本级人民政府授权有关部门组织，上级监察机关委托、指定，以及本级监察机关领导批准的生产安全事故以外的其他事故灾难和公共卫生事件、社会安全事件的调查处理，原则上参照本规定进行。国家法律法规另有规定的，从其规定。

第三十一条　本规定由监察部负责解释。

第三十二条　本规定自2013年1月1日起施行。《监察机关参加特别重大事故调查处理的暂行规定》（监发〔1991〕3号）和《监察部关于对特大、重大责任事故责任人员行政处分分级审批的通知》（监发〔1997〕3号）同时废止。

安全生产“十二五”规划

（国务院　2011年10月1日发布）

安全生产事关人民群众生命财产安全，事关改革发展稳定大局，事关党和政府形象和声誉。为贯彻落实党中央、国务院关于加强安全生产工作的决策部署，根据《中华人民共和国国民经济和社会发展第十二个五年规划纲要》和《国务院关于进一步加强企业安全生产工作的通知》（国发〔2010〕23号）精神，制定本规划。

一、现状与形势

（一）“十一五”期间安全生产工作取得积极进展和明显成效

党中央、国务院高度重视安全生产，确立了安全发展理念和“安全第一、预防为主、综合治理”的方针，采取一系列重大举措加强安全生产工作。各地区、各部门把安全生产与经济社会发展各项工作同步规划、同步部署、同步推进，深入落实安全生产责任和措施，持续强化安全管理和监督，严厉打击非法违法生产经营和建设行为，积极推动重点行业领域安全专项整治，集中开展“隐患治理年”、“安全生产年”活动，大力推进安全生产执法、治理和宣传教育行动（以下简称“三项行动”），切实加强安全生产法制体制机制、安全保障能力和安全监管监察队伍建设（以下简称“三项建设”），全国安全生产工作取得积极进展，以提高安全保障能力为核心的基础建设不断加强，以强化监督管理为关键的协作联动机制进一步健全，以安全生产法为基础的安全生产法律法规体系不断完善，以“关爱生命、关注安全”为主旨的安全文化建设不断深入。五年来，全国煤矿瓦斯治理和整顿关闭攻坚战取得明显成效，瓦斯抽采量、利用量分别增长3倍和5倍，小煤矿由18145处降至9042处，实现了小煤矿数量压减至1万处以内的目标；安全执法行动深入开展，共关闭取缔不具备安全生产条件的金属非金属矿山2.1万处、烟花爆竹厂点1.6万处，以及非法建设项目1.1万处，有效规范了安全生产秩序；稳步推进事故隐患排查治理，各级安全监管监察部门查处生产经营单位一般隐患1277.4万项、重大隐患11.6万项，对27.6万处重大危险源采取了安全监控措施；非煤矿山、交通运输、消防（火灾）、建筑施工、危险化学品、烟花爆竹、特种设备、民用爆炸物品、冶金等重点行业领域安全状况明显改善，全国安全生产形势保持了总体稳定、持续好转的发展态势。与“十五”末期的2005年相比，2010年全国各类事故起数、死亡人数分别下降49.4%和37.4%，重特大事故起数、死亡人数分别下降36.6%和52.8%。全国事故死亡人数由2005年的12.7万人，降至2008年的10万人以下、2009年的9万人以下，2010年又进一步降至8万人以下。“十一五”规划任务全面完成，目标如期实现。

（二）“十二五”时期安全生产进入关键时期和攻坚阶段

“十二五”时期，是全面建设小康社会的重要战略机遇期，是深化改革、扩大开放、加快转变经济发展方式的攻坚阶段，也是实现安全生产状况根本好转的关键时期。安全生产工作既要解决长期积累的深层次、结构性和区域性问题，又要积极应对新情况、新挑战，任务十分艰巨。

一是安全生产形势依然严峻。我国仍处于生产安全事故易发多发的特殊时期，事故总量仍然较大，2010 年发生各类事故 36.3 万起、死亡 7.9 万人。重特大事故尚未得到有效遏制，“十一五”期间年均发生重特大事故 86 起，且呈波动起伏态势。非法违法生产经营建设行为仍然屡禁不止。尘肺病等职业病、职业中毒事件仍时有发生。

二是安全生产基础依然薄弱。部分高危行业产业布局和结构不尽合理，经济增长方式相对粗放。经济社会发展对交通、能源、原材料等需求居高不下，安全保障面临严峻考验。轨道交通、隧道、超高层建筑、城市地下管网施工、运行、管理等方面的安全问题凸显。一些地方、部门和单位安全责任和措施落实不到位，安全投入不足，制度和管理还存在不少漏洞。部分企业工艺技术落后，设备老化陈旧，安全管理水平低下。

三是安全生产监管监察及应急救援能力亟待提升。各级安全生产监管部门和煤矿安全监察机构基础设施建设滞后，技术支撑能力不足，部分执法人员专业化水平不高，传统监管监察方式和手段难以适应工作需要。现有应急救援基地布局不尽合理，救援力量仍较薄弱，应对重特大事故灾难的大型及特种装备较为缺乏。部分重大事故致灾机理和安全生产共性、关键性技术研究有待进一步突破。

四是保障广大人民群众安全健康权益面临繁重任务。一方面，部分社会公众安全素质不够高，自觉遵守安全生产法律法规意识和自我安全防护能力还有待进一步强化。另一方面，随着经济发展和社会进步，全社会对安全生产的期望不断提高，广大从业人员“体面劳动”观念不断增强，对加强安全监管、改善作业环境、保障职业安全健康权益等方面的要求越来越高。

二、指导思想、基本原则和规划目标

（一）指导思想

以邓小平理论和“三个代表”重要思想为指导，深入贯彻落实科学发展观，围绕科学发展的主题和加快转变经济发展方式的主线，牢固树立以人为本、安全发展的理念，坚持“安全第一、预防为主、综合治理”的方针，深化安全生产“三项行动”、“三项建设”，以强化企业安全生产主体责任为重点，以事故预防为主攻方向，以规范生产为重要保障，以科技进步为重要支撑，加强基础建设，加强责任落实，加强依法监管，全面推进安全生产各项工作，继续降低事故总量和伤亡人数，减少职业危害，有效防范和遏制重特大事故，促进安全生产状况持续稳定好转，为经济社会全面、协调、可持续发展提供重要保障。

（二）基本原则

统筹兼顾，协调发展。正确处理安全生产与经济发展、安全生产与速度质量效益的关系，坚持把安全生产放在首要位置，纳入社会管理创新的重要内容，实现区域、行业（领域）的科学、安全、可持续发展。

强化法治，综合治理。完善安全生产法律法规和标准规范体系，严格安全生产执法，强化制度约束，把安全生产工作纳入依法、规范、有序、高效开展的轨道，真正做到依法准入、依法生产、依法监管。

突出预防，落实责任。坚持关口前移、重心下移，夯实筑牢安全生产基层基础防线，从源头上防范和遏制事故。全面落实企业主体责任，强化政府及部门监管责任和属地管理责任，加强全员、全方位、全过程的精细化管理，坚决守住安全生产这条红线。

依靠科技，创新机制。坚持科技兴安，充分发挥科技支撑和引领作用，加快安全科技研发与成果应用，建立企业、政府、社会多元投入机制，加强安全监管监察能力建设，创新监管监察方式，提升安全保障能力。

（三）规划目标

到2015年，企业安全保障能力和政府安全监管能力明显提升，各行业（领域）安全生产状况全面改善，安全监管监察体系更加完善，各类事故死亡总人数下降10%以上，工矿商贸企业事故死亡人数下降12.5%以上，较大和重大事故起数下降15%以上，特别重大事故起数下降50%以上，职业危害申报率达80%以上，《国家职业病防治规划（2009—2015年）》设定的职业安全健康目标全面实现，全国安全生产保持持续稳定好转态势，为到2020年实现安全生产状况根本好转奠定坚实基础。

专栏1　部分安全生产规划指标

1. 亿元国内生产总值生产安全事故死亡率下降36%以上。
2. 工矿商贸就业人员十万人生产安全事故死亡率下降26%以上。
3. 煤矿百万吨死亡率下降28%以上。
4. 道路交通万车死亡率下降32%以上。
5. 特种设备万台死亡率下降35%以上。
6. 火灾十万人口死亡率控制在0.17以内。
7. 水上交通百万吨吞吐量死亡率下降23%以上。
8. 铁路交通10亿吨公里死亡率下降25%以上。
9. 民航运输亿客公里死亡率控制在0.009以内。

三、主要任务

（一）完善安全保障体系，提高企业本质安全水平和事故防范能力

煤矿：开展全面、系统、彻底的安全隐患排查治理，防范瓦斯、水害、火灾等重特大事故。完善煤矿安全生产责任体系，强化生产过程管理领导责任。深化煤矿瓦斯综合治理，推进先抽后采、抽采达标，严格落实综合防突措施，完善瓦斯综合治理工作体系。健全灾害监控、预测预警与防治技术体系，狠抓矿井水害、火灾、冲击地压等事故防控技术措施落实。对资源整合矿区实施水文、工程地质补充勘探。治理煤矿火灾隐患。提高矿用产品、设备安全性能。

将煤矿技术人员配备列入安全准入基本条件，严格煤炭建设、生产领域的企业准入标准。推进煤矿企业安全质量标准化和本质安全型矿井建设，推广应用煤矿井下监测监控系统、人员定位系统、紧急避险系统、压风自救系统、供水施救系统和通信联络系统（以下简称安全避险“六大系统”），强化安全班组建设等安全基础管理。推动煤矿企业兼并重组和小煤矿整顿关闭，构建安全、高效的煤炭产业体系。完善煤矿采气权与采矿权协调、小煤矿严格准入与有序退出等机制。小型煤矿采煤、掘进装载机械化程度到2015年底分别达到55%和80%以上。加强煤矿地质勘探报告审查。严格控制新（改、扩）建煤与瓦斯突出矿井建设，“十二五”期间停止核准新建30万吨/年以下的高瓦斯矿井、45万吨/年以下的煤与瓦斯突出矿井项目。

专栏2　防范煤矿事故重点地区

瓦斯治理重点地区：山西、河南、贵州、黑龙江、重庆、四川、湖南。
水害治理重点地区：河北、河南、山西、山东、四川、湖南。
新建技改整合重组监管重点地区：河南、新疆、内蒙古、陕西、甘肃、山西。

道路交通：制定道路交通安全战略规划。深入推进客运车辆特别是长途客运车辆安全隐患专项整治，从严整治超载、超限、超速、非法载客和酒后、疲劳驾驶等违法违规行为。严格客运线路安全审批和监管，完善道路运输从业人员资格培训和管理制度。开展运输企业交通安全评估。完善客货运输车辆安全配置标准。建立完善车辆生产管理信用体系，加强车辆产品准入、生产一致性管理和监督，提高车辆产品质量和安全性能。改善道路交通通行条件，加强事故多发路段和公路危险路段综合治理。推进高速公路全程监控系统等智能交通管理系统建设。建立农村客运服务和安全管理体系。在公路省际交界处、市际主要交界处建立固定式交通安全服务站。

专栏3　防范道路交通事故重点地区

重特大事故控制重点地区：云南、贵州、四川、湖南、广西、西藏、新疆。
事故总量控制重点地区：广东、浙江、江苏、山东、四川。

非煤矿山：制定非煤矿山主要矿种最小开采规模和最低服务年限标准。合理布局非煤矿山采矿权，严格落实非煤矿山建设项目安全核准制度。落实矿产资源开发整合常态化管理措施，到2015年，非煤矿山数量比2010年下降10%以上。实施地下矿山、露天矿山、高陡边坡、尾矿库、排土场等专项整治，重点防范透水、中毒窒息、坍塌和尾矿库溃坝等事故。建设金属非金属矿山井下安全避险“六大系统”。完善石油天然气开采防井喷、防硫化氢中毒、防爆炸着火及海洋石油生产设施防台风、防风暴潮等防范措施。推动露天矿山采用机械铲装、机械二次破碎等技术装备，“三高”（高压、高含硫、高危）油气田采用硫化氢气体防护监测技术装备，三等及以上尾矿库和部分位于敏感地区尾矿库安装在线监测系统。

专栏4　防范非煤矿山事故重点地区和领域

事故控制与资源整合重点地区：云南、河南、湖南、贵州、广西、辽宁。
重点监管矿种：铁矿、有色金属矿、煤系矿山、“三高”油气田。

危险化学品：推动制定与实施化工行业安全发展规划。开展城市化工产业布局调查，加强城市危险化学品生产、储存企业和化学品输运管线等易燃易爆设施隐患排查治理。推动新建危险化学品生产企业进入化工园区，规范化工园区安全监管，实行化工园区区域定量风险评价制度。推动城区内安全防护距离不达标的危险化学品生产及储存企业搬迁。强化危险化学品生产过程安全管理，对涉及危险化工工艺的生产装置建立自动控制系统及独立的紧急停车系统。强化重点监管的危险工艺、危险产品和重大危险源的监管和监控，严格危险化学品安全使用许可。健全区域危险化学品道路运输安全联控机制。加快建设集仓储、配送、物流、销售和商品展示为一体的危险化学品交易市场，推动大中型城市内的危险化学品经营企业进场交易。

专栏5　防范危险化学品事故重点地区和领域

事故控制重点地区：江苏、浙江、山东、广东、天津、上海、辽宁。

事故控制重点领域：城区内化学品输送管线、油气站等易燃易爆设施；大型化学品储存设施；大型石化生产装置；国家重要油、气储运设施。

烟花爆竹：推进烟花爆竹生产工厂化、标准化、机械化、科技化和集约化建设。严格安全生产准入条件，到2015年，烟花爆竹生产企业数量比2010年减少20%以上。加强烟花爆竹生产、经营、运输、燃放等各环节安全管理和监督，深化“三超一改”（超范围、超定员、超药量和擅自改变工房用途）等违规生产经营行为专项治理，推进礼花弹等高危产品专项整治，建立烟花爆竹流向管理信息系统。

建筑施工：加强工程招投标、资质审批、施工许可、现场作业等环节安全监管，淘汰不符合安全生产条件的建筑企业和施工工艺、技术及装备。落实建设工程参建各方安全生产主体责任。重点排查治理起重机、吊罐、脚手架和桥梁等设施设备存在的安全隐患。建立建筑工程安全生产信息动态数据库，健全建筑施工企业和从业人员安全生产信用体系，完善失信惩戒制度。以铁路、公路、水利、核电等重点工程及桥梁、隧道等危险性较大项目为重点，建立完善设计、施工阶段安全风险评估制度。

民用爆炸物品：优化民用爆炸物品产品结构和生产布局，规范生产和流通领域爆炸危险源的管理，合理控制企业及生产点数量，减少危险作业场所操作人员。推广应用先进适用工艺技术，淘汰落后生产设备和工艺，主要产品的主要工序实现连续化、自动化和信息化。

特种设备：严格市场准入，落实使用单位安全责任，保证安全投入和安全管理制度、机构、人员到位。实施起重机械、危险化学品承压设备等特种设备事故隐患整治，建立重大隐患治理与重点设备动态监控机制。推动应用物联网技术，实现对电梯、起重机械、客运索道、大型游乐设施故障的实时监测，推广应用大型起重机械安全监控系统。

工贸行业：实施冶金、有色、建材、机械、轻工、纺织、烟草和商贸等工贸行业事故隐患专项治理，重点开展工业煤气系统使用、高温液态金属生产和工贸行业交叉作业、检修作业、受限空间作业等隐患排查整治。实施自动报警与安全联锁专项改造，提高自动化程度。加强对企业煤气输送、储存、使用等危险区域连续监测监控。

电力：完善处置电网大面积停电应急体系，提高电力系统应对突发事件能力。加强电力调度监督与管理，加强厂网之间协调配合。扎实开展电力安全生产风险管理和标准化建设，加强新能源发电监督管理，确保电力系统安全稳定运行和电力可靠供应。加强核电运营安全监管，落实安全防范措施。对已投入运行20年以上的水电站全面开展隐患排查，加强水电站大坝补强加固和设备更新改造。

消防（火灾）：推进构筑社会消防安全“防火墙”工程。推动消防规划纳入当地城乡规划，加强消防站、消防供水、消防通信、消防车通道等公共消防设施建设。落实新（改、扩）建工程消防安全设计审核、消防验收或备案抽查制度。实施消防安全专项治理行动，整治易燃易爆单位、人员密集和“三合一”场所（企业员工宿舍与生产作业、物资存放的场所相通连）、高层建筑、地下空间火灾隐患。完善相关消防技术标准，严禁违规使用易燃、可燃建筑外墙保温材料。根据国家标准配备应急救援车辆、器材和消防员个人防护装备。

铁路交通：加强高速铁路运营安全监管和设备质量控制，强化高速铁路安全防护设施和防灾监测系统建设。深入开展高速铁路运输安全隐患治理，重点对线路、车辆、信号、供电设备以及制度和管理等进行全方位排查。强化高新技术条件下铁路运输安全风险管控。严厉打击危害高速铁路运输安全的非法违法行为。到2015年，危险性较大的铁路与公路平交道口全部得到改造。开展路外安全宣传教育入户活动。严格铁路施工安全管理，整治铁路行车设备事故隐患，强化现场作业控制，深化铁路货运安全专项整治。

水上交通：加强水路交通安全监管基础设施和港口保安设施建设。开展重点水域、船舶和时段以及重要基础设施安全综合治理。推进现有港口、码头的安全现状评价。强化运输船舶和码头、桥梁建设及通航水域采砂等水上水下施工作业的安全监管。推进内河主要干线航道、重要航运枢纽、主要港口及地区性重要港口监测系统建设。完善船舶自动识别、船舶远程跟踪与识别、长江干线水上110指挥联动等系统，加快内河船岸通信、监控系统建设。实施渡改桥工程。加强内河海事与搜救一体化建设。严厉查处农用船、自用船、渔船非法载客等行为。

民航运输：实施民航航空安全方案，推进航空安全绩效管理。建立空勤人员、空中交通管制员体检鉴定体系和健康风险管理体系。建立航空安保威胁评估机制。研究实行航空货运管制代理人制度。整体规划适航审定能力建设方案。建立航空安保岗位资格认证机制与培训体系。加强飞行、机务、空管、签派等人员的专业技能教育培训。建设航空安全实验基地，提高航空运行、适航维修、航空保安和事故调查分析等实验验证能力。

农业机械：完善农业机械安全监督管理体系，加强安全监理设施和装备建设，加大安全投入，保障安全监理工作需要。强化拖拉机、联合收割机注册登记、牌证核发和年度检验。推广应用移动式农机安全技术检测和农机驾驶人考试装备。加快建立农机市场准入、强制淘汰报废和回收管理制度，推进对危及人身财产安全的农业机械进行免费实地安全检验。创建500个以上“平安农机示范县”。探索开展农机政策性保险，鼓励支持农机安全互助组织有序发展。

渔业船舶：推进重点水域渔船和渔港监控系统建设。强化渔船、渔港安全基础设施管理，加强渔业航标、渔港监控设备等建设。推进渔船自动识别系统建设，加强渔船通信终端设备配备。推进渔船标准化建设，鼓励渔民更新改造老旧渔船，实行渔业船舶、船用产品、专用设备报废制度。加强渔业船员培训基地建设。实施渔船安全救生设备补助项目，推广应用气胀式救生筏等装备，实现沿海中型以上渔船救生设备应配尽配。

职业健康：开展作业场所职业危害普查。加强职业危害因素监测检测。建立完善职业健康特殊工种准入、许可、培训等制度。建立重点行业（领域）职业健康检测基础数据库。开展粉尘、高毒物质危害严重行业（领域）专项治理。到2015年，新（改、扩）建项目职业卫生“三同时”（同时设计、同时施工、同时投产和使用）审查率达到65%以上，用人单位职业危害申报率达到80%以上，工作场所职业危害因素监测率达到70%以上，粉尘、高毒物品等主要危害因素监测合格率达到80%以上，工作场所职业危害告知率和警示标识设置率达到90%以上，重大急性职业危害事件基本得到控制，接触职业危害作业人员职业健康体检率达到60%以上。强化职业危害防护用品监管和劳动者职业健康监护，严肃查处职业危害案件。

同时，全面加强旅游、水利工程等各行业（领域）安全生产工作，及时排查整治安全隐患，全面加强人员密集场所、大型群众性活动的安全管理，严防各类事故发生。

（二）完善政府安全监管和社会监督体系，提高监察执法和群防群治能力

健全安全生产监管监察体制。完善安全生产综合监管与行业管理部门专业监管相结合的工作机制。健全国家监察、地方监管、企业负责的煤矿安全工作体系。完善煤矿安全监察机构布局。落实地方各级人民政府安全生产行政首长负责制和领导班子成员安全生产“一岗双责”制度。强化基层安全监管机构建设，建立健全基层安全监管体系。积极推动经济技术开发区、工业园区、大型矿产资源基地建立完善安全监管体系。研究建立与道路里程、机动车增长同步的警力配备增加机制。

建设专业化安全监管监察队伍。完善安全监管监察执法人员培训、执法资格、考核等制度，建立以岗位职责为基础的能力评价体系。严格新增执法人员专业背景和选拔条件。建立完善安全监管监察实训体系，开展安全监管监察执法人员全员培训。到2015年，各级安全监管监察执法人员执法资格培训及持证上岗率达到100%，专题业务培训覆盖率达到100%。

改善安全监管监察执法工作条件。推进安全监管部门和煤矿安全监察机构工作条件标准化建设。到2015年，东部省、市、县三级安全监管部门工作条件建设100%达到标准配置，中西部100%达到基本配置，省级和区域煤矿安全监察机构达标率达到100%。改善一线交通警察执勤条件，将高速公路交通安全管理设施及执勤配套设施建设纳入高速公路建设体系。加强农机安全管理机构基础设施及装备建设。

推进安全生产监管监察信息化建设。建成覆盖各级安全监管、煤矿安全监察和安全生产应急管理机构的信息网络与基础数据库。加强特种设备安全监管信息网络和交通运输安全生产信息系统建设。加快建设航空安全信息分析中心，建立民航安全信息综合分析系统。完善农机安全生产监管信息系统。推进海洋渔业安全通信网、渔船自动识别与安全监控系统建设。

创新安全监管监察方式。健全完善重大隐患治理逐级挂牌督办、公告、整改评估制度。推进高危行业企业重大危险源安全监控系统建设，完善重大危险源动态监管及监控预警机制。实施中小企业安全生产技术援助与服务示范工程。强化安全生产属地监管，建立分类分级监管监察机制。把符合安全生产标准作为高危行业企业准入的前置条件，实行严格的安全标准核准制度。推进建立非矿用产品安全标志管理制度。完善高危行业从业人员职业资格制度。健全工伤保险浮动费率确定机制。完善安全生产非法违法企业“黑名单”制度。建立与企业信誉、项目核准、用地审批、证券融资、银行贷款等方面挂钩的安全生产约束机制。

依法加强社会舆论监督。发挥工会、共青团、妇联等人民团体的监督作用，依法维护和落实企业职工安全生产知情权、参与权与监督权。拓宽和畅通安全生产社会监督渠道，设立举报信箱，统一和规范“12350”安全生产举报投诉电话，实行安全生产信息公开。发挥新闻媒体舆论监督作用，强化舆论反映热点问题跟踪调查。鼓励单位和个人举报安全隐患和各种非法违法生产经营建设行为，完善有效举报奖励制度。

（三）完善安全科技支撑体系，提高技术装备的安全保障能力

加强安全生产科学技术研究。实施科技兴安、促安、保安工程。健全安全科技政策和投入机制。整合安全科技优势资源，建立完善以企业为主体、以市场为导向、政产学研用相结合的安全技术创新体系。开展重大事故风险防控和应急救援科技攻关，实施科技示范工程，力争在重大事故致灾机理和关键技术与装备研究方面取得突破。

专栏6　安全科技产学研重点领域

安全基础理论研究：典型工业事故灾难、交通事故防治基础理论；安全生产应急管理基础理论；危险化学品安全生产理论；安全生产经济政策。

技术及装备研发：煤矿重大事故预测预警与防治；非煤矿山典型灾害预测与控制；化工园区定量风险评价与管控一体化；烟花爆竹自动化制装药生产线；特种设备无损检测与监测；高危职业危害预防；安全生产物联网；事故快速抢险及应急处置；个体防护及事故调查与分析；新型交通管理设施与交通安全设施。

安全管理科学研究：安全生产法规政策体系运行反馈系统；安全生产监管监察、企业安全生产管理模式与决策运行系统等。

强化安全专业人才队伍建设。加强职业安全健康专业人才和专家队伍建设。实施卓越安全工程师教育培养计划。完善注册安全工程师职业资格制度，建立完善注册安全工程师使用管理配套政策。发展安全生产职业技术教育，进一步落实校企合作办学、对口单招、订单式培养等政策，加快培养高危行业专业人才和生产一线技能型人才。

完善安全生产技术支撑体系。完善国家级安全生产监管监察技术支撑机构，搭建科技研发、安全评价、检测检验、职业危害检测与评价、安全培训、安全标志申办与咨询服务等的技术支撑平台。推进省级安全监管部门和煤矿安全监察机构安全技术研究、应急救援指挥、调度统计信息、考试考核、危险化学品登记、宣传教育、执法检测等监管监察技术支撑与业务保障机构工作条件标准化建设。到2015年，东部省级安全监管技术支撑和业务保障机构工作条件建设100%达到标准配置，中西部100%达到基本配置；省级煤矿安全监察机构达标率达到100%；安全生产新产品、新技术、新材料、新工艺和关键技术准入测试分析能力达到90%以上。

推广应用先进适用工艺技术与装备。完善安全生产科技成果评估、鉴定、筛选和推广机制，发布先进适用的安全生产工艺、技术和装备推广目录。完善安全生产共性、公益性技术转化平台，建立完善国家、地方和企业等多层次安全科技基础条件共享与科研成果转化推广机制。定期将不符合安全标准、安全性能低下、职业危害严重、危及安全生产的工艺、技术和装备列入国家产业结构调整指导目录。

促进安全产业发展。制定实施安全产业发展规划。重点发展检测监控、安全避险、安全防护、灾害监控及应急救援等技术研发和装备制造，将其纳入国家鼓励发展政策支持范围，促进安全生产、防灾减灾、应急救援等专用技术、产品和服务水平提升，推进同类装备通用化、标准化、系列化。合理发展工程项目风险管理、安全评估认证等咨询服务业。到2015年，建成若干国家安全产业示范园区。

推动安全生产专业服务机构规范发展。完善安全生产专业服务机构管理办法，建立分类监管与技术服务质量综合评估制度。规范和整顿技术服务市场秩序，健全专业服务机构诚信体系。发展注册安全工程师事务所，规范专业服务机构从业行为，推动安全评价、检测检验、培训咨询、安全标志管理等专业机构规范发展。

（四）完善法律法规和政策标准体系，提高依法依规安全生产能力

健全安全生产法律制度。加快推动《中华人民共和国安全生产法》等相关法律法规的制定和修订。建立法规、规章运行评估机制和定期清理制度。制定安全设施“三同时”、淘汰落后工艺设备、从业人员资格准入、重大危险源安全管理、危险化学品安全管理、职业危害防控、应急管理等方面以及与法律、法规相配套的规章制度。推动地方加强安全生产立法，根据本地区安全生产形势和特点，研究制定急需的地方性法规和规章。

完善安全生产技术标准。制定实施安全生产标准中长期规划。提高和完善行业准入条件中的安全生产要求。完善公众参与、专家论证和政府审定发布相结合的标准制定机制。建立健全标准适时修订、定期清理和跟踪评价制度。鼓励工业相对集中的地区先行制定地方性安全技术标准。鼓励大型企业和高新技术集成度大的行业，根据科技进步和经济发展，率先制定企业新产品、新材料、新工艺安全技术标准。

规范企业生产经营行为。全面推动企业安全生产标准化工作，实现岗位达标、专业达标和企业达标。加强企业班组安全建设。强化对境外中资企业的安全生产工作指导与管理，严格落实境内投资主体和派出企业安全生产监督责任。建立完善企业安全生产累进奖励制度。严格执行企业主要负责人和领导班子成员轮流现场带班制度。

提高安全生产执法效力。建立严格执法与指导服务、现场执法与网络监控、全面检查与重点监管相结合的安全生产专项执法和联合执法机制。推行安全监管监察执法政务公开。完善行政执法评议考核和群众投诉举报制度。健全安全生产“一票否决”和事故查处分级挂牌督办制度。强化事故技术原因调查分析，及时向社会公布事故调查处理结果。落实安全生产属地管理责任，建立完善“覆盖全面、监管到位、监督有力”的政府监管和社会监督体系。

（五）完善应急救援体系，提高事故救援和应急处置能力

推进应急管理体制机制建设。健全省、市、重点县及中央企业安全生产应急管理体系。完善生产安全事故应急救援协调联动工作机制。建立健全自然灾害预报预警联合处置机制，严防自然灾害引发事故灾难。建立各地区安全生产应急预警机制，及时发布地区安全生产预警信息。

加快应急救援队伍建设。加快矿山、公路交通、铁路运输、水上搜救、紧急医学救援、船舶溢油及油气田、危险化学品、特种设备等行业（领域）国家、区域救援基地和队伍建设。鼓励支持化工企业和矿产资源聚集区开展安全生产应急救援队伍一体化示范建设。依托公安消防队伍建立县级政府综合性应急救援队伍。加强紧急运输能力储备。建立救援队伍社会化服务补偿机制，鼓励和引导各类社会力量参与应急救援。

完善应急救援基础条件。强化应急救援实训演练。建立完善企业安全生产动态监控及预警预报体系。完善企业与政府应急预案衔接机制，建立省、市、县三级安全生产预案报备制度。推进安全生产应急平台体系建设，到2015年，国家、省、市及高危行业中央企业应急平台建设完成率达到100%，重点县达到80%以上。

（六）完善宣传教育培训体系，提高从业人员安全素质和社会公众自救互救能力

提高从业人员安全素质。建立国家安全生产教育培训考试中心，以及中央企业安全教育培训考试站。推行安全生产“教考分离”和安全技术人员继续教育制度。强化高危行业和中小企业一线操作人员安全培训。完善农民工向产业工人转化过程的安全教育培训机制。高危行业企业主要负责人、安全生产管理人员和特种作业人员持证上岗率达到100%。将安全生产纳入领导干部素质教育范畴。实施地方政府安全生产分管领导干部安全培训工程。

提升全民安全防范意识。将安全防范知识纳入国民教育范畴。创建安全文化示范企业。开展安全生产、应急避险和职业健康知识进企业、进学校、进乡村、进家庭活动，实施“安全生产月”、“安全生产万里行”、“文明交通行动计划”、“消防119”、“安康杯”知识竞赛等安全生产宣传教育活动。培育发展安全文化产业，打造安全文艺精品工程，促进安全文化市场繁荣。

构建安全发展社会环境。开展安全促进活动，建设安全文化主题公园和主题街道。加强安全社区建设，提升社区安全保障能力和服务水平。推进“平安畅通县市”、“平安农机示范县”、“平安渔业示范县”、“文明渔港”、“平安村镇”、“平安校园” 等建设，创建若干安全发展示范城市，倡导以人为本、关注安全、关爱生命的安全文化。

四、重点工程

（一）企业安全生产标准化达标工程

开展企业安全生产标准化创建工作。到 2011 年，煤矿企业全部达到安全标准化三级以上；到 2013 年，非煤矿山、危险化学品、烟花爆竹以及冶金、有色、建材、机械、轻工、纺织、烟草和商贸 8 个工贸行业规模以上企业全部达到安全标准化三级以上；到 2015 年，交通运输、建筑施工等行业（领域）及冶金等 8 个工贸行业规模以下企业全部实现安全标准化达标。

（二）煤矿安全生产水平提升工程

开展煤矿瓦斯综合治理示范工程和煤层气地面开发利用示范工程建设，在瓦斯灾害严重矿区建成一批理念先进、技术领先、治理达标、管理到位的煤矿瓦斯治理示范矿井，开展矿井通风和瓦斯抽采利用系统更新改造。实施煤矿开采、供电、井下运输、排水、提升等系统安全技术及防灭火工程技术改造。开展煤矿水文地质和老空区普查，实施矿井水害治理工程。推进煤矿机械化和兼并重组小煤矿安全改造工程建设。完成煤矿井下安全避险“六大系统” 工程建设。

（三）道路交通安全生命保障工程

实施客货运输车辆运行安全保障工程，强制推动重点客货运输车辆全面安装具有卫星定位功能的行驶记录仪，推广使用货运车辆限载、限速等装置。实施公路安全保障工程，完善道路标志标线，增设道路安全防护设施。实施农村交通安全管理与服务体系建设工程，建立健全农村地区交通安全管理网络。实施国家主干高速公路网交通安全管控工程，建立完善全程联网监控、交通违法行为监测查处和机动车查缉布控等系统。建设国家、省两级高速公路联网监控平台及气象预警系统、交通事故自动检测系统和交通引导系统。

（四）非煤矿山及危险化学品等隐患治理与监控工程

推进高危行业企业建设完善重大危险源安全监控系统。实施非煤矿山尾矿库、大型采空区、露天采场边坡、排土场、水害及高含硫油气田、报废油气生产设施等事故隐患综合治理。建设金属非金属矿山井下安全避险“六大系统”。加快实施城区内安全距离不达标的危险化学品生产、储存企业搬迁工程。开展城市燃气与化学品输送管网隐患治理。建设化工园区安全监管和危险化学品交易市场示范工程。建设重点危险化学品道路运输全程监控系统。开展建设工程起重机械事故隐患专项整治。

（五）职业危害防治工程

开展全国性职业危害状况普查。建立全国职业危害数据库和国家职业危害因素检测分析实验室与技术支撑平台。以防治矿工尘肺、矽肺、石棉肺为重点，实施粉尘危害综合治理工程。以防治高毒物质与重金属职业危害为重点，实施苯、甲醛等高毒物质和铅、镉等重金属重大职业危害隐患防范治理工程。建立健全职业危害防治技术支撑体系，建设一批尘肺病治疗康复中心。

（六）监管监察能力建设工程

完善省、市、县三级安全监管部门基础设施，补充配备现场监管执法装备。完善现有煤矿安全监察机构工作条件，改造煤矿安全监察机构基础设施，更新补充煤矿执法监察装备。加强水上交通安全监管和港口保安设施建设。实施安全生产监管监察信息化工程。建设若干国家安全生产监管监察执法人员综合实训基地。实施航空安全体系建设工程。建立民爆行业、特种设备、航空安全监管和农业机械等安全生产信息系统。

完善国家监管监察技术支撑体系，建设矿用新装备、新材料安全性分析和煤矿职业危害防治实验室。完善事故鉴定分析技术支撑平台；建设非煤矿山、职业危害、危险化学品、热防护和公共安全等国家安全科技研发与实验基地。实施重大危险源普查和安全监控。完善省级安全监管部门和煤矿安全监察机构直属技术支撑与业务保障单位工作条件。

（七）安全科技研发与技术推广工程

实施安全生产典型关键技术和安全产业园区示范工程。开发深部矿井热害和瓦斯防治、顶板维护、水灾预防、通信传感等关键设备。研究开发非煤矿山动力性灾害监测及预防控制、尾矿库在线监测、高含硫气田井喷事故监测预警、深海石油开采远程监控、化工园区安全规划布局优化等技术装备以及大型起重机械安全监控管理系统。60 马力以上机动渔船全部安装防碰撞设备。到 2012 年，运输危险化学品、烟花爆竹、民用爆炸物品道路专用车辆，旅游包车和三类以上班线客车全部安装使用具有行驶记录功能的卫星定位装置。

（八）应急救援体系建设工程

建设 7 个国家矿山应急救援队、14 个区域矿山应急救援队和 1 个实训演练基地。建设公路交通、铁路运输、水上搜救、紧急医学救援、船舶溢油等行业（领域）国家救援基地和队伍。依托大型企业和专业救援力量，建设服务周边的区域性应急救援队伍。建设一批国家危险化学品应急救援队和区域危险化学品、油气田应急救援队。建设矿山、矿山医学救护、危险化学品等救援骨干队伍和国家矿山医学救护基地。建设一批区域性国家公路应急保障中心。实施中央企业安全生产保障及应急救援能力工程。

（九）安全教育培训及安全社区和安全文化建设工程

建设完善一批煤矿安全警示教育基地。建设一批安全综合教育培训、特种设备实训、交通安全宣传教育、职业健康教育和安全文化示范基地。实施企业工程技术人员和班组安全培训工程。推进安全社区建设，实施安全促进项目示范工程，建设地区安全社区支持中心和一批国家安全示范社区。建设完善若干安全发展示范城市。

五、规划实施与评估

（一）加强规划实施与考核

各地区、各有关部门要按照职责分工，制定具体实施方案，逐级分解落实规划主要任务、政策措施和目标指标，加快启动规划重点工程，积极推动本规划实施，并推动和引导生产经营单位全面落实安全生产主体责任，确保规划主要任务和目标如期完成。要健全完善有利于加强安全生产、推动安全发展的控制考核指标体系、绩效评价体系，实施严格细致的监督检查。本规划确定的各项约束性指标，要纳入各地区、各有关部门经济社会发展综合评价和绩效考核范畴。

（二）加强政策支持保障

完善有利于安全生产的财政、税收、信贷政策，健全安全生产投入保障机制，强化政府投资对安全生产投入的引导和带动作用。加大国家安全生产监管监察技术支撑体系和中西部安全生产监管监察能力建设投入。各级人民政府要继续加强对尾矿库治理、煤矿安全技改、小煤矿机械化改造、瓦斯防治和小煤矿整顿关闭等的支持，引导企业加大安全投入。鼓励银行对安全生产基础设施和技术改造项目给予贷款支持。健全完善企业安全生产费用提取和使用监督机制，适当扩大安全生产费用使用范围，提高安全生产费用提取下限标准。推动高危行业企业风险抵押金与安全生产责任保险制度相衔接。推进安全生产监管监察经济处罚收入管理制度以及煤矿重大隐患和违法行为举报奖励制度建设。落实煤层气开发利用税收优惠政策，适时调整和完善安全生产专用设备企业所得税优惠目录，支持引导矿山安全避险“六大系统”建设。建立健全涉及公众安全的特种设备第三者强制责任险制度。建立非煤矿山闭坑和尾矿库闭库安全保证金制度。规范和统一道路交通安全管理经费投入渠道，实行道路交通社会救助基金制度。实行农机定期免费检验制度，将农机安全检验、牌证发放等属于公共财政保障范围的工作经费纳入财政预算，鼓励有条件的地方对农机安全保险和渔业保险进行保费补贴。

（三）加强规划实施评估

国务院有关部门要加强对规划实施情况的动态监测，定期形成规划实施进展情况分析报告。在规划实施中期阶段开展全面评估，经中期评估确定需要对规划进行调整时，由规划编制部门提出调整方案，报规划发布部门批准。规划编制部门要对规划最终实施总体情况进行评估并向社会公布。

（四）加强相关规划衔接

国务院有关部门要按照本规划的要求，组织编制安全生产专项规划，分解细化和扩充完善规划任务。规划实施的责任主体要对本规划确定的重点工程编制工程专项规划，提出建设目标、建设内容、进度安排，以及国家、地方和企业分别承担的资金筹措方案。加强国家、地区经济和社会发展年度计划及部门年度工作计划与本规划的衔接。各地区要做好区域安全生产规划与国家安全生产规划目标指标和重点工程的衔接，并针对本地区安全生产实际，确定规划主要任务和保障措施。

国务院关于坚持科学发展安全发展促进安全生产形势持续稳定好转的意见

（国务院　2011 年 11 月 26 日发布　国发〔2011〕40 号）

各省、自治区、直辖市人民政府，国务院各部委、各直属机构：

安全生产事关人民群众生命财产安全，事关改革开放、经济发展和社会稳定大局，事关党和政府形象和声誉。为深入贯彻落实科学发展观，实现安全发展，促进全国安全生产形势持续稳定好转，提出以下意见：

一、充分认识坚持科学发展安全发展的重大意义

（一）坚持科学发展安全发展是对安全生产实践经验的科学总结。多年来，各地区、各部门、各单位深入贯彻落实科学发展观，按照党中央、国务院的决策部署，大力推进安全发展，全国安全生产工作取得了积极进展和明显成效。“十一五”期间，事故总量和重特大事故大幅度下降，全国各类事故死亡人数年均减少约 1 万人，反映安全生产状况的各项指标显著改善，安全生产形势持续稳定好转。实践表明，坚持科学发展安全发展，是对新时期安全生产客观规律的科学认识和准确把握，是保障人民群众生命财产安全的必然选择。

（二）坚持科学发展安全发展是解决安全生产问题的根本途径。我国正处于工业化、城镇化快速发展进程中，处于生产安全事故易发多发的高峰期，安全基础仍然比较薄弱，重特大事故尚未得到有效遏制，非法违法生产经营建设行为屡禁不止，安全责任不落实、防范和监督管理不到位等问题在一些地方和企业还比较突出。安全生产工作既要解决长期积累的深层次、结构性和区域性问题，又要应对不断出现的新情况、新问题，根本出路在于坚持科学发展安全发展。要把这一重要思想和理念落实到生产经营建设的每一个环节，使之成为衡量各行业领域、各生产经营单位安全生产工作的基本标准，自觉做到不安全不生产，实现安全与发展的有机统一。

（三）坚持科学发展安全发展是经济发展社会进步的必然要求。随着经济发展和社会进步，全社会对安全生产的期待不断提高，广大从业人员“体面劳动”意识不断增强，对加强安全监管监察、改善作业环境、保障职业安全健康权益等方面的要求越来越高。这就要求各地区、各部门、各单位必须始终把安全生产摆在经济社会发展重中之重的位置，自觉坚持科学发展安全发展，把安全真正作为发展的前提和基础，使经济社会发展切实建立在安全保障能力不断增强、劳动者生命安全和身体健康得到切实保障的基础之上，确保人民群众平安幸福地享有经济发展和社会进步的成果。

二、指导思想和基本原则

（四）指导思想。坚持以邓小平理论和“三个代表”重要思想为指导，深入贯彻落实科学发展

观，牢固树立以人为本、安全发展的理念，始终把保障人民群众生命财产安全放在首位，大力实施安全发展战略，紧紧围绕科学发展主题和加快转变经济发展方式主线，自觉坚持“安全第一、预防为主、综合治理”方针，坚持速度、质量、效益与安全的有机统一，以强化和落实企业主体责任为重点，以事故预防为主攻方向，以规范生产为保障，以科技进步为支撑，认真落实安全生产各项措施，标本兼治、综合治理，有效防范和坚决遏制重特大事故，促进安全生产与经济社会同步协调发展。

（五）基本原则。统筹兼顾，协调发展。正确处理安全生产与经济社会发展、与速度质量效益的关系，坚持把安全生产放在首要位置，促进区域、行业领域的科学、安全、可持续发展。依法治安，综合治理。健全完善安全生产法律法规、制度标准体系，严格安全生产执法，严厉打击非法违法行为，综合运用法律、行政、经济等手段，推动安全生产工作规范、有序、高效开展。突出预防，落实责任。加大安全投入，严格安全准入，深化隐患排查治理，筑牢安全生产基础，全面落实企业安全生产主体责任、政府及部门监管责任和属地管理责任。依靠科技，创新管理。加快安全科技研发应用，加强专业技术人才队伍和高素质的职工队伍培养，创新安全管理体制机制和方式方法，不断提升安全保障能力和安全管理水平。

三、进一步加强安全生产法制建设

（六）健全完善安全生产法律制度体系。加快推进安全生产法等相关法律法规的修订制定工作。适应经济社会快速发展的新要求，制定高速铁路、高速公路、大型桥梁隧道、超高层建筑、城市轨道交通和地下管网等建设、运行、管理方面的安全法规规章。根据技术进步和产业升级需要，抓紧修订完善国家和行业安全技术标准，尽快健全覆盖各行业领域的安全生产标准体系。进一步建立完善安全生产激励约束、督促检查、行政问责、区域联动等制度，形成规范有力的制度保障体系。

（七）加大安全生产普法执法力度。加强安全生产法制教育，普及安全生产法律知识，提高全民安全法制意识，增强依法生产经营建设的自觉性。加强安全生产日常执法、重点执法和跟踪执法，强化相关部门及与司法机关的联合执法，确保执法实效。继续依法严厉打击各类非法违法生产经营建设行为，切实落实停产整顿、关闭取缔、严格问责的惩治措施。强化地方人民政府特别是县乡级人民政府责任，对打击非法生产不力的，要严肃追究责任。

（八）依法严肃查处各类事故。严格按照“科学严谨、依法依规、实事求是、注重实效”的原则，认真调查处理每一起事故，查明原因，依法严肃追究事故单位和有关责任人的责任，严厉查处事故背后的腐败行为，及时向社会公布调查进展和处理结果。认真落实事故查处分级挂牌督办、跟踪督办、警示通报、诫勉约谈和现场分析制度，深刻吸取事故教训，查找安全漏洞，完善相关管理措施，切实改进安全生产工作。

四、全面落实安全生产责任

（九）认真落实企业安全生产主体责任。企业必须严格遵守和执行安全生产法律法规、规章制度与技术标准，依法依规加强安全生产，加大安全投入，健全安全管理机构，加强班组安全建设，保持安全设备设施完好有效。企业主要负责人、实际控制人要切实承担安全生产第一责任人的责任，带头执行现场带班制度，加强现场安全管理。强化企业技术负责人技术决策和指挥权，注重发挥注册安全工程师对企业安全状况诊断、评估、整改方面的作用。企业主要负责人、安全管理人员、特种作业人员一律经严格考核、持证上岗。企业用工要严格依照劳动合同法与职工签订劳动合同，职工必须全部经培训合格后上岗。

（十）强化地方人民政府安全监管责任。地方各级人民政府要健全完善安全生产责任制，把安全生产作为衡量地方经济发展、社会管理、文明建设成效的重要指标，切实履行属地管理职责，对辖区内各类企业包括中央、省属企业实施严格的安全生产监督检查和管理。严格落实地方行政首长安全生产第一责任人的责任，建立健全政府领导班子成员安全生产“一岗双责”制度。省、市、县级政府主要负责人要定期研究部署安全生产工作，组织解决安全生产重点难点问题。

（十一）切实履行部门安全生产管理和监督职责。健全完善安全生产综合监管与行业监管相结合的工作机制，强化安全生产监管部门对安全生产的综合监管，全面落实行业主管部门的专业监管、行业管理和指导职责。相关部门、境内投资主体和派出企业要切实加强对境外中资企业安全生产工作的指导和管理。要不断探索创新与经济运行、社会管理相适应的安全监管模式，建立健全与企业信誉、项目核准、用地审批、证券融资、银行贷款等方面相挂钩的安全生产约束机制。

五、着力强化安全生产基础

（十二）严格安全生产准入条件。要认真执行安全生产许可制度和产业政策，严格技术和安全质量标准，严把行业安全准入关。强化建设项目安全核准，把安全生产条件作为高危行业建设项目审批的前置条件，未通过安全评估的不准立项；未经批准擅自开工建设的，要依法取缔。严格执行建设项目安全设施“三同时”（同时设计、同时施工、同时投产和使用）制度。制定和实施高危行业从业人员资格标准。加强对安全生产专业服务机构管理，实行严格的资格认证制度，确保其评价、检测结果的专业性和客观性。

（十三）加强安全生产风险监控管理。充分运用科技和信息手段，建立健全安全生产隐患排查治理体系，强化监测监控、预报预警，及时发现和消除安全隐患。企业要定期进行安全风险评估分析，重大隐患要及时报安全监管监察和行业主管部门备案。各级政府要对重大隐患实行挂牌督办，确保监控、整改、防范等措施落实到位。各地区要建立重大危险源管理档案，实施动态全程监控。

（十四）推进安全生产标准化建设。在工矿商贸和交通运输行业领域普遍开展岗位达标、专业达标和企业达标建设，对在规定期限内未实现达标的企业，要依据有关规定暂扣其生产许可证、安全生产许可证，责令停产整顿；对整改逾期仍未达标的，要依法予以关闭。加强安全标准化分级考核评价，将评价结果向银行、证券、保险、担保等主管部门通报，作为企业信用评级的重要参考依据。

（十五）加强职业病危害防治工作。要严格执行职业病防治法，认真实施国家职业病防治规划，深入落实职业危害防护设施“三同时”制度，切实抓好煤（矽）尘、热害、高毒物质等职业危害防范治理。对可能产生职业病危害的建设项目，必须进行严格的职业病危害预评价，未提交预评价报告或预评价报告未经审核同意的，一律不得批准建设；对职业病危害防控措施不到位的企业，要依法责令其整改，情节严重的要依法予以关闭。切实做好职业病诊断、鉴定和治疗，保障职工安全健康权益。

六、深化重点行业领域安全专项整治

（十六）深入推进煤矿瓦斯防治和整合技改。加快建设“通风可靠、抽采达标、监控有效、管理到位”的瓦斯综合治理工作体系，完善落实瓦斯抽采利用扶持政策，推进瓦斯防治技术创新。严格控制高瓦斯和煤与瓦斯突出矿井建设项目审批。建立完善煤矿瓦斯防治能力评估制度，对不具备防治能力的高瓦斯和煤与瓦斯突出矿井，要严格按规定停产整改、重组或依法关闭。继续运用中央预算内投资扶持煤矿安全技术改造，支持煤矿整顿关闭和兼并重组。加强对整合技改煤矿的安全管理，加快推进煤矿井下安全避险系统建设和小煤矿机械化改造。

（十七）加大交通运输安全综合治理力度。加强道路长途客运安全管理，修订完善长途客运车辆安全技术标准，逐步淘汰安全性能差的运营车型。强化交通运输企业安全主体责任，禁止客运车辆挂靠运营，禁止非法改装车辆从事旅客运输。严格长途客运、危险品车辆驾驶人资格准入，研究建立长途客车驾驶人强制休息制度，持续严厉整治超载、超限、超速、酒后驾驶、高速公路违规停车等违法行为。加强道路运输车辆动态监管，严格按规定强制安装具有行驶记录功能的卫星定位装置并实行联网联控。提高道路建设质量，完善安全防护设施，加强桥梁、隧道、码头安全隐患排查治理。加强高速铁路和城市轨道交通建设运营安全管理。继续强化民航、农村和山区交通、水上交通的安全监管，特别要抓紧完善校车安全法规和标准，依法强化校车安全监管。

（十八）严格危险化学品安全管理。全面开展危险化学品安全管理现状普查评估，建立危险化学品安全管理信息系统。科学规划化工园区，优化化工企业布局，严格控制城镇涉及危险化学品的建设项目。各地区要积极研究制定鼓励支持政策，加快城区高风险危险化学品生产、储存企业搬迁。地方各级人民政府要组织开展地下危险化学品输送管道设施安全整治，加强和规范城镇地面开挖作业管理。继续推进化工装置自动控制系统改造。切实加强烟花爆竹和民用爆炸物品的安全监管，深入开展“三超一改”（超范围、超定员、超药量和擅自改变工房用途）和礼花弹等高危产品专项治理。

（十九）深化非煤矿山安全整治。进一步完善矿产资源开发整合常态化管理机制，制定实施非煤矿山主要矿种最小开采规模和最低服务年限标准。研究制定充填开采标准和规定。积极推行尾矿库一次性筑坝、在线监测技术，搞好尾矿综合利用。全面加强矿井安全避险系统建设，组织实施非煤矿山采空区监测监控等科技示范工程。加强陆地和海洋石油天然气勘探开采的安全管理，重点防范井喷失控、硫化氢中毒、海上溢油等事故。

（二十）加强建筑施工安全生产管理。按照“谁发证、谁审批、谁负责”的原则，进一步落实建筑工程招投标、资质审批、施工许可、现场作业等各环节安全监管责任。强化建筑工程参建各方企业安全生产主体责任。严密排查治理起重机、吊罐、脚手架等设施设备安全隐患。建立建筑工程安全生产信息系统，健全施工企业和从业人员安全信用体系，完善失信惩戒制度。建立完善铁路、公路、水利、核电等重点工程项目安全风险评估制度。严厉打击超越资质范围承揽工程、违法分包转包工程等不法行为。

（二十一）加强消防、冶金等其他行业领域的安全监管。地方各级人民政府要把消防规划纳入当地城乡规划，切实加强公共消防设施建设。大力实施社会消防安全“防火墙”工程，落实建设项目消防安全设计审核、验收和备案抽查制度，严禁使用不符合消防安全要求的装修装饰材料和建筑外保温材料。严格落实人员密集场所、大型集会活动等安全责任制，严防拥挤踩踏事故。加强冶金、有色等其他工贸行业企业安全专项治理，严格执行压力容器、电梯、游乐设施等特种设备安全管理制度，加强电力、农机和渔船安全管理。

七、大力加强安全保障能力建设

（二十二）持续加大安全生产投入。探索建立中央、地方、企业和社会共同承担的安全生产长效投入机制，加大对贫困地区和高危行业领域倾斜。完善有利于安全生产的财政、税收、信贷政策，强化政府投资对安全生产投入的引导和带动作用。企业在年度财务预算中必须确定必要的安全投入，提足用好安全生产费用。完善落实工伤保险制度，积极稳妥推行安全生产责任保险制度，发挥保险机制的预防和促进作用。

（二十三）充分发挥科技支撑作用。整合安全科技优势资源，建立完善以企业为主体、以市场为导向、产学研用相结合的安全技术创新体系。加快推进安全生产关键技术及装备的研发，在事故预防预警、防治控制、抢险处置等方面尽快推出一批具有自主知识产权的科技成果。积极推广应用安全性能可靠、先进适用的新技术、新工艺、新设备和新材料。企业必须加快国家规定的各项安全系统和装备建设，提高生产安全防护水平。加强安全生产信息化建设，建立健全信息科技支撑服务体系。

（二十四）加强产业政策引导。加大高危行业企业重组力度，进一步整合浪费资源、安全保障低的落后产能，加快淘汰不符合安全标准、职业危害严重、危及安全生产的落后技术、工艺和装备。地方各级人民政府要制定相关政策，遏制安全水平低、保障能力差的项目的建设和延续。对存在落后技术设备、构成重大安全隐患的企业，要予以公布，责令其限期整改，逾期未整改的依法予以关闭。把安全产业纳入国家重点支持的战略产业，积极发展安全装备融资租赁业务，促进企业加快提升安全装备水平。

（二十五）加强安全人才和监管监察队伍建设。加强安全科学与工程学科建设，办好安全工程类高等教育和职业教育，重点培养中高级安全工程与管理人才。鼓励高等院校、职业学校进一步落实完善校企合作办学、对口单招、订单式培养等政策，加快培养高危行业专业人才和生产一线急需技能型人才。加快建设专业化的安全监管监察队伍，建立以岗位职责为基础的能力评价体系，加强在岗人员业务培训。进一步充实基层监管力量，改善监管监察装备和条件，创新安全监管监察机制，切实做到严格、公正、廉洁、文明执法。

八、建设更加高效的应急救援体系

（二十六）加强应急救援队伍和基地建设。抓紧 7 个国家级、14 个区域性矿山应急救援基地建设，加快推进重点行业领域的专业应急救援队伍建设。县级以上地方人民政府要结合实际，整合应急资源，依托大型企业、公安消防等救援力量，加强本地区应急救援队伍建设。建立紧急医学救援体系，提升事故医疗救治能力。建立救援队伍社会化服务补偿机制，鼓励和引导社会力量参与应急救援。

（二十七）完善应急救援机制和基础条件。健全省、市、县及中央企业安全生产应急管理体系，加快建设应急平台，完善应急救援协调联动机制。建立健全自然灾害预报预警联合处置机制，加强安监、气象、地震、海洋等部门的协调配合，严防自然灾害引发事故灾难。建立完善企业安全生产动态监控及预警预报体系。加强应急救援装备建设，强化应急物资和紧急运输能力储备，提高应急处置效率。

（二十八）加强预案管理和应急演练。建立健全安全生产应急预案体系，加强动态修订完善。落实省、市、县三级安全生产预案报备制度，加强企业预案与政府相关应急预案的衔接。定期开展应急预案演练，切实提高事故救援实战能力。企业生产现场带班人员、班组长和调度人员在遇到险情时，要按照预案规定，立即组织停产撤人。

九、积极推进安全文化建设

（二十九）加强安全知识普及和技能培训。加强安全教育基地建设，充分利用电视、互联网、报纸、广播等多种形式和手段普及安全常识，增强全社会科学发展、安全发展的思想意识。在中小学广泛普及安全基础教育，加强防灾避险演练。全面开展安全生产、应急避险和职业健康知识进企业、进学校、进乡村、进社区、进家庭活动，努力提升全民安全素质。大力开展企业全员安全培训，重点强化高危行业和中小企业一线员工安全培训。完善农民工向产业工人转化过程中的安全教育培训机制。建立完善安全技术人员继续教育制度。大型企业要建立健全职业教育和培训机构。加强地方政府安全生产分管领导干部的安全培训，提高安全管理水平。

（三十）推动安全文化发展繁荣。充分利用社会资源和市场机制，培育发展安全文化产业，打造安全文化精品，促进安全文化市场繁荣。加强安全公益宣传，大力倡导“关注安全、关爱生命”的安全文化。建设安全文化主题公园、主题街道和安全社区，创建若干安全文化示范企业和安全发展示范城市。推进安全文化理论和建设手段创新，构建自我约束、持续改进的长效机制，不断提高安全文化建设水平，切实发挥其对安全生产工作的引领和推动作用。

十、切实加强组织领导和监督

（三十一）健全完善安全生产工作格局。各地区要进一步健全完善政府统一领导、部门依法监管、企业全面负责、群众参与监督、全社会广泛支持的安全生产工作格局，形成各方面齐抓共管的合力。要切实加强安全生产工作的组织领导，充分发挥各级政府安全生产委员会及其办公室的指导协调作用，落实各成员单位工作责任。县级以上人民政府要依法健全完善安全生产、职业健康监管体系，安全生产任务较重的乡镇要加强安全监管力量建设，确保事有人做、责有人负。

（三十二）加强安全生产绩效考核。把安全生产考核控制指标纳入经济社会发展考核评价指标体系，加大各级领导干部政绩业绩考核中安全生产的权重和考核力度。把安全生产工作纳入社会主义精神文明和党风廉政建设、社会管理综合治理体系之中。制定完善安全生产奖惩制度，对成效显著的单位和个人要以适当形式予以表扬和奖励，对违法违规、失职渎职的，依法严格追究责任。

（三十三）发挥社会公众的参与监督作用。推进安全生产政务公开，健全行政许可网上申请、受理、审批制度。落实安全生产新闻发布制度和救援工作报道机制，完善隐患、事故举报奖励制度，加强社会监督、舆论监督和群众监督。支持各级工会、共青团、妇联等群众组织动员广大职工开展群众性安全生产监督和隐患排查，落实职工岗位安全责任，推进群防群治。

国　务　院

二〇一一年十一月二十六日

国家安全生产监督管理总局令

（第 15 号）

新修订的《安全生产违法行为行政处罚办法》已经 2007 年 11 月 9 日国家安全生产监督管理总局局长办公会议审议通过，现予公布，自 2008 年 1 月 1 日起施行。原国家安全生产监督管理局（国家煤矿安全监察局）2003 年 5 月 19 日公布的《安全生产违法行为行政处罚办法》、2001 年 4 月 27 日公布的《煤矿安全监察程序暂行规定》同时废止。

二〇〇七年十一月三十日

安全生产违法行为行政处罚办法

第一章　总　则

第一条　为了制裁安全生产违法行为，规范安全生产行政处罚工作，依照行政处罚法、安全生产法及其他有关法律、行政法规的规定，制定本办法。

第二条　县级以上人民政府安全生产监督管理部门对生产经营单位及其有关人员在生产经营活动中违反有关安全生产的法律、行政法规、部门规章、国家标准、行业标准和规程的违法行为（以下统称安全生产违法行为）实施行政处罚，适用本办法。

煤矿安全监察机构依照本办法和煤矿安全监察行政处罚办法，对煤矿、煤矿安全生产中介机构等生产经营单位及其有关人员的安全生产违法行为实施行政处罚。

有关法律、行政法规对安全生产违法行为行政处罚的种类、幅度或者决定机关另有规定的，依照其规定。

第三条　对安全生产违法行为实施行政处罚，应当遵循公平、公正、公开的原则。

安全生产监督管理部门或者煤矿安全监察机构（以下统称安全监管监察部门）及其行政执法人员实施行政处罚，必须以事实为依据。行政处罚应当与安全生产违法行为的事实、性质、情节以及社会危害程度相当。

第四条　生产经营单位及其有关人员对安全监管监察部门给予的行政处罚，依法享有陈述权、申辩权和听证权；对行政处罚不服的，有权依法申请行政复议或者提起行政诉讼；因违法给予行政处罚受到损害的，有权依法申请国家赔偿。

第二章　行政处罚的种类、管辖

第五条　安全生产违法行为行政处罚的种类：

（一）警告；
（二）罚款；
（三）责令改正、责令限期改正、责令停止违法行为；
（四）没收违法所得、没收非法开采的煤炭产品、采掘设备；
（五）责令停产停业整顿、责令停产停业、责令停止建设、责令停止施工；
（六）暂扣或者吊销有关许可证，暂停或者撤销有关执业资格、岗位证书；
（七）关闭；
（八）拘留；
（九）安全生产法律、行政法规规定的其他行政处罚。

法律、行政法规将前款的责令改正、责令限期改正、责令停止违法行为规定为现场处理措施的除外。

第六条　县级以上安全监管监察部门应当按照本章的规定，在各自的职责范围内对安全生产违法行为行政处罚行使管辖权。

安全生产违法行为的行政处罚，由安全生产违法行为发生地的县级以上安全监管监察部门管辖。中央企业及其所属企业、有关人员的安全生产违法行为的行政处罚，由安全生产违法行为发生地的设区的市级以上安全监管监察部门管辖。

暂扣、吊销有关许可证和暂停、撤销有关执业资格、岗位证书的行政处罚，由发证机关决定。其中，暂扣有关许可证和暂停有关执业资格、岗位证书的期限一般不得超过6个月；法律、行政法规另有规定的，依照其规定。

给予关闭的行政处罚，由县级以上安全监管监察部门报请县级以上人民政府按照国务院规定的权限决定。

给予拘留的行政处罚，由县级以上安全监管监察部门建议公安机关依照治安管理处罚法的规定决定。

第七条　两个以上安全监管监察部门因行政处罚管辖权发生争议的，由其共同的上一级安全监管监察部门指定管辖。

第八条　对报告或者举报的安全生产违法行为，安全监管监察部门应当受理；发现不属于自己管辖的，应当及时移送有管辖权的部门。

受移送的安全监管监察部门对管辖权有异议的，应当报请共同的上一级安全监管监察部门指定管辖。

第九条　安全生产违法行为构成犯罪的，安全监管监察部门应当将案件移送司法机关，依法追究刑事责任；尚不够刑事处罚但依法应当给予行政处罚的，由安全监管监察部门管辖。

第十条　上级安全监管监察部门可以直接查处下级安全监管监察部门管辖的案件，也可以将自己管辖的案件交由下级安全监管监察部门管辖。

下级安全监管监察部门可以将重大、疑难案件报请上级安全监管监察部门管辖。

第十一条　上级安全监管监察部门有权对下级安全监管监察部门违法或者不适当的行政处罚予以纠正或者撤销。

第十二条　安全监管监察部门根据需要，可以在其法定职权范围内委托符合行政处罚法第十九条规定条件的组织或者乡镇人民政府、城市街道办事处设立的安全生产监督管理机构实施行政处罚。受委托的单位在委托范围内，以委托的安全监管监察部门名义实施行政处罚。

委托的安全监管监察部门应当监督检查受委托的单位实施行政处罚，并对其实施行政处罚的后果承担法律责任。

第三章　行政处罚的程序

第十三条　安全生产行政执法人员在执行公务时，必须出示省级以上安全生产监督管理部门或者县级以上地方人民政府统一制作的有效行政执法证件。其中对煤矿进行安全监察，必须出示国家安全生产监督管理总局统一制作的煤矿安全监察员证。

第十四条　安全监管监察部门及其行政执法人员在监督检查时发现生产经营单位存在事故隐患的，应当按照下列规定采取现场处理措施：

（一）能够立即排除的，应当责令立即排除；

（二）重大事故隐患排除前或者排除过程中无法保证安全的，应当责令从危险区域撤出作业人员，并责令暂时停产停业、停止建设、停止施工或者停止使用，限期排除隐患。

隐患排除后，经安全监管监察部门审查同意，方可恢复生产经营和使用。

本条第一款第（二）项规定的责令暂时停产停业、停止建设、停止施工或者停止使用的期限一般不超过6个月；法律、行政法规另有规定的，依照其规定。

第十五条　对有根据认为不符合安全生产的国家标准或者行业标准的在用设施、设备、器材，安全监管监察部门应当依法予以查封或者扣押，并在15日内按照下列规定作出处理决定：

（一）能够修理、更换的，责令予以修理、更换；不能修理、更换的，不准使用；

（二）依法采取其他行政强制措施或者现场处理措施；

（三）依法给予行政处罚；

（四）经核查予以查封或者扣押的设备、设施、器材符合国家标准或者行业标准的，解除查封或者扣押。

实施查封、扣押，应当当场下达查封、扣押决定书和被查封、扣押的财物清单。在交通不便地区，或者不及时查封、扣押可能影响案件查处，或者存在事故隐患可能导致生产安全事故的，可以先行实施查封、扣押，并在48小时内补办查封、扣押决定书，送达当事人。

第十六条　生产经营单位被责令限期改正或者限期进行隐患排除治理的，应当在规定限期内完成。因不可抗力无法在规定限期内完成的，应当在进行整改或者治理的同时，于限期届满前10日内提出书面延期申请，安全监管监察部门应当在收到申请之日起5日内书面答复是否准予延期。

生产经营单位提出复查申请或者整改、治理限期届满的，安全监管监察部门应当自申请或者限期届满之日起10日内进行复查，填写复查意见书，由被复查单位和安全监管监察部门复查人员签名后存档。逾期未整改、未治理或者整改、治理不合格的，安全监管监察部门应当依法给予行政处罚。

第十七条　安全监管监察部门在作出行政处罚决定前，应当填写行政处罚告知书，告知当事人作出行政处罚决定的事实、理由、依据，以及当事人依法享有的权利，并送达当事人。当事人应当在收到行政处罚告知书之日起3日内进行陈述、申辩，或者依法提出听证要求，逾期视为放弃上述权利。

第十八条　安全监管监察部门应当充分听取当事人的陈述和申辩，对当事人提出的事实、理由和证据，应当进行复核；当事人提出的事实、理由和证据成立的，安全监管监察部门应当采纳。

安全监管监察部门不得因当事人陈述或者申辩而加重处罚。

第十九条　安全监管监察部门对安全生产违法行为实施行政处罚，应当符合法定程序，制作行政执法文书。

第一节　简易程序

第二十条　违法事实确凿并有法定依据，对个人处以50元以下罚款、对生产经营单位处以1千元以下罚款或者警告的行政处罚的，安全生产行政执法人员可以当场作出行政处罚决定。

第二十一条　安全生产行政执法人员当场作出行政处罚决定，应当填写预定格式、编有号码的行政处罚决定书并当场交付当事人。

安全生产行政执法人员当场作出行政处罚决定后应当及时报告，并在5日内报所属安全监管监察部门备案。

第二节　一般程序

第二十二条　除依照简易程序当场作出的行政处罚外，安全监管监察部门发现生产经营单位及其有关人员有应当给予行政处罚的行为的，应当予以立案，填写立案审批表，并全面、客观、公正地进行调查，收集有关证据。对确需立即查处的安全生产违法行为，可以先行调查取证，并在5日内补办立案手续。

第二十三条　对已经立案的案件，由立案审批人指定两名或者两名以上安全生产行政执法人员进行调查。

有下列情形之一的，承办案件的安全生产行政执法人员应当回避：

（一）本人是本案的当事人或者当事人的近亲属的；

（二）本人或者其近亲属与本案有利害关系的；

（三）与本人有其他利害关系，可能影响案件的公正处理的。

安全生产行政执法人员的回避，由派出其进行调查的安全监管监察部门的负责人决定。进行调查的安全监管监察部门负责人的回避，由该部门负责人集体讨论决定。回避决定作出之前，承办案件的安全生产行政执法人员不得擅自停止对案件的调查。

第二十四条　进行案件调查时，安全生产行政执法人员不得少于两名。当事人或者有关人员应当如实回答安全生产行政执法人员的询问，并协助调查或者检查，不得拒绝、阻挠或者提供虚假情况。

询问或者检查应当制作笔录。笔录应当记载时间、地点、询问和检查情况，并由被询问人、被检查单位和安全生产行政执法人员签名或者盖章；被询问人、被检查单位要求补正的，应当允许。被询问人或者被检查单位拒绝签名或者盖章的，安全生产行政执法人员应当在笔录上注明原因并签名。

第二十五条　安全生产行政执法人员应当收集、调取与案件有关的原始凭证作为证据。调取原始凭证确有困难的，可以复制，复制件应当注明“经核对与原件无异”的字样和原始凭证存放的单位及其处所，并由出具证据的人员签名或者单位盖章。

第二十六条　安全生产行政执法人员在收集证据时，可以采取抽样取证的方法；在证据可能灭失或者以后难以取得的情况下，经本单位负责人批准，可以先行登记保存，并应当在7日内作出处理决定：

（一）违法事实成立依法应当没收的，作出行政处罚决定，予以没收；依法应当扣留或者封存的，予以扣留或者封存；

（二）违法事实不成立，或者依法不应当予以没收、扣留、封存的，解除登记保存。

第二十七条　安全生产行政执法人员对与案件有关的物品、场所进行勘验检查时，应当通知当事人到场，制作勘验笔录，并由当事人核对无误后签名或者盖章。当事人拒绝到场的，可以邀请在场的其他人员作证，并在勘验笔录中注明；也可以采用录音、录像等方式记录有关物品、场所的情况后，再进行勘验检查。

第二十八条 案件调查终结后，负责承办案件的安全生产行政执法人员应当填写案件处理呈批表，连同有关证据材料一并报本部门负责人审批。

安全监管监察部门负责人应当及时对案件调查结果进行审查，根据不同情况，分别作出以下决定：

（一）确有应受行政处罚的违法行为的，根据情节轻重及具体情况，作出行政处罚决定；

（二）违法行为轻微，依法可以不予行政处罚的，不予行政处罚；

（三）违法事实不能成立，不得给予行政处罚；

（四）违法行为涉嫌犯罪的，移送司法机关处理。

对严重安全生产违法行为给予责令停产停业整顿、责令停产停业、责令停止建设、责令停止施工、吊销有关许可证、撤销有关执业资格或者岗位证书、3 万元以上罚款、没收违法所得、没收非法开采的煤炭产品或者采掘设备价值 3 万元以上的行政处罚的，应当由安全监管监察部门的负责人集体讨论决定。

第二十九条 安全监管监察部门依照本办法第二十八条的规定给予行政处罚，应当制作行政处罚决定书。行政处罚决定书应当载明下列事项：

（一）当事人的姓名或者名称、地址或者住址；

（二）违法事实和证据；

（三）行政处罚的种类和依据；

（四）行政处罚的履行方式和期限；

（五）不服行政处罚决定，申请行政复议或者提起行政诉讼的途径和期限；

（六）作出行政处罚决定的安全监管监察部门的名称和作出决定的日期。

行政处罚决定书必须盖有作出行政处罚决定的安全监管监察部门的印章。

第三十条 行政处罚决定书应当在宣告后当场交付当事人；当事人不在场的，安全监管监察部门应当在 7 日内依照民事诉讼法的有关规定，将行政处罚决定书送达当事人或者其他的法定受送达人：

（一）送达必须有送达回执，由受送达人在送达回执上注明收到日期，签名或者盖章；

（二）送达应当直接送交受送达人。受送达人是个人的，本人不在交他的同住成年家属签收，并在行政处罚决定书送达回执的备注栏内注明与受送达人的关系；

（三）受送达人是法人或者其他组织的，应当由法人的法定代表人、其他组织的主要负责人或者该法人、组织负责收件的人签收；

（四）受送达人指定代收人的，交代收人签收并注明受当事人委托的情况；

（五）直接送达确有困难的，可以挂号邮寄送达，也可以委托当地安全监管监察部门代为送达，代为送达的安全监管监察部门收到文书后，必须立即交受送达人签收；

（六）当事人或者他的同住成年家属拒绝接收的，送达人应当邀请有关基层组织的代表或者有关人员到场，注明情况，在行政处罚决定书送达回执上注明拒收的事由和日期，由送达人、见证人签名或者盖章，将文书留在当事人的收发部门或者住所，即视为送达；

（七）受送达人下落不明，或者用以上方式无法送达的，可以公告送达，自公告发布之日起经过 60 日，即视为送达。公告送达，应当在案卷中注明原因和经过。

安全监管监察部门送达其他行政处罚执法文书，按照前款规定办理。

第三十一条 行政处罚案件应当自立案之日起 30 日内办理完毕；由于客观原因不能完成的，

经安全监管监察部门负责人同意，可以延长，但不得超过90日；特殊情况需进一步延长的，应当经上一级安全监管监察部门批准，可延长至180日。

第三节 听证程序

第三十二条 安全监管监察部门作出责令停产停业整顿、责令停产停业、吊销有关许可证、撤销有关执业资格、岗位证书或者较大数额罚款的行政处罚决定之前，应当告知当事人有要求举行听证的权利；当事人要求听证的，安全监管监察部门应当组织听证，不得向当事人收取听证费用。

前款所称较大数额罚款，为省、自治区、直辖市人大常委会或者人民政府规定的数额；没有规定数额的，其数额对个人罚款为1万元以上，对生产经营单位罚款为3万元以上。

第三十三条 当事人要求听证的，应当在安全监管监察部门依照本办法第十七条规定告知后3日内以书面方式提出。

第三十四条 当事人提出听证要求后，安全监管监察部门应当在举行听证会的7日前，通知当事人举行听证的时间、地点。

当事人应当按期参加听证。当事人有正当理由要求延期的，经组织听证的安全监管监察部门负责人批准可以延期1次；当事人未按期参加听证，并且未事先说明理由的，视为放弃听证权利。

第三十五条 听证参加人由听证主持人、听证员、案件调查人员、当事人及其委托代理人、书记员组成。

听证主持人、听证员、书记员应当由组织听证的安全监管监察部门负责人指定的非本案调查人员担任。

当事人可以委托1至2名代理人参加听证，并提交委托书。

第三十六条 除涉及国家秘密、商业秘密或者个人隐私外，听证应当公开举行。

第三十七条 当事人在听证中的权利和义务：

（一）有权对案件涉及的事实、适用法律及有关情况进行陈述和申辩；

（二）有权对案件调查人员提出的证据质证并提出新的证据；

（三）如实回答主持人的提问；

（四）遵守听证会场纪律，服从听证主持人指挥。

第三十八条 听证按照下列程序进行：

（一）书记员宣布听证会场纪律、当事人的权利和义务。听证主持人宣布案由，核实听证参加人名单，宣布听证开始；

（二）案件调查人员提出当事人的违法事实、出示证据，说明拟作出的行政处罚的内容及法律依据；

（三）当事人或者其委托代理人对案件的事实、证据、适用的法律等进行陈述和申辩，提交新的证据材料；

（四）听证主持人就案件的有关问题向当事人、案件调查人员、证人询问；

（五）案件调查人员、当事人或者其委托代理人相互辩论；

（六）当事人或者其委托代理人作最后陈述；

（七）听证主持人宣布听证结束。

听证笔录应当当场交当事人核对无误后签名或者盖章。

第三十九条 有下列情形之一的，应当中止听证：

（一）需要重新调查取证的；

（二）需要通知新证人到场作证的；

（三）因不可抗力无法继续进行听证的。

第四十条　有下列情形之一的，应当终止听证：

（一）当事人撤回听证要求的；

（二）当事人无正当理由不按时参加听证的；

（三）拟作出的行政处罚决定已经变更，不适用听证程序的。

第四十一条　听证结束后，听证主持人应当依据听证情况，填写听证会报告书，提出处理意见并附听证笔录报安全监管监察部门负责人审查。安全监管监察部门依照本办法第二十八条的规定作出决定。

第四章　行政处罚的适用

第四十二条　生产经营单位的决策机构、主要负责人、个人经营的投资人（包括实际控制人，下同）未依法保证下列安全生产所必需的资金投入，致使生产经营单位不具备安全生产条件的，责令限期改正，提供必需的资金，并可以对生产经营单位处1万元以上3万元以下罚款，对生产经营单位的主要负责人、个人经营的投资人处5千元以上1万元以下罚款；逾期未改正的，责令生产经营单位停产停业整顿：

（一）未按规定缴存和使用安全生产风险抵押金的；

（二）未按规定足额提取和使用安全生产费用的；

（三）国家规定的其他安全生产所必须的资金投入。

生产经营单位主要负责人、个人经营的投资人有前款违法行为，导致发生生产安全事故的，依照《生产安全事故报告和调查处理条例》的规定给予处罚。

第四十三条　生产经营单位的主要负责人未依法履行安全生产管理职责，导致生产安全事故发生的，依照《生产安全事故报告和调查处理条例》的规定给予处罚。

第四十四条　生产经营单位及其主要负责人或者其他人员有下列行为之一的，给予警告，并可以对生产经营单位处1万元以上3万元以下罚款，对其主要负责人、其他有关人员处1千元以上1万元以下的罚款：

（一）违反操作规程或者安全管理规定作业的；

（二）违章指挥从业人员或者强令从业人员违章、冒险作业的；

（三）发现从业人员违章作业不加制止的；

（四）超过核定的生产能力、强度或者定员进行生产的；

（五）对被查封或者扣押的设施、设备、器材，擅自启封或者使用的；

（六）故意提供虚假情况或者隐瞒存在的事故隐患以及其他安全问题的；

（七）对事故预兆或者已发现的事故隐患不及时采取措施的；

（八）拒绝、阻碍安全生产行政执法人员监督检查的；

（九）拒绝、阻碍安全监管监察部门聘请的专家进行现场检查的；

（十）拒不执行安全监管监察部门及其行政执法人员的安全监管监察指令的。

第四十五条　危险物品的生产、经营、储存单位以及矿山企业、建筑施工单位有下列行为之一的，责令改正，并可以处1万元以上3万元以下的罚款：

（一）未建立应急救援组织或者未按规定签订救护协议的；

（二）未配备必要的应急救援器材、设备，并进行经常性维护、保养，保证正常运转的。

第四十六条　生产经营单位与从业人员订立协议，免除或者减轻其对从业人员因生产安全事故伤亡依法应承担的责任的，该协议无效；对生产经营单位的主要负责人、个人经营的投资人按照下列规定处以罚款：

（一）在协议中减轻因生产安全事故伤亡对从业人员依法应承担的责任的，处2万元以上5万元以下的罚款；

（二）在协议中免除因生产安全事故伤亡对从业人员依法应承担的责任的，处5万元以上10万元以下的罚款。

第四十七条 生产经营单位不具备法律、行政法规和国家标准、行业标准规定的安全生产条件，经责令停产停业整顿仍不具备安全生产条件的，安全监管监察部门应当提请有管辖权的人民政府予以关闭；人民政府决定关闭的，安全监管监察部门应当依法吊销其有关许可证。

第四十八条 生产经营单位转让安全生产许可证的，没收违法所得，吊销安全生产许可证，并按照下列规定处以罚款：

（一）接受转让的单位和个人发生生产安全事故的，处10万元以上30万元以下的罚款；

（二）接受转让的单位和个人发生生产安全事故但没有造成人员死亡的，处30万元以上40万元以下的罚款；

（三）接受转让的单位和个人发生人员死亡生产安全事故的，处40万元以上50万元以下的罚款。

第四十九条 知道或者应当知道生产经营单位未取得安全生产许可证或者其他批准文件擅自从事生产经营活动，仍为其提供生产经营场所、运输、保管、仓储等条件的，责令立即停止违法行为，有违法所得的，没收违法所得，并处违法所得1倍以上3倍以下的罚款，但是最高不得超过3万元；没有违法所得的，并处5千元以上1万元以下的罚款。

第五十条 生产经营单位及其有关人员弄虚作假，骗取或者勾结、串通行政审批工作人员取得安全生产许可证书及其他批准文件的，撤销许可及批准文件，并按照下列规定处以罚款：

（一）生产经营单位有违法所得的，没收违法所得，并处违法所得1倍以上3倍以下的罚款，但是最高不得超过3万元；没有违法所得的，并处5千元以上1万元以下的罚款；

（二）对有关人员处1千元以上1万元以下的罚款。

有前款规定违法行为的生产经营单位及其有关人员在3年内不得再次申请该行政许可。

生产经营单位及其有关人员未依法办理安全生产许可证书变更手续的，责令限期改正，并对生产经营单位处1万元以上3万元以下的罚款，对有关人员处1千元以上5千元以下的罚款。

第五十一条 未取得相应资格、资质证书的机构及其有关人员从事安全评价、认证、检测、检验工作，责令停止违法行为，并按照下列规定处以罚款：

（一）机构有违法所得的，没收违法所得，并处违法所得1倍以上3倍以下的罚款，但是最高不得超过3万元；没有违法所得的，并处5千元以上1万元以下的罚款；

（二）有关人员处5千元以上1万元以下的罚款。

第五十二条 生产经营单位及其有关人员触犯不同的法律规定，有两个以上应当给予行政处罚的安全生产违法行为的，安全监管监察部门应当适用不同的法律规定，分别裁量，合并处罚。

第五十三条 对同一生产经营单位及其有关人员的同一安全生产违法行为，不得给予两次以上罚款的行政处罚。

第五十四条 生产经营单位及其有关人员有下列情形之一的，应当从重处罚：

（一）危及公共安全或者其他生产经营单位安全的，经责令限期改正，逾期未改正的；

（二）一年内因同一违法行为受到两次以上行政处罚的；

（三）拒不整改或者整改不力，其违法行为呈持续状态的；

（四）拒绝、阻碍或者以暴力威胁行政执法人员的。

第五十五条　生产经营单位及其有关人员有下列情形之一的，应当从轻或者减轻行政处罚：

（一）主动消除或者减轻安全生产违法行为危害后果的；

（二）受他人胁迫实施安全生产违法行为的；

（三）配合安全监管监察部门查处安全生产违法行为有立功表现的；

（四）其他依法应予从轻或者减轻行政处罚的。

安全生产违法行为轻微并及时纠正，没有造成危害后果的，不予行政处罚。

第五章　行政处罚的执行和备案

第五十六条　安全监管监察部门实施行政处罚时，应当同时责令生产经营单位及其有关人员停止、改正或者限期改正违法行为。

第五十七条　本办法所称的违法所得，按照下列规定计算：

（一）生产、加工产品的，以生产、加工产品的销售收入作为违法所得；

（二）销售商品的，以销售收入作为违法所得；

（三）提供安全生产中介、租赁等服务的，以服务收入或者报酬作为违法所得；

（四）销售收入无法计算的，按当地同类同等规模的生产经营单位的平均销售收入计算；

（五）服务收入、报酬无法计算的，按照当地同行业同种服务的平均收入或者报酬计算。

第五十八条　行政处罚决定依法作出后，当事人应当在行政处罚决定的期限内，予以履行；当事人逾期不履的，作出行政处罚决定的安全监管监察部门可以采取下列措施：

（一）到期不缴纳罚款的，每日按罚款数额的3%加处罚款；

（二）根据法律规定，将查封、扣押的设施、设备、器材拍卖所得价款抵缴罚款；

（三）申请人民法院强制执行。

当事人对行政处罚决定不服申请行政复议或者提起行政诉讼的，行政处罚不停止执行，法律另有规定的除外。

第五十九条　安全生产行政执法人员当场收缴罚款的，应当出具省、自治区、直辖市财政部门统一制发的罚款收据；当场收缴的罚款，应当自收缴罚款之日起2日内，交至所属安全监管监察部门；安全监管监察部门应当在2日内将罚款缴付指定的银行。

第六十条　除依法应当予以销毁的物品外，需要将查封、扣押的设施、设备、器材拍卖抵缴罚款的，依照法律或者国家有关规定处理。销毁物品，依照国家有关规定处理；没有规定的，经县级以上安全监管监察部门负责人批准，由两名以上安全生产行政执法人员监督销毁，并制作销毁记录。处理物品，应当制作清单。

第六十一条　罚款、没收违法所得的款项和没收非法开采的煤炭产品、采掘设备，必须按照有关规定上缴，任何单位和个人不得截留、私分或者变相私分。

第六十二条　县级安全生产监督管理部门处以2万元以上罚款、没收违法所得、没收非法生产的煤炭产品或者采掘设备价值2万元以上、责令停产停业、停止建设、停止施工、停产停业整顿、撤销有关资格、岗位证书或者吊销有关许可证的行政处罚的，应当自作出行政处罚决定之日起10日内报设区的市级安全生产监督管理部门备案。

第六十三条　设区的市级安全生产监督管理部门、煤矿安全监察分局处以5万元以上罚款、没收违法所得、没收非法生产的煤炭产品或者采掘设备价值5万元以上、责令停产停业、停止建设、停止施工、停产停业整顿、撤销有关资格、岗位证书或者吊销有关许可证的行政处罚的，应当自作出行政处罚决定之日起 10 日内报省级安全监管监察部门备案。

第六十四条　省级安全监管监察部门处以 10 万元以上罚款、没收违法所得、没收非法生产的煤炭产品或者采掘设备价值 10 万元以上、责令停产停业、停止建设、停止施工、停产停业整顿、撤销有关资格、岗位证书或者吊销有关许可证的行政处罚的，应当自作出行政处罚决定之日起 10 日内报国家安全生产监督管理总局或者国家煤矿安全监察局备案。

对上级安全监管监察部门交办案件给予行政处罚的，由决定行政处罚的安全监管监察部门自作出行政处罚决定之日起 10 日内报上级安全监管监察部门备案。

第六十五条　行政处罚执行完毕后，案件材料应当按照有关规定立卷归档。

案卷立案归档后，任何单位和个人不得擅自增加、抽取、涂改和销毁案卷材料。未经安全监管监察部门负责人批准，任何单位和个人不得借阅案卷。

第六章　附　则

第六十六条　安全生产监督管理部门所用的行政处罚文书式样，由国家安全生产监督管理总局统一制定。

煤矿安全监察机构所用的行政处罚文书式样，由国家煤矿安全监察局统一制定。

第六十七条　本办法所称的生产经营单位，是指合法和非法从事生产或者经营活动的基本单元，包括企业法人、不具备企业法人资格的合伙组织、个体工商户和自然人等生产经营主体。

本办法所称的“以上”包括本数，所称的“以下”不包括本数。

第六十八条　本办法自 2008 年 1 月 1 日起施行。原国家安全生产监督管理局（国家煤矿安全监察局）2003 年 5 月 19 日公布的《安全生产违法行为行政处罚办法》、2001 年 4 月 27 日公布的《煤矿安全监察程序暂行规定》同时废止。

国家安全生产监督管理总局令

（第 16 号）

《安全生产事故隐患排查治理暂行规定》已经 2007 年 12 月 22 日国家安全生产监督管理总局局长办公会议审议通过，现予公布，自 2008 年 2 月 1 日起施行。

局　长　李毅中

二〇〇七年十二月二十八日

安全生产事故隐患排查治理暂行规定

第一章　总　则

第一条　为了建立安全生产事故隐患排查治理长效机制，强化安全生产主体责任，加强事故隐患监督管理，防止和减少事故，保障人民群众生命财产安全，根据安全生产法等法律、行政法规，制定本规定。

第二条　生产经营单位安全生产事故隐患排查治理和安全生产监督管理部门、煤矿安全监察机构（以下统称安全监管监察部门）实施监管监察，适用本规定。

有关法律、行政法规对安全生产事故隐患排查治理另有规定的，依照其规定。

第三条　本规定所称安全生产事故隐患（以下简称事故隐患），是指生产经营单位违反安全生产法律、法规、规章、标准、规程和安全生产管理制度的规定，或者因其他因素在生产经营活动中存在可能导致事故发生的物的危险状态、人的不安全行为和管理上的缺陷。

事故隐患分为一般事故隐患和重大事故隐患。一般事故隐患，是指危害和整改难度较小，发现后能够立即整改排除的隐患。重大事故隐患，是指危害和整改难度较大，应当全部或者局部停产停业，并经过一定时间整改治理方能排除的隐患，或者因外部因素影响致使生产经营单位自身难以排除的隐患。

第四条　生产经营单位应当建立健全事故隐患排查治理制度。

生产经营单位主要负责人对本单位事故隐患排查治理工作全面负责。

第五条　各级安全监管监察部门按照职责对所辖区域内生产经营单位排查治理事故隐患工作依法实施综合监督管理；各级人民政府有关部门在各自职责范围内对生产经营单位排查治理事故隐患工作依法实施监督管理。

第六条　任何单位和个人发现事故隐患，均有权向安全监管监察部门和有关部门报告。

安全监管监察部门接到事故隐患报告后，应当按照职责分工立即组织核实并予以查处；发现所报告事故隐患应当由其他有关部门处理的，应当立即移送有关部门并记录备查。

第二章　生产经营单位的职责

第七条　生产经营单位应当依照法律、法规、规章、标准和规程的要求从事生产经营活动。严禁非法从事生产经营活动。

第八条　生产经营单位是事故隐患排查、治理和防控的责任主体。

生产经营单位应当建立健全事故隐患排查治理和建档监控等制度，逐级建立并落实从主要负责人到每个从业人员的隐患排查治理和监控责任制。

第九条　生产经营单位应当保证事故隐患排查治理所需的资金，建立资金使用专项制度。

第十条　生产经营单位应当定期组织安全生产管理人员、工程技术人员和其他相关人员排查本单位的事故隐患。对排查出的事故隐患，应当按照事故隐患的等级进行登记，建立事故隐患信息档案，并按照职责分工实施监控治理。

第十一条　生产经营单位应当建立事故隐患报告和举报奖励制度，鼓励、发动职工发现和排除事故隐患，鼓励社会公众举报。对发现、排除和举报事故隐患的有功人员，应当给予物质奖励和表彰。

第十二条　生产经营单位将生产经营项目、场所、设备发包、出租的，应当与承包、承租单位签订安全生产管理协议，并在协议中明确各方对事故隐患排查、治理和防控的管理职责。生产经营单位对承包、承租单位的事故隐患排查治理负有统一协调和监督管理的职责。

第十三条　安全监管监察部门和有关部门的监督检查人员依法履行事故隐患监督检查职责时，生产经营单位应当积极配合，不得拒绝和阻挠。

第十四条　生产经营单位应当每季、每年对本单位事故隐患排查治理情况进行统计分析，并分别于下一季度 15 日前和下一年 1 月 31 日前向安全监管监察部门和有关部门报送书面统计分析表。统计分析表应当由生产经营单位主要负责人签字。

对于重大事故隐患，生产经营单位除依照前款规定报送外，应当及时向安全监管监察部门和有关部门报告。重大事故隐患报告内容应当包括：

（一）隐患的现状及其产生原因；

（二）隐患的危害程度和整改难易程度分析；

（三）隐患的治理方案。

第十五条　对于一般事故隐患，由生产经营单位（车间、分厂、区队等）负责人或者有关人员立即组织整改。

对于重大事故隐患，由生产经营单位主要负责人组织制定并实施事故隐患治理方案。重大事故隐患治理方案应当包括以下内容：

（一）治理的目标和任务；

（二）采取的方法和措施；

（三）经费和物资的落实；

（四）负责治理的机构和人员；

（五）治理的时限和要求；

（六）安全措施和应急预案。

第十六条　生产经营单位在事故隐患治理过程中，应当采取相应的安全防范措施，防止事故发生。事故隐患排除前或者排除过程中无法保证安全的，应当从危险区域内撤出作业人员，并疏散可能危及的其他人员，设置警戒标志，暂时停产停业或者停止使用；对暂时难以停产或者停止使用的相关生产储存装置、设施、设备，应当加强维护和保养，防止事故发生。

第十七条　生产经营单位应当加强对自然灾害的预防。对于因自然灾害可能导致事故灾难的隐患，应当按照有关法律、法规、标准和本规定的要求排查治理，采取可靠的预防措施，制定应急预案。在接到有关自然灾害预报时，应当及时向下属单位发出预警通知；发生自然灾害可能危及生产经营单位和人员安全的情况时，应当采取撤离人员、停止作业、加强监测等安全措施，并及时向当地人民政府及其有关部门报告。

第十八条　地方人民政府或者安全监管监察部门及有关部门挂牌督办并责令全部或者局部停产停业治理的重大事故隐患，治理工作结束后，有条件的生产经营单位应当组织本单位的技术人员和专家对重大事故隐患的治理情况进行评估；其他生产经营单位应当委托具备相应资质的安全评价机构对重大事故隐患的治理情况进行评估。

经治理后符合安全生产条件的，生产经营单位应当向安全监管监察部门和有关部门提出恢复生产的书面申请，经安全监管监察部门和有关部门审查同意后，方可恢复生产经营。申请报告应当包括治理方案的内容、项目和安全评价机构出具的评价报告等。

第三章　监督管理

第十九条　安全监管监察部门应当指导、监督生产经营单位按照有关法律、法规、规章、标准和规程的要求，建立健全事故隐患排查治理等各项制度。

第二十条　安全监管监察部门应当建立事故隐患排查治理监督检查制度，定期组织对生产经营单位事故隐患排查治理情况开展监督检查；应当加强对重点单位的事故隐患排查治理情况的监督检查。对检查过程中发现的重大事故隐患，应当下达整改指令书，并建立信息管理台账。必要时，报告同级人民政府并对重大事故隐患实行挂牌督办。

安全监管监察部门应当配合有关部门做好对生产经营单位事故隐患排查治理情况开展的监督检查，依法查处事故隐患排查治理的非法和违法行为及其责任者。

安全监管监察部门发现属于其他有关部门职责范围内的重大事故隐患的，应该及时将有关资料移送有管辖权的有关部门，并记录备查。

第二十一条　已经取得安全生产许可证的生产经营单位，在其被挂牌督办的重大事故隐患治理结束前，安全监管监察部门应当加强监督检查。必要时，可以提请原许可证颁发机关依法暂扣其安全生产许可证。

第二十二条　安全监管监察部门应当会同有关部门把重大事故隐患整改纳入重点行业领域的安全专项整治中加以治理，落实相应责任。

第二十三条　对挂牌督办并采取全部或者局部停产停业治理的重大事故隐患，安全监管监察部门收到生产经营单位恢复生产的申请报告后，应当在10日内进行现场审查。审查合格的，对事故隐患进行核销，同意恢复生产经营；审查不合格的，依法责令改正或者下达停产整改指令。对整改无望或者生产经营单位拒不执行整改指令的，依法实施行政处罚；不具备安全生产条件的，依法提请县级以上人民政府按照国务院规定的权限予以关闭。

第二十四条　安全监管监察部门应当每季将本行政区域重大事故隐患的排查治理情况和统计分析表逐级报至省级安全监管监察部门备案。

省级安全监管监察部门应当每半年将本行政区域重大事故隐患的排查治理情况和统计分析表报国家安全生产监督管理总局备案。

第四章　罚　则

第二十五条　生产经营单位及其主要负责人未履行事故隐患排查治理职责，导致发生生产安全事故的，依法给予行政处罚。

第二十六条　生产经营单位违反本规定，有下列行为之一的，由安全监管监察部门给予警告，并处三万元以下的罚款：

（一）未建立安全生产事故隐患排查治理等各项制度的；

（二）未按规定上报事故隐患排查治理统计分析表的；

（三）未制定事故隐患治理方案的；

（四）重大事故隐患不报或者未及时报告的；

（五）未对事故隐患进行排查治理擅自生产经营的；

（六）整改不合格或者未经安全监管监察部门审查同意擅自恢复生产经营的。

第二十七条　承担检测检验、安全评价的中介机构，出具虚假评价证明，尚不够刑事处罚的，没收违法所得，违法所得在五千元以上的，并处违法所得二倍以上五倍以下的罚款，没有违法所得或者违法所得不足五千元的，单处或者并处五千元以上二万元以下的罚款，同时可对其直接负责的主管人员和其他直接责任人员处五千元以上五万元以下的罚款；给他人造成损害的，与生产经营单位承担连带赔偿责任。

对有前款违法行为的机构，撤销其相应的资质。

第二十八条　生产经营单位事故隐患排查治理过程中违反有关安全生产法律、法规、规章、标准和规程规定的，依法给予行政处罚。

第二十九条　安全监管监察部门的工作人员未依法履行职责的，按照有关规定处理。

第五章　附　则

第三十条　省级安全监管监察部门可以根据本规定，制定事故隐患排查治理和监督管理实施细则。

第三十一条　事业单位、人民团体以及其他经济组织的事故隐患排查治理，参照本规定执行。

第三十二条　本规定自 2008 年 2 月 1 日起施行。

国家安全生产监督管理总局令

（第 17 号）

《生产安全事故应急预案管理办法》已经 2009 年 3 月 20 日国家安全生产监督管理总局局长办公会议审议通过，现予公布，自 2009 年 5 月 1 日起施行。

局　长　骆　琳

二〇〇九年四月一日

第一章　总　则

第一条　为了规范生产安全事故应急预案的管理，完善应急预案体系，增强应急预案的科学性、针对性、实效性，依据《中华人民共和国突发事件应对法》、《中华人民共和国安全生产法》和国务院有关规定，制定本办法。

第二条　生产安全事故应急预案（以下简称应急预案）的编制、评审、发布、备案、培训、演练和修订等工作，适用本办法。

法律、行政法规和国务院另有规定的，依照其规定。

第三条　应急预案的管理遵循综合协调、分类管理、分级负责、属地为主的原则。

第四条　国家安全生产监督管理总局负责应急预案的综合协调管理工作。国务院其他负有安全生产监督管理职责的部门按照各自的职责负责本行业、本领域内应急预案的管理工作。

县级以上地方各级人民政府安全生产监督管理部门负责本行政区域内应急预案的综合协调管理工作。县级以上地方各级人民政府其他负有安全生产监督管理职责的部门按照各自的职责负责辖区内本行业、本领域应急预案的管理工作。

第二章　应急预案的编制

第五条　应急预案的编制应当符合下列基本要求：

（一）符合有关法律、法规、规章和标准的规定；

（二）结合本地区、本部门、本单位的安全生产实际情况；

（三）结合本地区、本部门、本单位的危险性分析情况；

（四）应急组织和人员的职责分工明确，并有具体的落实措施；

（五）有明确、具体的事故预防措施和应急程序，并与其应急能力相适应；

（六）有明确的应急保障措施，并能满足本地区、本部门、本单位的应急工作要求；

（七）预案基本要素齐全、完整，预案附件提供的信息准确；

（八）预案内容与相关应急预案相互衔接。

第六条 地方各级安全生产监督管理部门应当根据法律、法规、规章和同级人民政府以及上一级安全生产监督管理部门的应急预案，结合工作实际，组织制定相应的部门应急预案。

第七条 生产经营单位应当根据有关法律、法规和《生产经营单位安全生产事故应急预案编制导则》（AQ/T9002—2006），结合本单位的危险源状况、危险性分析情况和可能发生的事故特点，制定相应的应急预案。

生产经营单位的应急预案按照针对情况的不同，分为综合应急预案、专项应急预案和现场处置方案。

第八条 生产经营单位风险种类多、可能发生多种事故类型的，应当组织编制本单位的综合应急预案。

综合应急预案应当包括本单位的应急组织机构及其职责、预案体系及响应程序、事故预防及应急保障、应急培训及预案演练等主要内容。

第九条 对于某一种类的风险，生产经营单位应当根据存在的重大危险源和可能发生的事故类型，制定相应的专项应急预案。

专项应急预案应当包括危险性分析、可能发生的事故特征、应急组织机构与职责、预防措施、应急处置程序和应急保障等内容。

第十条 对于危险性较大的重点岗位，生产经营单位应当制定重点工作岗位的现场处置方案。

现场处置方案应当包括危险性分析、可能发生的事故特征、应急处置程序、应急处置要点和注意事项等内容。

第十一条 生产经营单位编制的综合应急预案、专项应急预案和现场处置方案之间应当相互衔接，并与所涉及的其他单位的应急预案相互衔接。

第十二条 应急预案应当包括应急组织机构和人员的联系方式、应急物资储备清单等附件信息。附件信息应当经常更新，确保信息准确有效。

第三章 应急预案的评审

第十三条 地方各级安全生产监督管理部门应当组织有关专家对本部门编制的应急预案进行审定；必要时，可以召开听证会，听取社会有关方面的意见。涉及相关部门职能或者需要有关部门配合的，应当征得有关部门同意。

第十四条 矿山、建筑施工单位和易燃易爆物品、危险化学品、放射性物品等危险物品的生产、经营、储存、使用单位和中型规模以上的其他生产经营单位，应当组织专家对本单位编制的应急预案进行评审。评审应当形成书面纪要并附有专家名单。

前款规定以外的其他生产经营单位应当对本单位编制的应急预案进行论证。

第十五条 参加应急预案评审的人员应当包括应急预案涉及的政府部门工作人员和有关安全生产及应急管理方面的专家。

评审人员与所评审预案的生产经营单位有利害关系的，应当回避。

第十六条 应急预案的评审或者论证应当注重应急预案的实用性、基本要素的完整性、预防措施的针对性、组织体系的科学性、响应程序的可操作性、应急保障措施的可行性、应急预案的衔接性等内容。

第十七条 生产经营单位的应急预案经评审或者论证后，由生产经营单位主要负责人签署公布。

第四章　应急预案的备案

第十八条　地方各级安全生产监督管理部门的应急预案，应当报同级人民政府和上一级安全生产监督管理部门备案。

其他负有安全生产监督管理职责的部门的应急预案，应当抄送同级安全生产监督管理部门。

第十九条　中央管理的总公司（总厂、集团公司、上市公司）的综合应急预案和专项应急预案，报国务院国有资产监督管理部门、国务院安全生产监督管理部门和国务院有关主管部门备案；其所属单位的应急预案分别抄送所在地的省、自治区、直辖市或者设区的市人民政府安全生产监督管理部门和有关主管部门备案。

前款规定以外的其他生产经营单位中涉及实行安全生产许可的，其综合应急预案和专项应急预案，按照隶属关系报所在地县级以上地方人民政府安全生产监督管理部门和有关主管部门备案；未实行安全生产许可的，其综合应急预案和专项应急预案的备案，由省、自治区、直辖市人民政府安全生产监督管理部门确定。

煤矿企业的综合应急预案和专项应急预案除按照本条第一款、第二款的规定报安全生产监督管理部门和有关主管部门备案外，还应当抄报所在地的煤矿安全监察机构。

第二十条　生产经营单位申请应急预案备案，应当提交以下材料：

（一）应急预案备案申请表；

（二）应急预案评审或者论证意见；

（三）应急预案文本及电子文档。

第二十一条　受理备案登记的安全生产监督管理部门应当对应急预案进行形式审查，经审查符合要求的，予以备案并出具应急预案备案登记表；不符合要求的，不予备案并说明理由。

对于实行安全生产许可的生产经营单位，已经进行应急预案备案登记的，在申请安全生产许可证时，可以不提供相应的应急预案，仅提供应急预案备案登记表。

第二十二条　各级安全生产监督管理部门应当指导、督促检查生产经营单位做好应急预案的备案登记工作，建立应急预案备案登记建档制度。

第五章　应急预案的实施

第二十三条　各级安全生产监督管理部门、生产经营单位应当采取多种形式开展应急预案的宣传教育，普及生产安全事故预防、避险、自救和互救知识，提高从业人员安全意识和应急处置技能。

第二十四条　各级安全生产监督管理部门应当将应急预案的培训纳入安全生产培训工作计划，并组织实施本行政区域内重点生产经营单位的应急预案培训工作。

生产经营单位应当组织开展本单位的应急预案培训活动，使有关人员了解应急预案内容，熟悉应急职责、应急程序和岗位应急处置方案。

应急预案的要点和程序应当张贴在应急地点和应急指挥场所，并设有明显的标志。

第二十五条　各级安全生产监督管理部门应当定期组织应急预案演练，提高本部门、本地区生产安全事故应急处置能力。

第二十六条　生产经营单位应当制定本单位的应急预案演练计划，根据本单位的事故预防重点，每年至少组织一次综合应急预案演练或者专项应急预案演练，每半年至少组织一次现场处置方案演练。

第二十七条　应急预案演练结束后，应急预案演练组织单位应当对应急预案演练效果进行评估，撰写应急预案演练评估报告，分析存在的问题，并对应急预案提出修订意见。

第二十八条　各级安全生产监督管理部门应当每年对应急预案的管理情况进行总结。应急预案管理工作总结应当报上一级安全生产监督管理部门。

其他负有安全生产监督管理职责的部门的应急预案管理工作总结应当抄送同级安全生产监督管理部门。

第二十九条　地方各级安全生产监督管理部门制定的应急预案，应当根据预案演练、机构变化等情况适时修订。

生产经营单位制定的应急预案应当至少每三年修订一次，预案修订情况应有记录并归档。

第三十条　有下列情形之一的，应急预案应当及时修订：

（一）生产经营单位因兼并、重组、转制等导致隶属关系、经营方式、法定代表人发生变化的；

（二）生产经营单位生产工艺和技术发生变化的；

（三）周围环境发生变化，形成新的重大危险源的；

（四）应急组织指挥体系或者职责已经调整的；

（五）依据的法律、法规、规章和标准发生变化的；

（六）应急预案演练评估报告要求修订的；

（七）应急预案管理部门要求修订的。

第三十一条　生产经营单位应当及时向有关部门或者单位报告应急预案的修订情况，并按照有关应急预案报备程序重新备案。

第三十二条　生产经营单位应当按照应急预案的要求配备相应的应急物资及装备，建立使用状况档案，定期检测和维护，使其处于良好状态。

第三十三条　生产经营单位发生事故后，应当及时启动应急预案，组织有关力量进行救援，并按照规定将事故信息及应急预案启动情况报告安全生产监督管理部门和其他负有安全生产监督管理职责的部门。

第六章　奖励与处罚

第三十四条　对于在应急预案编制和管理工作中做出显著成绩的单位和人员，安全生产监督管理部门、生产经营单位可以给予表彰和奖励。

第三十五条　生产经营单位应急预案未按照本办法规定备案的，由县级以上安全生产监督管理部门给予警告，并处三万元以下罚款。

第三十六条　生产经营单位未制定应急预案或者未按照应急预案采取预防措施，导致事故救援不力或者造成严重后果的，由县级以上安全生产监督管理部门依照有关法律、法规和规章的规定，责令停产停业整顿，并依法给予行政处罚。

第七章　附　则

第三十七条　《生产经营单位生产安全事故应急预案备案申请表》、《生产经营单位生产安全事故应急预案备案登记表》由国家安全生产应急救援指挥中心统一制定。

第三十八条　各省、自治区、直辖市安全生产监督管理部门可以依据本办法的规定，结合本地区实际制定实施细则。

第三十九条　本办法自2009年5月1日起施行。

国家安全生产监督管理总局令

（第 37 号）

《国家安全监管总局关于修改〈煤矿安全规程〉第二编第六章防治水部分条款的决定》已经2011 年 1 月 17 日国家安全生产监督管理总局局长办公会议审议通过，现予公布，自 2011 年 3 月 1 日起施行。

局　长　骆　琳

二〇一一年一月二十五日

国家安全监管总局关于修改《煤矿安全规程》第二编第六章防治水部分条款的决定

国家安全生产监督管理总局决定对《煤矿安全规程》第二编第六章防治水部分条款作如下修改：

一、第二百五十一条修改为："煤矿企业、矿井应当配备满足工作需要的防治水专业技术人员，配齐专用探放水设备，建立专门的探放水作业队伍，建立健全防治水各项制度，装备必要的防治水抢险救灾设备。"

二、第二百五十二条修改为："煤矿企业、矿井应当编制本单位的防治水中长期规划（5—10 年）和年度计划，并认真组织实施。

"煤矿企业、矿井应当对矿井水文地质类型进行划分，定期收集、调查和核对相邻煤矿和废弃的老窑情况，并在井上、下工程对照图和矿井充水性图上标出其井田位置、开采范围、开采年限、积水情况。矿井应当建立水文地质观测系统，加强水文地质动态观测和水害预测分析工作。"

增加一款，作为本条第三款："水文地质条件复杂、极复杂矿井应当每月至少开展 1 次水害隐患排查及治理活动，其他矿井应当每季度至少开展 1 次水害隐患排查及治理活动。"

三、第二百五十四条修改为："煤矿企业、矿井应当查清矿区及其附近地面河流水系的汇水、渗漏、疏水能力和有关水利工程等情况；了解当地水库、水电站大坝、江河大堤、河道、河道中障碍物等情况；掌握当地历年降水量和最高洪水位资料，建立疏水、防水和排水系统。"

增加一款，作为本条第二款："煤矿企业、矿井应当建立灾害性天气预警和预防机制，加强与周边相邻矿井的信息沟通，发现矿井水害可能影响相邻矿井时，立即向周边相邻矿井进行预警。"

四、第二百五十五条修改为："矿井井口和工业场地内建筑物的地面标高必须高于当地历年最高洪水位；在山区还必须避开可能发生泥石流、滑坡等地质灾害危险的地段。

“矿井井口及工业场地内主要建筑物的地面标高低于当地历年最高洪水位的，应当修筑堤坝、沟渠或者采取其他可靠防御洪水的措施。不能采取可靠安全措施的，应当封闭填实该井口。”

五、第二百五十六条修改为：“当矿井井口附近或者开采塌陷波及区域的地表有水体时，必须采取安全防范措施，并遵守下列规定：

“（一）严禁开采和破坏煤层露头的防隔水煤（岩）柱。

“（二）在地表容易积水的地点，修筑泄水沟渠，或者建排洪站专门排水，杜绝积水渗入井下。

“（三）当矿井受到河流、山洪威胁时，修筑堤坝和泄洪渠，有效防止洪水侵入。

“（四）对于排到地面的矿井水，妥善疏导，避免渗入井下。

“（五）对于漏水的沟渠（包括农田水利的灌溉沟渠）和河床，及时堵漏或者改道。地面裂缝和塌陷地点及时填塞。进行填塞工作时，采取相应的安全措施，防止人员陷入塌陷坑内。

“（六）当有滑坡、泥石流等地质灾害威胁煤矿安全时，及时撤出受威胁区域的人员，并采取防止滑坡、泥石流的措施。”

六、第二百五十七条修改为：“严禁将矸石、炉灰、垃圾等杂物堆放在山洪、河流可能冲刷到的地段，防止淤塞河道、沟渠。”

增加一款，作为本条第二款：“煤矿发现与矿井防治水有关系的河道中存在障碍物或者堤坝破损时，应当及时清理障碍物或者修复堤坝，并报告当地人民政府相关部门。”

七、第二百五十八条修改为：“使用中的钻孔，应当安装孔口盖。报废的钻孔应当及时封孔，并将封孔资料和实施负责人的情况记录在案、存档备查。”

八、第二百五十九条修改为：“相邻矿井的分界处，应当留防隔水煤（岩）柱。矿井以断层分界的，应当在断层两侧留有防隔水煤（岩）柱。

“防隔水煤（岩）柱的尺寸，应当根据相邻矿井的地质构造、水文地质条件、煤层赋存条件、围岩性质、开采方法以及岩层移动规律等因素，在矿井设计中确定。

“矿井防隔水煤（岩）柱一经确定，不得随意变动，并通报相邻矿井。严禁在各类防隔水煤（岩）柱中进行采掘活动。”

九、第二百六十条修改为：“在采掘工程平面图和矿井充水性图上必须标绘出井巷出水点的位置及其涌水量、积水的井巷及采空区的积水范围、底板标高和积水量等。在水淹区域应当标出探水线的位置。”

十、第二百六十一条修改为：“每次降大到暴雨时和降雨后，应当有专业人员分工观测井上积水情况、洪水情况、井下涌水量等有关水文变化情况以及矿区附近地面有无裂缝、老窑陷落和岩溶塌陷等现象，并及时向矿调度室及有关负责人报告，并将上述情况记录在案、存档备查。”

增加一款，作为本条第二款：“情况危急时，矿调度室及有关负责人应当立即组织井下撤人，确保人员安全。”

十一、第二百六十二条修改为：“受水淹区积水威胁的区域，必须在排除积水、消除威胁后方可进行采掘作业；如果无法排除积水，开采倾斜、缓倾斜煤层的，必须按照《建筑物、水体、铁路及主要井巷煤柱留设与压煤开采规程》中有关水体下开采的规定，编制专项开采设计，由煤矿企业主要负责人审批后，方可进行。”

增加一款，作为本条第二款：“严禁在水体下、采空区水淹区域下开采急倾斜煤层。”

十二、第二百六十三条修改为：“在未固结的灌浆区、有淤泥的废弃井巷、岩石洞穴附近采掘时，应当按照受水淹积水威胁进行管理，并执行本规程第二百五十九条、第二百六十条、第二百六十二条的规定。”

十三、第二百六十四条修改为："开采水淹区域下的废弃防隔水煤柱时，应当彻底疏干上部积水，进行可行性技术评价，确保无溃浆（沙）威胁。严禁顶水作业。"

十四、第二百六十五条修改为："井田内有与河流、湖泊、溶洞、含水层等存在水力联系的导水断层、裂隙（带）、陷落柱等构造时，应当查明其确切位置，按规定留设防隔水煤（岩）柱，并采取有效的防治水措施。"

十五、第二百六十六条修改为："采掘工作面或其他地点发现有煤层变湿、挂红、挂汗、空气变冷、出现雾气、水叫、顶板来压、片帮、淋水加大、底板鼓起或产生裂隙、出现渗水、钻孔喷水、底板涌水、煤壁溃水、水色发浑、有臭味等透水征兆时，应当立即停止作业，报告矿调度室，并发出警报，撤出所有受水威胁地点的人员。在原因未查清、隐患未排除之前，不得进行任何采掘活动。"

十六、第二百六十七条修改为："矿井采掘工作面探放水应当采用钻探方法，由专业人员和专职探放水队伍使用专用探放水钻机进行施工。同时应当配合其他方法（如物探、化探和水文地质试验等）查清采掘工作面及周边老空水、含水层富水性以及地质构造等情况，确保探放水的可靠性。"

十七、第二百六十八条修改为："煤层顶板有含水层和水体存在时，应当观测垮落带、导水裂缝带、弯曲带发育高度，进行专项设计，确定安全合理的防隔水煤（岩）柱厚度。当导水裂缝带范围内的含水层或老空积水影响安全掘进和采煤时，应当超前进行钻探，待彻底疏放水后，方可进行掘进回采。"

十八、第二百六十九条修改为："开采底板有承压含水层的煤层，应当保证隔水层能够承受的水头值大于实际水头值，制定专项安全技术措施。"

"专项安全技术措施由煤矿企业技术负责人审查，报煤矿企业主要负责人审批。"

十九、第二百七十条修改为："当承压含水层与开采煤层之间的隔水层能够承受的水头值小于实际水头值时，应当采用疏水降压、注浆加固底板和改造含水层或充填开采等措施，并进行效果检测，保证隔水层能够承受的水头值大于实际水头值，有效防止底板突水。

"上述措施由煤矿企业技术负责人审查，报煤矿企业主要负责人审批。"

二十、第二百七十一条修改为："矿井建设和延深中，当开拓到设计水平时，只有在建成防、排水系统后，方可开始向有突水危险地区开拓掘进。"

二十一、第二百七十二条修改为："煤系顶、底部有强岩溶承压含水层时，主要运输巷和主要回风巷应当布置在不受水威胁的层位中，并以石门分区隔离开采。"

二十二、第二百七十三条第二款修改为："在其他有突水危险的采掘区域，应当在其附近设置防水闸门；不具备设置防水闸门条件的，应当制定防突水措施，由煤矿企业主要负责人审批。"

删除本条第四款。

二十三、第二百七十五条修改为："井筒穿过含水层段的井壁结构应当采用有效防水混凝土或设置隔水层。"

增加一款，作为本条第二款："井筒淋水超过每小时 $6m^3$ 时，应当进行壁后注浆处理。"

二十四、第二百七十七条修改为："立井基岩段施工时，对含水层数多、含水层段又较集中的地段，应当采用地面预注浆。含水层数少或含水层数分散的地段，应当在工作面进行预注浆，并短探、短注、短掘。"

二十五、第二百七十八条修改为："矿井应当配备与矿井涌水量相匹配的水泵、排水管路、配电设备和水仓等，确保矿井排水能力充足。"

"矿井井下排水设备应当满足矿井排水的要求。除正在检修的水泵外，应当有工作水泵和备用水泵。工作水泵的能力，应当能在20h内排出矿井24h的正常涌水量（包括充填水及其他用水）。

备用水泵的能力应当不小于工作水泵能力的70%。检修水泵的能力，应当不小于工作水泵能力的25%。工作和备用水泵的总能力，应当能在20h内排出矿井24h的最大涌水量。”

“排水管路应当有工作和备用水管。工作排水管路的能力，应当能配合工作水泵在20h内排出矿井24h的正常涌水量。工作和备用排水管路的总能力，应当能配合工作和备用水泵在20h内排出矿井24h的最大涌水量。”

“配电设备的能力应当与工作、备用和检修水泵的能力相匹配，能够保证全部水泵同时运转。”

二十六、第二百八十条修改为：“矿井主要水仓应当有主仓和副仓，当一个水仓清理时，另一个水仓能够正常使用。

“新建、改扩建矿井或者生产矿井的新水平，正常涌水量在1000m^3/h以下时，主要水仓的有效容量应当能容纳8h的正常涌水量。”

“正常涌水量大于1000m^3/h的矿井，主要水仓有效容量可以按照下式计算：

$V=2(Q+3000)$

式中　V－主要水仓的有效容量，m^3；

Q－矿井每小时的正常涌水量，m^3。”

“采区水仓的有效容量应当能容纳4h的采区正常涌水量。”

“水仓进口处应当设置箅子。对水砂充填和其他涌水中带有大量杂质的矿井，还应当设置沉淀池。水仓的空仓容量应当经常保持在总容量的50%以上。”

二十七、第二百八十二条修改为：“新建矿井揭露的水文地质条件比地质报告复杂的，应当进行水文地质补充勘探，及时查明水害隐患，采取可靠的安全防范措施。井下探放水应当采用专用钻机、由专业人员和专职探放水队伍进行施工。”

二十八、第二百八十三条修改为：“井筒开凿到底后，应当先施工永久排水系统。永久排水系统应当在进入采区施工前完成。在永久排水系统完成前，井底附近应当先设置具有足够能力的临时排水设施，保证永久排水系统形成之前的施工安全。”

二十九、第二百八十四条修改为：“井下采区、巷道有突水或者可能积水的，应当优先施工安装防、排水系统，并保证有足够的排水能力。”

三十、第二百八十五条修改为：“矿井应当做好充水条件分析预报和水害评价预报工作，加强探放水工作。”

“探放水应当使用专用钻机、由专业人员和专职队伍进行设计、施工，并采取防止瓦斯和其他有害气体危害等安全措施。探放水结束后，应当提交探放水总结报告存档备查。”

“探水孔的布置和超前距离，应当根据水压大小、煤（岩）层厚度和硬度以及安全措施等，在探放水设计中做出具体规定。探放老空积水最小超前水平钻距不得小于30m，止水套管长度不得小于10m。”

增加一款，作为本条第四款：“在地面无法查明矿井全部水文地质条件和充水因素时，应当采用井下钻探方法，按照有掘必探的原则开展探放水工作，并确保探放水的效果。”

三十一、第二百八十六条修改为：“采掘工作面遇有下列情况之一时，应当立即停止施工，确定探水线，由专业人员和专职队伍使用专用钻机进行探放水，经确认无水害威胁后，方可施工：

（一）接近水淹或可能积水的井巷、老空或相邻煤矿时。

（二）接近含水层、导水断层、溶洞和导水陷落柱时。

（三）打开隔离煤柱放水时。

（四）接近可能与河流、湖泊、水库、蓄水池、水井等相通的断层破碎带时。

（五）接近有出水可能的钻孔时。

（六）接近水文地质条件不清的区域时。

（七）接近有积水的灌浆区时。

（八）接近其他可能突水的地区时。”

三十二、第二百八十七条修改为：“对于煤层顶、底板带压的采掘工作面，应当提前编制防治水设计，制定并落实开采期间各项安全防范措施。”

三十三、第二百八十八条修改为：“井下探放水应当使用专用钻机、由专业人员和专职队伍进行施工。严禁使用煤电钻等非专用探放水设备进行探放水。探放水工应当按照有关规定经培训合格后持证上岗。”

“安装钻机进行探水前，应当符合下列规定：

（一）加强钻孔附近的巷道支护，并在工作面迎头打好坚固的立柱和拦板。

（二）清理巷道，挖好排水沟。探水钻孔位于巷道低洼处时，配备与探放水量相适应的排水设备。

（三）在打钻地点或其附近安设专用电话，人员撤离通道畅通。

（四）依据设计，确定主要探水孔位置时，由测量人员进行标定。负责探放水工作的人员必须亲临现场，共同确定钻孔的方位、倾角、深度和钻孔数量。”

三十四、第二百八十九条修改为：“在预计水压大于0.1MPa的地点探水时，应当预先固结套管，在套管口安装闸阀，进行耐压试验。套管长度应当在探放水设计中规定。预先开掘安全躲避硐，制定包括撤人的避灾路线等安全措施，并使每个作业人员了解和掌握。”

三十五、第二百九十条修改为：“钻孔内水压大于1.5MPa时，应当采用反压和有防喷装置的方法钻进，并制定防止孔口管和煤（岩）壁突然鼓出的措施。”

三十六、第二百九十一条修改为：“在探放水钻进时，发现煤岩松软、片帮、来压或者钻眼中水压、水量突然增大和顶钻等透水征兆时，应当立即停止钻进，但不得拔出钻杆；现场负责人员应当立即向矿井调度室汇报，立即撤出所有受水威胁区域的人员到安全地点。然后采取安全措施，派专业技术人员监测水情并进行分析，妥善处理。”

三十七、第二百九十二条修改为：“探放老空水前，应当首先分析查明老空水体的空间位置、积水量和水压等。探放水应当使用专用钻机，由专业人员和专职队伍进行施工，钻孔应当钻入老空水体最底部，并监视放水全过程，核对放水量和水压等，直到老空水放完为止。

探放水时，应当撤出探放水点以下部位受水害威胁区域内的所有人员。

钻探接近老空水时，应当安排专职瓦斯检查员或者矿山救护队员在现场值班，随时检查空气成分。如果瓦斯或者其他有害气体浓度超过有关规定，应当立即停止钻进，切断电源，撤出人员，并报告矿井调度室，及时采取措施进行处理。”

三十八、第二百九十三条修改为：“钻孔放水前，应当估计积水量，并根据矿井排水能力和水仓容量，控制放水流量，防止淹井；放水时，应当设有专人监测钻孔出水情况，测定水量和水压，做好记录。如果水量突然变化，应当立即报告矿调度室，分析原因，及时处理。”

三十九、第二百九十四条修改为：“排除井筒和下山的积水及恢复被淹井巷前，应当制定可靠的安全措施，防止被水封住的有毒、有害气体突然涌出。”

“排水过程中，应当定时观测排水量、水位和观测孔水位，并由矿山救护队随时检查水面上的空气成分，发现有害气体，及时采取措施进行处理。”

本决定自2011年3月1日起施行。

国家安全生产监督管理总局令

（第 62 号）

《非煤矿山外包工程安全管理暂行办法》已经 2013 年 7 月 29 日国家安全生产监督管理总局局长办公会议审议通过，现予公布，自 2013 年 10 月 1 日起施行。

国家安全监管总局局长　杨栋梁
2013 年 8 月 23 日

非煤矿山外包工程安全管理暂行办法

第一章　总　则

第一条　为了加强非煤矿山外包工程的安全管理和监督，明确安全生产责任，防止和减少生产安全事故（以下简称事故），依据《中华人民共和国安全生产法》、《中华人民共和国矿山安全法》和其他有关法律、行政法规，制定本办法。

第二条　在依法批准的矿区范围内，以外包工程的方式从事金属非金属矿山的勘探、建设、生产、闭坑等工程施工作业活动，以及石油天然气的勘探、开发、储运等工程与技术服务活动的安全管理和监督，适用本办法。

从事非煤矿山各类房屋建筑及其附属设施的建造和安装，以及露天采矿场矿区范围以外地面交通建设的外包工程的安全管理和监督，不适用本办法。

第三条　非煤矿山外包工程（以下简称外包工程）的安全生产，由发包单位负主体责任，承包单位对其施工现场的安全生产负责。

外包工程有多个承包单位的，发包单位应当对多个承包单位的安全生产工作实施统一协调、管理。

第四条　承担外包工程的勘察单位、设计单位、监理单位、技术服务机构及其他有关单位应当依照法律、法规、规章和国家标准、行业标准的规定，履行各自的安全生产职责，承担相应的安全生产责任。

第五条　非煤矿山企业应当建立外包工程安全生产的激励和约束机制，提升非煤矿山外包工程安全生产管理水平。

第二章　发包单位的安全生产职责

第六条　发包单位应当依法设置安全生产管理机构或者配备专职安全生产管理人员，对外包工程的安全生产实施管理和监督。

发包单位不得擅自压缩外包工程合同约定的工期，不得违章指挥或者强令承包单位及其从业人员冒险作业。

发包单位应当依法取得非煤矿山安全生产许可证。

第七条　发包单位应当审查承包单位的非煤矿山安全生产许可证和相应资质，不得将外包工程发包给不具备安全生产许可证和相应资质的承包单位。

承包单位的项目部承担施工作业的，发包单位除审查承包单位的安全生产许可证和相应资质外，还应当审查项目部的安全生产管理机构、规章制度和操作规程、工程技术人员、主要设备设施、安全教育培训和负责人、安全生产管理人员、特种作业人员持证上岗等情况。

承担施工作业的项目部不符合本办法第二十一条规定的安全生产条件的，发包单位不得向该承包单位发包工程。

第八条　发包单位应当与承包单位签订安全生产管理协议，明确各自的安全生产管理职责。安全生产管理协议应当包括下列内容：

（一）安全投入保障；

（二）安全设施和施工条件；

（三）隐患排查与治理；

（四）安全教育与培训；

（五）事故应急救援；

（六）安全检查与考评；

（七）违约责任。

安全生产管理协议的文本格式由国家安全生产监督管理总局另行制定。

第九条　发包单位是外包工程安全投入的责任主体，应当按照国家有关规定和合同约定及时、足额向承包单位提供保障施工作业安全所需的资金，明确安全投入项目和金额，并监督承包单位落实到位。

对合同约定以外发生的隐患排查治理和地下矿山通风、支护、防治水等所需的费用，发包单位应当提供合同价款以外的资金，保障安全生产需要。

第十条　石油天然气总发包单位、分项发包单位以及金属非金属矿山总发包单位，应当每半年对其承包单位的施工资质、安全生产管理机构、规章制度和操作规程、施工现场安全管理和履行本办法第二十七条规定的信息报告义务等情况进行一次检查；发现承包单位存在安全生产问题的，应当督促其立即整改。

第十一条　金属非金属矿山分项发包单位，应当将承包单位及其项目部纳入本单位的安全管理体系，实行统一管理，重点加强对地下矿山领导带班下井、地下矿山从业人员出入井统计、特种作业人员、民用爆炸物品、隐患排查与治理、职业病防护等管理，并对外包工程的作业现场实施全过程监督检查。

第十二条　金属非金属矿山总发包单位对地下矿山一个生产系统进行分项发包的，承包单位原则上不得超过3家，避免相互影响生产、作业安全。

前款规定的发包单位在地下矿山正常生产期间，不得将主通风、主提升、供排水、供配电、主供风系统及其设备设施的运行管理进行分项发包。

第十三条　发包单位应当向承包单位进行外包工程的技术交底，按照合同约定向承包单位提供与外包工程安全生产相关的勘察、设计、风险评价、检测检验和应急救援等资料，并保证资料的真实性、完整性和有效性。

第十四条　发包单位应当建立健全外包工程安全生产考核机制，对承包单位每年至少进行一次安全生产考核。

第十五条　发包单位应当按照国家有关规定建立应急救援组织，编制本单位事故应急预案，并定期组织演练。

外包工程实行总发包的，发包单位应当督促总承包单位统一组织编制外包工程事故应急预案；实行分项发包的，发包单位应当将承包单位编制的外包工程现场应急处置方案纳入本单位应急预案体系，并定期组织演练。

第十六条　发包单位在接到外包工程事故报告后，应当立即启动相关事故应急预案，或者采取有效措施，组织抢救，防止事故扩大，并依照《生产安全事故报告和调查处理条例》的规定，立即如实地向事故发生地县级以上人民政府安全生产监督管理部门和负有安全生产监督管理职责的有关部门报告。

外包工程发生事故的，其事故数据纳入发包单位的统计范围。

发包单位和承包单位应当根据事故调查报告及其批复承担相应的事故责任。

第三章　承包单位的安全生产职责

第十七条　承包单位应当依照有关法律、法规、规章和国家标准、行业标准的规定，以及承包合同和安全生产管理协议的约定，组织施工作业，确保安全生产。

承包单位有权拒绝发包单位的违章指挥和强令冒险作业。

第十八条　外包工程实行总承包的，总承包单位对施工现场的安全生产负总责；分项承包单位按照分包合同的约定对总承包单位负责。总承包单位和分项承包单位对分包工程的安全生产承担连带责任。

总承包单位依法将外包工程分包给其他单位的，其外包工程的主体部分应当由总承包单位自行完成。

禁止承包单位转包其承揽的外包工程。禁止分项承包单位将其承揽的外包工程再次分包。

第十九条　承包单位应当依法取得非煤矿山安全生产许可证和相应等级的施工资质，并在其资质范围内承包工程。

承包金属非金属矿山建设和闭坑工程的资质等级，应当符合《建筑业企业资质等级标准》的规定。

承包金属非金属矿山生产、作业工程的资质等级，应当符合下列要求：

（一）总承包大型地下矿山工程和深凹露天、高陡边坡及地质条件复杂的大型露天矿山工程的，具备矿山工程施工总承包二级以上（含本级，下同）施工资质；

（二）总承包中型、小型地下矿山工程的，具备矿山工程施工总承包三级以上施工资质；

（三）总承包其他露天矿山工程和分项承包金属非金属矿山工程的，具备矿山工程施工总承包或者相关的专业承包资质，具体规定由省级人民政府安全生产监督管理部门制定。

承包尾矿库外包工程的资质，应当符合《尾矿库安全监督管理规定》。

承包金属非金属矿山地质勘探工程的资质等级，应当符合《金属与非金属矿产资源地质勘探安全生产监督管理暂行规定》。

承包石油天然气勘探、开发工程的资质等级，由国家安全生产监督管理总局或者国务院有关部门按照各自的管理权限确定。

第二十条　承包单位应当加强对所属项目部的安全管理，每半年至少进行一次安全生产检查，对项目部人员每年至少进行一次安全生产教育培训与考核。

禁止承包单位以转让、出租、出借资质证书等方式允许他人以本单位的名义承揽工程。

第二十一条　承包单位及其项目部应当根据承揽工程的规模和特点，依法健全安全生产责任体系，完善安全生产管理基本制度，设置安全生产管理机构，配备专职安全生产管理人员和有关工程技术人员。

承包地下矿山工程的项目部应当配备与工程施工作业相适应的专职工程技术人员，其中至少有1名注册安全工程师或者具有5年以上井下工作经验的安全生产管理人员。项目部具备初中以上文化程度的从业人员比例应当不低于50%。

项目部负责人应当取得安全生产管理人员安全资格证后方可上岗。承包地下矿山工程的项目部负责人不得同时兼任其他工程的项目部负责人。

第二十二条　承包单位应当依照法律、法规、规章的规定以及承包合同和安全生产管理协议的约定，及时将发包单位投入的安全资金落实到位，不得挪作他用。

第二十三条　承包单位应当依照有关规定制定施工方案，加强现场作业安全管理，定期排查并及时治理事故隐患，落实各项规章制度和安全操作规程。

承包单位发现事故隐患后应当立即治理；不能立即治理的应当采取必要的防范措施，并及时书面报告发包单位协商解决，消除事故隐患。

地下矿山工程承包单位及其项目部的主要负责人和领导班子其他成员应当严格依照《金属非金属地下矿山企业领导带班下井及监督检查暂行规定》执行带班下井制度。

第二十四条　承包单位应当接受发包单位组织的安全生产培训与指导，加强对本单位从业人员的安全生产教育和培训，保证从业人员掌握必需的安全生产知识和操作技能。

第二十五条　外包工程实行总承包的，总承包单位应当统一组织编制外包工程应急预案。总承包单位和分项承包单位应当按照国家有关规定和应急预案的要求，分别建立应急救援组织或者指定应急救援人员，配备救援设备设施和器材，并定期组织演练。

外包工程实行分项承包的，分项承包单位应当根据建设工程施工的特点、范围以及施工现场容易发生事故的部位和环节，编制现场应急处置方案，并配合发包单位定期进行演练。

第二十六条　外包工程发生事故后，事故现场有关人员应当立即向承包单位及项目部负责人报告。

承包单位及项目部负责人接到事故报告后，应当立即如实地向发包单位报告，并启动相应的应急预案，采取有效措施，组织抢救，防止事故扩大。

第二十七条　承包单位在登记注册地以外的省、自治区、直辖市从事施工作业的，应当向作业所在地的县级人民政府安全生产监督管理部门书面报告外包工程概况和本单位资质等级、主要负责人、安全生产管理人员、特种作业人员、主要安全设施设备等情况，并接受其监督检查。

第四章　监督管理

第二十八条　承包单位发生较大以上责任事故或者一年内发生三起以上一般事故的，事故发生地的省级人民政府安全生产监督管理部门应当向承包单位登记注册地的省级人民政府安全生产监督管理部门通报。

发生重大以上事故的，事故发生地省级人民政府安全生产监督管理部门应当邀请承包单位的安全生产许可证颁发机关参加事故调查处理工作。

第二十九条 安全生产监督管理部门应当加强对外包工程的安全生产监督检查，重点检查下列事项：

（一）发包单位非煤矿山安全生产许可证、安全生产管理协议、安全投入等情况；

（二）承包单位的施工资质、应当依法取得的非煤矿山安全生产许可证、安全投入落实、承包单位及其项目部的安全生产管理机构、技术力量配备、相关人员的安全资格和持证等情况；

（三）违法发包、转包、分项发包等行为。

第三十条 安全生产监督管理部门应当建立外包工程安全生产信息平台，将承包单位取得有关许可、施工资质和承揽工程、发生事故等情况载入承包单位安全生产业绩档案，实施安全生产信誉评定和公告制度。

第三十一条 外包工程发生事故的，事故数据应当纳入事故发生地的统计范围。

第五章 法律责任

第三十二条 发包单位违反本办法第六条的规定，违章指挥或者强令承包单位及其从业人员冒险作业的，责令改正，处二万元以上三万元以下的罚款；造成损失的，依法承担赔偿责任。

第三十三条 发包单位与承包单位、总承包单位与分项承包单位未依照本办法第八条规定签订安全生产管理协议的，责令限期改正，处一万元以上二万元以下的罚款。

第三十四条 有关发包单位有下列行为之一的，责令限期改正，给予警告，并处一万元以上三万元以下的罚款：

（一）违反本办法第十条、第十四条的规定，未对承包单位实施安全生产监督检查或者考核的；

（二）违反本办法第十一条的规定，未将承包单位及其项目部纳入本单位的安全管理体系，实行统一管理的；

（三）违反本办法第十三条的规定，未向承包单位进行外包工程技术交底，或者未按照合同约定向承包单位提供有关资料的。

第三十五条 对地下矿山实行分项发包的发包单位违反本办法第十二条的规定，在地下矿山正常生产期间，将主通风、主提升、供排水、供配电、主供风系统及其设备设施的运行管理进行分项发包的，责令限期改正，处二万元以上三万元以下罚款。

第三十六条 承包地下矿山工程的项目部负责人违反本办法第二十一条的规定，同时兼任其他工程的项目部负责人的，责令限期改正，处五千元以上一万元以下罚款。

第三十七条 承包单位有下列行为之一的，责令限期改正，给予警告，并处一万元以上三万元以下罚款：

（一）违反本办法第二十二条的规定，将发包单位投入的安全资金挪作他用的；

（二）未按照本办法第二十三条的规定排查治理事故隐患的。

第三十八条 承包单位违反本办法第二十条规定对项目部疏于管理，未定期对项目部人员进行安全生产教育培训与考核或者未对项目部进行安全生产检查的，责令限期改正，处一万元以上三万元以下罚款。

承包单位允许他人以本单位的名义承揽工程的，移送有关部门依法处理。

第三十九条 承包单位违反本办法第二十七条的规定，在登记注册的省、自治区、直辖市以外从事施工作业，未向作业所在地县级人民政府安全生产监督管理部门书面报告本单位取得有关许可和施工资质，以及所承包工程情况的，责令限期改正，处一万元以上三万元以下的罚款。

第四十条　安全生产监督管理部门的行政执法人员在外包工程安全监督管理过程中滥用职权、玩忽职守、徇私舞弊的，依照有关规定给予处分；构成犯罪的，依法追究刑事责任。

第四十一条　本办法规定的行政处罚，由县级人民政府以上安全生产监督管理部门实施。

有关法律、行政法规、规章对非煤矿山外包工程安全生产违法行为的行政处罚另有规定的，依照其规定。

第六章　附　则

第四十二条　本办法下列用语的含义：

（一）非煤矿山，是指金属矿、非金属矿、水气矿和除煤矿以外的能源矿，以及石油天然气管道储运（不含成品油管道）及其附属设施的总称；

（二）金属非金属矿山，是指金属矿、非金属矿、水气矿和除煤矿、石油天然气以外的能源矿，以及选矿厂、尾矿库、排土场等矿山附属设施的总称；

（三）外包工程，是指发包单位与本单位以外的承包单位签订合同，由承包单位承揽与矿产资源开采活动有关的工程、作业活动或者技术服务项目；

（四）发包单位，是指将矿产资源开采活动有关的工程、作业活动或者技术服务项目，发包给外单位施工的非煤矿山企业；

（五）分项发包，是指发包单位将矿产资源开采活动有关的工程、作业活动或者技术服务项目，分为若干部分发包给若干承包单位进行施工的行为；

（六）总承包单位，是指整体承揽矿产资源开采活动或者独立生产系统的所有工程、作业活动或者技术服务项目的承包单位；

（七）承包单位，是指承揽矿产资源开采活动有关的工程、作业活动或者技术服务项目的单位；

（八）项目部，是指承包单位在承揽工程所在地设立的，负责其所承揽工程施工的管理机构；

（九）生产期间，是指新建矿山正式投入生产后或者矿山改建、扩建时仍然进行生产，并规模出产矿产品的时期。

第四十三条　省、自治区、直辖市人民政府安全生产监督管理部门可以根据本办法制定实施细则，并报国家安全生产监督管理总局备案。

第四十四条　本办法自2013年10月1日起施行。

国家安全生产监督管理总局令

（第 63 号）

《国家安全监管总局关于修改〈生产经营单位安全培训规定〉等 11 件规章的决定》已经 2013 年 8 月 19 日国家安全生产监督管理总局局长办公会议审议通过，现予公布，自公布之日起施行。

国家安全监管总局局长　杨栋梁

2013 年 8 月 29 日

国家安全监管总局关于修改《生产经营单位安全培训规定》等 11 件规章的决定

为了贯彻落实《国务院关于取消和下放一批行政审批项目等事项的决定》（国发〔2013〕19 号）中取消安全培训机构资质认可的规定，加强对安全培训活动的事中和事后监管，国家安全生产监督管理总局决定对《生产经营单位安全培训规定》等 11 件规章作出如下修改：

一、删去《生产经营单位安全培训规定》第十一条、第十二条。

第二十二条修改为："具备安全培训条件的生产经营单位，应当以自主培训为主；可以委托具备安全培训条件的机构，对从业人员进行安全培训。

"不具备安全培训条件的生产经营单位，应当委托具备安全培训条件的机构，对从业人员进行安全培训。"

第三十条第一款第四项修改为："生产经营单位特种作业人员未按照规定经专门的安全技术培训并取得特种作业人员操作资格证书，上岗作业的。"

二、将《海洋石油安全生产规定》第二十八条第五项修改为："负责海洋石油生产设施发证检验、专业设备检测检验、安全评价和安全咨询等社会中介服务机构的资质审查"。

第三十三条修改为："承担海洋石油生产设施发证检验、专业设备检测检验、安全评价和安全咨询的中介机构应当具备国家规定的资质。"

三、将《注册安全工程师管理规定》第二十四条第二款修改为："继续教育应当由具备安全培训条件的机构承担。"

四、删去《防治煤与瓦斯突出规定》第三十二条第二款第三项中的"煤矿三级及以上安全培训机构组织的"，删去第四项中的"煤矿二级以上安全培训机构组织的"。

五、将《安全评价机构管理规定》第八条第六项修改为："法定代表人通过具备安全培训条件的机构组织的相关安全生产和安全评价知识培训，并考试合格。”

第九条第五项修改为：“法定代表人通过具备安全培训条件的机构组织的相关安全生产和安全评价知识培训，并考试合格。”

六、删去《安全生产监管监察职责和行政执法责任追究的暂行规定》第七条第一款第十项。

七、删去《海洋石油安全管理细则》第八十七条。

第八十九条修改为：“作业者和承包者应当组织对海上石油作业人员进行安全生产培训。未经培训并取得培训合格证书的作业人员，不得上岗作业。”

删去第九十条第一款、第九十二条、第九十三条、第九十四条中的“具有资质的培训机构颁发的”。

八、《特种作业人员安全技术培训考核管理规定》增加一条，作为第十条：“对特种作业人员的安全技术培训，具备安全培训条件的生产经营单位应当以自主培训为主，也可以委托具备安全培训条件的机构进行培训。

“不具备安全培训条件的生产经营单位，应当委托具备安全培训条件的机构进行培训。”

原第十条、第十一条合并为一条，作为第十一条：“从事特种作业人员安全技术培训的机构（以下统称培训机构），应当制订相应的培训计划、教学安排，并按照安全监管总局、煤矿安监局制定的特种作业人员培训大纲和煤矿特种作业人员培训大纲进行特种作业人员的安全技术培训。”

删去第三十四条、第四十三条。

九、《安全生产培训管理办法》增加一条，作为第五条：“安全培训的机构应当具备从事安全培训工作所需要的条件。从事危险物品的生产、经营、储存单位和矿山企业主要负责人、安全生产管理人员、特种作业人员以及注册安全工程师等相关人员培训的安全培训机构，应当将教师、教学和实习实训设施等情况书面报告所在地安全生产监督管理部门、煤矿安全培训监管机构。

“国家鼓励安全生产相关社会组织对安全培训机构实行自律管理。”

删去第五条、第六条、第七条、第八条、第九条、第十条、第十一条、第十二条、第十三条、第十四条、第十五条、第十六条。

增加一条，作为第九条：“对从业人员的安全培训，具备安全培训条件的生产经营单位应当以自主培训为主，也可以委托具备安全培训条件的机构进行安全培训。

“不具备安全培训条件的生产经营单位，应当委托具有安全培训条件的机构对从业人员进行安全培训。”

删去第二十一条第一款和第二款、第三十九条。

第四十条第一项修改为：“具备从事安全培训工作所需要的条件的情况”，第二项修改为：“建立培训管理制度和教师配备的情况。”

删去第四十五条第一款中的“情节严重的，撤销其资质证书，并处3万元以下的罚款”。

第四十五条第一款第一项修改为：“不具备安全培训条件的”，删去第三项、第五项。

删去第四十六条、第四十七条、第四十八条、第五十条第一项。

十、删去《煤层气地面开采安全规程（试行）》第二十二条第一款中的“培训应当由具有资质的培训机构承担”。

十一、将《煤矿安全培训规定》第九条修改为：“负责煤矿安全培训的机构（以下简称安全培训机构）应当建立健全安全培训工作制度和培训档案，落实安全培训计划，依照国家统一的煤矿安全培训大纲进行培训。”

第十五条修改为：“对从业人员的安全技术培训，具备安全培训条件的生产经营单位应当以自主培训为主，也可以委托具备安全培训条件的机构进行培训。

"不具备安全培训条件的生产经营单位，应当委托具备安全培训条件的机构进行培训。"

第三十二条第一项修改为："具备从事安全培训工作所需要的条件的情况"，第三项修改为："教师的配备情况"。

第三十九条第一项修改为："不具备安全培训条件的"，删去第四项。

以上11件规章的条文顺序根据本决定作相应调整，重新公布。

本决定自公布之日起施行。

国务院国有资产监督管理委员会令

（〔2010〕第24号）

《中央企业安全生产禁令》已经国务院国有资产管理委员会第94次主任办公会议审议通过，现予公布，自2011年1月1日起施行。

国务院国有资产监督管理委员会主任　王　勇
二〇一〇年十二月二十四日

中央企业安全生产禁令

一、严禁在安全生产条件不具备、隐患未排除、安全措施不到位的情况下组织生产。
二、严禁使用不具备国家规定资质和安全生产保障能力的承包商和分包商。
三、严禁超能力、超强度、超定员组织生产。
四、严禁违章指挥、违章作业、违反劳动纪律。
五、严禁违反程序擅自压缩工期、改变技术方案和工艺流程。
六、严禁使用未经检验合格、无安全保障的特种设备。
七、严禁不具备相应资格的人员从事特种作业。
八、严禁未经安全培训教育并考试合格的人员上岗作业。
九、严禁迟报、漏报、谎报、瞒报生产安全事故。

中央企业安全生产监督管理暂行办法

（国务院国有资产监督管理委员会令第21号）

《中央企业安全生产监督管理暂行办法》已经国务院国有资产监督管理委员会第67次主任办公会审议通过，现予公布，自2008年9月1日起施行。

国务院国有资产监督管理委员会主任　李荣融

二〇〇八年八月十八日

中央企业安全生产监督管理暂行办法

第一章　总　则

第一条　为履行国有资产出资人安全生产监管职责，督促中央企业全面落实安全生产主体责任，建立安全生产长效机制，防止和减少生产安全事故，保障中央企业职工和人民群众生命财产安全，维护国有资产的保值增值，根据《中华人民共和国安全生产法》、《企业国有资产监督管理暂行条例》、《国务院办公厅关于加强中央企业安全生产工作的通知》（国办发〔2004〕52号）等有关法律法规和规定，制定本办法。

第二条　本办法所称中央企业，是指国务院国有资产监督管理委员会（以下简称国资委）根据国务院授权履行出资人职责的国有及国有控股企业。

第三条　中央企业应当依法接受国家安全生产监督管理部门和所在地省（区、市）、市（地）安全生产监督管理部门以及行业安全生产监督管理部门的监督管理。国资委按照国有资产出资人的职责，对中央企业的安全生产工作履行以下职责：

（一）负责指导督促中央企业贯彻落实国家安全生产方针政策及有关法律法规、标准等；

（二）督促中央企业主要负责人落实安全生产第一责任人的责任和企业安全生产责任制，做好对企业负责人履行安全生产职责的业绩考核；

（三）依照有关规定，参与或者组织开展中央企业安全生产检查、督察，督促企业落实各项安全防范和隐患治理措施；

（四）参与企业特别重大事故的调查，负责落实事故责任追究的有关规定；

（五）督促企业做好统筹规划，把安全生产纳入中长期发展规划，保障职工健康与安全，切实履行社会责任。

第四条　国资委对中央企业安全生产实行分类监督管理。中央企业依据国资委核定的主营业务和安全生产的风险程度分为三类（见附件1）：

第一类：主业从事煤炭及非煤矿山开采、建筑施工、危险物品的生产经营储运使用、交通运输的企业；

第二类：主业从事冶金、机械、电子、电力、建材、医药、纺织、仓储、旅游、通信的企业；

第三类：除上述第一、二类企业以外的企业。

企业分类实行动态管理，可以根据主营业务内容的变化进行调整。

第二章　安全生产工作责任

第五条　中央企业是安全生产的责任主体，必须贯彻落实国家安全生产方针政策及有关法律法规、标准，按照“统一领导、落实责任、分级管理、分类指导、全员参与”的原则，逐级建立健全安全生产责任制。安全生产责任制应当覆盖本企业全体职工和岗位、全部生产经营和管理过程。

第六条　中央企业应当按照以下规定建立以企业主要负责人为核心的安全生产领导负责制。

（一）中央企业主要负责人是本企业安全生产的第一责任人，对本企业安全生产工作负总责，应当全面履行《中华人民共和国安全生产法》规定的以下职责：

1. 建立健全本企业安全生产责任制；
2. 组织制定本企业安全生产规章制度和操作规程；
3. 保证本企业安全生产投入的有效实施；
4. 督促、检查本企业的安全生产工作，及时消除生产安全事故隐患；
5. 组织制定并实施本企业的生产安全事故应急救援预案；
6. 及时、如实报告生产安全事故。

（二）中央企业主管生产的负责人统筹组织生产过程中各项安全生产制度和措施的落实，完善安全生产条件，对企业安全生产工作负重要领导责任。

（三）中央企业主管安全生产工作的负责人协助主要负责人落实各项安全生产法律法规、标准，统筹协调和综合管理企业的安全生产工作，对企业安全生产工作负综合管理领导责任。

（四）中央企业其他负责人应当按照分工抓好主管范围内的安全生产工作，对主管范围内的安全生产工作负领导责任。

第七条　中央企业必须建立健全安全生产的组织机构，包括：

（一）安全生产工作的领导机构——安全生产委员会（以下简称安委会），负责统一领导本企业的安全生产工作，研究决策企业安全生产的重大问题。安委会主任应当由企业安全生产第一责任人担任。安委会应当建立工作制度和例会制度。

（二）与企业生产经营相适应的安全生产监督管理机构。

第一类企业应当设置负责安全生产监督管理工作的独立职能部门。

第二类企业应当在有关职能部门中设置负责安全生产监督管理工作的内部专业机构；安全生产任务较重的企业应当设置负责安全生产监督管理工作的独立职能部门。

第三类企业应当明确有关职能部门负责安全生产监督管理工作，配备专职安全生产监督管理人员；安全生产任务较重的企业应当在有关职能部门中设置负责安全生产监督管理工作的内部专业机构。

安全生产监督管理职能部门或者负责安全生产监督管理工作的职能部门是企业安全生产工作的综合管理部门，对其他职能部门的安全生产管理工作进行综合协调和监督。

第八条　中央企业应当明确各职能部门的具体安全生产管理职责；各职能部门应当将安全生产管理职责具体分解到相应岗位。

第九条　中央企业专职安全生产监督管理人员的任职资格和配备数量，应当符合国家和行业的有关规定；国家和行业没有明确规定的，中央企业应当根据本企业的生产经营内容和性质、管理范围、管理跨度等配备专职安全生产监督管理人员。

中央企业应当加强安全队伍建设，提高人员素质，鼓励和支持安全生产监督管理人员取得注册安全工程师资质。安全生产监督管理机构工作人员应当逐步达到以注册安全工程师为主体。

第十条　中央企业工会依法对本企业安全生产与劳动防护进行民主监督，依法维护职工合法权益，有权对建设项目的安全设施与主体工程同时设计、同时施工、同时投入和使用情况进行监督，提出意见。

第十一条　中央企业应当对其独资及控股子企业（包括境外子企业）的安全生产认真履行以下监督管理责任：

（一）监督管理独资及控股子企业安全生产条件具备情况；安全生产监督管理组织机构设置情况；安全生产责任制、安全生产各项规章制度建立情况；安全生产投入和隐患排查治理情况；安全生产应急管理情况；及时、如实报告生产安全事故。

第一类中央企业可以向其列为安全生产重点的独资及控股子企业委派专职安全生产总监，加强对子企业安全生产的监督。

（二）将独资及控股子企业纳入中央企业安全生产管理体系，对其项目建设、收购、并购、转让、运行、停产等影响安全生产的重大事项实行报批制度，严格安全生产的检查、考核、奖惩和责任追究。

对控股但不负责管理的子企业，中央企业应当与管理方商定管理模式，按照《中华人民共和国安全生产法》的要求，通过经营合同、公司章程、协议书等明确安全生产管理责任、目标和要求等。

对参股并负有管理职责的企业，中央企业应当按照有关法律法规的规定与参股企业签订安全生产管理协议书，明确安全生产管理责任。

中央企业各级子企业应当按照以上规定逐级建立健全安全生产责任制，逐级加强安全生产工作的监督管理。

第三章　安全生产工作基本要求

第十二条　中央企业应当制定中长期安全生产发展规划，并将其纳入企业总体发展战略规划，实现安全生产与企业发展的同步规划、同步实施、同步发展。

第十三条　中央企业应当建立健全安全生产管理体系，积极推行和应用国内外先进的安全生产管理方法、体系等，实现安全生产管理的规范化、标准化、科学化、现代化。

中央企业安全生产管理体系应当包括组织体系、制度体系、责任体系、风险控制体系、教育体系、监督保证体系等。

中央企业应当加强安全生产管理体系的运行控制，强化岗位培训、过程督察、总结反馈、持续改进等管理过程，确保体系的有效运行。

第十四条　中央企业应当结合行业特点和企业实际，建立职业健康安全管理体系，消除或者减少职工的职业健康安全风险，保障职工职业健康。

第十五条　中央企业应当建立健全企业安全生产应急管理体系，包括预案体系、组织体系、运行机制、支持保障体系等。加强应急预案的编制、评审、培训、演练和应急救援队伍的建设工作，落实应急物资与装备，提高企业有效应对各类生产安全事故灾难的应急管理能力。

第十六条　中央企业应当加强安全生产风险辨识和评估工作，制定重大危险源的监控措施和管理方案，确保重大危险源始终处于受控状态。

第十七条　中央企业应当建立健全生产安全事故隐患排查和治理工作制度，规范各级生产安全事故隐患排查的频次、控制管理原则、分级管理模式、分级管理内容等。对排查出的隐患要落实专项治理经费和专职负责人，按时完成整改。

第十八条　中央企业应当严格遵守新建、改建、扩建工程项目安全设施与主体工程同时设计、同时施工、同时投入生产和使用的有关规定。

第十九条　中央企业应当严格按照国家和行业的有关规定，足额提取安全生产费用。国家和行业没有明确规定安全生产费用提取比例的中央企业，应当根据企业实际和可持续发展的需要，提取足够的安全生产费用。安全生产费用应当专户核算并编制使用计划，明确费用投入的项目内容、额度、完成期限、责任部门和责任人等，确保安全生产费用投入的落实，并将落实情况随年度业绩考核总结分析报告同时报送国资委。

第二十条　中央企业应当建立健全安全生产的教育和培训制度，严格落实企业负责人、安全生产监督管理人员、特种作业人员的持证上岗制度和培训考核制度；严格落实从业人员的安全生产教育培训制度。

第二十一条　中央企业应当建立安全生产考核和奖惩机制。严格安全生产业绩考核，加大安全生产奖励力度，严肃查处每起责任事故，严格追究事故责任人的责任。

第二十二条　中央企业应当建立健全生产安全事故新闻发布制度和媒体应对工作机制，及时、主动、准确、客观地向新闻媒体公布事故的有关情况。

第二十三条　企业制定和执行的安全生产管理规章制度、标准等应当不低于国家和行业要求。

第四章　安全生产工作报告制度

第二十四条　中央企业应当于每年1月底前将上一年度的安全生产工作总结和本年度的工作安排报送国资委。

第二十五条　中央企业应当按季度、年度对本企业（包括独资及控股并负责管理的企业）所发生的生产安全事故进行统计分析并填制报表（见附件2、附件3），于次季度首月15日前和次年度1月底前报国资委。中央企业生产安全事故统计报表实行零报告制度。

第二十六条　中央企业发生生产安全事故或者因生产安全事故引发突发事件后，应当按以下要求报告国资委：

（一）境内发生较大及以上生产安全事故，中央企业应当编制生产安全事故快报（见附件4），按本办法规定的报告流程（见附件5）迅速报告。事故现场负责人应当立即向本单位负责人报告，单位负责人接到报告后，应当于1小时内向上一级单位负责人报告；以后逐级报告至国资委，且每级时间间隔不得超过2小时。

（二）境内由于生产安全事故引发的特别重大、重大突发公共事件，中央企业接到报告后应当立即向国资委报告。

（三）境外发生生产安全死亡事故，中央企业接到报告后应当立即向国资委报告。

（四）在中央企业管理的区域内发生生产安全事故，中央企业作为业主、总承包商或者分包商应当按本条第（一）款规定报告。

第二十七条　中央企业应当将政府有关部门对较大事故、重大事故的事故调查报告及批复及时报国资委备案，并将责任追究落实情况报告国资委。

第二十八条　中央企业应当将安全生产工作领导机构及安全生产监督管理机构的名称、组成人员、职责、工作制度及联系方式报国资委备案，并及时报送变动情况。

第二十九条　中央企业应当将安全生产应急预案报国资委备案，并及时报送修订情况。

第三十条　中央企业应当将安全生产方面的重要活动、重要会议、重大举措和成果、重大问题等重要信息和重要事项，及时报告国资委。

第五章　安全生产监督管理与奖惩

第三十一条　国资委参与中央企业特别重大生产安全事故的调查，并根据事故调查报告及国务院批复负责落实或者监督对事故有关责任单位和责任人的处理。

第三十二条　国资委组织开展中央企业安全生产督察，督促中央企业落实安全生产有关规定和改进安全生产工作。中央企业违反本办法有关安全生产监督管理规定的，国资委根据情节轻重要求其改正或者予以通报批评。

中央企业半年内连续发生重大以上生产安全事故，国资委除依据有关规定落实对有关责任单位和责任人的处理外，对中央企业予以通报批评，对其主要负责人进行诫勉谈话。

第三十三条　国资委配合有关部门对中央企业安全生产违法行为的举报进行调查，或者责成有关单位进行调查，依照干部管理权限对有关责任人予以处理。

第三十四条　国资委根据中央企业考核期内发生的生产安全责任事故认定情况，对中央企业负责人经营业绩考核结果进行下列降级或者降分处理（见附件6）：

（一）中央企业负责人年度经营业绩考核期内发生特别重大责任事故并负主要责任的或者发生瞒报事故的，对该中央企业负责人的年度经营业绩考核结果予以降级处理。

（二）中央企业负责人年度经营业绩考核期内发生较大责任事故或者重大责任事故起数达到降级起数的，对该中央企业负责人的年度经营业绩考核结果予以降级处理。

（三）中央企业负责人年度经营业绩考核期内发生较大责任事故和重大责任事故但不够降级标准的，对该中央企业负责人的年度经营业绩考核结果予以降分处理。

（四）中央企业负责人任期经营业绩考核期内连续发生瞒报事故或者发生两起以上特别重大责任事故，对该中央企业负责人的任期经营业绩考核结果予以降级处理。

本办法所称责任事故，是指依据事故调查报告及批复对事故性质的认定，中央企业或者中央企业独资及控股子企业对事故发生负有责任的生产安全事故。

第三十五条　对未严格按照国家和行业有关规定足额提取安全生产费用的中央企业，国资委从企业负责人业绩考核的业绩利润中予以扣减，并予以降分处理。

第三十六条　授权董事会对经理层人员进行经营业绩考核的中央企业，董事会应当将安全生产工作纳入经理层人员年度经营业绩考核，与绩效薪金挂钩，并比照本办法的安全生产业绩考核规定执行。

董事会对经理层的安全生产业绩考核情况纳入国资委对董事会的考核评价内容。对董事会未有效履行监督、考核安全生产职能，企业发生特别重大责任事故并造成严重社会影响的，国资委对董事会予以调整，对有关董事予以解聘。

第三十七条　中央企业负责人年度经营业绩考核中因安全生产问题受到降级处理的，取消其参加该考核年度国资委组织或者参与组织的评优、评先活动资格。

第三十八条　国资委对年度安全生产相对指标达到国内同行业最好水平或者达到国际先进水平的中央企业予以表彰。

第三十九条　国资委对认真贯彻执行本办法，安全生产工作成绩突出的个人和集体予以表彰奖励。

第六章　附　则

第四十条　生产安全事故等级划分按《生产安全事故报告和调查处理条例》（国务院令第493号）第三条的规定执行。国务院对特殊行业另有规定的，从其规定。

突发公共事件等级划分按《国务院关于实施国家突发公共事件总体应急预案的决定》（国发〔2005〕11号）附件《特别重大、重大突发公共事件分级标准（试行）》中安全事故类的有关规定执行。

第四十一条　境外中央企业除执行本办法外，还应严格遵守所在地的安全生产法律法规。

第四十二条　本办法由国资委负责解释。

第四十三条　本办法自2008年9月1日起施行。

附件：

1. 中央企业安全生产监管分类表（略）
2. 中央企业生产安全事故季报表（略）
3. 中央企业生产安全事故年度报表（略）
4. 中央企业生产安全事故快报（略）
5. 中央企业生产安全事故报告流程图（略）
6. 中央企业生产安全责任事故降分降级处理细则（略）

生产经营单位瞒报谎报事故行为查处办法

（国家安全监管总局　2011 年 6 月 15 日发布）

第一条　为了促进生产经营单位依法依规报告生产安全事故（以下简称事故），严肃查处瞒报、谎报事故行为，根据《安全生产法》、《生产安全事故报告和调查处理条例》（国务院令第 493 号）等法律、行政法规和《国务院关于进一步加强企业安全生产工作的通知》（国发〔2010〕23 号）等有关规定，制定本办法。

第二条　对生产经营单位及其人员瞒报、谎报事故（包括涉险事故，下同）行为的举报、受理和查处，适用本办法。

国家机关工作人员参与瞒报、谎报事故的，依照有关法律、行政法规和纪律处分规定由监察机关或者任免机关按照干部管理权限给予处理。

第三条　本规定所称的瞒报、谎报事故行为，依照下列情形认定：

（一）隐瞒已经发生的事故，超过规定时限未向安全监管监察部门和有关部门报告，并经查证属实的，属于瞒报；

（二）故意不如实报告事故发生的时间、地点、初步原因、性质、伤亡人数和涉险人数、直接经济损失等有关内容的，属于谎报。

第四条　事故发生单位应当依法依规、报告事故情况，符合《生产安全事故报告和调查处理条例》和《生产安全事故信息报告和处置办法》（国家安全监管总局令第 21 号）的有关规定。

事故发生后，事故现场有关人员应当立即报告本单位负责人；单位负责人接到报告后，应当在 1 小时内向事故发生地安全监管监察部门和有关部门报告。情况紧急时，事故现场有关人员可以直接向安全监管监察部门和有关部门报告。

单位主要负责人对事故报告负总责，并对瞒报、谎报事故行为承担法律责任。

第五条　对瞒报、谎报事故的行为，任何单位和个人均有权向县级以上安全监管监察部门举报。

举报人应当实事求是、客观公正地反映有关事故情况，故意捏造或者歪曲事实、诬告或者陷害他人的，应当承担相应的法律责任。

第六条　安全监管监察部门应当向社会公布举报电话、电子信箱、通信地址及邮政编码，设立举报箱，畅通社会公众和职工群众的举报渠道。

严禁将举报人的有关信息和举报事项透露给被举报人或者有可能对举报人产生不利后果的其他人员、单位以及与案件查处无关的人员。

第七条　对已经受理的举报，安全监管监察部门应当按照下列规定处理：

（一）对实名举报的，立即组织查证。查证结束后，及时将查证及处理情况反馈举报人；

（二）对匿名举报的，根据举报具体情况决定是否进行查证。有具体的事故单位和伤亡人员姓名、联系方式等线索的，立即组织查证；

（三）举报事项经查证属实的，依照有关规定对举报有功人员给予奖励；

（四）举报事项经查证不属实的，以适当方式在一定范围内予以澄清，并依法保护被举报人的合法权益。

安全监管监察部门对查证瞒报、谎报事故确有困难的，可以提请本级人民政府组织查证。

第八条 对瞒报、谎报事故的查处，地方各级安全生产委员会应当实行挂牌督办。

第九条 调查瞒报、谎报事故行为，应当重点查明瞒报、谎报事故的原因、过程，是否贻误事故抢救造成人员伤亡扩大和严重社会危害，参与瞒报、谎报事故的单位和有关人员等情况。

瞒报、谎报事故涉嫌犯罪的，负责事故调查的部门应当及时移送司法机关处理。

第十条 事故发生单位主要负责人瞒报或者谎报事故的，处上一年年收入100%的罚款，并由公安机关依照《安全生产法》第九十一条的规定处十五日以下拘留；属于国家工作人员的，并依照法律、行政法规和纪律处分规定由监察机关或者任免机关按照干部管理权限给予处理；构成犯罪的，依法追究刑事责任。

第十一条 事故发生单位直接负责的主管人员和其他直接责任人员瞒报或者谎报事故的，处上一年年收入100%的罚款；属于国家工作人员的，并依照法律、行政法规和纪律处分规定由监察机关或者任免机关按照干部管理权限给予处理；构成犯罪的，依法追究刑事责任。

第十二条 事故发生单位瞒报或者谎报事故的，依照下列规定处以罚款：

（一）没有贻误事故抢救的，处200万元的罚款；

（二）贻误事故抢救或者造成事故扩大或者影响事故调查的，处300万元的罚款；

（三）贻误事故抢救或者造成事故扩大或者影响事故调查的，手段恶劣，情节严重的，处500万元的罚款。

第十三条 事故发生单位对事故发生负有责任且存在瞒报、谎报情形的，依照下列规定处以罚款：

（一）发生一般事故的，处20万元的罚款；

（二）发生较大事故的，处50万元的罚款；

（三）发生重大事故的，处200万元的罚款；

（四）发生特别重大事故的，处500万元的罚款。

第十四条 事故发生单位瞒报、谎报事故的，由有关部门依法暂扣或者吊销有关证照；负有事故责任的事故发生单位有关人员瞒报、谎报事故的，依法暂停或者撤销其与安全生产有关的执业资格、岗位证书。

对重大、特别重大事故负有主要责任的生产经营单位，其主要负责人终身不得担任本行业生产经营单位的矿长、厂长、经理。

第十五条 因瞒报、谎报事故，事故发生单位及其有关责任人员违反不同的法律规定，有两个以上应当给予行政处罚的违法行为的，应当适用不同的法律规定，分别裁量，合并处罚。

第十六条 瞒报、谎报事故行为调查处理结案后，承办事故调查处理的安全监管监察部门应当向上级安全监管监察部门报告事故的查处情况，并将查处结果在当地主要新闻媒体和本级政府网站、安全监管监察部门网站上予以公告，接受社会监督。

第十七条 本办法由国家安全监管总局负责解释。

国家安全监管总局关于加强注册安全工程师工作的指导意见

（国家安全生产监督管理总局　2011 年 9 月 16 日发布　安监总培训〔2011〕147 号）

各省、自治区、直辖市及新疆生产建设兵团安全生产监督管理局，各产煤省、自治区、直辖市及新疆生产建设兵团煤炭行业管理、煤矿安全监管部门，各省级煤矿安全监察机构，有关中央企业：

为贯彻落实《国务院关于进一步加强企业安全生产工作的通知》（国发〔2010〕23 号，以下简称《通知》）和《安全生产人才中长期发展规划（2011—2020 年）》（安监总培训〔2011〕53 号，以下简称《规划》）精神，创新注册安全工程师（以下简称注安师）工作体制机制，加快注安师培养步伐，充分发挥注安师作用，有效预防和减少生产安全事故，现就加强注安师工作提出如下意见：

一、充分认识加强注安师工作的重要意义

近年来，全国安全监管监察系统认真贯彻落实党中央、国务院关于加强安全生产和人才工作的重要部署，大力实施“人才强安”战略，推进和完善注安师执业资格制度（以下简称注安师制度），注安师队伍日益壮大，已逐步成为企业安全生产管理的重要力量和专业服务机构的技术骨干。截至 2010 年底，全国取得注安师、注册助理安全工程师（含安全主任，以下简称助理注安师）执业资格证书人员分别达到 14.9 万人和 40 万人。但是，目前注安师工作中仍然存在体制机制不健全、发展不平衡和注安师作用发挥不充分等一些亟待解决的问题。

实践证明，在安全生产领域推行注安师制度，是提高安全专业技术人员素质、提升安全生产管理水平的重要举措。加强注安师工作，是贯彻《通知》精神，夯实企业安全生产基础，加强企业安全生产管理的重要内容；是落实《规划》要求，加强复合型企业安全生产管理和职业化安全生产专业服务人才队伍建设，推进安全生产专业人才发展的重要手段；是加强安全监管监察工作，促进建立安全生产长效机制，有效防范生产安全事故的重要措施，对于促进全国安全生产形势持续稳定好转具有十分重要的意义。

二、总体要求和工作目标

（一）总体要求。深入贯彻落实科学发展观，牢固树立以人为本、安全发展理念，认真贯彻落实党中央、国务院关于安全生产和人才工作的决策部署，紧紧围绕安全生产中心工作，加强法制建设，完善考试制度，创新体制机制，发展壮大队伍，规范专业服务，推动自律管理，最大限度地发挥注安师作用，为促进安全生产形势持续稳定好转提供智力支持和人才保障。

（二）工作目标。到2015年，努力实现以下目标：

——注安师队伍稳步壮大。注安师和助理注安师数量分别达到25万人和50万人，比2010年分别增长70%和25%以上。

——注安师配备比例进一步提高。企业安全生产管理人员持注安师执业证上岗率：矿山、建筑施工单位和危险物品生产、经营、储存单位达到20%，从业人员300人以上其他生产经营单位达到10%。安全评价、安全生产检测检验等专业服务机构（以下简称专业服务机构）的专职服务人员持注安师执业证上岗率达到60%。

——注安师队伍素质明显提高。职业道德素养和专业技术能力不断提升，造就一支恪守诚信、素质过硬、适应安全发展要求的职业化、专业化人才队伍。

——注安师制度进一步完善。注安师考试、注册、继续教育、执业、监督管理等制度基本健全，立法工作加快推进，保证注安师依法依规履行职责、行使权利和享有待遇。

——注安师事务所和行业自律组织规范发展。全国注安师事务所达到300家以上，省级以上行业自律组织逐步建立，总数达到30家以上。

三、充分发挥注安师作用

（三）严格安全生产岗位执业资格准入。矿山、建筑施工单位和危险物品生产、经营、储存单位的安全生产管理人员持注安师执业证上岗率在现行规定不低于15%的基础上，按每年不少于1%递增；其他生产经营单位应当配备一定数量的注安师或者委托专业服务机构选派注安师提供安全生产服务。专业服务机构的安全生产专职服务人员持注安师执业证上岗率在现行规定不低于30%的基础上，按每年不少于6%递增，专业服务机构技术负责人必须取得注安师执业证。安全培训机构要逐步建立一支具有注安师执业资格的教师队伍。生产经营单位配备助理注安师的比例由省级安全监管监察部门自行确定。健全完善安全生产法律、法规和规章，进一步严格安全生产管理和技术人员注安师执业资格准入。

（四）落实执业职责和权利。企业开展重大危险源安全评估、事故隐患排查治理、安全检查、建设项目安全论证、设计安全审查、事故调查分析、应急预案编制、安全生产标准化建设等工作，应当选派注安师参加，并保障其行使相应的参与权、检查权、建议权和审核权。专业服务机构接受企业委托选派注安师提供安全生产服务的，应当载明服务事项，注安师应当在执业服务过程中形成的安全生产管理与技术报告上签字。安全监管监察部门应当明确需要由注安师签字的报告目录，监督企业、专业服务机构有效落实注安师执业职责。

（五）建立选用机制。企业聘任安全生产管理机构负责人和安全生产管理人员，应当优先选用具有注安师和助理注安师执业资格的人员；中央企业和地方国有重点企业聘任专职安全生产管理人员，要逐步将具有注安师执业资格作为必备条件。各级安全监管监察部门通过公开选拔等方式任用干部时，可根据职位需要，将具有注安师执业资格作为报考附加条件；鼓励和支持安全监管监察人员取得注安师执业资格；建立注安师和助理注安师人才信息库，为企业选用安全专业人才提供服务。

（六）完善激励保障机制。企业主要负责人和安全生产管理人员取得注安师执业资格证书，并经注册取得相应类别的注安师执业证的，视为其具备相应安全生产知识和管理能力；矿山、建筑施工单位和危险物品生产、经营、储存单位的主要负责人和安全生产管理人员取得注安师执业证，并符合安全资格准入学历、专业工作经历等条件的，可以向安全监管监察部门以及其他有关主管部门申领相应类别的安全资格证书。安全监管监察部门要协调有关部门，执行《注册安全工程师执业资格制度暂行规定》（人发〔2002〕87号），明确对于取得注安师执业资格的人员，单位可根据工作需要聘任工程师专业技术职务。对于取得助理注安师资格的人员，省级安全监管监察部门要协调有关部门按照国家有关规定明确聘任相应专业技术职务的政策。企业应当鼓励和支持安全生产相关岗位的职工参加注安师、助理注安师考试和继续教育，并适当提高注安师、助理注安师待遇。

四、加强考试工作

（七）健全考试工作制度。完善注安师考试全国统一大纲、统一命题、统一组织，以及助理注安师考试全国统一大纲、各省（区、市）统一命题与组织的制度，修订《注册安全工程师执业资格考试实施办法》。国家安全监管总局负责编制注安师考试大纲、组织考试命题和编制助理注安师考试大纲等工作，与人力资源社会保障部共同负责注安师考试管理工作。省级安全监管部门协同省级人力资源社会保障部门组织实施注安师、助理注安师考试考务等工作。

（八）提高考试工作水平。根据安全生产工作需要，适时修订考试大纲，调整考试科目，探索实行分专业考试。按照培考分开原则，规范考前培训。完善考试命题工作规则，建立健全高素质命题专家库，采用网络阅卷技术评阅试卷。严格审查报考人员学历、专业工作经历等条件，加强考试考务检查和监督。

五、加强注册管理

（九）完善注册工作机制。严格实行注册登记制度。国家安全监管总局对全国注安师、助理注安师注册实施统一监督管理，负责注安师注册审批工作，授权有关部门负责本系统注安师注册初审工作；省级安全监管监察部门负责本行政区域内注安师注册初审、助理注安师注册审批工作；中央企业总部（集团公司、总公司等）经国家安全监管总局认可，负责本企业注安师注册申请的统一报送工作。

（十）强化注册管理。各级安全监管监察部门要加强注册管理工作力量，依照政务和事务分开的原则，把注册管理工作经费列入预算，可以依托所属事业单位、行业组织和科研院所承担注册具体事务；要按照煤矿、非煤矿山、建筑施工、危险物品和其他安全等类别，实施分类注册管理，研究探索将工作业绩考核情况纳入申请注册条件。注册管理机构要严格注册工作程序，建立便捷高效、动态管理、信息共享的网络服务平台，逐步实现注册管理的常态化、标准化和信息化。

六、强化继续教育

（十一）完善继续教育制度。国家安全监管总局研究制定继续教育管理办法，建立健全继续教育登记、统计制度。要严格落实《注册安全工程师管理规定》（国家安全监管总局令第11号）关于“注册安全工程师在每个注册周期内应当参加继续教育，时间累计不得少于48学时”的要求，将其作为有效期满申请延续注册的条件之一。注册有效期满未延续注册的，申请重新注册时，必须提交近3年内接受具有资质的安全培训机构举办的继续教育或者安全培训合格证明。

（十二）落实继续教育责任。各级安全监管监察部门要将继续教育工作纳入安全生产人才培训教育工作总体布局。国家安全监管总局负责全国注安师继续教育的统筹和指导，制定继续教育大纲，规范继续教育教材。国家安全监管总局授权的有关部门、省级安全监管监察部门和中央企业总部（集团公司、总公司等）的注安师管理机构按照大纲要求，对所管理的注安师组织实施继续教育。继续教育原则上由取得二级以上资质的安全培训机构承担；中央企业所属培训机构具备二级以上安全培训机构条件的，经向国家安全监管总局注安师管理机构备案，可承担本企业注安师继续教育。省级安全监管部门负责组织实施助理注安师继续教育工作。

（十三）提升继续教育质量。承担继续教育的培训机构要根据不同层次、不同类别注安师的需求，优化教育内容，把安全生产职业道德和安全生产新理论、新法规、新技术、新工艺、新方法作为继续教育的主要内容；要改进方式方法，采取研讨、案例分析、技术考察等形式进行教学，推进信息化、网络化教学，不断增强继续教育的吸引力和实效性。

七、加强监督管理

（十四）完善监督管理体制。国家安全监管总局负责对全国注安师、助理注安师执业活动实施统一监督和指导，对企业和专业服务机构执行注安师制度情况实施监督检查。省级及以下安全监管监察部门对本行政区域内注安师、助理注安师执业活动实施监督和指导，对企业和专业服务机构执行注安师制度情况实施监督检查。

（十五）增强监督管理实效。各级安全监管监察部门要充分利用安全生产许可证颁发、安全生产标准化评审、安全生产监督检查等手段，督促企业按规定配备使用注安师或者助理注安师；利用资质审批和检查等手段，严格监督专业服务机构按规定配备使用注安师。对于未按规定配备使用注安师、助理注安师的企业，责令其限期整改，逾期仍未达到规定要求的，进行通报批评，并监督和指导企业达到规定要求；对于取得资质后不再按规定配备使用注安师的专业服务机构，责令其限期整改，逾期仍未达到规定要求的，依照相关规定予以处理。要健全注安师、助理注安师执业准入与退出、监督管理、行政处罚等工作制度；规范执业档案管理，将执业档案作为对注安师、助理注安师考核评价的基本依据。

八、推进注安师事务所和协会建设

（十六）积极培育注安师事务所。注安师事务所（以下简称事务所）是接受企业或者有关单位委托，提供安全生产服务的机构。其业务范围主要包括安全咨询、安全事务代理、安全生产托管、安全评估、安全审计等。设立事务所，要有固定的办公场所、章程和 8 名以上具有与从事业务相应专业能力的注安师，设立人要具有注安师执业资格且从事 5 年以上安全生产工作经历，其他设立条件应当符合相关法律法规规定，并经所在地工商行政管理部门注册登记。

地方各级安全监管监察部门要结合本地区安全生产工作实际，统筹规划、合理布局，指导和支持注安师规范设立事务所，加强对事务所执业监督管理。事务所应当不断加强内部管理制度建设，主动接受安全监管监察部门的业务指导和监督。目前已设立的事务所，其相关条件未达到本意见要求的，要于 2012 年底前达到要求。

（十七）引导建立注安师协会。各级安全监管监察部门要根据注安师行业发展需要，引导注安师成立注安师协会，为注安师搭建服务、交流、自律、维权的平台；要充分发挥注安师协会在参谋咨询、执业交流、维护会员权益等方面的作用，建立行业诚信信息监控体系、执业准则体系和职业道德准则体系，不断提高注安师执业质量和诚信水平。注安师协会要发挥桥梁纽带作用，依法依章程加强协会建设、指导业务发展、规范执业行为、维护注安师合法权益，不断提高行业自律管理能力。

九、加强对注安师工作的领导

（十八）高度重视，落实责任。实施注安师制度是社会主义市场经济条件下科学评价安全专业人才的一项重要制度。各级安全监管监察部门要充分认识加强注安师工作的重要意义，将注安师工作列入重要议事日程，切实履行工作职能；要根据本意见精神，结合本地区工作实际，研究制定加强注安师工作的实施方案，落实工作责任，确保取得实效。

（十九）完善制度，创新机制。各级安全监管监察部门要结合实际，积极探索建立和完善适应经济社会发展和安全发展要求的注安师、助理注安师培养教育、考核评价、选拔任用、流动配置、激励约束等工作制度，激发注安师和助理注安师创造活力，推动安全专业人才发展；要结合安全科学与工程学科建设的需要，开展安全工程专业标准与注安师执业资格标准衔接的研究，加强与国（境）外在注安师相关制度建设方面的交流与合作，探讨国际互认机制，推动注安师走向国际化。

（二十）统筹兼顾，突出重点。各级安全监管监察部门在做好注安师考试、注册、继续教育、监督管理等工作的同时，要紧紧围绕用好用活人才抓好注安师和助理注安师的培养、吸引和使用，促进注安师、助理注安师队伍又好又快发展，培养和造就适应安全生产事业发展需要的职业化、专业化人才。

（二十一）选树典型，营造氛围。要充分利用报刊、网络等媒体，加大对注安师制度创新发展、执业服务、先进典型的宣传力度，加深全社会对注安师、助理注安师的认知度和认同感，营造理解、支持、尊重注安师和助理注安师的氛围，为注安师和助理注安师干事创业创造良好环境。

国家安全生产监督管理总局

二〇一一年九月十六日

国务院安委会关于深入开展企业安全生产标准化建设的指导意见

（国务院安委会　2011 年 6 月 1 日　安委〔2011〕4 号）

一、提高思想认识，高度重视安全生产标准化建设工作。开展安全生产标准化建设是健全安全长效机制，加强和创新安全管理的迫切需要；是落实企业主体责任，提高企业管理水平的迫切需要；是强化安全监管，提高执法效能的迫切需要；是规范安全行为，有效防范事故的迫切需要。各地、各有关部门要深入贯彻落实《国务院关于进一步加强企业安全生产工作的通知》（国发〔2010〕23 号）和《江西省人民政府关于进一步加强企业安全生产工作的实施意见》（赣府发〔2010〕32 号）精神，高度重视、周密安排、统筹推进安全生产标准化建设工作，着力强化企业主体责任、部门监管责任、属地管理责任，进一步明确工作范围、达标时限、达标等级、工作重心和考核要求，不断促进企业安全生产工作的规范化、科学化、系统化和法制化。

二、加快配套建设，着力健全完善行业安全生产标准体系。要按照国务院安委会《指导意见》和《企业安全生产标准化基本规范》（AQ/T9006—2010）的要求，结合本地实际、行业特点，积极研究制定、修订重点行业（领域）企业安全生产标准化的配套规定，重点要把安全生产标准化建设纳入法制范畴、作为安全监管的重要内容；完善安全生产标准化评定标准体系，实现评定标准的全面覆盖；完善安全生产标准化考评体系；建立安全生产标准化建设信息化管理体系，及时掌握安全生产标准化建设工作的动态信息，提高考评工作效率和服务水平。

三、加强分类指导，统筹推进重点行业（领域）安全生产标准化建设。坚持分类指导、分步实施的原则，突出煤矿、非煤矿山、交通运输、建筑施工、危险化学品、烟花爆竹、民用爆炸物品、冶金等行业（领域），分行业制定达标规划，煤矿要在 2011 年底前，危险化学品、烟花爆竹企业要在 2012 年底前，非煤矿山和冶金、机械等工贸行业（领域）规模以上企业要在 2013 年底前，冶金、机械等工贸行业（领域）规模以下企业要在 2015 年前实现达标。实际工作中，要把班组建设作为安全管理的关键环节，突出抓好班组和岗位安全生产标准化创建工作，着力夯实筑牢企业安全生产根基，进而推动专业和企业达标；要将达标结果向国资部门及银行、证券、保险、担保等金融部门通报，作为企业绩效考核、信用评级、投融资和示范创建、评先推优等的重要参考依据。

四、严格考评条件，着力提升企业本质安全水平。各地、各有关部门要坚持标准，严格考评，成熟一批、考评一批、公告一批、授牌一批。同时，要严格规范管理，对在规定期限内仍达不到最低标准、不具备安全生产条件、不符合国家产业政策，以及发生各类非法违法生产经营建设行为的企业，要依法关闭取缔一批；对在规定时间内未实现达标的，要依法暂扣其生产许可证、安全生产许可证，责令停产整顿一批；对具备基本达标条件，但安全技术装备相对落后的，要促进达标升级，改造提升一批；对在本行业（领域）具有示范带动作用的企业，要加大支持力度，巩固发展一批。

五、注重工作结合，不断促进安全生产形势稳定好转。各地、各有关部门要以开展安全生产标准化建设为契机，以推动达标升级为引领，把达标创建活动与企业安全生产各项基础性工作有机结合起来，重点要与深入开展执法行动、安全专项整治、推进落实企业安全生产主体责任、促进提高安全生产保障能力、加强职业健康工作、完善安全生产应急救援体系相结合，逐步建立完善自我约束、持续改进、不断加强的企业安全生产长效机制，在提高企业安全保障能力上见到实效。

国务院安委会

二○一一年六月一日

国家安全监管总局　国务院国资委关于进一步加强中央企业安全生产分级属地监管的指导意见

（国家安全生产监督管理总局等　2011年5月17日发布　安监总办〔2011〕75号）

各省、自治区、直辖市及新疆生产建设兵团安全生产监督管理局、国资委，各省级煤矿安全监察机构，各中央企业：

中央企业是国有经济的重要组成部分。搞好中央企业的安全生产工作，对保障国民经济又好又快发展，促进全国安全生产形势的持续稳定好转具有重要意义。为贯彻落实《国务院关于进一步加强企业安全生产工作的通知》（国发〔2010〕23号）精神，进一步加强中央企业及其所属各级企业安全生产工作，落实中央企业安全生产主体责任，有效防范和坚决遏制重特大事故发生，现提出如下意见：

一、明确中央企业安全生产分级属地监管职责

依照《中华人民共和国安全生产法》等法律法规和国务院有关文件规定，进一步明确和加强国务院有关部门和地方人民政府有关部门对中央企业安全生产分级属地监管的职责分工：

（一）国家安全监管总局承担国家安全生产综合监督管理责任，依法行使综合监督管理职权，指导协调、监督检查国务院有关部门和各省（区、市）人民政府对中央企业总部（集团公司、总公司等，下同）及其所属各级企业的安全生产监督管理工作，监督事故查处和责任追究落实情况。

（二）国务院有关部门主要负责相关行业或领域中央企业总部安全生产监督管理工作。国家安全监管总局主要负责工矿商贸以及没有安全生产主管部门的行业和领域的中央企业总部安全生产监督管理工作。

（三）国务院国资委按照国有资产出资人的职责，负责指导督促中央企业贯彻落实党和国家安全生产方针政策及有关法律法规、标准等；督促中央企业主要负责人落实安全生产第一责任人的责任和企业安全生产责任制，做好对企业负责人履行安全生产职责的业绩考核；依照有关规定，参与或组织开展中央企业安全生产检查、督查，督促企业落实各项安全防范和隐患治理措施；参与企业特别重大事故的调查，负责落实事故责任追究的有关规定；督促企业做好统筹规划，把安全生产与职业健康工作纳入中长期发展规划，保障职工安全与健康，切实履行社会责任。

（四）商务部、外交部、国家发展改革委、公安部、国务院国资委、国家安全监管总局、全国工商联等有关部门按照《境外中资企业机构和人员安全管理规定》（商合发〔2010〕313号）的职责分工，加强对中央企业总部境外安全生产的监督管理工作。

（五）国家煤矿安全监察局依法监督检查中央管理的煤炭企业和为煤矿服务的（煤矿矿井建设施工、煤炭洗选等）企业的安全生产工作。

（六）国家安全监管总局海洋石油作业安全办公室（以下简称海油安办）对全国海洋石油安全生产工作实施监督管理。海油安办驻中国石油天然气集团公司、中国石油化工集团公司、中国海洋石油总公司的分部，分别负责所驻中央企业的海洋石油安全生产监督管理工作。

（七）省（区、市）、市（地）安全生产监督管理部门分别负责本行政区域内工矿商贸中央企业的分公司、子公司及其所属单位的安全生产监督管理工作；对其他中央企业的分公司、子公司及其所属单位的安全生产进行综合监督管理。其他中央企业在各省（区、市）、市（地）、县（市）的分公司、子公司及其所属单位安全生产监督管理工作，分别由省（区、市）、市（地）人民政府有关部门及国务院有关部门设在各省（区、市）、市（地）的有关机构负责。

（八）国家安全监管总局会同国务院国资委及国务院有关部门，按照职责分工对中央企业的总公司（总厂、集团公司）的主要负责人和安全生产管理人员进行安全培训，其中高危行业相关人员安全资格考核由国家安全监管总局负责。省级安全生产监督管理部门会同同级政府有关部门及国务院有关部门设在各省（区、市）、市（地）的有关机构，按照职责分工对中央企业的分公司、子公司及其所属单位的主要负责人、安全生产管理人员进行安全培训。

二、加强对中央企业安全生产工作的监督检查

（一）国家安全监管总局和国务院有关部门按照职责分工，重点加强对相关行业或领域的中央企业总部安全生产工作的监督检查。监督检查的重点是：

1. 贯彻落实安全生产与职业卫生方针政策、决策部署和法律法规情况；

2. 企业主要负责人和企业安全生产责任制的建立和落实情况；

3. 企业安全规划制定实施、安全投入、安全生产费用提取和使用等经济政策执行情况；

4. 企业安全生产与职业健康管理制度的建立和落实情况；

5. 企业安全生产管理机构、安全管理人员任职资格和配备及相关人员安全培训考核和依法持证上岗情况；

6. 建设项目安全设施与职业卫生设施“三同时”执行情况；

7. 企业安全生产标准化建设工作情况；

8. 安全生产应急预案体系和应急救援队伍、装备配备等应急能力建设情况；

9. 开展各类安全生产检查、重大危险源监控管理和安全隐患排查及其整治情况；

10. 生产安全事故预防、预警、报告、处置和事故责任追究情况；

11. 安全生产奖惩制度建立和执行情况；

12. 国务院有关部门明确的其他重点监督检查情况。

（二）国务院有关部门要根据职责分工，加强对中央企业安全生产工作的监督检查。必要时，可由国家安全监管总局、国务院国资委会同国务院其他有关部门对中央企业安全生产工作进行联合检查。

（三）各省（区、市）、市（地、州、盟）人民政府要按照分级负责、属地监管的原则，明确相关行业或领域主管部门对本行政区域内中央企业所属各级企业安全生产的监管权限和责任。

（四）各省（区、市）、市（地、州、盟）人民政府安全监管部门和相关行业或领域主管部门以及国务院有关部门设在本行政区域内的有关机构，按照职责分工，对本行政区域内中央企业所属各级企业履行安全生产监督管理职责，加强对本行政区域内中央企业所属各级企业的安全生产监督检查。监督检查的重点是：

1. 贯彻执行党和国家安全生产与职业卫生方针政策、决策部署、法律法规、规章制度以及国家

标准和行业标准情况；

2. 企业安全生产与职业健康管理制度执行情况；

3. 企业安全生产条件、安全设备设施和职业防护设施、个体职业防护情况；

4. 依法取得安全生产行政许可情况；

5. 建设项目安全设施与职业卫生设施“三同时”执行情况；

6. 企业安全生产标准化建设工作情况；

7. 建设项目工程承发包以及工程施工安全管理、工程监理情况；

8. 重大危险源监控和安全隐患排查治理情况；

9. 安全生产费用提取、使用和安全投入落实情况；

10. 企业安全生产与职业健康现场管理情况；

11. 企业员工安全责任意识、安全健康和自救互救知识、技能以及企业全员安全与健康培训和相关人员持证上岗情况；

12. 企业安全生产应急预案体系和应急救援队伍、装备配备等应急能力建设情况；

13. 企业生产安全和职业危害事故报告、处置及责任追究落实情况；

14. 生产经营单位主要负责人和领导班子成员带班、值班制度执行情况。

（五）各省（区、市）、市（地、州、盟）人民政府安全监管部门要对本行政区域内中央企业所属各级企业进行逐一登记并建立安全监管台账，纳入安全生产日常监管的重要内容。

（六）中央企业在地方新设立或组建的分公司、子公司以及其他生产经营建设单位，应及时向所在地人民政府及有关部门备案。中央企业所属各级企业要主动接受地方人民政府及有关部门的监管和指导，依法及时向所在地人民政府及有关部门按季度定期报告安全生产管理、隐患治理和事故等情况。交通运输、建筑施工等流动性和跨行政区划异地从事生产经营建设活动的中央企业所属各级企业，应当接受生产经营建设活动所在地市（地、州、盟）以上人民政府有关部门的安全生产监督检查。

三、切实落实中央企业安全生产监管职责

（一）国务院有关部门和各省（区、市）、市（地、州、盟）人民政府有关部门，要按照“谁主管谁负责、谁分管谁负责”要求，加强对中央企业及所属各级企业安全生产监督管理工作的领导，积极为中央企业安全发展、改善安全生产条件、加强安全生产基础建设、提高应急能力、建立安全生产长效机制提供必要的支持和帮助。

（二）国务院有关部门和各省（区、市）、市（地、州、盟）人民政府有关部门，要将中央企业及所属各级企业安全生产监督管理工作纳入本部门、本地区年度安全生产目标责任考核体系之中。

（三）依法做好中央企业生产安全事故报告和调查处理工作。中央企业发生生产安全事故后，要迅速采取有效措施组织抢救，防止事故扩大，努力减少人员伤亡和财产损失，并按规定报告国务院有关部门和事故发生地人民政府、安全监管部门及有关主管部门。地方人民政府和负有安全生产监督管理职责的部门接到驻地中央企业生产安全事故报告后，应当立即派人赶到事故现场，组织事故抢救并依照有关规定及时报告上级人民政府和部门。中央企业发生生产安全事故，依照《生产安全事故报告和调查处理条例》（国务院令第493号）的有关规定进行事故调查处理。

（四）中央企业有关安全生产与职业健康方面的重要活动、信息或事项，要及时向安全监管部门和有关主管部门报告，有关安全生产与职业健康的年度计划、总结以及隐患排查、事故整改措施

落实情况，要报安全监管部门和有关主管部门备案。

（五）国务院有关部门及各省（区、市）、市（地、州、盟）人民政府有关部门要按照职责分工，加强对中央企业及所属各级企业安全生产监管工作的协作联动。

本行政区域内中央企业所属各级企业安全生产监督管理实施意见，由各省（自治区、直辖市）结合本地区实际研究制定。

国家安全生产监督管理总局
国务院国资委
二〇一一年五月十七日

《生产安全事故报告和调查处理条例》罚款处罚暂行规定

（2007 年 7 月 12 日国家安全生产监督管理总局令第 13 号公布　根据 2011 年 9 月 1 日《国家安全监管总局关于修改》〈生产安全事故报告和调查处理条例》罚款处罚暂行规定〉的决定》修订）

第一条　为防止和减少生产安全事故，严格追究生产安全事故发生单位及其有关责任人员的法律责任，正确适用事故罚款的行政处罚，依照《生产安全事故报告和调查处理条例》（以下简称《条例》）的规定，制定本规定。

第二条　安全生产监督管理部门和煤矿安全监察机构对生产安全事故发生单位（以下简称事故发生单位）及其主要负责人、直接负责的主管人员和其他责任人员等有关责任人员实施罚款的行政处罚，适用本规定。

法律、行政法规对行政处罚的种类、幅度和决定机关另有规定的，依照其规定。

第三条　本规定所称事故发生单位是指对事故发生负有责任的生产经营单位。

本规定所称主要负责人是指有限责任公司、股份有限公司的董事长或者总经理或者个人经营的投资人，其他生产经营单位的厂长、经理、局长、矿长（含实际控制人、投资人）等人员。

第四条　本规定所称事故发生单位主要负责人、直接负责的主管人员和其他直接责任人员的上一年年收入，属于国有生产经营单位的，是指该单位上级主管部门所确定的上一年年收入总额；属于非国有生产经营单位的，是指经财务、税务部门核定的上一年年收入总额。

第五条　《条例》所称的迟报、漏报、谎报和瞒报，依照下列情形认定：

（一）报告事故的时间超过规定时限的，属于迟报；

（二）因过失对应当上报的事故或者事故发生的时间、地点、类别、伤亡人数、直接经济损失等内容遗漏未报的，属于漏报；

（三）故意不如实报告事故发生的时间、地点、初步原因、性质、伤亡人数和涉险人数、直接经济损失等有关内容的，属于谎报；

（四）隐瞒已经发生的事故，超过规定时限未向安全监管监察部门和有关部门报告，经查证属实的，属于瞒报。

第六条　对事故发生单位及其有关责任人员处以罚款的行政处罚，依照下列规定决定：

（一）对发生特别重大事故的单位及其有关责任人员罚款的行政处罚，由国家安全生产监督管理总局决定；

（二）对发生重大事故的单位及其有关责任人员罚款的行政处罚，由省级人民政府安全生产监督管理部门决定；

（三）对发生较大事故的单位及其有关责任人员罚款的行政处罚，由设区的市级人民政府安全生产监督管理部门决定；

（四）对发生一般事故的单位及其有关责任人员罚款的行政处罚，由县级人民政府安全生产监督管理部门决定。

上级安全生产监督管理部门可以指定下一级安全生产监督管理部门对事故发生单位及其有关责任人员实施行政处罚。

第七条 对煤矿事故发生单位及其有关责任人员处以罚款的行政处罚，依照下列规定执行：

（一）对发生特别重大事故的煤矿及其有关责任人员罚款的行政处罚，由国家煤矿安全监察局决定；

（二）对发生重大事故和较大事故的煤矿及其有关责任人员罚款的行政处罚，由省级煤矿安全监察机构决定；

（三）对发生一般事故的煤矿及其有关责任人员罚款的行政处罚，由省级煤矿安全监察机构所属分局决定。

上级煤矿安全监察机构可以指定下一级煤矿安全监察机构对事故发生单位及其有关责任人员实施行政处罚。

第八条 特别重大事故以下等级事故，事故发生地与事故发生单位所在地不在同一个县级以上行政区域的，由事故发生地的安全生产监督管理部门或者煤矿安全监察机构依照本规定第六条或者第七条规定的权限实施行政处罚。

第九条 安全生产监督管理部门和煤矿安全监察机构对事故发生单位及其有关责任人员实施罚款的行政处罚，依照《安全生产违法行为行政处罚办法》规定的程序执行。

第十条 事故发生单位及其有关责任人员对安全生产监督管理部门和煤矿安全监察机构给予的行政处罚，享有陈述、申辩的权利；对行政处罚不服的，有权依法申请行政复议或者提起行政诉讼。

第十一条 事故发生单位主要负责人有《条例》第三十五条规定的行为之一的，依照下列规定处以罚款：

（一）事故发生单位主要负责人在事故发生后不立即组织事故抢救的，处上一年年收入80%的罚款；

（二）事故发生单位主要负责人迟报或者漏报事故的，处上一年年收入40%～60%的罚款；

（三）事故发生单位主要负责人在事故调查处理期间擅离职守的，处上一年年收入60%～80%的罚款。

第十二条 事故发生单位有《条例》第三十六条第一项规定行为之一的，处200万元的罚款；同时贻误事故抢救或者造成事故扩大或者影响事故调查的，处300万元的罚款；同时贻误事故抢救或者造成事故扩大或者影响事故调查，手段恶劣，情节严重的，处500万元的罚款。

事故发生单位有《条例》第三十六条第二至六项规定行为之一的，处100万元以上200万元以下的罚款；同时贻误事故抢救或者造成事故扩大或者影响事故调查的，处200万元以上300万元以下的罚款；同时贻误事故抢救或者造成事故扩大或者影响事故调查，手段恶劣，情节严重的，处300万元以上500万元以下的罚款。

第十三条 事故发生单位的主要负责人、直接负责的主管人员和其他直接责任人员有《条例》第三十六条规定的行为之一的，依照下列规定处以罚款：

（一）伪造、故意破坏事故现场，或者转移、隐匿资金、财产、销毁有关证据、资料，或者拒绝接受调查，或者拒绝提供有关情况和资料，或者在事故调查中作伪证，或者指使他人作伪证的，处上一年年收入80%～90%的罚款；

（二）谎报、瞒报事故或者事故发生后逃匿的，处上一年年收入100%的罚款。

第十四条 事故发生单位对造成3人以下死亡，或者3人以上10人以下重伤（包括急性工业中毒），或者300万元以上1000万元以下直接经济损失的事故负有责任的，处10万元以上20万元以下的罚款。

事故发生单位有本条第一款规定的行为且谎报或者瞒报事故的，处20万元的罚款。

第十五条 事故发生单位对较大事故发生负有责任的，依照下列规定处以罚款：

（一）造成3人以上6人以下死亡，或者10人以上30人以下重伤（包括急性工业中毒），或者1000万元以上3000万元以下直接经济损失的，处20万元以上30万元以下的罚款；

（二）造成6人以上10人以下死亡，或者30人以上50人以下重伤（包括急性工业中毒），或者3000万元以上5000万元以下直接经济损失的，处30万元以上50万元以下的罚款。

事故发生单位对较大事故发生负有责任且有谎报或者瞒报行为的，处50万元的罚款。

第十六条 事故发生单位对重大事故发生负有责任的，依照下列规定处以罚款：

（一）造成10人以上15人以下死亡，或者50人以上70人以下重伤（包括急性工业中毒），或者5000万元以上7000万元以下直接经济损失的，处50万元以上100万元以下的罚款；

（二）造成15人以上30人以下死亡，或者70人以上100人以下重伤（包括急性工业中毒），或者7000万元以上1亿元以下直接经济损失的，处100万元以上200万元以下的罚款。

事故发生单位对重大事故发生负有责任且有谎报或者瞒报行为的，处200万元的罚款。

第十七条 事故发生单位对特别重大事故发生负有责任的，处200万元以上500万元以下的罚款。

事故发生单位有本条第一款规定的行为且谎报或者瞒报事故的，处500万元的罚款。

第十八条 事故发生单位主要负责人未依法履行安全生产管理职责，导致事故发生的，依照下列规定处以罚款：

（一）发生一般事故的，处上一年年收入30%的罚款；

（二）发生较大事故的，处上一年年收入40%的罚款；

（三）发生重大事故的，处上一年年收入60%的罚款；

（四）发生特别重大事故的，处上一年年收入80%的罚款。

第十九条 法律、行政法规对发生事故的单位及其有关责任人员规定的罚款幅度与本规定不同的，按照较高的幅度处以罚款，但对同一违法行为不得重复罚款。

第二十条 违反《条例》和本规定，事故发生单位及其有关责任人员有两种以上应当处以罚款的行为的，安全生产监督管理部门或者煤矿安全监察机构应当分别裁量，合并作出处罚决定。

第二十一条 对事故发生负有责任的其他单位及其有关责任人员处以罚款的行政处罚，依照相关法律、法规和规章的规定实施。

第二十二条 本规定自公布之日起施行。

国家安全监管总局关于修改《〈生产安全事故报告和调查处理条例〉罚款处罚暂行规定》部分条款的决定

（国家安全生产监督管理总局令第42号公布　自2011年11月1日起施行）

国家安全生产监督管理总局决定对《〈生产安全事故报告和调查处理条例〉罚款处罚暂行规定》部分条款作如下修改：

一、第五条第一款第三项修改为："故意不如实报告事故发生的时间、地点、初步原因、性质、伤亡人数和涉险人数、直接经济损失等有关内容的，属于谎报。"

第四项修改为："隐瞒已经发生的事故，超过规定时限未向安全监管监察部门和有关部门报告，经查证属实的，属于瞒报。"

二、第十二条增加一款，作为第一款："事故发生单位有《条例》第三十六条第一项规定行为之一的，处200万元的罚款；同时贻误事故抢救或者造成事故扩大或者影响事故调查的，处300万元的罚款；同时贻误事故抢救或者造成事故扩大或者影响事故调查，手段恶劣，情节严重的，处500万元的罚款。"

原第一款调整为第二款，并修改为："事故发生单位有《条例》第三十六条第二至六项规定行为之一的，处100万元以上200万元以下的罚款；同时贻误事故抢救或者造成事故扩大或者影响事故调查的，处200万元以上300万元以下的罚款；同时贻误事故抢救或者造成事故扩大或者影响事故调查，手段恶劣，情节严重的，处300万元以上500万元以下的罚款。"

三、删除第十三条第一项。

第三项修改为："谎报、瞒报事故或者事故发生后逃匿的，处上一年年收入100%的罚款。"

四、第十四条增加一款，作为第二款："事故发生单位有本条第一款规定的行为且谎报或者瞒报事故的，处20万元的罚款。"

五、第十五条增加一款，作为第二款："事故发生单位对较大事故发生负有责任且有谎报或者瞒报行为的，处50万元的罚款。"

六、第十六条增加一款，作为第二款："事故发生单位对重大事故发生负有责任且有谎报或者瞒报行为的，处200万元的罚款。"

七、第十七条增加一款，作为第二款："事故发生单位有本条第一款规定的行为且谎报或者瞒报事故的，处500万元的罚款。"

八、删除第二十二条。

本决定自2011年11月1日起施行。

《〈生产安全事故报告和调查处理条例〉罚款处罚暂行规定》根据本决定作相应的修订，重新公布。

国务院安全生产委员会成员单位安全生产工作职责

（2010 年 1 月 7 日国务院安全生产委员会全体会议审议通过）

根据国务院批准的部门“三定”规定和有关法律、行政法规及规范性文件规定，现将国务院安全生产委员会成员单位安全生产工作职责明确如下：

一、发展改革委

（一）安排安全生产监管监察基础设施、执法能力、支撑条件、应急救援体系建设和隐患治理所需中央预算内投资，并对投资计划执行情况进行监督检查。

（二）推动完善相关产业政策，调整优化产业结构，会同有关部门加快组织实施大集团、大公司战略。

（三）按照职责分工，参与对不符合有关矿山工业发展规划和总体规划、不符合产业政策、布局不合理等矿井关闭及关闭是否到位情况进行监督和指导。

二、能源局

（一）负责煤炭、石油、天然气、电力（含核电）、新能源和可再生能源等能源的行业管理，组织制定能源行业标准。

（二）负责组织开展煤层气开发、煤矿瓦斯利用、淘汰煤炭落后产能工作，会同有关部门推进煤炭资源整合和煤炭企业兼并重组。

（三）负责汇总提出能源的中央财政性建设资金投资安排建议，按规定权限核准、审核国家规划内和年度计划规模内能源投资项目，将安全设施“三同时”纳入建设项目管理程序。

（四）负责核电管理，组织核电厂的核事故应急管理工作。

（五）承担煤矿瓦斯防治部际协调领导小组的日常工作。

三、教育部

（一）负责教育系统的安全监督管理，宏观指导各类学校（含幼儿园）的安全管理工作，指导各类学校制定突发事件应急预案和落实防范安全事故的措施。

（二）将安全教育纳入学校教育内容，指导中小学和中等职业学校开展安全教育活动，普及安全知识。

（三）加强安全与工程科学学科建设，发展安全生产普通高等教育和职业教育，加快培养煤矿和安全生产专业人才。

（四）指导各类学校加强学生校外社会实践活动的安全管理。

（五）会同有关部门加强对接送学生车辆的监督管理。

（六）负责组织直属院校、单位和教育设施的安全监督管理。

（七）负责组织实施中小学、幼儿园校舍安全工程监督检查工作，承担全国中小学校舍安全工程领导小组的日常工作。

（八）负责教育系统安全管理统计分析，依法组织或参与有关事故的调查处理。

四、科技部

（一）将安全生产科技进步纳入国家中长期科技发展规划和国家科技计划并组织实施。

（二）负责安全生产重大科技攻关、基础研究和应用研究的组织指导工作，推动安全生产科研成果的转化应用。

（三）加大对安全生产重大科研项目的投入，引导企业增加安全生产研发资金投入，促使企业逐步成为安全生产科技投入和技术保障的主体。

五、工业和信息化部

（一）指导工业、通信业加强安全生产管理。在工业、通信业发展规划、政策法规、标准规范和技术改造等方面统筹考虑安全生产，指导重点行业排查治理隐患，加强产业结构升级和布局调整，严格行业准入管理，淘汰落后工艺和产能。

（二）会同有关部门安排专项资金，支持工业、通信业重大安全技术改造项目、安全领域重大信息化项目，促进先进、成熟的工艺技术和设备推广应用，促进企业本质安全水平不断提高。

（三）负责民爆器材的行业及生产、流通安全的监督管理，组织实施民爆器材安全生产，负责民爆器材生产、销售准入管理。

（四）负责通信业和民爆器材行业安全生产统计分析，参与相关行业重特大生产安全事故的调查处理。

六、公安部

（一）负责对全国消防工作实施安全监督管理，组织、指导、监督地方消防监督、火灾预防、火灾扑救工作和公安应急抢险救援工作。

（二）负责全国道路交通安全管理工作，指导、协调、监督地方公安机关预防和处理道路事故，维护道路交通秩序，开展道路交通安全宣传教育。

（三）负责民用爆炸物品和烟花爆竹的公共安全管理，指导、协调、监督地方公安机关对民用爆炸物品购买、运输、爆破作业及烟花爆竹运输、燃放环节实施安全监管。

（四）指导、监督地方公安机关依法对剧毒化学品购买、运输环节实行监管。

（五）指导、监督地方公安机关对焰火晚会、灯会等大型群众性活动实施安全管理。

（六）承担全国道路交通安全工作部际联席会议、全国油气田及输油管道安全保护工作部际联席会议的日常工作。

（七）负责指导、监督地方公安机关调查处理道路交通事故、调查火灾事故，开展统计分析；指导地方公安机关查处涉及安全生产的刑事案件。

七、监察部

（一）参加安全生产法律法规贯彻执行情况的监督检查，督促行政监察对象依法履行安全生产监督管理职责。

（二）参加特别重大生产安全事故调查处理，查处事故涉及的以权谋私、权钱交易等违法违纪行为。

（三）组织对重特大生产安全事故责任追究落实情况的监督检查，督促落实对事故责任人员的责任追究决定和意见。

（四）承担重特大生产安全事故责任追究沟通协调工作部际联席会议的日常工作。

八、司法部

（一）将安全生产法律法规纳入公民普法的重要内容，会同有关部门广泛宣传普及安全生产法律法规知识；指导律师、公证、基层法律服务工作，为生产经营单位提供安全生产法律服务。

（二）指导监狱、劳动教养企业贯彻执行安全生产法律、法规和标准，落实安全生产责任制，完善安全生产条件，消除事故隐患。

（三）负责司法系统安全生产统计分析。

九、财政部

（一）根据安全生产工作需要，落实政府安全生产投入，支持政府安全生产体系建设。

（二）研究完善安全生产经济政策，配合有关部门对安全生产经济政策落实情况进行监督检查。

十、人力资源社会保障部

（一）将安全生产法律、法规及安全生产知识纳入行政机关、事业单位工作人员职业教育、继续教育和培训学习计划并组织实施，会同有关部门对安全生产领域先进集体和先进个人进行评比表彰。

（二）拟订工伤保险政策、规划和标准，指导和监督落实企业参加工伤保险有关政策措施，规范企业劳动用工行为；指导农民工培训教育工作。

（三）制定女工、未成年工的特殊劳动保护政策及工时休假政策。

（四）会同有关部门制定和实施安全生产领域各类专业技术人才、技能人才规划、培养、继续教育、考核、奖惩等相关政策。

（五）指导技工学校、职业培训机构的安全管理工作。指导技工学校、职业培训机构制定突发事件应急预案和落实防范安全事故的措施。

（六）会同有关部门制定安全生产领域职业资格相关政策。

十一、国土资源部

（一）负责查处无证开采、以采代探等违法违规行为，组织开展矿产资源勘查开采秩序专项整治。

（二）按照职责分工，负责对无采矿许可证和超层越界开采、资源接近枯竭、不符合矿产资源规划和矿业权设置方案等矿井关闭工作及关闭是否到位情况进行监督和指导；会同相关部门组织指导并监督检查全国废弃矿井的治理工作。

十二、环境保护部

（一）负责核安全和辐射安全的监督管理。拟订有关政策、规划、标准，参与核事故应急处理，负责辐射环境事故应急处理工作。监督管理核设施安全、放射源安全，监督管理核设施、核技术应用、电磁辐射、伴有放射性矿产资源开发利用中的污染防治。对核材料的管制和民用核安全设备的设计、制造、安装和无损检验活动实施监督管理。负责放射性废物安全监管，对放射性物品运输的核与辐射安全实施监督管理。

（二）按照职责分工，负责对破坏生态环境、污染严重、未进行环境影响评价的矿井关闭及关闭是否到位情况进行监督和指导。

（三）按照职责分工，依法对危险废物和废弃危险化学品的收集、储存、利用和处理处置等进行监督管理。调查相关危险化学品环境污染事故和生态破坏事件，负责危险化学品事故现场的应急环境监测，负责危险化学品环境管理登记和新化学物质环境管理登记。

（四）按照职责分工，指导、协调地方开展生产安全事故次生重特大突发环境事件的应急救援。

十三、住房城乡建设部

（一）指导城市供水、燃气、热力等市政公用设施建设、安全和应急管理，指导农村住房建设、农村住房安全和危房改造。

（二）负责中央管理的建筑施工企业安全生产准入管理，并指导和监督省级建设主管部门负责的建筑施工企业安全生产准入管理，指导建筑施工企业从业人员安全生产教育培训工作。

（三）负责建筑安全生产监督管理，拟订建筑安全生产政策、规章制度并监督执行，依法查处建筑安全生产违法违规行为，监督管理房屋建筑工地和市政工程工地用起重机械、专用机动车辆的安装、使用。

（四）负责住房和城乡建设系统安全生产统计分析，依法组织或参与有关事故的调查处理。

十四、交通运输部

（一）指导公路、水路行业安全生产和应急管理工作。拟订并监督实施公路、水路安全生产政策、规划和应急预案，指导有关安全生产和应急处置体系建设，承担有关公路、水路运输企业安全生产监督管理工作。

（二）负责水上交通安全监督管理。负责水上交通管制、船舶及相关水上设施检验、登记和防止污染、水上消防、航海保障、救助打捞、通信导航、船舶与港口设施保安及危险品运输监督管理等工作。负责船员管理有关工作。负责中央管理水域水上交通安全事故、船舶及相关水上设施污染事故的应急处置，指导地方水上交通安全监管工作。

（三）负责公路、水路建设工程安全生产监督管理工作。按规定制定公路、水路工程建设有关政策、制度和技术标准并监督实施。组织协调公路、水路有关重点工程建设安全生产监督管理工作，指导交通运输基础设施管理和维护，承担有关重要设施的管理和维护。

（四）按照职责组织并开展交通运输行业安全生产专项整治工作。指导各地组织实施公路安保工程，负责查处船舶超载和打击无牌、无证、报废船舶营运等违法行为；配合有关部门查处车辆超载和打击无牌、无证、报废车辆营运等违法行为。

（五）负责危险品道路、水路运输单位及其运输工具的行业安全监督管理，对危险品水路运输安全实施监督，按照职责范围组织拟订危险货物有关标准，负责危险品道路、水路运输从业人员资质认定和监督管理，并负责前述事项的监督检查。

（六）负责河道采砂影响航道及通航安全的管理工作。

（七）指导、监督有关交通运输企业安全评估、交通运输企业和从业人员的安全教育培训工作。

（八）承担国家海上搜救部际联席会议、全国治理车辆超限超载工作领导小组的日常工作。

（九）负责交通运输系统安全生产统计分析，依法组织或参与有关事故的调查处理。

十五、民航局

（一）承担民航飞行安全和地面安全监管责任。负责民用航空器运营人、航空人员训练机构、民用航空产品及维修单位的审定和监督检查，负责危险品航空运输监管、民用航空器运行评审工作，负责机场飞行程序和运行最低标准监督管理工作，承担民航航空人员资格监督管理工作。

（二）负责监督民航空中交通管理工作，负责监督管理民航通信导航监视、航行情报、航空气象服务工作。

（三）负责民航安全检查、机场消防救援的监督管理。

（四）拟订民用航空器事故标准，组织协调民航突发事件应急处置。

（五）负责民用机场安全运行的监督检查。负责民用机场的场址、总体规划、工程设计审批和使用许可管理工作，承担民用机场净空保护有关管理工作，负责民航专业工程质量监督管理。

（六）负责民航系统安全生产统计分析，按规定组织或参与有关事故调查处理。

十六、铁道部

（一）承担铁路安全生产监督管理责任。拟订铁路安全监督管理规章制度，组织制定铁路运输突发性事件的应急预案并监督实施。

（二）监督管理铁路运输安全、劳动安全、特种设备安全和劳动保护工作。

（三）承担铁路工程建设安全生产的监督管理工作，按规定制定铁路工程建设有关制度并组织实施，组织管理大中型铁路项目建设有关工作。

（四）负责危险品铁路运输和危险化学品铁路运输单位及其运输工具的安全管理及监督检查。

（五）负责铁路系统安全生产统计分析，依法组织或参与铁路交通事故的调查处理工作，管理铁路运输安全监察和行政执法有关工作。

十七、水利部

（一）负责水利行业安全生产工作，组织、指导水库、水电站大坝、农村水电站及其配套电网的安全监督管理。

（二）组织实施水利工程建设安全生产监督管理工作，按规定制定水利水电工程建设有关政策、制度、技术标准和重大事故应急预案并监督实施。

（三）负责组织、协调和指导长江宜宾以下干流河道采砂活动的统一管理和监督检查；牵头负责河道采砂监督管理工作并对采砂影响防洪安全、河势稳定、堤防安全负责。

（四）负责病险水库除险加固工作。

（五）指导、监督水利系统从业人员的安全生产教育培训考核工作。

（六）负责水利系统安全生产统计分析，依法组织或参与水利建设工程重大事故的调查处理。

十八、农业部

（一）指导农业各产业安全生产工作，拟订农业安全生产政策、规划和应急预案并组织实施。

（二）指导渔业安全生产工作。指导渔业船舶作业和渔港水域交通安全监督管理。指导渔业船员培训、安全教育和考核发证工作。代表国家行使渔船检验和渔政、渔港监督管理权，依法负责渔船、渔机、网具的监督管理。依法组织或参加渔业船舶生产安全事故调查。

（三）指导农机安全生产工作。指导农机作业安全和维修管理。按照职责分工，依法指导农机登记、安全检验、事故处理、农机驾驶人员培训和考核发证工作。

（四）指导草原防火和草原火灾扑救工作，会同有关部门开展草原火灾调查处理工作。

（五）负责农药监督管理工作。承担农药使用环节安全指导工作。

（六）负责农业行业安全生产统计分析工作。

十九、商务部

（一）协助指导商贸企业加强安全管理，贯彻安全生产法律、法规，落实安全防范措施。

（二）会同有关部门负责对外承包工程的安全监督管理工作。

（三）配合有关部门对商贸企业违反安全生产法律法规行为进行查处。

二十、卫生部

（一）按照职责分工，负责职业卫生、放射卫生、环境卫生和学校卫生的监督管理工作。

（二）负责卫生系统安全管理工作，指导医疗机构做好医疗废弃物、放射性物品安全处置管理工作。

（三）指导协调重特大生产安全事故的医疗卫生救援。

（四）负责危险化学品的毒性鉴定和危险化学品事故伤亡人员的医疗救护工作。

二十一、国资委

（一）按照国有资产出资人的职责，负责检查督促中央企业贯彻落实党和国家的安全生产方针政策及有关法律法规、标准等。

（二）督促中央企业主要负责人落实安全生产第一责任人的责任和企业安全生产责任制，搞好对企业负责人履行安全生产职责的业绩考核。

（三）依照有关规定，参与或组织开展对中央企业安全生产和应急管理的检查、督查，督促企业落实各项安全防范和隐患治理措施。

（四）参与中央企业特别重大生产安全事故的调查，负责落实事故责任追究的有关规定。

（五）督促中央企业搞好统筹规划，把安全生产纳入中长期发展规划，保障职工健康与安全。

二十二、工商总局

（一）依法对企业登记注册中涉及安全生产的有关审批前置要件进行审查，未取得相关安全生产许可的，不予登记。

（二）依法监督管理危险化学品、烟花爆竹等危险物品的市场经营行为，取缔和打击非法、违法经营危险物品行为。

（三）配合有关部门开展安全生产专项整治，对有关部门撤销许可的企业，依法督促其办理变更经营范围或注销登记；配合有关部门依法查处取缔未经安全生产（经营）许可的企业。

（四）配合有关部门加强对商品交易市场的安全检查和促进市场主办单位依法加强安全管理。

二十三、质检总局

（一）承担综合管理特种设备安全监察、监督工作的责任。管理锅炉、压力容器、压力管道、电梯、起重机械、客运索道、大型游乐设施、场（厂）内专用机动车辆等特种设备的安全监察、监督工作。

（二）监督管理特种设备的设计、制造、安装、改造、维修、使用、检验检测和进出口。

（三）按规定权限组织或参与调查处理特种设备事故并进行统计分析。

（四）监督管理特种设备检验检测机构和检验检测人员、作业人员的资质资格。

（五）负责烟花爆竹的质量监督，负责危险化学品及其包装物、容器生产许可证的核发管理和生产环节的质量监督，负责进出口烟花爆竹、进出口危险化学品及其包装物和容器的检验监督工作和进出口检验。

（六）负责特种设备安全生产统计分析。

二十四、广电总局

（一）指导、监管本系统所属单位及设施、设备的安全管理工作。

（二）组织指导广播、电影、电视等单位开展安全生产宣传教育，对违反安全生产法律法规的行为进行舆论监督。

（三）组织广播电台、电视台等新闻媒体，配合有关部门共同开展安全生产重大宣传活动。

二十五、体育总局

（一）指导公共体育设施的建设，负责对公共体育设施安全运行的监督管理。

（二）按照有关规定，负责监督指导高危险体育行业运动项目、规模较大的重要体育活动的安全管理工作。

（三）负责本系统所属单位的安全管理工作，监督检查系统内单位贯彻有关安全法律法规的情况，落实安全防范措施。

二十六、林业局

（一）负责林业安全生产监督管理工作，监督检查林木凭证采伐、运输。

（二）指导监督林业系统所属单位的安全管理工作。

（三）负责林业系统安全生产统计分析。

二十七、旅游局

（一）拟订国家旅游安全法规、政策、标准，并组织实施。

（二）会同国家有关部门对旅游安全实行综合治理，协调处理旅游安全事故。

（三）指导、检查和监督各级旅游行政管理部门和旅行社企业的安全生产及应急管理工作；指导、规范其他旅游企事业单位的安全生产及应急管理工作。

（四）负责全国旅游安全管理的宣传、教育、培训工作。

（五）负责旅游行业安全生产统计分析工作。

二十八、法制办

（一）负责审查有关部门报送国务院的有关安全生产的法律草案、行政法规草案，起草或组织起草有关安全生产重要法律草案、行政法规草案。

（二）负责有关安全生产地方性法规、地方政府规章和国务院部门规章的备案审查。

（三）负责有关安全生产行政法规的立法解释工作，承办申请国务院裁决的有关安全生产行政复议案件，指导、监督全国安全生产行政复议工作。

二十九、新闻办

负责指导有关安全生产方面的新闻发布和对外宣传报道工作，及时组织发布安全生产的重大政策和重特大生产安全事故信息。

三十、气象局

（一）根据天气气候变化情况及防灾减灾工作需要，及时向各有关地区和部门提供气象灾害监测、预报、预警及气象灾害风险评估等信息。

（二）负责雷电灾害安全防御工作，加强对防雷工程设计、施工、检测单位资质管理，组织做好防雷装置图纸审核和工程竣工验收、防雷设施的安全检查及雷电防护装置的安全检测。

（三）负责无人驾驶自由气球和系留气球、人工影响天气作业期间的安全检查和事故防范。

（四）负责为安全生产事故应急救援提供气象服务保障。

三十一、电监会

（一）承担电力安全生产监督管理工作，组织制定电力安全生产有关规章，并对实施情况进行监督检查；负责全国电力安全、电力系统所属水电站大坝安全、电力应急及电力可靠性的监督管理工作。

（二）制定重大电力生产安全事故处置预案，建立重大电力生产安全事故应急处置制度。

（三）组织电力安全生产大检查和专项检查，督促落实安全生产各项措施，组织对电力企业安全生产状况进行检查、诊断、分析和评估。

（四）负责全国电力安全的业务培训、考核和宣传教育工作，组织电力安全生产新技术的推广应用。

（五）承担电力建设工程施工安全生产监督管理工作。

（六）负责电力系统安全生产统计分析，依法组织或参与电力生产安全事故调查处理。

三十二、全国总工会

（一）依法维护劳动者的合法权益，对企业和个体工商户遵守劳动保障法律法规的情况进行监督。

（二）调查研究安全生产工作中涉及职工合法权益的重大问题，参与涉及职工切身利益的有关安全生产政策、措施、制度和法律、法规草案的拟订工作。

（三）指导地方工会参与职工劳动安全卫生的培训和教育工作，指导地方工会开展群众性劳动安全卫生活动。

（四）参加特别重大生产安全事故和严重职业危害事故的调查处理，代表职工监督防范和整改措施的落实。

三十三、安全监管总局

（一）组织起草安全生产综合性法律法规草案，拟订安全生产政策和规划，指导协调全国安全生产工作，分析和预测全国安全生产形势，发布全国安全生产信息，协调解决安全生产中的重大问题。

（二）承担国家安全生产综合监督管理责任，依法行使综合监督管理职权，指导协调、监督检查国务院有关部门和各省、自治区、直辖市人民政府安全生产工作，监督考核并通报安全生产控制指标执行情况，监督事故查处和责任追究落实情况。

（三）承担工矿商贸行业安全生产监督管理责任，按照分级、属地原则，依法监督检查工矿商贸生产经营单位贯彻执行安全生产法律法规情况及其安全生产条件和有关设备（特种设备除外）、材料、劳动防护用品的安全生产管理工作，负责监督管理中央管理的工矿商贸企业安全生产工作。

（四）承担中央管理的非煤矿矿山企业和危险化学品、烟花爆竹生产经营企业安全生产准入管理责任，依法组织并指导监督实施安全生产准入制度；负责危险化学品安全监督管理综合工作和烟花爆竹安全生产监督管理工作。

（五）承担工矿商贸作业场所（煤矿作业场所除外）职业卫生监督检查责任，负责职业卫生安全许可证的颁发管理工作，组织查处职业危害事故和违法违规行为。

（六）制定和发布工矿商贸行业安全生产规章、标准和规程并组织实施，监督检查重大危险源监控和重大事故隐患排查治理工作，依法查处不具备安全生产条件的工矿商贸生产经营单位。

（七）负责组织国务院安全生产大检查和专项督查，根据国务院授权，依法组织特别重大生产安全事故调查处理和办理结案工作，监督事故查处和责任追究落实情况。

（八）负责安全生产应急管理的综合监管，组织指挥和协调安全生产应急救援工作，综合管理全国生产安全事故和安全生产行政执法统计分析工作。

（九）负责综合监督管理煤矿安全监察工作，拟订煤炭行业管理中涉及安全生产的重大政策，按规定制定煤炭行业规范和标准，指导煤炭企业安全标准化、相关科技发展和煤矿整顿关闭工作，对重大煤炭建设项目提出意见，会同有关部门审核煤矿安全技术改造和瓦斯综合治理与利用项目。

（十）负责监督检查职责范围内新建、改建、扩建工程项目的安全设施与主体工程同时设计、同时施工、同时投产使用情况。

（十一）组织指导并监督特种作业人员（煤矿特种作业人员、特种设备作业人员除外）的考核工作和工矿商贸生产经营单位主要负责人、安全生产管理人员的安全资格（煤矿矿长安全资格除外）考核工作，监督检查工矿商贸生产经营单位安全生产和职业安全培训工作。

（十二）指导协调全国安全生产检测检验工作，监督管理安全生产社会中介机构和安全评价工作，监督和指导注册安全工程师执业资格考试和注册管理工作。

（十三）指导协调和监督全国安全生产行政执法工作。

（十四）组织拟订安全生产科技规划，指导协调安全生产重大科学技术研究和推广工作。

（十五）组织开展安全生产方面的国际交流与合作。

（十六）承担国务院安全生产委员会的日常工作和国务院安全生产委员会办公室的主要职责。

（十七）承担煤矿整顿关闭工作部际联席会议、危险化学品安全生产监管部际联席会议、尾矿库专项整治工作协调小组的日常工作。

三十四、煤矿安监局

（一）拟订煤矿安全生产政策，参与起草有关煤矿安全生产的法律法规草案，拟订相关规章、规程、安全标准，按规定拟订煤炭行业规范和标准，提出煤矿安全生产规划。

（二）承担国家煤矿安全监察责任，检查指导地方政府煤矿安全监督管理工作。对地方政府贯彻落实煤矿安全生产法律法规、标准，煤矿整顿关闭，煤矿安全监督检查执法，煤矿安全生产专项整治、事故隐患整改及复查，煤矿事故责任人的责任追究落实等情况进行监督检查，并向地方政府及其有关部门提出意见和建议。

（三）承担煤矿安全生产准入监督管理责任，依法组织实施煤矿安全生产准入制度，指导和管理煤矿有关资格证的考核颁发工作并监督检查，指导和监督相关安全培训工作。

（四）承担煤矿作业场所职业卫生监督检查责任，负责职业卫生安全许可证的颁发管理工作，监督检查煤矿作业场所职业卫生情况，组织查处煤矿职业危害事故和违法违规行为。

（五）负责对煤矿企业安全生产实施重点监察、专项监察和定期监察，依法监察煤矿企业贯彻执行安全生产法律法规情况及其安全生产条件、设备设施安全情况，对煤矿违法违规行为依法做出现场处理或实施行政处罚。

（六）负责发布全国煤矿安全生产信息，统计分析全国煤矿生产安全事故与职业危害情况，组织或参与煤矿生产安全事故调查处理，监督事故查处的落实情况。

（七）负责煤炭重大建设项目安全核准工作，组织煤矿建设工程安全设施的设计审查和竣工验收，查处不符合安全生产标准的煤矿企业。

（八）负责组织指导和协调煤矿事故应急救援工作。

（九）指导煤矿安全生产科研工作，组织对煤矿使用的设备、材料、仪器仪表的安全监察工作。

（十）指导煤炭企业安全基础管理工作，会同有关部门指导和监督煤矿生产能力核定和煤矿整顿关闭工作，对煤矿安全技术改造和瓦斯综合治理与利用项目提出审核意见。

中央宣传部、中央编办、共青团中央和总参谋部作战部、武警部队依照有关规定履行相关安全生产工作职责。部门管理的其他负有安全生产工作职责的国家局，按照国务院批准的部门“三定”规定和现行法律、行政法规赋予的职责，负责本部门、本行业或本系统的安全生产监督管理工作。

国务院关于进一步加强企业安全生产工作的通知

（国务院　2010年7月19日发布　国发〔2010〕23号）

各省、自治区、直辖市人民政府，国务院各部委、各直属机构：

近年来，全国生产安全事故逐年下降，安全生产状况总体稳定、趋于好转，但形势依然十分严峻，事故总量仍然很大，非法违法生产现象严重，重特大事故多发频发，给人民群众生命财产安全造成重大损失，暴露出一些企业重生产轻安全、安全管理薄弱、主体责任不落实、一些地方和部门安全监管不到位等突出问题。为进一步加强安全生产工作，全面提高企业安全生产水平，现就有关事项通知如下：

一、总体要求

1. 工作要求。深入贯彻落实科学发展观，坚持以人为本，牢固树立安全发展的理念，切实转变经济发展方式，调整产业结构，提高经济发展的质量和效益，把经济发展建立在安全生产有可靠保障的基础上；坚持“安全第一、预防为主、综合治理”的方针，全面加强企业安全管理，健全规章制度，完善安全标准，提高企业技术水平，夯实安全生产基础；坚持依法依规生产经营，切实加强安全监管，强化企业安全生产主体责任落实和责任追究，促进我国安全生产形势实现根本好转。

2. 主要任务。以煤矿、非煤矿山、交通运输、建筑施工、危险化学品、烟花爆竹、民用爆炸物品、冶金等行业（领域）为重点，全面加强企业安全生产工作。要通过更加严格的目标考核和责任追究，采取更加有效的管理手段和政策措施，集中整治非法违法生产行为，坚决遏制重特大事故发生；要尽快建成完善的国家安全生产应急救援体系，在高危行业强制推行一批安全适用的技术装备和防护设施，最大程度减少事故造成的损失；要建立更加完善的技术标准体系，促进企业安全生产技术装备全面达到国家和行业标准，实现我国安全生产技术水平的提高；要进一步调整产业结构，积极推进重点行业的企业重组和矿产资源开发整合，彻底淘汰安全性能低下、危及安全生产的落后产能；以更加有力的政策引导，形成安全生产长效机制。

二、严格企业安全管理

3. 进一步规范企业生产经营行为。企业要健全完善严格的安全生产规章制度，坚持不安全不生产。加强对生产现场监督检查，严格查处违章指挥、违规作业、违反劳动纪律的“三违”行为。凡超能力、超强度、超定员组织生产的，要责令停产停工整顿，并对企业和企业主要负责人依法给予规定上限的经济处罚。对以整合、技改名义违规组织生产，以及规定期限内未实施改造或故意拖延工期的矿井，由地方政府依法予以关闭。要加强对境外中资企业安全生产工作的指导和管理，严格落实境内投资主体和派出企业的安全生产监督责任。

4. 及时排查治理安全隐患。企业要经常性开展安全隐患排查，并切实做到整改措施、责任、资金、时限和预案“五到位”。建立以安全生产专业人员为主导的隐患整改效果评价制度，确保整改到位。对隐患整改不力造成事故的，要依法追究企业和企业相关负责人的责任。对停产整改逾期未完成的不得复产。

5. 强化生产过程管理的领导责任。企业主要负责人和领导班子成员要轮流现场带班。煤矿、非煤矿山要有矿领导带班并与工人同时下井、同时升井，对无企业负责人带班下井或该带班而未带班的，对有关责任人按擅离职守处理，同时给予规定上限的经济处罚。发生事故而没有领导现场带班的，对企业给予规定上限的经济处罚，并依法从重追究企业主要负责人的责任。

6. 强化职工安全培训。企业主要负责人和安全生产管理人员、特殊工种人员一律严格考核，按国家有关规定持职业资格证书上岗；职工必须全部经过培训合格后上岗。企业用工要严格依照劳动合同法与职工签订劳动合同。凡存在不经培训上岗、无证上岗的企业，依法停产整顿。没有对井下作业人员进行安全培训教育，或存在特种作业人员无证上岗的企业，情节严重的要依法予以关闭。

7. 全面开展安全达标。深入开展以岗位达标、专业达标和企业达标为内容的安全生产标准化建设，凡在规定时间内未实现达标的企业要依法暂扣其生产许可证、安全生产许可证，责令停产整顿；对整改逾期未达标的，地方政府要依法予以关闭。

三、建设坚实的技术保障体系

8. 加强企业生产技术管理。强化企业技术管理机构的安全职能，按规定配备安全技术人员，切实落实企业负责人安全生产技术管理负责制，强化企业主要技术负责人技术决策和指挥权。因安全生产技术问题不解决产生重大隐患的，要对企业主要负责人、主要技术负责人和有关人员给予处罚；发生事故的，依法追究责任。

9. 强制推行先进适用的技术装备。煤矿、非煤矿山要制定和实施生产技术装备标准，安装监测监控系统、井下人员定位系统、紧急避险系统、压风自救系统、供水施救系统和通信联络系统等技术装备，并于3年之内完成。逾期未安装的，依法暂扣安全生产许可证、生产许可证。运输危险化学品、烟花爆竹、民用爆炸物品的道路专用车辆，旅游包车和三类以上的班线客车要安装使用具有行驶记录功能的卫星定位装置，于2年之内全部完成；鼓励有条件的渔船安装防撞自动识别系统，在大型尾矿库安装全过程在线监控系统，大型起重机械要安装安全监控管理系统；积极推进信息化建设，努力提高企业安全防护水平。

10. 加快安全生产技术研发。企业在年度财务预算中必须确定必要的安全投入。国家鼓励企业开展安全科技研发，加快安全生产关键技术装备的换代升级。进一步落实《国家中长期科学和技术发展规划纲要（2006—2020年）》等，加大对高危行业安全技术、装备、工艺和产品研发的支持力度，引导高危行业提高机械化、自动化生产水平，合理确定生产一线用工。“十二五”期间要继续组织研发一批提升我国重点行业领域安全生产保障能力的关键技术和装备项目。

四、实施更加有力的监督管理

11. 进一步加大安全监管力度。强化安全生产监管部门对安全生产的综合监管，全面落实公安、交通、国土资源、建设、工商、质检等部门的安全生产监督管理及工业主管部门的安全生产指导职责，形成安全生产综合监管与行业监管指导相结合的工作机制，加强协作，形成合力。在各级政府统一领导下，严厉打击非法违法生产、经营、建设等影响安全生产的行为，安全生产综合监管和行业管理部门要会同司法机关联合执法，以强有力措施查处、取缔非法企业。对重大安全隐患治理实行逐级挂牌督办、公告制度，重大隐患治理由省级安全生产监管部门或行业主管部门挂牌督办，国家相关部门加强督促检查。对拒不执行监管监察指令的企业，要依法依规从重处罚。进一步加强监管力量建设，提高监管人员专业素质和技术装备水平，强化基层站点监管能力，加强对企业安全生产的现场监管和技术指导。

12. 强化企业安全生产属地管理。安全生产监管监察部门、负有安全生产监管职责的有关部门和行业管理部门要按职责分工，对当地企业包括中央、省属企业实行严格的安全生产监督检查和管理，组织对企业安全生产状况进行安全标准化分级考核评价，评价结果向社会公开，并向银行业、证券业、保险业、担保业等主管部门通报，作为企业信用评级的重要参考依据。

13. 加强建设项目安全管理。强化项目安全设施核准审批，加强建设项目的日常安全监管，严格落实审批、监管的责任。企业新建、改建、扩建工程项目的安全设施，要包括安全监控设施和防瓦斯等有害气体、防尘、排水、防火、防爆等设施，并与主体工程同时设计、同时施工、同时投入生产和使用。安全设施与建设项目主体工程未做到同时设计的一律不予审批，未做到同时施工的责令立即停止施工，未同时投入使用的不得颁发安全生产许可证，并视情节追究有关单位负责人的责任。严格落实建设、设计、施工、监理、监管等各方安全责任。对项目建设生产经营单位存在违法分包、转包等行为的，立即依法停工停产整顿，并追究项目业主、承包方等各方责任。

14. 加强社会监督和舆论监督。要充分发挥工会、共青团、妇联组织的作用，依法维护和落实企业职工对安全生产的参与权与监督权，鼓励职工监督举报各类安全隐患，对举报者予以奖励。有关部门和地方要进一步畅通安全生产的社会监督渠道，设立举报箱，公布举报电话，接受人民群众的公开监督。要发挥新闻媒体的舆论监督，对舆论反映的客观问题要深查原因，切实整改。

五、建设更加高效的应急救援体系

15. 加快国家安全生产应急救援基地建设。按行业类型和区域分布，依托大型企业，在中央预算内基建投资支持下，先期抓紧建设7个国家矿山应急救援队，配备性能可靠、机动性强的装备和设备，保障必要的运行维护费用。推进公路交通、铁路运输、水上搜救、船舶溢油、油气田、危险化学品等行业（领域）国家救援基地和队伍建设。鼓励和支持各地区、各部门、各行业依托大型企业和专业救援力量，加强服务周边的区域性应急救援能力建设。

16. 建立完善企业安全生产预警机制。企业要建立完善安全生产动态监控及预警预报体系，每月进行一次安全生产风险分析。发现事故征兆要立即发布预警信息，落实防范和应急处置措施。对重大危险源和重大隐患要报当地安全生产监管监察部门、负有安全生产监管职责的有关部门和行业管理部门备案。涉及国家秘密的，按有关规定执行。

17. 完善企业应急预案。企业应急预案要与当地政府应急预案保持衔接，并定期进行演练。赋予企业生产现场带班人员、班组长和调度人员在遇到险情时第一时间下达停产撤人命令的直接决策权和指挥权。因撤离不及时导致人身伤亡事故的，要从重追究相关人员的法律责任。

六、严格行业安全准入

18. 加快完善安全生产技术标准。各行业管理部门和负有安全生产监管职责的有关部门要根据行业技术进步和产业升级的要求，加快制定修订生产、安全技术标准，制定和实施高危行业从业人员资格标准。对实施许可证管理制度的危险性作业要制定落实专项安全技术作业规程和岗位安全操作规程。

19. 严格安全生产准入前置条件。把符合安全生产标准作为高危行业企业准入的前置条件，实行严格的安全标准核准制度。矿山建设项目和用于生产、储存危险物品的建设项目，应当分别按照国家有关规定进行安全条件论证和安全评价，严把安全生产准入关。凡不符合安全生产条件违规建设的，要立即停止建设，情节严重的由本级人民政府或主管部门实施关闭取缔。降低标准造成隐患的，要追究相关人员和负责人的责任。

20. 发挥安全生产专业服务机构的作用。依托科研院所，结合事业单位改制，推动安全生产评价、技术支持、安全培训、技术改造等服务性机构的规范发展。制定完善安全生产专业服务机构管理办法，保证专业服务机构从业行为的专业性、独立性和客观性。专业服务机构对相关评价、鉴定结论承担法律责任，对违法违规、弄虚作假的，要依法依规从严追究相关人员和机构的法律责任，并降低或取消相关资质。

七、加强政策引导

21. 制定促进安全技术装备发展的产业政策。要鼓励和引导企业研发、采用先进适用的安全技术和产品，鼓励安全生产适用技术和新装备、新工艺、新标准的推广应用。把安全检测监控、安全避险、安全保护、个人防护、灾害监控、特种安全设施及应急救援等安全生产专用设备的研发制造，作为安全产业加以培育，纳入国家振兴装备制造业的政策支持范畴。大力发展安全装备融资租赁业务，促进高危行业企业加快提升安全装备水平。

22. 加大安全专项投入。切实做好尾矿库治理、扶持煤矿安全技改建设、瓦斯防治和小煤矿整顿关闭等各类中央资金的安排使用，落实地方和企业配套资金。加强对高危行业企业安全生产费用提取和使用管理的监督检查，进一步完善高危行业企业安全生产费用财务管理制度，研究提高安全生产费用提取下限标准，适当扩大适用范围。依法加强道路交通事故社会救助基金制度建设，加快建立完善水上搜救奖励与补偿机制。高危行业企业探索实行全员安全风险抵押金制度。完善落实工伤保险制度，积极稳妥推行安全生产责任保险制度。

23. 提高工伤事故死亡职工一次性赔偿标准。从2011年1月1日起，依照《工伤保险条例》的规定，对因生产安全事故造成的职工死亡，其一次性工亡补助金标准调整为按全国上一年度城镇居民人均可支配收入的20倍计算，发放给工亡职工近亲属。同时，依法确保工亡职工一次性丧葬补助金、供养亲属抚恤金的发放。

24. 鼓励扩大专业技术和技能人才培养。进一步落实完善校企合作办学、对口单招、订单式培养等政策，鼓励高等院校、职业学校逐年扩大采矿、机电、地质、通风、安全等相关专业人才的招生培养规模，加快培养高危行业专业人才和生产一线急需技能型人才。

八、更加注重经济发展方式转变

25. 制定落实安全生产规划。各地区、各有关部门要把安全生产纳入经济社会发展的总体布局，在制定国家、地区发展规划时，要同步明确安全生产目标和专项规划。企业要把安全生产工作的各项要求落实在企业发展和日常工作之中，在制定企业发展规划和年度生产经营计划中要突出安全生产，确保安全投入和各项安全措施到位。

26. 强制淘汰落后技术产品。不符合有关安全标准、安全性能低下、职业危害严重、危及安全生产的落后技术、工艺和装备要列入国家产业结构调整指导目录，予以强制性淘汰。各省级人民政府也要制订本地区相应的目录和措施，支持有效消除重大安全隐患的技术改造和搬迁项目，遏制安全水平低、保障能力差的项目建设和延续。对存在落后技术装备、构成重大安全隐患的企业，要予以公布，责令限期整改，逾期未整改的依法予以关闭。

27. 加快产业重组步伐。要充分发挥产业政策导向和市场机制的作用，加大对相关高危行业企业重组力度，进一步整合或淘汰浪费资源、安全保障低的落后产能，提高安全基础保障能力。

九、实行更加严格的考核和责任追究

28. 严格落实安全目标考核。对各地区、各有关部门和企业完成年度生产安全事故控制指标情况进行严格考核，并建立激励约束机制。加大重特大事故的考核权重，发生特别重大生产安全事故的，要根据情节轻重，追究地市级分管领导或主要领导的责任；后果特别严重、影响特别恶劣的，要按规定追究省部级相关领导的责任。加强安全生产基础工作考核，加快推进安全生产长效机制建设，坚决遏制重特大事故的发生。

29. 加大对事故企业负责人的责任追究力度。企业发生重大生产安全责任事故，追究事故企业主要负责人责任；触犯法律的，依法追究事故企业主要负责人或企业实际控制人的法律责任。发生特别重大事故，除追究企业主要负责人和实际控制人责任外，还要追究上级企业主要负责人的责任；触犯法律的，依法追究企业主要负责人、企业实际控制人和上级企业负责人的法律责任。对重大、特别重大生产安全责任事故负有主要责任的企业，其主要负责人终身不得担任本行业企业的矿长（厂长、经理）。对非法违法生产造成人员伤亡的，以及瞒报事故、事故后逃逸等情节特别恶劣的，要依法从重处罚。

30. 加大对事故企业的处罚力度。对于发生重大、特别重大生产安全责任事故或一年内发生2次以上较大生产安全责任事故并负主要责任的企业，以及存在重大隐患整改不力的企业，由省级及以上安全监管监察部门会同有关行业主管部门向社会公告，并向投资、国土资源、建设、银行、证券等主管部门通报，一年内严格限制新增的项目核准、用地审批、证券融资等，并作为银行贷款等的重要参考依据。

31. 对打击非法生产不力的地方实行严格的责任追究。在所辖区域对群众举报、上级督办、日常检查发现的非法生产企业（单位）没有采取有效措施予以查处，致使非法生产企业（单位）存在的，对县（市、区）、乡（镇）人民政府主要领导以及相关责任人，根据情节轻重，给予降级、撤职或者开除的行政处分，涉嫌犯罪的，依法追究刑事责任。国家另有规定的，从其规定。

32. 建立事故查处督办制度。依法严格事故查处，对事故查处实行地方各级安全生产委员会层层挂牌督办，重大事故查处实行国务院安全生产委员会挂牌督办。事故查处结案后，要及时予以公告，接受社会监督。

各地区、各部门和各有关单位要做好对加强企业安全生产工作的组织实施，制订部署本地区本行业贯彻落实本通知要求的具体措施，加强监督检查和指导，及时研究、协调解决贯彻实施中出现的突出问题。国务院安全生产委员会办公室和国务院有关部门要加强工作督查，及时掌握各地区、各部门和本行业（领域）工作进展情况，确保各项规定、措施执行落实到位。省级人民政府和国务院有关部门要将加强企业安全生产工作情况及时报送国务院安全生产委员会办公室。

国务院

二〇一〇年七月十九日

重大事故查处挂牌督办办法

（国务院安全生产委员会　2010 年 9 月 2 日发布）

第一条　为严肃查处重大生产安全事故（以下简称重大事故），保障人民群众生命和财产安全，依据《国务院关于进一步加强企业安全生产工作的通知》（国发〔2010〕23 号）的规定，制定本办法。

第二条　国务院安委会对重大事故调查处理实行挂牌督办，国务院安委会办公室具体承担挂牌督办事项。

各省级人民政府负责落实挂牌督办事项，省级人民政府安委会办公室具体承担本行政区域内重大事故挂牌督办事项的综合工作。

第三条　国务院安委会对重大事故查处挂牌督办，按照以下程序办理：

（一）国务院安委会办公室提出挂牌督办建议，报国务院安委会领导同志审定同意后，以国务院安委会名义向省级人民政府下达挂牌督办通知书；

（二）在中央主流媒体和中央政府网站、中国安全生产报、安全监管总局政府网站上公布挂牌督办信息。

第四条　挂牌督办通知书包括下列内容：

（一）事故名称；

（二）督办事项；

（三）办理期限；

（四）督办解除方式、程序。

第五条　省级人民政府接到挂牌督办通知后，应当依据有关规定，组织和督促有关职能部门按照督办通知要求办理下列事项：

（一）做好事故善后工作；

（二）查清事故原因，认定事故性质；

（三）分清事故责任，提出对责任人的处理意见；

（四）依法实施经济处罚；

（五）形成事故调查报告；

（六）监督落实事故防范和整改措施。

第六条　省级人民政府应当自接到挂牌督办通知之日起 60 日内完成督办事项。

第七条　在重大事故查处督办期间，省级人民政府安委会办公室应当加强与国务院安委会办公室的沟通，及时汇报有关情况。

国务院安委会办公室负责对督办事项的指导、协调和督促。

第八条　重大事故调查报告形成初稿后，省级人民政府安委会应当及时向国务院安委会办公室作出书面报告，经审核同意后，由省级人民政府作出批复决定。

第九条　重大事故查处结案后，省级人民政府安委会和国务院安委会办公室应将重大事故挂牌督办情况和事故查处结案情况，在中央主流媒体和中央政府网站、中国安全生产报、安全监管总局政府网站上予以公告，接受社会监督。

第十条　承担挂牌督办事项的省级人民政府有关职能部门对督办事项无故拖延、敷衍塞责，或者在解除挂牌督办过程中弄虚作假的，依法追究相关人员责任。

第十一条　对依据有关法律、行政法规规定由国务院有关部门或者机构组织调查处理的重大事故的挂牌督办，依照本办法的相关规定执行。

第十二条　对于重大事故以下的事故的挂牌督办，由各省级人民政府安委会参照本办法的规定另行制定。

第十三条　本办法自印发之日起施行。

国家安全监管总局关于贯彻落实国务院《通知》精神　强化安全生产综合监管工作的指导意见

（国家安全生产监督管理总局　2010 年 12 月 7 日发布　安监总管二〔2010〕203 号）

各省、自治区、直辖市及新疆生产建设兵团安全生产监督管理局：

《国务院关于进一步加强企业安全生产工作的通知》（国发〔2010〕23 号，以下简称《国务院通知》）中明确指出，进一步加强安全监管力度，强化安全生产监管部门对安全生产的综合监管，全面落实公安、交通、国土资源、建设、工商、质检等部门的安全生产监督管理及工业主管部门的安全生产指导职责，形成安全生产综合监管与行业监管指导相结合的工作机制，加强协作，形成合力。为认真贯彻落实《国务院通知》要求，进一步强化重点行业（领域）安全生产综合监管工作，有效防范和坚决遏制重特大事故，促进全国安全生产形势实现根本好转，提出如下指导意见：

一、充分认识强化安全生产综合监管工作的必要性和紧迫性

1. 强化综合监管是贯彻落实“安全第一、预防为主、综合治理”方针的重要途径。强化综合监管，就是要指导协调监督地方各级政府和相关部门，推动企业全面落实安全生产主体责任，采取各种有效措施，突出标本兼治、源头治理、远近结合，有效防范和坚决遏制道路交通、水上交通、建筑施工、消防、民用爆炸物品等重点行业（领域）重特大事故发生。

2. 强化综合监管是当前和今后一个时期重要而紧迫的任务。目前一些制约安全生产的深层次问题还未彻底解决，综合监管工作面临的任务十分艰巨。各级安全监管部门要充分认识综合监管工作的重要性和紧迫性，以贯彻落实《国务院通知》精神为契机，进一步增强责任意识和大局意识，切实加强和改进安全生产综合监管工作。

二、切实把握安全生产综合监管工作的指导思想和基本原则

3. 安全生产综合监管工作的指导思想。深入贯彻落实《国务院通知》精神，以事故多发、易发的道路交通、水上交通、建筑施工、消防、民用爆炸物品等重点行业（领域）为重点，以有效遏制重特大事故为目标，指导督促相关行业管理部门进一步强化安全监管，切实落实企业主体责任，努力推进、加快实现重点行业（领域）安全生产状况的根本好转。

4. 安全生产综合监管工作的基本原则。坚持行业主管、各司其职，切实做到行业管理与安全监管相统一；坚持分级负责、属地监管，全面落实地方政府和相关职能部门的安全监管责任；坚持区别对待、分类指导，进一步增强综合监管工作的效能；坚持综合协调、重点推进，统筹把握区域安全生产总体状况和重点工作。

三、加快建立健全安全生产综合监管工作体系

5. 强化对安全生产工作的综合监管。各级安全监管部门要指导协调、监督检查有关行业管理部门和下级政府贯彻落实党和国家安全生产方针政策、法律法规和党中央、国务院以及本级政府关于安全生产重要工作部署的情况，监督检查有关行业管理部门和下级政府关于安全生产履职和责任落实情况，并进行评估和通报。

6. 切实落实行业管理部门安全监管职责。各地要按照《国务院安全生产委员会成员单位安全生产工作职责》（安委〔2010〕2 号文件印发），抓紧制定完善本级政府安委会成员单位安全生产工作职责规定，进一步明确行业管理部门的安全监管职责，确保安全监管职责全覆盖，消除监管空白。省、市、县三级政府安全生产委员会成员单位安全生产工作职责规定要于 2011 年底前全部出台。

7. 依法履行安全生产综合监管职责。各地安全监管部门要切实履行拟订安全生产政策规划、依法组织事故调查、督促检查和考核安全生产工作、指导监督安全生产行政执法、组织指挥和协调安全生产应急救援、综合统计分析安全生产形势、提出安全生产重要建议和协调解决跨地区、跨行业重大安全生产问题等工作职责，进一步强化对有关部门和下一级政府安全生产工作的指导协调和监督检查。

8. 强化对区域安全生产形势的统筹把握。各地安全监管部门要加强对各类生产安全事故的统计分析和评估，研究分析安全生产的倾向性、规律性问题和深层次矛盾，及时掌握安全生产动态，研判、预测安全生产形势及发展趋势，向本级政府提出对策措施和建议等。

9. 构建安全生产综合监管与行业管理部门联动的工作机制。通过建立完善定期通报制度、安委会联络员会议制度、联合执法制度、重要事项协调制度、控制指标通报考核制度、联合督导制度、联合约谈制度等，进一步加强部门之间协作配合，形成地方政府统一领导、安全监管部门与相关部门联动的工作机制。

四、推进行业安全监管，落实企业安全生产主体责任

10. 以道路客运安全为重点，强化道路交通安全监管工作。指导协调公安、交通运输部门进一步深化和拓展“五整顿”“三加强”工作措施，督促相关部门严把运输企业市场准入关、营运车辆技术状态关和营运驾驶人从业资格关，强化对汽车客运站的安全监督。建立道路安全隐患动态监控及预警预报体系，及时发现和整治安全隐患，严格查处超员、超速和非法载客行为。深入开展创建“平安畅通县区”、“平安农机”活动，强化道路交通安全基础工作。

11. 以“四区一线”水域、“四客一危”船舶为重点，强化水上交通安全监管工作。指导协调交通海事、农业等部门严格落实水上运输企业适任船员配备和渡船签派等制度，以“四区一线”水域（渤海湾水域、舟山群岛海域、琼州海峡水域和西南山区的内河水域以及长江干线水域）、“四客一危”船舶（客船、客滚船、客渡船、高速客船和危险品船舶）为重点，加强水上交通安全监督检查，严厉打击无证无照船舶运输、船舶非法载客、超载、非法渡运等非法违法行为。深入开展创建“平安渔业”活动，进一步加强渔业安全生产基层基础工作。

12. 以防坍塌和高处坠落事故为重点，强化建筑施工安全监管工作。指导协调建设、交通、水利、铁道、电力等部门严格施工资质行政审批，加强本行业（领域）建设项目全过程监管。以防坍塌、防高处坠落事故为重点，加强安全隐患监督检查，特别要对在建工程涉及的深基坑、高大模

板、脚手架、建筑起重机械设备等施工部位和环节进行重点检查和治理，及时消除隐患。要严厉打击违法分包、转包、以包代管和施工过程中的“三违”（违章指挥、违章操作、违反劳动纪律）行为。

13. 以人员密集场所和高层地下建筑为重点，强化消防安全监管工作。指导协调公安消防部门加强建设工程消防安全源头管理，依法落实有关部门和建设、设计、施工、监理等单位的消防安全责任，坚决防止新开工建设工程产生先天性火灾隐患。以人员密集场所、高层和地下建筑为重点，持续组织开展排查易燃可燃材料装修装饰，疏散通道和安全出口封堵，自动消防设施损坏等隐患的专项治理，对排查出的火灾隐患要实行省、市、县三级政府分级挂牌督办。

14. 以整治“四超”“三违法”为重点，强化民爆行业安全监管工作。指导协调工业和信息化部门加强对民用爆破器材生产企业的安全监管，要求企业严格按照核定的品种和产量进行生产，严厉整治“四超”（超时、超产、超员、超量）和“三违法”（违法建设、违法生产、违法经营）行为。以危险作业工房的建筑结构、危险工序的防护、监控设施、民爆专用生产设备为重点，加大隐患排查治理力度，并督促企业对排查出的隐患做到整改措施、责任、资金、时限和预案“五到位”。

15. 以安全生产标准化为基础，提升企业安全管理水平。指导推动相关行业管理部门深入开展以岗位达标、专业达标和企业达标为内容的安全生产标准化建设。继续推进道路交通运输企业安全生产状况评估标准化，建筑施工企业施工现场安全标准化，水上运输企业船舶安全管理体系审核标准化，铁路运输企业安全责任标准化，民航运输企业安全审计标准化，电力企业安全生产风险管理标准化以及水利、军工、民爆、电信等重点行业（领域）安全生产标准化创建工作，推动企业提升安全管理水平。

五、依靠科技进步，加快安全技术的推广和应用

16. 推进道路运输车辆安装具有行驶记录功能的卫星定位装置。加快推进道路交通动态监控试点工作，会同交通运输、公安部门督促交通运输企业在旅游包车和三类以上班线的客车安装、使用具有行驶记录功能的卫星定位装置，2011 年底前全部完成。凡未安装的，要按照交通运输部、公安部、安全监管总局《关于进一步加强和改进道路客运安全工作的通知》（交运发〔2010〕210 号）要求，不予核发道路运输证和通过定期审验。督促客运企业建立完善卫星定位装置使用管理制度，确保卫星定位装置正常使用。

17. 推进渔船安装防撞自动识别系统。会同农业、交通运输部门推动在海洋运输船舶和渔船安装防撞自动识别系统，其中海洋运输船舶在 2012 年底前防撞自动识别系统安装率达到 100%；60 马力以上机动渔船在 2012 年底前防撞自动识别系统安装率达到 80%。

18. 推进民用爆炸物品运输车辆安装具有行驶记录功能的卫星定位装置。会同交通运输、工业和信息化等部门加快推进烟花爆竹、民用爆炸物品生产和销售企业在专用运输车上加装具有行驶记录功能的卫星定位装置，2011 年底前全部完成；推动在炸药现场混装车上加装安全监控装置，2012 年底前完成。

19. 推进大型起重机械安装安全监控管理系统。会同质检部门共同推动在大型起重机械上安装应用安全监控管理系统，2011 年开始试点，在铁路、公路、建设施工等行业（领域）的有关中央企业和大型企业进行试点，重点推动在 320 吨米以上的架桥机、315 吨米以上的塔机和 4000 吨米以上的电站塔机上安装应用安全监控管理系统。2012 年在全国推广应用。

六、强化行业安全准入，严格规范企业安全生产条件

20. 加快完善安全生产技术标准。积极协调推动国务院有关部门，根据行业技术进步和产业升级的要求，加快制定修订行业安全标准。各地安全监管部门要督促有关行业管理部门，严格执行国家和行业标准，并可以根据本地实际，制定实施细则或配套办法，进一步规范企业安全生产行为。

21. 严把安全生产准入关。督促指导交通运输、建筑施工、民用爆炸物品等高危行业管理部门实行严格的安全标准核准制度，把符合相关行业安全生产标准作为企业准入的前置条件。督促企业严格落实生产、安全技术标准，实施高危行业从业人员资格标准，对实施许可证管理制度的危险性作业要落实专项安全技术作业规程和岗位安全操作规程。严格执行建设项目安全设施和职业卫生“三同时”制度，对未进行安全设施和职业卫生“三同时”审查的建设项目，不予办理有关行政许可手续。严格落实企业职工安全培训制度，企业主要负责人、安全生产管理人员、特殊工种人员必须按国家有关规定持职业资格证书上岗，职工必须全部经过培训合格后上岗，凡存在不经培训上岗、无证上岗的企业，要依法责令其停产整顿。

七、强化政策引导，淘汰落后生产能力

22. 落实安全生产费用提取等各项经济政策。督促有关部门加快建立健全安全投入保障制度，加大投入力度，不断完善和改进安全生产条件。加强对公路、水运、铁路、建筑、军工、民爆等企业安全生产费用提取情况的监督检查，确保及时、足额提取，并按规定使用。研究推动其他重点行业（领域）安全生产费用的提取和使用。

23. 强制淘汰落后技术、工艺和装备。督促有关部门按照国家产业结构调整指导目录，结合实际制定本地区、本行业淘汰落后工艺、技术和装备的产业政策。加强监督检查，对存在落后技术装备、构成重大安全隐患的企业，要予以公告，责令限期整改，逾期未整改的依法予以关闭。

24. 落实安全生产专用设备企业所得税优惠政策。督促有关部门严格执行财政部、税务总局、安全监管总局公布的《安全生产专用设备企业所得税优惠目录》，鼓励企业加大安全设备投资，对企业购置并实际使用列入优惠目录范围内的安全生产专用设备，可以按专用设备投资额的10%抵免当年企业所得税应纳税额。

八、严格落实安全目标考核、应急救援和事故查处督办制度

25. 健全完善安全生产控制指标通报考核制度。推动地方各级政府把安全生产控制指标纳入对行业管理部门的政绩考核中，严格执行控制指标“日报告、周调度、月通报、季发布、年考核”制度，强化指标实施和工作绩效考核，健全激励约束机制。抓紧制定“十二五”安全生产综合控制指标体系和年度执行规定。

26. 完善事故预警和应急救援联动机制。要指导、推动和支持各行业建立完善企业安全生产预警机制，督促企业将重大危险源和重大隐患依法报当地安全监管部门、负有安全生产监管职责的有关部门和行业管理部门备案。要完善与相关部门、企业和应急救援队伍的安全生产救援工作机制，加强应急预案体系和救援队伍建设，提高协调救援能力。

27. 严格依法组织事故调查处理。要严格按照《生产安全事故报告和调查处理条例》（国务院令第493号）的规定，坚持“四不放过”和“依法依规、实事求是、注重实效”的原则，组织事

故查处。督促有关部门和企业认真吸取事故教训，切实加强和改进安全生产工作。监督检查事故查处和责任追究落实情况，并及时向社会公布。

28. 严格执行事故联合督导和通报制度。按照《国家安全监管总局关于进一步加强和改进生产安全事故信息报告和处置工作的通知》（安监总统计〔2010〕24 号）要求，事故发生后，要会同有关行业主管部门及时赶赴现场，督促指导地方政府做好事故查处工作，并联合有关部门及时发出通报。

29. 严格执行事故联合约谈制度。针对发生重大事故或多起较大以上事故的地区，或者发生较大以上事故的中央或省属企业，要会同有关部门约谈事故发生地政府或有关企业负责人，共同分析事故原因，提出整改措施，切实用事故教训推动安全生产工作。

30. 严格执行事故查处挂牌督办制度。各地要认真贯彻《国务院安委会关于印发〈重大事故查处挂牌督办办法〉的通知》（安委〔2010〕6 号）要求，切实落实事故查处层层挂牌督办制度，对牵头组织调查处理的相关行业（领域）的重大事故，严格按照督办程序，及时上报事故调查处理情况。事故调查结案后，要将事故调查报告及时报备并向社会公告。

国家安全生产监督管理总局
二〇一〇年十二月七日

国务院办公厅关于继续深化“安全生产年”活动的通知

（国务院　2011 年 3 月 2 日发布　国办发〔2011〕11 号）

各省、自治区、直辖市人民政府，国务院各部委、各直属机构：

为贯彻落实党的十七届五中全会、中央经济工作会议和全国安全生产电视电话会议精神，进一步加强安全生产工作，有效防范和遏制重特大事故，经国务院同意，现就继续深化“安全生产年”活动有关事项通知如下：

一、总体要求

深入贯彻落实科学发展观，坚持“安全第一，预防为主，综合治理”的方针，牢固树立以人为本、安全发展理念，以落实《国务院关于进一步加强企业安全生产工作的通知》（国发〔2010〕23 号）精神为核心，以强化企业安全生产主体责任为重点，继续深入开展“安全生产年”活动，加强基础建设，加强责任落实，加强依法监督，深化安全生产执法、治理、宣教“三项行动”和法制体制机制、保障能力、监管监察队伍“三项建设”，有效防范和坚决遏制重特大事故，促进安全生产形势进一步稳定好转，确保“十二五”时期安全生产工作开好局、起好步。

二、深化企业主体责任落实，加强安全管理和监督

（一）全面落实企业安全生产主体责任。各企业要健全安全管理机构，完善安全生产规章制度，把安全生产作为强基固本的重要举措纳入本企业发展战略，确保安全投入、安全管理、技术装备、教育培训等措施落实到位。要强化法定代表人、实际控制人安全生产第一责任者的责任，严格落实企业领导干部现场带班制度，及时现场解决安全生产中遇到的突出问题。不断完善企业绩效工资制度，加大与安全生产挂钩比重。加强对境外中资企业安全生产工作的指导和管理，严格落实境内投资主体和派出企业的安全生产监督责任。

（二）强化政府和部门监管责任落实。地方各级人民政府要把安全生产作为加强经济社会管理、保障改善民生的重要内容，认真落实省、市、县、乡各级行政首长安全生产负责制和领导班子成员安全生产“一岗双责”制度，建立完善安全生产责任联系点和例会制度，重点抓好县、乡两级政府安全监管责任的落实。各有关部门要认真履行安全生产监督管理和指导职责，及时纠正查处非法违法、违规违章行为。综合监管部门要加强对本级政府相关部门、下级政府安全生产工作的指导协调和监督检查。要充分发挥各级安全生产委员会及其办公室作用，加强协调联动，抓好督促落实。

（三）严格安全生产责任考核和追究。完善安全生产控制指标体系，严格目标责任考核，增加

干部政绩业绩考核中安全生产的权重。认真落实重大事故查处挂牌督办制度，采取约谈、通报和召开现场会等措施，加大警示问责和督导整改力度，限期反馈督办事项整改情况。坚持“四不放过”（事故原因未查清不放过、责任人员未处理不放过、整改措施未落实不放过、有关人员未受到教育不放过）和依法依规、实事求是、注重实效的原则，严格事故调查和责任追究，除依法应当保密的外，所有事故查处结果都要及时向社会公布。对瞒报、谎报、迟报、漏报事故及事故后逃逸的行为，依法从重处理。要严肃查处生产安全事故背后的腐败行为。

三、深化依法监管，持续严厉打击非法违法行为

（一）明确打击重点。持续严厉打击煤矿、非煤矿山、交通运输、建筑施工、危险化学品、烟花爆竹、民爆物品、冶金等行业领域的非法违法生产经营建设行为。对非法违法行为突出的地区和企业，有关部门要与司法机关密切配合，加强部门之间、地区之间联合执法，统一周密部署，增强打击实效。

（二）加大惩治力度。加强和改进安全生产行政执法工作，强化执法责任和手段措施，对较大以上非法违法事故查处实行跟踪督办，并切实做到“四个一律”，即对非法生产经营建设和经停产整顿仍未达到要求的，一律关闭取缔；对非法违法生产经营建设的有关单位和责任人，一律按规定上限予以处罚；对违法生产经营建设的单位，一律依法责令停产整顿，并严格落实监管措施；对触犯法律的有关单位和人员，一律依法严格追究法律责任。

（三）加强跟踪监管。强化地方政府特别是县、乡两级政府打击非法违法行为的责任，查清并斩断非法生产原料供应和产品销售的经济链条，彻底铲除非法违法行为背后的“保护伞”和安全生产领域的黑恶势力，防止前纠后犯。对打击不力的，要依法依规追究有关地方政府和监管部门的责任。

（四）强化社会监督。建立非法违法行为举报奖励制度，依法落实职工群众对安全生产的参与权和监督权，对媒体和群众举报的各类非法违法行为，要及时查处，兑现奖励。抓紧建立全国安全生产信息联网查询系统，对存在非法违法生产经营建设行为的企业，向社会公开曝光。

四、深化专项整治，狠抓隐患排查治理

（一）继续深入开展安全专项整治。以事故总量和重特大事故相对集中的煤矿、非煤矿山、道路交通、铁路交通、建筑施工、烟花爆竹、危险化学品、民爆物品、工矿商贸其他及消防等行业领域为重点，持续加大安全专项整治力度。要继续推进矿产资源开发整合，完善非煤矿山建设项目安全核准制度，取缔关闭不具备安全生产条件的矿山。从严整治超载超限超速和酒后、疲劳驾驶等道路交通违法违规行为。进一步加强铁路运输安全管理。深入推进构筑社会消防安全“防火墙”工程，以人员密集场所、高层和地下建筑、使用易燃可燃外墙保温材料建筑、“三合一”及“多合一”生产经营场所为重点，持续开展消防安全排查、整治，及时消除火灾隐患，完善消防安全设施。继续推进化工装置自动控制系统改造，健全完善危险化学品道路运输安全区域联合监控机制，加快城市地下易燃易爆品管线隐患排查治理。全面落实烟花爆竹和民爆物品的生产、经营、运输、储存、使用等各环节安全措施，深入开展“三超一改”（超范围、超人员、超药量和擅自改变工房用途）和礼花弹等高危产品专项治理。严密防范建筑施工坍塌坠落以及农业机械、水上交通、渔业船舶、冶金等其他各行业领域安全事故。

（二）突出加强煤矿安全治理。深化煤矿瓦斯防治，严格落实瓦斯治理利用政策和综合防突措

施，切实加强高瓦斯矿井、煤与瓦斯突出矿井和水害、火灾严重等矿井的安全管理，做到瓦斯抽采不达标不生产，水害、火灾等防治措施不到位不生产。继续推进小煤矿整顿关闭、兼并重组、整合技改，支持大型煤炭企业通过收购、兼并、控股等多种方式整合小煤矿，淘汰落后生产能力。

（三）实现隐患排查治理制度化。要将隐患排查治理纳入安全监管和企业日常生产的重要内容，完善各级各类危险源、事故隐患动态监控及预警预报体系，建立跟踪督促整改制度，对重大隐患层层挂牌督办，切实做到整改措施、责任、资金、时限和预案“五到位”。要进一步强化源头治理，严格执行安全生产许可制度、建设项目安全设施“三同时”（同时设计、同时施工、同时投产和使用）制度和行业安全准入，抓紧制定出台安全技术标准和高危行业从业人员资格标准，不具备安全条件不准投入生产和建设。

（四）扎实推进职业危害防治。各级安全监管监察、卫生、社会保障等部门和工会组织要进一步协调配合，认真贯彻执行国家职业病防治规划，加强监管队伍、技术装备、工作制度建设，强化监督检查，有效防范治理职业危害。

五、推进科技进步，提高安全保障和应急救援能力

（一）大力推进安全科技创新。加强安全生产科技机构建设，进一步建立完善以企业为主体、以市场为导向、政产学研用相结合的安全技术创新体系。加快推进安全生产关键技术及装备的研发，在煤矿典型灾害防治、矿山事故预防预警与控制、粉尘与高毒物品职业危害防控、事故快速抢险与应急处置等方面，推出一批具有我国自主知识产权的科技成果。

（二）积极推广应用先进适用技术装备。加快国发〔2010〕23号文件确定的各项安全系统和装备建设，确保按期投入应用。要进一步落实安全生产专用设备企业所得税优惠政策，抓紧制定各行业领域落后技术装备淘汰目录，促进安全设施装备更新改造，引导高危行业企业提高机械化、自动化、信息化生产水平。

（三）加快建设高效实用的应急救援体系。依托大型企业，在中央预算内基建投资支持下，加快7个国家矿山应急救援队建设，保障必要的运行维护费用。推进公路交通、铁路运输、水上搜救、船舶溢油、油气田、危险化学品等行业领域国家救援基地和队伍建设。鼓励支持各地区、各部门、各行业依托大型企业和专业救援力量，加强服务周边的区域性应急救援能力建设。加快全国安全生产应急平台体系建设，建立应急物资储备体系和调用机制，完善应急预案，加强应急演练，切实提高事故救援实战能力。

六、推进安全达标，强化安全基层基础

（一）有序推进企业安全标准化达标升级。在工矿商贸和交通运输企业广泛开展以“企业达标升级”为主要内容的安全生产标准化创建活动，着力推进岗位达标、专业达标和企业达标。组织对企业安全生产状况进行安全标准化分级考核评价，评价结果向社会公开，并向银行业、证券业、保险业、担保业等主管部门通报，作为企业信用评级的重要参考依据。各有关部门要加快制定完善有关标准，分类指导，分步实施，促进企业安全基础不断强化。

（二）加快推进班组安全建设。充分发挥班组安全生产的基础作用，切实加强各行业领域班组安全建设，不断提高班组安全管理水平，强化现场安全管理责任和措施落实，有效抵制违章指挥、违章作业和违反劳动纪律的行为。

（三）加大安全培训力度。大力开展职业教育培训、岗前培训、全员培训和专业技能培训，企

业主要负责人和安全生产管理人员、特种作业人员一律要严格考核、持证上岗，职工必须全部经过培训合格后上岗。进一步落实校企合作办学、对口单招、订单式培养等政策，加强安全学科建设，大力发展职业教育，努力培养高素质的安全专业人才。

（四）加强安全宣传教育。深入开展以“安全责任、重在落实”为主题的第十个全国“安全生产月”和“安全生产万里行”活动，大力宣传安全生产法律法规和政策措施。积极创建安全发展示范城市和安全文化建设示范工程，扶持发展安全文化产业。做好重特大生产安全事故新闻发布和舆论引导工作。

七、推进长效机制建设，构建安全生产防范体系

（一）编制实施安全生产规划。根据国民经济和社会发展“十二五”规划纲要，抓紧制定和实施安全生产“十二五”规划和煤矿、道路交通安全等重点行业领域专项规划，明确安全生产目标、任务和重点建设项目，促进安全基础的不断强化。各地区、各部门制定的各专项规划，要充分考虑安全生产工作的要求，与安全生产“十二五”规划保持密切衔接。

（二）进一步完善落实各项经济政策。认真落实安全费用提取使用、安全风险抵押金等制度，完善道路交通事故社会救助基金制度。贯彻落实社会保险法和新修订的工伤保险条例，推进各类用人单位参加工伤保险，认真落实各项工伤保险待遇，研究制定工伤预防费的使用管理办法，加强工伤预防工作。研究制定扶持发展农村公共道路客运交通政策，落实高瓦斯、煤与瓦斯突出矿井税费优惠减免政策。研究制定安全产业政策，加快高危行业企业整合重组，提高行业安全发展水平。

（三）继续加强安全法制建设。加快有关安全生产的法律法规制定、修订。加强技术标准体系建设。进一步强化基层和生产经营单位的法制教育，普及法律知识和安全生产、应急避险、职业健康等知识。各地区、各部门要健全完善安全生产地方性法规、部门规章和相关政策制度，为安全生产提供法制保障。

（四）加强安全监管监察队伍建设。进一步创新安全监管工作机制，改进工作方式，充实基层监管力量，切实做到严格公正、科学廉洁执法。组织制定并实施安全生产监管监察能力建设规划，进一步提升安全监管监察效能。县级以上地方政府要依照有关规定，建立健全安全生产监管机构，乡镇街道也要结合本地实际加强安全生产监管，确保安全生产工作事有人管、责有人负。

国务院办公厅

二〇一一年三月二日

国务院安委会关于深入开展企业安全生产标准化建设的指导意见

（国务院　2011年5月3日发布　安委〔2011〕4号）

各省、自治区、直辖市人民政府，新疆生产建设兵团，国务院安全生产委员会各有关成员单位：

为深入贯彻落实《国务院关于进一步加强企业安全生产工作的通知》（国发〔2010〕23号，以下简称《国务院通知》）和《国务院办公厅关于继续深化“安全生产年”活动的通知》（国办发〔2011〕11号，以下简称《国办通知》）精神，全面推进企业安全生产标准化建设，进一步规范企业安全生产行为，改善安全生产条件，强化安全基础管理，有效防范和坚决遏制重特大事故发生，经报国务院领导同志同意，现就深入开展企业安全生产标准化建设提出如下指导意见：

一、充分认识深入开展企业安全生产标准化建设的重要意义

（一）是落实企业安全生产主体责任的必要途径。国家有关安全生产法律法规和规定明确要求，要严格企业安全管理，全面开展安全达标。企业是安全生产的责任主体，也是安全生产标准化建设的主体，要通过加强企业每个岗位和环节的安全生产标准化建设，不断提高安全管理水平，促进企业安全生产主体责任落实到位。

（二）是强化企业安全生产基础工作的长效制度。安全生产标准化建设涵盖了增强人员安全素质、提高装备设施水平、改善作业环境、强化岗位责任落实等各个方面，是一项长期的、基础性的系统工程，有利于全面促进企业提高安全生产保障水平。

（三）是政府实施安全生产分类指导、分级监管的重要依据。实施安全生产标准化建设考评，将企业划分为不同等级，能够客观真实地反映出各地区企业安全生产状况和不同安全生产水平的企业数量，为加强安全监管提供有效的基础数据。

（四）是有效防范事故发生的重要手段。深入开展安全生产标准化建设，能够进一步规范从业人员的安全行为，提高机械化和信息化水平，促进现场各类隐患的排查治理，推进安全生产长效机制建设，有效防范和坚决遏制事故发生，促进全国安全生产状况持续稳定好转。

各地区、各有关部门和企业要把深入开展企业安全生产标准化建设的思想行动统一到《国务院通知》的规定要求上来，充分认识深入开展安全生产标准化建设对加强安全生产工作的重要意义，切实增强推动企业安全生产标准化建设的自觉性和主动性，确保取得实效。

二、总体要求和目标任务

（一）总体要求。深入贯彻落实科学发展观，坚持“安全第一、预防为主、综合治理”的方

针，牢固树立以人为本、安全发展理念，全面落实《国务院通知》和《国办通知》精神，按照《企业安全生产标准化基本规范》（AQ/T9006—2010，以下简称《基本规范》）和相关规定，制定完善安全生产标准和制度规范。严格落实企业安全生产责任制，加强安全科学管理，实现企业安全管理的规范化。加强安全教育培训，强化安全意识、技术操作和防范技能，杜绝“三违”。加大安全投入，提高专业技术装备水平，深化隐患排查治理，改进现场作业条件。通过安全生产标准化建设，实现岗位达标、专业达标和企业达标，各行业（领域）企业的安全生产水平明显提高，安全管理和事故防范能力明显增强。

（二）目标任务。在工矿商贸和交通运输行业（领域）深入开展安全生产标准化建设，重点突出煤矿、非煤矿山、交通运输、建筑施工、危险化学品、烟花爆竹、民用爆炸物品、冶金等行业（领域）。其中，煤矿要在2011年底前，危险化学品、烟花爆竹企业要在2012年底前，非煤矿山和冶金、机械等工贸行业（领域）规模以上企业要在2013年底前，冶金、机械等工贸行业（领域）规模以下企业要在2015年前实现达标。要建立健全各行业（领域）企业安全生产标准化评定标准和考评体系；进一步加强企业安全生产规范化管理，推进全员、全方位、全过程安全管理；加强安全生产科技装备，提高安全保障能力；严格把关，分行业（领域）开展达标考评验收；不断完善工作机制，将安全生产标准化建设纳入企业生产经营全过程，促进安全生产标准化建设的动态化、规范化和制度化，有效提高企业本质安全水平。

三、实施方法

（一）打基础，建章立制。按照《基本规范》要求，将企业安全生产标准化等级规范为一、二、三级。各地区、各有关部门要分行业（领域）制定安全生产标准化建设实施方案，完善达标标准和考评办法，并于2011年5月底以前将本地区、本行业（领域）安全生产标准化建设实施方案报国务院安委会办公室。企业要从组织机构、安全投入、规章制度、教育培训、装备设施、现场管理、隐患排查治理、重大危险源监控、职业健康、应急管理以及事故报告、绩效评定等方面，严格对应评定标准要求，建立完善安全生产标准化建设实施方案。

（二）重建设，严加整改。企业要对照规定要求，深入开展自检自查，建立企业达标建设基础档案，加强动态管理，分类指导，严抓整改。对评为安全生产标准化一级的企业要重点抓巩固、二级企业着力抓提升、三级企业督促抓改进，对不达标的企业要限期抓整顿。各地区和有关部门要加强对安全生产标准化建设工作的指导和督促检查，对问题集中、整改难度大的企业，要组织专业技术人员进行“会诊”，提出具体办法和措施，集中力量，重点解决；要督促企业做到隐患排查治理的措施、责任、资金、时限和预案“五到位”，对存在重大隐患的企业，要责令停产整顿，并跟踪督办。对发生较大以上生产安全事故、存在非法违法生产经营建设行为、重大隐患限期整顿仍达不到安全要求，以及未按规定要求开展安全生产标准化建设且在规定限期内未及时整改的，取消其安全生产标准化达标参评资格。

（三）抓达标，严格考评。各地区、各有关部门要加强对企业安全生产标准化建设的督促检查，严格组织开展达标考评。对安全生产标准化一级企业的评审、公告、授牌等有关事项，由国家有关部门或授权单位组织实施；二级、三级企业的评审、公告、授牌等具体办法，由省级有关部门制定。各地区、各有关部门在企业安全生产标准化创建中不得收取费用。要严格达标等级考评，明确企业的专业达标最低等级为企业达标等级，有一个专业不达标则该企业不达标。

各地区、各有关部门要结合本地区、本行业（领域）企业的实际情况，对安全生产标准化建设工作做出具体安排，积极推进，成熟一批、考评一批、公告一批、授牌一批。对在规定时间内经整改仍不具备最低安全生产标准化等级的企业，地方政府要依法责令其停产整改直至依法关闭。各地区、各有关部门要将考评结果汇总后报送国务院安委会办公室备案，国务院安委会办公室将适时组织抽检。

四、工作要求

（一）加强领导，落实责任。按照属地管理和“谁主管、谁负责”的原则，企业安全生产标准化建设工作由地方各级人民政府统一领导，明确相关部门负责组织实施。国家有关部门负责指导和推动本行业（领域）企业安全生产标准化建设，制定实施方案和达标细则。企业是安全生产标准化建设工作的责任主体，要坚持高标准、严要求，全面落实安全生产法律法规和标准规范，加大投入，规范管理，加快实现企业高标准达标。

（二）分类指导，重点推进。对于尚未制定企业安全生产标准化评定标准和考评办法的行业（领域），要抓紧制定；已经制定的，要按照《基本规范》和相关规定进行修改完善，规范已达标企业的等级认定。要针对不同行业（领域）的特点，加强工作指导，把影响安全生产的重大隐患排查治理、重大危险源监控、安全生产系统改造、产业技术升级、应急能力提升、消防安全保障等作为重点，在达标建设过程中切实做到“六个结合”，即与深入开展执法行动相结合，依法严厉打击各类非法违法生产经营建设行为；与安全专项整治相结合，深化重点行业（领域）隐患排查治理；与推进落实企业安全生产主体责任相结合，强化安全生产基层和基础建设；与促进提高安全生产保障能力相结合，着力提高先进安全技术装备和物联网技术应用等信息化水平；与加强职业安全健康工作相结合，改善从业人员的作业环境和条件；与完善安全生产应急救援体系相结合，加快救援基地和相关专业队伍标准化建设，切实提高实战救援能力。

（三）严抓整改，规范管理。严格安全生产行政许可制度，促进隐患整改。对达标的企业，要深入分析二级与一级、三级与二级之间的差距，找准薄弱点，完善工作措施，推进达标升级；对未达标的企业，要盯住抓紧，督促加强整改，限期达标。通过安全生产标准化建设，实现“四个一批”：对在规定期限内仍达不到最低标准、不具备安全生产条件、不符合国家产业政策、破坏环境、浪费资源，以及发生各类非法违法生产经营建设行为的企业，要依法关闭取缔一批；对在规定时间内未实现达标的，要依法暂扣其生产许可证、安全生产许可证，责令停产整顿一批；对具备基本达标条件，但安全技术装备相对落后的，要促进达标升级，改造提升一批；对在本行业（领域）具有示范带动作用的企业，要加大支持力度，巩固发展一批。

（四）创新机制，注重实效。各地区、各有关部门要加强协调联动，建立推进安全生产标准化建设工作机制，及时发现解决建设过程中出现的突出矛盾和问题，对重大问题要组织相关部门开展联合执法，切实把安全生产标准化建设工作作为促进落实和完善安全生产法规规章、推广应用先进技术装备、强化先进安全理念、提高企业安全管理水平的重要途径，作为落实安全生产企业主体责任、部门监管责任、属地管理责任的重要手段，作为调整产业结构、加快转变经济发展方式的重要方式，扎实推进。要把安全生产标准化建设纳入安全生产“十二五”规划及有关行业（领域）发展规划。要积极研究采取相关激励政策措施，将达标结果向银行、证券、保险、担保等主管部门通报，作为企业绩效考核、信用评级、投融资和评先推优等的重要参考依据，促进提高达标建设的质量和水平。

（五）严格监督，加强宣传。各地区、各有关部门要分行业（领域）、分阶段组织实施，加强对安全生产标准化建设工作的督促检查，严格对有关评审和咨询单位进行规范管理。要深入基层、企业，加强对重点地区和重点企业的专题服务指导。加强安全专题教育，提高企业安全管理人员和从业人员的技能素质。充分利用各类舆论媒体，积极宣传安全生产标准化建设的重要意义和具体标准要求，营造安全生产标准化建设的浓厚社会氛围。国务院安委会办公室以及各地区、各有关部门要建立公告制度，定期发布安全生产标准化建设进展情况和达标企业、关闭取缔企业名单；及时总结推广有关地区、有关部门和企业的经验做法，培育典型，示范引导，推进安全生产标准化建设工作广泛深入、扎实有效开展。

国务院安全生产委员会

二○一一年五月三日

企业安全生产费用提取和使用管理办法

（财政部　安全监管总局　2012年2月14日发布）

第一章　总　则

第一条　为了建立企业安全生产投入长效机制，加强安全生产费用管理，保障企业安全生产资金投入，维护企业、职工以及社会公共利益，依据《中华人民共和国安全生产法》等有关法律法规和《国务院关于加强安全生产工作的决定》（国发〔2004〕2号）和《国务院关于进一步加强企业安全生产工作的通知》（国发〔2010〕23号），制定本办法。

第二条　在中华人民共和国境内直接从事煤炭生产、非煤矿山开采、建设工程施工、危险品生产与储存、交通运输、烟花爆竹生产、冶金、机械制造、武器装备研制生产与试验（含民用航空及核燃料）的企业以及其他经济组织（以下简称企业）适用本办法。

第三条　本办法所称安全生产费用（以下简称安全费用）是指企业按照规定标准提取在成本中列支，专门用于完善和改进企业或者项目安全生产条件的资金。

安全费用按照“企业提取、政府监管、确保需要、规范使用”的原则进行管理。

第四条　本办法下列用语的含义是：

煤炭生产是指煤炭资源开采作业有关活动。

非煤矿山开采是指石油和天然气、煤层气（地面开采）、金属矿、非金属矿及其他矿产资源的勘探作业和生产、选矿、闭坑及尾矿库运行、闭库等有关活动。

建设工程是指土木工程、建筑工程、井巷工程、线路管道和设备安装及装修工程的新建、扩建、改建以及矿山建设。

危险品是指列入国家标准《危险货物品名表》（GB12268）和《危险化学品目录》的物品。

烟花爆竹是指烟花爆竹制品和用于生产烟花爆竹的民用黑火药、烟火药、引火线等物品。

交通运输包括道路运输、水路运输、铁路运输、管道运输。道路运输是指以机动车为交通工具的旅客和货物运输；水路运输是指以运输船舶为工具的旅客和货物运输及港口装卸、堆存；铁路运输是指以火车为工具的旅客和货物运输（包括高铁和城际铁路）；管道运输是指以管道为工具的液体和气体物资运输。

冶金是指金属矿物的冶炼以及压延加工有关活动，包括：黑色金属、有色金属、黄金等的冶炼生产和加工处理活动，以及碳素、耐火材料等与主工艺流程配套的辅助工艺环节的生产。

机械制造是指各种动力机械、冶金矿山机械、运输机械、农业机械、工具、仪器、仪表、特种设备、大中型船舶、石油炼化装备及其他机械设备的制造活动。

武器装备研制生产与试验，包括武器装备和弹药的科研、生产、试验、储运、销毁、维修保障等。

第二章　安全费用的提取标准

第五条　煤炭生产企业依据开采的原煤产量按月提取。各类煤矿原煤单位产量安全费用提取标准如下：

（一）煤（岩）与瓦斯（二氧化碳）突出矿井、高瓦斯矿井吨煤30元；

（二）其他井工矿吨煤15元；

（三）露天矿吨煤5元。

矿井瓦斯等级划分按现行《煤矿安全规程》和《矿井瓦斯等级鉴定规范》的规定执行。

第六条　非煤矿山开采企业依据开采的原矿产量按月提取。各类矿山原矿单位产量安全费用提取标准如下：

（一）石油，每吨原油17元；

（二）天然气、煤层气（地面开采），每千立方米原气5元；

（三）金属矿山，其中露天矿山每吨5元，地下矿山每吨10元；

（四）核工业矿山，每吨25元；

（五）非金属矿山，其中露天矿山每吨2元，地下矿山每吨4元；

（六）小型露天采石场，即年采剥总量50万吨以下，且最大开采高度不超过50米，产品用于建筑、铺路的山坡型露天采石场，每吨1元；

（七）尾矿库按入库尾矿量计算，三等及三等以上尾矿库每吨1元，四等及五等尾矿库每吨1.5元。

本办法下发之日以前已经实施闭库的尾矿库，按照已堆存尾砂的有效库容大小提取，库容100万立方米以下的，每年提取5万元；超过100万立方米的，每增加100万立方米增加3万元，但每年提取额最高不超过30万元。

原矿产量不含金属、非金属矿山尾矿库和废石场中用于综合利用的尾砂和低品位矿石。

地质勘探单位安全费用按地质勘查项目或者工程总费用的2%提取。

第七条　建设工程施工企业以建筑安装工程造价为计提依据。各建设工程类别安全费用提取标准如下：

（一）矿山工程为2.5%；

（二）房屋建筑工程、水利水电工程、电力工程、铁路工程、城市轨道交通工程为2.0%；

（三）市政公用工程、冶炼工程、机电安装工程、化工石油工程、港口与航道工程、公路工程、通信工程为1.5%。

建设工程施工企业提取的安全费用列入工程造价，在竞标时，不得删减，列入标外管理。国家对基本建设投资概算另有规定的，从其规定。

总包单位应当将安全费用按比例直接支付分包单位并监督使用，分包单位不再重复提取。

第八条　危险品生产与储存企业以上年度实际营业收入为计提依据，采取超额累退方式按照以下标准平均逐月提取：

（一）营业收入不超过1000万元的，按照4%提取；

（二）营业收入超过1000万元至1亿元的部分，按照2%提取；

（三）营业收入超过1亿元至10亿元的部分，按照0.5%提取；

（四）营业收入超过10亿元的部分，按照0.2%提取。

第九条　交通运输企业以上年度实际营业收入为计提依据，按照以下标准平均逐月提取：

（一）普通货运业务按照1%提取；

（二）客运业务、管道运输、危险品等特殊货运业务按照1.5%提取。

第十条 冶金企业以上年度实际营业收入为计提依据，采取超额累退方式按照以下标准平均逐月提取：

（一）营业收入不超过1000万元的，按照3%提取；

（二）营业收入超过1000万元至1亿元的部分，按照1.5%提取；

（三）营业收入超过1亿元至10亿元的部分，按照0.5%提取；

（四）营业收入超过10亿元至50亿元的部分，按照0.2%提取；

（五）营业收入超过50亿元至100亿元的部分，按照0.1%提取；

（六）营业收入超过100亿元的部分，按照0.05%提取。

第十一条 机械制造企业以上年度实际营业收入为计提依据，采取超额累退方式按照以下标准平均逐月提取：

（一）营业收入不超过1000万元的，按照2%提取；

（二）营业收入超过1000万元至1亿元的部分，按照1%提取；

（三）营业收入超过1亿元至10亿元的部分，按照0.2%提取；

（四）营业收入超过10亿元至50亿元的部分，按照0.1%提取；

（五）营业收入超过50亿元的部分，按照0.05%提取。

第十二条 烟花爆竹生产企业以上年度实际营业收入为计提依据，采取超额累退方式按照以下标准平均逐月提取：

（一）营业收入不超过200万元的，按照3.5%提取；

（二）营业收入超过200万元至500万元的部分，按照3%提取；

（三）营业收入超过500万元至1000万元的部分，按照2.5%提取；

（四）营业收入超过1000万元的部分，按照2%提取。

第十三条 武器装备研制生产与试验企业以上年度军品实际营业收入为计提依据，采取超额累退方式按照以下标准平均逐月提取：

（一）火炸药及其制品研制、生产与试验企业（包括：含能材料，炸药、火药、推进剂，发动机，弹箭，引信、火工品等）：

1. 营业收入不超过1000万元的，按照5%提取；
2. 营业收入超过1000万元至1亿元的部分，按照3%提取；
3. 营业收入超过1亿元至10亿元的部分，按照1%提取；
4. 营业收入超过10亿元的部分，按照0.5%提取。

（二）核装备及核燃料研制、生产与试验企业：

1. 营业收入不超过1000万元的，按照3%提取；
2. 营业收入超过1000万元至1亿元的部分，按照2%提取；
3. 营业收入超过1亿元至10亿元的部分，按照0.5%提取；
4. 营业收入超过10亿元的部分，按照0.2%提取；
5. 核工程按照3%提取（以工程造价为计提依据，在竞标时，列为标外管理）。

（三）军用舰船（含修理）研制、生产与试验企业：

1. 营业收入不超过1000万元的，按照2.5%提取；
2. 营业收入超过1000万元至1亿元的部分，按照1.75%提取；
3. 营业收入超过1亿元至10亿元的部分，按照0.8%提取；

4. 营业收入超过10亿元的部分，按照0.4%提取。

（四）飞船、卫星、军用飞机、坦克车辆、火炮、轻武器、大型天线等产品的总体、部分和元器件研制、生产与试验企业：

1. 营业收入不超过1000万元的，按照2%提取；

2. 营业收入超过1000万元至1亿元的部分，按照1.5%提取；

3. 营业收入超过1亿元至10亿元的部分，按照0.5%提取；

4. 营业收入超过10亿元至100亿元的部分，按照0.2%提取；

5. 营业收入超过100亿元的部分，按照0.1%提取。

（五）其他军用危险品研制、生产与试验企业：

1. 营业收入不超过1000万元的，按照4%提取；

2. 营业收入超过1000万元至1亿元的部分，按照2%提取；

3. 营业收入超过1亿元至10亿元的部分，按照0.5%提取；

4. 营业收入超过10亿元的部分，按照0.2%提取。

第十四条 中小微型企业和大型企业上年末安全费用结余分别达到本企业上年度营业收入的5%和1.5%时，经当地县级以上安全生产监督管理部门、煤矿安全监察机构商财政部门同意，企业本年度可以缓提或者少提安全费用。

企业规模划分标准按照工业和信息化部、国家统计局、国家发展和改革委员会、财政部《关于印发中小企业划型标准规定的通知》（工信部联企业〔2011〕300号）规定执行。

第十五条 企业在上述标准的基础上，根据安全生产实际需要，可适当提高安全费用提取标准。

本办法公布前，各省级政府已制定下发企业安全费用提取使用办法的，其提取标准如果低于本办法规定的标准，应当按本办法进行调整；如果高于本办法规定的标准，按照原标准执行。

第十六条 新建企业和投产不足一年的企业以当年实际营业收入为提取依据，按月计提安全费用。

混业经营企业，如能按业务类别分别核算的，则以各业务营业收入为计提依据，按上述标准分别提取安全费用；如不能分别核算的，则以全部业务收入为计提依据，按主营业务计提标准提取安全费用。

第三章 安全费用的使用

第十七条 煤炭生产企业安全费用应当按照以下范围使用：

（一）煤与瓦斯突出及高瓦斯矿井落实“两个四位一体”综合防突措施支出，包括瓦斯区域预抽、保护层开采区域防突措施、开展突出区域和局部预测、实施局部补充防突措施、更新改造防突设备和设施、建立突出防治实验室等支出；

（二）煤矿安全生产改造和重大隐患治理支出，包括“一通三防”（通风，防瓦斯、防煤尘、防灭火）、防治水、供电、运输等系统设备改造和灾害治理工程，实施煤矿机械化改造，实施矿压（冲击地压）、热害、露天矿边坡治理、采空区治理等支出；

（三）完善煤矿井下监测监控、人员定位、紧急避险、压风自救、供水施救和通信联络安全避险“六大系统”支出，应急救援技术装备、设施配置和维护保养支出，事故逃生和紧急避难设施设备的配置和应急演练支出；

（四）开展重大危险源和事故隐患评估、监控和整改支出；

（五）安全生产检查、评价（不包括新建、改建、扩建项目安全评价）、咨询、标准化建设支出；

（六）配备和更新现场作业人员安全防护用品支出；

（七）安全生产宣传、教育、培训支出；

（八）安全生产适用新技术、新标准、新工艺、新装备的推广应用支出；

（九）安全设施及特种设备检测检验支出；

（十）其他与安全生产直接相关的支出。

第十八条　非煤矿山开采企业安全费用应当按照以下范围使用：

（一）完善、改造和维护安全防护设施设备（不含“三同时”要求初期投入的安全设施）和重大安全隐患治理支出，包括矿山综合防尘、防灭火、防治水、危险气体监测、通风系统、支护及防治边帮滑坡设备、机电设备、供配电系统、运输（提升）系统和尾矿库等完善、改造和维护支出以及实施地压监测监控、露天矿边坡治理、采空区治理等支出；

（二）完善非煤矿山监测监控、人员定位、紧急避险、压风自救、供水施救和通信联络等安全避险“六大系统”支出，完善尾矿库全过程在线监控系统和海上石油开采出海人员动态跟踪系统支出，应急救援技术装备、设施配置及维护保养支出，事故逃生和紧急避难设施设备的配置和应急演练支出；

（三）开展重大危险源和事故隐患评估、监控和整改支出；

（四）安全生产检查、评价（不包括新建、改建、扩建项目安全评价）、咨询、标准化建设支出；

（五）配备和更新现场作业人员安全防护用品支出；

（六）安全生产宣传、教育、培训支出；

（七）安全生产适用的新技术、新标准、新工艺、新装备的推广应用支出；

（八）安全设施及特种设备检测检验支出；

（九）尾矿库闭库及闭库后维护费用支出；

（十）地质勘探单位野外应急食品、应急器械、应急药品支出；

（十一）其他与安全生产直接相关的支出。

第十九条　建设工程施工企业安全费用应当按照以下范围使用：

（一）完善、改造和维护安全防护设施设备支出（不含“三同时”要求初期投入的安全设施），包括施工现场临时用电系统、洞口、临边、机械设备、高处作业防护、交叉作业防护、防火、防爆、防尘、防毒、防雷、防台风、防地质灾害、地下工程有害气体监测、通风、临时安全防护等设施设备支出；

（二）配备、维护、保养应急救援器材、设备支出和应急演练支出；

（三）开展重大危险源和事故隐患评估、监控和整改支出；

（四）安全生产检查、评价（不包括新建、改建、扩建项目安全评价）、咨询和标准化建设支出；

（五）配备和更新现场作业人员安全防护用品支出；

（六）安全生产宣传、教育、培训支出；

（七）安全生产适用的新技术、新标准、新工艺、新装备的推广应用支出；

（八）安全设施及特种设备检测检验支出；

（九）其他与安全生产直接相关的支出。

第二十条　危险品生产与储存企业安全费用应当按照以下范围使用：

（一）完善、改造和维护安全防护设施设备支出（不含“三同时”要求初期投入的安全设施），包括车间、库房、罐区等作业场所的监控、监测、通风、防晒、调温、防火、灭火、防爆、泄压、防毒、消毒、中和、防潮、防雷、防静电、防腐、防渗漏、防护围堤或者隔离操作等设施设备支出；

（二）配备、维护、保养应急救援器材、设备支出和应急演练支出；

（三）开展重大危险源和事故隐患评估、监控和整改支出；

（四）安全生产检查、评价（不包括新建、改建、扩建项目安全评价）、咨询和标准化建设支出；

（五）配备和更新现场作业人员安全防护用品支出；

（六）安全生产宣传、教育、培训支出；

（七）安全生产适用的新技术、新标准、新工艺、新装备的推广应用支出；

（八）安全设施及特种设备检测检验支出；

（九）其他与安全生产直接相关的支出。

第二十一条　交通运输企业安全费用应当按照以下范围使用：

（一）完善、改造和维护安全防护设施设备支出（不含“三同时”要求初期投入的安全设施），包括道路、水路、铁路、管道运输设施设备和装卸工具安全状况检测及维护系统、运输设施设备和装卸工具附属安全设备等支出；

（二）购置、安装和使用具有行驶记录功能的车辆卫星定位装置、船舶通信导航定位和自动识别系统、电子海图等支出；

（三）配备、维护、保养应急救援器材、设备支出和应急演练支出；

（四）开展重大危险源和事故隐患评估、监控和整改支出；

（五）安全生产检查、评价（不包括新建、改建、扩建项目安全评价）、咨询和标准化建设支出；

（六）配备和更新现场作业人员安全防护用品支出；

（七）安全生产宣传、教育、培训支出；

（八）安全生产适用的新技术、新标准、新工艺、新装备的推广应用支出；

（九）安全设施及特种设备检测检验支出；

（十）其他与安全生产直接相关的支出。

第二十二条　冶金企业安全费用应当按照以下范围使用：

（一）完善、改造和维护安全防护设施设备支出（不含“三同时”要求初期投入的安全设施），包括车间、站、库房等作业场所的监控、监测、防火、防爆、防坠落、防尘、防毒、防噪声与振动、防辐射和隔离操作等设施设备支出；

（二）配备、维护、保养应急救援器材、设备支出和应急演练支出；

（三）开展重大危险源和事故隐患评估、监控和整改支出；

（四）安全生产检查、评价（不包括新建、改建、扩建项目安全评价）和咨询及标准化建设支出；

（五）安全生产宣传、教育、培训支出；

（六）配备和更新现场作业人员安全防护用品支出；

（七）安全生产适用的新技术、新标准、新工艺、新装备的推广应用支出；

（八）安全设施及特种设备检测检验支出；

（九）其他与安全生产直接相关的支出。

第二十三条　机械制造企业安全费用应当按照以下范围使用：

（一）完善、改造和维护安全防护设施设备支出（不含“三同时”要求初期投入的安全设施），包括生产作业场所的防火、防爆、防坠落、防毒、防静电、防腐、防尘、防噪声与振动、防辐射或者隔离操作等设施设备支出，大型起重机械安装安全监控管理系统支出；

（二）配备、维护、保养应急救援器材、设备支出和应急演练支出；

（三）开展重大危险源和事故隐患评估、监控和整改支出；

（四）安全生产检查、评价（不包括新建、改建、扩建项目安全评价）、咨询和标准化建设支出；

（五）安全生产宣传、教育、培训支出；

（六）配备和更新现场作业人员安全防护用品支出；

（七）安全生产适用的新技术、新标准、新工艺、新装备的推广应用；

（八）安全设施及特种设备检测检验支出；

（九）其他与安全生产直接相关的支出。

第二十四条　烟花爆竹生产企业安全费用应当按照以下范围使用：

（一）完善、改造和维护安全设备设施支出（不含“三同时”要求初期投入的安全设施）；

（二）配备、维护、保养防爆机械电器设备支出；

（三）配备、维护、保养应急救援器材、设备支出和应急演练支出；

（四）开展重大危险源和事故隐患评估、监控和整改支出；

（五）安全生产检查、评价（不包括新建、改建、扩建项目安全评价）、咨询和标准化建设支出；

（六）安全生产宣传、教育、培训支出；

（七）配备和更新现场作业人员安全防护用品支出；

（八）安全生产适用新技术、新标准、新工艺、新装备的推广应用支出；

（九）安全设施及特种设备检测检验支出；

（十）其他与安全生产直接相关的支出。

第二十五条　武器装备研制生产与试验企业安全费用应当按照以下范围使用：

（一）完善、改造和维护安全防护设施设备支出（不含“三同时”要求初期投入的安全设施），包括研究室、车间、库房、储罐区、外场试验区等作业场所的监控、监测、防触电、防坠落、防爆、泄压、防火、灭火、通风、防晒、调温、防毒、防雷、防静电、防腐、防尘、防噪声与振动、防辐射、防护围堤或者隔离操作等设施设备支出；

（二）配备、维护、保养应急救援、应急处置、特种个人防护器材、设备、设施支出和应急演练支出；

（三）开展重大危险源和事故隐患评估、监控和整改支出；

（四）高新技术和特种专用设备安全鉴定评估、安全性能检验检测及操作人员上岗培训支出；

（五）安全生产检查、评价（不包括新建、改建、扩建项目安全评价）、咨询和标准化建设支出；

（六）安全生产宣传、教育、培训支出；

（七）军工核设施（含核废物）防泄漏、防辐射的设施设备支出；

（八）军工危险化学品、放射性物品及武器装备科研、试验、生产、储运、销毁、维修保障过程中的安全技术措施改造费和安全防护（不包括工作服）费用支出；

（九）大型复杂武器装备制造、安装、调试的特殊工种和特种作业人员培训支出；

（十）武器装备大型试验安全专项论证与安全防护费用支出；

（十一）特殊军工电子元器件制造过程中有毒有害物质监测及特种防护支出；

（十二）安全生产适用新技术、新标准、新工艺、新装备的推广应用支出；

（十三）其他与武器装备安全生产事项直接相关的支出。

第二十六条　在本办法规定的使用范围内，企业应当将安全费用优先用于满足安全生产监督管理部门、煤矿安全监察机构以及行业主管部门对企业安全生产提出的整改措施或者达到安全生产标准所需的支出。

第二十七条　企业提取的安全费用应当专户核算，按规定范围安排使用，不得挤占、挪用。年度结余资金结转下年度使用，当年计提安全费用不足的，超出部分按正常成本费用渠道列支。

主要承担安全管理责任的集团公司经过履行内部决策程序，可以对所属企业提取的安全费用按照一定比例集中管理，统筹使用。

第二十八条　煤炭生产企业和非煤矿山企业已提取维持简单再生产费用的，应当继续提取维持简单再生产费用，但其使用范围不再包含安全生产方面的用途。

第二十九条　矿山企业转产、停产、停业或者解散的，应当将安全费用结余转入矿山闭坑安全保障基金，用于矿山闭坑、尾矿库闭库后可能的危害治理和损失赔偿。

危险品生产与储存企业转产、停产、停业或者解散的，应当将安全费用结余用于处理转产、停产、停业或者解散前的危险品生产或者储存设备、库存产品及生产原料支出。

企业由于产权转让、公司制改建等变更股权结构或者组织形式的，其结余的安全费用应当继续按照本办法管理使用。

企业调整业务、终止经营或者依法清算，其结余的安全费用应当结转本期收益或者清算收益。

第三十条　本办法第二条规定范围以外的企业为达到应当具备的安全生产条件所需的资金投入，按原渠道列支。

第四章　监督管理

第三十一条　企业应当建立健全内部安全费用管理制度，明确安全费用提取和使用的程序、职责及权限，按规定提取和使用安全费用。

第三十二条　企业应当加强安全费用管理，编制年度安全费用提取和使用计划，纳入企业财务预算。企业年度安全费用使用计划和上一年安全费用的提取、使用情况按照管理权限报同级财政部门、安全生产监督管理部门、煤矿安全监察机构和行业主管部门备案。

第三十三条　企业安全费用的会计处理，应当符合国家统一的会计制度的规定。

第三十四条　企业提取的安全费用属于企业自提自用资金，其他单位和部门不得采取收取、代管等形式对其进行集中管理和使用，国家法律、法规另有规定的除外。

第三十五条　各级财政部门、安全生产监督管理部门、煤矿安全监察机构和有关行业主管部门依法对企业安全费用提取、使用和管理进行监督检查。

第三十六条　企业未按本办法提取和使用安全费用的，安全生产监督管理部门、煤矿安全监察机构和行业主管部门会同财政部门责令其限期改正，并依照相关法律法规进行处理、处罚。

建设工程施工总承包单位未向分包单位支付必要的安全费用以及承包单位挪用安全费用的，由建设、交通运输、铁路、水利、安全生产监督管理、煤矿安全监察等主管部门依照相关法规、规章进行处理、处罚。

第三十七条　各省级财政部门、安全生产监督管理部门、煤矿安全监察机构可以结合本地区实际情况，制定具体实施办法，并报财政部、国家安全生产监督管理总局备案。

第五章　附　则

第三十八条　本办法由财政部、国家安全生产监督管理总局负责解释。

第三十九条　实行企业化管理的事业单位参照本办法执行。

第四十条　本办法自公布之日起施行。《关于调整煤炭生产安全费用提取标准加强煤炭生产安全费用使用管理与监督的通知》（财建〔2005〕168 号）、《关于印发〈烟花爆竹生产企业安全费用提取与使用管理办法〉的通知》（财建〔2006〕180 号）和《关于印发〈高危行业企业安全生产费用财务管理暂行办法〉的通知》（财企〔2006〕478 号）同时废止。《关于印发〈煤炭生产安全费用提取和使用管理办法〉和〈关于规范煤矿维简费管理问题的若干规定〉的通知》（财建〔2004〕119 号）等其他有关规定与本办法不一致的，以本办法为准。

国家安全监管总局关于进一步加强安全培训监督检查工作的意见

（国家安全生产监督管理总局　2012 年 4 月 25 日发布　安监总培训〔2012〕57 号）

各省、自治区、直辖市及新疆生产建设兵团安全生产监督管理局、煤矿安全监管和煤炭行业管理部门，各省级煤矿安全监察局，有关中央企业：

为深入贯彻落实《国务院关于进一步加强企业安全生产工作的通知》（国发〔2010〕23 号）和《国务院关于坚持科学发展安全发展促进安全生产形势持续稳定好转的意见》（国发〔2011〕40 号）精神，严格执行安全生产培训相关法律、法规和标准，进一步落实安全生产培训责任，规范安全培训行为，推动安全培训工作健康发展，促进全国安全生产形势持续稳定好转，现就进一步加强安全培训监督检查工作提出如下意见：

一、充分认识加强安全培训监督检查工作的重要意义

安全培训是安全生产的一项重要基础性工作，是减少生产安全事故和伤亡人数的源头性、根本性举措，是提升安全管理水平和职工安全素质，构建安全生产长效机制的重要措施。有关统计资料表明，90% 以上事故是由人的不安全行为引起的，安全培训不到位是重大安全隐患。

《安全生产法》等相关法律法规和规章对安全培训工作作出了明确规定，关键是要抓好落实，监督检查工作的出发点和落脚点就是抓落实。加强安全培训监督检查工作，是各级安全生产监督管理部门和煤矿安全监察机构（以下统称安全监管监察部门）履行职责、强化安全监管监察工作的重要内容，是推动企业和有关部门全面落实党和政府关于安全培训重大决策部署的关键环节，也是指导督促各地区健全并严格执行安全培训相关规章制度、落实安全培训责任的有力手段。各级安全监管监察部门要站在全局的高度，进一步提高对安全培训监督检查工作重要意义的认识，从单纯培训办班等具体事务中解脱出来，把加强安全培训监督检查工作摆在更加重要的位置，加强领导，采取措施，加大力度，切实履行好安全培训监督检查职责，抓好工作落实。

二、规范安全培训监督检查工作内容

（一）对地方各级政府有关部门监督检查内容。贯彻落实国发〔2010〕23 号和国发〔2011〕40 号文件有关要求以及国家安全监管总局关于安全培训工作的安排部署情况；依照《生产经营单位安全培训规定》（国家安全监管总局令第 3 号）和《安全生产培训管理办法》（国家安全监管总局令第 44 号），加强安全培训监督管理，落实以高危行业企业主要负责人、安全生产管理人员和特种作业人员（以下统称“三项岗位”人员）、班组长和农民工为重点的全员培训工作情况；培训考核与

发证情况；规范培训秩序，依法对生产经营单位、安全培训机构违反有关法律法规行为做出处理情况；认真解决突出问题，总结推广有效做法和成功经验情况；分管安全生产工作的领导同志和安全监管监察系统主要领导干部参加培训情况。

（二）对生产经营单位监督检查内容。严格执行相关法律法规和标准，建立和实施安全培训制度、年度培训计划情况；培训经费投入和使用情况；“三项岗位”人员培训和持证上岗情况；应用新工艺、新技术、新材料、新设备及转岗前从业人员培训情况；农民工及其他从业人员安全教育培训情况；建立档案、记录培训考核情况；从业人员培训期间应当享有待遇的落实情况；法律法规规定的其他内容。

（三）对安全培训机构监督检查内容。按照资质许可范围开展培训情况；建立培训管理制度和专兼职教师配备情况；执行培训大纲、建立培训档案和培训保障情况；教学组织及学员管理情况；培训收费情况；法律法规规定的其他内容。

三、建立健全安全培训监督检查工作制度

（一）分级负责制度。国家安全监管总局对全国安全培训监督检查工作实施监督和指导，省级及以下安全监管部门对本辖区内的生产经营单位、安全培训机构以及同级政府有关部门和下级安全监管部门的安全培训工作实施监督检查；国家煤矿安全监察局对全国煤矿安全培训监督检查工作实施监督和指导，驻地各级煤矿安全监察机构和各省级及以下煤矿安全监管部门对本辖区内的煤矿企业、培训机构以及同级和下级煤矿安全监管部门的煤矿安全培训工作实施监督检查；有关行业主管部门、控股（集团）公司指导本行业（系统）生产经营单位对其安全培训工作进行自查，对自查中发现的问题进行督促整改。

（二）定期报告制度。对安全培训工作情况，生产经营单位和安全培训机构向所在地安全监管监察部门每季度至少报告一次。对本区域安全培训监督检查情况，省级以下安全监管监察部门逐级向上一级安全监管监察部门每半年至少报告一次；省级安全监管监察部门要向国家安全监管总局和国家煤矿安全监察局每年至少报告一次，并提出相关工作建议。

上一级安全监管监察部门根据下一级安全监管监察部门的报告，适时对地方安全培训工作情况进行抽查，并提出监督检查意见和建议。

（三）反馈通报制度。上一级地方安全监管监察部门应及时将安全培训监督检查发现的重大问题向下一级安全监管监察部门反馈、通报，提出加强和改进安全培训工作的建议书或意见书，根据需要可向上级有关部门报告。

（四）工作联系制度。各级安全监管监察部门要把安全培训作为执法检查的重要内容，建立健全工作联系渠道，形成便捷、畅通、高效的监督检查工作网络；要加强监督检查工作经验交流和宣传培训；要建立安全培训举报、投诉制度，并向社会公布受理举报、投诉的联系方式，充分发挥社会监督作用。

四、丰富安全培训监督检查工作方式方法

安全培训监督检查要遵循实事求是、依法行政，属地管理、分级负责，客观公正、违规必究的原则。

各级安全监管监察部门要将安全培训监督检查纳入安全监管目标考核体系，按照相关法律法规和规章要求，完善工作制度，规范方法和程序，明确检查人员职责，切实把安全培训列入执法检查

重要内容和年度执法计划，加强对本行政区域内安全培训工作的监督检查；要会同有关行业管理部门，适时对相关行业领域安全培训工作情况进行联合执法检查。生产经营单位和安全培训机构要经常性地开展自查自纠。

地方各级安全监管监察部门实施安全培训监督检查每年一般不得少于2次。国家安全监管总局和国家煤矿安全监察局每年将对全国安全培训工作进行1~2次监督检查。

安全培训监督检查可以按行业或地区分类分区进行，主要采取以下方式：

（一）听取汇报，查阅资料。认真听取所在地安全监管监察部门和地方政府负责煤矿安全培训的部门有关培训情况汇报，查阅培训工作制度、计划、记录和考核等相关材料。

（二）突出重点，随机抽查。以地方政府安全培训管理部门、重点行业领域的企业和相关安全培训机构为重点，采取有针对性的检查与现场抽查相结合的方式，深入重点地区、重点行业和重点企业进行检查。

（三）实地访谈，现场考核。通过与企业、从业人员及培训机构负责人座谈的方式，听取培训现状、取得实效和存在问题等情况；采取现场提问、考核、问答等方式，考核从业人员尤其是“三项岗位”人员、班组长和农民工的安全生产知识掌握情况，检查培训质量与效果。

（四）严格执法，及时通报。把安全培训监督检查作为安全监管执法重点，对检查中发现的问题，要按照相关法律法规规定严肃处理。对相关人员不经培训上岗、无证上岗的企业，依法停产整顿；没有对井下作业人员进行安全培训教育，或存在特种作业人员无证上岗的企业，情节严重的要依法予以关闭。处理情况要及时向本地区相关部门和企业通报，举一反三，深刻吸取教训。要注重发现和总结各地区安全培训工作的成功经验和有效做法，进一步推动工作上新水平。

（五）挂牌督办，督促整改。对检查中发现的重大问题实行挂牌督办。各级安全监管监察部门要下达执法文书，明确整改要求，限期整改，并抓好整改的跟踪落实；被挂牌单位要认真制定整改方案，落实整改措施，确保及时按期解决问题。整改完毕后，由被挂牌单位向所在地安全监管监察部门提出书面整改验收申请，有关部门在接到申请后，及时组织有关人员进行检查验收，验收合格后，予以摘牌；对整改限期内仍未整改到位的单位，要依法严肃处理。

五、加强安全培训监督检查工作组织领导

（一）高度重视，定期研究。各级安全监管监察部门和有关单位要把安全培训监督检查工作摆上重要议事日程，作为履职尽责、深化“安全生产年”活动的重要措施，高度重视，加强领导，定期总结安全培训经验，分析存在的问题，制定切实可行的监督检查方案，明确组织协调机构和负责人，统筹安排，整体部署，全面推进。分管安全培训工作的领导同志要亲自抓，人事培训机构的负责人要开拓创新，狠抓落实。

（二）精心组织，严肃认真。各级安全监管监察部门要组织精干力量按照监督检查内容，对被检查地区安全培训开展情况进行全面检查，特别是要依照相关法律法规，严格检查企业各类人员安全培训及持证上岗情况，做到严肃认真、铁面无私，不走过场、不敷衍了事。监督检查人员要廉洁自律、轻车简从，严格执行安全生产执法“九条纪律”和安全中介机构监管“双五条规定”等有关纪律要求。

（三）强化宣传，加强指导。各级安全监管监察部门要大力宣传党中央、国务院关于加强安全生产和教育培训工作的重要指示精神和决策部署，大力宣传加强安全培训监督检查工作的重要意义，营造全社会重视、关心和支持安全培训工作的良好氛围。要定期对贯彻落实本意见情况进行跟踪了解和督促检查，认真总结推广监督检查工作的好经验和有效做法，积极探索加强监督检查工作

的新思路、新途径、新举措，推动安全培训监督检查工作深入开展。

各省级安全监管监察部门可以根据本意见，结合辖区内安全培训实际情况，制定具体实施办法。

附件：安全培训相关法律依据

国家安全生产监督管理总局
二〇一二年四月二十五日

附件

安全培训相关法律依据

一、法律法规有关规定

（一）高危企业主要负责人和安全生产管理人员必须取得安全资格证书后方可任职。安全资格证书由各级安全监管监察机构或煤矿安全监管部门颁发，全国统一样式，全国范围内有效，有效期为3年。依据：

1.《安全生产法》第二十条第二款规定：高危企业主要负责人和安全生产管理人员应当由有关主管部门对其安全生产知识和管理能力考核合格后方可任职。

2.《生产经营单位安全培训规定》（国家安全监管总局令第3号）第六条第二款规定：煤矿、非煤矿山、危险化学品、烟花爆竹等高危企业主要负责人、安全生产管理人员，必须接受专门的安全培训，经安全监管监察部门对其安全生产知识和管理能力考核合格，取得安全资格证书后，方可任职。

3.《安全生产培训管理办法》（国家安全监管总局令第44号）第三十五条第一款规定：安全资格证的有效期为3年。第三十六条规定：安全资格证在全国范围内有效。

（二）特种作业人员必须取得特种作业操作证方可上岗作业。证书由有关安全监管监察部门或煤矿安全监管部门颁发，全国统一样式，全国范围内有效，有效期为6年，每3年复审1次。依据：

1.《安全生产法》第二十三条规定：生产经营单位的特种作业人员必须按照国家有关规定经专门的安全作业培训，取得特种作业操作资格证书，方可上岗作业。

2.《生产经营单位安全培训规定》（国家安全监管总局令第3号）第二十条规定：生产经营单位的特种作业人员，必须按照国家有关法律、法规的规定，接受专门的安全培训，经考核合格，取得特种作业操作资格证书后，方可上岗作业。

3.《特种作业人员安全技术培训考核管理规定》（国家安全监管总局令第30号）第十九条规定：特种作业操作资格证的有效期为6年，在全国范围内有效。每3年复审1次。

（三）其他从业人员（包括班组长和农民工）以及一般行业企业主要负责人、安全生产管理人员必须有安全培训合格证书。证书由有关生产经营单位或培训机构颁发，证书样式由负责培训考核的部门规定。依据：

1.《安全生产法》第二十一条规定：生产经营单位应当对从业人员进行安全教育培训，保证从业人员具备必要的安全生产知识。未经安全生产教育和培训合格的从业人员，不得上岗作业。

2.《生产经营单位安全培训规定》（国家安全监管总局令第3号）第十二条第二款规定：其他生产经营单位主要负责人和安全生产管理人员经安全生产监管监察部门认定的具备相应资质的培训机构培训合格后，由培训机构发给相应的培训合格证书。第二十一条第六款规定：生产经营单位的其他从业人员的安全培训工作，由生产经营单位组织实施。

3.《安全生产培训管理办法》（国家安全监管总局令第44号）第三十条第五款规定：生产经营单位的其他从业人员的考核，由生产经营单位按照省级安全生产监督管理部门公布的考核标准，自行组织考核。第三十三条规定：其他人员经考核合格后，颁发培训合格证。

4.《关于加强农民工安全生产培训工作的意见》（安监总培训〔2006〕228号）规定：各企业和培训机构要对参加培训的农民工进行严格考核，对考核合格者，颁发安全培训合格证书。

5.《国务院安委会办公室关于贯彻落实国务院〈通知〉精神加强企业班组长安全培训工作的指导意见》（安委办〔2010〕27号）要求：各企业要制定班组长安全培训实施方案，至2011年底要将班组长普遍培训一遍，并确保以后每年轮训一遍。

（四）安全培训机构必须依照相关法律法规以及国家或地方统一的安全培训大纲和考核标准，组织实施培训，不得乱收费。依据：

1.《安全生产培训管理办法》（国家安全监管总局令第44号）第五条规定：安全培训机构从事安全培训活动，必须取得相应的资质证书。资质证书分三个等级。一级资质证书由国家安全监管总局审批、颁发；二级、三级资质证书，由省级安全监管监察机构审批、颁发。第十五条规定：安全培训机构资质证书的有效期为3年。

2.《国家安全监管总局关于印发一、二级安全培训机构认定标准（试行）的通知》（安监总培训〔2007〕226号）规定：各级安全培训机构要严格培训收费标准，坚决执行“收支两条线”，不得设立任何形式的“小金库”。

二、相关处罚

（一）根据检查情况和结果，依据《安全生产法》和国家安全监管总局第3号、第30号、第44号令，同时参照《安全生产行政处罚自由裁量标准》和《煤矿安全监察行政处罚自由裁量实施标准（试行）》，可以：

1. 责令其限期整改，并处2万元以下罚款。适用于生产经营单位未将安全培训工作纳入本单位工作计划并保证培训工作所需资金，或者未建立健全从业人员安全培训档案，或者从业人员安全培训期间未支付工资并承担安全培训费用等情况。

2. 责令限期整改；逾期未改正的，责令停产停业整顿，并处2万元以下罚款。适用于煤矿、非煤矿山、危险化学品、烟花爆竹等生产经营单位主要负责人和安全管理人员未按规定经考核合格，或者非煤矿山、危险化学品、烟花爆竹等生产经营单位未按规定对其他从业人员进行安全培训或者未如实告知从业人员有关安全生产事项，或者生产经营单位特种作业人员未按照规定经专门的安全培训机构培训并取得特种作业人员操作证书，上岗作业等情况。

3. 撤销安全资格证书，并处1万元以上3万元以下罚款。适用于生产经营单位编造安全培训记录、档案，或者骗取安全资格证书等情况。

4. 责令限期整改，处1万元以下罚款；逾期未改正的，给予警告，处1万元以上3万元以下罚款；情节严重的，撤销其资质证书，并处3万元以下罚款。适用于安全培训机构未按照资质许可的范围开展培训，或者未按照统一的培训大纲组织教学培训，或者专职教师未经考核或者考核不合格而从事安全培训工作，或者未建立培训档案或者培训档案管理不规范，或者将安全培训资质证书出借、出租给其他机构或者个人等情况。

5. 给予警告，处3万元以下罚款；情节严重的，撤销其资质证书。适用于安全培训机构未按照有关规定进行安全培训，生产经营单位和参加安全培训的人员对其培训质量意见较大的情况。

6. 给予记过、记大过的行政处分。适用于安全监管监察部门有关人员在考核、发证工作中玩忽职守、滥用职权等情况。

（二）根据检查情况和结果，依据《国务院关于预防煤矿生产安全事故的特别规定》（国务院令第446号），对煤矿企业可以：

1. 责令限期整改，处10万元以上50万元以下的罚款；逾期未改的，责令停产整顿。适用于煤矿企业未依照国家有关规定对井下作业人员进行安全教育培训或者特种作业人员无证上岗的情况。

2. 提请有关地方人民政府对该煤矿予以关闭。适用于煤矿企业1个月内3次或者3次以上未依照国家有关规定对井下作业人员进行安全生产教育和培训或者特种作业人员无证上岗的情况。

（三）根据检查情况和结果，依据《国务院关于进一步加强企业安全生产工作的通知》（国发〔2010〕23号），对企业可以：

1. 依法停产整顿。适用于存在不经培训上岗、无证上岗的企业。

2. 依法予以关闭。适用于没有对井下作业人员进行安全培训教育，或存在特种作业人员无证上岗情节严重的企业。

安全生产培训管理办法

（国家安全生产监督管理总局局长办公会议审议通过　自2012年3月1日起施行）

第一章　总　则

第一条　为了加强安全生产培训管理，规范安全生产培训秩序，保证安全生产培训质量，促进安全生产培训工作健康发展，根据《中华人民共和国安全生产法》和有关法律、行政法规的规定，制定本办法。

第二条　安全培训机构、生产经营单位从事安全生产培训（以下简称安全培训）活动以及安全生产监督管理部门、煤矿安全监察机构、地方人民政府负责煤矿安全培训的部门对安全培训工作实施监督管理，适用本办法。

第三条　本办法所称安全培训是指以提高安全监管监察人员、生产经营单位从业人员和从事安全生产工作的相关人员的安全素质为目的的教育培训活动。

前款所称安全监管监察人员是指县级以上各级人民政府安全生产监督管理部门、各级煤矿安全监察机构从事安全监管监察、行政执法的安全生产监管人员和煤矿安全监察人员；生产经营单位从业人员是指生产经营单位主要负责人、安全生产管理人员、特种作业人员及其他从业人员；从事安全生产工作的相关人员是指从事安全教育培训工作的教师、危险化学品登记机构的登记人员和承担安全评价、咨询、检测、检验的人员及注册安全工程师、安全生产应急救援人员等。

第四条　安全培训工作实行统一规划、归口管理、分级实施、分类指导、教考分离的原则。

国家安全生产监督管理总局（以下简称国家安全监管总局）指导全国安全培训工作，依法对全国的安全培训工作实施监督管理。

国家煤矿安全监察局（以下简称国家煤矿安监局）指导全国煤矿安全培训工作，依法对全国煤矿安全培训工作实施监督管理。

国家安全生产应急救援指挥中心指导全国安全生产应急救援培训工作。

县级以上地方各级人民政府安全生产监督管理部门依法对本行政区域内的安全培训工作实施监督管理。

省、自治区、直辖市人民政府负责煤矿安全培训的部门、省级煤矿安全监察机构（以下统称省级煤矿安全培训监管机构）按照各自工作职责，依法对所辖区域煤矿安全培训工作实施监督管理。

第二章　安全培训机构

第五条　安全培训机构从事安全培训活动，必须取得相应的资质证书。资质证书分三个等级。

一级资质证书，由国家安全监管总局审批、颁发；二级、三级资质证书，由省、自治区、直辖市人民政府安全生产监督管理部门（以下简称省级安全生产监督管理部门）审批、颁发。设立煤矿安全监察机构的省、自治区、直辖市，由省级煤矿安全监察机构负责所辖区域内从事煤矿安全培训活动的培训机构二级、三级资质证书的审批、颁发。

第六条 取得一级资质证书的安全培训机构，可以承担省级以上安全生产监督管理部门、煤矿安全监察机构的安全生产监管人员、煤矿安全监察人员，中央企业的总公司、总厂或者集团公司的主要负责人和安全生产管理人员，以及安全培训机构教师的培训工作。

取得二级资质证书的安全培训机构，可以承担设区的市、县级人民政府安全生产监督管理部门（以下简称市级、县级安全生产监督管理部门）的安全生产监管人员，省属生产经营单位和中央企业的分公司、子公司及其所属单位主要负责人和安全生产管理人员，危险物品的生产、经营、储存单位和矿山企业的主要负责人，危险化学品登记机构的登记人员，承担安全评价、咨询、检测、检验工作的人员，以及注册安全工程师和三级安全培训机构教师的培训工作。

取得三级资质证书的安全培训机构，可以承担除中央企业、省属生产经营单位的主要负责人、安全生产管理人员以及危险物品的生产、经营、储存单位和矿山企业的主要负责人以外的生产经营单位从业人员的培训工作。

上一级安全培训机构可以承担下一级安全培训机构的培训工作。

安全培训机构具备本办法第十条规定条件的，可以承担相应作业类别特种作业人员的培训工作。

第七条 安全培训机构申请一级资质证书，应当具备下列条件：

（一）能够独立或者经授权承担法律责任，注册资金或者开办费500万元以上；

（二）有专职的管理人员；

（三）有健全的机构章程、管理制度、工作规则；

（四）有15名以上具有本科以上学历的专职或者兼职教师，其中至少有10名具有高级以上职称并且经国家安全监管总局考核合格的专职教师，专职教师中至少有5名取得注册安全工程师执业资格；

（五）有固定、独立和相对集中并且能够满足同期100人以上规模培训需要的教学及生活设施，其中专用教室使用面积150平方米以上；

（六）安全培训需要的其他条件。

第八条 安全培训机构申请二级资质证书，应当具备下列条件：

（一）能够独立或者经授权承担法律责任，注册资金或者开办费300万元以上；

（二）有专职的管理人员；

（三）有健全的机构章程、管理制度、工作规则；

（四）有10名以上具有本科以上学历的专职或者兼职教师，其中至少有6名具有中级以上职称并且经省级安全生产监督管理部门或者省级煤矿安全监察机构考核合格的专职教师，专职教师中至少有3名取得注册安全工程师执业资格；

（五）有固定、独立和相对集中并且能够满足同期80人以上规模培训需要的教学及生活设施，其中专用教室使用面积120平方米以上；

（六）安全培训需要的其他条件。

第九条 安全培训机构申请三级资质证书，应当具备下列条件：

（一）能够独立或者经授权承担法律责任，注册资金或者开办费100万元以上；

（二）有专职的管理人员；

（三）有健全的机构章程、管理制度、工作规则；

（四）有 8 名以上具有本科以上学历的专职或者兼职教师，其中至少有 5 名具有中级以上职称并且经省级安全生产监督管理部门或者省级煤矿安全监察机构考核合格的专职教师，专职教师中至少有 2 名取得注册安全工程师执业资格；

（五）有能够满足同期 60 人以上规模培训需要的教学及生活设施，其中专用教室使用面积 100 平方米以上；

（六）安全培训需要的其他条件。

第十条 安全培训机构申请承担特种作业人员安全技术培训的，除符合本办法第七、八、九条规定的条件外，还应当具备下列条件：

（一）每个作业类别不得少于 2 名专科以上学历、相应专业的专职教师，从事实际操作教学的教师应当有相应专业技师以上等级证书；

（二）具备相应作业类别的实际操作条件。

第十一条 申请一级资质证书，按照下列程序办理：

（一）具备资质条件的申请人将安全培训机构资质申请书、安全培训机构设置批准文件或者企事业单位法人登记证和本办法第七条规定的材料，报省级安全生产监督管理部门或者省级煤矿安全监察机构进行初审。

（二）省级安全生产监督管理部门或者省级煤矿安全监察机构自受理之日起 20 个工作日内完成初审工作，并将符合条件的申请材料报国家安全监管总局。

（三）国家安全监管总局自受理申请之日起 20 个工作日内完成审查工作。符合条件的，颁发相应的资质证书；不符合条件的，书面通知申请人并说明理由。

第十二条 申请二、三级资质证书，按照下列程序办理：

（一）具备资质条件的申请人将安全培训机构资质申请书、安全培训机构设置批准文件或者企事业单位法人登记证和本办法第八、九条规定的材料，报省级安全生产监督管理部门或者省级煤矿安全监察机构。

（二）省级安全生产监督管理部门或者省级煤矿安全监察机构应当自受理申请之日起 20 个工作日内完成审查工作。符合条件的，颁发相应的资质证书，并报国家安全监管总局备案；不符合条件的，书面通知申请人并说明理由。

第十三条 申请承担特种作业人员安全技术培训的，除按照本办法第十一、十二条的规定提交相关材料外，还应当提交符合第十条规定的材料。

申请人整改问题所需的时间，不计算在本办法第十一、十二条规定的时间内。

第十四条 安全培训机构的专职教师应当接受专门的培训，经考核合格后，方可上岗执教。专职教师应当每年接受不少于 40 学时的继续教育。

第十五条 安全培训机构资质证书不得出借、出租给其他机构或者个人。

安全培训机构资质证书的有效期为 3 年。安全培训机构资质证书有效期届满需要延期的，应当于安全培训机构资质证书有效期届满 30 日前向原颁发证书的机构办理延期手续。

第十六条 对安全培训机构的考核发证，不得收取费用。

第三章　安全培训

第十七条 安全培训应当按照规定的安全培训大纲进行。

安全监管监察人员，危险物品的生产、经营、储存单位与非煤矿山企业的主要负责人、安全生产管理人员和特种作业人员及从事安全生产工作的相关人员的安全培训大纲，由国家安全监管总局组织制定。

煤矿企业的主要负责人、安全生产管理人员和特种作业人员的培训大纲由国家煤矿安监局组织制定。

除危险物品的生产、经营、储存单位和矿山企业以外其他生产经营单位的主要负责人、安全生产管理人员及其他从业人员的安全培训大纲，由省级安全生产监督管理部门、省级煤矿安全培训监管机构组织制定。

第十八条 国家安全监管总局、省级安全生产监督管理部门定期组织优秀安全培训教材的评选。

安全培训机构应当优先使用优秀安全培训教材。

第十九条 国家安全监管总局负责省级以上安全生产监督管理部门的安全生产监管人员、各级煤矿安全监察机构的煤矿安全监察人员的培训工作；组织、指导和监督中央企业总公司、总厂或者集团公司的主要负责人和安全生产管理人员的培训工作。

省级安全生产监督管理部门负责市级、县级安全生产监督管理部门的安全生产监管人员的培训工作；组织、指导和监督省属生产经营单位、所辖区域内中央企业的分公司、子公司及其所属单位的主要负责人和安全生产管理人员的培训工作；组织、指导和监督特种作业人员的培训工作。

市级、县级安全生产监督管理部门组织、指导和监督本行政区域内除中央企业、省属生产经营单位以外的其他生产经营单位的主要负责人和安全生产管理人员的安全培训工作。

省级煤矿安全培训监管机构组织、指导和监督所辖区域内煤矿企业的主要负责人、安全生产管理人员和特种作业人员的培训工作。

危险化学品登记机构的登记人员和承担安全评价、咨询、检测、检验的人员及注册安全工程师、安全生产应急救援人员的安全培训按照有关法律、法规、规章的规定进行。

除主要负责人、安全生产管理人员、特种作业人员以外的生产经营单位的从业人员的安全培训，由生产经营单位负责。

第二十条 生产经营单位应当建立安全培训管理制度，保障从业人员安全培训所需经费，对从业人员进行与其所从事岗位相应的安全教育培训；从业人员调整工作岗位或者采用新工艺、新技术、新设备、新材料的，应当对其进行专门的安全教育和培训。未经安全教育和培训合格的从业人员，不得上岗作业。

从业人员安全培训情况，生产经营单位应当建档备查。

第二十一条 下列从业人员应当由取得相应资质的安全培训机构进行培训：

（一）依照有关法律、法规应当取得安全资格证的生产经营单位主要负责人；

（二）安全生产管理人员；

（三）特种作业人员；

（四）井工矿山企业的生产、技术、通风、机电、运输、地测、调度等职能部门的负责人。

前款规定以外的从业人员的安全培训，由生产经营单位组织培训，或者委托安全培训机构进行培训。

生产经营单位从业人员的培训内容和培训时间，应当符合《生产经营单位安全培训规定》和有关标准的规定。

第二十二条 中央企业的分公司、子公司及其所属单位和其他生产经营单位，发生造成人员死亡的生产安全事故的，其主要负责人和安全生产管理人员应当重新参加安全培训。

特种作业人员对造成人员死亡的生产安全事故负有直接责任的，应当按照《特种作业人员安全技术培训考核管理规定》重新参加安全培训。

第二十三条 国家鼓励生产经营单位实行师傅带徒弟制度。

矿山新招的井下作业人员和危险物品生产经营单位新招的危险工艺操作岗位人员，除按照规定进行安全培训外，还应当在有经验的职工带领下实习满2个月后，方可独立上岗作业。

第二十四条 国家鼓励生产经营单位招录职业院校毕业生。

职业院校毕业生从事与所学专业相关的作业，可以免予参加初次培训，实际操作培训除外。

第二十五条 安全培训机构应当建立安全培训工作制度和人员培训档案，落实安全培训计划。安全培训相关情况，应当记录备查。

第二十六条 安全培训机构从事安全培训工作的收费，应当符合法律、法规的规定。法律、法规没有规定的，应当按照行业自律标准或者指导性标准收费。

第二十七条 国家鼓励安全培训机构和生产经营单位利用现代信息技术开展安全培训，包括远程培训。

第四章 安全培训的考核

第二十八条 安全监管监察人员、从事安全生产工作的相关人员、依照有关法律法规应当取得安全资格证的生产经营单位主要负责人和安全生产管理人员、特种作业人员的安全培训的考核，应当坚持教考分离、统一标准、统一题库、分级负责的原则，分步推行有远程视频监视的计算机考试。

第二十九条 安全监管监察人员，危险物品的生产、经营、储存单位及非煤矿山企业主要负责人、安全生产管理人员和特种作业人员，以及从事安全生产工作的相关人员的考核标准，由国家安全监管总局统一制定。

煤矿企业的主要负责人、安全生产管理人员和特种作业人员的考核标准，由国家煤矿安监局制定。

除危险物品的生产、经营、储存单位和矿山企业以外其他生产经营单位主要负责人、安全生产管理人员及其他从业人员的考核标准，由省级安全生产监督管理部门制定。

第三十条 国家安全监管总局负责省级以上安全生产监督管理部门的安全生产监管人员、各级煤矿安全监察机构的煤矿安全监察人员的考核；负责中央企业的总公司、总厂或者集团公司的主要负责人和安全生产管理人员的考核。

省级安全生产监督管理部门负责市级、县级安全生产监督管理部门的安全生产监管人员的考核；负责省属生产经营单位和中央企业分公司、子公司及其所属单位的主要负责人和安全生产管理人员的考核；负责特种作业人员的考核。

市级安全生产监督管理部门负责本行政区域内除中央企业、省属生产经营单位以外的其他生产经营单位的主要负责人和安全生产管理人员的考核。

省级煤矿安全培训监管机构负责所辖区域内煤矿企业的主要负责人、安全生产管理人员和特种作业人员的考核。

除主要负责人、安全生产管理人员、特种作业人员以外的生产经营单位的其他从业人员的考核，由生产经营单位按照省级安全生产监督管理部门公布的考核标准，自行组织考核。

第三十一条 安全生产监督管理部门、煤矿安全培训监管机构和生产经营单位应当制定安全培训的考核制度，建立考核管理档案备查。

第五章 安全培训的发证

第三十二条 接受安全培训人员经考核合格的，由考核部门在考核结束后10个工作日内颁发相应的证书。

第三十三条 安全生产监管人员经考核合格后，颁发安全生产监管执法证；煤矿安全监察人员经考核合格后，颁发煤矿安全监察执法证；危险物品的生产、经营、储存单位和矿山企业主要负责人、安全生产管理人员经考核合格后，颁发安全资格证；特种作业人员经考核合格后，颁发《中华人民共和国特种作业操作证》（以下简称特种作业操作证）；危险化学品登记机构的登记人员经考核合格后，颁发上岗证；其他人员经培训合格后，颁发培训合格证。

第三十四条 安全生产监管执法证、煤矿安全监察执法证、安全资格证、特种作业操作证和上岗证的式样，由国家安全监管总局统一规定。培训合格证的式样，由负责培训考核的部门规定。

第三十五条 安全生产监管执法证、煤矿安全监察执法证、安全资格证的有效期为3年。有效期届满需要延期的，应当于有效期届满30日前向原发证部门申请办理延期手续。

特种作业人员的考核发证按照《特种作业人员安全技术培训考核管理规定》执行。

第三十六条 特种作业操作证和省级安全生产监督管理部门、省级煤矿安全培训监管机构颁发的主要负责人、安全生产管理人员的安全资格证，在全国范围内有效。

第三十七条 承担安全评价、咨询、检测、检验的人员和安全生产应急救援人员的考核、发证，按照有关法律、法规、规章的规定执行。

第六章 监督管理

第三十八条 安全生产监督管理部门、煤矿安全培训监管机构应当依照法律、法规和本办法的规定，加强对安全培训工作的监督管理，对生产经营单位、安全培训机构违反有关法律、法规和本办法的行为，依法作出处理。

省级安全生产监督管理部门、省级煤矿安全培训监管机构应当定期统计分析本行政区域内安全培训、考核、发证情况，并报国家安全监管总局。

第三十九条 安全生产监督管理部门、煤矿安全监察机构及其工作人员应当坚持公开、公平、公正的原则，严格按照法律、法规和本办法的规定审查、颁发安全培训机构的资质证书。对已经取得资质证书的安全培训机构，安全生产监督管理部门、煤矿安全监察机构应当每年进行一次评估检查。安全生产监督管理部门、煤矿安全监察机构应当定期向社会公布已经取得资质证书的安全培训机构名单，接受社会监督。

对安全培训机构的年度评估检查，应当征求生产经营单位和参加培训人员对培训质量的意见。

第四十条 安全生产监督管理部门和煤矿安全培训监管机构应当对安全培训机构开展安全培训活动的情况进行监督检查，检查内容包括：

（一）按照资质许可范围开展培训的情况；

（二）建立培训管理制度和专兼职教师配备的情况；

（三）执行培训大纲、建立培训档案和培训保障的情况；

（四）培训收费的情况；

（五）法律法规规定的其他内容。

第四十一条 安全生产监督管理部门、煤矿安全培训监管机构应当对生产经营单位的安全培训情况进行监督检查，检查内容包括：

（一）安全培训制度、年度培训计划、安全培训管理档案的制定和实施的情况；

（二）安全培训经费投入和使用的情况；

（三）主要负责人、安全生产管理人员和特种作业人员安全培训和持证上岗的情况；

（四）应用新工艺、新技术、新材料、新设备以及转岗前对从业人员安全培训的情况；

（五）其他从业人员安全培训的情况；

（六）法律法规规定的其他内容。

第四十二条　任何单位或者个人对生产经营单位、安全培训机构违反有关法律、法规和本办法的行为，均有权向安全生产监督管理部门、煤矿安全监察机构、煤矿安全培训监管机构报告或者举报。

接到举报的部门或者机构应当为举报人保密，并按照有关规定对举报进行核查和处理。

第四十三条　监察机关依照《中华人民共和国行政监察法》等法律、行政法规的规定，对安全生产监督管理部门、煤矿安全监察机构、煤矿安全培训监管机构及其工作人员履行安全培训工作监督管理职责情况实施监察。

第七章　法律责任

第四十四条　安全生产监督管理部门、煤矿安全监察机构、煤矿安全培训监管机构的工作人员在安全培训监督管理工作中滥用职权、玩忽职守、徇私舞弊的，依照有关规定给予处分；构成犯罪的，依法追究刑事责任。

第四十五条　安全培训机构有下列情形之一的，责令限期改正，处1万元以下的罚款；逾期未改正的，给予警告，处1万元以上3万元以下的罚款；情节严重的，撤销其资质证书，并处3万元以下的罚款：

（一）未按照资质许可的范围开展培训的；

（二）未按照统一的培训大纲组织教学培训的；

（三）专职教师未经考核，或者考核不合格而从事安全培训工作的；

（四）未建立培训档案或者培训档案管理不规范的；

（五）将安全培训资质证书出借、出租给其他机构或者个人的。

安全培训机构采取不正当竞争手段，故意贬低、诋毁其他安全培训机构的，依照前款规定处罚。

第四十六条　安全培训机构评估检查不合格继续从事安全培训活动的，责令改正，处1万元以下的罚款；逾期不改正的，处1万元以上3万元以下的罚款；情节严重的，撤销其资质证书。

安全培训机构未按照有关规定进行安全培训，生产经营单位和参加安全培训的人员对其培训质量意见较大的，给予警告，处3万元以下的罚款；情节严重的，撤销其资质证书。

第四十七条　安全培训机构隐瞒有关情况或者提供虚假材料申请安全培训机构资质的，不予受理或者不予颁发安全培训机构资质证书，并自发现之日起1年内不得再次申请安全培训机构资质。

第四十八条　安全培训机构以欺骗、贿赂等不正当手段取得安全培训机构资质证书的，除撤销安全培训机构资质证书外，处1万元以上3万元以下的罚款，并自撤销其安全培训机构资质证书之日起3年内不得再次申请安全培训机构资质。

第四十九条　生产经营单位主要负责人、安全生产管理人员、特种作业人员以欺骗、贿赂等不正当手段取得安全资格证或者特种作业操作证的，除撤销其相关资格证外，处3000元以下的罚款，并自撤销其相关资格证之日起3年内不得再次申请该资格证。

第五十条 生产经营单位有下列情形之一的，责令改正，处3万元以下的罚款：

（一）相关人员未按照本办法第二十一条第一款规定由相应资质安全培训机构培训的；

（二）从业人员安全培训的时间少于《生产经营单位安全培训规定》或者有关标准规定的；

（三）矿山新招的井下作业人员和危险物品生产经营单位新招的危险工艺操作岗位人员，未经实习期满独立上岗作业的；

（四）相关人员未按照本办法第二十二条规定重新参加安全培训的。

第五十一条 生产经营单位存在违反有关法律、法规中安全生产教育培训的其他行为的，依照相关法律、法规的规定予以处罚。

第八章 附 则

第五十二条 本办法自2012年3月1日起施行。2004年12月28日公布的《安全生产培训管理办法》〔原国家安全生产监督管理局（国家煤矿安全监察局）令第20号〕同时废止。

国务院安委会办公室关于加强生产安全事故信息公开工作的意见

（国务院　2012 年 7 月 3 日发布　安委办〔2012〕27 号）

各省、自治区、直辖市及新疆生产建设兵团安全生产委员会，国务院安委会有关成员单位：

为认真贯彻落实《国务院办公厅关于印发 2012 年政府信息公开重点工作安排的通知》（国办发〔2012〕26 号）和全国政府信息公开工作电视电话会议精神，加大生产安全事故应对、处置、调查、处理信息的公开力度，维护安全生产领域社会公平正义，现就加强生产安全事故信息公开工作提出如下意见：

一、充分认识加强生产安全事故信息公开工作的重要性

安全生产工作事关人民生命财产安全，安全生产信息公开工作事关社会公众的知情权、参与权和监督权。国办发〔2012〕26 号文件把生产安全事故信息公开作为 2012 年政府信息公开工作的八个重点方面之一，充分体现国务院对安全生产工作的高度重视，体现了科学发展、安全发展的理念和以人为本、执政为民的宗旨。各地区、各有关部门要把生产安全事故信息公开作为实施政务公开，加强群众监督，回应社会关切，促进责任落实，维护安全生产领域社会公平正义的重要手段之一，切实加以推进、切实维护人民群众合法权益。

二、推进风险预警信息公开，切实提高防范和应对生产安全事故的能力

各地区、各有关部门要高度重视生产安全事故的防范和风险预警工作，建立和完善协调联动机制，确保快捷高效发布可能引发事故灾难的风险信息尤其是极端天气和可能引发事故的自然灾害预警信息，并及时、准确地传达到各有关部门、单位和社会公众，切实提高企业防范和应对生产安全事故的能力，提高社会公众自救互救能力。

三、推进生产安全事故应对处置信息公开，及时回应社会关切

各地区、各有关部门要按照“积极主动公开”的要求，把生产安全事故应对处置信息更全面、更及时、更细致地告知社会公众。一是要及时准确发布生产安全事故尤其是社会影响较大、关注度高的事故信息，杜绝不实传言和猜疑传播的空间。二是要及时准确发布政府采取的事故处置举措和抢险救援进展信息，实时掌握社会舆情动向，主动回应社会关切，消除公众疑虑。

四、推进生产安全事故查处和责任追究信息公开，主动接受社会监督

各地区、各有关部门要依据《安全生产法》、《生产安全事故报告和调查处理条例》（国务院令第493号）等法律法规的规定，除依法应当保密的内容外，积极主动向社会公开生产安全事故调查处理信息，通报事故原因，公布事故调查报告和责任追究处理结果。

一是事故调查组成立后，事故调查组组长单位应当主动公布事故调查组成员名单。二是事故调查组或事故调查组组长单位要根据调查进展，及时向社会通报事故情况。三是事故调查报告经有关人民政府或部门批复后，事故调查组组长单位应当在规定时限内向社会公布事故调查报告。对依法应当保密但可以作区分处理的事故调查报告，要向社会公布经区分处理后的非涉密内容。四是有关部门要及时公布生产安全事故责任追究和整改措施的落实情况。五是要加强安全生产舆情引导和对生产安全事故信息公开后社会反响的预判工作，做好应对预案，并密切跟踪公开后的舆情，及时发布正面信息，正确引导舆论。

五、推进生产安全事故挂牌督办信息公开，促进安全生产责任落实

各地区、各有关部门要严格执行《重大事故查处挂牌督办办法》（安委〔2010〕6号）和《非法违法较大生产安全事故查处跟踪督办暂行办法》（安委办〔2011〕12号），不断完善、规范挂牌事项的办理和信息公开程序，促进安全生产责任落实。一是对国务院安委会挂牌督办的重大生产安全事故和国务院安委会办公室跟踪督办的非法违法、瞒报谎报较大生产安全事故，应当在督办通知书下发之日起10个工作日内，在国家安全监管总局政府网站上向社会公开；各地区、各有关部门决定实行挂牌督办的生产安全事故，应当在本地区、本部门政府网站上设专栏予以公布。二是挂牌督办的生产安全事故结案后，各地区、各有关部门应当及时在政府网站专栏中向社会公开事故调查报告和责任追究落实情况；其中，对于由国务院安委会挂牌督办和国务院安委会办公室跟踪督办的事故，还应当将公开相关信息的链接地址上报国务院安委会办公室，在国家安全监管总局政府网站上建立链接。

各地区、各有关部门要高度重视生产安全事故信息公开工作，充分发挥政府网站信息发布主平台和报刊、广播、电视等主流媒体的作用，坚持并不断完善安全生产新闻发布制度和重特大事故快速报道机制，正确处理安全生产信息公开与保守国家秘密的关系，重视舆情预判和引导，不断推进安全生产信息公开工作。

国务院安委会办公室
2012年7月3日

国务院安委会办公室关于大力推进安全生产文化建设的指导意见

（国务院　2012年7月30日发布　安委办〔2012〕34号）

各省、自治区、直辖市及新疆生产建设兵团安全生产委员会，国务院安委会各成员单位，有关中央企业：

为深入贯彻落实《中共中央关于深化文化体制改革推动社会主义文化大发展大繁荣若干重大问题的决定》（以下简称《决定》）精神，进一步加强安全生产文化（以下简称安全文化）建设，强化安全生产思想基础和文化支撑，大力推进实施安全发展战略，根据《国务院关于坚持科学发展安全发展促进安全生产形势持续稳定好转的意见》（国发〔2011〕40号，以下简称国务院《意见》）和《安全文化建设"十二五"规划》（安监总政法〔2011〕172号），现提出以下指导意见：

一、充分认识推进安全文化建设的重要意义

（一）推进安全文化建设是社会主义文化大发展大繁荣的必然要求。坚持以人为本，更加关注和维护经济社会发展中人的生命安全和健康，是安全文化建设的主旨目标，体现了社会主义文化核心价值的基本要求。党的十七届六中全会《决定》，为我们加强安全文化建设提供了坚强有力的指导方针、工作纲领和努力方向。各地区、各有关部门和单位要自觉地把安全文化建设纳入社会主义文化建设总体布局，准确把握经济社会发展对安全生产工作的新要求，准确把握推动安全文化事业繁荣发展的新任务，准确把握广大人民群众对安全文化需要的新期待，紧密结合安全生产工作实际，抓住机遇，乘势而上，不断把安全文化建设推向深入。

（二）推进安全文化建设是实施安全发展战略的必然要求。从"安全生产"到"安全发展"、从"安全发展理念"到"安全发展战略"，充分表明了党中央、国务院对保障人民群众生命财产安全的坚强决心，反映了经济社会发展的客观规律和内在要求。各地区、各有关部门和单位要围绕安全发展战略的本质要求、原则目标、工程体系和保障措施，加强培训教育和宣传推动，既要强化安全发展的思想基础和文化环境，更要强化必须付诸实践的精神动力和战略行动，切实做到在谋划发展思路、制定发展目标、推进发展进程时以安全为前提、基础和保障，实现安全与速度、质量、效益相统一，确保人民群众平安幸福享有改革发展和社会进步的成果。

（三）推进安全文化建设是汇集参与和支持安全生产工作力量的必然要求。目前，我国正处于生产安全事故易发多发的特殊阶段，安全基础依然比较薄弱，重特大事故尚未得到有效遏制，职业病多发，非法违法、违规违章行为屡禁不止等问题在一些地方和企业还比较突出。进一步加强安全生产工作，需要着力推进安全文化建设，创新方式方法，积极培育先进的安全文化理念，大力开展丰富多彩的安全文化建设活动，注重用文化的力量凝聚共识、集中智慧，齐心协力、持之以恒，推

动社会各界重视、参与和支持安全生产工作，不断促进安全生产形势持续稳定好转。

二、安全文化建设的指导思想和总体目标

（四）指导思想。以邓小平理论和“三个代表”重要思想为指导，深入贯彻落实科学发展观，坚持社会主义先进文化前进方向，牢固树立科学发展、安全发展理念，紧紧围绕贯彻党的十七届六中全会《决定》和国务院《意见》精神，全面落实《安全文化建设“十二五”规划》，以“以人为本、关爱生命、安全发展”为核心，以促进企业落实安全生产主体责任、提高全民安全意识为重点，以改革创新为动力，坚持“安全第一、预防为主、综合治理”的方针，围绕中心、服务大局，不断提升安全文化建设水平，切实发挥安全文化对安全生产工作的引领和推动作用，为促进全国安全生产形势持续稳定好转，提供坚强的思想保证、强大的精神动力和有力的舆论支持。

（五）总体目标。大力开展安全文化建设，坚持科学发展、安全发展，全面实施安全发展战略的主动性明显提高；安全生产法制意识不断强化，依法依规从事生产经营建设行为的自觉性明显增强；安全生产知识得到广泛普及，全民安全素质和防灾避险能力明显提升；安全发展理念深入人心，有利于安全生产工作的舆论氛围更加浓厚；安全生产管理和监督的职业道德精神切实践行，科学、公正、严格、清廉的工作作风更加强化；反映安全生产的精品力作不断涌现，安全文化产业发展更加充满活力；高素质的安全文化人才队伍发展壮大，自我约束和持续改进的安全文化建设机制进一步完善，安全生产工作的保障基础更加坚实。

三、切实强化科学发展、安全发展理念

（六）加强安全生产宣传工作。广泛深入宣传科学发展、安全发展理念，积极组织各方力量，通过多种形式和有效途径，大力宣传、全面落实党中央、国务院关于加强安全生产工作的方针政策和决策部署。积极营造关爱生命、关注安全的社会舆论氛围，宣传推动将科学发展、安全发展作为衡量各地区、各行业领域、各生产经营单位安全生产工作的基本标准，实现安全生产与经济社会发展有机统一。

（七）深入开展群众性安全文化活动。坚持贴近实际、贴近生活、贴近群众，认真组织开展好全国“安全生产月”、“安全生产万里行”、“安康杯”、“青年示范岗”等主题实践活动，增强活动实效。广泛组织安全发展公益宣传活动，充分利用演讲、展览、征文、书画、歌咏、文艺汇演、移动媒体等群众喜闻乐见的形式，加强安全生产理念和知识、技能的宣传，提高城市、社区、村镇、企业、校园安全文化建设水平，不断强化安全意识。

（八）着力提高全民安全素质。加强安全教育培训法规标准、基地、教材和信息化建设，加强地方政府分管安全生产工作的负责人、安全监管监察人员及企业“三项岗位”人员、班组长和农民工安全教育培训。积极开展全民公共安全教育、警示教育和应急避险教育。探索在中小学开设安全知识和应急防范课程，在高等院校开设选修课程。

（九）加强安全文化理论研究。充分发挥安全生产科研院所和高等院校的作用，加强安全学科建设，以安全发展为核心，组织研究、推出一批有价值和广泛社会影响力的安全文化理论成果。鼓励各地区和企业单位结合自身特点，探索安全文化建设的新方法、新途径，加大安全文化理论成果转化力度，更好地服务安全生产工作。

四、大力推动安全生产职业道德建设

（十）强化安全生产法制观念。结合中宣部、司法部和全国普法办联合开展的“法律六进”主题活动，深入开展安全生产相关法律法规、规章标准的宣传，坚持以案说法，加强安全生产法制教育，切实增强各类生产经营单位和广大从业人员的安全生产法律意识，推进“依法治安”。进一步加强安全生产综合监管、安全监察、行业主管等部门领导干部的法制教育，推进依法行政。

（十一）弘扬高尚的安全监管监察职业精神。以忠于职守、公正廉明、执法为民、甘于奉献为核心内容，深入宣传全国安全监管监察系统先进单位和先进个人的典型事迹，进一步激发各级党员干部立足岗位、牢记宗旨、爱党奉献的工作热情，坚定做好安全生产工作、维护人民群众生命财产安全的信心和决心，建设一支政治坚定、业务精通、作风过硬、执法公正的安全监管监察队伍，争做安全发展忠诚卫士。

（十二）增强全民安全自觉性。以“不伤害自己、不伤害他人、不被别人伤害、不使他人受到伤害”为主要内容，将安全生产价值观、道德观教育纳入思想政治工作和精神文明建设内容，注重加强日常性的安全教育，强化安全自律意识，使尊重生命价值、维护职业安全与健康成为广大职工群众生产生活中的精神追求和基本行为准则。

（十三）继续开展企业安全诚信建设。把安全诚信建设纳入社会诚信建设重要内容，形成安全生产守信光荣、失信可耻的氛围，促进企业自觉主动地践行安全生产法律法规和规章制度，强化企业安全生产主体责任落实。健全完善安全生产失信惩戒制度，及时公布生产安全事故责任企业“黑名单”，督促各行业领域企业全面履行安全生产法定义务和社会责任，不断完善自我约束、持续改进的安全生产长效机制。

五、深入开展安全文化创建活动

（十四）大力推进企业安全文化建设。坚持与企业安全生产标准化建设、职业病危害治理工作相结合，完善安全文化创建评价标准和相关管理办法，严格规范申报程序。“全国安全文化建设示范企业”申报工作统一由省级安全监管监察机构负责，凡未取得省级安全文化建设示范企业称号、未达到安全生产标准化一级企业的，不得申报。积极开展企业安全文化建设培训，加强基层班组安全文化建设，提高一线职工自觉抵制“三违”行为和应急处置的能力。

（十五）扎实推进安全社区建设。积极倡导“安全、健康、和谐”的理念，健全安全社区创建工作机制，逐步由经济发达地区向中西部地区推进，进一步扩大建设成果。大力推动工业园区和经济技术开发区等安全社区建设，继续推进企业主导型社区以及国家级和省级经济开发区、工业园区安全社区建设。

（十六）积极推进城市安全文化建设。充分发挥政府的主导推动作用，将安全生产与城市规划、建设和管理密切结合，研究制定安全发展示范城市创建标准、评价机制和工作方案，积极推进创建工作。创新城市安全管理模式，加强社会公众安全教育，完善应急防范机制，有效化解人民群众生命健康和财产安全风险，提高城市整体安全水平。

六、加快推进安全文化产业发展

（十七）深化相关事业单位改革。以突出公益、强化服务、增强活力为重点，大力发展公益性安全文化事业，探索建立事业单位法人治理结构。按有关规定要求，加快推进安全监管监察系统的文艺院团、非时政类报刊社、新闻网站等转企改制，拓展有关出版、发行、影视企业改革成果，鼓励经营性文化单位建立现代企业制度，形成面向市场、体现安全文化价值的经营机制。支持有实力的安全文化单位进行重组改制，引导社会资本进入，着力发展主业突出、核心竞争力强的骨干安全文化企业。

（十八）鼓励创作安全文化精品。坚持以宣传安全发展、强化安全意识为中心的创作导向，面向社会推出一批优秀安全生产宣传产品，满足人民群众对安全生产多方面、多层次、多样化的精神文化需求。调动文艺创作的积极性和创造性，鼓励社会各界参与创作更多反映安全生产工作、倡导科学发展安全发展理念的优秀剧目、图书、影视片、宣传画、音乐作品及公益广告等，丰富群众性安全文化，增强安全文化产品的影响力和渗透力。

（十九）支持安全文化产业发展。协调社会安全文化资源，参与安全文化开发建设，提高新闻媒体、行业协会、科研院所、文艺团体、中介机构、文化公司等参与安全文化产业的积极性，加快发展出版发行、影视制作、印刷、广告、演艺、会展、动漫等安全文化产业。充分发挥文化与科技相互促进的作用，利用数字、移动媒体、微博客等新兴渠道，加快安全文化产品推广。

七、切实提高安全生产舆论引导能力

（二十）把握正确的舆论导向。坚持马克思主义新闻观，贯彻团结稳定鼓劲、正面宣传为主的方针，广泛宣传有关安全生产重大政策措施、重大理论成果、典型经验和显著成效。准确把握新形势下安全宣传工作规律，完善政府部门、企业与新闻单位的沟通机制，有力引导正确的社会舆论。进一步加强安全生产信息化建设，推进舆情分析研判，提高网络舆论引导能力。

（二十一）规范信息发布制度。严格执行安全生产信息公开制度，不断拓宽渠道，公开透明、实事求是、及时主动地做好事故应急处置和调查处理情况、打击非法违法生产经营建设行为、隐患排查治理、安全生产标准化建设以及安全生产重点工作进展等情况的公告发布，对典型非法违法、违规违章行为进行公开曝光。完善安全生产新闻发言人制度，健全突发生产安全事故新闻报道应急工作机制，增强安全生产信息发布的权威性和公信力。

（二十二）加强社会舆论和群众监督。健全安全生产社会监督网络，扩大全国统一的“12350”安全生产举报电话覆盖面，通过设立电子信箱和网络微博客等方式，拓宽监督举报途径。健全新闻媒体和社会公众广泛参与的安全生产监督机制，落实安全生产举报奖励制度，保障公众的知情权和监督权。建立监督举报事项登记制度，及时回复查处整改情况，切实增强安全生产社会监督、舆论监督和群众监督效果。

八、全面加强安全文化宣传阵地建设

（二十三）加强新闻媒体阵地建设。以安全监管监察系统专业新闻媒体为主体，加强与主流媒体深度合作，形成中央、地方和安全监管监察系统内媒体，以及传统媒体与新兴媒体、平面媒体与立体媒体的宣传互动，构建功能互补、影响广泛、富有效率的安全文化传播平台，提高安全文化传播能力。

（二十四）加强互联网安全文化阵地建设。按照“积极利用、科学发展、依法管理、确保安全”的方针，开展具有网络特点的安全文化建设。结合安全生产的新形势、新任务，大力发展数字出版、手机报纸、手机网络、移动多媒体等新兴传播载体，拓展传播平台，扩大安全文化影响覆盖面。

（二十五）加强安全监管监察系统宣传阵地建设。加快建立健全国家、省、市、县四级安全生产宣传教育工作体系，推动安全文化工作日常化、制度化建设，着力提高安全宣传教育能力。加强安全监管监察机构与相关部门间的沟通协作，充分利用思想文化资源，协调各方面力量，形成统一领导、组织协调、社会力量广泛参与的安全文化建设工作格局。

（二十六）加强安全文化教育基地建设。推进国家和地方安全教育（警示）基地，以及安全文化主题公园、主题街道建设。积极应用现代科技手段，融知识性、直观性、趣味性为一体，鼓励推动各地区、各行业领域及企业建设特色鲜明、形象逼真、触动心灵、效果突出的安全生产宣传教育展馆，提高社会公众对安全知识的感性认识，增强安全防范意识和技能。

九、强化安全文化建设保障措施

（二十七）加强组织领导。各地区、各有关部门和单位领导干部要从贯彻落实党的十七届六中全会《决定》精神的政治高度、从提高安全生产水平的实际需要出发，研究制定安全文化建设规划和政策措施，明确职能部门，完善支撑体系。扩大社会资源进入安全文化建设的有效途径，动员全社会力量参与安全文化建设。

（二十八）加大安全文化建设投入。加强与相关部门的沟通协调，完善有利于安全文化的财政政策，将公益性安全文化活动纳入公共财政经常性支出预算；认真执行新修订的安全生产费用提取使用管理办法，加强安全宣传教育培训投入；推动落实从安全生产责任险、工伤保险基金中支出适当费用，支持安全文化研究、教育培训、传播推广等活动的开展。

（二十九）加强安全文化人才队伍建设。加大安全生产宣传教育人员的培训力度，提升安全文化建设的业务水平。加强安全文化建设人才培养，提高组织协调、宣传教育和活动策划的能力，造就高层次、高素质的安全文化建设领军人才。建立安全文化建设专家库，加强基层安全文化队伍建设。

（三十）加大安全文化建设成果交流推广。深入开展地区间、行业领域及企业间的安全文化建设成果推广，提高安全文化对安全生产的促进作用，激励全社会积极参与安全文化建设。积极开展多渠道多层次的安全文化建设对外交流，加强安全文化建设成果的对外宣传，鼓励相关单位与国际组织、外国政府和民间机构等进行项目合作，学习借鉴和运用国际先进的安全文化推动安全生产工作。

国务院安委会办公室

2012 年 7 月 30 日

国家安全监管总局关于进一步加强安全生产应急平台体系建设的意见

（国家安全监管总局　2012年9月6日发布　安监总应急〔2012〕114号）

各省、自治区、直辖市及新疆生产建设兵团安全生产监督管理局，各省级煤矿安全监察局，有关中央企业：

安全生产应急平台（以下简称应急平台）体系建设是应急管理的一项基础性工作，是安全生产信息化建设的重要抓手，对于建设更加高效的应急救援体系，有效预防和应对事故灾难具有重要意义。近年来，各地区、各单位认真贯彻国务院关于加强应急平台体系建设的一系列决策部署和指示要求，加强规划、加大投入、狠抓落实，应急平台框架体系初步形成，建设成效不断显现，但也存在着应急平台建设发展不够平衡、工作体制不够一致、应用功能不够完善、运行机制不够健全等问题。为全面落实《安全生产“十二五”规划》（国办发〔2011〕47号）的有关要求，进一步加强应急平台体系建设，提高整体建设水平，现提出如下意见：

一、牢牢把握应急平台体系建设的目标要求

（一）指导思想。以邓小平理论和“三个代表”重要思想为指导，深入贯彻落实科学发展观，牢固树立科学发展、安全发展的理念，坚持“安全第一、预防为主、综合治理”的方针，按照工作体制统一、系统功能完备、基础设施配套、制度机制健全的原则，以实现互联互通和信息共享为重点，以强化科技支撑为手段，以提高应急管理效率为目的，加强建设统筹、加大投入力度、周密组织实施、严格落实责任，全面推进应急平台体系建设。

（二）建设目标。到2015年底，国家、省（区、市）、市（地）和高危行业中央企业、国家级应急救援队伍的应急平台建成率达到100%，重点县（市、区）、高危行业地方大中型企业的应急平台建成率达到80%以上，基本实现互联互通和信息共享。

1. 国家、地方应急平台建设：2013年，全面推进国家和省级安全监管监察机构应急平台建设，并在“金安”工程专网框架下展开互联互通工作，组织应急平台业务对接和数据汇总、交换、共享等建设；市（地）和重点县（市、区）完成应急平台建设前期规划、立项、审批等工作。2014年，市（地）和重点县（市、区）全面启动建设项目；深化应急平台业务对接和数据汇总、交换、共享等建设工作。2015年，完成应急平台各项建设任务。

2. 高危行业中央企业、地方大中型企业应急平台建设：2013年，按照有关标准完善应急平台功能，高危行业中央企业总部展开与国家应急平台的网络联通工作；2014年，高危行业中央企业总部实现与国家应急平台数据交换、信息共享，高危行业地方大中型企业按照属地原则完成与安全监管监察机构应急平台的网络联通工作；2015年，企业与安全监管监察机构应急平台实现互联互通。

3. 国家级应急救援队伍应急平台建设：重点加强21支国家（区域）矿山应急救援队、20支国家（区域）危险化学品应急救援队和国家危险化学品救援技术指导中心的应急平台建设。2013年，展开应急平台终端采购、上线调试、支撑环境建设等工作；2014年，完成应急平台终端与国家应急平台网络联通、数据交换、信息共享等工作；2015年，建成国家级应急救援队伍应急平台体系。中央和地方财政支持的国有大中型企业应急救援队伍，也要参照上述目标要求抓好应急平台建设，逐步加入应急平台体系，实现互联互通。

（三）基本要求。积极适应安全生产应急管理工作需要，紧紧围绕“统一指挥、反应灵敏、协调有序、运转高效”的应急管理机制，加强应急平台体系建设。

一是坚持整体筹划。注重站在应急平台体系建设的全局上统筹本地区、本单位的应急平台建设工作，搞好整体设计，科学配置资源，突出建设重点，确保建设方向明确、上下目标一致、技术标准统一、全面协调推进。

二是坚持先进实用。积极学习借鉴国内外应急平台建设的先进理念和成熟经验，充分利用现有建设成果，有重点地引进先进技术装备，运用物联网和云计算等新技术，加大集成创新力度、优化系统综合功能，增强应急平台的实用性、稳定性和可靠性。

三是坚持综合配套。既要重视应急平台支撑环境、指挥场所、基础设施等硬件建设，更要重视应急平台应用系统、信息资源、制度机制等软件建设，最大限度地发挥应急平台的信息化优势，实现日常业务需要与应急救援需要的有机统一。

四是坚持互联互通。利用“金安”工程专网和无线通信技术贯通应急平台网络，实现国家、省级、市级、重点县、国家级应急救援队伍、中央企业、地方大中型企业的应急平台数据、语音、图像、视频等的交互共享。

五是坚持安全可靠。高度重视应急平台信息安全，合理区分不同层级、不同行业信息系统的安全防护等级，建立安全防护机制，在网络隔离、信息控制、密码网关、容灾备份等方面综合施策，保证应急平台稳定可靠、安全运行。

二、进一步突出应急平台体系建设重点

（四）优化综合应用系统。注重在应急平台体系架构下加强各地区、各单位应急平台综合应用系统兼容工作，优化设计方案，明确建设内容，实现技术体制和标准规范的相对统一。进一步完善综合应用系统的应急值守、预测预警、调度指挥、综合研判、辅助决策和总结评估等功能，按照应急管理的工作制度、办事程序、业务流程等要求，搞好综合应用系统与实际工作业务的有机衔接，不断提高应用效能。改进综合应用系统用户界面，科学定制业务分类，做到简洁明快、美观易用。

（五）完善数据库系统。按照条块结合、属地为主的原则，依据应急平台体系数据库的顶层设计标准，建立健全应急信息、应急预案、应急资源与资产、应急演练和培训、应急资质评估、应急统计分析、事故应急救援案例、应急政策法规、应急决策与模型、应急空间信息等数据库。全面规范库表分类和结构设计，形成相互兼容、信息共享、扩展性强的业务数据库。各地区、各单位要充分利用“金安”工程和其他安全生产、应急管理数据资源，不断提升本级的数据质量。建立数据采集、交换和汇总机制，指定负责部门，明确职责要求，确保数据动态更新、准确有效。

（六）建设移动平台系统。要结合安全生产应急救援工作需要，进一步加强移动平台建设，实现对事故灾难现场信息实时采集和监测，为各级领导机关指挥救援提供决策依据。按照应急平台技术体制，研究开发基于移动平台的数据库、应用软件和通信设备，完善情况标绘、数据交换、双向通信、远程视频会商等功能，通过接入应急平台，实现事故灾难现场与各级指挥机构的无缝对接。

要增强移动平台在恶劣天候、复杂自然环境下的应急通信能力，结合实际有针对性地选配大、中、小不同类型的移动平台。

（七）贯通网络通信系统。安全监管监察机构的应急平台要与“金安”工程专网联通。高危行业中央企业总部要完成与国家应急平台、地方大中型企业要完成与属地安全监管监察机构应急平台联通的任务。要建立应急平台体系通信联络调度机制，定期对所属应急平台联通情况进行检测，确保其始终处于良好的技术和备用状态。要按照相关通信标准，统筹规划应急平台接入的无线通信信道和技术指标，确保各类移动通信设备能够随时加入应急平台网络，执行应急救援、演练等相关任务。

（八）加强安全保障系统。严格遵守国家保密规定和信息安全规定，依托“金安”工程专网信息安全保障体系，利用技术和设备等手段，完善应急平台安全管理制度和防范策略。按照信息安全等级保护要求对应急平台进行定级备案，加固和优化主机、网络、服务器及应用系统的安全性能。加强应急平台关键系统和数据的容灾备份，以及供配电、空调、防火、防雷的安全防护和网络机房等的安全检测，不断完善安全管理机制。

（九）配套应急指挥场所。各级安全监管监察机构要立足于提高应急指挥协调能力，加强指挥厅、值班室、会商室、会议室、休息室等应急指挥场所的配套建设。合理规划布局，按照指挥机构组成和处置不同类型事故的要求预置各类人员工作席位。加强指挥场所设备建设，运用综合集成的思想加强指挥场所显示、音响、控制、照明、供电和安全保障等系统建设，搞好综合布线，配好设备器材，满足值守应急、异地会商和指挥调度的需要。

三、健全完善应急平台体系运行管理机制

（十）明确管理责任。要切实发挥应急管理机构在应急平台运行管理中的责任主体作用，进一步强化指导、协调和监督、检查职责，建立适应全国和各地区安全生产应急管理、应急救援需要的应急平台运行管理体制。各地区、各单位要根据本级应急平台业务功能区分，落实相关职能部门的应用和数据库维护等责任，进一步明确应急平台日常管理机构和运行维护机构，定岗、定责、定人。

（十一）健全工作制度。要建立情况通报制度，适时研究应急平台体系运行管理工作，总结经验，查找问题，落实整改措施。建立联调联通制度，按照自上而下的方式，定期组织体系内的应急平台值守点名和调度数据、音视频信号。建立数据交换制度，按照自下而上的方式，逐级上报应急管理、救援等相关数据，及时更新数据。建立维护管理制度，定期检测设备设施和软件系统，组织维修更新，确保应急平台体系始终处于良好运行状态。

（十二）搞好人员培训。要通过专题讲座、业务学习、技术交流等形式，做好应急平台技术推广应用工作。加强信息化知识学习，提高各级各类应急管理人员的信息化工作能力。强化应急平台应用技能学习，使各级安全监管监察应急管理机构的全体人员熟练掌握系统功能要求，并结合实际工作岗位熟练操作。特别要加大对应急平台运维技术人员的培训力度，不断提高专业保障能力。

四、充分发挥应急平台体系建设的综合效益

（十三）加强日常业务应用。要采取有效措施，真正让应急平台运转起来，充分发挥其自动化、智能化的作用，将应急平台应用作为处理业务、协调工作、发布信息的常态化工作模式，切实提升工作效率。要注重在应用中改进应急平台系统功能，实现与传统工作方式、文电处理流程、资料归

类存档等要求的有机统一。深入开展以应急平台应用为重点的岗位达标活动，并逐步将其纳入单位和个人年度工作考核评价范畴。

（十四）强化预测预警作用。要充分发挥应急平台的信息集成、辅助决策和监测监控作用，利用专业预测分析模型，及时掌握安全生产突发事件、重大危险源和自然灾害等信息，科学预测其影响范围、危害程度、持续时间和发展趋势，及时发出风险预警信息，提高风险防控能力。高危行业中央企业和地方大中型企业要以重大危险源防控为重点，加强应急平台数据采集和监测监控工作，认真做好经常性的应急处置准备。

（十五）突出应急指挥功能。要切实利用应急平台虚拟仿真技术和信息集成优势，在真实的安全生产事故灾难场景中组织应急救援行动预案演练，不断提高信息化条件下的应急救援指挥能力。要注重把应急平台信息优势转化为应急指挥决策优势，综合运用应急平台视频会议、异地会商、现场侦测、资源管理、辅助决策等功能，快速预警研判、科学组织实施、有效跟踪管理，实现指挥协调与信息管理、救援力量与救援行动的有机衔接，最大限度地减少人员伤亡和财产损失。

五、加强对应急平台体系建设的领导

（十六）统筹推进工作。认真贯彻落实《安全生产“十二五”规划》和《安全生产应急管理“十二五”规划》（安监总应急〔2011〕186号）的有关要求，加强统筹兼顾，凝聚建设力量，严格时间节点，全面协调推进。要结合落实《国家发展改革委国家安全监管总局关于印发安全生产监管部门和煤矿安全监察机构监管监察能力建设规划（2011—2015年）的通知》（发改投资〔2012〕611号）精神，进一步细化建设目标、分解建设任务、落实保障措施，加快推进建设进程。要切实加强应急平台建设规划和建设方案的评审论证工作，搞好与应急平台体系建设相关标准和规范的衔接。省级应急平台规划和建设方案要报国家安全生产应急救援指挥中心备案。

（十七）整合建设资源。各级安全监管监察机构要加强调研，全面掌握辖区内应急平台建设资源现状，充分利用已建成的信息化基础设施和重大危险源管理系统，做好与应急平台的综合集成工作，厉行资源节约、避免重复建设、提高建设效益。高危行业中央企业和地方大中型企业要注重整合现有的预防监测、预测预警、指挥调度、应急处置等系统，不断完善应急平台整体功能。

（十八）加大投入力度。安全监管监察机构要积极协调发展改革、财政等职能部门加大政策和资金支持力度，将应急平台建设列入政府信息化建设重点项目和财政预算；高危行业中央企业和地方大中型企业要严格落实企业主体责任，将应急平台建设纳入企业安全生产费用中予以保障。要解决好应急平台运行经费保障问题，将其纳入单位日常支出预算范围，确保维护、管理和执行任务需要。

（十九）加强人才建设。要着眼应急平台体系建设长远发展，加强专业人才队伍培养，注重选拔政治意识强、信息化知识丰富、专业基础扎实、组织协调能力较强、志愿从事应急救援专业的中青年干部，充实应急平台体系建设队伍。要注意为人才队伍搭建锻炼成长的平台，进一步优化队伍结构、完善激励机制，全面提升人才队伍的专业素质。

（二十）强化组织协调。各地区、各单位要把应急平台体系建设作为一项紧迫的任务摆上重要议事日程，成立领导机构，落实建设责任，抓紧研究解决重点难点问题，打破常规、创新方法、强力推进，确保按时圆满完成各项建设任务。要注意用试点工作推动建设，为全面铺开应急平台建设提供示范借鉴。要加强督导检查，做好应急平台的安全测评、系统验收、运行管理等工作。

国家安全监管总局

2012年9月6日

国家安全监管总局关于加强科学施救　提高生产安全事故灾难应急救援水平的指导意见

（国家安全监管总局　2012 年 12 月 10 日发布　安监总应急〔2012〕147 号）

各省、自治区、直辖市及新疆生产建设兵团安全生产监督管理局，各省级煤矿安全监察局，有关中央企业：

近年来，在党中央、国务院的坚强领导下，在各地区、各有关部门和单位的共同努力下，安全生产应急管理体制、机制、法制建设得到加强，应急预案体系不断完善，应急救援队伍建设取得重要进展，支撑保障体系建设加快推进，生产安全事故（以下简称事故）灾难应急救援工作取得了显著成绩。但是，安全生产应急救援工作仍面临一些亟待解决的问题，信息化工作进展缓慢、应急资源仍显分散、基层基础尚不牢固，盲目施救造成事故扩大的情况时有发生。为加强科学施救，提高事故灾难应急救援能力，进一步减少事故灾难造成的人员伤亡和财产损失，促进全国安全生产形势持续稳定好转，现提出以下意见：

一、总体要求

（一）总体要求。全面贯彻十八大精神，以邓小平理论、“三个代表”重要思想和科学发展观为指导，深入贯彻落实安全发展战略，牢固树立以人为本、生命至上的救援理念，以加强科学施救、提高救援能力为目标，以安全生产应急管理信息化建设和队伍装备建设为重点，进一步完善工作机制、夯实基层基础、提升装备水平，切实做到决策科学、指挥有力、组织有序、救援有效。

二、强化安全生产应急管理信息化建设，提高科学决策能力

（二）加强安全生产应急平台体系建设。各级安全监管监察部门和有关中央企业要按照《国家安全监管总局关于进一步加强安全生产应急平台体系建设的意见》（安监总应急〔2012〕114 号）提出的目标任务和要求，依据相关标准与规范，结合本地区、本单位安全生产应急平台体系建设现状，加强组织领导，加大投入力度，加强资源整合，深入推进省（区、市）、市（地）、重点县（市、区）和高危行业中央企业、地方大中型企业以及国家级安全生产应急救援队伍安全生产应急平台建设，早日实现互联互通和信息共享。

（三）加强安全生产应急资源数据库建设。各级安全监管监察部门和有关中央企业要根据国家安全监管总局的统一部署，认真组织开展安全生产应急资源普查，按时充实和完善安全生产应急资源数据库。同时，要以安全生产应急资源普查工作成果为基础，建立数据维护和更新的长效机制，建立健全数据共享、调用的协调机制，确保信息资源的安全性、时效性和准确性。同时，通过安全

生产应急资源普查，深入分析本地区、本企业应急准备工作中存在的薄弱环节，及时加以解决。

（四）加强安全生产应急平台应用工作。各级安全监管监察部门和有关中央企业在加快完善安全生产应急平台体系的同时，要加强应急平台日常应用，充分发挥其自动化、智能化的功能特点，将其作为业务处理、工作协调、调度指挥等工作的基本手段，切实提升安全生产应急管理信息化水平。要全面开展安全生产应急平台综合业务、应急保障、模拟演练、监测预警、方案编制和指挥协调系统的应用，不断改进工作流程，完善工作机制，提高工作效率。要围绕安全生产应急平台应用，充分发挥视频会议系统、卫星通信系统的作用，实现远程会商和指挥，提高事故灾难救援决策的科学性和时效性。

三、强化安全生产应急救援队伍装备建设，提高救援保障能力

（五）完善安全生产应急救援体系。各级安全监管监察部门和有关中央企业要学习借鉴国家矿山应急救援队示范建设经验，积极推动国家（区域）矿山、危险化学品应急救援队和中央企业应急救援队伍项目建设，继续加快地方特别是矿山、化工产业聚集区骨干应急救援队伍建设步伐，推动高危行业企业尤其是中小微企业专兼职应急救援队伍建设。同时，要积极配合有关部门推进公路交通、铁路交通、水上搜救、船舶溢油、建筑施工、电力、旅游等行业领域国家级应急救援基地和队伍建设，配合各地公安消防部队加强综合应急救援队伍建设，基本实现安全生产应急救援力量在全国重要区域、行业领域全覆盖。

（六）提高安全生产应急救援队伍技战术水平。各级安全监管监察部门和有关中央企业要加强事故救援技术、战术研究，科学制定救援技术和战术训练科目并认真组织训练，提高应急救援队伍专业化水平。要加强对矿山、危险化学品等重点行业领域地方骨干安全生产应急救援队伍建设的指导，明确其组织管理、人员配备、装备设施等标准，提高应急救援队伍标准化水平。同时，地方各级各类安全生产应急救援队伍要积极开展质量标准化达标活动和准军事化建设工作，通过开展理论学习，加强专业训练，参加技术竞赛和救援实践等活动，锻炼过硬作风，提高指挥员的组织指挥和专业救援能力，提高救援队员的技能水平和装备操作能力。

（七）完善安全生产应急救援装备和物资体系。各级安全监管监察部门和有关中央企业要结合本地区、本企业安全生产应急救援队伍建设实际，科学制定地方各级安全生产应急救援队伍装备配备标准，推动各类生产经营单位尤其是小煤矿、小非煤矿山合理配置各类应急救援装备。同时，要建立健全安全生产应急救援物资储备制度，依托国家（区域）、骨干安全生产应急救援队伍以及有关企业、单位，储备必要的救援物资和救援物资生产能力，提高应急救援物资尤其是大型成套应急救援装备的储备水平。有条件的地区要专门设立安全生产应急救援物资储备库，加强对储备物资的动态管理，保证及时补充和更新。暂时没有条件建立储备库的，要与相关装备设施拥有单位建立协调机制，确保能够紧急调用，保障事故灾难应急处置需要。

四、完善安全生产应急工作机制，提高组织指挥能力

（八）完善安全生产应急响应机制。生产经营单位要继续强化事故现场处置，赋予生产现场带班人员、班组长和调度人员直接决策权和指挥权，使其在遇到险情或事故征兆时能立即下达停产撤人命令，组织涉险区域人员及时、有序撤离到安全地点，减少事故造成的人员伤亡。事故发生后，事故单位在组织专兼职救援队伍抢救的同时，要立即向当地政府及其有关部门报告。各级安全监管监察部门要进一步建立健全应急值守工作制度，坚持24小时值班制度和节假日领导干部到岗值班

制度，明确事故救援信息、自然灾害预警信息和其他相关信息的接报处置程序和工作要求。要强化地方各级人民政府在第一时间组织开展应急救援和处置工作的责任，进一步完善应急预案和响应程序，确保事故状态下能迅速形成救援能力。

（九）完善应急联动机制。各级安全监管监察部门要在同级安全生产委员会框架下，建立健全联合应对事故灾难的工作机制。加强与国土、水利、地震、气象、海洋、测绘等部门和单位的沟通与协作，进一步完善自然灾害引发事故预警工作机制。加强与公安、建设、交通、铁路、农业、质检、旅游、电力、民航、部队、武警等部门和单位的协作与配合，建立健全重特大事故应急救援交通保障机制和指挥协调机制，确保各类应急救援物资快速运抵事故现场，做到反应灵敏、协调有序、运转高效。加强与矿山医疗救护单位及卫生部门的协作与配合，建立健全院前急救工作机制，使受伤人员在第一时间得到有效救治，最大限度减少人员伤亡和伤残。加强与周边省份的区域联动协作，联合防范、联合应对重特大事故灾难。

（十）完善安全生产应急救援队伍和装备调用机制。各级安全监管监察部门要进一步完善地方各级安全生产应急救援队伍和装备调用机制，确保能精确查询和准确调度所需的应急救援队伍和装备，并保证与事故救援现场需要相匹配，实现快速调集、快速安装、快速运转，迅速形成救援能力。同时，要建立健全地方各级各类安全生产应急救援队伍协调协作机制，经常性地组织开展联合培训和演练，充分发挥同一地区安全生产应急救援队伍的整体作用，形成有效应对处置各类事故的合力。有关中央企业要按照“应急联动、协同配合、取长补短、共同应对”的原则，建立同行业领域企业间协调协作机制，充分整合和优化配置同一地区、同一行业领域的应急资源，加大事故状态下互相支持力度，提高重特大事故应对处置能力。

（十一）规范事故救援现场管理。各级安全监管监察部门和有关中央企业要按照“统一指挥、属地为主、科学施救”的原则，进一步规范事故救援现场管理。生产经营单位发生事故或险情时，主要负责人应当立即组织抢救，防止事故扩大。事发地人民政府要根据事故分级和相应的应急预案，在第一时间组建应急救援指挥部，调取事故单位图纸、工艺等相关资料，组织开展应急救援和处置工作。要明确参与各方在事故应急救援和处置过程中的职责和任务，充分发挥事故单位专业技术人员和熟悉同类事故灾害并有实践经验的救援专家的作用，划定适当的警戒隔离区域，调集相应的应急救援装备和人员，落实救援人员的安全防护措施，制定科学的救援方案和安全措施，快速展开应急救援行动。

（十二）加强事故救援的总结评估工作。各级安全监管监察部门、有关中央企业以及各级各类安全生产应急救援队伍要重视并加强对每次救援行动的总结评估工作，珍惜用生命代价取得的宝贵经验和深刻教训，典型事故救援要形成案例，广泛交流借鉴。要通过总结评估事故背景及应急处置过程，总结经验、分析不足，提出相关工作建议。同时，要加强安全生产应急管理统计分析工作，提高统计分析质量，强化趋势预测分析，提高工作的前瞻性和主动性。

五、夯实安全生产应急管理基层基础工作，提高预警预防能力

（十三）加强重大危险源监测监控及预警预报工作。以“强化源头治理，实现动态管理”为目标，组织开展重大危险源普查登记、分级分类、检测检验和安全评估工作。生产经营单位要按照有关规定对重大危险源进行辨识、评估，结合生产工艺和事故风险，建立健全基于过程控制系统、安全仪表系统、灾害报警系统的监测预报系统，科学合理地设置监测预报参数，并结合系统数据异常情况进行事故风险评估和预报。各级安全监管监察部门要在重大危险源普查登记的基础上，按照“分级监控、实时预警”的原则，逐步建立重大危险源监控预警信息系统，对重大危险源及其周边

区域实施动态监控。一旦重大危险源发生事故，要立即向事故区域发出预警，迅速疏散危险区域有关人员，调动应急力量快速处置，做到提前预警、提前防范、提前处置。

（十四）加强应急预案与演练工作。各级安全监管监察部门要认真分析本地区面临的主要事故风险，按照简明扼要、管用有效的原则及时优化本部门应急预案，为快速处置各类事故提供保障。生产经营单位要结合自身生产工艺特点，突出加强重点岗位、重点部位、重要装置现场处置方案编制和优化工作，强化事故初发期的妥善处置，有效控制事故发展扩大。要建立健全应急演练工作制度，广泛开展不同层级、形式多样的应急演练，提高应急意识，掌握处置要点。

（十五）加强高危行业企业相关人员的培训教育。各级安全监管监察部门要加强对企业安全生产应急管理培训计划、培训内容、培训效果的监督检查，督促企业进一步落实安全生产应急管理培训责任制。生产经营单位要制定针对性强、实效明显的安全生产应急管理培训大纲与考核标准，组织制定应急管理培训计划，抓好入职培训、岗位培训、专业培训，强化企业管理人员、从业人员和专兼职救援人员的培训，使其熟练掌握本企业应急处置程序、安全生产规程和自救互救常识，避免盲目指挥、盲目施救。

国家安全监管总局

2012 年 12 月 10 日

国家安全监管总局关于进一步深化安全生产行政执法工作的意见

（安全监管总局　2012年12月31日发布　安监总政法〔2012〕157号）

各省、自治区、直辖市及新疆生产建设兵团安全生产监督管理局，各省级煤矿安全监察局：

为进一步深化安全生产行政执法工作，根据安全生产新形势新任务对执法工作提出的新要求以及有关法律法规和国务院规定，现提出如下意见：

一、强化执法意识，明确任务目标

（一）进一步提高对安全生产行政执法工作的认识。安全生产行政执法是指安全监管监察部门及其委托的行政执法机构依法履行安全生产（含职业健康，下同）监督管理职责的活动，既包括日常监督检查，查处非法违法行为，也包括行政许可、行政强制、调查处理事故、核查投诉举报等工作。做好安全生产行政执法工作，关系到安全监管监察部门的形象和公信力，关系到安全生产目标任务的完成，是贯彻落实科学发展观、实施安全发展战略的必然要求。

（二）指导思想和目标。以党的十八大精神为指引，坚持科学发展观和安全发展战略，坚持严格执法、规范执法、公正执法、文明执法，不断提升安全生产行政执法能力。力争到2017年，用5年左右的时间，建成一支统一、规范、高效的安全生产行政执法队伍，形成权责明确、行为规范、监督有力的行政执法体制机制，确保安全生产法律法规得到有效实施。

（三）基本原则。坚持职权法定、程序正当、依据正确、证据确凿，严格查处违法违规行为，切实维护当事人合法权益。坚持惩戒与教育、执法与服务相结合，实现执法的法律效果和社会效果的统一。坚持多方联动、综合治理，形成强有力的联合执法机制。坚持管理权、执法权相互协调促进，实现业务管理与执法检查相对分离。

二、完善执法机制，创新工作方法

（四）强化年度执法工作计划导向。按照统筹兼顾、突出重点、量力而行、提高效能的原则，科学合理地编制安全生产年度执法工作计划，严格执行执法计划的批准和备案程序，保证执法计划的协调运转。要根据执法计划编制现场检查方案，明确检查的区域、内容、重点及方式。年度执法工作计划及其落实情况，要通过适当方式向社会公开。

（五）落实安全生产分级属地监管职责。进一步明确行政执法级别和地域管辖权限，避免重复执法和监管监察缺位。国家安全监管总局、国家煤矿安监局重点负责工矿商贸行业中央企业总部的安全监管监察。省级安全监管部门要合理制定辖区内分级监管办法，明确省、市、县级安全监管部门的日常监管执法范围。要将生产经营单位划分为不同的安全类别或者风险等级，有针对性地开展执法检查，实施分类监管。

（六）健全部门联合执法和区域执法协作机制。各级安全监管监察部门要进一步强化综合监管职责，指导协调、监督检查有关部门落实安全监管职责，形成安全生产综合监管与行业（专项）监管相结合的执法工作模式。要在政府的统一领导下，健全安全监管部门与有关部门相配合的联合执法机制。逐步建立健全省（区、市）之间、市（地、州）之间的执法协作机制，加强在“打非治违”、事故查处、许可后续监管等方面的协同配合，努力构筑衔接顺畅、严密高效的全国安全生产行政执法网络。

（七）完善行政执法案件移送工作机制。安全监管监察部门在行政执法过程中，发现属于其他部门职责的事项，要及时移送相关部门处理。要按照《行政执法机关移送涉嫌犯罪案件的规定》（国务院令第310号），主动商请司法机关进一步明确移送程序和标准，发现违法行为涉嫌构成犯罪的，必须依法向司法机关移送，不得以行政处罚代替刑事处罚。要建立完善案件移送档案资料，跟踪案件查办结果。要健全案件信息通报制度，通过工作简报、典型案例通报、研讨交流等形式实现资源共享。

（八）加强立法后评估和解释工作。安全生产重要法律、行政法规和国家安全监管总局规章施行满5年后，省级安全监管监察部门要结合本地区执行情况，向国家安全监管总局提交评估报告。其他规范性文件每隔2年要进行一次清理，并向社会公布清理结果。要加强立法的解释工作，按照逐级请示的原则，及时答复下一级安全监管监察部门执法中遇到的问题。

三、加强制度建设，规范执法行为

（九）严格现场检查和调查取证。执法检查前，要主动出示证件、告知执法内容。检查过程中，要按照现场检查方案，采取表格检查法等方式，逐项记录检查情况。检查结束后，要依法制作现场检查和处理文书，注明违法行为及认定依据，告知被检查单位整改要求，明确复查单位和期限。严格证据的采集、固定、保存标准，证据形式和取得方式要符合行政处罚法、行政诉讼法和有关司法解释规定。未经调查取证或者证据不足的，不得采取不利于当事人的执法措施。

（十）健全行政执法听证制度。建立健全行政处罚、行政复议和行政许可听证制度。听证事项和申请时限要依法向社会公开，保障当事人、利害关系人申请听证的权利。听证事项涉及公共利益的，要科学合理地遴选一定数量的公众代表。听证代表意见的采纳情况，要以适当形式反馈。听证结束后，要认真形成听证报告，作为行政决策的重要依据。

（十一）完善行政裁量权基准制度。作出行政处罚决定时，要对自由裁量权的行使进行专门审查，并在相关执法文书中记载。当事人对自由裁量结果有疑义的，要予以解释和说明。要按照平等原则、比例原则，建立完善行政裁量基准制度，确保大致相同的违法行为适用法律大体一致。

（十二）强化行政处罚过程控制。要正确适用实体法，不得随意选择行政处罚依据。对重大行政处罚案件，在提请本部门负责人集体讨论前，必须经法制工作机构合法性审核。要严格按照行政处罚程序和种类，正确选择使用执法文书，并依法送达当事人。处罚执行完毕后，要在30日内办理结案并立卷归档。要建立案卷台账，严格档案管理，任何单位和个人不得擅自增加、更改案卷材料及其内容。重大行政处罚上报备案时，要同时提交行政处罚决定书和证据目录，列明证据名称和证明对象。

（十三）完善行政强制实施程序。采取行政强制措施的，要认真听取当事人陈述申辩、制作现场笔录、履行审批手续并制作决定书。采取行政强制措施后，要及时查清事实，在法定期限内做出没收、销毁非法物品或者解除强制措施的决定。将已经查封、扣押的财物拍卖抵缴罚款的，对于超出部分，要返还当事人或者依法予以提存。违法行为涉嫌犯罪移送司法机关的，应当将查封、扣押的财物一并移送，并告知当事人。行政强制措施依法解除的，要及时恢复原状、返还财物。

（十四）严格规范行政许可。要逐步减少行政审批事项，下放行政许可权力，简化审批流程，减轻企业负担。严格遵循行政许可种类、条件和程序法定的原则，禁止以备案方式增设行政许可项目，禁止通过口头告知、现场核查、前置审查等形式增加许可环节。除有法律、法规、规章规定的外，不得擅自委托实施行政许可。要依法公开行政许可的事项、依据、条件、收费标准、办结时限和结果。依法实施委托许可的，不得要求申请人重复提供申请材料。加强对行政许可的后续监管，发现不再具备法定条件的，要依法给予行政处罚，直至吊销相关行政许可证件。

（十五）依法规范生产安全事故调查处理。安全监管监察部门要根据法定授权或者委托，全面细致地做好事故调查的组织工作。要采用包括听证会在内的多种方法征求对事故结论的意见，对于事故调查组成员和其他方面的不同意见，要如实向负责事故查处的有关人民政府或者煤矿安全监察机构反映。事故调查报告批复以后，除依法应当保密的外，要向事故责任单位提供事故调查报告或其节录本。要依照《中华人民共和国政府信息公开条例》（国务院令第492号）、《安全生产监管监察部门信息公开办法》（国家安全监管总局令第56号）等规定，健全完善相关制度，依法公开事故的原因和处理情况。

（十六）加强安全生产举报投诉查处。通过设立举报箱、电子邮箱、网站专栏和公布举报电话等方式，畅通举报投诉渠道。要加强与当地有关部门的联系，尽快开通全国统一的安全生产举报投诉电话“12350”。严格依照《信访条例》（国务院令第431号）的规定，建立健全举报核查处理制度，落实审查登记、受理告知、核查处理、书面答复等基本程序，定期分析举报投诉的来源、类别、趋势、规律。认真落实安全生产举报奖励政策，并对举报人身份及相关信息予以保密。

（十七）加强行政执法统计分析。严格执行《安全生产行政执法统计制度》（安监总统计〔2011〕184号），健全统计的填报、审核、审批程序，确保数据的及时性、完整性和真实性。强化统计分析工作，定期进行量化对比，注重态势把握，找出阶段性特点和苗头性问题，提出有针对性的对策建议。

四、强化监督考核，提升执法效能

（十八）做好行政复议和行政应诉工作。充分发挥行政复议的层级监督作用，发现被复议机关违法或者需要做好善后工作的，要依法制作行政复议意见书，下级部门要按规定期限报告纠正违法行为和善后工作情况；发现法律法规实施中带有普遍性问题的，要依法制作行政复议建议书，向有关机关提出完善制度和改进执法的建议。建立完善行政应诉工作制度，安全监管监察部门负责人要主动出庭应诉，认真对待人民法院的司法建议，积极履行生效的判决和裁定。

（十九）严格行政执法评议考核。要根据行政执法工作计划、行政处罚、行政强制、行政许可、事故调查处理情况和复议诉讼结果等，对下级安全监管监察部门和本部门执法机构、执法人员开展行政执法评议考核。要建立健全考核指标体系，实现定性和定量、内部和外部、检查和自查相结合，评议考核结果要纳入部门绩效和公务员年度考核内容。

（二十）加强行政执法案卷评查。各级安全监管监察部门每年至少要开展一次行政执法案卷评查活动。要完善评查标准，注重评查实效，促进提升办案能力。评查结果要在一定范围内通报，对于带有普遍性的问题，要提出明确的整改措施和要求，并作为下一次案卷评查的重点内容。

（二十一）科学合理追究行政执法责任。坚持“权责一致、有错必纠”和“依法履职、尽职免责”相结合，严格实行个案审查。对有关部门和执法人员不履行、违法履行或者不当履行职责的行为，要严肃追究行政执法责任。对已经按照年度执法工作计划、现场检查方案和法律、法规、规章规定的方式、程序履行安全监管监察职责的，依法免予追究执法责任。

五、夯实基层基础，推进队伍建设

（二十二）加强组织领导。安全监管监察部门主要负责同志要定期听取汇报，研究部署行政执法工作，带头协调各方面的关系，解决执法难题。要大胆使用勇于开拓、敢于碰硬、善于执法的业务骨干。要通过扎实、深入、有效地开展行政执法工作，推动人员、编制、经费和装备的落实，全方位带动和提升执法队伍建设水平。

（二十三）充实基层执法力量。以安全生产法、职业病防治法等重要法律法规的修订和实施为契机，积极争取有关方面的支持，调整充实市（地）级和县级安全监管部门执法力量，加大各级专门行政执法机构的组建力度。有条件地区的县级安全监管部门可以设置安全监管工作站，也可以与有关乡镇、街道、园区共同组建工作站。

（二十四）实施执法工作条件标准化建设。积极争取地方人民政府及其有关部门的支持，按照国家发展改革委、国家安全监管总局印发的《安全生产监管部门和煤矿安全监察机构监管监察能力建设规划（2011—2015 年）》（发改投资〔2012〕611 号）的要求，加强办公业务用房、交通工具和执法装备等工作条件的标准化建设。执法车辆应喷涂“安全监管监察”或者“安全生产举报电话 12350”等执法标识。大力推进行政执法信息化建设，建立电子政务和移动办公系统，逐步实现执法信息的网上传递和执法文书的电子化操作。

（二十五）提升行政执法人员业务能力。以提高依法履职能力和执法专业技能为核心，组织编写并定期更新执法培训大纲、教材及题库。切实加强执法人员的上岗培训、在岗培训，有计划地组织执法人员参加行政执法能力培训。新录用执法人员的上岗培训时间不得少于 10 天，在岗执法人员的培训时间原则上每年不低于 32 学时。要建立执法辅助人员培训考核和资格管理制度。严禁无行政执法资格的人员从事执法活动。

（二十六）狠抓执法队伍廉政建设。各级安全监管监察部门要创新方法和程序，持续深入地开展思想政治教育和廉洁执法教育，通过正面典型示范和反面典型警示，引导行政执法人员树立正确的价值观和利益观，筑牢反腐倡廉思想防线。

国家安全监管总局

2012 年 12 月 31 日

26 项安全生产行业标准目录

（国家安全监管总局　2013 年 10 月 1 日起施行）

序号	标准编号	标准名称	实施日期
1	AQ7007—2013	造修船企业安全生产技术规范	2013－10－01
2	AQ/T7008—2013	造修船企业安全生产标准化基本要求	2013－10－01
3	AQ/T7009—2013	机械制造企业安全生产标准化规范	2013－10－01
4	AQ/T7010—2013	家具生产企业安全生产标准化规范	2013－10－01
5	AQ8007—2013	城市轨道交通试运营前安全评价规范	2013－10－01
6	AQ2049—2013	地质勘查安全防护与应急救生用品（用具）配备要求	2013－10－01
7	AQ/T3042—2013	外浮顶原油储罐机械清洗安全作业要求	2013－10－01
8	AQ/T3043—2013	危险化学品应急救援管理人员培训及考核要求	2013－10－01
9	AQ/T3044—2013	氨气检测报警仪技术规范	2013－10－01
10	AQ3045—2013	车用乙醇汽油储运安全规范	2013－10－01
11	AQ/T3046—2013	化工企业定量风险评价导则	2013－10－01
12	AQ3047—2013	化学品作业场所安全警示标志规范	2013－10－01
13	AQ/T3048—2013	化工企业劳动防护用品选用及配备	2013－10－01
14	AQ/T3049—2013	危险与可操作性分析（HAZOP 分析）应用导则	2013－10－01
15	AQ/T3050—2013	加油加气站视频安防监控系统技术要求	2013－10－01
16	AQ4229—2013	粮食立筒仓粉尘防爆安全规范	2013－10－01
17	AQ4230—2013	粮食平房仓粉尘防爆安全规范	2013－10－01
18	AQ4231—2013	散粮码头爆炸性粉尘环境施工及装卸设备维修安全规范	2013－10－01
19	AQ4232—2013	塑料生产系统粉尘防爆规范	2013－10－01
20	AQ5214—2013	烘干设备安全性能检测方法	2013－10－01
21	AQ5215—2013	喷漆室安全性能检测方法	2013－10－01
22	AQ5216—2013	涂料与辅料材料使用安全通则	2013－10－01
23	AQ/T8008—2013	职业病危害评价通则	2013－10－01
24	AQ/T8009—2013	建设项目职业病危害预评价导则	2013－10－01
25	AQ/T4233—2013	建设项目职业病防护设施设计专篇编制导则	2013－10－01
26	AQ/T8010—2013	建设项目职业病危害控制效果评价导则	2013－10－01

第二编　煤矿与非煤矿山安全生产类政策法规

中华人民共和国煤炭法

（1996 年 8 月 29 日第八届全国人民代表大会常务委员会第二十一次会议通过　根据 2009 年 8 月 27 日第十一届全国人民代表大会常务委员会第十次会议《关于修改部分法律的决定》第一次修正根据 2011 年 4 月 22 日第十一届全国人民代表大会常务委员会第二十次会议《关于修改〈中华人民共和国煤炭法〉的决定》第二次修正）

根据 2013 年《全国人民代表大会常务委员会关于修改〈中华人民共和国文物保护法〉等十二部法律的决定》（主席令第五号）进行修正。

第一章　总　则

第一条　为了合理开发利用和保护煤炭资源，规范煤炭生产、经营活动，促进和保障煤炭行业的发展，制定本法。

第二条　在中华人民共和国领域和中华人民共和国管辖的其他海域从事煤炭生产、经营活动，适用本法。

第三条　煤炭资源属于国家所有。地表或者地下的煤炭资源的国家所有权，不因其依附的土地的所有权或者使用权的不同而改变。

第四条　国家对煤炭开发实行统一规划、合理布局、综合利用的方针。

第五条　国家依法保护煤炭资源，禁止任何乱采、滥挖破坏煤炭资源的行为。

第六条　国家保护依法投资开发煤炭资源的投资者的合法权益。

国家保障国有煤矿的健康发展。

国家对乡镇煤矿采取扶持、改造、整顿、联合、提高的方针，实行正规合理开发和有序发展。

第七条　煤矿企业必须坚持安全第一、预防为主的安全生产方针，建立健全安全生产的责任制度和群防群治制度。

第八条　各级人民政府及其有关部门和煤矿企业必须采取措施加强劳动保护，保障煤矿职工的安全和健康。

国家对煤矿井下作业的职工采取特殊保护措施。

第九条　国家鼓励和支持在开发利用煤炭资源过程中采用先进的科学技术和管理方法。

煤矿企业应当加强和改善经营管理，提高劳动生产率和经济效益。

第十条　国家维护煤矿矿区的生产秩序、工作秩序，保护煤矿企业设施。

第十一条　开发利用煤炭资源，应当遵守有关环境保护的法律、法规，防治污染和其他公害，保护生态环境。

第十二条　国务院煤炭管理部门依法负责全国煤炭行业的监督管理。国务院有关部门在各自的职责范围内负责煤炭行业的监督管理。

县级以上地方人民政府煤炭管理部门和有关部门依法负责本行政区域内煤炭行业的监督管理。

第十三条 煤炭矿务局是国有煤矿企业，具有独立法人资格。

矿务局和其他具有独立法人资格的煤矿企业、煤炭经营企业依法实行自主经营、自负盈亏、自我约束、自我发展。

第二章 煤炭生产开发规划与煤矿建设

第十四条 国务院煤炭管理部门根据全国矿产资源勘查规划编制全国煤炭资源勘查规划。

第十五条 国务院煤炭管理部门根据全国矿产资源规划规定的煤炭资源，组织编制和实施煤炭生产开发规划。

省、自治区、直辖市人民政府煤炭管理部门根据全国矿产资源规划规定的煤炭资源，组织编制和实施本地区煤炭生产开发规划，并报国务院煤炭管理部门备案。

第十六条 煤炭生产开发规划应当根据国民经济和社会发展的需要制定，并纳入国民经济和社会发展计划。

第十七条 国家制定优惠政策，支持煤炭工业发展，促进煤矿建设。

煤矿建设项目应当符合煤炭生产开发规划和煤炭产业政策。

第十八条 开办煤矿企业，应当具备下列条件：

（一）有煤矿建设项目可行性研究报告或者开采方案；

（二）有计划开采的矿区范围、开采范围和资源综合利用方案；

（三）有开采所需的地质、测量、水文资料和其他资料；

（四）有符合煤矿安全生产和环境保护要求的矿山设计；

（五）有合理的煤矿矿井生产规模和与其相适应的资金、设备和技术人员；

（六）法律、行政法规规定的其他条件。

第十九条 开办煤矿企业，必须依法向煤炭管理部门提出申请；依照本法规定的条件和国务院规定的分级管理的权限审查批准。

审查批准煤矿企业，须由地质矿产主管部门对其开采范围和资源综合利用方案进行复核并签署意见。

经批准开办的煤矿企业，凭批准文件由地质矿产主管部门颁发采矿许可证。

第二十条 煤矿建设使用土地，应当依照有关法律、行政法规的规定办理。征收土地的，应当依法支付土地补偿费和安置补偿费，做好迁移居民的安置工作。

煤矿建设应当贯彻保护耕地、合理利用土地的原则。

地方人民政府对煤矿建设依法使用土地和迁移居民，应当给予支持和协助。

第二十一条 煤矿建设应当坚持煤炭开发与环境治理同步进行。煤矿建设项目的环境保护设施必须与主体工程同时设计、同时施工、同时验收、同时投入使用。

第三章 煤炭生产与煤矿安全

第二十二条 煤矿投入生产前，煤矿企业应当依照有关安全生产的法律、行政法规的规定取得安全生产许可证。未取得安全生产许可证的，不得从事煤炭生产。

第二十三条 对国民经济具有重要价值的特殊煤种或者稀缺煤种，国家实行保护性开采。

第二十四条　开采煤炭资源必须符合煤矿开采规程，遵守合理的开采顺序，达到规定的煤炭资源回采率。

煤炭资源回采率由国务院煤炭管理部门根据不同的资源和开采条件确定。

国家鼓励煤矿企业进行复采或者开采边角残煤和极薄煤。

第二十五条　煤矿企业应当加强煤炭产品质量的监督检查和管理。煤炭产品质量应当按照国家标准或者行业标准分等论级。

第二十六条　煤炭生产应当依法在批准的开采范围内进行，不得超越批准的开采范围越界、越层开采。

采矿作业不得擅自开采保安煤柱，不得采用可能危及相邻煤矿生产安全的决水、爆破、贯通巷道等危险方法。

第二十七条　因开采煤炭压占土地或者造成地表土地塌陷、挖损，由采矿者负责进行复垦，恢复到可供利用的状态；造成他人损失的，应当依法给予补偿。

第二十八条　关闭煤矿和报废矿井，应当依照有关法律、法规和国务院煤炭管理部门的规定办理。

第二十九条　国家建立煤矿企业积累煤矿衰老期转产资金的制度。

国家鼓励和扶持煤矿企业发展多种经营。

第三十条　国家提倡和支持煤矿企业和其他企业发展煤电联产、炼焦、煤化工、煤建材等，进行煤炭的深加工和精加工。

国家鼓励煤矿企业发展煤炭洗选加工，综合开发利用煤层气、煤矸石、煤泥、石煤和泥炭。

第三十一条　国家发展和推广洁净煤技术。

国家采取措施取缔土法炼焦。禁止新建土法炼焦窑炉；现有的土法炼焦限期改造。

第三十二条　县级以上各级人民政府及其煤炭管理部门和其他有关部门，应当加强对煤矿安全生产工作的监督管理。

第三十三条　煤矿企业的安全生产管理，实行矿务局长、矿长负责制。

第三十四条　矿务局长、矿长及煤矿企业的其他主要负责人必须遵守有关矿山安全的法律、法规和煤炭行业安全规章、规程，加强对煤矿安全生产工作的管理，执行安全生产责任制度，采取有效措施，防止伤亡和其他安全生产事故的发生。

第三十五条　煤矿企业应当对职工进行安全生产教育、培训；未经安全生产教育、培训的，不得上岗作业。

煤矿企业职工必须遵守有关安全生产的法律、法规、煤炭行业规章、规程和企业规章制度。

第三十六条　在煤矿井下作业中，出现危及职工生命安全并无法排除的紧急情况时，作业现场负责人或者安全管理人员应当立即组织职工撤离危险现场，并及时报告有关方面负责人。

第三十七条　煤矿企业工会发现企业行政方面违章指挥、强令职工冒险作业或者生产过程中发现明显重大事故隐患，可能危及职工生命安全的情况，有权提出解决问题的建议，煤矿企业行政方面必须及时作出处理决定。企业行政方面拒不处理的，工会有权提出批评、检举和控告。

第三十八条　煤矿企业必须为职工提供保障安全生产所需的劳动保护用品。

第三十九条　煤矿企业应当依法为职工参加工伤保险缴纳工伤保险费。鼓励企业为井下作业职工办理意外伤害保险，支付保险费。

第四十条　煤矿企业使用的设备、器材、火工产品和安全仪器，必须符合国家标准或者行业标准。

第四章　煤炭经营

第四十一条　煤炭经营企业从事煤炭经营，应当遵守有关法律、法规的规定，改善服务，保障供应。禁止一切非法经营活动。

第四十二条　煤炭经营应当减少中间环节和取消不合理的中间环节，提倡有条件的煤矿企业直销。

煤炭用户和煤炭销区的煤炭经营企业有权直接从煤矿企业购进煤炭。在煤炭产区可以组成煤炭销售、运输服务机构，为中小煤矿办理经销、运输业务。

禁止行政机关违反国家规定擅自设立煤炭供应的中间环节和额外加收费用。

第四十三条　从事煤炭运输的车站、港口及其他运输企业不得利用其掌握的运力作为参与煤炭经营、谋取不正当利益的手段。

第四十四条　国务院物价行政主管部门会同国务院煤炭管理部门和有关部门对煤炭的销售价格进行监督管理。

第四十五条　煤矿企业和煤炭经营企业供应用户的煤炭质量应当符合国家标准或者行业标准，质级相符，质价相符。用户对煤炭质量有特殊要求的，由供需双方在煤炭购销合同中约定。

煤矿企业和煤炭经营企业不得在煤炭中掺杂、掺假，以次充好。

第四十六条　煤矿企业和煤炭经营企业供应用户的煤炭质量不符合国家标准或者行业标准，或者不符合合同约定，或者质级不符、质价不符，给用户造成损失的，应当依法给予赔偿。

第四十七条　煤矿企业、煤炭经营企业、运输企业和煤炭用户应当依照法律、国务院有关规定或者合同约定供应、运输和接卸煤炭。

运输企业应当将承运的不同质量的煤炭分装、分堆。

第四十八条　煤炭的进出口依照国务院的规定，实行统一管理。

具备条件的大型煤矿企业经国务院对外经济贸易主管部门依法许可，有权从事煤炭出口经营。

第四十九条　煤炭经营管理办法，由国务院依照本法制定。

第五章　煤矿矿区保护

第五十条　任何单位或者个人不得危害煤矿矿区的电力、通讯、水源、交通及其他生产设施。

禁止任何单位和个人扰乱煤矿矿区的生产秩序和工作秩序。

第五十一条　对盗窃或者破坏煤矿矿区设施、器材及其他危及煤矿矿区安全的行为，一切单位和个人都有权检举、控告。

第五十二条　未经煤矿企业同意，任何单位或者个人不得在煤矿企业依法取得土地使用权的有效期间内在该土地上种植、养殖、取土或者修建建筑物、构筑物。

第五十三条　未经煤矿企业同意，任何单位或者个人不得占用煤矿企业的铁路专用线、专用道路、专用航道、专用码头、电力专用线、专用供水管路。

第五十四条　任何单位或者个人需要在煤矿采区范围内进行可能危及煤矿安全的作业时，应当经煤矿企业同意，报煤炭管理部门批准，并采取安全措施后，方可进行作业。

在煤矿矿区范围内需要建设公用工程或者其他工程的，有关单位应当事先与煤矿企业协商并达成协议后，方可施工。

第六章　监督检查

第五十五条　煤炭管理部门和有关部门依法对煤矿企业和煤炭经营企业执行煤炭法律、法规的情况进行监督检查。

第五十六条　煤炭管理部门和有关部门的监督检查人员应当熟悉煤炭法律、法规，掌握有关煤炭专业技术，公正廉洁，秉公执法。

第五十七条　煤炭管理部门和有关部门的监督检查人员进行监督检查时，有权向煤矿企业、煤炭经营企业或者用户了解有关执行煤炭法律、法规的情况，查阅有关资料，并有权进入现场进行检查。

煤矿企业、煤炭经营企业和用户对依法执行监督检查任务的煤炭管理部门和有关部门的监督检查人员应当提供方便。

第五十八条　煤炭管理部门和有关部门的监督检查人员对煤矿企业和煤炭经营企业违反煤炭法律、法规的行为，有权要求其依法改正。

煤炭管理部门和有关部门的监督检查人员进行监督检查时，应当出示证件。

第七章　法律责任

第五十九条　违反本法第二十四条的规定，开采煤炭资源未达到国务院煤炭管理部门规定的煤炭资源回采率的，由煤炭管理部门责令限期改正；逾期仍达不到规定的回采率的，责令停止生产。

第六十条　违反本法第二十六条的规定，擅自开采保安煤柱或者采用危及相邻煤矿生产安全的危险方法进行采矿作业的，由劳动行政主管部门会同煤炭管理部门责令停止作业；由煤炭管理部门没收违法所得，并处违法所得一倍以上五倍以下的罚款；构成犯罪的，由司法机关依法追究刑事责任；造成损失的，依法承担赔偿责任。

第六十一条　违反本法第四十五条的规定，在煤炭产品中掺杂、掺假，以次充好的，责令停止销售，没收违法所得，并处违法所得一倍以上五倍以下的罚款；构成犯罪的，由司法机关依法追究刑事责任。

第六十二条　违反本法第五十二条的规定，未经煤矿企业同意，在煤矿企业依法取得土地使用权的有效期间内在该土地上修建建筑物、构筑物的，由当地人民政府动员拆除；拒不拆除的，责令拆除。

第六十三条　违反本法第五十三条的规定，未经煤矿企业同意，占用煤矿企业的铁路专用线、专用道路、专用航道、专用码头、电力专用线、专用供水管路的，由县级以上地方人民政府责令限期改正；逾期不改正的，强制清除，可以并处五万元以下的罚款；造成损失的，依法承担赔偿责任。

第六十四条　违反本法第五十四条的规定，未经批准或者未采取安全措施，在煤矿采区范围内进行危及煤矿安全作业的，由煤炭管理部门责令停止作业，可以并处五万元以下的罚款；造成损失的，依法承担赔偿责任。

第六十五条　有下列行为之一的，由公安机关依照治安管理处罚条例的有关规定处罚；构成犯罪的，由司法机关依法追究刑事责任：

（一）阻碍煤矿建设，致使煤矿建设不能正常进行的；

（二）故意损坏煤矿矿区的电力、通讯、水源、交通及其他生产设施的；

（三）扰乱煤矿矿区秩序，致使生产、工作不能正常进行的；

（四）拒绝、阻碍监督检查人员依法执行职务的。

第六十六条 煤矿企业的管理人员违章指挥、强令职工冒险作业，发生重大伤亡事故的，依照刑法有关规定追究刑事责任。

第六十七条 煤矿企业的管理人员对煤矿事故隐患不采取措施予以消除，发生重大伤亡事故的，依照刑法有关规定追究刑事责任。

第六十八条 煤炭管理部门和有关部门的工作人员玩忽职守、徇私舞弊、滥用职权的，依法给予行政处分；构成犯罪的，由司法机关依法追究刑事责任。

第八章 附 则

第六十九条 本法自 1996 年 12 月 1 日起施行。

煤矿企业安全生产许可证实施办法

（国家安全生产监督管理局令 8 号　2004 年 5 月 17 日公布）

第一章　总　则

第一条　为了严格规范煤矿企业安全生产条件，做好煤矿企业安全生产许可证的颁发管理工作，根据《安全生产许可证条例》和有关法律、行政法规，制定本实施办法。

第二条　煤矿企业必须依照本实施办法的规定取得安全生产许可证。

未取得安全生产许可证的，不得从事生产活动。

第三条　安全生产许可证的颁发管理工作实行企业申请、两级发证、属地监管的原则。

第四条　国家煤矿安全监察局指导、监督全国煤矿企业安全生产许可证的颁发管理工作，负责中央管理的煤矿企业（集团公司、总公司、上市公司）安全生产许可证的颁发和管理。

国家煤矿安全监察局在省、自治区、直辖市设立的煤矿安全监察局和直属煤矿安全监察办事处负责前款规定以外的其他煤矿企业安全生产许可证的颁发和管理；未设立煤矿安全监察机构的省、自治区，由省、自治区人民政府指定的部门（以下与省级煤矿安全监察机构统称省级安全许可证颁发管理机关）负责本行政区域内煤矿企业安全生产许可证的颁发和管理。

第二章　安全生产条件

第五条　煤矿企业（集团公司、总公司、矿务局、煤矿）应当建立、健全主要负责人、分管负责人、安全生产管理人员、职能部门、岗位安全生产责任制。

煤矿企业应当制定安全目标管理制度、安全奖惩制度、安全技术审批制度、事故隐患排查制度、安全检查制度、安全办公会议制度、井工煤矿入井检身制度与出入井人员清点制度等安全生产规章制度；制定各工种操作规程。

第六条　煤矿企业的安全投入应当符合安全生产要求，按照有关规定提取安全技术措施专项经费。

第七条　煤矿企业应当设置安全生产管理机构，配备专职安全生产管理人员。

第八条　煤矿企业主要负责人和安全生产管理人员的安全生产知识和管理能力应当经考核合格。

第九条　煤矿企业应当依法参加工伤保险，为从业人员缴纳工伤保险费。

第十条　煤矿企业应当制定重大危险源检测、评估、监控措施和应急预案。

第十一条　煤矿企业应当制定事故应急救援预案，并按照规定设立矿山救护队，配备救护装备。

不具备单独设立矿山救护队条件的，应当与邻近的专业矿山救护队签订救护协议。

第十二条　煤矿企业应当制定特种作业人员培训计划、从业人员培训计划、职业危害防治计划。

第十三条　煤矿企业的所属煤矿（井工矿或井、露天矿）除应符合本实施办法第五条至第十一条规定的条件外，还必须符合下列条件：

（一）特种作业人员经有关业务主管部门考核合格，取得特种作业操作资格证书；

（二）从业人员依法进行安全生产教育和培训，并经考试合格；

（三）制定职业危害防治措施、综合防尘措施，建立粉尘检测制度，为从业人员配备符合国家标准或者行业标准的劳动防护用品；

（四）依法进行安全评价；

（五）制定符合实际的《矿井灾害预防和处理计划》；

（六）井工煤矿的安全设施、设备、工艺应当符合下列要求：

1. 矿井至少有两个独立的能够行人并直达地面的安全出口，安全出口之间的距离不得小于30米；井下每一个水平、每一个采区至少有两个便于行人的安全出口，并与直达地面的安全出口相连接；采煤工作面有两个畅通的安全出口，一个通到回风巷，另一个通到进风巷；

2. 在用巷道净断面必须满足行人、运输、通风和设置安全生产设施的需要，其中，矿井主要运输巷、主要风巷的净高自轨面起不得低于2米，采区上、下山和平巷的净高不得低于1.8米，回采工作面出口20米内巷道的净高不得低于1.6米；

3. 每年进行瓦斯等级鉴定，有各煤层的自燃倾向性和煤尘爆炸性鉴定结果；

4. 矿井具备完整的独立通风系统，矿井、采区和采掘工作面的供风能力满足安全生产要求，矿井使用安装在地面的矿用主要通风机进行通风，并有同等能力的备用主要通风机，生产水平和采区实行分区通风，掘进工作面使用专用局部通风机进行通风，矿井有反风设施；

5. 高瓦斯、煤与瓦斯突出矿井按规定装备瓦斯抽放系统和安全监控系统，低瓦斯矿井装备瓦斯断电仪、风电瓦斯闭锁装置，开采煤与瓦斯突出危险煤层的有预测预报、防治措施、效果检验和安全防护的综合防突措施，实行瓦斯检查制度和矿长、技术负责人瓦斯日报审查签字制度，配备足够的专职瓦斯检查员和瓦斯检测仪器，瓦斯检测仪器定期校验并由有资质的检测机构鉴定；

6. 有防尘供水系统，地面和井下有排水系统，开采容易自燃和自燃煤层的矿井有防灭火系统，采取综合预防煤层自燃发火的措施，井上下配备必要的消防器材，有水害威胁的矿井有探放水设备；

7. 矿井由双回路电源线路供电，严禁由中性点直接接地的变压器或发电机向井下直接供电，年产6万吨以下的矿井采用单回路供电时有备用电源且其容量满足通风、排水和提升的要求，井下电气设备的选型符合防爆要求，有接地、过流、漏电保护装置，高瓦斯、煤与瓦斯突出矿井掘进工作面的局部通风机采用专用变压器、专用电缆、专用开关，实现风电、瓦斯电闭锁；

8. 矿井提升使用矿用提升绞车，且保险装置和深度指示器装设齐全；立井升降人员使用罐笼或带乘人间的箕斗，并装设防坠装置，斜井机械升降人员使用专用人车或架空乘人装置，专用人车装设防跑车装置，使用检测合格的钢丝绳，带式输送机使用矿用阻燃胶带，设置安全保护装置；

9. 有通达矿内外、井上下和重要场所、主要作业地点的通信系统；

10. 按矿井瓦斯等级选用相应的煤矿许用炸药和雷管，爆破工作由专职爆破工担任；

11. 使用安全标志管理目录内的矿用产品应有安全标志；

12. 矿井配备足够数量的自救器；

13. 有反映实际情况的图纸：矿井地质和水文地质图，井上下对照图，巷道布置图，采掘工程平面图，通风系统图，井下运输系统图，安全监控装备布置图，排水、防尘、防火注浆、压风、充填、抽放瓦斯等管路系统图，井下通信系统图，井上、下配电系统图和井下电气设备布置图，井下避灾路线图，采掘工作面有符合实际情况的作业规程。

（七）露天煤矿的安全设施、设备和工艺应当符合下列要求：

1. 露天采场主要区段的上下平盘之间设置人行通路或梯子，并按有关规定在梯子两侧设置安全护栏；

2. 按规定设置栅栏、安全挡墙、警示标志；

3. 实行分台阶开采，台阶高度符合有关规定，最终边坡的台阶坡面角和边坡角符合最终边坡设计要求；

4. 电气设备有过流、过压、漏电、接地等保护装置；

5. 爆炸材料的管理、使用符合国家有关法规和标准的规定；

6. 有工程、水文地质勘查、测绘工作和边坡稳定性评价资料并制定边坡稳定措施；

7. 有防排水设施和措施；

8. 地面和采场内的防火措施符合有关规定，开采有自燃倾向的煤层有防灭火系统；

9. 有反映实际情况的图纸：地形地质图，工程地质平面图、断面图、综合水文地质平面图，采剥工程平面图、断面图，排土工程平面图，运输系统图，输配电系统图，通信系统图，防排水系统及排水设备布置图，边坡监测系统平面图、断面图，井工老空与露天矿平面对照图。

第三章　安全生产许可证的申请和颁发

第十四条　中央管理的煤矿企业（集团公司、总公司、上市公司）申请领取安全生产许可证，向国家煤矿安全监察局提出申请。

中央管理的煤矿企业以外的其他煤矿企业及其所属煤矿申请领取安全生产许可证，向煤矿企业及其所属煤矿所在地省级安全生产许可证颁发管理机关提出申请。

第十五条　申请领取安全生产许可证应当提供下列文件、资料，并对其真实性负责：

（一）煤矿企业提供的文件、资料

1. 安全生产许可证申请书（一式三份）；

2. 各种安全生产责任制（复制件）；

3. 安全生产规章制度和操作规程目录清单；

4. 设置安全生产管理机构和配备专职安全生产管理人员的文件（复制件）；

5. 主要负责人、安全生产管理人员安全生产知识和管理能力考核合格的证明材料；

6. 特种作业人员培训计划，从业人员安全生产教育培训计划；

7. 为从业人员缴纳工伤保险费的有关证明材料；

8. 重大危险源检测、评估、监控措施和应急预案；

9. 事故应急救援预案和设立矿山救护队的文件或与专业救护队签订的救护协议。

（二）煤矿提供的文件、资料和图纸

1. 安全生产许可证申请书（一式三份）；

2. 采矿许可证（复制件）；

3. 各种安全生产责任制（复制件）；

4. 安全生产规章制度和操作规程目录清单；

5. 设置安全管理机构和配备专职安全生产管理人员的文件（复制件）；

6. 矿长、安全生产管理人员考核合格的证明材料；

7. 特种作业人员操作资格证书的证明材料；

8. 从业人员安全生产教育考试合格的证明材料；

9. 为从业人员缴纳工伤保险费的有关证明材料；

10. 具备资质的中介机构出具的安全评价报告；

11. 矿井瓦斯等级鉴定文件；

12. 矿井灾害预防和处理计划；

13. 井工煤矿通风系统图；

14. 露天煤矿边坡监测系统图；

15. 设立矿山救护队的文件或与专业矿山救护队签订的救护协议。

第十六条　安全生产许可证颁发管理机关对申请人提交的申请书及文件、资料，应当按照下列规定分别处理：

（一）申请事项不属于本机关职权范围的，应当即时作出不予受理的决定，并告知申请人向有关行政机关申请；

（二）申请材料存在可以当场更正的错误的，应当允许或者要求申请人当场更正，并即时出具受理的书面凭证；

（三）申请材料不齐全或者不符合要求的，应当当场或者在5个工作日内一次告知申请人需要补正的全部内容，逾期不告知的，自收到申请材料之日起即为受理；

（四）申请材料齐全、符合要求或者按照要求全部补正的，自收到申请材料或者全部补正材料之日起为受理。

第十七条　对已经受理的申请，安全生产许可证颁发管理机关应在征得煤矿企业所在地人民政府安全生产监督管理部门或者有关部门同意后，指派有关人员对申请材料和安全生产条件进行审查；需要到现场审查的，应到现场进行审查。

第十八条　负责审查的有关人员应当向安全生产许可证颁发管理机关提出审查意见。

安全生产许可证颁发管理机关应当对有关人员提出的审查意见进行讨论，并在受理申请之日起45个工作日内作出颁发或者不予颁发安全生产许可证的决定。

对决定颁发的，安全生产许可证颁发管理机关应当自决定之日起10个工作日内送达或者通知申请人领取安全生产许可证；对不予颁发的，应当在10个工作日内书面通知申请人并说明理由。

第十九条　经审查符合本实施办法规定的，安全生产许可证颁发管理机关应当分别向煤矿企业及其所属煤矿颁发安全生产许可证。

第二十条　安全生产许可证的有效期为3年。安全生产许可证有效期满需要延期的，煤矿企业应当于期满前3个月按照本实施办法第十四条的规定，向原安全生产许可证颁发管理机关提出延期申请，并提交本实施办法第十五条规定的文件、资料和安全生产许可证副本。

第二十一条　对已经受理的延期申请，安全生产许可证颁发管理机关应当按照本实施办法的规定办理安全生产许可证延期手续。

第二十二条　煤矿企业在安全生产许可证有效期内符合下列条件的，安全生产许可证有效期届满时，经原安全生产许可证颁发管理机关同意，不再审查，直接办理延期手续：

（一）严格遵守有关安全生产的法律法规和本实施办法；

（二）取得安全生产许可证后，加强日常安全生产管理，未降低安全生产条件；

（三）接受安全生产许可证颁发管理机关及煤矿安全监察机构的监督检查；

（四）未发生死亡事故。

第二十三条　煤矿企业在安全生产许可证有效期内有下列情形之一的，应当向原安全生产许可证颁发管理机关申请变更安全生产许可证：

（一）变更主要负责人的；

（二）变更隶属关系的；

（三）变更企业名称的；

（四）改建、扩建工程经验收合格的。

变更本条第一款第（一）、（二）、（三）项的，自工商营业执照变更之日起10个工作日内提出申请；变更本条第一款第（四）项的，应当在改建、扩建工程验收合格后10个工作日内提出申请。

申请变更本条第一款第（一）项的，应提供变更后的工商营业执照副本和主要负责人考核合格证明材料；申请变更本条第一款第（二）、（三）项的，应提供变更后的工商营业执照副本；申请变更本条第一款第（四）项的，应提供与改建、扩建工程相关的文件、资料。

第二十四条　对于本实施办法第二十三条第一款第（一）、（二）、（三）项的变更申请，安全生产许可证颁发管理机关在对申请人提交的相关文件、资料审核后，即可办理安全生产许可证变更手续。

对于本实施办法第二十三条第一款第（四）项的变更申请，安全生产许可证颁发管理机关应当按照本实施办法第十七、十八条的规定办理安全生产许可证变更手续。

第二十五条　煤矿企业停办、关闭的，应当自停办、关闭之日起10个工作日内向原安全生产许可证颁发管理机关申请注销安全生产许可证，并提供煤矿开采现状报告、实测图纸和遗留事故隐患的报告及防治措施。

经安全生产许可证颁发管理机关审查同意延期、变更安全生产许可证的，安全生产许可证颁发管理机关应当收回原安全生产许可证，换发新的安全生产许可证。

第二十六条　煤矿企业安全生产许可证分为正副本，具有同等法律效力，正本为悬挂式，副本为折页式。

煤矿企业安全生产许可证由国家煤矿安全监察局统一印制和编号。

煤矿企业安全生产许可证申请书、审查书、延期申请书、变更申请书等由国家煤矿安全监察局规定统一格式。

第四章　安全生产许可证的监督管理

第二十七条　已经建成投产的煤矿企业在申请安全生产许可证期间，应当依法进行生产，确保安全；不具备安全生产条件的，应当进行整改并制定安全保障措施；经整改仍不具备安全生产条件的，不得进行生产。

第二十八条　煤矿企业不得转让、冒用、买卖、出租、出借或使用伪造的安全生产许可证。

第二十九条　安全生产许可证颁发管理机关应当坚持公开、公平、公正的原则，严格依照本实施办法的规定审查、颁发安全生产许可证。

安全生产许可证颁发管理机关工作人员在安全生产许可证颁发、管理和监督检查工作中，不得索取或者接受煤矿企业的财物，不得谋取其他利益。

第三十条　安全生产许可证颁发管理机关发现有下列情形之一的，应当撤销已经颁发的安全生产许可证：

（一）超越职权颁发安全生产许可证的；

（二）违反本实施办法规定的程序颁发安全生产许可证的；

（三）不具备本实施办法规定的安全生产条件颁发安全生产许可证的；

（四）以欺骗、贿赂等不正当手段取得安全生产许可证的。

第三十一条　取得安全生产许可证的煤矿企业有下列情形之一的，安全生产许可证颁发管理机关应当注销其安全生产许可证：

（一）终止煤炭生产活动的；

（二）安全生产许可证被依法撤销的；

（三）安全生产许可证被依法吊销的。

第三十二条　煤矿企业隐瞒有关情况或者提供虚假材料申请安全生产许可证的，安全生产许可证颁发管理机关不予受理，该企业在一年内不得再次申请安全生产许可证。

第三十三条　煤矿安全监察办事处及未设立煤矿安全监察机构的市级人民政府指定的负责煤矿安全监察工作的部门负责本行政区域内取得安全生产许可证的煤矿企业的日常监督检查，并将监督检查中发现的问题及时报告安全生产许可证颁发管理机关。

第三十四条　安全生产许可证颁发管理机关应当每6个月向社会公布一次取得安全生产许可证的煤矿企业情况。

第三十五条　安全生产许可证颁发管理机关应当将煤矿企业安全生产许可证颁发管理情况通报煤矿企业所在地市级以上人民政府及其指定的负责煤矿安全监察工作的部门。

第三十六条　安全生产许可证颁发管理机关应当加强对煤矿企业安全生产许可证的监督管理，建立、健全安全生产许可证档案管理制度。

第三十七条　省级安全生产许可证颁发管理机关应当于每年1月15日前将所负责行政区域内上年度煤矿企业安全生产许可证颁发和管理情况报国家煤矿安全监察局。

第三十八条　监察机关依照《中华人民共和国行政监察法》的规定，对安全生产许可证颁发管理机关及其工作人员履行《安全生产许可证条例》和本实施办法规定的职责实施监察。

第三十九条　任何单位或者个人对违反《安全生产许可证条例》和本实施办法规定的行为，有权向安全生产许可证颁发管理机关或者监察机关等有关部门举报。

第五章　罚　则

第四十条　安全生产许可证颁发管理机关工作人员有下列行为之一的，给予降级或者撤职的行政处分；构成犯罪的，依法追究刑事责任：

（一）向不符合本实施办法规定的安全生产条件的煤矿企业颁发安全生产许可证的；

（二）发现煤矿企业未依法取得安全生产许可证擅自从事生产活动，不依法处理的；

（三）发现取得安全生产许可证的煤矿企业不再具备本实施办法规定的安全生产条件，不依法处理的；

（四）接到对违反本实施办法规定行为的举报后，不及时处理的；

（五）在安全生产许可证颁发、管理和监督检查工作中，索取或者接受煤矿企业的财物，或者谋取其他利益的。

第四十一条　承担安全评价、检测、检验工作的机构，出具虚假安全评价、检测、检验报告或者证明，构成犯罪的，依照刑法有关规定追究刑事责任；尚不够刑事处罚的，没收违法所得，违法所得在5000元以上的，并处违法所得2倍以上5倍以下的罚款，没有违法所得或者违法所得不足5000元的，单处或者并处5000元以上2万元以下的罚款，对其直接负责的主管人员和其他直接责任人员处5000元以上5万元以下的罚款；给他人造成损害的，与煤矿企业承担连带赔偿责任。

对有前款违法行为的机构，撤销其相应资格。

第四十二条　取得安全生产许可证的煤矿企业不符合本实施办法第六条至第十二条规定的安全生产条件之一的，予以警告，责令整改，并处1万元以上3万元以下罚款。

第四十三条　取得安全生产许可证的煤矿企业有下列行为之一的，暂扣其安全生产许可证并限期整改：

（一）发生重大事故的；

（二）不具备本实施办法第十三条规定的安全生产条件之一的；

（三）本实施办法第四十二条规定责令整改而未进行整改的。

第四十四条　取得安全生产许可证的煤矿企业有下列行为之一的，吊销其安全生产许可证：

（一）倒卖、出租、出借或者以其他形式非法转让安全生产许可证的；

（二）提供虚假证明文件或采取其他欺骗手段取得安全生产许可证的；

（三）暂扣安全生产许可证后未按期整改或者逾期仍不具备本实施办法规定的安全生产条件的。

第四十五条　煤矿企业有下列行为之一的，责令停止生产，没收违法所得，并处10万元以上50万元以下的罚款；造成重大事故或者其他严重后果，构成犯罪的，依法追究刑事责任：

（一）未取得安全生产许可证，擅自进行生产的；

（二）接受转让的安全生产许可证的；

（三）冒用安全生产许可证的；

（四）使用伪造安全生产许可证的。

第四十六条　煤矿企业在安全生产许可证有效期满未办理延期手续，继续进行生产的，责令停止生产，限期补办延期手续，没收违法所得，并处5万元以上10万元以下的罚款；逾期仍不办理延期手续，继续进行生产的，依照本实施办法第四十五条的规定处罚。

第四十七条　煤矿企业在安全生产许可证有效期内，主要负责人、隶属关系、企业名称发生变化，未按本实施办法申请、办理变更手续的，责令限期办理变更手续，并处1万元以上3万元以下罚款。

煤矿企业改建、扩建工程已经验收合格，未按本实施办法规定申请、办理变更手续擅自投入生产的，责令停止生产活动，限期办理变更手续，并处1万元以上3万元以下罚款；逾期仍不办理变更手续，继续进行生产的，依照本实施办法第四十五条的规定处罚。

第四十八条　煤矿企业转让安全生产许可证的，没收违法所得，处10万元以上50万元以下的罚款；构成犯罪的，依法追究刑事责任。

第四十九条　《安全生产许可证条例》施行前已经进行生产的煤矿企业，应当在2005年1月13日前，按照本实施办法的规定向安全生产许可证颁发管理机关申请办理安全生产许可证；逾期不办理安全生产许可证或者经审查不符合本实施办法的规定，未取得安全生产许可证继续进行生产的，依照本办法第四十五条的规定处罚。

第六章　附　则

第五十条　《安全生产许可证条例》和本实施办法规定的行政处罚，由安全生产许可证颁发管理机关决定。

第五十一条　本实施办法自公布之日起施行。

国务院安委会办公室关于贯彻落实《国务院关于进一步加强企业安全生产工作的通知》精神进一步加强非煤矿山安全生产工作的实施意见

（国务院安全生产委员会 2010年8月27日发布 安委办〔2010〕17号）

各省、自治区、直辖市及新疆生产建设兵团安全生产委员会，国务院安全生产委员会各有关成员单位，有关中央企业：

为认真贯彻落实《国务院关于进一步加强企业安全生产工作的通知》（国发〔2010〕23号，以下简称《通知》）精神，进一步加强非煤矿山安全生产工作，促进非煤矿山安全生产形势持续稳定好转，现提出如下实施意见：

一、总体要求和工作目标

1. 坚决贯彻《通知》精神和党中央、国务院关于加强安全生产工作的一系列重要指示和决策部署，以有效遏制非煤矿山重特大事故的发生和继续降低事故总量为目标，以深化安全生产“三项行动”、“三项建设”为抓手，进一步完善措施，突出预防为主、加强监管、落实责任，大力推进企业安全生产主体责任落实，大力推进打非治违、整顿关闭、资源整合、技术进步、强基固本等各项工作，大力推进安全生产长效机制建设，力争到2013年底，大中型金属非金属矿山达到安全标准化三级以上水平、所有金属非金属矿山和尾矿库达到安全标准化五级以上水平，露天矿山（不含型材矿）全部采用中深孔爆破、机械铲装、机械二次破碎技术和装备，金属非金属地下矿山（以下简称地下矿山）全部安装使用监测监控、人员定位、紧急避险、压风自救、供水施救和通信联络系统，三等以上尾矿库全部安装全过程在线安全监控系统，矿山企业主要负责人、安全管理人员、特种作业人员持证上岗和从业人员先培训后上岗制度得到全面落实。通过努力，力争到2013年底，使非煤矿山生产安全事故死亡人数控制在1000人以内，重特大事故得到有效遏制，安全生产形势进一步稳定好转。

二、全面加强非煤矿山企业安全基础管理

2. 健全完善企业安全生产责任制和各项规章制度。非煤矿山企业要建立健全以法定代表人负责制为核心的各级安全生产责任制。在此基础上，要健全完善安全目标管理、矿领导下井带班、安全例会、安全检查、安全教育培训、生产技术管理、机电设备管理、劳动管理、安全费用提取与使用、重大危险源监控、安全生产隐患排查治理、安全技术措施审批、劳动防护用品管理、职业危害

预防、生产安全事故报告和应急管理、安全生产奖惩、安全生产档案管理等制度，以及各类安全技术规程等。

3. 建立健全企业安全管理机构。非煤矿山企业要设立专门安全管理机构，配备专职安全管理人员。地下矿山专职安全管理人员不少于3人，露天矿山不少于2人，小型露天采石场不少于1人，每班必须确保有专（兼）职安全员在岗。大中型企业要配备安全总监和副总监。

4. 建立并严格落实地下矿山矿领导下井带班制度。地下矿山企业要建立健全矿领导下井带班制度，并与工人同时下井、同时升井。下井带班矿领导要把保证安全生产作为首要责任，切实掌握当班井下的安全生产情况，加强对重点部位、关键环节的检查巡视，及时发现和处置安全隐患，制止违章指挥、违规作业、违反劳动纪律的“三违”行为，发现危及职工生命安全的重大隐患时，带班矿领导必须立即组织停产、撤人。

5. 加强企业生产技术管理。非煤矿山企业要设立技术总负责人，并明确技术总负责人在企业主要负责人的领导下，对矿山生产技术工作负总责。与此同时，要设立生产技术管理机构，配备采矿、机电、地质及测量等专业技术人员。地下矿山还必须配备通风等专业技术人员。没有条件配备专业技术人员的矿山，必须聘请专业技术人员或委托评价、咨询、技术服务等中介机构提供技术服务。要严格按照《金属非金属矿山安全规程》（GB16423—2006）等相关技术规范，及时绘制矿山相关实测图纸，图纸要与实际相符。企业技术总负责人每月要组织召开一次技术分析会议，特殊情况下要随时召开，及时研究解决安全生产技术问题。地下矿山企业每年要对采掘、提升、运输、通风、防排水、供配电等系统进行一次安全可靠性评估。因不解决安全生产技术问题而产生重大隐患的，要对企业主要负责人、技术总负责人和有关人员给予处罚；发生生产安全事故的，依法追究责任。

6. 切实加强企业安全专业管理。地下矿山要采取有力措施，不断加强通风、提升、爆破、顶板、空区、地压、机电设备和探排水等专业管理；露天矿山要不断加强高陡边坡、排土场监测监控；尾矿库要不断加强坝体稳定性、筑坝和排洪设施监测管理；石油开采企业要不断加强“三高”（高含硫、高产量、高压力）气田井控、含硫油气田硫化氢监控、海洋石油防台风（风暴潮）工作。

7. 切实加强企业现场安全监督检查。非煤矿山企业要落实现场安全检查的内容、范围、频次、方法，制定现场检查表，落实责任单位和责任人。要严格检查处置各系统、各部位、各作业地点存在的各种问题，严格查处“三违”和超能力、超强度、超定员组织生产等行为。要鼓励职工监督举报各种违规和违章行为，对举报者给予奖励。

8. 及时排查治理安全生产隐患。非煤矿山企业要按照《安全生产事故隐患排查治理暂行规定》（国家安全监管总局令第16号）的规定，严格落实安全生产隐患排查治理制度，明确日常排查、定期排查和分级管理的任务、范围和责任。企业主要负责人或主管负责人、技术总负责人每月至少组织一次全面的、以隐患排查为主要内容的安全检查。对查出的各类隐患要进行登记，并切实做到整改措施、责任、资金、时限和预案五落实。要建立以安全生产专业人员为主导的隐患整改效果评价制度，确保整改到位。隐患整改结束后，由企业法定代表人或主管负责人、技术总负责人组织验收。对隐患整改不力造成生产安全事故的，要依法从重追究相关负责人的责任。

非煤矿山企业存在重大安全生产隐患（分类见附件1）的，要立即停止生产，由企业主要负责人组织制定并实施隐患治理方案，同时向县级以上安全监管部门备案。县级以上安全监管部门在3个月内发现2次（含2次）以上存在同一重大安全生产隐患且未停产整改的非煤矿山企业，要从重处罚，性质严重的，要提请当地政府予以关闭。

9. 强化企业职工安全教育培训。非煤矿山企业主要负责人、安全管理人员和特种作业人员必须经相关机构培训合格、取得相应资格证后方可上岗工作。严格执行全员安全教育培训制度，对新上岗的从业人员要按照有关规定进行强制性安全培训，保证其具备本岗位安全操作、自救互救以及应急处置所需的知识和技能。凡存在不经培训上岗、无证上岗的企业，依法停产整顿。没有对井下作业人员进行安全培训教育，或特种作业人员无证上岗导致事故发生的，要依法予以关闭。

10. 加强对外包施工队伍的安全管理。从事非煤矿山采掘施工的外包施工单位必须具备矿山工程施工资质并取得安全生产许可证。非煤矿山企业要与外包施工单位签订安全生产管理协议，明确非煤矿山企业是安全生产的责任主体，外包施工单位对承接工程负直接安全生产责任。外包施工单位施工前，要向承接工程所在地县级以上安全监管部门备案，否则不得开工。营业性爆破作业单位从事矿山工程爆破作业的，必须按照矿山采掘施工单位的条件取得非煤矿矿山企业安全生产许可证。

11. 加强企业安全标准化建设。大中型露天矿山、地下矿山和三等以上尾矿库要在2011年底前达到安全标准化最低等级；2013年底前，所有金属非金属矿山和尾矿库要达到安全标准化最低等级。在规定时间内未达到安全标准化最低等级的，要依法吊销其安全生产许可证，提请县级以上地方政府依法予以关闭。2011年1月1日以后换发安全生产许可证的，必须达到安全标准化最低等级，否则不予办理延期换证手续。

12. 加强企业班组安全管理。非煤矿山企业要把班组安全管理作为安全生产的重要环节抓紧抓好。要健全班组安全管理制度，落实班组安全生产责任，设立班组安全员，建立班组安全生产台账，开展经常性的班组安全活动，提高班组预防和应对事故灾难的能力。

三、全面加强非煤矿山企业安全生产保障能力建设

13. 强制推行先进适用的技术装备。适合采用中深孔爆破、机械铲装、机械二次破碎技术和装备的露天矿山，要在2011年底前全部采用以上技术和装备，因特殊原因不能采用的，要形成书面报告报县级以上安全监管部门备案；地下矿山要安装使用监测监控系统、井下人员定位系统、紧急避险系统、压风自救系统、供水施救系统和通信联络系统等技术装备；三等以上尾矿库要安装全过程在线安全监控系统；海上石油开采企业要对出海人员配备动态跟踪系统，并在3年内完成。逾期未达到以上要求的，依法暂扣安全生产许可证。要大力推广应用地压和采空区监测监控系统、高陡边坡稳定性监测系统、非电起爆、干式排尾、尾矿充填及综合利用、高含硫气田勘探开发安全关键技术、油气长输管道泄漏检测等技术（工艺）装备。要利用“金安”工程，积极推进非煤矿山安全生产信息化建设，建立综合的安全生产管理信息平台，建设数字化矿山示范工程，提高企业安全防范水平。

14. 加大企业安全投入和安全生产技术研发力度。非煤矿山要按照有关规定提取和使用安全生产费用，加大安全投入，努力改善安全生产条件。大中型非煤矿山企业要依托大专院校、科研院所等单位开展安全监测监控、安全保护、个体防护、灾害监控、特种安全设施及应急救援等科技研发，促进安全生产关键技术装备的换代升级。

15. 加快企业专业技术和技能人才培养步伐。非煤矿山企业要建立健全人才培养和激励机制，加强与高等院校、职业学校的合作，通过合作办校、对口单招、订单式培养等方式，加大对采矿、机电、地质、通风、安全管理等非煤矿山相关专业人才的培养力度，加快对非煤矿山专业人才和生产一线急需技能型人才的培养。同时，要鼓励和扶持技术骨干在相关安全技术装备等方面的开发研究。对在非煤矿山安全科学研究、技术开发、技术推广中表现突出的单位和个人给予奖励。

16. 加强非煤矿山安全生产应急救援体系建设。要依托大型矿山企业和专业救援力量，建立省、

市级区域性非煤矿山应急救援基地或骨干队伍。所有非煤矿山企业都要建立专兼职应急救援队伍，配备必要的应急救援装备和物资；无能力建立的，要与周边区域性应急救援基地或骨干队伍签订应急救援服务协议。要健全完善非煤矿山各类安全生产应急预案，尤其要根据本企业实际情况和安全生产特点，在总体预案的基础上，编制包括边坡滑坡（垮塌）、水灾、火灾、中毒窒息、坠罐（跑车）、爆炸、地表塌陷（冒顶）、尾矿库垮坝、井喷失控、硫化氢中毒事故等专项应急预案，并加强应急演练。要加强应急装备建设，为专兼职救援队伍配备必要的救援装备，尤其是处置重特大复杂事故的先进、特种装备和个体防护装备，以提高事故应急处置和个人防护能力。

17. 建立完善企业安全生产预警机制。非煤矿山企业要建立完善安全生产动态监控及预警预报体系，加强与驻地安全监管、气象、国土资源管理等部门的联系，及时主动了解掌握当地汛情、地质灾害等影响情况，按规定要求定期进行安全风险分析及隐患排查治理，搞好重大危险源监控，超前做好灾害防范和应对工作。出现事故征兆的，要立即发布预警信息，落实预防和应急处置措施。事故可能波及周边居民时，预警信息必须第一时间报告当地安全监管部门。

四、全面加强非煤矿山安全监管工作

18. 严厉打击非法违法建设生产经营行为。各级安全监管部门要探索建立打击非煤矿山非法违法行为联席会议制度，形成政府统一领导、安委会办公室综合协调、部门分工负责、群众参与支持的打击非煤矿山领域非法违法建设生产经营行为工作体制机制。要会同有关部门严厉打击非法违法建设生产经营行为（具体情形见附件 2）。对抗拒安全执法的企业及其主要负责人，依法依规从重处罚；对拒不执行安全监管指令的，要提请地方政府依法予以取缔关闭。

19. 建立健全重大隐患治理挂牌督办制度。要按照《国务院安全生产委员会成员单位安全生产工作职责》（安委〔2010〕2 号）的规定，省级安全生产监管部门和有关部门对非煤矿山重大安全生产隐患治理实施挂牌督办、公告制度。

20. 切实加强非煤矿山建设项目安全监管。严格执行非煤矿山建设项目安全设施与主体工程同时设计、同时施工、同时投入生产和使用的“三同时”审查制度。安全设施与主体工程未做到同时设计的一律不予审批、不得开工建设；未做到同时施工的责令停止施工；未同时投入使用的不得竣工验收、不得生产、不得颁发安全生产许可证。严格落实勘察、建设、设计、施工、监理、监管等各方安全责任。对项目建设单位存在违法发包、分包、转包等行为的，立即依法责令停工、停产整顿，并追究项目业主、承包方等各方责任。

21. 严格非煤矿山建设项目建设周期管理。非煤矿山建设项目要按照初步设计确定的建设工期施工，在建设工期内未按期完工的，要向负责安全设施设计审查批复的安全监管部门报告，在延长期限内仍不能完成施工、存在边建设边生产违法行为的，由安全监管部门提请地方政府依法予以关闭。实行试生产（运行）备案制度。建设项目安全设施未经安全监管部门组织竣工验收通过的，不得投入生产。在竣工验收前确需试生产（运行）的，建设单位必须组织单项工程验收合格，并制定试生产（运行）方案及应急预案，报负责“三同时”审批的安全监管部门备案后，才能进行试生产（运行）。试生产（运行）期限原则上不得超过 6 个月，需要延长试生产（运行）期限的，要向安全监管部门提出申请，说明情况，但延长期限不能超过 3 个月。建设单位要在试生产（运行）结束前 1 个月内向安全监管部门提出安全设施竣工验收申请，经验收合格并申请领取安全生产许可证后，方可投入正式生产运行。

22. 严格安全生产准入前置条件。各省级安全监管部门要根据本地实际，抓紧制定与国家安全生产标准相配套的地方安全标准。把符合安全标准要求作为非煤矿山企业准入的必备前置条件，实行严格的安全标准核准制度；要会同有关部门制定本地区金属非金属矿种最小开采规模和最低服务年限政策，对达不到要求的坚决不予批准。同时，要会同国土资源部门共同审查非煤矿山企业矿产资源开发利用方案，并进行安全条件论证，从源头上把好安全生产准入关。凡不符合安全生产标准违规建设的，要责令停止建设，情节严重的，要提请地方政府依法予以关闭取缔。对降低标准造成隐患的，要追究相关人员和负责人的责任。

23. 提高非煤矿山安全准入门槛。有关部门对以下新建非煤矿山建设项目一律不予批准：（1）低于国家或本地区规定的最低生产规模的；（2）金属非金属矿山开采年限小于3年的；（3）相邻露天矿山开采范围之间的最小安全距离小于300米的；（4）没有按规定配备专业技术人员的；（5）没有按规定装备采掘设备的；（6）三等以上尾矿库没有采用全过程在线安全监测监控系统的；（7）在运行尾矿库周边从事采掘作业对尾矿库坝体稳定性造成影响的；（8）法律法规规定的其他安全生产条件要求的。

24. 强化非煤矿山企业安全生产属地监管。按照有关规定，县级以上安全监管部门要对辖区内非煤矿山企业实行严格的安全生产监督检查和管理（其中，中央企业所属非煤矿山的安全生产监管由市级以上安全监管部门负责）。任何矿山企业不得以任何理由阻碍安全监管部门进行现场检查。

25. 加强对专项资金使用情况的监管。各级安全监管部门要督促指导有关非煤矿山企业切实做好中央财政支持的尾矿库治理专项资金的使用，落实地方和企业配套资金。同时，要取得同级政府的支持，探索建立非煤矿山安全生产专项资金，对改善安全监管装备、关闭小矿山、推行尾矿处理技术和采空区及地压监控等先进技术、大型采空区和塌陷区治理、安全标准化建设等给予资金支持。

26. 加强对非煤矿山安全生产费用提取使用的监管。各级安全监管部门要结合实际，制定非煤矿山安全生产费用提取使用办法，加强对非煤矿山企业安全生产费用提取及使用的监督检查，研究提高非煤矿山安全生产费用提取的下限标准，完善企业安全生产费用管理制度，确保企业在税前足额提取安全生产费用，改善非煤矿山安全生产条件。

27. 加强非煤矿山安全生产工作的政策引导。各级安全监管部门要会同有关部门，研究制定促进非煤矿山安全生产技术研究和装备发展研发的政策，鼓励引导非煤矿山企业联合大专院校、科研院所积极争取国家重点科技攻关计划、国家自然科学基金、国家高技术产业化项目、国家创新基金等对非煤矿山安全生产技术研究和装备发展研发的支持；鼓励引导非煤矿山企业自主研发或与科研机构合作开发先进适用的安全生产技术和矿用产品；组织实施非煤矿山采空区监测监控、露天矿山高陡边坡监测监控、尾矿库在线监测、防硫化氢中毒等安全生产科技示范工程，以点带面，促进非煤矿山企业加快提升安全技术装备水平。

28. 进一步加强非煤矿山安全监管能力建设。要强化非煤矿山安全监管机构建设，进一步加强基层安全监管力量，并努力提高其履职能力。与此同时，要加强非煤矿山安全监管装备建设，为非煤矿山安全监管机构配备必需的监管监测手段和办公设备等，以满足监管工作需要。

29. 加强对安全生产专业服务机构的监管。各级安全监管部门要制定完善安全生产专业服务机构管理办法，在充分发挥专业服务机构作用的同时，加强监管，以保证专业服务机构从业行为的专业性、独立性和客观性。各安全生产评价、技术支持、安全培训、检测检验等服务性机构要积极开展非煤矿山技术服务，并规范技术服务行为。各专业服务机构对相关评价、检测检验、鉴定结论承担法律责任。对违法违规、弄虚作假的服务机构，各级安全监管部门要依法依规从严追究相关人员和机构的责任，并降低或撤销相关资质。

五、加快推进非煤矿山产业发展方式转变

30. 推进安全发展。各级安全监管部门要探索建立由工业和信息化、发展改革、国土资源、建设、安全监管等部门参加的沟通合作机制，研究制定本地区非煤矿山产业安全发展规划，并纳入本地区总体规划之中。非煤矿山企业在制定发展规划和年度生产经营计划中要突出安全生产，确保安全投入和各项安全措施到位，把安全生产工作的各项要求落实在企业发展和日常工作之中。

31. 强制淘汰落后技术、工艺和设备。金属非金属矿山要强制淘汰以下技术、工艺和设备：

（1）露天矿山：扩壶爆破，使用爆破方式进行二次破碎，人工装载矿岩，没有捕尘装置的干式凿岩，雷电多发地区采用电雷管起爆。

（2）地下矿山：横撑支柱采矿法，局部通风机非阻燃风筒，主要井巷木支护，主提升设备使用带式制动器，凸轮式防坠保险装置，非阻燃电缆和带式输送机，非矿用局部通风机，空场法开采人工装载矿岩。

各级安全监管部门要根据本地区实际，会同有关部门研究制定本地区淘汰落后工艺、技术、装备目录，限定淘汰时间。对存在使用落后工艺和技术装备、构成重大安全生产隐患的企业，要予以公布，责令限期整改，逾期未整改的依法予以关闭。

32. 积极推进矿产资源开发整合。各级安全监管部门要配合国土资源等有关部门将一个矿体多个开采主体、矿山开采范围及规模小、相邻矿山开采相互影响安全生产的列入本地区资源整合范围。对于已列入整合范围的重点矿区和矿山，要积极引导安全管理基础好、注重安全投入的优势企业参与整合。

33. 强化对整合矿山和矿区的安全监管工作。要坚持“一个矿体原则上只能有一个开采主体”的原则，促使整合后的金属非金属矿山达到提高集约化水平和安全保障条件的目的。对于决定实施整合的矿山，要严格程序，按照“先关闭、后整合”的原则，依法注销其非煤矿矿山企业安全生产许可证。对于整合后的矿山，要督促其重新履行安全设施“三同时”手续，依法取得安全生产许可证后，方可投入生产。要加强监管，严防以整合名义逃避关闭，严防以矿井整合代替资源整合，严防整合期间非法组织生产。要把推进矿产资源开发整合工作与非煤矿山安全生产执法行动、整顿关闭工作统筹安排、统一部署、同步推进，加大对逃避整合、借整合之名非法开采行为的打击力度。

34. 加快推进产业重组步伐。各级安全监管部门要配合有关部门充分发挥产业政策导向和市场机制的作用，加大重组力度，推动非煤矿山企业组建大集团、大公司，提高矿山产业集中度和集约化发展水平，提高非煤矿山企业安全生产水平。

六、严格安全目标考核和责任追究

35. 严格落实安全目标考核。要将非煤矿山安全监管能力建设、非煤矿山安全投入、大型采空区和塌陷区治理、尾矿库治理等纳入安全目标考核内容，并建立激励约束机制，加快推进非煤矿山安全生产长效机制建设。

36. 研究制定安全生产激励政策。各级安全监管部门要会同有关部门研究制定辖区内非煤矿山安全生产激励政策，对达到安全生产标准化最低等级，连续 3 年未发生生产安全事故，且没有发现重大安全生产隐患的企业，由安全监管部门定期向社会公告，建议有关部门在新增项目核准、用地审批、证券融资、银行贷款、延期换证等方面给予政策优惠。

37. 加大安全绩效考核力度。要研究制定国有控股矿山企业安全绩效考核办法，把每起生产安

全事故直接与岗位工人、各级管理者的收入和职务升降挂钩，推动落实企业全员、全过程、全方位安全管理。对非公有制非煤矿山企业也要研究相应的考核与奖惩措施。

38. 严格追究事故责任。要按照《通知》要求和有关规定，加大对事故矿山企业责任人的责任追究力度和对事故企业的处罚力度，对打击非法违法生产不力的要严肃追究责任。

39. 建立事故查处督办制度。要按照有关规定，对事故查处实行地方各级安全生产委员会层层挂牌督办，重大事故查处实行国务院安全生产委员会挂牌督办。对瞒报事故按照提高一个事故等级进行调查处理。

附件：1. 非煤矿山重大安全生产隐患分类

2. 非煤矿山非法违法建设生产经营行为情形

附件 1

非煤矿山重大安全生产隐患分类

非煤矿山企业有下列重大安全生产隐患和行为的，要立即停止生产，消除隐患：

1. 没有按有关规定建立安全管理机构和安全生产制度，制定安全技术规程和岗位安全操作规程的。
2. 超能力、超强度、超定员组织生产的。
3. 相邻矿山开采错动线重叠，开采移动线与周边居民村庄、重要设备设施安全距离不符合相关要求，以及与相邻矿山开采相互严重影响安全的。
4. 有严重水患，没有采取有效防范措施的。
5. 没有按规定使用取得矿用产品安全标志的设备设施的。
6. 危险性较大的设备设施未按规定经有资质的安全检测检验机构检测，以及经检测检验不合格的。
7. 民爆器材库不符合规程规范要求以及违规、超量和混存的。
8. 危险级排土场（废石场）没有治理，以及没有采取有效安全措施的。
9. 露天矿山开采周边安全距离不符合相关法律法规、标准规定的。
10. 露天矿山没有采用自上而下顺序、分台阶（层）开采的。
11. 露天矿山企业没有对高陡边坡采取监测监控措施，以及对较大滑坡体没有治理的。
12. 露天矿山台阶参数和设备能力严重不匹配的。
13. 地下矿山每个矿井、每个生产水平（中段）、每个采场没有两个安全出口的。
14. 地下矿山没有按规定建立机械通风系统，以及通风能力不足，风速、风量、风质不符合要求的。
15. 地下矿山未按相关规定建立排水系统，以及排水系统能力严重不足的。
16. 有自然发火倾向，没有采取有效措施的。
17. 没有对采空区进行治理，以及对地表塌陷没有采取有效监测监控措施的。
18. 地下矿山一级负荷没有采用双回路、双电源供电的。
19. 地下矿山开采与煤共（伴）生矿产资源，没有采取防治瓦斯、煤尘爆炸等措施的。
20. 尾矿库坝体超过设计坝高、超设计库容储存尾矿，以及尾矿库排洪设施不符合设计要求的。

21. 危库、险库没有停止生产并采取有效治理措施的。

22. 尾矿库未按规定进行闭库的。

23. 石油企业没有采取防井喷、防爆炸、防硫化氢中毒、防恶劣气象措施的。

24. 其他重大安全生产隐患。

附件 2

非煤矿山非法违法建设生产经营行为情形

1. 无证、证照不全或证照过期从事勘查、建设、生产、经营的。

2. 盗采矿产资源的。

3. 以采代探、超层越界开采，以及不同矿山井下巷道相互贯通的。

4. 关闭取缔后又擅自恢复生产建设，已纳入资源整合范围予以关闭仍继续从事生产建设，以及以整合名义违规组织生产建设的。

5. 新建、改建、扩建项目未经安全监管部门对安全设施设计进行审查批复进行建设的，以及未经安全监管部门验收通过擅自进行生产的。

6. 资源整合后未重新取得采矿许可证，未依法履行安全设施“三同时”审批手续擅自组织建设和生产的。

7. 尾矿库未取得安全生产许可证擅自生产的。

8. 向无勘查许可证、采矿许可证、安全生产许可证的单位提供民爆物品的。

9. 发现重大隐患隐瞒不报，以及不按规定期限进行整改的。

10. 对事故隐瞒不报的。

11. 拒不执行安全监管指令、抗拒安全执法的。

12. 其他违反安全生产法律法规的建设生产经营行为。

国务院办公厅关于进一步加强煤矿安全生产工作的意见

（国办发〔2013〕99号）

各省、自治区、直辖市人民政府，国务院各部委、各直属机构：

煤炭是我国的主体能源，煤矿安全生产关系煤炭工业持续发展和国家能源安全，关系数百万矿工生命财产安全。近年来，通过各方面共同努力，煤矿安全生产形势持续稳定好转。但事故总量仍然偏大，重特大事故时有发生，暴露出煤矿安全管理中仍存在一些突出问题。党中央、国务院对此高度重视，要求深刻汲取事故教训，坚守发展绝不能以牺牲人的生命为代价的红线，始终把矿工生命安全放在首位，大力推进煤矿安全治本攻坚，建立健全煤矿安全长效机制，坚决遏制煤矿重特大事故发生。为进一步加强煤矿安全生产工作，经国务院同意，现提出以下意见：

一、加快落后小煤矿关闭退出

（一）明确关闭对象。重点关闭9万吨/年及以下不具备安全生产条件的煤矿，加快关闭9万吨/年及以下煤与瓦斯突出等灾害严重的煤矿，坚决关闭发生较大及以上责任事故的9万吨/年及以下的煤矿。关闭超层越界拒不退回和资源枯竭的煤矿；关闭拒不执行停产整顿指令仍然组织生产的煤矿。不能实现正规开采的煤矿，一律停产整顿；逾期仍未实现正规开采的，依法实施关闭。没有达到安全质量标准化三级标准的煤矿，限期停产整顿；逾期仍不达标的，依法实施关闭。

（二）加大政策支持力度。通过现有资金渠道加大支持淘汰落后产能力度，地方人民政府应安排配套资金，并向早关、多关的地区倾斜。研究制定信贷、财政优惠政策，鼓励优势煤矿企业兼并重组小煤矿。修订煤炭产业政策，提高煤矿准入标准。国家支持小煤矿集中关闭地区发展替代产业，加强基础设施建设，加快缺煤地区能源输送通道建设，优先保障缺煤地区的铁路运力。

（三）落实关闭目标和责任。到2015年底全国关闭2000处以上小煤矿。各省级人民政府负责小煤矿关闭工作，要制定关闭规划，明确关闭目标并确保按期完成。

二、严格煤矿安全准入

（四）严格煤矿建设项目核准和生产能力核定。一律停止核准新建生产能力低于30万吨/年的煤矿，一律停止核准新建生产能力低于90万吨/年的煤与瓦斯突出矿井。现有煤与瓦斯突出、冲击地压等灾害严重的生产矿井，原则上不再扩大生产能力；2015年底前，重新核定上述矿井的生产能力，核减不具备安全保障能力的生产能力。

（五）严格煤矿生产工艺和技术设备准入。建立完善煤炭生产技术与装备、井下合理生产布局以及能力核定等方面的政策、规范和标准，严禁使用国家明令禁止或淘汰的设备和工艺。煤矿使用的设备必须按规定取得煤矿矿用产品安全标志。

（六）严格煤矿企业和管理人员准入。规范煤矿建设项目安全核准、项目核准和资源配置的程序。未通过安全核准的，不得通过项目核准；未通过项目核准的，不得颁发采矿许可证。不具备相应灾害防治能力的企业申请开采高瓦斯、冲击地压、煤层易自燃、水文地质情况和条件复杂等煤炭资源的，不得通过安全核准。从事煤炭生产的企业必须有相关专业和实践经历的管理团队。煤矿必须配备矿长、总工程师和分管安全、生产、机电的副矿长，以及负责采煤、掘进、机电运输、通风、地质测量工作的专业技术人员。矿长、总工程师和分管安全、生产、机电的副矿长必须具有安全资格证，且严禁在其他煤矿兼职；专业技术人员必须具备煤矿相关专业中专以上学历或注册安全工程师资格，且有3年以上井下工作经历。鼓励专业化的安全管理团队以托管、入股等方式管理小煤矿，提高小煤矿技术、装备和管理水平。建立煤炭安全生产信用报告制度，完善安全生产承诺和安全生产信用分类管理制度，健全安全生产准入和退出信用评价机制。

三、深化煤矿瓦斯综合治理

（七）加强瓦斯管理。认真落实国家关于促进煤层气（煤矿瓦斯）抽采利用的各项政策。高瓦斯、煤与瓦斯突出矿井必须严格执行先抽后采、不抽不采、抽采达标。煤与瓦斯突出矿井必须按规定落实区域防突措施，开采保护层或实施区域性预抽，消除突出危险性，做到不采突出面、不掘突出头。发现瓦斯超限仍然作业的，一律按照事故查处，依法依规处理责任人。

（八）严格煤矿企业瓦斯防治能力评估。完善煤矿企业瓦斯防治能力评估制度，提高评估标准，增加必备性指标。加强评估结果执行情况监督检查，经评估不具备瓦斯防治能力的煤矿企业，所属高瓦斯和煤与瓦斯突出矿井必须停产整顿、兼并重组，直至依法关闭。加强评估机构建设，充实评估人员，落实评估责任，对弄虚作假的单位和个人要严肃追究责任。

四、全面普查煤矿隐蔽致灾因素

（九）强制查明隐蔽致灾因素。加强煤炭地质勘查管理，勘查程度达不到规范要求的，不得为其划定矿区范围。煤矿企业要加强建设、生产期间的地质勘查，查明井田范围内的瓦斯、水、火等隐蔽致灾因素，未查明的必须综合运用物探、钻探等勘查技术进行补充勘查；否则，一律不得继续建设和生产。

（十）建立隐蔽致灾因素普查治理机制。小煤矿集中的矿区，由地方人民政府组织进行区域性水害普查治理，对每个煤矿的老空区积水划定警戒线和禁采线，落实和完善预防性保障措施。国家从中央有关专项资金中予以支持。

五、大力推进煤矿“四化”建设

（十一）加快推进小煤矿机械化建设。国家鼓励和扶持30万吨/年以下的小煤矿机械化改造，对机械化改造提升的符合产业政策规定的最低规模的产能，按生产能力核定办法予以认可。新建、改扩建的煤矿，不采用机械化开采的一律不得核准。

（十二）大力推进煤矿安全质量标准化和自动化、信息化建设。深入推进煤矿安全质量标准化建设工作，强化动态达标和岗位达标。煤矿必须确保安全监控、人员定位、通信联络系统正常运转，并大力推进信息化、物联网技术应用，充分利用和整合现有的生产调度、监测监控、办公自动化等信息化系统，建设完善安全生产综合调度信息平台，做到视频监视、实时监测、远程控制。县级煤矿安全监管部门要与煤矿企业安全生产综合调度信息平台实现联网，随机抽查煤矿安全监控运行情况。地方人民政府要培育发展或建立区域性技术服务机构，为煤矿特别是小煤矿提供技术服务。

六、强化煤矿矿长责任和劳动用工管理

（十三）严格落实煤矿矿长责任制度。煤矿矿长要落实安全生产责任，切实保护矿工生命安全，确保煤矿必须证照齐全，严禁无证照或者证照失效非法生产；必须在批准区域正规开采，严禁超层越界或者巷道式采煤、空顶作业；必须做到通风系统可靠，严禁无风、微风、循环风冒险作业；必须做到瓦斯抽采达标，防突措施到位，监控系统有效，瓦斯超限立即撤人，严禁违规作业；必须落实井下探放水规定，严禁开采防隔水煤柱；必须保证井下机电和所有提升设备完好，严禁非阻燃、非防爆设备违规入井；必须坚持矿领导下井带班，确保员工培训合格、持证上岗，严禁违章指挥。达不到要求的煤矿，一律停产整顿。

（十四）规范煤矿劳动用工管理。在一定区域内，加强煤矿企业招工信息服务，统一组织报名和资格审查、统一考核、统一签订劳动合同和办理用工备案、统一参加社会保险、统一依法使用劳务派遣用工，并加强监管。严格实施工伤保险实名制；严厉打击无证上岗、持假证上岗。

（十五）保护煤矿工人权益。开展行业性工资集体协商，研究确定煤矿工人小时最低工资标准，提高下井补贴标准，提高煤矿工人收入。严格执行国家法定工时制度。停产整顿煤矿必须按期发放工人工资。煤矿必须依法配备劳动保护用品，定期组织职业健康检查，加强尘肺病防治工作，建设标准化的食堂、澡堂和宿舍。

（十六）提高煤矿工人素质。加强煤矿班组安全建设，加快变“招工”为“招生”，强化矿工实际操作技能培训与考核。所有煤矿从业人员必须经考试合格后持证上岗，严格教考分离、建立统一题库、制定考核办法、对考核合格人员免费颁发上岗证书。健全考务管理体系，建立考试档案，切实做到考试不合格不发证。将煤矿农民工培训纳入各地促进就业规划和职业培训扶持政策范围。

七、提升煤矿安全监管和应急救援科学化水平

（十七）落实地方政府分级属地监管责任。地方各级人民政府要切实履行分级属地监管责任，强化“一岗双责”，严格执行“一票否决”。强化责任追究，对不履行或履行监管职责不力的，要依纪依法严肃追究相关人员的责任。各地区要按管理权限落实停产整顿煤矿的监管责任人和验收部门，省属煤矿和中央企业煤矿由省级煤矿安全监管部门组织验收，局长签字；市属煤矿由市（地）级煤矿安全监管部门组织验收，市（地）级人民政府主要负责人签字；其他煤矿由县级煤矿安全监管部门组织验收，县级人民政府主要负责人签字。中央企业煤矿必须由市（地）级以上煤矿安全监管部门负责安全监管，不得交由县、乡级人民政府及其部门负责。

（十八）明确部门安全监管职责。按照管行业必须管安全、管业务必须管安全、谁主管谁负责的原则，进一步明确各部门监管职责，切实加强基层煤炭行业管理和煤矿安全监管部门能力建设。创新监管监察方式方法，开展突击暗查、交叉执法、联合执法，提高监督管理的针对性和有效性。煤矿安全监管监察部门发现煤矿存在超能力生产等重大安全生产隐患和行为的，要依法责令停产整顿；发现违规建设的，要责令停止施工并依法查处；发现停产整顿期间仍然组织生产的煤矿，要依

法提请地方政府关闭。煤矿安全监察机构要严格安全准入，严格煤矿建设工程安全设施的设计审查和竣工验收；依法加强对地方政府煤矿安全生产监管工作的监督检查；对停产整顿煤矿要依法暂扣其安全生产许可证。国土资源部门要严格执行矿产资源规划、煤炭国家规划矿区和矿业权设置方案制度，严厉打击煤矿无证勘查开采、以煤田灭火或地质灾害治理等名义实施露天采煤、以硐探坑探为名实施井下开采、超越批准的矿区范围采矿等违法违规行为。公安部门要停止审批停产整顿煤矿购买民用爆炸物品。电力部门要对停产整顿煤矿限制供电。建设主管部门要加强煤矿施工企业安全生产许可证管理，组织及时修订煤矿设计相应标准规范，会同煤炭行业管理部门强化对煤矿设计、施工和监理单位的资质监管。投资主管部门要提高煤矿安全技术改造资金分配使用的针对性和实效性。

（十九）加快煤矿应急救援能力建设。加强国家（区域）矿山应急救援基地建设，其运行维护费用由中央财政和所在地省级财政给予支持。加强地方矿山救护队伍建设，其运行维护费用由地方财政给予支持。煤矿企业按照相关规定建立专职应急救援队伍。没有建立专职救援队伍的，必须建设兼职辅助救护队。煤矿企业要统一生产、通风、安全监控调度，建立快速有效的应急处置机制；每年至少组织一次全员应急演练。加强煤矿事故应急救援指挥，发生重大及以上事故，省级人民政府主要负责人或分管负责人要及时赶赴事故现场。在煤矿抢险救灾中牺牲的救援人员，应当按照国家有关规定申报烈士。

（二十）加强煤矿应急救援装备建设。煤矿要按规定建设完善紧急避险、压风自救、供水施救系统，配备井下应急广播系统，储备自救互救器材。煤矿或煤矿集中的矿区，要配备适用的排水设备和应急救援物资。加快研制并配备能够快速打通“生命通道”的先进设备。支持重点开发煤矿应急指挥、通信联络、应急供电等设备和移动平台，以及遇险人员生命探测与搜索定位、灾害现场大型破拆、救援人员特种防护用品和器材等救援装备。

国务院各有关部门要按照职责分工研究制定具体的政策措施，落实工作责任，加强监管监察并认真组织实施。各省级人民政府要结合本地实际制定实施办法，加强组织领导，强化煤矿安全生产责任体系建设，强化监督检查，加强宣传教育，强化社会监督，严格追究责任，确保各项要求得到有效执行。

国务院办公厅
2013 年 10 月 2 日

煤矿防治水规定

（国家安全生产监督管理总局　自2009年12月1日起施行）

第一章　总　则

第一条　为加强煤矿的防治水工作，防止和减少水害事故，保障煤矿职工生命安全，根据《安全生产法》、《矿山安全法》、《国务院关于预防煤矿生产安全事故的特别规定》等法律、行政法规，制定本规定。

第二条　煤矿企业（矿井）、有关单位的防治水工作，适用本规定。

现行煤矿安全规程、规范、标准等有关防治水的内容与本规定不一致的，依照本规定执行。

第三条　防治水工作应当坚持预测预报、有疑必探、先探后掘、先治后采的原则，采取防、堵、疏、排、截的综合治理措施。

第四条　煤矿企业、矿井的主要负责人（含法定代表人、实际控制人，下同）是本单位防治水工作的第一责任人，总工程师（技术负责人，下同）具体负责防治水的技术管理工作。

第五条　煤矿企业、矿井应当按照本单位的水害情况，配备满足工作需要的防治水专业技术人员，配齐专用探放水设备，建立专门的探放水作业队伍。

水文地质条件复杂、极复杂的煤矿企业、矿井，除符合本条第一款规定外，还应当设立专门的防治水机构。

第六条　煤矿企业、矿井应当建立健全水害防治岗位责任制、水害防治技术管理制度、水害预测预报制度和水害隐患排查治理制度。

第七条　煤矿企业、矿井应当编制本单位的防治水中长期规划和年度计划，并组织实施。

第八条　煤矿企业、矿井的井田范围内及周边区域水文地质条件不清楚的，应当采取有效措施，查明水害情况。在水害情况查明前，严禁进行采掘活动。

发现矿井有透水征兆时，应当立即停止受水害威胁区域内的采掘作业，撤出作业人员到安全地点，采取有效安全措施，分析查找透水原因。

第九条　煤矿企业、矿井应当对职工进行防治水知识的教育和培训，保证职工具备必要的防治水知识，提高防治水工作的技能和抵御水灾的能力。

第十条　煤矿企业、矿井应当加强防治水技术研究和科技攻关，推广使用防治水的新技术、新装备和新工艺，提高防治水工作的科技水平。

水文地质条件复杂、极复杂的煤矿企业、矿井，应当装备必要的防治水抢险救灾设备。

第二章　矿井水文地质类型划分及基础资料

第一节　矿井水文地质类型划分

第十一条　根据矿井受采掘破坏或者影响的含水层及水体、矿井及周边老空水分布状况、矿井涌水量或者突水量分布规律、矿井开采受水害影响程度以及防治水工作难易程度，矿井水文地质类型划分为简单、中等、复杂、极复杂4种（见表2－1）。

表2－1　矿井水文地质类型

<table>
<tr><th colspan="2" rowspan="2">分类依据</th><th colspan="4">类　别</th></tr>
<tr><th>简　单</th><th>中　等</th><th>复　杂</th><th>极复杂</th></tr>
<tr><td rowspan="2">受采掘破坏或影响的含水层及水体</td><td>含水层性质及补给条件</td><td>受采掘破坏或影响的孔隙、裂隙、岩溶含水层，补给条件差，补给来源少或极少</td><td>受采掘破坏或影响的孔隙、裂隙、岩溶含水层，补给条件一般，有一定的补给水源</td><td>受采掘破坏或影响的主要是岩溶含水层、厚层砂砾石含水层、老空水、地表水，其补给条件好，补给水源充沛</td><td>受采掘破坏或影响的是岩溶含水层、老空水、地表水，其补给条件很好，补给来源极其充沛，地表泄水条件差</td></tr>
<tr><td>单位涌水量q（$L\cdot s^{-1}\cdot m^{-1}$）</td><td>$q\leq0.1$</td><td>$0.1<q\leq1.0$</td><td>$1.0<q\leq5.0$</td><td>$q>5.0$</td></tr>
<tr><td colspan="2">矿井及周边老空水分布状况</td><td>无老空积水</td><td>存在少量老空积水，位置、范围、积水量清楚</td><td>存在少量老空积水，位置、范围、积水量不清楚</td><td>存在大量老空积水，位置、范围、积水量不清楚</td></tr>
<tr><td>矿井涌水量（$m^3\cdot h^{-1}$）</td><td>正常Q_1最大Q_2</td><td>$Q_1\leq180$（西北地区$Q_1\leq90$）$Q_2\leq300$（西北地区$Q_2\leq210$）</td><td>$180<Q_1\leq600$（西北地区$90<Q_1\leq180$）$300<Q_2\leq1200$（西北地区$210<Q_2\leq600$）</td><td>$600<Q_1\leq2100$（西北地区$180<Q_1\leq1200$）$1200<Q_2\leq3000$（西北地区$600<Q_2\leq2100$）</td><td>$Q_1>2100$（西北地区$Q_1>1200$）$Q_2>3000$（西北地区$Q_2>2100$）</td></tr>
<tr><td colspan="2">突水量Q_3（$m^3\cdot h^{-1}$）</td><td>无</td><td>$Q_3\leq600$</td><td>$600<Q_3\leq1800$</td><td>$Q_3>1800$</td></tr>
<tr><td colspan="2">开采受水害影响程度</td><td>采掘工程不受水害影响</td><td>矿井偶有突水，采掘工程受水害影响，但不威胁矿井安全</td><td>矿井时有突水，采掘工程、矿井安全受水害威胁</td><td>矿井突水频繁，采掘工程、矿井安全受水害严重威胁</td></tr>
<tr><td colspan="2">防治水工作难易程度</td><td>防治水工作简单</td><td>防治水工作简单或易于进行</td><td>防治水工程量较大，难度较高</td><td>防治水工程量大，难度高</td></tr>
</table>

注：1. 单位涌水量以井田主要充水含水层中有代表性的为准。

2. 在单位涌水量q，矿井涌水量Q_1、Q_2和矿井突水量Q_3中，以最大值作为分类依据。

3. 同一井田煤层较多，且水文地质条件变化较大时，应当分煤层进行矿井水文地质类型划分。

4. 按分类依据就高不就低的原则，确定矿井水文地质类型。

第十二条　矿井应当对本单位的水文地质情况进行研究，编制矿井水文地质类型划分报告，并确定本单位的矿井水文地质类型。矿井水文地质类型划分报告，由煤矿企业总工程师负责组织审定。

矿井水文地质类型划分报告，应当包括下列主要内容：

（一）矿井所在位置、范围及四邻关系，自然地理等情况；

（二）以往地质和水文地质工作评述；

（三）井田水文地质条件及含水层和隔水层分布规律和特征；

（四）矿井充水因素分析，井田及周边老空区分布状况；

（五）矿井涌水量的构成分析，主要突水点位置、突水量及处理情况；

（六）对矿井开采受水害影响程度和防治水工作难易程度评价；

（七）矿井水文地质类型划分及防治水工作建议。

第十三条 矿井水文地质类型应当每 3 年进行重新确定。当发生重大突水事故后，矿井应当在 1 年内重新确定本单位的水文地质类型。

重大突水事故，是指突水量首次达到 $300m^3/h$ 以上或者造成死亡 3 人以上的突水事故。

第二节 矿井防治水基础资料

第十四条 矿井应当编制井田地质报告、建井设计和建井地质报告。井田地质报告、建井设计和建井地质报告应当有相应的防治水内容。

第十五条 矿井应当按照规定编制下列防治水图件：

（一）矿井充水性图；

（二）矿井涌水量与各种相关因素动态曲线图；

（三）矿井综合水文地质图；

（四）矿井综合水文地质柱状图；

（五）矿井水文地质剖面图。

其他有关防治水图件由矿井根据实际需要编制。

矿井应当建立数字化图件，内容真实可靠，并每半年对图纸内容进行修正完善。

矿井水文地质主要图件内容及要求见附录一。

第十六条 矿井应当建立下列防治水基础台账：

（一）矿井涌水量观测成果台账；

（二）气象资料台账；

（三）地表水文观测成果台账；

（四）钻孔水位、井泉动态观测成果及河流渗漏台账；

（五）抽（放）水试验成果台账；

（六）矿井突水点台账；

（七）井田地质钻孔综合成果台账；

（八）井下水文地质钻孔成果台账；

（九）水质分析成果台账；

（十）水源水质受污染观测资料台账；

（十一）水源井（孔）资料台账；

（十二）封孔不良钻孔资料台账；

（十三）矿井和周边煤矿采空区相关资料台账；

（十四）水闸门（墙）观测资料台账；

（十五）其他专门项目的资料台账。

矿井防治水基础台账，应当认真收集、整理，实行计算机数据库管理，长期保存，并每半年修正 1 次。

第十七条　新建矿井应当按照矿井建井的有关规定，在建井期间收集、整理、分析有关矿井水文地质资料，并在建井完成后将资料全部移交给生产单位。

新建矿井应当编制下列主要图件：

（一）水文地质观测台账和成果；

（二）突水点台账、记录和有关防治水的技术总结，以及注浆堵水记录和有关资料；

（三）井筒及主要巷道水文地质实测剖面；

（四）建井水文地质补充勘探成果；

（五）建井水文地质报告（可与建井地质报告合在一起）。

第十八条　矿井在废弃关闭之前，应当编写闭坑报告。闭坑报告应当包括下列主要内容：

（一）闭坑前的矿井采掘空间分布情况，对可能存在的充水水源、通道、积水量和水位等情况的分析评价；

（二）闭坑对邻近生产矿井安全的影响和采取的防治水措施。

闭坑报告（包括图纸资料）应当报所在地煤炭行业管理部门备案。

第十九条　矿井应当建立水文地质信息管理系统，实现矿井水文地质文字资料收集、数据采集、图件绘制、计算评价和矿井防治水预测预报一体化。

第三章　水文地质补充调查与勘探

第一节　水文地质补充调查

第二十条　当矿区或者矿井现有水文地质资料不能满足生产建设的需要时，应当针对存在的问题进行专项水文地质补充调查。矿区或者矿井未进行过水文地质调查或者水文地质工作程度较低的，应当进行补充水文地质调查。

第二十一条　水文地质补充调查范围应当覆盖一个具有相对独立补给、径流、排泄条件的地下水系统。

第二十二条　水文地质补充调查除采用传统方法外，还可采用遥感、全球卫星定位、地理信息系统等新技术、新方法。

第二十三条　水文地质补充调查，应当包括下列主要内容：

（一）资料收集。收集降水量、蒸发量、气温、气压、相对湿度、风向、风速及其历年月平均值和两极值等气象资料。收集调查区内以往勘查研究成果，动态观测资料，勘探钻孔、供水井钻探及抽水试验资料。

（二）地貌地质的情况。调查收集由开采或地下水活动诱发的崩塌、滑坡、人工湖等地貌变化、岩溶发育矿区的各种岩溶地貌形态。对第四系松散覆盖层和基岩露头，查明其时代、岩性、厚度、富水性及地下水的补排方式等情况，并划分含水层或相对隔水层。查明地质构造的形态、产状、性质、规模、破碎带（范围、充填物、胶结程度、导水性）及有无泉水出露等情况，初步分析研究其对矿井开采的影响。

（三）地表水体的情况。调查与收集矿区河流、水渠、湖泊、积水区、山塘和水库等地表水体的历年水位、流量、积水量、最大洪水淹没范围、含泥砂量、水质和地表水体与下伏含水层的水力关系等。对可能渗漏补给地下水的地段应当进行详细调查，并进行渗漏量监测。

（四）井泉的情况。调查井泉的位置、标高、深度、出水层位、涌水量、水位、水质、水温、有无气体溢出、溢出类型、流量（浓度）及其补给水源，并素描泉水出露的地形地质平面图和剖面图。

（五）古井老窑的情况。调查古井老窑的位置及开采、充水、排水的资料及老窑停采原因等情况，察看地形，圈出采空区，并估算积水量。

（六）生产矿井的情况。调查研究矿区内生产矿井的充水因素、充水方式、突水层位、突水点的位置与突水量，矿井涌水量的动态变化与开采水平、开采面积的关系，以往发生水害的观测研究资料和防治水措施及效果。

（七）周边矿井的情况。调查周边矿井的位置、范围、开采层位、充水情况、地质构造、采煤方法、采出煤量、隔离煤柱以及与相邻矿井的空间关系，以往发生水害的观测研究资料，并收集系统完整的采掘工程平面图及有关资料。

（八）地面岩溶的情况。调查岩溶发育的形态、分布范围。详细调查对地下水运动有明显影响的补给和排泄通道，必要时可进行连通试验和暗河测绘工作。分析岩溶发育规律和地下水径流方向，圈定补给区，测定补给区内的渗漏情况，估算地下水径流量。对有岩溶塌陷的区域，进行岩溶塌陷的测绘工作。

第二节　地面水文地质观测

第二十四条　矿区、矿井地面水文地质观测应当包括下列主要内容：

（一）进行气象观测。距离气象台（站）大于30km的矿区（井），设立气象观测站。站址的选择和气象观测项目，符合气象台（站）的要求。距气象台（站）小于30km的矿区（井），可以不设立气象观测站，仅建立雨量观测站。

（二）进行地表水观测。地表水观测项目与地表水调查内容相同。一般情况下，每月进行1次地表水观测；雨季或暴雨后，根据工作需要，增加相应的观测次数。

（三）进行地下水动态观测。观测点应当布置在下列地段和层位：

1. 对矿井生产建设有影响的主要含水层；
2. 影响矿井充水的地下水强径流带（构造破碎带）；
3. 可能与地表水有水力联系的含水层；
4. 矿井先期开采的地段；
5. 在开采过程中水文地质条件可能发生变化的地段；
6. 人为因素可能对矿井充水有影响的地段；
7. 井下主要突水点附近，或者具有突水威胁的地段；
8. 疏干边界或隔水边界处。

观测点的布置，应当尽量利用现有钻孔、井、泉等。观测内容包括水位、水温和水质等。对泉水的观测，还应当观测其流量。

观测点应当统一编号，设置固定观测标志，测定坐标和标高，并标绘在综合水文地质图上。观测点的标高应当每年复测1次；如有变动，应当随时补测。

第二十五条　矿井应当在开采前的1个水文年内进行地面水文地质观测工作。在采掘过程中，应当坚持日常观测工作；在未掌握地下水的动态规律前，应当每7～10日观测1次；待掌握地下水的动态规律后，应当每月观测1～3次；当雨季或者遇有异常情况时，应当适当增加观测次数。水质监测每年不少于2次，丰、枯水期各1次。

技术人员进行观测工作时，应当按照固定的时间和顺序进行，并尽可能在最短时间内测完，并注意观测的连续性和精度。钻孔水位观测每回应当有2次读数，其差值不得大于2cm，取值可用平均数。测量工具使用前应当校验。水文地质类型属于复杂、极复杂的矿井，应当尽量使用智能自动水位仪观测、记录和传输数据。

第三节　井下水文地质观测

第二十六条　对新开凿的井筒、主要穿层石门及开拓巷道，应当及时进行水文地质观测和编录，并绘制井筒、石门、巷道的实测水文地质剖面图或展开图。

当井巷穿过含水层时，应当详细描述其产状、厚度、岩性、构造、裂隙或者岩溶的发育与充填情况，揭露点的位置及标高、出水形式、涌水量和水温等，并采取水样进行水质分析。

遇含水层裂隙时，应当测定其产状、长度、宽度、数量、形状、尖灭情况、充填程度及充填物等，观察地下水活动的痕迹，绘制裂隙玫瑰图，并选择有代表性的地段测定岩石的裂隙率。测定的面积：较密集裂隙，可取 $1\sim2m^2$；稀疏裂隙，可取 $4\sim10m^2$。其计算公式为：

$$K_T=\frac{\sum 1b}{A}\times100\%$$

式中　K_T——裂隙率,%；

A——测定面积，m^2；

1——裂隙长度，m；

b——裂隙宽度，m。

遇岩溶时，应当观测其形态、发育情况、分布状况、有无充填物和充填物成分及充水状况等，并绘制岩溶素描图。

遇断裂构造时，应当测定其断距、产状、断层带宽度，观测断裂带充填物成分、胶结程度及导水性等。

遇褶曲时，应当观测其形态、产状及破碎情况等。

遇陷落柱时，应当观测陷落柱内外地层岩性与产状、裂隙与岩溶发育程度及涌水等情况，判定陷落柱发育高度，并编制卡片、附平面图、剖面图和素描图。

遇突水点时，应当详细观测记录突水的时间、地点、确切位置，出水层位、岩性、厚度，出水形式，围岩破坏情况等，并测定涌水量、水温、水质和含砂量等。同时，应当观测附近的出水点和观测孔涌水量和水位的变化，并分析突水原因。各主要突水点可以作为动态观测点进行系统观测，并应当编制卡片，附平面图和素描图。

对于大中型煤矿发生 $300m^3/h$ 以上的突水、小型煤矿发生 $60m^3/h$ 以上的突水，或者因突水造成采掘区域和矿井被淹的，应当将突水情况及时上报所在地煤矿安全监察机构和地方人民政府负责煤矿安全生产监督管理的部门、煤炭行业管理部门。

按照突水点每小时突水量的大小，将突水点划分为小突水点、中等突水点、大突水点、特大突水点 4 个等级：

（一）小突水点：$Q\leq60m^3/h$；

（二）中等突水点：$60m^3/h<Q\leq600m^3/h$；

（三）大突水点：$600m^3/h<Q\leq1800m^3/h$；

（四）特大突水点：$Q>1800m^3/h$。

第二十七条　矿井应当加强矿井涌水量的观测工作和水质的监测工作。

矿井应当分井、分水平设观测站进行涌水量的观测，每月观测次数不少于 3 次。对于出水较大的断裂破碎带、陷落柱，应当单独设立观测站进行观测，每月观测 1 ~ 3 次。对于水质的监测每年不少于 2 次，丰、枯水期各 1 次。涌水量出现异常、井下发生突水或者受降水影响矿井的雨季时段，观测频率应当适当增加。

对于井下新揭露的出水点，在涌水量尚未稳定或尚未掌握其变化规律前，一般应当每日观测 1 次。对溃入性涌水，在未查明突水原因前，应当每隔 1～2h 观测 1 次，以后可适当延长观测间隔时间，并采取水样进行水质分析。涌水量稳定后，可按井下正常观测时间观测。

当采掘工作面上方影响范围内有地表水体、富水性强的含水层、穿过与富水性强的含水层相连通的构造断裂带或接近老空积水区时，应当每日观测涌水情况，掌握水量变化。含水层富水性的等级标准见附录二。

对于新凿立井、斜井，垂深每延深 10m，应当观测 1 次涌水量。掘进至新的含水层时，如果不到规定的距离，也应当在含水层的顶底板各测 1 次涌水量。

当进行矿井涌水量观测时，应当注重观测的连续性和精度，采用容积法、堰测法、浮标法、流速仪法或者其他先进的测水方法。测量工具和仪表应当定期校验，以减少人为误差。

第二十八条　当井下对含水层进行疏水降压时，在涌水量、水压稳定前，应当每小时观测 1～2 次钻孔涌水量和水压；待涌水量、水压基本稳定后，按照正常观测的要求进行。疏放老空水的，应当每日进行观测。

第四节　水文地质补充勘探

第二十九条　矿井有下列情形之一的，应当进行水文地质补充勘探工作：

（一）矿井主要勘探目的层未开展过水文地质勘探工作的；

（二）矿井原勘探工程量不足，水文地质条件尚未查清的；

（三）矿井经采掘揭露煤岩层后，水文地质条件比原勘探报告复杂的；

（四）矿井经长期开采，水文地质条件已发生较大变化，原勘探报告不能满足生产要求的；

（五）矿井开拓延深、开采新煤系（组）或者扩大井田范围设计需要的；

（六）矿井巷道顶板处于特殊地质条件部位或者深部煤层下伏强充水含水层，煤层底板带压，专门防治水工程提出特殊要求的；

（七）各种井巷工程穿越强富水性含水层时，施工需要的。

第三十条　水文地质补充勘探工程量布置，应当满足相应的工作程度，并达到防治水工作的要求。

矿井进行水文地质补充勘探时，应当对包括勘探矿区在内的区域地下水系统进行整体分析研究；在矿井井田以外区域，应当以水文地质测绘调查为主；在矿井井田以内区域，应当以水文地质物探、钻探和抽（放）水试验等为主。

矿井水文地质补充勘探工作应当根据矿井水文地质类型和具体条件，综合运用水文地质补充调查、地球物理勘探、水文地质钻探、抽（放）水试验、水化学和同位素分析、地下水动态观测、采样测试等各种勘查技术手段，积极采用新技术、新方法。

矿井水文地质补充勘探应当编制补充勘探设计，经煤矿企业总工程师组织审查后实施。补充勘探设计应当依据充分、目的明确、工程布置针对性强，并充分利用矿井现有条件，做到井上、井下相结合。

水文地质补充勘探工作完成后，应当及时提交成果报告或者资料，由煤矿企业总工程师组织审查、验收。

第五节　地面水文地质补充勘探

第三十一条　矿井进行水文地质钻探时，每个钻孔都应当按照勘探设计要求进行单孔设计，包括钻孔结构、孔斜、岩芯采取率、封孔止水要求、终孔直径、终孔层位、简易水文观测、抽水试验、地球物理测井及采样测试、封孔质量、孔口装置和测量标志要求等。

钻孔施工主要技术指标，应当符合下列要求：

（一）以煤层底板水害为主的矿井，其水文地质补充勘探钻孔的终孔深度，以揭露下伏主要含水层段为原则。

（二）所有勘探钻孔均进行水文测井工作。对有条件的，可以进行流量测井、超声成像、钻孔电视探测等，配合钻探取芯划分含、隔水层，为取得有关参数提供依据。

（三）主要含水层或试验段（观测段）采用清水钻进。遇特殊情况需改用泥浆钻进时，经钻孔施工单位地质部门同意后，可以采用低固相优质泥浆，并采取有效的洗孔措施。

（四）钻孔孔径视钻孔目的确定。抽水试验孔试验段孔径，以满足设计的抽水量和安装抽水设备为原则；水位观测孔观测段孔径，应当满足止水和水位观测的要求。

（五）抽水试验钻孔的孔斜，满足选用抽水设备和水位观测仪器的工艺要求。

（六）钻孔取芯钻进，并进行岩芯描述。岩芯采取率：岩石大于70%；破碎带大于50%；黏土大于70%；砂和砂砾层大于30%。当采用水文物探测井，能够正确划分地层和含（隔）水层位置及厚度时，可以适当减少取芯。

（七）在钻孔分层（段）隔离止水时，通过提水、注水和水文测井等不同方法，检查止水效果，并作正式记录；不合格的，重新止水。

（八）除长期动态观测钻孔外，其余钻孔都使用高标号水泥浆封孔，并取样检查封孔质量。

（九）观测孔竣工后，进行抽水洗孔，以确保观测层（段）不被淤塞。

水文地质钻孔应当做好简易水文地质观测，其技术要求参照相关规程、规范进行。对没有简易水文地质观测资料的钻孔，应当降低其质量等级或者不予验收。

水文地质观测孔，应当安装孔口装置和长期观测测量标志，并采取有效措施予以保护，保证坚固耐用、观测方便；遇有损坏或堵塞时，应当及时进行处理。

第三十二条　生产矿井水文地质补充勘探的抽水试验质量，应当达到有关国家标准、行业标准的规定。

抽水试验的水位降深，应当根据设备能力达到最大降深，降深次数不少于3次，降距合理分布。当受开采影响导致钻孔水位较深时，可以仅做1次最大降深抽水试验。在降深过程的观测中，应当考虑非稳定流计算的要求，并适当延长时间。

对水文地质复杂型或者极复杂型的矿井，如果采用小口径抽水不能查明水文地质、工程地质（地面岩溶塌陷）条件时，可以进行井下放水试验；如果井下条件不具备的，应当进行大口径、大流量群孔抽水试验。采取群孔抽水试验，应当单独编制设计，经煤矿企业总工程师组织审查同意后实施。

大口径群孔抽水试验的延续时间，应当根据水位流量过程曲线稳定趋势而确定，一般不少于10日；当受开采疏水干扰，导致水位无法稳定时，应当根据具体情况研究确定。

为查明受采掘破坏影响的含水层与其他含水层或者地表水体等之间有无水力联系，可以结合抽（放）水进行连通（示踪）试验。

抽水前，应当对试验孔、观测孔及井上、井下有关的水文地质点，进行水位（压）、流量观测。必要时，可以另外施工专门钻孔测定大口径群孔的中心水位。

第三十三条　对于因矿井防渗漏研究岩石渗透性，或者因含水层水位很深致使无法进行抽水试验的，可以进行注水试验。

注水试验应当编制试验设计。试验设计包括试验层段的起、止深度；孔径及套管下入层位、深度及止水方法；采用的注水设备、注水试验方法，以及注水试验质量要求等内容。

注水试验施工主要技术指标，应当符合下列要求：

（一）根据岩层的岩性和孔隙、裂隙发育深度，确定试验孔段，并严格做好止水工作；

（二）注水试验前，彻底洗孔，以保证疏通含水层，并测定钻孔水温和注入水的温度；

（三）注水试验正式注水前及正式注水结束后，进行静止水位和恢复水位的观测。

第三十四条 物探工作布置、参数确定、检查点数量和重复测量误差、资料处理等，应当符合有关国家标准、行业标准的规定。

进行物探作业前，应当根据勘探区的水文地质条件、被探测地质体的地球物理特征和不同的工作目的等因素确定勘探方案。进行物探作业时，可以采用多种物探方法进行综合探测。

物探工作结束后，应当提交相应的综合成果图件。物探成果应当与其他勘探成果相结合，经相互验证后，可以作为矿井采掘设计的依据。

第六节 井下水文地质勘探

第三十五条 井下水文地质勘探应当遵守下列规定：

（一）采用井下物探、钻探、监测、测试等手段；

（二）采用井下与地面相结合的综合勘探方法；

（三）井下勘探施工作业时，保证矿井安全生产，并采取可靠的安全防范措施。

第三十六条 矿井有下列情形之一的，应当在井下进行水文地质勘探：

（一）采用地面水文地质勘探难以查清问题，需在井下进行放水试验或者连通（示踪）试验的；

（二）煤层顶、底板有含水（流）砂层或者岩溶含水层，需进行疏水开采试验的；

（三）受地表水体和地形限制或者受开采塌陷影响，地面没有施工条件的；

（四）孔深或者地下水位埋深过大，地面无法进行水文地质试验的。

第三十七条 井下水文地质勘探应当符合下列要求：

（一）钻孔的各项技术要求、安全措施等钻孔施工设计，经矿井总工程师批准后方可实施。

（二）施工并加固钻机硐室，保证正常的工作条件。

（三）钻机安装牢固。钻孔首先下好孔口管，并进行耐压试验。在正式施工前，安装孔口安全闸阀，以保证控制放水。安全闸阀的抗压能力大于最大水压。在揭露含水层前，安装好孔口防喷装置。

（四）按照设计进行施工，并严格执行施工安全措施。

（五）进行连通试验，不得选用污染水源的示踪剂。

（六）对于停用或者报废的钻孔，及时封堵，并提交封孔报告。

第三十八条 放水试验应当遵循下列原则：

（一）编制放水试验设计，确定试验方法、各次降深值和放水量。放水量视矿井现有最大排水能力而确定，原则上放水试验能影响到的观测孔应当有明显的水位降深。其设计由煤矿企业总工程师组织审查批准。

（二）做好放水试验前的准备工作，固定人员，检验校正观测仪器和工具，检查排水设备能力和排水线路。

（三）放水前，在同一时间对井上下观测孔和出水点的水位、水压、涌水量、水温和水质进行一次统测。

（四）根据具体情况确定放水试验的延续时间。当涌水量、水位难以稳定时，试验延续时间一般不少于10～15日。选取观测时间间隔，应当考虑到非稳定流计算的需要。中心水位或者水压与涌水量进行同步观测。

（五）观测数据及时登入台账，并绘制涌水量——水位历时曲线。

（六）放水试验结束后，及时进行资料整理，提交放水试验总结报告。

第三十九条　对于受水害威胁的矿井，采用常规水文地质勘探方法难以进行开采评价时，可以根据条件采用穿层石门或者专门凿井进行疏水降压开采试验。

进行疏水降压开采试验，应当符合下列规定：

（一）有专门的施工设计，其设计由煤矿企业总工程师组织审查批准；

（二）预计最大涌水量；

（三）建立能保证排出最大涌水量的排水系统；

（四）选择适当位置建筑防水闸门；

（五）做好钻孔超前探水和放水降压工作；

（六）做好井上下水位、水压、涌水量的观测工作。

第四十条　矿井可以根据本单位的实际，采用直流电法（电阻率法）、音频电穿透法、瞬变电磁法、电磁频率测深法、无线电波透视法、地质雷达法、浅层地震勘探、瑞利波勘探、槽波地震勘探方法等物探方法，并结合钻探方法对资料进行验证。

第四章　矿井防治水

第一节　地面防治水

第四十一条　矿井应当查清矿区及其附近地面水流系统的汇水、渗漏情况，疏水能力和有关水利工程等情况；了解当地水库、水电站大坝、江河大堤、河道、河道中障碍物等情况；掌握当地历年降水量和最高洪水位资料，建立疏水、防水和排水系统。

第四十二条　矿井井口和工业场地内建筑物的标高，应当高于当地历年最高洪水位。

如果在山区，除符合本条第一款的规定外，还应当避开可能发生泥石流、滑坡的地段。

矿井井口及工业场地内建筑物的标高低于当地历年最高洪水位的，应当修筑堤坝、沟渠或者采取其他防排水措施。

第四十三条　当矿井井口附近或者塌陷区内外的地表水体可能溃入井下时，应当采取安全防范措施。

严禁开采煤层露头的防隔水煤（岩）柱。

在地表容易积水的地点，应当修筑沟渠，排泄积水。修筑沟渠时，应当避开露头、裂隙和导水岩层。特别低洼地点不能修筑沟渠排水的，应当填平压实。如果低洼地带范围太大无法填平时，应当采取水泵或者建排洪站专门排水，防止低洼地带积水渗入井下。

当矿井受到河流、山洪威胁时，应当修筑堤坝和泄洪渠，防止洪水侵入。

对于排到地面的矿井水，应当妥善处理，避免再渗入井下。

对于漏水的沟渠（包括农田水利的灌溉沟渠）和河床，应当及时堵漏或者改道。地面裂缝和塌陷地点应当及时填塞。进行填塞工作时，应当采取相应的安全措施，防止人员陷入塌陷坑内。

在有滑坡危险的地段，可能威胁煤矿安全时，应当采取防止滑坡措施。

第四十四条　严禁将矸石、炉灰、垃圾等杂物堆放在山洪、河流可能冲刷到的地段，以免冲到工业场地和建筑物附近或者淤塞河道、沟渠。

第四十五条　对于正在使用的钻孔，应当按照规定安装孔口盖。对于报废的钻孔，应当及时封孔，防止地表水或者含水层的水流入井下。观测孔、注浆孔、电缆孔、与井下或者含水层相通的钻孔，其孔口管应当高出当地最高洪水位。

第四十六条　报废的立井应当填实封堵，或者在井口浇注 1 个大于井筒断面的坚实的钢筋混凝土盖板，并设置栅栏和标志。

报废的斜井应当填实封堵，或者在井口以下斜长 20m 处砌筑 1 座砖、石或者混凝土墙，再用泥土填至井口，并加砌封墙。

报废的平硐，应当从硐口向里用泥土填实至少 20m，再砌封墙。报废井口的周围有地面水影响的，应当设置排水沟。

封填报废的立井、斜井和平硐时，应当做好隐蔽工程记录，并填图归档。

第四十七条　矿井应当与气象、水利、防汛等部门进行联系，建立灾害性天气预警和预防机制。煤矿应当及时掌握可能危及煤矿安全生产的暴雨洪水灾害信息，密切关注灾害性天气的预报预警信息；及时掌握汛情水情，采取安全防范措施；加强与周边相邻矿井信息沟通，发现矿井出现异常情况时，立即向周边相邻矿井进行预警。

第四十八条　矿井应当安排专人负责对本井田范围内可能波及的周边废弃老窑、地面塌陷坑、采动裂隙以及可能影响矿井安全生产的水库、湖泊、河流、涵闸、堤防工程等重点部位进行巡视检查。当接到暴雨灾害预警信息和警报后，应当实施 24h 不间断巡查。在矿区每次降大到暴雨的前后，应当派专业人员及时观测矿井涌水量变化情况。

第四十九条　矿井应当建立暴雨洪水可能引发淹井等事故灾害紧急情况下及时撤出井下人员的制度，明确启动标准、指挥部门、联络人员、撤人程序等。当发现暴雨洪水灾害严重可能引发淹井时，应当立即撤出作业人员到安全地点。经确认隐患完全消除后，方可恢复生产。

第五十条　矿井在雨季前，应当全面检查防范暴雨洪水引发事故灾难防范措施的落实情况。对检查出的事故隐患，应当落实责任，并限定在汛期前完成整改。防治水工程应当有专门设计，工程竣工后由矿井总工程师负责组织验收。

第二节　防隔水煤（岩）柱的留设

第五十一条　相邻矿井的分界处，应当留防隔水煤（岩）柱。矿井以断层分界的，应当在断层两侧留有防隔水煤（岩）柱。

第五十二条　受水害威胁的矿井，有下列情况之一的，应当留设防隔水煤（岩）柱：

（一）煤层露头风化带；

（二）在地表水体、含水冲积层下和水淹区邻近地带；

（三）与富水性强的含水层间存在水力联系的断层、裂隙带或者强导水断层接触的煤层；

（四）有大量积水的老窑和采空区；

（五）导水、充水的陷落柱、岩溶洞穴或地下暗河；

（六）分区隔离开采边界；

（七）受保护的观测孔、注浆孔和电缆孔等。

第五十三条　矿井应当根据矿井的地质构造、水文地质条件、煤层赋存条件、围岩物理力学性质、开采方法及岩层移动规律等因素确定相应的防隔水煤（岩）柱的尺寸。防隔水煤（岩）柱的尺寸要求见附录三。

矿井防隔水煤（岩）柱应当由矿井地测机构组织编制专门设计，经矿井总工程师组织有关单位审查批准后实施。

第五十四条　矿井防隔水煤（岩）柱一经确定，不得随意变动。严禁在各类防隔水煤（岩）柱中进行采掘活动。

第五十五条　开采水淹区下的废弃防隔水煤（岩）柱时，应当彻底疏放上部积水。严禁顶水作业。

第五十六条　有突水历史或带压开采的矿井，应当分水平或分采区实行隔离开采。在分区之前，应当留设防隔水煤（岩）柱并建立防水闸门，以便在发生突水时，能够控制水势、减少灾情、保障矿井安全。

第三节　排水系统

第五十七条　矿井应当配备与矿井涌水量相匹配的水泵、排水管路、配电设备和水仓等，确保矿井能够正常排水。

第五十八条　矿井井下排水设备应当符合矿井排水的要求。除正在检修的水泵外，应当有工作水泵和备用水泵。工作水泵的能力，应当能在20h内排出矿井24h的正常涌水量（包括充填水及其他用水）。备用水泵的能力应当不小于工作水泵能力的70%。工作和备用水泵的总能力，应当能在20h内排出矿井24h的最大涌水量。检修水泵的能力，应当不小于工作水泵能力的25%。

水文地质条件复杂或者极复杂的矿井，除符合本条第一款规定外，可以在主泵房内预留安装一定数量水泵的位置，或者增加相应的排水能力。

水管应当有一定的备用量。工作水管的能力，应当能配合工作水泵在20h内排出矿井24h的正常涌水量。工作和备用水管的总能力，应当能配合工作和备用水泵在20h内排出矿井24h的最大涌水量。

配电设备的能力应当与工作、备用和检修水泵的能力相匹配，并能保证全部水泵同时运转。

有突水淹井危险的矿井，可以另行增建抗灾强排水系统。

第五十九条　矿井主要泵房应当至少有2个安全出口，一个出口用斜巷通到井筒，并高出泵房底板7m以上；另一个出口通到井底车场。在通到井底车场的出口通路内，应当设置易于关闭的既能防水又能防火的密闭门。泵房和水仓的连接通道，应当设置可靠的控制闸门。

第六十条　矿井主要水仓应当有主仓和副仓，当一个水仓清理时，另一个水仓能够正常使用。

新建、改扩建矿井或者生产矿井的新水平，正常涌水量在1000m^3/h以下时，主要水仓的有效容量应当能容纳8h的正常涌水量。

正常涌水量大于1000m^3/h的矿井，主要水仓有效容量可以按照下式计算：

$$V=2(Q+3000)$$

式中　V——主要水仓的有效容量，m^3；

　　　Q——矿井每小时的正常涌水量，m^3。

采区水仓的有效容量应当能容纳4h的采区正常涌水量。

矿井最大涌水量与正常涌水量相差大的矿井，排水能力和水仓容量应当由有资质的设计单位编制专门设计，由煤矿企业总工程师组织审查批准。

水仓进口处应当设置箅子。对水砂充填、水力采煤和其他涌水中带有大量杂质的矿井，还应当设置沉淀池。水仓的空仓容量应当经常保持在总容量的50%以上。

第六十一条　水泵、水管、闸阀、排水用的配电设备和输电线路，应当经常检查和维护。在每年雨季前，应当全面检修1次，并对全部工作水泵和备用水泵进行1次联合排水试验，发现问题，及时处理。

水仓、沉淀池和水沟中的淤泥，应当及时清理；每年雨季前，应当清理1次。

第六十二条　对于采用平硐泄水的矿井，其平硐的总过水能力应当不小于历年最大渗入矿井水量的1.2倍；水沟或者泄水巷的标高，应当比主运输巷道的标高低。

第六十三条　在水文地质条件复杂、极复杂矿区建设新井的，应当在井筒底留设潜水泵窝，老矿井也应当改建增设潜水泵窝。井筒开凿到底后，井底附近应当设置具有一定能力的临时排水设施，保证临时变电所、临时水仓形成之前的施工安全。

第六十四条　对于在建矿井，在永久排水系统形成前，各施工区应当设置临时排水系统，并保证有足够的排水能力。

第六十五条　生产矿井延深水平，只有在建成新水平的防、排水系统后，方可开拓掘进。

第四节　水闸门与水闸墙

第六十六条　水文地质条件复杂、极复杂的矿井，应当在井底车场周围设置防水闸门，或者在正常排水系统基础上安装配备排水能力不小于最大涌水量的潜水电泵排水系统。

第六十七条　在矿井有突水危险的采掘区域，应当在其附近设置防水闸门。不具备建筑防水闸门的隔离条件的，可以不建筑防水闸门，但应当制定严格的其他防治水措施，并经煤矿企业主要负责人审批同意。

第六十八条　建筑防水闸门应当符合下列规定：

（一）防水闸门由具有相应资质的单位进行设计，门体采用定型设计。

（二）防水闸门的施工及其质量，符合设计要求。闸门和闸门硐室不得漏水。

（三）防水闸门硐室前、后两端，分别砌筑不小于5m的混凝土护碹，碹后用混凝土填实，不得空帮、空顶。防水闸门硐室和护碹采用高标号水泥进行注浆加固，注浆压力符合设计要求。

（四）防水闸门来水一侧15～25m处，加设1道挡物箅子门。防水闸门与箅子门之间，不得停放车辆或堆放杂物。来水时，先关箅子门，后关防水闸门。如果采用双向防水闸门，在两侧各设1道箅子门。

（五）通过防水闸门的轨道、电机车架空线、带式输送机等能够灵活易拆。通过防水闸门墙体的各种管路和安设在闸门外侧的闸阀的耐压能力，与防水闸门所设计压力相一致。电缆、管道通过防水闸门墙体处，用堵头和阀门封堵严密，不得漏水。

（六）防水闸门安设观测水压的装置，并有放水管和放水闸阀。

（七）防水闸门竣工后，按照设计要求进行验收。对新掘进巷道内建筑的防水闸门，进行注水耐压试验；水闸门内巷道的长度不得大于15m，试验的压力不得低于设计水压，其稳压时间在24h以上，试压时有专门安全措施。

第六十九条　防水闸门应当灵活可靠，并保证每年进行2次关闭试验，其中1次在雨季前进行。关闭闸门所用的工具和零配件应当由专人保管，并在专门地点存放，任何人不得挪用丢失。

第七十条　井下需要构筑水闸墙的，应当由具有相应资质的单位进行设计，按照设计进行施工，并按照规定进行竣工验收；否则，不得投入使用。

第七十一条　报废巷道封闭时，在报废的暗井和倾斜巷道下口的密闭水闸墙应当留泄水孔，每月定期进行观测，雨季加密观测。

第五节　疏干开采和带压开采

第七十二条　煤层（组）顶板导水裂缝带范围内分布有富水性强的含水层，应当进行疏干开采。

垮落带与导水裂缝带最大高度可根据《建筑物、水体、铁路及主要井巷煤柱留设与压煤开采规程》中的有关公式计算和现场实测等方法综合确定。

第七十三条　被松散富水性强的含水层覆盖且浅埋的缓倾斜煤层，需要疏干开采时，应当进行专门水文地质勘探或者补充勘探，以查明水文地质条件，并根据勘探评价成果确定疏干地段、制定疏干方案，经煤矿企业总工程师审批同意后执行。

第七十四条　疏干开采半固结或者较松散的古近系、新近系含水层覆盖的煤层时，开采前应当遵守下列规定：

（一）查明流砂层的埋藏分布条件，研究其相变及成因类型；

（二）查明流砂层的富水性、水理性，预计涌水量和预测可疏干性，建立动态观测网，观测疏干速度和疏干半径；

（三）在疏干开采试验中，应当观测研究导水裂缝带发育高度，水砂分离方法、跑砂休止角，巷道开口时溃水溃砂的最小垂直距离、钻孔超前探放水安全距离等；

（四）研究对溃水溃砂引起地面塌陷的预测及处理方法。

第七十五条　如果煤层顶板受开采破坏后，其导水裂缝带波及范围内存在富水性强的含水层（体）的，在掘进、回采前，应当对含水层采取超前疏干措施；进行专门水文地质勘探和试验，并编制疏干方案，选定疏干方式和方法，综合评价疏干开采条件和技术经济合理性。疏干方案由煤矿企业总工程师审定。

第七十六条　在矿井疏干开采过程中，应当进行定性、定量分析，可以应用“三图双预测法”进行顶板水害分区评价和预测。有条件的矿井可以应用数值模拟技术，进行导水裂缝带发育高度、疏干水量和地下水流场变化的模拟和预测。

第七十七条　当承压含水层与开采煤层之间的隔水层能够承受的水头值大于实际水头值时，开采后，隔水层不容易被破坏，煤层底板水突然涌出可能性小，可以进行带压开采，但应当制定安全措施，由煤矿企业总工程师审批。

安全隔水层厚度和突水系数计算公式见附录四。

第七十八条　当承压含水层与开采煤层之间的隔水层能够承受的水头值小于实际水头值时，开采前应当遵守下列规定：

（一）采取疏水降压的方法，把承压含水层的水头值降到隔水层能允许的安全水头值以下，并制定安全措施，由煤矿企业总工程师批准。总结适合本矿区（井）的安全水头值，指导安全生产。矿井排水考虑与矿区供水、生态环境保护相结合，推广应用矿井排水、供水、生态环保三位一体优化结合的管理模式和方法。

（二）承压含水层的集中补给边界已经基本查清情况下，可以预先进行帷幕注浆，截断水源，然后疏水降压开采。

（三）当承压含水层的补给水源充沛，不具备疏水降压和帷幕注浆的条件时，可以酌情采用局部注浆加固底板隔水层和改造含水层为弱含水层的方法，但应当编制专门的设计，在有充分防范措施的条件下进行试采，并制定专门的防止淹井措施，由煤矿企业总工程师批准。

安全水头压力值计算公式见附录五。

第七十九条　有条件的矿井可以采用“脆弱性指数法”或者“五图双系数法”等方法，对底板突水危险性进行综合分区评价，可以采用比拟法、解析法和数值模拟法等方法预计最大涌水量。

第六节　注浆堵水

第八十条　井筒预注浆应当符合下列规定：

（一）当井筒预计穿过较厚裂隙含水层或者裂隙含水层较薄但层数较多时，可以选用地面预注浆；

（二）在制定注浆方案前，施工井筒检查孔，以获取含水层的埋深、厚度、岩性及简易水文观测、抽（压）水试验、水质分析等资料；

（三）注浆起始深度，确定在风化带以下较完整的岩层内。注浆终止深度，大于井筒要穿过的最下部含水层的埋深或者超过井筒深度10～20m；

（四）当含水层富水性较弱时，可以在井筒工作面直接注浆。

第八十一条　注浆封堵突水点应当符合下列规定：

（一）圈定突水点位置，分析突水点附近的地质构造，查明降压漏斗形态，分析突水前后水文观测孔和井、泉的动态变化，必要时需进行连通（示踪）试验；

（二）探明突水补给水源的充沛程度或者来水含水层的富水性，以及突水通道的性质和大小等；

（三）封堵突水点，注浆前，做连通试验和压（注）水试验；注浆前后，做好矿井排水对比分析；

（四）编制注浆堵水方案，经煤矿企业总工程师组织审查同意后实施。

第八十二条　采用帷幕注浆方案前，应当对帷幕截流进行可行性研究。

帷幕注浆方案经论证确定后，应当查清地层层序、地质构造、边界条件，帷幕端点是否具备隔水层或闭合性断层及其隔水性能、地下水向矿井的渗流量、地下水流速和流向等水文地质条件。

编制帷幕注浆方案，经煤矿企业总工程师组织审查同意后实施。

第八十三条　当井下巷道穿过与河流、湖泊、溶洞、含水层等存在水力联系的导水断层、裂隙（带）、陷落柱等构造时，应当探水前进。如果前方有水，应当超前预注浆封堵加固，必要时可预先构筑防水闸门或者采取其他防治水措施。否则，不准施工。穿过含水层段的井巷，应当按照防水的要求进行壁后注浆处理。

第八十四条　当回采工作面内有导水的断层、裂隙或陷落柱时，应当按照规定留设防隔水煤（岩）柱，也可以采用注浆方法封堵导水通道；否则，不准采煤。注浆改造的工作面可以先进行物探，查明水文地质条件，根据物探资料打孔注浆改造，再用物探与钻探验证注浆改造效果。

第八十五条　涌水量大、有突水威胁的矿区，应当建立注浆专业队伍，负责注浆堵水工作。

第八十六条　工作面煤采完后，对于已经失去使用价值而需关闭的局部疏水降压钻孔，应当进行注浆封闭，并在有关图纸上标明其位置。

第八十七条　废弃矿井闭坑淹没前，应当采用物探、化探和钻探等方法，探测矿井边界防隔水煤（岩）柱破坏状况及其可能的透水地段，采用注浆堵水工程隔断废弃矿井与相邻生产矿井的水力联系，避免矿井发生水害事故。

第五章　井下探放水

第八十八条　对于采掘工作面受水害影响的矿井，应当坚持预测预报、有疑必探、先探后掘、先治后采的原则，进行充水条件分析，并遵守下列规定：

（一）每年年初，根据每年的采掘接续计划，结合矿井水文地质资料，全面分析水害隐患，提出水害分析预测表及水害预测图；

（二）在采掘过程中，对预测图、表逐月进行检查，不断补充和修正。发现水患险情，及时发出水害通知单，并报告矿调度室，通知可能受水害威胁地点的人员撤到安全地点；

（三）采掘工作面年度和月度水害预测资料及时报送矿井总工程师及生产安全部门。

采掘工作面水害分析预报表和预测图模式见附录六。

第八十九条 水文地质条件复杂、极复杂的矿井，在地面无法查明矿井水文地质条件和充水因素时，应当坚持有掘必探的原则，加强探放水工作。

第九十条 在矿井受水害威胁的区域，进行巷道掘进前，应当采用钻探、物探和化探等方法查清水文地质条件。地测机构应当提出水文地质情况分析报告，并提出水害防范措施，经矿井总工程师组织生产、安监和地测等有关单位审查批准后，方可进行施工。

第九十一条 矿井工作面采煤前，应当采用物探、钻探、巷探和化探等方法查清工作面内断层、陷落柱和含水层（体）富水性等情况。地测机构应当提出专门水文地质情况报告，经矿井总工程师组织生产、安监和地测等有关单位审查批准后，方可进行回采。发现断层、裂隙和陷落柱等构造充水的，应当采取注浆加固或者留设防隔水煤（岩）柱等安全措施。否则，不得回采。

第九十二条 采掘工作面遇有下列情况之一的，应当进行探放水：

（一）接近水淹或者可能积水的井巷、老空或者相邻煤矿；

（二）接近含水层、导水断层、暗河、溶洞和导水陷落柱；

（三）打开防隔水煤（岩）柱进行放水前；

（四）接近可能与河流、湖泊、水库、蓄水池、水井等相通的断层破碎带；

（五）接近有出水可能的钻孔；

（六）接近水文地质条件复杂的区域；

（七）采掘破坏影响范围内有承压含水层或者含水构造、煤层与含水层间的防隔水煤（岩）柱厚度不清楚可能发生突水；

（八）接近有积水的灌浆区；

（九）接近其他可能突水的地区。

探水前，应当确定探水线并绘制在采掘工程平面图上。

第九十三条 采掘工作面探水前，应当编制探放水设计，确定探水警戒线，并采取防止瓦斯和其他有害气体危害等安全措施。探放水钻孔的布置和超前距离，应当根据水头高低、煤（岩）层厚度和硬度等确定。探放水设计由地测机构提出，经矿井总工程师组织审定同意，按设计进行探放水。

第九十四条 布置探放水钻孔应当遵循下列规定：

（一）探放老空水、陷落柱水和钻孔水时，探水钻孔成组布设，并在巷道前方的水平面和竖直面内呈扇形。钻孔终孔位置以满足平距3m为准，厚煤层内各孔终孔的垂距不得超过1.5m。

（二）探放断裂构造水和岩溶水等时，探水钻孔沿掘进方向的前方及下方布置。底板方向的钻孔不得少于2个。

（三）煤层内，原则上禁止探放水压高于1MPa的充水断层水、含水层水及陷落柱水等。如确实需要的，可以先建筑防水闸墙，并在闸墙外向内探放水。

（四）上山探水时，一般进行双巷掘进，其中一条超前探水和汇水，另一条用来安全撤人。双巷间每隔30～50m掘1个联络巷，并设挡水墙。

第九十五条 井下探放水应当使用专用的探放水钻机。严禁使用煤电钻探放水。

第九十六条 在安装钻机进行探水前，应当符合下列规定：

（一）加强钻孔附近的巷道支护，并在工作面迎头打好坚固的立柱和拦板。

（二）清理巷道，挖好排水沟。探水钻孔位于巷道低洼处时，配备与探放水量相适应的排水设备。

（三）在打钻地点或其附近安设专用电话。

（四）依据设计，确定主要探水孔位置时，由测量人员进行标定。负责探放水工作的人员亲临现场，共同确定钻孔的方位、倾角、深度和钻孔数量。

（五）在预计水压大于0.1MPa的地点探水时，预先固结套管。套管口安装闸阀，套管深度在探放水设计中规定。预先开掘安全躲避硐，制定包括撤人的避灾路线等安全措施，并使每个作业人员了解和掌握。

（六）钻孔内水压大于1.5MPa时，采用反压和有防喷装置的方法钻进，并制定防止孔口管和煤（岩）壁突然鼓出的措施。

第九十七条　探水钻孔除兼作堵水或者疏水用的钻孔外，终孔孔径一般不得大于75mm。

第九十八条　探水钻孔超前距离和止水套管长度，应当符合下列规定：

（一）探放老空积水的超前钻距，根据水压、煤（岩）层厚度和强度及安全措施等情况确定，但最小水平钻距不得小于30m，止水套管长度不得小于10m；

（二）沿岩层探放含水层、断层和陷落柱等含水体时，按表5－1确定探水钻孔超前距离和止水套管长度。

表5－1　岩层中探水钻孔超前钻距和止水套管长度

水压（MPa）	钻孔超前钻距（m）	止水套管长（m）
<1.0	>10	>5
1.0～2.0	>15	>10
2.0～3.0	>20	>15
>3.0	>25	>20

第九十九条　在探放水钻进时，发现煤岩松软、片帮、来压或者钻眼中水压、水量突然增大和顶钻等透水征兆时，应当立即停止钻进，但不得拔出钻杆；应当立即向矿井调度室汇报，派人监测水情。发现情况危急，应当立即撤出所有受水威胁区域的人员到安全地点，然后采取安全措施，进行处理。

第一百条　探放老空水前，应当首先分析查明老空水体的空间位置、积水量和水压。探放水孔应当钻入老空水体，并监视放水全过程，核对放水量，直到老空水放完为止。当钻孔接近老空时，预计可能发生瓦斯或者其他有害气体涌出的，应当设有瓦斯检查员或者矿山救护队员在现场值班，随时检查空气成分。如果瓦斯或者其他有害气体浓度超过有关规定，应当立即停止钻进，切断电源，撤出人员，并报告矿井调度室，及时处理。

第一百零一条　钻孔放水前，应当估计积水量，并根据矿井排水能力和水仓容量，控制放水流量，防止淹井；放水时，应当设有专人监测钻孔出水情况，测定水量和水压，做好记录。如果水量突然变化，应当及时处理，并立即报告矿调度室。

第六章　水体下采煤

第一百零二条　在河流、湖泊、水库和海域等地面水体下采煤，应当留足防隔水煤（岩）柱。在松散含水层下开采时，应当按照水体采动等级留设不同类型的防隔水煤（岩）柱（防水、防砂或者防塌煤岩柱）。在基岩含水层（体）或者含水断裂带下开采时，应当对开采前后覆岩的渗透性及含水层之间的水力联系进行分析评价，确定采用留设防隔水煤（岩）柱或者采用疏干方法保证安全开采。

第一百零三条　在水体下采煤，其防隔水煤（岩）柱的留设，应当根据矿井水文地质及工程地质条件、开采方法、开采高度和顶板控制方法等，按照《建筑物、水体、铁路及主要井巷煤柱留设与压煤开采规程》中有关水体下开采的规定，由具有乙级及以上资质的煤炭设计单位编制可行性方案和开采设计，报省级煤炭行业管理部门审查批准后实施。采煤过程中，应当严格按照批准的设计要求，控制开采范围、开采高度和防隔水煤（岩）柱尺寸。

第一百零四条　在采掘过程中，当发现地质条件变化，需要缩小防隔水煤（岩）柱尺寸、提高开采上限时，应当进行可行性研究，并经省级煤炭行业管理部门审查批准后方可进行试采。

第一百零五条　为了合理地确定留设防隔水煤（岩）柱尺寸，应当对开采煤层上覆岩层进行专门水文地质工程地质勘探。

专门水文地质工程地质勘探应当包括下列内容：

（一）查明与煤层开采有关的上覆岩层水文地质结构，包括含水层、隔水层的厚度和分布，含水层水位、水质、富水性，各含水层之间的水力联系及补给、径流、排泄条件，断层的富水性、导水性；

（二）采用钻探、物探等方法探明工作面上方基岩面的起伏和基岩厚度。在松散含水层下开采时，特别应当查明松散层底部隔水层的厚度、变化与分布情况；

（三）通过岩芯工程地质编录和数字测井等，查明上覆岩土层的工程地质类型、覆岩组合及结构特征，采取岩土样进行物理力学性质测试。

第一百零六条　水体下防隔水煤（岩）柱，应当按照裂缝角与水体采动等级所要求的防隔水煤（岩）柱相结合的原则设计。进行水体下开采的防隔水煤（岩）柱留设尺寸预计时，覆岩垮落带、导水裂缝带高度、保护层尺寸可以按照《建筑物、水体、铁路及主要井巷煤柱留设与压煤开采规程》中的公式计算，或者根据类似地质条件下的经验数据结合基于工程地质模型的力学分析、数值模拟等多种方法综合确定，同时还应当结合覆岩原始导水情况和开采引起的导水裂缝带进行叠加分析综合确定。涉及水体下开采的矿区，应当开展覆岩垮落带、导水裂缝带高度和范围的实测工作，逐步积累经验，指导本矿区水体下开采工作。

采用放顶煤开采的保护层厚度，应当根据对上覆岩土层结构和岩性、顶板垮落带、导水裂缝带高度以及开采经验等分析确定。留设防砂和防塌煤（岩）柱开采的，应当结合上覆土层、风化带的临界水力坡度，进行抗渗透破坏评价，确保不发生溃水和溃砂事故。

第一百零七条　临近水体下的采掘工作，应当遵守下列规定：

（一）采用有效控制采高和开采范围的采煤方法，防止急倾斜煤层抽冒。在工作面范围内存在高角度断层时，采取有效措施，防止断层导水或者沿断层带抽冒破坏；

（二）在水体下开采缓倾斜及倾斜煤层时，宜采用倾斜分层长壁开采方法，并尽量减少第一、第二分层的采厚；上下分层同一位置的采煤间歇时间不小于4～6个月，岩性坚硬顶板间歇时间适当延长。留设防砂和防塌煤（岩）柱，采用放顶煤开采方法时，先试验后推广；

（三）严禁在水体下开采急倾斜煤层；

（四）开采煤层组时，采用间隔式采煤方法。如果仍不能满足安全开采的，修改煤柱设计，加大煤柱尺寸，保障矿井安全；

（五）当地表水体或松散层富水性强的含水层下无隔水层时，开采浅部煤层及在采厚大、含水层富水性中等以上、预计导水裂缝带大于水体与煤层间距时，采用充填法、条带开采和限制开采厚度等控制导水裂缝带发展高度的开采方法。对于易于疏降的中等富水性以上松散层底部含水层，可以采用疏降含水层水位或者疏干等方法，以保证安全开采。

第一百零八条　进行水体下采掘活动时，应当加强水情和水体底界面变形的监测。试采结束后，矿井应当提交试采总结报告，研究规律，指导水体下采煤。

第七章　露天煤矿防治水

第一百零九条　露天煤矿应当在每年年初制定防排水计划和措施。雨季前，煤矿应当对防排水设施进行全面检查。对低于当地洪水位的建筑，煤矿应当按照规定采取修筑堤坝、沟渠和疏通水沟等防洪措施。

第一百一十条　露天煤矿地表及边坡上的防排水设施，应当避开有滑坡危险的地段。排水沟应当经常检查、清淤，防止渗漏、倒灌或者漫流。当采场内有滑坡区时，应当在滑坡区周围设置截水沟。当水沟经过有变形、裂缝的边坡地段时，应当采取防渗措施。

第一百一十一条　当采用采掘场坑底储水的排水方式时，其排水期限应当符合下列规定：

（一）因储水而停止采煤的工作面数少于采煤工作面总数的1/3时，不得大于15日；

（二）因储水而停止采煤的工作面占采煤工作面总数的1/3～1/2时，不得大于7日；

（三）因储水而停止采煤的工作面多于采煤工作面总数的1/2时，不得大于3日；

（四）采用井巷排水时，采取安全措施，备用水泵的能力不得小于工作水泵能力的50%。

第一百一十二条　当地层含水影响采矿工程正常进行时，应当进行疏干。疏干工程应当超前采矿工程。在矿床疏干漏斗范围内，如果地面出现裂缝、塌陷，应当圈定范围加以防护、设置警示标志，并采取安全措施。（半）地下疏干泵房应当设通风装置。

第一百一十三条　受地下水影响较大和已经进行疏干排水工程的边坡，应当进行地下水位、水压及涌水量的观测，分析地下水对边坡稳定的影响程度及疏干的效果，制定地下水治理措施。

第一百一十四条　因地下水水位升高，可能造成排土场或者采场滑坡的，应当进行地下水疏干。

第八章　水害应急救援

第一节　应急预案及实施

第一百一十五条　煤矿企业、矿井应当根据本单位的主要水害类型和可能发生的水害事故，制定水害应急预案和现场处置方案。应急预案内容应当具有针对性、科学性和可操作性。处置方案应当包括发生不可预见性水害事故时，人员安全撤离的具体措施，每年都应当对应急预案修订完善并进行1次救灾演练。

第一百一十六条　矿井管理人员和调度室人员应当熟悉水害应急预案和现场处置方案。

第一百一十七条　矿井应当设置安全出口，规定避水灾路线，设置贴有反光膜的清晰路标，并让全体职工熟知，以便一旦突水，能够安全撤离，避免意外伤亡事故。

第一百一十八条　井下泵房应当积极推广无人值守和远程监控集控系统，加强排水系统检测与维修，时刻保持水仓容量不小于50%和排水系统运转正常。受水威胁严重的矿井，应当实现井下泵房无人值守和地面远程监控，推广使用地面操控的潜水泵排水系统。

第一百一十九条　现场发现水情的作业人员，应当立即向矿井调度室报告有关突水地点及水情，并通知周围有关人员撤离到安全地点或升井。

第一百二十条　矿井调度室接到水情报告后，应当立即启动本矿井水害应急预案，根据来水方向、地点、水量等因素，确定人员安全撤离的路径，通知井下受水患影响地点的人员马上撤离到安全地点或者升井，向值班负责人和矿井主要负责人汇报，并将水患情况通报周边所有矿井。

第一百二十一条　当发生突水时，矿井应当立即做好关闭防水闸门的准备，在确认人员全部撤离后，方可关闭防水闸门。

第一百二十二条　矿井应当根据水患的影响程度，及时调整井下通风系统，避免风流紊乱、有害气体超限。

第一百二十三条　矿井应当将防范暴雨洪水引发煤矿事故灾难的情况纳入《事故应急救援预案》和《灾害预防处理计划》中，落实防范暴雨洪水所需的物资、设备和资金，建立专业抢险救灾队伍，或者与专业抢险救灾队伍签订协议。

第一百二十四条　矿井应当加强与各级抢险救灾机构的联系，掌握抢救技术装备情况，一旦发生水害事故，立即启动相应的应急预案，争取社会救援，实施事故抢救。

第一百二十五条　水害事故发生后，矿井应当依照有关规定报告政府有关部门，不得迟报、漏报、谎报或者瞒报。

第二节　排水恢复被淹井巷

第一百二十六条　恢复被淹井巷前，应当编制突水淹井调查报告。报告应当包括下列主要内容：

（一）突水淹井过程，突水点位置，突水时间，突水形式，水源分析，淹没速度和涌水量变化等；

（二）突水淹没范围，估算积水量；

（三）预计排水中的涌水量。查清淹没前井巷各个部分的涌水量，推算突水点的最大涌水量和稳定涌水量，预计恢复中各不同标高段的涌水量，并设计恢复过程中排水量曲线；

（四）提供分析突水原因用的有关水文地质点（孔、井、泉）的动态资料和曲线，水文地质平面图、剖面图，矿井充水性图和水化学资料等。

第一百二十七条　矿井恢复时，应当设有专人跟班定时测定涌水量和下降水面高程，并做好记录；观察记录恢复后井巷的冒顶、片帮和淋水等情况；观察记录突水点的具体位置、涌水量和水温等，并作突水点素描；定时对地面观测孔、井、泉等水文地质点进行动态观测，并观察地面有无塌陷、裂缝现象等。

第一百二十八条　排除井筒和下山的积水及恢复被淹井巷前，应当制定防止被水封住的有害气体突然涌出的安全措施。排水过程中，应当有矿山救护队检查水面上的空气成分；发现有害气体，及时处理。

第一百二十九条　矿井恢复后，应当全面整理淹没和恢复两个过程的图纸和资料，确定突水原因，提出避免发生重复事故的措施意见，并总结排水恢复中水文地质工作的经验和教训。

第九章　罚　则

第一百三十条　煤矿企业违反本规定第五条第一款规定的，给予警告，并处2万元以下的罚款。

煤矿企业违反本规定第五条第二款规定仍然进行生产的，责令停产整顿，处50万元以上100万元以下的罚款；对煤矿企业负责人处3万元以上5万元以下的罚款。

第一百三十一条　煤矿企业违反本规定第八条第一款规定的，责令停产整顿，处50万元以上100万元以下的罚款；对煤矿企业负责人处10万元以上15万元以下的罚款。

煤矿企业违反本规定第八条第二款规定的，责令停产整顿，处150万元以上200万元以下的罚款；对煤矿企业负责人处 12 万元以上 15 万元以下的罚款。

第一百三十二条 煤矿企业违反本规定第十四条、第十五条规定的，给予警告，并处 1 万元以上 3 万元以下的罚款；对煤矿企业负责人处 1 万元以下的罚款。

煤矿企业违反本规定第十四条、第十五条规定，提供虚假防治水图件应付检查或者影响事故抢险救援的，给予警告，可以并处 5 万元以上 10 万元以下的罚款；情节严重的，责令停产整顿。

第一百三十三条 煤矿企业违反本规定第二十六条规定，有下列情形之一的，处 3 万元以下的罚款；对企业负责人处 1 万元以下的罚款。

（一）遇突水点时，未详细观测记录突水的时间、地点、确切位置、出水层位、岩性、厚度、出水形式、围岩破坏情况，并未测定涌水量、水温、水质、含砂量的；

（二）未按照规定观测突水点附近的出水点和观测孔涌水量、水位的变化，并分析突水原因的；

（三）未按照规定对各主要突水点进行系统观测，并编制卡片、平面图和素描图的；

（四）未按规定上报突水事故的。

第一百三十四条 煤矿企业违反本规定第五十四条、第五十五条规定的，责令停产整顿，处 100 万元以上 150 万元以下的罚款；对企业负责人处 7 万元以上 12 万元以下的罚款。

第一百三十五条 煤矿企业违反本规定第七十条规定的，责令停产整顿，处 10 万元以上 50 万元以下的罚款；对企业负责人处 1 万元以上 3 万元以下的罚款。

第一百三十六条 煤矿企业违反本规定第九十条、第九十一条规定的，给予警告，并处 1 万元以上 3 万元以下的罚款；对企业负责人处 1 万元以下的罚款。

第一百三十七条 煤矿企业违反本规定第九十二条规定的，处 2 万元以下的罚款。

第一百三十八条 煤矿企业违反本规定第九十五条规定的，责令停产整顿，处 10 万元以上 50 万元以下的罚款；对企业负责人处 1 万元以上 3 万元以下的罚款。

第一百三十九条 煤矿企业违反本规定造成透水事故的，按照有关规定进行调查处理，并依法给予行政处罚。

第一百四十条 本规定设定的行政处罚，由煤矿安全监察机构或者地方人民政府负责煤矿安全生产监督管理职责的部门实施。

第十章 附 则

第一百四十一条 本规定下列用语的含义：

老空，是指采空区、老窑和已经报废井巷的总称。

采空区，是指采煤以后不再维护的空间。

水淹区域，是指被水淹没的井巷和被水淹没的老空的总称。

矿井正常涌水量，是指矿井开采期间，单位时间内流入矿井的水量。

矿井最大涌水量，是指矿井开采期间，正常情况下矿井涌水量的高峰值。

安全水头，是指不致引起矿井突水的承压水头最大值。

防隔水煤（岩）柱，是指为确保近水体安全采煤而留设的煤层开采上（下）限至水体底（顶）界面之间的煤岩层区段。

探放水，是指包括探水和放水的总称。探水是指采矿过程中用超前勘探方法，查明采掘工作面顶底板、侧帮和前方等水体的具体空间位置和状况等情况。放水是指为了预防水害事故，在探明情况后采取钻孔等安全方法将水体放出。

垮落带，是指由采煤引起的上覆岩层破裂并向采空区垮落的岩层范围。

导水裂缝带，是指开采煤层上方一定范围内的岩层发生垮落和断裂，产生裂缝，且具有导水性的岩层范围。

抽冒，是指在浅部厚煤层、急倾斜煤层及断层破碎带和基岩风化带附近采煤或掘巷时，顶板岩层或煤层本身在较小范围内垮落超过正常高度的现象。

带压开采，是指在具有承压水压力的含水层上进行的采煤。

隔水层厚度，是指开采煤层底板至含水层顶面之间隔水的完整岩层的厚度。

三图双预测法，是指一种解决煤层顶板充水水源、通道和强度三大问题的顶板水害评价方法。三图是指煤层顶板充水含水层富水性分区图、顶板垮裂安全性分区图和顶板涌（突）水条件综合分区图。双预测是指顶板充水含水层预处理前、后回采工作面分段和整体工程涌水量预测。

脆弱性指数法，是指将可确定底板突水多种主控因素权重系数的信息融合与具有强大空间信息分析处理功能的 GIS 耦合于一体的煤层底板水害评价方法。

五图双系数法，是指一种煤层底板水害评价方法。五图是指底板保护层破坏深度等值线图、底板保护层厚度等值线图、煤层底板以上水头等值线图、有效保护层厚度等值线图、带压开采评价图。双系数是指带压系数和突水系数。

第一百四十二条　本规定自 2009 年 12 月 1 日起施行。1984 年 5 月 15 日原煤炭工业部颁发的《矿井水文地质规程》（试行）和 1986 年 9 月 9 日原煤炭工业部颁发的《煤矿防治水工作条例》（试行）同时废止。

附录：一、矿井水文地质主要图件内容及要求（略）

二、防水层富水性的等级标准（略）

三、含隔水煤（岩）柱的尺寸要求（略）

四、安全隔水层厚度和突水系数计算公式（略）

五、安全水头压力值计算公式（略）

六、采掘工作面水害分析预报表和预测图模式（略）

国家安全监管总局国家煤矿安监局关于印发煤矿安全生产“十二五”规划的通知

（安监总煤装〔2011〕187 号）

各产煤省、自治区、直辖市及新疆生产建设兵团煤炭行业管理、煤矿安全监管部门，各省级煤矿安全监察局，司法部直属煤矿管理局，各直属事业单位、社团组织，有关中央企业：

《煤矿安全生产“十二五”规划》已经国家安全监管总局局长办公会议审议通过，现印发给你们，请认真贯彻执行。

国家安全监管总局
国家煤矿安监局
二〇一一年十二月五日

来源：中华人民共和国中央人民政府

附：煤矿安全生产“十二五”规划

煤矿安全生产“十二五”规划

煤矿安全生产事关人民群众的生命财产安全，事关改革发展、和谐稳定大局，是全国安全生产的重中之重。为贯彻落实党中央、国务院关于安全生产的决策部署，根据《中华人民共和国国民经济和社会发展第十二个五年规划纲要》、《国务院关于进一步加强企业安全生产工作的通知》（国发〔2010〕23 号，以下简称国务院《通知》）和《国务院办公厅关于印发安全生产“十二五”规划的通知》（国办发〔2011〕47 号）要求，制定本规划。

一、现状与形势

（一）“十一五”期间煤矿安全生产取得的主要成就

党中央、国务院历来高度重视煤矿安全生产工作。“十一五”期间，各级政府、相关部门和煤矿企业认真贯彻党中央、国务院关于加强安全生产工作的重要部署和指示精神，坚持安全发展，坚持“安全第一、预防为主、综合治理”的方针，深入开展煤矿瓦斯治理、整顿关闭“两个攻坚战”，持续推进煤矿安全基础管理工作，相继开展了“隐患治理年”、“安全生产年”等活动，大力推进安全生产执法、治理、宣教“三项行动”，切实加强安全生产法制体制机制、保障能力、监管监察队伍“三项建设”，落实企业安全主体责任，强化安全管理和监督，煤矿安全生产水平全面提高。“国家监察、地方监管、企业负责”的煤矿安全生产工作格局逐步完善，煤矿安全生产法制体制机制日趋健全。“十一五”规划主要任务全面完成，实现了安全生产状况明显好转的目标，煤矿安全生产成效显著。

安全生产状况明显好转。2010 年与 2005 年相比，煤矿事故死亡人数由 5938 人减少到 2433 人，下降 59%；重特大事故起数由 58 起减少到 24 起，下降 58.6%；煤矿百万吨死亡率由 2.811 下降到 0.749，下降 73%。

法制体制机制进一步完善。大力推进《安全生产法》配套行政法规和地方性法规建设，出台了刑法修正案（六）和相关的司法解释；制定出台 21 部部门规章；制定和修订 300 余项煤矿安全标准和煤炭行业标准。新增设 4 个省级、7 个区域煤矿安全监察机构和 111 个省级直属安全技术支撑事业单位，充实和加强了监察监管力量。完善了煤矿安全监管监察执法各项制度，建立健全与有关部门的协调联动机制，实施联合执法，煤矿安全生产法制秩序不断改善。

安全生产投入持续加大。认真落实煤矿安全生产费用提取使用办法，不断加大安全费用提取力度，增加煤矿安全生产投入；进一步完善煤层气抽采利用相关经济政策，引导支持企业加强煤层气开发利用；连续投入国债资金 150 亿元，带动煤矿企业和地方政府投入安全改造资金 880 亿元，中央财政投入 27 亿元“以奖代补”资金用于煤矿整顿关闭，治理了一大批事故隐患，进一步完善了煤矿“一通三防”等各大生产系统，推进了煤矿机械化和信息化建设，提升了煤矿安全保障能力。

行政执法不断强化。加大对非法违法生产建设经营行为的打击力度，加强煤矿安全生产行政执法。“十一五”期间，全国煤矿安全生产行政执法累计 17.9 万次，查处隐患 106.8 万条，隐患整改率平均达到 96.7%，实施行政处罚 9.1 万次，经济处罚总额累计达到 26.5 亿元。按照“四不放过”和“依法依规、实事求是、注重实效”的原则，严格事故查处和责任追究，切实加大警示教育力度，努力用事故教训推动工作。依法依规查处各类事故 9270 起，结案率达 98%。

瓦斯治理成效显著。深入开展煤矿瓦斯治理攻坚战，出台了一系列瓦斯防治规章和技术标准，大力推进以先抽后采为重点的瓦斯综合治理，推进煤与瓦斯突出矿井“两个四位一体”的综合防突措施，积极开展瓦斯治理示范矿井、示范县（市）工程建设。2010 年，煤矿瓦斯抽采量达 88 亿立方米、利用量达 35 亿立方米，分别比 2005 年上升 282.6% 和 250%；瓦斯事故比 2005 年减少 269 起、死亡人数减少 1548 人，事故起数和死亡人数分别下降 65% 和 71.3%。

整顿关闭取得重大进展。大力开展煤矿整顿关闭攻坚战，共关闭不具备安全生产条件的小煤矿 9535 处、淘汰落后产能近 5 亿吨，超额完成将小煤矿数量控制在 1 万处以内的目标。2010 年，年产 120 万吨及以上的大型煤矿产量 18.8 亿吨，占全国总产量 58%；产能 30 万吨以下的小煤矿产量 7 亿吨，占全国总产量比重由 2005 年的 45% 下降至 22%。

安全基础管理不断改善。研究出台加强国有重点煤矿和小煤矿安全基础管理的两个指导意见，推进煤矿安全质量标准化、小煤矿机械化、安全教育培训、职业健康和班组安全建设，广泛开展事故隐患排查治理专项行动。2010 年全国采煤机械化程度达到 64%，比 2005 年提高 19 个百分点；安全高效矿井 359 处，产量 10.2 亿吨。全国有 6000 余处煤矿达到省级以上安全质量标准，累计培训煤矿“三项岗位”人员 382.7 万人次，全国 25 万名煤矿班组长已轮训一遍。

安全科技支撑能力明显增强。依托国家基础研究和科技支撑计划，取得煤与瓦斯突出的力学作用机理学说重大突破，开发了一批煤矿安全先进适用技术；开展煤矿安全科技成果推广，淘汰落后设备和工艺 59 项，完成科技项目 3 项；总结了 14 家煤矿企业瓦斯治理技术集成体系，提炼 10 项煤矿瓦斯治理关键技术；推广了 100 项瓦斯治理技术成果，实施 10 项瓦斯治理示范工程，煤矿现代化、信息化水平和科技支撑能力明显提升。

（二）“十二五”时期煤矿安全生产面临的挑战和机遇

“十二五”时期，是加快转变经济发展方式、创新社会管理、保障和改善民生、实现安全发展的关键时期，也是安全生产状况由明显好转向根本好转目标迈进的攻坚阶段。作为安全生产重中之重的煤矿安全生产工作面临诸多挑战。

市场对煤炭的旺盛需求加大了煤矿安全生产压力。煤炭市场需求预计到2015年将达到40亿吨。目前煤炭价格高位运行，个别地区和煤矿企业不能正确处理安全与生产的关系，不能始终把安全生产摆在第一位，盲目追求产量和经济效益。个别煤矿安全生产责任落实不到位，非法违法生产经营建设、超能力、超强度、超定员生产和违章指挥、违章作业、违反劳动纪律现象仍较为严重。

安全基础仍然薄弱，保障能力低。目前全国煤矿企业平均产能不足30万吨/年，各煤矿企业均不同程度地存在专业技术人员匮乏现象，全国煤矿主体专业技术人才缺口约7万人，其中约96%的煤矿企业机电专业人才不足，88%的煤矿企业采矿专业人才不足。井下一线工人流动性大，安全生产整体素质有待提高。产能30万吨/年以下的煤矿仍有9000余处，大多数生产工艺技术落后，设备陈旧老化，安全管理水平低。煤矿尘肺病等职业危害仍较为严重。目前，全国已列入整合技改的煤矿有5000余处，在建项目7000余个，“十二五”时期煤炭资源整合和兼并重组工作将全面铺开，兼并重组矿井跨行业、跨地区扩张现象多，办矿标准多层次、办矿格局多元化，现场管理相对薄弱，事故易发。

煤矿灾害日趋严重。我国煤矿约91%是井工矿，在世界主要产煤国家中开采条件最复杂。煤矿开采深度平均每年增加20米以上，随着开采深度和开采强度的不断增加，相对瓦斯涌出量平均每年增加1立方米每吨左右，高瓦斯矿井数量每年增加4%，煤与瓦斯突出矿井数量每年增加3%。矿井突出危险性加大，水、火、冲击地压、热害等灾害越来越严重，防灾抗灾难度加大。

同时，煤矿安全生产工作更面临着重要机遇。

加强和创新社会管理为做好煤矿安全工作提供了根本保证。《中共中央国务院关于加强和创新社会管理的意见》进一步明确提出加强法律法规、政策标准、技术服务、应急处置和救援、社会监督、宣教培训体系建设，落实企业主体责任和地方各级政府监管责任，深化安全生产标准化创建工作和煤矿安全生产专项整治等，对加强和改进新时期安全生产工作指明了方向；国务院《通知》和有关安全生产工作的一系列重大举措是进一步加强煤矿安全生产工作的重要准则和得力抓手；国家“十二五”规划纲要设立了“严格安全生产管理”专节，从落实企业主体责任、政府监管等方面提出了工作重点和奋斗目标。

加快经济发展方式转变为做好煤矿安全工作提供了重要机遇。随着经济发展方式转变步伐的不断加快和煤炭大集团、大基地建设的稳步实施，煤矿企业兼并重组进一步加快，淘汰落后产能进一步推进，煤炭产业结构进一步优化，有助于尽快解决煤炭行业增长方式粗放、技术落后、安全保障能力低等制约煤矿安全生产的深层次和结构性问题，为煤矿安全生产工作提供了重要机遇。

建立健全“六大体系”和全面提升“六个能力”为做好煤矿安全生产工作奠定了坚实基础。建立完善责任落实、基础扎实、投入到位、管理规范的企业安全保障体系，覆盖全面、监管到位、监督有力的政府监管和社会监督体系，与工业化、信息化发展要求相适应的安全科技支撑体系，门类齐全、配套完备、针对性强的安全生产法律法规和政策标准体系，反应迅速、机动灵活、处置高效的应急救援体系，面向基层、贴近实际、载体多样的宣传教育培训体系，着力提高煤矿企业本质安全水平和事故防范、监察执法和群防群治、技术装备安全保障、依法依规安全生产、事故救援和应急处置、从业人员安全素质和社会公众自救互救“六个能力”，有利于加快建设煤矿安全生产长效机制，推动煤矿安全生产状况持续稳定好转。

二、指导思想和规划目标

（一）指导思想

以邓小平理论和“三个代表”重要思想为指导，深入贯彻落实科学发展观，围绕科学发展的主题和加快转变经济发展方式的主线，牢固树立科学、安全、可持续发展和安全生产工作一切从零开始的理念，坚持以人为本、安全第一、预防为主、综合治理，全面贯彻国务院《通知》精神，严格行政执法，加强责任落实，加强监管监察，加强基础建设，加大安全投入，推进信息化建设，推进科技进步，完善应急救援体系，提高安全保障能力，提升职业安全健康水平，继续降低事故总量和伤亡人数，有效防范和坚决遏制重特大事故，坚决守住安全生产这条红线，为实现煤矿安全生产形势根本好转奠定坚实基础，为推进经济社会全面、协调、可持续发展，保障人民群众生命财产安全，促进社会和谐稳定，实现全面建设小康社会目标，加快改革开放和现代化进程提供重要保障。

（二）基本原则

标本兼治，重在治本。正确处理安全生产与经济发展、安全生产与速度质量效益的关系，坚持把安全生产放在首要位置，坚持预防为主，深入开展隐患排查治理，建立煤矿安全生产长效机制，从政策、投入、体制、机制等方面解决影响煤矿安全生产的根本性问题，加强瓦斯、水害、火灾等重大灾害的超前预防，落实源头治理措施。

强化执法，落实责任。完善煤矿安全生产法律法规和政策标准体系，加强监管监察，严格执法，认真落实安全监管责任、属地管理责任。坚持关口前移，重心下移，加强基层基础工作，加强安全生产的组织领导和现场管理，严格执行法律法规和规章标准，落实企业主体责任。

严格准入，有序退出。严格煤矿企业安全准入制度，明确矿井规模和抗灾能力标准，提高安全准入门槛。建立煤矿有序退出机制，关闭灾害严重难以治理、生产力落后、资源浪费严重、环境污染严重、不具备安全生产条件的煤矿，明确相关政策及补偿办法。

依靠科技，提升素质。坚持“科技兴安”，充分发挥科技的支撑和引领作用，加快科技研发与成果的推广应用，不断提升煤矿安全保障能力。大力推进煤矿班组安全建设，加强班组安全管理，强化安全技术培训，加强岗位技术练兵，实现岗位达标、专业达标、企业达标，不断提升从业人员的安全作业能力和安全生产意识。

（三）规划目标

到2015年，煤矿安全生产水平和事故防范能力，监察执法和群防群治能力，技术装备支撑保障能力，依法依规安全生产能力，事故救援和应急处置能力，从业人员安全素质和自救互救能力得到明显提高；事故总量、死亡人数继续下降，重特大事故得到有效遏制，职业危害防治工作得到加强，煤矿安全生产形势持续稳定好转，为实现全国煤矿安全生产状况根本好转打下坚实基础。

煤矿事故死亡人数下降12.5%以上；

较大事故起数下降15%以上；

重大事故起数下降15%以上；

煤矿瓦斯事故起数下降40%以上；

煤矿瓦斯事故死亡人数下降40%以上；

特别重大事故起数下降50%以上；

煤炭百万吨死亡率下降28%以上。

三、主要任务

（一）完善煤矿企业安全生产保障体系，提高煤矿安全水平和事故防范能力

严格安全生产管理。深入贯彻落实国务院《通知》精神，完善并落实具体实施办法和配套措施，健全安全管理机构，完善安全管理制度，强化落实煤矿企业主要负责人安全生产责任制；严格安全目标考核，实行安全生产“一票否决”制；加强技术基础工作，建立健全以总工程师为首的技术管理体系；落实煤矿领导带班下井、隐患排查治理报告、事故查处挂牌和跟踪督办等制度。

加大安全投入。强化经济政策引导作用，促进煤矿企业加大安全投入，提足用好安全生产费用；继续加大政府在煤矿安全生产方面的投入，落实技术改造和瓦斯综合治理、水害防治、职业危害防治和防灭火等灾害治理资金；加快煤矿井下安全避险“六大系统”建设；依法依规淘汰落后技术装备和工艺，改善安全生产条件，提高煤矿安全保障能力。

提高瓦斯、水害、火灾等重大灾害防治能力。完善灾害监控、预测预警与防治技术体系，加强矿井瓦斯、水害、火灾、冲击地压等事故防控技术措施。继续完善“通风可靠、抽采达标、监控有效、管理到位”的煤矿瓦斯综合治理工作体系，落实“两个四位一体”综合防突措施，做到先抽后采、抽采达标。制定更优惠的政策、采取更有力的措施、实施更严格的管理，全面推进瓦斯防治和抽采利用工作。严格遵循矿井防治水“预测预报、有疑必探、先探后掘、先治后采”十六字原则，加强水文地质勘探工作，实施整合矿区和受水害威胁生产矿井的水文、工程地质补充勘探，查清影响安全开采的老空区、奥灰水等水文地质情况。加强火区治理，完善防灭火系统，淘汰煤矿非阻燃电缆、皮带等。

严格煤矿安全准入，建立有序退出机制。加强煤矿地质工作，提高地质勘查对安全生产的支撑作用；严格控制新（改、扩）建高瓦斯和煤与瓦斯突出矿井最低产能和建设规模，高瓦斯矿井设计生产能力限定在30万吨/年至800万吨/年，煤与瓦斯突出矿井设计生产能力限定在45万吨/年至500万吨/年；严格执行建设项目安全核准、安全设施“三同时”制度，规范煤矿安全生产许可证颁发；将技术人员配备列入煤矿安全准入基本条件，提高煤矿建设、生产领域的企业准入标准；坚持调整煤炭产业结构与推进整合关闭相配套，积极推进各产煤地区煤矿企业兼并重组，完善相关扶持政策，建立不具备安全生产条件的小煤矿有序退出机制，淘汰落后产能和不具备安全生产条件的小煤矿，提高煤炭工业产业集中度，构建安全高效的煤炭产业体系。

加强煤矿安全基层基础建设。全面推进煤矿安全质量标准化建设，深化岗位达标、专业达标和企业达标，生产煤矿达到三级以上安全质量标准化水平，国有重点企业和新建煤矿达到一级标准；强化现场安全管理，实行全员、全过程、全方位安全管理，加强煤矿班组安全建设，发挥班组安全生产前沿阵地作用；继续提高矿井安全生产信息化、采掘机械化水平，着力推进小型煤矿机械化进程，全面提高小型煤矿生产力水平，小型煤矿采煤机械化和掘进装载机械化程度到2015年底分别达到55%和80%以上。

提升职业危害防治水平。按照“源头治理、科学防治、严格管理、依法监督”的基本要求，以防治煤矿尘肺病为重点，落实煤矿作业场所职业健康监督检查职责，加强职业危害申报，强化煤矿建设项目职业健康“三同时”审查和监督检查，落实煤矿企业职业危害防治主体责任；加强煤矿职业健康监管监察机构建设，构建职业危害监督检查技术支撑体系；建立作业场所职业危害普查与申报系统和职业健康检测基础数据库，加强职业危害因素监测，实施防治煤矿粉尘、噪声、高温为重点的综合治理工程。

（二）完善煤矿安全监察监管和社会监督体系，提高监察执法和群防群治能力

完善煤矿安全监察监管体制机制。完善煤矿安全监察监管工作机制，强化地方政府及有关部门的安全监管和属地管理责任；实施与相关部门的协作联动、联合执法，形成齐抓共管的工作合力；进一步优化工作机制，加强煤矿安全监察监管执法，落实“国家监察、地方监管、企业负责”的煤矿安全生产工作制度。

加强基层监察监管队伍建设。充实煤矿安全监察力量，建立完善安全监察监管执法人员培训、执法资格、考核等制度，分级分类建立以岗位职责为基础的能力评价体系；严格新增执法人员专业背景和选拔条件，建立完善安全监察监管实训体系，实施安全监察监管执法人员培训工程，提高各级尤其是一线监察人员执法水平。

创新安全监察监管方式。深化煤矿重大隐患治理逐级挂牌督办、公告、整改评估制度；强化安全生产属地监管，建立煤矿安全风险的分类分级制度和分类分级监察监管体制；探讨煤矿工伤保险费率与安全质量标准化挂钩的工作机制，开展煤矿“安全审计”试点工作；完善非法违法企业“黑名单”制度，定期公告发生重特大事故、对重大事故隐患整改不力、职业危害严重且治理不力的企业名单；开展煤矿安全文化建设和安全生产诚信建设，推动企业安全生产信息公开，督促煤矿企业履行好安全生产社会责任。

以信息化建设为载体，提高监管效率。推进煤矿安全监察机构工作条件标准化建设，更新煤矿安全监察机构装备；将煤矿安全生产信息化建设纳入国家安全生产信息系统（“金安”）二期工程，建成覆盖煤矿安全监察和安全生产应急管理机构信息共享平台，充分利用煤矿企业安全生产实时监测信息，提升重大事故隐患管理和生产安全事故的预防预警、应急处置能力。

加强社会舆论监督。维护和落实煤矿职工对安全生产的知情权、参与权和监督权，发挥安全群监员和职工对安全生产的监督作用；拓宽和畅通煤矿安全工作社会监督渠道，设立举报信箱，用好“12350”举报投诉电话，鼓励单位和个人举报安全隐患和各种非法违法行为，对有效举报予以奖励。及时公布事故情况和查处结果，接受社会监督。

（三）完善煤矿安全科技支撑体系，提高技术装备的安全保障能力

加大煤矿安全科技攻关。健全安全科技政策和投入机制，推进以企业为主体、产学研用相结合的技术创新体系；实施“科技兴安”工程，开展瓦斯、水、火、冲击地压、职业危害防治等煤矿重大灾害防治基础研究和关键技术及重大装备研发，力争在致灾机理和关键技术研究方面取得突破；健全完善矿井重大灾害防治技术集成体系。

推广使用先进适用技术与装备。完善煤矿安全生产科技成果评估、鉴定和推广机制，及时发布先进适用的煤矿安全生产工艺、技术和装备推广目录；加大淘汰落后设备和工艺力度，将不符合安全标准、安全性能低、职业危害严重的落后工艺、技术和装备列入国家产业结构调整目录。

加强安全生产专业技术服务。创新和完善安全生产专业服务机构管理，建立分类监管与技术服务质量综合评估制度；充分发挥安全评价、检测、检验、安全标志、培训、咨询等专业技术服务机构的专业技术支撑作用；发展煤矿安全装备制造业，提升煤矿瓦斯治理等重大事故防治技术与装备和安全避险、安全监控、个人防护等安全设备的技术水平，培育技术能力强的安全装备制造企业。

（四）完善煤矿安全法律法规和政策标准体系，提高依法依规安全生产能力

完善煤矿安全法律法规和政策标准。进一步加快《安全生产法》、《矿山安全法》、《煤矿安全监察条例》等法律、行政法规的修订步伐，完成《煤矿安全规程》的全面修订工作；建立法规、规章运行评估机制和定期清理制度，及时修订相关煤炭行业标准和煤矿安全标准，完善煤矿安全法律、法规体系；支持和促进地方立法，健全完善规范完备、门类齐全、针对性强的煤矿安全生产法律法规和政策标准体系。

规范企业生产经营行为。全面推动煤矿企业安全质量标准化工作，建立完善法律法规与标准规划及时获取、识别和落实制度；持续改进安全管理制度和操作规程，强化生产现场管理和生产过程控制，杜绝“三违”、“三超”行为。

提高安全生产执法效能。以非法违法生产经营建设行为、事故多发地区和基建技改、整合重组煤矿为重点，进一步推进“打非治违”专项行动；加强地方各级政府煤矿安全监管工作，完善煤矿安全生产联合执法机制，建立执法信息沟通制度；健全安全生产行政执法责任制度和安全生产“一票否决”制度，严格行政执法责任追究，严格执行重大生产安全事故责任追究制度；强化煤矿事故查处通报、约谈、分析和督导四项制度，用事故教训推动煤矿安全生产工作。

（五）完善煤矿安全生产应急救援体系，提高事故救援和应急处置能力

加快应急救援队伍建设。依托国有大型煤矿企业和有关单位，首批建设大同、开滦、平顶山、淮南、鹤岗、靖远和芙蓉7个国家矿山应急救援队，并建设14支区域矿山应急救援队；加强应急设备和应急物资的储备，做到储备充足、调动迅速、高效救援；推动煤矿企业专职矿山救护队建设，推进煤矿企业兼职救援队伍建设试点；建立健全矿山应急救援（救护）工作机制，尚未建立专职救援队伍的煤矿企业与有资质的专业救援队伍签订服务协议。

建设完善井下安全避险“六大系统”。健全完善煤矿井下监测监控、人员定位、压风自救、供水施救、通信联络系统，使各系统的功能向为遇险人员提供安全避险和有效救援延伸，并与紧急避险系统实现可靠连接；加快推进井下避难硐室、可移动式救生舱等紧急避险设施建设；全面建成煤矿井下安全避险“六大系统”，提升煤矿事故防范、人员避险和应急救援等安全保障能力。

加强应急救援基础工作。完善煤矿应急预案，强化应急救援实训演练；建立完善煤矿安全生产动态监控及预警预报体系，定期开展安全生产风险分析与评估；推进安全生产应急平台体系建设，实现市、县煤矿安全联网。

（六）完善煤矿安全宣传教育培训体系，提高安全素质和自救互救能力

提高煤矿从业人员安全素质。深化从业人员安全教育培训制度和安全技术人员继续教育制度，提高培训质量与效果；煤矿企业主要负责人、安全生产管理人员和特种作业人员持证上岗率达到100%；鼓励煤矿企业先招生后招工；充分发挥工程技术人员作用，推进班组长安全建设，加强煤矿一线操作人员安全培训，提高煤矿现场安全技术管理和操作水平。

强化安全专业人才队伍建设。加大煤矿专业人才培养力度，鼓励煤炭高等院校、职业技术学校逐年扩大地质、采矿、机电、通风与安全等相关专业人才的招生培养规模，加快培养煤矿生产建设急需的各类专业人才和生产一线技能型人才；发挥安全生产专家和注册安全工程师作用，完善技术服务机制，提高对煤矿安全生产的技术支撑和智力支持。

加强安全教育培训基础建设。建设完善一批煤矿安全生产警示教育基地；积极开展煤矿安全文化建设示范企业和安全生产诚信企业创建工作；加强安全生产法律法规标准的宣传贯彻，提高广大从业人员和社会公众安全意识。

四、重点工程

（一）瓦斯综合治理工作体系建设工程

建设煤矿瓦斯防治工作体系示范工程。加强瓦斯综合防治技术研究，实施煤矿企业矿井通风系统改造。重点加强复杂条件下高瓦斯矿井和煤与瓦斯突出矿井防治瓦斯突出与爆炸的成套技术装备标准研制。提升瓦斯抽采系统的能力，落实先抽后采和“两个四位一体”综合防突措施。到2015年，所有生产矿井和产煤县（市、区）均达到煤矿瓦斯综合治理工作体系建设基本要求，切实做到

“通风可靠、抽采达标、监控有效、管理到位”。重点地区是山西、河南、贵州、黑龙江、重庆、四川、湖南、辽宁、陕西、安徽、云南11省（市）。

（二）水灾、火灾和冲击地压等矿井重大灾害治理工程

加强水害防治基础工作，加大水害综合防治技术研究。查明矿井水文地质条件，特别是华北奥灰水和兼并重组矿井周边老空区范围和积水量，落实“防、堵、排、疏、截”综合治理措施，由专业人员和专职队伍使用专用探放水设备进行井下探放水。实施疏水降压和底板隔水层加固等工程。重点治理河北、河南、山西、山东、四川、湖南、贵州、江西等地区煤矿水害。进一步加大火灾成因机理分析、火灾预防、监测预警和灾害发生后灭火处理与应急救援的技术装备研究力度；有效防范和及时消除煤矿电缆、皮带、电气、可燃材料支护等存在的外因火灾隐患；加强对东北褐煤自燃区、华北烟煤自燃区、西北低变质烟煤自燃区和南方高硫煤自燃区煤炭自燃引起的内因火灾隐患的治理，防止内因火灾发生。加大冲击地压发生机理、预测规律和防治技术研究力度，重点治理河北开滦，黑龙江七台河，吉林辽源，江西萍乡，山东新汶、枣庄，河南义马，四川芙蓉，重庆南桐、松藻等矿区的冲击地压灾害。

（三）煤矿井下安全避险“六大系统”建设工程

2011年底前所有煤矿全部安装井下人员定位系统；2012年6月底前所有煤（岩）与瓦斯（二氧化碳）突出矿井及中央企业煤矿和国有重点煤矿中的高瓦斯、开采容易自燃煤层的矿井全部建设完成紧急避险系统；2013年6月底前全国所有煤矿全部完成“六大系统”的建设完善工作，并确保其发挥应有作用，切实提高煤矿安全保障水平和应急处置能力。

（四）安全质量标准化达标工程

深入开展以岗位达标、专业达标和企业达标为内容的煤矿安全质量标准化建设。完善煤矿安全质量标准化标准，加强煤矿安全质量标准化考核，将安全质量标准化作为颁发安全生产许可证的条件之一，逐步形成完善的煤矿安全质量标准化促进机制，进一步推动达标工作。到2015年，全国煤矿一级安全质量标准化达标率10%以上，中央企业煤矿一级安全质量标准化达标率90%以上，国有重点煤矿一级安全质量标准化达标率80%以上。

（五）煤矿机械化改造提升工程

推进实施煤矿机械化改造工程，进一步提高大中型煤矿机械化水平，努力实现采掘生产的信息化和自动化；逐步提高小型煤矿机械化水平。每年重点扶持100个煤矿进行机械化改造，到2015年底，小型煤矿采煤、掘进装载机械化程度分别达到55%、80%以上，实现全国4000个小型煤矿进行采煤机械化改造，5000个小型煤矿进行掘进装载机械化改造，小型煤矿机械化生产能力提高2亿吨。

（六）安全技术研发与推广工程

加强深部开采煤岩动力灾害防治、瓦斯灾害防治等基础理论研究和高精度煤矿地质探测等技术研究。重点开展矿井瓦斯、突水、火灾、冲击地压等灾害防控技术装备研究。开发深部矿井热害、瓦斯防治、顶板维护、水灾预防、通讯传感等的关键设备。推广先进适用技术，加快淘汰落后技术、工艺和设备。建立煤矿安全科技示范工程，先期开展矿区灾害预测预报技术、互联网在安全管理上的应用、应急救援及事故处置技术等重点工程。

（七）安全教育培训工程

加大煤矿一线安全检查员教育培训力度，提高其业务能力和安全检查水平；强化煤矿企业主要负责人、安全生产管理人员和特种作业人员资格培训，持证上岗率达到100%；继续实施“万名班组长安全培训工程”、“万名煤矿总工程师安全培训工程”；建立全国煤矿安全生产教育培训信息管理系统；重点依托中央煤炭企业和国有大型煤炭企业，建设15～20个煤矿安全生产教育培训基地、完善10个警示教育基地；推进全国煤矿安全文化示范企业、煤矿安全区队和煤矿安全班组建设。

（八）职业危害治理工程

加强煤矿职业危害申报和状况普查，掌握职业危害分布状况、危害程度；建立全国煤矿职业危害数据库和国家级职业危害因素检测分析实验室；以防治煤工尘肺、矽肺为重点，实施粉尘危害综合治理工程，推进煤矿噪声、高温治理工作；加强职业危害防治技术和检测技术的研发与应用，全面推进煤矿职业危害防治工作。建设10个尘肺病治疗康复中心。

（九）应急救援队伍建设工程

建设国家、区域煤矿安全生产应急管理培训演练基地，全面开展各级应急协调指挥人员及各级煤矿救援队伍指战员的培训与演练。依托国有大型矿山企业和有关单位，加快建设7个国家级矿山应急救援队，14支区域矿山应急救援队和1个实训演练基地，加强110支矿山应急救援队伍建设。在重点地区建设应急救援设备和物资储备库。

五、规划实施与评估

（一）明确规划实施责任

实施本规划是各产煤地区政府和有关部门的重要责任，各产煤地区政府和有关部门要切实履行职责，制定具体实施方案，逐级分解落实规划的主要任务。加强协调，切实落实煤矿企业的主体责任和政府监管责任，确保规划确定的主要任务如期完成。

（二）强化政策措施保障

继续强化和完善煤矿安全技改、煤矿瓦斯防治和小煤矿整顿关闭等中央专项资金的使用管理，落实地方和企业配套资金。完善信贷政策，鼓励银行对安全生产基础设施和技术改造项目给予贷款支持。健全完善煤矿企业安全生产费用提取和使用的监督机制，适当扩大安全生产费用制度的适用范围，提高安全生产费用提取下限标准，规范使用方向。实行安全风险抵押金和安全生产责任保险制度，积极稳妥推行煤矿企业风险抵押金与安全生产责任保险制度的衔接。落实煤矿重大隐患和违法行为举报奖励制度。推进煤层气抽采利用税收优惠等相关经济政策的完善与实施，扩大安全生产专用设备所得税优惠目录范围，支持引导煤井下安全避险“六大系统”建设。

（三）加强规划实施与考核

各产煤地区政府和有关部门要将本地煤矿安全生产规划纳入“十二五”经济社会发展总体规划及煤炭工业总体布局和规划之中，同步部署、同步推进、同步考核，建立严密有效的制度保障。建立和完善煤矿安全投入保障机制，强化政府投资的引导和带动作用。尽快启动规划重点工程。完善有利于加强煤矿安全生产的绩效考核体系。

（四）建立规划实施评估机制

建立完善规划实施情况的监测评估制度，强化对规划实施情况的跟踪分析。各级煤矿安全监管监察机构要建立完善控制考核指标体系，加强对规划执行情况的监督检查，及时掌握重点工程项目的实施进展情况。各地区、各相关部门要在2013年底和2015年底分别对本规划执行情况进行中期评估和终期考核。煤矿安全生产规划编制部门对规划实施总体进展情况进行评估，以适当方式向社会公布。经中期评估需要对规划进行调整的，由规划编制部门提出调整方案，报规划发布部门批准。

非煤矿矿山企业安全生产许可证实施办法

（国家安全生产监督管理总局令第20号）

新修订的《非煤矿矿山企业安全生产许可证实施办法》已经2009年4月30日国家安全生产监督管理总局局长办公会议审议通过，现予公布，自公布之日起施行。原国家安全生产监督管理局（国家煤矿安全监察局）2004年5月17日公布的《非煤矿矿山企业安全生产许可证实施办法》同时废止。

局　长　骆　琳

二〇〇九年六月八日

第一章　总　则

第一条　为了严格规范非煤矿矿山企业安全生产条件，做好非煤矿矿山企业安全生产许可证的颁发管理工作，根据《安全生产许可证条例》等法律、行政法规，制定本实施办法。

第二条　非煤矿矿山企业必须依照本实施办法的规定取得安全生产许可证。

未取得安全生产许可证的，不得从事生产活动。

第三条　非煤矿矿山企业安全生产许可证的颁发管理工作实行企业申请、两级发证、属地监管的原则。

第四条　国家安全生产监督管理总局指导、监督全国非煤矿矿山企业安全生产许可证的颁发管理工作，负责中央管理的非煤矿矿山企业总部（包括集团公司、总公司和上市公司，下同）及其下属的跨省（自治区、直辖市）运营的石油天然气管道储运分（子）公司和海洋石油天然气企业安全生产许可证的颁发和管理。

省、自治区、直辖市人民政府安全生产监督管理部门（以下简称省级安全生产许可证颁发管理机关）负责本行政区域内除本条第一款规定以外的非煤矿矿山企业安全生产许可证的颁发和管理。

省级安全生产许可证颁发管理机关可以委托设区的市级安全生产监督管理部门实施非煤矿矿山企业安全生产许可证的颁发管理工作；但中央管理企业所属非煤矿矿山的安全生产许可证颁发管理工作不得委托实施。

第五条　本实施办法所称的非煤矿矿山企业包括金属非金属矿山企业及其尾矿库、地质勘探单位、采掘施工企业、石油天然气企业。

金属非金属矿山企业，是指从事金属和非金属矿产资源开采活动的下列单位：

1. 专门从事矿产资源开采的生产单位；
2. 从事矿产资源开采、加工的联合生产企业及其矿山生产单位；
3. 其他非矿山企业中从事矿山生产的单位。

尾矿库，是指筑坝拦截谷口或者围地构成的，用以贮存金属非金属矿石选别后排出尾矿的场所，包括氧化铝厂赤泥库，不包括核工业矿山尾矿库及电厂灰渣库。

地质勘探单位，是指采用钻探工程、坑探工程对金属非金属矿产资源进行勘探作业的单位。

采掘施工企业，是指承担金属非金属矿山采掘工程施工的单位。

石油天然气企业，是指从事石油和天然气勘探、开发生产、储运的单位。

第二章　安全生产条件和申请

第六条　非煤矿矿山企业取得安全生产许可证，应当具备下列安全生产条件：

（一）建立健全主要负责人、分管负责人、安全生产管理人员、职能部门、岗位安全生产责任制；制定安全检查制度、职业危害预防制度、安全教育培训制度、生产安全事故管理制度、重大危险源监控和重大隐患整改制度、设备安全管理制度、安全生产档案管理制度、安全生产奖惩制度等规章制度；制定作业安全规程和各工种操作规程；

（二）安全投入符合安全生产要求，依照国家有关规定足额提取安全生产费用、缴纳并专户存储安全生产风险抵押金；

（三）设置安全生产管理机构，或者配备专职安全生产管理人员；

（四）主要负责人和安全生产管理人员经安全生产监督管理部门考核合格，取得安全资格证书；

（五）特种作业人员经有关业务主管部门考核合格，取得特种作业操作资格证书；

（六）其他从业人员依照规定接受安全生产教育和培训，并经考试合格；

（七）依法参加工伤保险，为从业人员缴纳保险费；

（八）制定防治职业危害的具体措施，并为从业人员配备符合国家标准或者行业标准的劳动防护用品；

（九）新建、改建、扩建工程项目依法进行安全评价，其安全设施经安全生产监督管理部门验收合格；

（十）危险性较大的设备、设施按照国家有关规定进行定期检测检验；

（十一）制定事故应急救援预案，建立事故应急救援组织，配备必要的应急救援器材、设备；生产规模较小可以不建立事故应急救援组织的，应当指定兼职的应急救援人员，并与邻近的矿山救护队或者其他应急救援组织签订救护协议；

（十二）符合有关国家标准、行业标准规定的其他条件。

第七条　中央管理的非煤矿矿山企业总部及其下属的跨省（自治区、直辖市）运营的石油天然气管道储运分（子）公司和海洋石油天然气企业申请领取安全生产许可证，向国家安全生产监督管理总局提出申请。

本条第一款规定以外的其他非煤矿矿山企业申请领取安全生产许可证，向企业所在地省级安全生产许可证颁发管理机关或其委托的设区的市级安全生产监督管理部门提出申请。

第八条　非煤矿矿山企业申请领取安全生产许可证，应当提交下列文件、资料：

（一）安全生产许可证申请书；

（二）工商营业执照复印件；

（三）采矿许可证复印件；

（四）各种安全生产责任制复印件；

（五）安全生产规章制度和操作规程目录清单；

（六）设置安全生产管理机构或者配备专职安全生产管理人员的文件复印件；

（七）主要负责人和安全生产管理人员安全资格证书复印件；

（八）特种作业人员操作资格证书复印件；

（九）足额提取安全生产费用、缴纳并存储安全生产风险抵押金的证明材料；

（十）为从业人员缴纳工伤保险费的证明材料；因特殊情况不能办理工伤保险的，可以出具办理安全生产责任保险或者雇主责任保险的证明材料；

（十一）危险性较大的设备、设施由具备相应资质的检测检验机构出具合格的检测检验报告；

（十二）事故应急救援预案，设立事故应急救援组织的文件或者与矿山救护队、其他应急救援组织签订的救护协议；

（十三）矿山建设项目安全设施经安全生产监督管理部门验收合格的证明材料。

第九条　非煤矿矿山企业总部申请领取安全生产许可证，不需要提交本实施办法第八条第（三）、（八）、（九）、（十）、（十一）、（十二）、（十三）项规定的文件、资料。

第十条　金属非金属矿山企业从事爆破作业的，除应当依照本实施办法第八条的规定提交相应文件、资料外，还应当提交《爆破作业单位许可证》。

第十一条　尾矿库申请领取安全生产许可证，不需要提交本实施办法第八条第（三）项规定的文件、资料。

第十二条　地质勘探单位申请领取安全生产许可证，不需要提交本实施办法第八条第（三）、（九）、（十三）项规定的文件、资料，但应当提交地质勘查资质证书复印件；从事爆破作业的，还应当提交《爆破作业单位许可证》。

第十三条　采掘施工企业申请领取安全生产许可证，不需要提交本实施办法第八条第（三）、（九）、（十三）项规定的文件、资料，但应当提交矿山工程施工相关资质证书复印件；从事爆破作业的，还应当提交《爆破作业单位许可证》。

第十四条　石油天然气勘探单位申请领取安全生产许可证，不需要提交本实施办法第八条第（三）、（十三）项规定的文件、资料；石油天然气管道储运单位申请领取安全生产许可证不需要提交本实施办法第八条第（三）项规定的文件、资料。

第十五条　非煤矿矿山企业应当对其向安全生产许可证颁发管理机关提交的文件、资料实质内容的真实性负责。

从事安全评价、检测检验的中介机构应当对其出具的安全评价报告、检测检验结果负责。

第三章　受理、审核和颁发

第十六条　安全生产许可证颁发管理机关对非煤矿矿山企业提交的申请书及文件、资料，应当依照下列规定分别处理：

（一）申请事项不属于本机关职权范围的，应当即时作出不予受理的决定，并告知申请人向有关机关申请；

（二）申请材料存在可以当场更正的错误的，应当允许或者要求申请人当场更正，并即时出具受理的书面凭证；

（三）申请材料不齐全或者不符合要求的，应当当场或者在5个工作日内一次性书面告知申请人需要补正的全部内容，逾期不告知的，自收到申请材料之日起即为受理；

（四）申请材料齐全、符合要求或者依照要求全部补正的，自收到申请材料或者全部补正材料之日起为受理。

第十七条　安全生产许可证颁发管理机关应当依照本实施办法规定的法定条件组织，对非煤矿矿山企业提交的申请材料进行审查，并在受理申请之日起 45 日内作出颁发或者不予颁发安全生产许可证的决定。安全生产许可证颁发管理机关认为有必要到现场对非煤矿矿山企业提交的申请材料进行复核的，应当到现场进行复核。复核时间不计算在本款规定的期限内。

对决定颁发的，安全生产许可证颁发管理机关应当自决定之日起 10 个工作日内送达或者通知申请人领取安全生产许可证；对决定不予颁发的，应当在 10 个工作日内书面通知申请人并说明理由。

第十八条　安全生产许可证颁发管理机关应当依照下列规定颁发非煤矿矿山企业安全生产许可证：

（一）对中央管理的金属非金属矿山企业总部，向企业总部颁发安全生产许可证；

（二）对金属非金属矿山企业，向企业及其所属各独立生产系统分别颁发安全生产许可证；对于只有一个独立生产系统的企业，只向企业颁发安全生产许可证；

（三）对中央管理的陆上石油天然气企业，向企业总部及其直接管理的分公司、子公司以及下一级与油气勘探、开发生产、储运直接相关的生产作业单位分别颁发安全生产许可证；对设有分公司、子公司的地方石油天然气企业，向企业总部及其分公司、子公司颁发安全生产许可证；对其他陆上石油天然气企业，向具有法人资格的企业颁发安全生产许可证；

（四）对海洋石油天然气企业，向企业及其直接管理的分公司、子公司以及下一级与油气开发生产直接相关的生产作业单位、独立生产系统分别颁发安全生产许可证；对其他海洋石油天然气企业，向具有法人资格的企业颁发安全生产许可证；

（五）对地质勘探单位，向最下级具有企事业法人资格的单位颁发安全生产许可证。对采掘施工企业，向企业颁发安全生产许可证；

（六）对尾矿库单独颁发安全生产许可证。

第四章　安全生产许可证延期和变更

第十九条　安全生产许可证的有效期为 3 年。安全生产许可证有效期满后需要延期的，非煤矿矿山企业应当在安全生产许可证有效期届满前 3 个月向原安全生产许可证颁发管理机关申请办理延期手续，并提交下列文件、资料：

（一）延期申请书；

（二）安全生产许可证正本和副本；

（三）本实施办法第二章规定的相应文件、资料。

金属非金属矿山独立生产系统和尾矿库，以及石油天然气独立生产系统和作业单位还应当提交由具备相应资质的中介服务机构出具的合格的安全现状评价报告。

金属非金属矿山独立生产系统和尾矿库在提出延期申请之前 6 个月内经考评合格达到安全标准化等级的，可以不提交安全现状评价报告，但需要提交安全标准化等级的证明材料。

安全生产许可证颁发管理机关应当依照本实施办法第十六条、第十七条的规定，对非煤矿矿山企业提交的材料进行审查，并作出是否准予延期的决定。决定准予延期的，应当收回原安全生产许可证，换发新的安全生产许可证；决定不准予延期的，应当书面告知申请人并说明理由。

第二十条　非煤矿矿山企业符合下列条件的，当安全生产许可证有效期届满申请延期时，经原安全生产许可证颁发管理机关同意，不再审查，直接办理延期手续：

（一）严格遵守有关安全生产的法律法规的；

（二）取得安全生产许可证后，加强日常安全生产管理，未降低安全生产条件，并达到安全标准化等级二级以上的；

（三）接受安全生产许可证颁发管理机关及所在地人民政府安全生产监督管理部门的监督检查的；

（四）未发生死亡事故的。

第二十一条　非煤矿矿山企业在安全生产许可证有效期内有下列情形之一的，应当自工商营业执照变更之日起30个工作日内向原安全生产许可证颁发管理机关申请变更安全生产许可证：

（一）变更单位名称的；

（二）变更主要负责人的；

（三）变更单位地址的；

（四）变更经济类型的；

（五）变更许可范围的。

第二十二条　非煤矿矿山企业申请变更安全生产许可证时，应当提交下列文件、资料：

（一）变更申请书；

（二）安全生产许可证正本和副本；

（三）变更后的工商营业执照、采矿许可证复印件及变更说明材料。

变更本实施办法第二十一条第（二）项的，还应当提交变更后的主要负责人的安全资格证书复印件。

对已经受理的变更申请，安全生产许可证颁发管理机关对申请人提交的文件、资料审查无误后，应当在10个工作日内办理变更手续。

第二十三条　安全生产许可证申请书、审查书、延期申请书和变更申请书由国家安全生产监督管理总局统一格式。

第二十四条　非煤矿矿山企业安全生产许可证分为正本和副本，正本和副本具有同等法律效力，正本为悬挂式，副本为折页式。

非煤矿矿山企业安全生产许可证由国家安全生产监督管理总局统一印制和编号。

第五章　安全生产许可证的监督管理

第二十五条　非煤矿矿山企业取得安全生产许可证后，应当加强日常安全生产管理，不得降低安全生产条件，并接受所在地县级以上安全生产监督管理部门的监督检查。

第二十六条　地质勘探单位、采掘施工单位在登记注册的省、自治区、直辖市以外从事作业的，应当向作业所在地县级以上安全生产监督管理部门备案。具体登记备案办法由省、自治区、直辖市人民政府安全生产监督管理部门制定。

跨省（自治区、直辖市）运营的石油天然气管道管理的单位，在其所在地安全生产许可证颁发管理机关申请领取安全生产许可证后，还应当到其所管辖管道途经的其他省（自治区、直辖市）安全生产监督管理部门登记备案。

第二十七条　非煤矿矿山企业不得转让、冒用、买卖、出租、出借或者使用伪造的安全生产许可证。

第二十八条　非煤矿矿山企业发现在安全生产许可证有效期内采矿许可证到期失效的，应当在采矿许可证到期前15日内向原安全生产许可证颁发管理机关报告，并交回安全生产许可证正本和副本。

采矿许可证被暂扣、撤销、吊销和注销的，非煤矿矿山企业应当在暂扣、撤销、吊销和注销后

5 日内向原安全生产许可证颁发管理机关报告，并交回安全生产许可证正本和副本。

第二十九条 安全生产许可证颁发管理机关应当坚持公开、公平、公正的原则，严格依照本实施办法的规定审查、颁发安全生产许可证。

安全生产许可证颁发管理机关工作人员在安全生产许可证颁发、管理和监督检查工作中，不得索取或者接受非煤矿矿山企业的财物，不得谋取其他利益。

第三十条 安全生产许可证颁发管理机关发现有下列情形之一的，应当撤销已经颁发的安全生产许可证：

（一）超越职权颁发安全生产许可证的；

（二）违反本实施办法规定的程序颁发安全生产许可证的；

（三）不具备本实施办法规定的安全生产条件颁发安全生产许可证的；

（四）以欺骗、贿赂等不正当手段取得安全生产许可证的。

第三十一条 取得安全生产许可证的非煤矿矿山企业有下列情形之一的，安全生产许可证颁发管理机关应当注销其安全生产许可证：

（一）终止生产活动的；

（二）安全生产许可证被依法撤销的；

（三）安全生产许可证被依法吊销的。

第三十二条 非煤矿矿山企业隐瞒有关情况或者提供虚假材料申请安全生产许可证的，安全生产许可证颁发管理机关不予受理，该企业在 1 年内不得再次申请安全生产许可证。

非煤矿矿山企业以欺骗、贿赂等不正当手段取得安全生产许可证后被依法予以撤销的，该企业 3 年内不得再次申请安全生产许可证。

第三十三条 县级以上地方人民政府安全生产监督管理部门负责本行政区域内取得安全生产许可证的非煤矿矿山企业的日常监督检查，并将监督检查中发现的问题及时报告安全生产许可证颁发管理机关。中央管理的非煤矿矿山企业由设区的市级以上地方人民政府安全生产监督管理部门负责日常监督检查。

国家安全生产监督管理总局负责取得安全生产许可证的中央管理的非煤矿矿山企业总部和海洋石油天然气企业的日常监督检查。

第三十四条 安全生产许可证颁发管理机关每 6 个月向社会公布取得安全生产许可证的非煤矿矿山企业名单。

第三十五条 安全生产许可证颁发管理机关应当将非煤矿矿山企业安全生产许可证颁发管理情况通报非煤矿矿山企业所在地县级以上地方人民政府及其安全生产监督管理部门。

第三十六条 安全生产许可证颁发管理机关应当加强对非煤矿矿山企业安全生产许可证的监督管理，建立、健全非煤矿矿山企业安全生产许可证信息管理制度。

省级安全生产许可证颁发管理机关应当在安全生产许可证颁发之日起 1 个月内将颁发和管理情况录入到全国统一的非煤矿矿山企业安全生产许可证管理系统。

第三十七条 任何单位或者个人对违反《安全生产许可证条例》和本实施办法规定的行为，有权向安全生产许可证颁发管理机关或者监察机关等有关部门举报。

第六章 罚 则

第三十八条 安全生产许可证颁发管理机关工作人员有下列行为之一的，给予降级或者撤职的行政处分；构成犯罪的，依法追究刑事责任：

（一）向不符合本实施办法规定的安全生产条件的非煤矿矿山企业颁发安全生产许可证的；

（二）发现非煤矿矿山企业未依法取得安全生产许可证擅自从事生产活动，不依法处理的；

（三）发现取得安全生产许可证的非煤矿矿山企业不再具备本实施办法规定的安全生产条件，不依法处理的；

（四）接到对违反本实施办法规定行为的举报后，不及时处理的；

（五）在安全生产许可证颁发、管理和监督检查工作中，索取或者接受非煤矿矿山企业的财物，或者谋取其他利益的。

第三十九条　承担安全评价、认证、检测、检验工作的机构，出具虚假证明，尚不够刑事处罚的，没收违法所得，违法所得在5000元以上的，并处违法所得2倍以上5倍以下的罚款；没有违法所得或者违法所得不足5000元的，单处或者并处5000元以上2万元以下的罚款，对其直接负责的主管人员和其他直接责任人员处5000元以上5万元以下的罚款；给他人造成损害的，与非煤矿矿山企业承担连带赔偿责任。

对有前款违法行为的机构，撤销其相应资格。

第四十条　取得安全生产许可证的非煤矿矿山企业不再具备本实施办法第六条规定的安全生产条件之一的，应当暂扣或者吊销其安全生产许可证。

第四十一条　取得安全生产许可证的非煤矿矿山企业有下列行为之一的，吊销其安全生产许可证：

（一）倒卖、出租、出借或者以其他形式非法转让安全生产许可证的；

（二）暂扣安全生产许可证后未按期整改或者整改后仍不具备安全生产条件的。

第四十二条　非煤矿矿山企业有下列行为之一的，责令停止生产，没收违法所得，并处10万元以上50万元以下的罚款：

（一）未取得安全生产许可证，擅自进行生产的；

（二）接受转让的安全生产许可证的；

（三）冒用安全生产许可证的；

（四）使用伪造的安全生产许可证的。

第四十三条　非煤矿矿山企业在安全生产许可证有效期内出现采矿许可证有效期届满和采矿许可证被暂扣、撤销、吊销、注销的情况，未依照本实施办法第二十八条的规定向安全生产许可证颁发管理机关报告并交回安全生产许可证的，处1万元以上3万元以下罚款。

第四十四条　非煤矿矿山企业在安全生产许可证有效期内，出现需要变更安全生产许可证的情形，未按本实施办法第二十一条的规定申请、办理变更手续的，责令限期办理变更手续，并处1万元以上3万元以下罚款。

地质勘探单位、采掘施工单位在登记注册地以外进行跨省作业，以及跨省（自治区、直辖市）运营的石油天然气管道管理的单位，未按照本实施办法第二十六条的规定登记备案的，责令限期办理登记备案手续，并处1万元以上3万元以下的罚款。

第四十五条　非煤矿矿山企业在安全生产许可证有效期满未办理延期手续，继续进行生产的，责令停止生产，限期补办延期手续，没收违法所得，并处5万元以上10万元以下的罚款；逾期仍不办理延期手续，继续进行生产的，依照本实施办法第四十二条的规定处罚。

第四十六条　非煤矿矿山企业转让安全生产许可证的，没收违法所得，并处10万元以上50万元以下的罚款。

第四十七条　本实施办法规定的行政处罚，由安全生产许可证颁发管理机关决定。安全生产许可证颁发管理机关可以委托县级以上安全生产监督管理部门实施行政处罚。但撤销、吊销安全生产许可证和撤销有关资格的行政处罚除外。

第七章　附　则

第四十八条　本实施办法所称非煤矿矿山企业独立生产系统，是指具有相对独立的采掘生产系统及通风、运输（提升）、供配电、防排水等辅助系统的作业单位。

第四十九条　危险性较小的地热、温泉、矿泉水、卤水、砖瓦用粘土等资源开采活动的安全生产许可，由省级安全生产许可证颁发管理机关决定。

第五十条　同时开采煤炭与金属非金属矿产资源且以煤炭、煤层气为主采矿种的煤系矿山企业应当申请领取煤矿企业安全生产许可证，不再申请领取非煤矿矿山企业安全生产许可证。

第五十一条　本实施办法自公布之日起施行。2004 年 5 月 17 日原国家安全生产监督管理局（国家煤矿安全监察局）公布的《非煤矿矿山企业安全生产许可证实施办法》同时废止。

煤矿领导带班下井及安全监督检查规定

（国家安全生产监督管理总局令第33号发布　自2010年10月7日起施行）

第一章　总　则

第一条　为落实煤矿领导带班下井制度，根据《国务院关于进一步加强企业安全生产工作的通知》（国发〔2010〕23号）和有关法律、行政法规的规定，制定本规定。

第二条　煤矿领导带班下井和县级以上地方人民政府煤炭行业管理部门、煤矿安全生产监督管理部门（以下分别简称为煤炭行业管理部门、煤矿安全监管部门），以及煤矿安全监察机构对其实施监督检查，适用本规定。

第三条　煤炭行业管理部门是落实煤矿领导带班下井制度的主管部门，负责督促煤矿抓好有关制度的建设和落实。

煤矿安全监管部门对煤矿领导带班下井进行日常性的监督检查，对煤矿违反带班下井制度的行为依法作出现场处理或者实施行政处罚。

煤矿安全监察机构对煤矿领导带班下井实施国家监察，对煤矿违反带班下井制度的行为依法作出现场处理或者实施行政处罚。

第四条　本规定所称的煤矿，是指煤矿生产矿井和新建、改建、扩建和技术改造等建设矿井。

本规定所称煤矿领导，是指煤矿的主要负责人、领导班子成员和副总工程师。

建设矿井的领导，是指从事煤矿建设的施工单位的主要负责人、领导班子成员和副总工程师。

第五条　煤矿、施工单位（以下统称煤矿，下同）是落实领导带班下井制度的责任主体，每班必须有矿领导带班下井，并与工人同时下井、同时升井。

煤矿的主要负责人对落实领导带班下井制度全面负责。

煤矿集团公司应当加强对所属煤矿领导带班下井的情况实施监督检查。

第六条　任何单位和个人对煤矿领导未按照规定带班下井或者弄虚作假的，均有权向煤炭行业管理部门、煤矿安全监管部门、煤矿安全监察机构举报和报告。

第二章　带班下井

第七条　煤矿应当建立健全领导带班下井制度，并严格考核。带班下井制度应当明确带班下井人员、每月带班下井的个数、在井下工作时间、带班下井的任务、职责权限、群众监督和考核奖惩等内容。

煤矿的主要负责人每月带班下井不得少于5个。

煤矿领导带班下井时，其领导姓名应当在井口明显位置公示。煤矿领导每月带班下井工作计划的完成情况，应当在煤矿公示栏公示，接受群众监督。

第八条 煤矿领导带班下井制度应当按照煤矿的隶属关系报所在地煤炭行业管理部门备案，同时抄送煤矿安全监管部门和驻地煤矿安全监察机构。

第九条 煤矿领导带班下井时，应当履行下列职责：

（一）加强对重点部位、关键环节的检查巡视，全面掌握当班井下的安全生产状况；

（二）及时发现和组织消除事故隐患和险情，及时制止违章违纪行为，严禁违章指挥，严禁超能力组织生产；

（三）遇到险情时，立即下达停产撤人命令，组织涉险区域人员及时、有序撤离到安全地点。

第十条 煤矿领导带班下井实行井下交接班制度。

上一班的带班领导应当在井下向接班的领导详细说明井下安全状况、存在的问题及原因、需要注意的事项等，并认真填写交接班记录簿。

第十一条 煤矿应当建立领导带班下井档案管理制度。

煤矿领导升井后，应当及时将下井的时间、地点、经过路线、发现的问题及处理情况、意见等有关情况进行登记，并由专人负责整理和存档备查。

煤矿领导带班下井的相关记录和煤矿井下人员定位系统存储信息保存期不少于一年。

第十二条 煤矿没有领导带班下井的，煤矿从业人员有权拒绝下井作业。煤矿不得因此降低从业人员工资、福利等待遇或者解除与其订立的劳动合同。

第三章 监督检查

第十三条 煤炭行业管理部门应当加强对煤矿领导带班下井的日常管理和督促检查。煤矿安全监管部门应当将煤矿建立并执行领导带班下井制度作为日常监督检查的重要内容，每季度至少对所辖区域煤矿领导带班下井执行情况进行一次监督检查。

煤矿领导带班下井执行情况应当在当地主要媒体向社会公布，接受社会监督。

第十四条 煤矿安全监察机构应当将煤矿领导带班下井制度执行情况纳入年度监察执法计划，每年至少进行两次专项监察或者重点监察。

煤矿领导带班下井的专项监察或者重点监察的情况应当报告上一级煤矿安全监察机构，并通报有关地方人民政府。

第十五条 煤炭行业管理部门、煤矿安全监管部门、煤矿安全监察机构对煤矿领导带班下井情况进行监督检查，可以采取现场随机询问煤矿从业人员、查阅井下交接班及下井档案记录、听取煤矿从业人员反映、调阅煤矿井下人员定位系统监控记录等方式。

第十六条 煤炭行业管理部门、煤矿安全监管部门、煤矿安全监察机构对煤矿领导带班下井情况进行监督检查时，重点检查下列内容：

（一）是否建立健全煤矿领导带班下井制度，包括井下交接班制度和带班下井档案管理制度；

（二）煤矿领导特别是煤矿主要负责人带班下井情况；

（三）是否制订煤矿领导每月轮流带班下井工作计划以及工作计划执行、公示、考核和奖惩等情况；

（四）煤矿领导带班下井在井下履行职责情况，特别是重大事故隐患和险情的处置情况；

（五）煤矿领导井下交接班记录、带班下井档案等情况；

（六）群众举报有关问题的查处情况。

第十七条 煤炭行业管理部门、煤矿安全监管部门、煤矿安全监察机构应当建立举报制度，公开举报电话、信箱或者电子邮件地址，受理有关举报；对于受理的举报，应当认真调查核实；经查证属实的，依法从重处罚。

第四章　法律责任

第十八条　煤矿有下列情形之一的，给予警告，并处3万元罚款；对煤矿主要负责人处1万元罚款：

（一）未建立健全煤矿领导带班下井制度，或者未按规定报煤炭行业管理部门备案和抄送煤矿安全监管部门、煤矿安全监察机构的；

（二）未建立煤矿领导井下交接班制度的；

（三）未建立煤矿领导带班下井档案管理制度的；

（四）煤矿领导每月带班下井情况未按照规定公示的；

（五）未按规定填写煤矿领导下井交接班记录簿、带班下井记录或者保存带班下井相关记录档案的。

第十九条　煤矿领导未按规定带班下井，或者带班下井档案虚假的，责令改正，并对该煤矿处15万元的罚款，对违反规定的煤矿领导按照擅离职守处理，对煤矿主要负责人处1万元的罚款。

第二十条　对发生事故而没有煤矿领导带班下井的煤矿，依法责令停产整顿，暂扣或者吊销煤炭生产许可证和煤矿安全生产许可证，并依照下列规定处以罚款；情节严重的，提请有关人民政府依法予以关闭：

（一）发生一般事故，处20万元的罚款；

（二）发生较大事故，处50万元的罚款；

（三）发生重大事故，处200万元的罚款；

（四）发生特别重大事故，处500万元的罚款。

第二十一条　对发生事故而没有煤矿领导带班下井的煤矿，对其主要负责人依法暂扣或者吊销其安全资格证和矿长资格证，并依照下列规定处以罚款：

（一）发生一般事故，处上一年年收入30%的罚款；

（二）发生较大事故的，处上一年年收入40%的罚款；

（三）发生重大事故的，处上一年年收入60%的罚款；

（四）发生特别重大事故的，处上一年年收入80%的罚款。

对重大、特别重大生产安全事故负有主要责任的煤矿，其主要负责人终身不得担任任何煤矿的矿长。

第二十二条　本规定的行政处罚，由煤矿安全监管部门、煤矿安全监察机构依照各自的法定职权决定。

第五章　附　则

第二十三条　省级煤炭行业管理部门会同煤矿安全监管部门可以依照本规定制定实施细则，报国家安全生产监督管理总局、国家煤矿安监局备案。

第二十四条　中央企业所属煤矿按照分级属地管理原则，由省（市、区）、设区的市人民政府煤炭行业管理部门、煤矿安全监管部门和煤矿安全监察机构负责监督监察。

第二十五条　露天煤矿领导带班下井参照本规定执行。

第二十六条　本规定自2010年10月7日起施行。

煤矿安全培训规定

（国家安全生产监督管理总局令第52号发布　自2012年7月1日起施行）

《煤矿安全培训规定》已经2012年5月3日国家安全生产监督管理总局局长办公会议审议通过，现予公布，自2012年7月1日起施行。

国家安全生产监督管理总局局长　骆　琳

二〇一二年五月二十八日

最新修订　国家安全生产监督管理总局令第63号

《国家安全监管总局关于修改〈生产经营单位安全培训规定〉等11件规章的决定》已经2013年8月19日国家安全生产监督管理总局局长办公会议审议通过，现予公布，自公布之日起施行。

国家安全监管总局局长　杨栋梁

二〇一三年八月二十九日

其中，《煤矿安全培训规定》修改内容：

第九条修改为："负责煤矿安全培训的机构（以下简称安全培训机构）应当建立健全安全培训工作制度和培训档案，落实安全培训计划，依照国家统一的煤矿安全培训大纲进行培训。"

第十五条修改为："对从业人员的安全技术培训，具备安全培训条件的生产经营单位应当以自主培训为主，也可以委托具备安全培训条件的机构进行培训。"不具备安全培训条件的生产经营单位，应当委托具备安全培训条件的机构进行培训。"

第三十二条第一项修改为："具备从事安全培训工作所需要的条件的情况"，第三项修改为："教师的配备情况"。

第三十九条第一项修改为："不具备安全培训条件的"，删去第四项。

第一章　总　则

第一条　为了加强和规范煤矿安全培训工作，提高从业人员安全素质，防止和减少伤亡事故，根据《中华人民共和国安全生产法》等有关法律、行政法规，制定本规定。

第二条　煤矿企业从业人员的安全培训、考核、发证、复审及监督管理工作，适用本规定；《安全生产培训管理办法》已有规定的，依照其规定。

煤矿特种作业人员的安全培训、考核、发证、复审及监督管理工作，适用《特种作业人员安全技术培训考核管理规定》。

第三条　本规定所称的煤矿企业主要负责人，是指煤矿股份有限公司、有限责任公司及所属子公司、分公司的董事长、总经理，矿务局局长，煤矿矿长等人员。

第四条　本规定所称的煤矿企业安全生产管理人员，是指煤矿企业分管安全生产工作的副董事长、副总经理、副局长、副矿长、总工程师、副总工程师或者技术负责人，安全生产管理机构负责人及管理人员，生产、技术、通风、机电、运输、地测、调度等职能部门（含煤矿井、区、科、队）的负责人。

第五条　煤矿安全培训工作实行“归口管理、分级实施、统一标准、教考分离”的原则。

国家煤矿安全监察局负责指导和管理全国煤矿企业主要负责人、安全生产管理人员安全资格证，矿长资格证和特种作业人员操作证的培训、考核和发证工作，组织制定煤矿安全培训大纲和考核标准，建立考试题库。

省级煤矿安全监察机构、省（自治区、直辖市）人民政府（以下简称省级人民政府）负责煤矿安全培训的部门根据职责分工，指导、管理本行政区域内煤矿企业有关资格证的培训、考核和发证工作，实施省属煤矿企业、所辖行政区域内中央企业煤矿子公司、分公司及其所属矿井主要负责人和安全生产管理人员的安全培训、考核和发证工作，以及煤矿矿长资格的培训、考核和发证工作。

第六条　煤矿企业主要负责人、安全生产管理人员安全资格证、矿长资格证在全国范围内有效。

第七条　煤矿企业应当建立完善安全培训管理制度，配备专职或者兼职安全培训管理人员，按照国家规定的比例提取教育培训经费。其中，用于安全培训的资金不得低于教育培训经费总额的40%。

第八条　国家鼓励煤矿企业变招工为招生。煤矿企业新招井下从业人员，优先录用技工学校或者中专学校煤矿相关专业的毕业生。

第九条　负责煤矿安全培训的机构（以下简称安全培训机构）应当建立健全安全培训工作制度和培训档案，落实安全培训计划，依照国家统一的煤矿安全培训大纲进行培训。

第二章　从业人员准入条件

第十条　煤矿从业人员应当符合下列基本条件：

（一）身体健康，无职业禁忌症；

（二）年满18周岁且不超过国家法定退休年龄；

（三）具有初中及以上文化程度；

（四）法律、行政法规规定的其他条件。

第十一条　生产能力或者核定能力每年30万吨及以上煤矿和煤与瓦斯突出煤矿的矿长、副矿长、总工程师、副总工程师或者技术负责人除符合本规定第十条的规定外，还应当具备煤矿相关专业大专及以上学历，具有煤矿相关工作3年及以上经历。

生产能力或者核定能力每年30万吨以下煤矿的矿长、副矿长、总工程师、副总工程师或者技术负责人除符合本规定第十条的规定外，还应当具备煤矿相关专业中专及以上学历，具有煤矿相关工作3年及以上经历。

第十二条　生产能力或者核定能力每年30万吨及以上煤矿和煤与瓦斯突出煤矿的安全生产管理机构负责人除符合本规定第十条的规定外，还应当具备煤矿相关专业中专及以上学历，具有煤矿安全生产相关工作2年及以上经历。

生产能力或者核定能力每年30万吨以下煤矿的安全生产管理机构负责人除符合本规定第十条的规定外，还应当具备高中及以上文化程度，具有煤矿安全生产相关工作2年及以上经历。

第十三条 煤矿企业不得安排未经安全培训合格的人员从事生产作业活动。安全培训机构应当对参加培训人员的基本条件进行审查；符合条件的，方可接受其参加培训。

第三章 安全培训

第十四条 煤矿企业主要负责人、安全生产管理人员应当接受安全资格培训，并经考核合格取得相应安全资格证后，方可任职。煤矿矿长除取得煤矿企业主要负责人安全资格证外，还应当依法接受矿长资格培训，经考核合格取得矿长资格证后，方可任职。矿长资格和安全资格应当合并培训，分别审核发证。

煤矿从事采煤、掘进、机电、运输、通风、地测等工作的班组长应当接受专门的安全培训，经培训合格后，方可任职。

本条前两款规定以外的其他从业人员应当接受与其工作岗位相应的安全培训，经培训合格后，方可上岗作业。

第十五条 对从业人员的安全技术培训，具备安全培训条件的生产经营单位应当以自主培训为主，也可以委托具备安全培训条件的机构进行培训。

不具备安全培训条件的生产经营单位，应当委托具备安全培训条件的机构进行培训。

第十六条 煤矿企业从业人员的安全培训时间应当符合下列规定：

（一）主要负责人、安全生产管理人员安全资格初次培训时间不得少于48学时，每年复训时间不得少于16学时；

（二）煤矿矿长资格和主要负责人安全资格合并培训的，初次培训时间不得少于64学时，每年复训时间不得少于24学时；

（三）从事采煤、掘进、机电、运输、通风、地测等工作的班组长，以及新招入矿的其他从业人员初次安全培训时间不得少于72学时，每年接受再培训的时间不得少于20学时。

第十七条 煤矿从业人员调整工作岗位或者离开本岗位1年以上（含1年）重新上岗前，应当重新接受安全培训；经培训合格后，方可上岗作业。

煤矿首次采用新工艺、新技术、新材料或者使用新设备的，应当对相关岗位从业人员进行专门的安全培训；经培训合格后，方可上岗作业。

第十八条 取得注册安全工程师执业资格证的煤矿企业主要负责人、安全生产管理人员，免予安全资格初次培训；按规定参加煤矿安全类注册安全工程师经继续教育并延续注册、重新注册的，免予复训。

第十九条 煤矿应当建立井下作业人员实习制度，制定新招入矿的井下作业人员实习大纲和计划，安排有经验的职工带领新招入矿的井下作业人员进行实习。新招入矿的井下作业人员实习满4个月后，方可独立上岗作业。

第四章 考核和发证

第二十条 负责煤矿企业主要负责人、安全生产管理人员安全资格和煤矿矿长资格考核发证的部门（以下统称考核发证部门）应当按照国家统一的考核标准对煤矿企业主要负责人、安全生产管理人员进行考核。

第二十一条　考核发证部门应当使用国家考试题库进行安全技术理论知识计算机考试。考试时，考核发证部门可以派员进行现场监考，也可以通过远程监控系统监考。

考核发证部门应当自考试结束之日起5个工作日内公布考试成绩。

第二十二条　煤矿企业主要负责人、安全生产管理人员考试合格后，由本人或其所服务的煤矿企业向考核发证部门申请办理资格证，也可委托安全培训机构申请办理，并提交下列材料：

（一）身份证、学历证书复印件或者学历证明；

（二）工作经历证明；

（三）社区或者县级以上医疗机构出具的体检健康证明。

煤矿企业安全生产管理人员取得注册安全工程师执业资格证的，凭本人注册安全工程师执业证，并提交本条第一款规定的材料，向考核发证部门申请办理资格证。

第二十三条　考核发证部门应当自收到煤矿企业主要负责人、安全生产管理人员申请材料之日起5个工作日内完成审核，作出受理或者不予受理的决定。能够当场作出受理决定的，应当当场作出决定；申请材料不齐全或者不符合要求的，应当当场或者在5个工作日内一次告知申请人需要补正的全部材料和内容，逾期不告知的，自收到申请之日起即为受理。

第二十四条　考核发证部门应当自受理之日起20个工作日内完成审核工作，并作出是否发证的书面决定；对决定发证的，应当自决定之日起10日内向申请人颁发、送达相应的资格证；对决定不发证的，应当说明理由并书面告知申请人。

第二十五条　煤矿企业主要负责人和安全生产管理人员安全资格证、煤矿矿长资格证有效期为3年。

第二十六条　煤矿企业主要负责人和安全生产管理人员安全资格证、煤矿矿长资格证有效期届满需要延期的，持证人应当在期满前60日内向考核发证部门申请办理延期复审手续。申请延期复审前，应当参加相应复训并考核合格。

第二十七条　持证人申请安全资格证、煤矿矿长资格证延期复审的，应当向考核发证部门提交体检健康证明、身份证复印件和资格证原件。审核合格后，由考核发证部门重新发证。

第二十八条　持证人有下列情形之一的，安全资格证、煤矿矿长资格证延期复审不予通过：

（一）体检不合格的；

（二）未按规定参加复训的；

（三）考核不合格的。

第二十九条　煤矿企业主要负责人、安全生产管理人员安全资格证、煤矿矿长资格证遗失或者损毁的，持证人应当向原考核发证部门提出书面申请，经审查确认后，予以补发或者更换，同时宣告原资格证失效。

持证人所服务的煤矿企业等资格证上记载的信息发生变化的，持证人应当自信息变化之日起20日内向原考核发证部门申请变更资格证，并提交有关证明材料。

原考核发证部门应当将信息变更登记的情况在作出变更之日起20日内通报持证人所服务的煤矿企业所在地的考核发证部门。

第五章　监督管理

第三十条　考核发证部门应当每6个月将煤矿主要负责人、安全生产管理人员安全资格证和煤矿矿长资格证的发放情况在当地主要新闻媒体或者本机关网站上公布，接受社会监督。

考核发证部门应当建立煤矿安全培训举报制度，公布举报电话、电子信箱，依法受理并调查处理举报，并将查处结果书面反馈举报人，但举报人的姓名、名称、住址不清的除外。

第三十一条　煤矿安全监察机构、考核发证部门应当对煤矿企业安全培训的下列情况实施重点监督检查；发现违法行为的，依法给予行政处罚：

（一）建立、完善安全培训管理制度和档案，配备专职或者兼职管理人员的情况；

（二）煤矿企业主要负责人、安全生产管理人员安全培训和持证上岗的情况；

（三）煤矿从业人员安全培训的情况；

（四）首次采用新工艺、新技术、新材料或者使用新设备的，相关岗位从业人员接受专门安全培训的情况；

（五）安全培训经费的提取和使用情况。

第三十二条　煤矿安全监察机构、考核发证部门应当对安全培训机构的下列情况实施重点监督检查：

（一）具备从事安全培训工作所需要的条件的情况；

（二）按照国家统一的煤矿安全培训大纲组织培训的情况；

（三）教师的配备情况；

（四）建立完善培训工作制度的情况；

（五）安全培训计划的落实情况；

（六）安全培训档案的建立和管理情况。

第三十三条　考核发证部门发现有下列情形之一的，应当撤销已经颁发的煤矿企业主要负责人和安全生产管理人员安全资格证、矿长资格证：

（一）滥用职权、玩忽职守颁发资格证的；

（二）超越职权颁发资格证的；

（三）违反本规定的准入条件和程序颁发资格证的；

（四）以欺骗、贿赂等不正当手段取得资格证的。

第三十四条　煤矿企业主要负责人、安全生产管理人员有下列情形之一的，考核发证部门应当注销其安全资格证、矿长资格证：

（一）达到法定退休年龄的；

（二）资格证有效期满未延期的；

（三）资格证被依法撤销的；

（四）资格证被依法吊销的；

（五）法律、行政法规规定的其他情形。

考核发证部门应当将注销安全资格证、矿长资格证的情况在当地主要新闻媒体或者本机关网站上发布公告。

第三十五条　考核发证部门应当建立考核发证档案和统计报告制度，每年将培训和考核发证等情况报告国家煤矿安全监察局。

第三十六条　任何单位和个人均不得伪造、变造、买卖资格证，或者使用伪造、变造、买卖的资格证。

第六章　法律责任

第三十七条　考核发证部门向不符合法定条件的煤矿企业主要负责人、安全生产管理人员颁发安全资格证和煤矿矿长资格证的，对主要负责人或者其他直接责任人员，依照有关规定由监察机关或者任免机关按照干部管理权限给予处理；构成犯罪的，依法追究刑事责任。

第三十八条　煤矿企业未建立安全培训管理制度和档案、未配备专职或者兼职安全培训管理人员的，责令限期改正；逾期未改正的，处5000元以上2万元以下的罚款。

第三十九条　安全培训机构有下列行为之一的，责令限期改正，并处5000元以上3万元以下罚款：

（一）不具备安全培训条件的；

（二）未建立安全培训工作制度的；

（三）未按照国家统一的煤矿安全培训大纲实施培训的；

（四）制作虚假培训档案的。

第四十条　煤矿井下作业人员未进行安全培训的，责令限期改正，并按照下列规定对煤矿处以罚款；逾期未改正的，责令煤矿停产整顿，直至有关作业人员培训合格为止：

（一）第一次发现井下作业人员未进行安全培训的，处10万元以上30万元以下的罚款；

（二）第二次发现井下作业人员未进行安全培训的，处40万元以上50万元以下的罚款。

考核发证部门发现煤矿1个月内3次或者3次以上未依照规定对井下作业人员进行安全培训的，应当提请有关地方人民政府对该煤矿依法予以关闭。

煤矿安全生产管理机构、生产、技术、通风、机电、运输、地测、调度等职能部门的人员在井下从事生产、管理等活动的，视同煤矿井下作业人员。

第四十一条　持证人所服务的煤矿企业等资格证上记载的信息发生变化，持证人未依照本规定向原考核发证部门申请变更的，处200元的罚款。

第四十二条　煤矿发生1起较大生产安全责任事故或者1年内发生2起一般生产安全责任事故的，考核发证部门有权责令负有事故责任的矿长和安全生产管理人员参加复训；经复训考核合格的，方可重新上岗；经复训考核不合格的，应当暂停或者撤销其安全资格证和矿长资格证。

对发生重大、特别重大生产安全责任事故且负有主要责任的煤矿，应当撤销其主要负责人的资格证，且其主要负责人终身不得再取得煤矿企业主要负责人安全资格证、煤矿矿长资格证，也不得再担任任何煤矿的矿长。

第四十三条　伪造、变造、买卖或者使用伪造、变造、买卖的资格证，构成违反治安管理行为的，由公安机关依照治安管理的法律、行政法规的规定处罚；构成犯罪的，依法追究刑事责任。

第四十四条　本规定规定的行政处罚，由煤矿安全监察机构、省级人民政府负责煤矿安全培训的部门按照各自的职责实施，法律、行政法规另有规定的除外。

第七章　附　则

第四十五条　煤矿企业主要负责人、安全生产管理人员培训和考试的收费标准，由省级煤矿安全监察机构、省级人民政府负责煤矿安全培训的部门制定，报同级人民政府物价部门批准后执行。证书工本费列入同级财政预算。

第四十六条　本规定自2012年7月1日起施行。

国家安全监管总局关于加快推进国家和区域矿山应急救援队建设的意见

（国家安全生产监督管理总局　2012年4月12日发布
安监总应急〔2012〕50号）

各有关省、自治区、直辖市及新疆生产建设兵团安全生产监督管理局，各有关省级煤矿安全监察局：

开展国家和区域矿山应急救援队（以下简称国家和区域队）建设，是党中央、国务院在安全生产领域作出的重要决策，是提升安全生产保障能力的实际举措，是健全完善安全生产应急救援体系的龙头工程，对于保障和促进全国安全生产形势持续稳定好转具有重大意义。为进一步加快建设进度、规范建设内容、提高建设质量、提升救援能力，现提出以下意见：

一、牢牢把握国家和区域队建设的目标要求

（一）国家和区域队建设目标。根据国务院有关文件要求，2012年前，要按照“国内领先、国际一流”的标准将国家矿山应急救援队（以下简称国家队）建设成为力量雄厚、装备精良、技术精湛、训练有素、能打硬仗，关键时刻“拉得动、动得快、打得赢”的国家级矿山应急救援队伍，全面形成应急救援能力。区域矿山应急救援队（以下简称区域队）要于2013年底前，承担起本省区及周边区域重特大、复杂矿山事故的应急救援任务，并能够配合国家队完成服务区域内重特大、特别复杂矿山事故及相关灾害的应急救援任务。

（二）加快推进国家和区域队建设的基本要求。一是坚持以提升应急救援能力为核心，紧紧围绕提高快速反应能力、应急机动能力、专业救援能力和综合保障能力，狠抓矿山应急救援队伍（以下简称队伍）各项建设；二是特事特办、急事快办，加大国家和区域队建设工作的领导和协调力度，密切协作配合，严密组织实施，保证建设各项工作顺利进行；三是学习借鉴国内外成功经验，特别是消化吸收国家队建设试点成果，提高建设工作的针对性、规范性、整体性和实效性；四是凝聚共识、形成合力，切实提高各方面对国家和区域队建设重要性的认识，把思想统一到党中央、国务院的决策部署和队伍建设的总体目标上来，充分调动各方面的积极性和创造性，加强协调联动，齐心协力推动国家和区域队建设。

二、健全完善国家和区域队组织体系

（三）完善组织结构。按照“精干、合成、高效”的原则，调整理顺完善国家和区域队管理机构，健全值守、战训、政工、管理、装备、后勤等职能科（室）。按照政治思想过硬、身心素质良

好、专业技能精湛、管理能力较强的要求，配齐指挥人员，实现定人、定岗、定责。

（四）充实救援力量。根据国家和区域队服务范围和承担的任务，进一步完善现有队伍的编制体制，调整补充所需专业人员。国家队人员编制应保持在200人左右，可直接调用的中队应不少于3个；区域队要成立可执行本企业以外救援任务的直属中队。要注意引进文化层次较高、身体素质较好、现场经验丰富的指战员，同时加强现有指战员岗位培训、实践锻炼和文化技能培训，提升人员整体素质。

（五）完善救援功能。要加快完善国家队抢险排水、救援钻探、医疗院前急救和救援技术指导功能。依托本企业内部排水、钻探、医疗等力量的单位，要抓紧明确责任，落实具体人员，积极开展专业培训和联合演练；依托规划服务区域内其他专业队伍的单位要以签订协议等方式落实联动机制。区域队应针对服务区域内矿山事故灾难特点和救援工作实际需要，有重点地突出部分功能建设。国家和区域队要尽快建立由规划服务区域内矿山安全、机电设备、医疗救护等专家组成的专家库，与相关专家建立协作关系，为矿山事故救援提供决策咨询和专业技术指导。

（六）建立工作机制。国家队要按照队伍的救援功能要素，建立与排水、钻探、医疗等相关专业队伍的情况通报、联席会议、行动协调等制度，形成应对事故灾难的整体合力；国家和区域队要建立队伍与规划服务区域内安全监管监察机构、其他相关应急救援力量的应急响应程序、支援保障等制度，理顺工作关系，确保高效处置各类事故灾难。

三、大力加强国家和区域队应急救援技术装备建设

（七）提升装备科技含量。要确保中央投资救援装备采购质量，通过大型、高精尖装备的配备提升国家和区域队装备的科技含量。依托企业要充分利用国家和区域队的专业人才优势及丰富实践经验开展技术创新，加强与救援装备生产企业、科研院所的联系合作，积极开展新装备、新技术的研发和推广工作。将救援一线实际需求与技术装备科技进步紧密结合，通过自行研发、对外合作、改装改造等手段不断提升装备的信息化、自动化和成套化水平。

（八）搞好装备配套建设。要搞好大型救援装备器材的备份与配套，特别是对国家配备的钻探、排水等大型救援装备进行整体或重要部件备份，并配套相关附属设备，提升装备综合集成水平，确保可随时成套调用装备，执行救援任务。要搞好装备配套设施建设，根据不同装备功能特点、机动方式和维护需求，配齐配全附属设施，满足装备的维修、维护、检验、装卸等需要。

（九）严格装备管理。要根据应急救援工作的特点，确立科学的装备管理模式，将静态管理与动态管理相结合，将日常管理与战时管理相结合，既要确保救援装备安全可靠、可随时调用，又要满足队伍日常训练需要。要制定完善的装备维护保养和保管、检查、使用制度规程。加强装备库房管理，装备器材均应按照性质、用途、类别等，建卡立账，做到存放整齐、标识清晰、编码管理。

四、全面提升国家和区域队应急救援实战能力

（十）加强新理论、新技术、新装备的学习研究。要围绕队伍担负的任务和服务范围内事故灾难特点，针对队伍的新功能和新装备，加强矿山救援基础理论和应用理论学习研究，研究典型事故救援案例，熟悉各类新型装备性能，探索应对不同类型、不同规模、不同强度事故灾难的处置原则、力量投入、装备配置、战术运用和次生灾害预防措施，以救援理论、装备、技战术的创新引领国家和区域队的建设及发展。

（十一）加强训练工作。要始终把面向矿山救援实战的救援训练作为国家和区域队的中心工作，

强调提升训练质量，突出指挥员训练、新装备训练、军事化训练和实案化训练，科学制定短期、中期、长期训练计划，规范训练科目。要本着培养队伍“一专多能”特点的要求，有计划地开展排水、钻探、清障、医疗救护以及建筑物倒塌、隧道坍塌、地震灾害等救援训练。同时，参与组织其他救援力量、社会公众进行矿山救援培训，发挥队伍建设的社会效益。

（十二）创新训练手段和方法。要创新仿真训练模式，建设与队伍职能任务、技术手段和救援环境相匹配的模拟训练系统，提升训练信息化水平，具备在虚拟环境中进行各种类型灾害救援训练的条件。要改进实战训练模式，研究利用真实的救援环境、组织真实的救援力量、开展真实的救援行动的方式方法，强化队伍指挥员实战训练，提升现场指挥能力。要推进联合训练模式，积极探索与服务区域内其他专业救援力量共同开展训练和演练的方式方法，提高联合行动能力。

（十三）完善队伍行动预案。要根据服务区域内事故灾难特点，研究制定处置不同规模、不同类型事故和跨区域救援的出动预案、社会资源征用预案，并制定配套的通信、装备、运输、后勤等相关保障计划。国家队应完善火灾、瓦斯爆炸、煤尘爆炸、煤与瓦斯突出、透水、顶板、隧道坍塌、地震、露天矿滑坡、尾矿库溃坝、钻探救援和深井排水等行动预案，区域队应根据任务需要完善相关预案。与此同时，要实现救援力量和救援行动的有机衔接，增强行动预案的针对性和实效性。

五、不断强化国家和区域队思想作风建设

（十四）深化使命任务教育。要紧密结合国家和区域队的职能任务，开展以爱岗敬业、创先争优为主题的使命教育。各依托企业要建立学习教育长效机制，研究编发适应队伍特点的学习教育材料，加强队伍执行力培养，加强矿山救援文化熏陶，不断激发广大指战员投身应急救援事业的光荣感和责任感。

（十五）强化军事化管理。要对队伍礼节礼仪、队容风纪、作息时间等内容进行全面规范，并在队伍着装、仪容、举止、生活秩序、工作秩序等方面作出明确规定并严格执行。要注重将军事化训练和专业技能训练相互结合、相互促进；注重培养队伍指战员的团队意识、执行意识、纪律意识与奉献意识。

（十六）培育过硬的战斗作风。要加强日常养成教育，培养忠于职守、服从命令、听从指挥、雷厉风行的工作作风。尤其要注重在急难险重任务中锻炼队伍，培养队伍闻警即动、不怕疲劳、不畏艰险、英勇顽强、坚决完成任务的战斗作风。要加强日常考核，完善后勤保障，坚持责、权、利相统一的原则，收入分配向苦、累、险、技术等岗位倾斜，进一步调动和激发指战员的积极性和工作热情。

（十七）积极开展救援文化建设。要针对矿山救援工作任务特点、功能特色以及救援指战员岗位特点，以日常工作训练、业余文化生活为载体，打造救援文化精品，弘扬队伍奉献精神。要突出救援指战员的主体地位，注重陶冶情操、激发活力，提升从事应急救援事业的荣誉感、吸引力和队伍的凝聚力，为队伍建设提供坚强的思想保证、强大的精神动力、有力的舆论支持和良好的文化氛围。

六、积极完善国家和区域队支撑保障制度

（十八）研究建立队伍运行管理制度。要加快研究制定各级政府与依托企业相结合的队伍运行管理制度，明确相关方在队伍人员管理、运行经费、救援补偿等方面的责任。要建立规范、顺畅的

队伍指挥调用制度，建立健全队伍建设及执行任务检查考评制度、表彰奖励制度。

（十九）积极探索保障国家和区域队建设的配套政策。要积极开展国家和区域队应急救援专项资金、有偿服务和应急物资征用补偿、救援车辆快速通行等方面的试点。各相关地区安全监管部门要积极向地方政府争取国家和区域队配套建设资金，协调有关部门在配套设施建设、装备购置、人才引进等方面给予政策扶持，在市政公共设施建设上做好水、电、油、气、暖、通信、道路等方面的保障工作。

（二十）进一步规范队伍内部各项规章制度。要根据队伍功能、组织机构、担负任务等方面的调整，比照国家队试点建设单位形成的相关成果，进一步完善队伍岗位责任、队容风纪、应急值守、日常管理、救援管理、后勤管理、营区管理、培训演练、日常考核、宣传报道，以及救援设施、装备、财务管理等制度。

七、切实加强对国家和区域队建设的组织领导

（二十一）坚持大事大抓。要把国家和区域队建设作为一项紧迫的任务摆上重要议事日程，挑选精兵强将，全力抓好建设工作。安全监管总局成立专门的项目建设工作机构，专负其责、专司其职，指导相关省和依托企业扎实推进项目建设工作；各省和依托企业也要建立相应工作机构，上下一致、齐抓共管，强化组织指挥、全程跟踪督导，加速推进各项工作。

（二十二）加大投入力度。要严格按照国家发展改革委批复的项目建设内容和国家安全监管总局下达的年度投资计划组织救援装备采购。各地区、各单位要进一步统筹落实好队伍建设所需的各类资源，按期完成国家投资的装备采购计划。各依托企业要认真落实队伍建设的主体责任，不等不靠、主动作为，为队伍建设提供有力的人力、财力和物力支持。

（二十三）加强工作督导。各级项目建设领导和工作机构要加大工作力度，定期对队伍建设工作进行督导，及时通报情况、研究工作、解决问题。要加强项目建设中的党风廉政工作，建立完善项目监督管理机制，加强工作考核。

（二十四）严格竣工验收。国家和区域队建设项目完成后，依托单位要及时组织初步验收，验收合格后向安全监管总局提出竣工验收申请。国家和区域队验收要分别于2012年底、2013年底前完成。

国家安全生产监督管理总局

二〇一二年四月十二日

金属非金属地下矿山安全避险“六大系统”安装使用和监督检查暂行规定

（安全监管总局　自2010年10月9日起实施）

一、总　则

（一）根据《国务院关于进一步加强企业安全生产工作的通知》（国发〔2010〕23号）精神和《金属非金属矿山安全规程》（GB16423—2006）等有关规定，制定本规定。

（二）金属非金属地下矿山（以下简称地下矿山）安全避险“六大系统”是指监测监控系统、井下人员定位系统、紧急避险系统、压风自救系统、供水施救系统和通信联络系统。

（三）地下矿山企业应按本规定要求期限安装使用安全避险“六大系统”，并加强日常管理和维护，确保各系统正常运行。

（四）县级以上安全监管部门负责本行政区域内地下矿山企业安全避险“六大系统”安装使用的监督检查工作。

二、安装标准

（五）监测监控系统。

1. 地下矿山企业应于2011年底前建立采掘工作面安全监测监控系统，实现对采掘工作面一氧化碳等有毒有害气体浓度，以及主要工作地点风速的动态监控。

（1）一氧化碳传感器设置。

①采用压入式通风的独头掘进巷道，应在距离掘进工作面5～10m混合风流处和距离巷道出口10～15m回风流中各设置1个一氧化碳传感器；采用抽出式通风的独头掘进巷道，应在风筒口与工作面的混合风流处设置1个一氧化碳传感器；采用混合式通风的独头掘进巷道，应在距离掘进工作面5～10m混合风流处设置1个一氧化碳传感器。一氧化碳传感器应垂直悬挂，距顶板不得大于0.3m，距巷壁不得小于0.2m。混合风流处的一氧化碳传感器应有防止爆破冲击的防护设施。

②每个采场入口处应设置1个一氧化碳传感器。

③掘进天井时，应按照独头掘进巷道的要求设置一氧化碳传感器。

④一氧化碳传感器报警浓度应设定为0.0024%。

⑤一氧化碳传感器的安装，应做到维护方便和不影响行人行车。

（2）风速传感器设置。

①地下矿山各采掘工作面应设置风速传感器。当风速低于或超过《金属非金属矿山安全规程》

的规定值时，应能发出报警信号。

②矿井主通风机房应设置风速和风压传感器，实现对全矿井总风量的动态监测。

2. 开采高硫等有自然发火危险矿床的地下矿山企业，还应在采掘工作面设置温度、硫化氢、二氧化硫等有毒有害气体传感器。

3. 存在大面积采空区、工程地质复杂、有严重地压活动的地下矿山企业，应于2012年底前建立完善地压监测监控系统，实现对采空区稳定性、顶板压力、位移变化等的动态监控。地下矿山企业应采用监测仪器或仪表，对开采范围内地表沉降量进行观测。

4. 开采与煤共（伴）生矿体的地下矿山企业，应按照《煤矿安全监控系统及检测仪器使用管理规范》（AQ1029—2007）的要求，在2010年底前建立完善安全监控系统，实现对井下瓦斯、一氧化碳浓度、温度、风速等的动态监测监控。

5. 地下矿山企业应于2011年底前建立完善提升人员的提升系统的视频监控系统，实现对井口调度室、提升绞车房、提升人员进出场所（井口、井底、中段马头门、调车场等）的视频监控。

6. 监测监控系统要具有数据显示、传输、存储、处理、打印、声光报警、控制等功能。

（六）井下人员定位系统。

1. 大中型地下矿山企业应于2012年6月底前，其他地下矿山企业应于2013年6月底前建设完善井下人员定位系统。当班井下作业人员数少于30人的，应建立人员出入井信息管理系统。

2. 井下人员定位系统应具有监控井下各个作业区域人员的动态分布及变化情况的功能。人员出入井信息管理系统应保证能准确掌握井下各个区域作业人员的数量。

（七）紧急避险系统。

1. 地下矿山企业应于2011年底前在每个中段至少设置一个避灾硐室或救生舱。独头巷道掘进时，应每掘进500m设置一个避灾硐室或救生舱。

2. 避灾硐室或救生舱应设置在岩石坚硬稳固的地方。避灾硐室应能有效防止有毒有害气体和井下涌水进入，并配备满足当班作业人员1周所需要的饮水、食品，配备自救器、有毒有害气体检测仪器、急救药品和照明设备，以及直通地面调度室的电话，安装供风、供水管路并设置阀门。

（八）压风自救系统。

1. 地下矿山企业应于2011年底前在按设计要求建立压风系统的基础上，按照为采掘作业的地点在灾变期间能够提供压风供气的要求，建立完善压风自救系统。

2. 空气压缩机应安装在地面。采用移动式空气压缩机供风的地下矿山企业，应在地面安装用于灾变时的空气压缩机，并建立压风供气系统。井下不得使用柴油空气压缩机。

3. 井下压风管路应采用钢管材料，并采取防护措施，防止因灾变破坏。井下各作业地点及避灾硐室（场所）处应设置供气阀门。

（九）供水施救系统。

1. 地下矿山企业应于2011年底前在现有生产和消防供水系统的基础上，按照为采掘作业地点及灾变时人员集中场所能够提供水源的要求，建立完善供水施救系统。

2. 井下供水管路应采用钢管材料，并加强维护，保证正常供水。井下各作业地点及避灾硐室（场所）处应设置供水阀门。

（十）井下通信联络系统。

1. 地下矿山企业应于2010年底前按照《金属非金属矿山安全规程》的有关规定，以及在灾变期间能够及时通知人员撤离和实现与避险人员通话的要求，建设完善井下通信联络系统。

2. 地面调度室至主提升机房、井下各中段采区、马头门、装卸矿点、井下车场、主要机电硐室、井下变电所、主要泵房、主通风机房、避灾硐室（场所）、爆破时撤离人员集中地点等，应设有可靠的通信联络系统。

3. 矿井井筒通讯电缆线路一般分设两条通讯电缆，从不同的井筒进入井下配线设备，其中任何一条通讯电缆发生故障，另一条通讯电缆的容量应能担负井下各通讯终端的通讯能力。井下通讯终端设备，应具有防水、防腐、防尘功能。

4. 采用无线通讯系统的地下矿山企业，通讯信号应覆盖有人员流动的竖井、斜井、运输巷道、生产巷道和主要采掘工作面。

三、使用管理

（十一）地下矿山企业应建立安全避险“六大系统”管理制度，设置专门人员进行管理维护。要根据井下采掘系统的变化情况，及时补充完善安全避险“六大系统”。

（十二）地下矿山企业安全管理人员、通风工、区队长、班组长、当班安全员等应携带便携式检测仪器，按照《金属非金属矿山安全规程》和《金属非金属地下矿山通风技术规范》（AQ2013—2008）的有关规定，对井下有毒有害气体进行随机检测，对风速、风质等进行定期测定，发现和监测监控系统显示数值不一致时，应及时进行调校。

（十三）地下矿山企业应加强培训，确保入井人员熟悉各种灾害情况的避灾路线，并能正确使用安全避险设施。

（十四）地下矿山企业每年应开展一次安全避险“六大系统”应急演练，并建立应急演练档案。

（十五）地下矿山企业每年应将安全避险“六大系统”建设和运行情况，向县级以上安全监管部门进行书面报告。

四、监督检查

（十六）县级以上安全监管部门应将本行政区域内地下矿山企业安全避险“六大系统”的建设，作为安全监管的重要内容，并将其纳入年度安全监管执法工作计划，定期进行检查。

（十七）地下矿山企业未在规定期限内完成安全避险“六大系统”建设要求的，由县级以上安全监管部门依法依规暂扣安全生产许可证，限期整改，逾期仍未完成的，提请地方政府予以关闭。

（十八）新建地下矿山建设项目安全设施专篇设计应包括安全避险“六大系统”有关内容，无本规定要求内容的，负责组织安全专篇审查的安全监管部门不得予以审查批复。

（十九）新建地下矿山建设项目自规定要求期限开始，没有按要求完成安全避险“六大系统”有关内容建设的，负责组织安全设施竣工验收的安全监管部门不得予以通过验收和批复。

五、附　则

（二十）省级安全监管部门可以根据实际情况制定实施细则，报国家安全监管总局备案。

（二十一）本规定自印发之日起施行。

金属非金属地下矿山企业领导带班下井及监督检查暂行规定

（国家安全生产监督管理总局　自2010年11月15日起实施）

第一章　总　则

第一条　为落实金属非金属地下矿山企业领导带班下井制度，强化现场安全管理，及时发现和消除事故隐患，根据《国务院关于进一步加强企业安全生产工作的通知》（国发〔2010〕23号）和国家有关规定，制定本规定。

第二条　金属非金属地下矿山企业（以下简称矿山企业）领导带班下井和县级以上安全生产监督管理部门对其实施监督检查，适用本规定。

第三条　本规定所称的矿山企业，是指金属非金属地下矿山生产企业及其所属各独立生产系统的矿井和新建、改建、扩建、技术改造等建设矿井。

本规定所称的矿山企业领导，是指矿山企业的主要负责人、领导班子成员和副总工程师。

第四条　矿山企业是落实领导带班下井制度的责任主体，必须确保每个班次至少有1名领导在井下现场带班，并与工人同时下井、同时升井。

矿山企业的主要负责人对落实领导带班下井制度全面负责。

第五条　安全生产监督管理部门对矿山企业落实领导带班下井制度情况进行监督检查，并依法作出现场处理或者实施行政处罚。

有关行业主管部门应当根据《国务院关于进一步加强企业安全生产工作的通知》的要求，按照各自职责做好矿山企业领导带班下井制度的落实工作，配合安全生产监督管理部门开展矿山企业领导带班下井情况的监督检查和考核奖惩等工作。

第六条　任何单位和个人发现矿山企业领导未按照规定执行带班下井制度或者弄虚作假的，均有权向安全生产监督管理部门举报和报告。对举报和报告属实的，给予奖励。

第二章　带班下井

第七条　矿山企业应当建立健全领导带班下井制度，制定领导带班下井考核奖惩办法和月度计划，建立和完善领导带班下井档案。

领导带班下井制度应当按照矿山企业的隶属关系报所在地县级以上安全生产监督管理部门备案。

第八条　矿山企业领导带班下井月度计划，应当明确每个工作班次带班下井的领导名单、下井及升井的时间以及特殊情况下的请假与调换人员审批程序等内容。

领导带班下井月度计划应当在本单位网站和办公楼及矿井井口予以公告，接受群众监督。

第九条　矿山企业应当每月对领导带班下井情况进行考核。领导带班下井情况与其经济收入挂钩，对按照规定带班下井并认真履行职责的，给予奖励；对未按照规定带班下井、冒名顶替下井或者弄虚作假的，按照有关规定予以处理。

矿山企业领导带班下井的月度计划完成情况，应当在矿山企业公示栏公示，接受群众监督。

第十条　矿山企业领导带班下井时，应当履行下列职责：

（一）加强对井下重点部位、关键环节的安全检查及检查巡视，全面掌握井下的安全生产情况；

（二）及时发现和组织消除事故隐患和险情，及时制止违章违纪行为，严禁违章指挥，严禁超能力组织生产；

（三）遇到险情时，立即下达停产撤人命令，组织涉险区域人员及时、有序撤离到安全地点。

第十一条　矿山企业领导应当认真填写带班下井交接班记录，并向接班的领导详细说明井下安全生产状况、存在的主要问题及其处理情况、需要注意的事项等。

第十二条　矿山企业领导升井后，应当及时将下井及升井的时间、地点、经过路线、发现的问题及处理结果等有关情况进行登记，以存档备查。

第十三条　矿山企业从业人员应当遵章守纪，服从带班下井领导的指挥和管理。

矿山企业没有领导带班下井的，矿山企业从业人员有权拒绝下井作业。从业人员在井下作业过程中，发现并确认带班下井领导无故提前升井的，经向班组长或者队长说明后有权提前升井。

矿山企业不得因从业人员依据前款规定拒绝下井或者提前升井而降低从业人员工资、福利等待遇或者解除与其订立的劳动合同。

第三章　监督检查

第十四条　安全生产监督管理部门应当将矿山企业领导带班下井制度的建立、执行、考核、奖惩等情况作为安全监管的重要内容，并将其纳入年度安全监管执法工作计划，定期进行检查。

第十五条　安全生产监督管理部门应当充分发挥电视、广播、报纸、网络等新闻媒体的作用，加强对本行政区域内矿山企业领导带班下井情况的社会监督。

第十六条　安全生产监督管理部门应当建立举报制度，公开举报电话、信箱或者电子邮件地址，受理有关举报；对于受理的举报，应当认真调查核实；经查证属实的，依法从重处罚。

第十七条　安全生产监督管理部门应当定期将矿山企业领导带班下井制度监督检查结果和处罚情况予以公告，接受社会监督。

第四章　法律责任

第十八条　矿山企业未按照规定建立健全领导带班下井制度或者未制定领导带班下井月度计划的，给予警告，并处3万元的罚款；对其主要负责人给予警告，并处1万元的罚款；情节严重的，依法暂扣其安全生产许可证，责令停产整顿。

第十九条　矿山企业存在下列行为之一的，责令限期整改，并处3万元的罚款；对其主要负责人给予警告，并处1万元的罚款：

（一）领导带班下井制度未按照规定报安全生产监督管理部门备案的；

（二）未按照规定公告领导带班下井月度计划的；

（三）未按照规定公示领导带班下井月度计划完成情况的。

第二十条　矿山企业领导未按照规定填写带班下井交接班记录、带班下井登记档案，或者弄虚作假的，给予警告，并处1万元的罚款。

第二十一条　矿山企业领导未按照规定带班下井的，对矿山企业给予警告，处3万元的罚款；情节严重的，依法责令停产整顿；对违反规定的矿山企业领导按照擅离职守处理，并处1万元的罚款。

第二十二条　对发生生产安全事故而没有领导带班下井的矿山企业，依法责令停产整顿，暂扣或者吊销安全生产许可证，并依照下列规定处以罚款；情节严重的，提请有关人民政府依法予以关闭：

（一）发生一般事故，处20万元的罚款；

（二）发生较大事故，处50万元的罚款；

（三）发生重大事故，处200万元的罚款；

（四）发生特别重大事故，处500万元的罚款。

第二十三条　对发生生产安全事故而没有领导带班下井的矿山企业，对其主要负责人依法暂扣或者吊销其安全资格证，并依照下列规定处以罚款：

（一）发生一般事故，处上一年年收入30%的罚款；

（二）发生较大事故，处上一年年收入40%的罚款；

（三）发生重大事故，处上一年年收入60%的罚款；

（四）发生特别重大事故，处上一年年收入80%的罚款。

对重大、特别重大生产安全事故负有主要责任的矿山企业，其主要负责人终身不得担任任何矿山企业的矿长（董事长、总经理）。

第五章　附　则

第二十四条　各省、自治区、直辖市人民政府安全生产监督管理部门可以根据实际情况制定实施细则，报国家安全生产监督管理总局备案。

第二十五条　为矿山企业提供采掘工程服务的采掘施工企业领导带班下井，按照本规定执行。

第二十六条　本办法自2010年11月15日起施行。

金属与非金属矿产资源地质勘探安全生产监督管理暂行规定

（国家安全生产监督管理总局　国家安全生产监督管理总局令第36号发布　自2011年1月1日起施行）

第一章　总　则

第一条　为加强金属与非金属矿产资源地质勘探作业安全的监督管理，预防和减少生产安全事故，根据安全生产法等有关法律、行政法规，制定本规定。

第二条　从事金属与非金属矿产资源地质勘探作业的安全生产及其监督管理，适用本规定。

生产矿山企业的探矿活动不适用本规定。

第三条　本规定所称地质勘探作业，是指在依法批准的勘查作业区范围内从事金属与非金属矿产资源地质勘探的活动。

本规定所称地质勘探单位，是指依法取得地质勘查资质并从事金属与非金属矿产资源地质勘探活动的企事业单位。

第四条　地质勘探单位对本单位地质勘探作业安全生产负主体责任，其主要负责人对本单位的安全生产工作全面负责。

国务院有关部门和省、自治区、直辖市人民政府所属从事矿产地质勘探及管理的企事业法人组织（以下统称地质勘探主管单位），负责对其所属地质勘探单位的安全生产工作进行监督和管理。

第五条　国家安全生产监督管理总局对全国地质勘探作业的安全生产工作实施监督管理。

县级以上地方各级人民政府安全生产监督管理部门对本行政区域内地质勘探作业的安全生产工作实施监督管理。

第二章　安全生产职责

第六条　地质勘探单位应当遵守有关安全生产法律、法规、规章、国家标准以及行业标准的规定，加强安全生产管理，排查治理事故隐患，确保安全生产。

第七条　从事钻探工程、坑探工程施工的地质勘探单位应当取得安全生产许可证。

第八条　地质勘探单位从事地质勘探活动，应当持本单位地质勘查资质证书和地质勘探项目任务批准文件或者合同书，向工作区域所在地县级安全生产监督管理部门备案，并接受其监督检查。

第九条　地质勘探单位应当建立健全下列安全生产制度和规程：

（一）主要负责人、分管负责人、安全生产管理人员和职能部门、岗位的安全生产责任制度；

（二）岗位作业安全规程和工种操作规程；

（三）现场安全生产检查制度；

（四）安全生产教育培训制度；

（五）重大危险源检测监控制度；

（六）安全投入保障制度；

（七）事故隐患排查治理制度；

（八）事故信息报告、应急预案管理和演练制度；

（九）劳动防护用品、野外救生用品和野外特殊生活用品配备使用制度；

（十）安全生产考核和奖惩制度；

（十一）其他必须建立的安全生产制度。

第十条　地质勘探单位及其主管单位应当按照下列规定设置安全生产管理机构或者配备专职安全生产管理人员：

（一）地质勘探单位从业人员超过300人的，应当设置安全生产管理机构，并按不低于从业人员1%的比例配备专职安全生产管理人员；从业人员在300人以下的，应当配备不少于2名的专职安全生产管理人员。

（二）所属地质勘探单位从业人员总数在3000人以上的地质勘探主管单位，应当设置安全生产管理机构，并按不低于从业人员总数1‰的比例配备专职安全生产管理人员；从业人员总数在3000人以下的，应当设置安全生产管理机构或者配备不少于1名的专职安全生产管理人员。

专职安全生产管理人员中应当按照规定配备注册安全工程师。

第十一条　地质勘探单位的主要负责人和安全生产管理人员应当具备与本单位所从事地质勘探活动相适应的安全生产知识和管理能力，并经安全生产监督管理部门考核合格后方可任职。

地质勘探单位的特种作业人员必须经专门的安全技术培训并考核合格，取得特种作业操作证后，方可上岗作业。

第十二条　地质勘探单位从事坑探工程作业的人员，首次上岗作业前应当接受不少于72小时的安全生产教育和培训，以后每年应当接受不少于20小时的安全生产再培训。

第十三条　地质勘探单位应当按照国家有关规定提取和使用安全生产费用。安全生产费用列入生产成本，并实行专户存储、规范使用。

第十四条　地质勘探工程的设计、施工和安全管理应当符合《地质勘探安全规程》（AQ2004—2005）的规定。

第十五条　坑探工程的设计方案中应当设有安全专篇。安全专篇应当经所在地安全生产监督管理部门审查同意；未经审查同意的，有关单位不得施工。

坑探工程安全专篇的具体审查办法由省、自治区、直辖市人民政府安全生产监督管理部门制定。

第十六条　地质勘探单位不得将其承担的地质勘探工程项目转包给不具备安全生产条件或者相应地质勘查资质的地质勘探单位，不得允许其他单位以本单位的名义从事地质勘探活动。

第十七条　地质勘探单位不得以探矿名义从事非法采矿活动。

第十八条　地质勘探单位应当为从业人员配备必要的劳动防护用品、野外救生用品和野外特殊生活用品。

第十九条　地质勘探单位应当根据本单位实际情况制定野外作业突发事件等安全生产应急预案，建立健全应急救援组织或者与邻近的应急救援组织签订救护协议，配备必要的应急救援器材和设备，按照有关规定组织开展应急演练。

应急预案应当按照有关规定报安全生产监督管理部门和地质勘探主管单位备案。

第二十条 地质勘探主管单位应当按照国家有关规定，定期检查所属地质勘探单位落实安全生产责任制和安全生产费用提取使用、安全生产教育培训、事故隐患排查治理等情况，并组织实施安全生产绩效考核。

第二十一条 地质勘探单位发生生产安全事故后，应当按照有关规定向事故发生地县级以上安全生产监督管理部门和地质勘探主管单位报告。

第三章 监督管理

第二十二条 安全生产监督管理部门应当加强对地质勘探单位安全生产的监督检查，对检查中发现的事故隐患和安全生产违法违规行为，依法作出现场处理或者实施行政处罚。

第二十三条 安全生产监督管理部门应当建立完善地质勘探单位备案制度，及时掌握本行政区域内地质勘探单位的作业情况。

第二十四条 安全生产监督管理部门应当按照本规定的要求开展对坑探工程安全专篇的审查，建立安全专篇审查档案。

第四章 法律责任

第二十五条 地质勘探单位有下列情形之一的，责令限期改正；逾期未改正的，责令停产停业整顿，可以并处2万元以下的罚款：

（一）未按照本规定设立安全生产管理机构或者配备专职安全生产管理人员的；

（二）特种作业人员未持证上岗作业的；

（三）从事坑探工程作业的人员未按照规定进行安全生产教育和培训的。

第二十六条 地质勘探单位有下列情形之一的，给予警告，并处3万元以下的罚款：

（一）未按照本规定建立有关安全生产制度和规程的；

（二）未按照规定提取和使用安全生产费用的；

（三）坑探工程安全专篇未经安全生产监督管理部门审查同意擅自施工的。

第二十七条 地质勘探单位未按照规定向工作区域所在地县级安全生产监督管理部门备案的，给予警告，并处2万元以下的罚款。

第二十八条 地质勘探单位将其承担的地质勘探工程项目转包给不具备安全生产条件或者相应资质的地质勘探单位的，责令限期改正，没收违法所得；违法所得5万元以上的，并处违法所得1倍以上5倍以下的罚款；没有违法所得或者违法所得不足5万元的，单处或者并处1万元以上5万元以下的罚款；导致发生生产安全事故给他人造成损害的，与承包方承担连带赔偿责任。

第二十九条 本规定规定的行政处罚由县级以上安全生产监督管理部门实施。

第五章 附 则

第三十条 本规定自2011年1月1日起施行。

尾矿库安全监督管理规定

（国家安全生产监督管理总局　国家安全生产监督管理总局令第38号发布　自2011年7月1日起实施）

第一章　总　则

第一条　为了预防和减少尾矿库生产安全事故，保障人民群众生命和财产安全，根据《安全生产法》、《矿山安全法》等有关法律、行政法规，制定本规定。

第二条　尾矿库的建设、运行、回采、闭库及其安全管理与监督工作，适用本规定。

核工业矿山尾矿库、电厂灰渣库的安全监督管理工作，不适用本规定。

第三条　尾矿库建设、运行、回采、闭库的安全技术要求以及尾矿库等别划分标准，按照《尾矿库安全技术规程》（AQ2006—2005）执行。

第四条　尾矿库生产经营单位（以下简称生产经营单位）应当建立健全尾矿库安全生产责任制，建立健全安全生产规章制度和安全技术操作规程，对尾矿库实施有效的安全管理。

第五条　生产经营单位应当保证尾矿库具备安全生产条件所必需的资金投入，建立相应的安全管理机构或者配备相应的安全管理人员、专业技术人员。

第六条　生产经营单位主要负责人和安全管理人员应当依照有关规定经培训考核合格并取得安全资格证书后，方可任职。

直接从事尾矿库放矿、筑坝、巡坝、排洪和排渗设施操作的作业人员必须取得特种作业操作证书，方可上岗作业。

第七条　国家安全生产监督管理总局负责对国务院或者国务院有关部门审批、核准、备案的尾矿库建设项目进行安全设施设计审查和竣工验收。

前款规定以外的其他尾矿库建设项目安全设施设计审查和竣工验收，由省级安全生产监督管理部门按照分级管理的原则作出规定。

尾矿库日常安全生产监督管理工作，实行分级负责、属地监管原则，由省级安全生产监督管理部门结合本行政区域实际制定具体规定，报国家安全生产监督管理总局备案。

第八条　鼓励生产经营单位应用尾矿库在线监测、尾矿充填、干式排尾、尾矿综合利用等先进适用技术。

一等、二等、三等尾矿库应当安装在线监测系统。

鼓励生产经营单位将尾矿回采再利用后进行回填。

第二章　尾矿库建设

第九条　尾矿库建设项目包括新建、改建、扩建以及回采、闭库的尾矿库建设工程。

尾矿库建设项目安全设施设计审查与竣工验收应当符合有关法律、行政法规及《非煤矿矿山建设项目安全设施设计审查与竣工验收办法》的规定。

第十条　尾矿库的勘察单位应当具有矿山工程或者岩土工程类勘察资质。设计单位应当具有金属非金属矿山工程设计资质。安全评价单位应当具有尾矿库评价资质。施工单位应当具有矿山工程施工资质。施工监理单位应当具有矿山工程监理资质。

尾矿库的勘察、设计、安全评价、施工、监理等单位除符合前款规定外，还应当按照尾矿库的等别符合下列规定：

（一）一等、二等、三等尾矿库建设项目，其勘察、设计、安全评价、监理单位具有甲级资质，施工单位具有总承包一级或者特级资质；

（二）四等、五等尾矿库建设项目，其勘察、设计、安全评价、监理单位具有乙级或者乙级以上资质，施工单位具有总承包三级或者三级以上资质，或者专业承包一级、二级资质。

第十一条　尾矿库建设项目初步设计应当包括安全设施设计，并编制安全专篇。安全专篇应当对尾矿库库址及尾矿坝稳定性、尾矿库防洪能力、排洪设施和安全观测设施的可靠性进行充分论证。

第十二条　尾矿库库址应当由设计单位根据库容、坝高、库区地形条件、水文地质、气象、下游居民区和重要工业构筑物等情况，经科学论证后，合理确定。

第十三条　尾矿库建设项目应当进行安全设施设计并经安全生产监督管理部门审查批准后方可施工。无安全设施设计或者安全设施设计未经审查批准的，不得施工。

严禁未经设计并审查批准擅自加高尾矿库坝体。

第十四条　尾矿库施工应当执行有关法律、行政法规和国家标准、行业标准的规定，严格按照设计施工，确保工程质量，并做好施工记录。

生产经营单位应当建立尾矿库工程档案和日常管理档案，特别是隐蔽工程档案、安全检查档案和隐患排查治理档案，并长期保存。

第十五条　施工中需要对设计进行局部修改的，应当经原设计单位同意；对涉及尾矿库库址、等别、排洪方式、尾矿坝坝型等重大设计变更的，应当报原审批部门批准。

第十六条　尾矿库建设项目安全设施试运行应当向安全生产监督管理部门备案，试运行时间不得超过6个月，且尾砂排放不得超过初期坝坝顶标高。试运行结束后，应当向安全生产监督管理部门申请安全设施竣工验收。

第十七条　尾矿库建设项目安全设施经安全生产监督管理部门验收合格后，生产经营单位应当及时按照《非煤矿矿山企业安全生产许可证实施办法》的有关规定，申请尾矿库安全生产许可证。未依法取得安全生产许可证的尾矿库，不得投入生产运行。

生产经营单位在申请尾矿库安全生产许可证时，对于验收申请时已提交的符合颁证条件的文件、资料可以不再提交；安全生产监督管理部门在审核颁发安全生产许可证时，可以不再审查。

第三章　尾矿库运行

第十八条　对生产运行的尾矿库，未经技术论证和安全生产监督管理部门的批准，任何单位和个人不得对下列事项进行变更：

（一）筑坝方式；

（二）排放方式；

（三）尾矿物化特性；

（四）坝型、坝外坡坡比、最终堆积标高和最终坝轴线的位置；

（五）坝体防渗、排渗及反滤层的设置；

（六）排洪系统的型式、布置及尺寸；

（七）设计以外的尾矿、废料或者废水进库等。

第十九条 尾矿库应当每3年至少进行1次安全现状评价。安全现状评价应当符合国家标准或者行业标准的要求。

尾矿库安全现状评价工作应当有能够进行尾矿坝稳定性验算、尾矿库水文计算、构筑物计算的专业技术人员参加。

上游式尾矿坝堆积至1/2～2/3最终设计坝高时，应当对坝体进行1次全面勘察，并进行稳定性专项评价。

第二十条 尾矿库经安全现状评价或者专家论证被确定为危库、险库和病库的，生产经营单位应当分别采取下列措施：

（一）确定为危库的，应当立即停产，进行抢险，并向尾矿库所在地县级人民政府、安全生产监督管理部门和上级主管单位报告；

（二）确定为险库的，应当立即停产，在限定的时间内消除险情，并向尾矿库所在地县级人民政府、安全生产监督管理部门和上级主管单位报告；

（三）确定为病库的，应当在限定的时间内按照正常库标准进行整治，消除事故隐患。

第二十一条 生产经营单位应当建立健全防汛责任制，实施24小时监测监控和值班值守，并针对可能发生的垮坝、漫顶、排洪设施损毁等生产安全事故和影响尾矿库运行的洪水、泥石流、山体滑坡、地震等重大险情制定并及时修订应急救援预案，配备必要的应急救援器材、设备，放置在便于应急时使用的地方。

应急预案应当按照规定报相应的安全生产监督管理部门备案，并每年至少进行一次演练。

第二十二条 生产经营单位应当编制尾矿库年度、季度作业计划，严格按照作业计划生产运行，做好记录并长期保存。

第二十三条 生产经营单位应当建立尾矿库事故隐患排查治理制度，按照本规定和《尾矿库安全技术规程》的规定，定期组织尾矿库专项检查，对发现的事故隐患及时进行治理，并建立隐患排查治理档案。

第二十四条 尾矿库出现下列重大险情之一的，生产经营单位应当按照安全监管权限和职责立即报告当地县级安全生产监督管理部门和人民政府，并启动应急预案，进行抢险：

（一）坝体出现严重的管涌、流土等现象的；

（二）坝体出现严重裂缝、坍塌和滑动迹象的；

（三）库内水位超过限制的最高洪水位的；

（四）在用排水井倒塌或者排水管（洞）坍塌堵塞的；

（五）其他危及尾矿库安全的重大险情。

第二十五条 尾矿库发生坝体坍塌、洪水漫顶等事故时，生产经营单位应当立即启动应急预案，进行抢险，防止事故扩大，避免和减少人员伤亡及财产损失，并立即报告当地县级安全生产监督管理部门和人民政府。

第二十六条 未经生产经营单位进行技术论证并同意，以及尾矿库建设项目安全设施设计原审批部门批准，任何单位和个人不得在库区从事爆破、采砂、地下采矿等危害尾矿库安全的作业。

第四章 尾矿库回采和闭库

第二十七条 尾矿回采再利用工程应当进行回采勘察、安全预评价和回采设计，回采设计应当包括安全设施设计，并编制安全专篇。

安全预评价报告应当向安全生产监督管理部门备案。回采安全设施设计应当报安全生产监督管理部门审查批准。

生产经营单位应当按照回采设计实施尾矿回采，并在尾矿回采期间进行日常安全管理和检查，防止尾矿回采作业对尾矿坝安全造成影响。

尾矿全部回采后不再进行排尾作业的，生产经营单位应当及时报安全生产监督管理部门履行尾矿库注销手续。具体办法由省级安全生产监督管理部门制定。

第二十八条 尾矿库运行到设计最终标高或者不再进行排尾作业的，应当在 1 年内完成闭库。特殊情况不能按期完成闭库的，应当报经相应的安全生产监督管理部门同意后方可延期，但延长期限不得超过 6 个月。

库容小于 10 万立方米且总坝高低于 10 米的小型尾矿库闭库程序，由省级安全生产监督管理部门根据本地实际制定。

第二十九条 尾矿库运行到设计最终标高的前 12 个月内，生产经营单位应当进行闭库前的安全现状评价和闭库设计，闭库设计应当包括安全设施设计，并编制安全专篇。

闭库安全设施设计应当经有关安全生产监督管理部门审查批准。

第三十条 生产经营单位申请尾矿库闭库工程安全设施验收，应当具备下列条件：

（一）尾矿库已停止使用；

（二）闭库前的安全现状评价报告已报有关安全生产监督管理部门备案；

（三）尾矿库闭库工程安全设施设计已经有关安全生产监督管理部门审查批准；

（四）有完备的闭库工程安全设施施工记录、竣工报告、竣工图和施工监理报告等；

（五）法律、行政法规和国家标准、行业标准规定的其他条件。

第三十一条 生产经营单位向安全生产监督管理部门提交尾矿库闭库工程安全设施验收申请报告，应当包括下列内容及资料：

（一）尾矿库库址所在行政区域位置、占地面积及尾矿库下游村庄、居民等情况；

（二）尾矿库建设和运行时间以及在建设和运行中曾经出现过的重大问题及其处理措施；

（三）尾矿库主要技术参数，包括初期坝结构、筑坝材料、堆坝方式、坝高、总库容、尾矿坝外坡坡比、尾矿粒度、尾矿堆积量、防洪排水型式等；

（四）闭库工程安全设施设计及审批文件；

（五）闭库工程安全设施设计的主要工程措施和闭库工程施工概况；

（六）闭库工程安全验收评价报告；

（七）闭库工程安全设施竣工报告及竣工图；

（八）施工监理报告；

（九）其他相关资料。

第三十二条 尾矿库闭库工作及闭库后的安全管理由原生产经营单位负责。对解散或者关闭破产的生产经营单位，其已关闭或者废弃的尾矿库的管理工作，由生产经营单位出资人或其上级主管单位负责；无上级主管单位或者出资人不明确的，由安全生产监督管理部门提请县级以上人民政府指定管理单位。

第五章　监督管理

第三十三条　安全生产监督管理部门应当严格按照有关法律、行政法规、国家标准、行业标准以及本规定要求和“分级属地”的原则，进行尾矿库建设项目安全设施设计审查、竣工验收和闭库工程安全设施验收；不符合规定条件的，不得批准或者通过验收。进行审查或者验收，不得收取费用。

第三十四条　安全生产监督管理部门应当建立本行政区域内尾矿库安全生产监督检查档案，记录监督检查结果、生产安全事故及违法行为查处等情况。

第三十五条　安全生产监督管理部门应当加强对尾矿库生产经营单位安全生产的监督检查，对检查中发现的事故隐患和违法违规生产行为，依法作出处理。

第三十六条　安全生产监督管理部门应当建立尾矿库安全生产举报制度，公开举报电话、信箱或者电子邮件地址，受理有关举报；对受理的举报，应当认真调查核实；经查证属实的，应当依法作出处理。

第三十七条　安全生产监督管理部门应当加强本行政区域内生产经营单位应急预案的备案管理，并将尾矿库事故应急救援纳入地方各级人民政府应急救援体系。

第六章　法律责任

第三十八条　安全生产监督管理部门的工作人员，未依法履行尾矿库安全监督管理职责的，依照有关规定给予行政处分。

第三十九条　生产经营单位或者尾矿库管理单位违反本规定第八条第二款、第十九条、第二十条、第二十一条、第二十二条、第二十三条、第二十四条、第二十六条、第二十九条第一款规定的，给予警告，并处 1 万元以上 3 万元以下的罚款；对主管人员和直接责任人员由其所在单位或者上级主管单位给予行政处分；构成犯罪的，依法追究刑事责任。

第四十条　生产经营单位或者尾矿库管理单位违反本规定第十八条规定的，给予警告，并处 3 万元的罚款；情节严重的，依法责令停产整顿或者提请县级以上地方人民政府按照规定权限予以关闭。

第四十一条　生产经营单位违反本规定第二十八条第一款规定不主动实施闭库的，给予警告，并处 3 万元的罚款。

第四十二条　本规定规定的行政处罚由安全生产监督管理部门决定。

法律、行政法规对行政处罚决定机关和处罚种类、幅度另有规定的，依照其规定。

第七章　附　则

第四十三条　本规定自 2011 年 7 月 1 日起施行。国家安全生产监督管理总局 2006 年公布的《尾矿库安全监督管理规定》（国家安全生产监督管理总局令第 6 号）同时废止。

小型露天采石场安全管理与监督检查规定

（国家安全生产监督管理总局　国家安全生产监管
总局令第 39 号发布　自 2011 年 7 月 1 日起实施）

第一章　总　则

第一条　为预防和减少小型露天采石场生产安全事故，保障从业人员的安全与健康，根据《安全生产法》、《矿山安全法》、《安全生产许可证条例》等有关法律、行政法规，制定本规定。

第二条　年生产规模不超过 50 万吨的山坡型露天采石作业单位（以下统称小型露天采石场）的安全生产及对其监督管理，适用本规定。

开采型材和金属矿产资源的小型露天矿山的安全生产及对其监督管理，不适用本规定。

第三条　县级以上地方人民政府安全生产监督管理部门对小型露天采石场的安全生产实施监督管理。所辖区域内有小型露天采石场的乡（镇）应当明确负责安全生产工作的管理人员及其职责。

第二章　安全生产保障

第四条　小型露天采石场主要负责人对本单位的安全生产工作负总责，应当组织制定和落实安全生产责任制，改善劳动条件和作业环境，保证安全生产投入的有效实施。

主要负责人经安全生产监督管理部门考核合格并取得安全资格证书后，方可任职。

第五条　小型露天采石场应当建立健全安全生产管理制度和岗位安全操作规程，至少配备 1 名专职安全生产管理人员。

安全生产管理人员应当按照国家有关规定取得安全资格证书后，方可任职。

第六条　小型露天采石场应当至少配备 1 名专业技术人员，或者聘用专业技术人员、注册安全工程师、委托相关技术服务机构为其提供安全生产管理服务。

第七条　小型露天采石场新进矿山的作业人员应当接受不少于 40 小时的安全培训，已在岗的作业人员应当每年接受不少于 20 小时的安全再培训。

特种作业人员必须按照国家有关规定经专门的安全技术培训并考核合格，取得特种作业操作证书后，方可上岗作业。

第八条　小型露天采石场必须参加工伤保险，按照国家有关规定提取和使用安全生产费用。

第九条　新建、改建、扩建小型露天采石场应当由具有建设主管部门认定资质的设计单位编制开采设计或者开采方案。采石场布置和开采方式发生重大变化时，应当重新编制开采设计或者开采方案，并由原审查部门审查批准。

第十条　小型露天采石场新建、改建、扩建工程项目安全设施应当按照规定履行设计审查和竣工验收审批程序。

对于不需要进行上部剥离作业的新建小型露天采石场，符合有关安全生产法律、法规、标准要求，经安全生产监督管理部门检查同意，可以不进行安全设施竣工验收，直接依法申请领取安全生产许可证。

第十一条　小型露天采石场应当依法取得非煤矿矿山企业安全生产许可证。未取得安全生产许可证的，不得从事生产活动。

在安全生产许可证有效期内采矿许可证到期失效的，小型露天采石场应当在采矿许可证到期前15日内向原安全生产许可证颁发管理机关报告，并交回安全生产许可证正本和副本。

第十二条　相邻的采石场开采范围之间最小距离应当大于300米。对可能危及对方生产安全的，双方应当签订安全生产管理协议，明确各自的安全生产管理职责和应当采取的安全措施，指定专门人员进行安全检查与协调。

第十三条　小型露天采石场应当采用中深孔爆破，严禁采用扩壶爆破、掏底崩落、掏挖开采和不分层的“一面墙”等开采方式。

不具备实施中深孔爆破条件的，由所在地安全生产监督管理部门聘请有关专家进行论证，经论证符合要求的，方可采用浅孔爆破开采。

小型露天采石场实施中深孔爆破条件的审核办法，由省级安全生产监督管理部门制定。

第十四条　不采用爆破方式直接使用挖掘机进行采矿作业的，台阶高度不得超过挖掘机最大挖掘高度。

第十五条　小型露天采石场应当采用台阶式开采。不能采用台阶式开采的，应当自上而下分层顺序开采。

分层开采的分层高度、最大开采高度（第一分层的坡顶线到最后一分层的坡底线的垂直距离）和最终边坡角由设计确定，实施浅孔爆破作业时，分层数不得超过6个，最大开采高度不得超过30米；实施中深孔爆破作业时，分层高度不得超过20米，分层数不得超过3个，最大开采高度不得超过60米。

分层开采的凿岩平台宽度由设计确定，最小凿岩平台宽度不得小于4米。

分层开采的底部装运平台宽度由设计确定，且应当满足调车作业所需的最小平台宽度要求。

第十六条　小型露天采石场应当遵守国家有关民用爆炸物品和爆破作业的安全规定，由具有相应资格的爆破作业人员进行爆破，设置爆破警戒范围，实行定时爆破制度。不得在爆破警戒范围内避炮。

禁止在雷雨、大雾、大风等恶劣天气条件下进行爆破作业。雷电高发地区应当选用非电起爆系统。

第十七条　对爆破后产生的大块矿岩应当采用机械方式进行破碎，不得使用爆破方式进行二次破碎。

第十八条　承包爆破作业的专业服务单位应当取得爆破作业单位许可证，承包采矿和剥离作业的采掘施工单位应当持有非煤矿矿山企业安全生产许可证。

第十九条　采石场上部需要剥离的，剥离工作面应当超前于开采工作面4米以上。

第二十条　小型露天采石场在作业前和作业中以及每次爆破后，应当对坡面进行安全检查。发现工作面有裂痕，或者在坡面上有浮石、危石和伞檐体可能塌落时，应当立即停止作业并撤离人员至安全地点，采取安全措施和消除隐患。

采石场的入口道路及相关危险源点应当设置安全警示标志，严禁任何人员在边坡底部休息和停留。

第二十一条　在坡面上进行排险作业时，作业人员应当系安全带，不得站在危石、浮石上及悬空作业。严禁在同一坡面上下双层或者多层同时作业。

距工作台阶坡底线50米范围内不得从事碎石加工作业。

第二十二条　小型露天采石场应当采用机械铲装作业，严禁使用人工装运矿岩。

同一工作面有两台铲装机械作业时，最小间距应当大于铲装机械最大回转半径的2倍。

严禁自卸汽车运载易燃、易爆物品；严禁超载运输；装载与运输作业时，严禁在驾驶室外侧、车斗内站人。

第二十三条　废石、废渣应当排放到废石场。废石场的设置应当符合设计要求和有关安全规定。顺山或顺沟排放废石、废渣的，应当有防止泥石流的具体措施。

第二十四条　电气设备应当有接地、过流、漏电保护装置。变电所应当有独立的避雷系统和防火、防潮与防止小动物窜入带电部位的措施。

第二十五条　小型露天采石场应当制定完善的防洪措施。对开采境界上方汇水影响安全的，应当设置截水沟。

第二十六条　小型露天采石场应当制定应急救援预案，建立兼职救援队伍，明确救援人员的职责，并与邻近的矿山救护队或者其他具备救护条件的单位签订救护协议。发生生产安全事故时，应当立即组织抢救，并在1小时内向当地安全生产监督管理部门报告。

第二十七条　小型露天采石场应当加强粉尘检测和防治工作，采取有效措施防治职业危害，建立职工健康档案，为从业人员提供符合国家标准或者行业标准的劳动防护用品和劳动保护设施，并指导监督其正确使用。

第二十八条　小型露天采石场应当在每年年末测绘采石场开采现状平面图和剖面图，并归档管理。

第三章　监督检查

第二十九条　安全生产监督管理部门应当加强对小型露天采石场的监督检查，对检查中发现的事故隐患和安全生产违法违规行为，依法作出现场处理或者实施行政处罚。

第三十条　安全生产监督管理部门应当建立健全本行政区域内小型露天采石场的安全生产档案，记录监督检查结果、生产安全事故和违法行为查处等情况。

第三十一条　对于未委托具备相应资质的设计单位编制开采设计或者开采方案，以及周边300米范围内存在生产生活设施的小型露天采石场，安全生产监督管理部门不得对其进行审查和验收。

第三十二条　安全生产监督管理部门应当加强对小型露天采石场实施中深孔爆破条件的监督检查。严格限制小型露天采石场采用浅孔爆破开采方式。

第三十三条　安全生产监督管理部门应当督促小型露天采石场加强对承包作业的采掘施工单位的管理，明确双方安全生产责任。

第三十四条　安全生产监督管理部门应当加强本行政区域内小型露天采石场应急预案的管理，督促乡（镇）人民政府做好事故应急救援的协调工作。

第四章　法律责任

第三十五条　安全生产监督管理部门及其工作人员违反法律法规和本规定，未依法履行对小型露天采石场安全生产监督检查职责的，依法给予行政处分。

第三十六条　违反本规定第六条规定的，责令限期改正，并处1万元以下的罚款。

第三十七条　违反本规定第十条第一款规定的，责令限期改正；逾期未改正的，责令停止建设或者停产停业整顿，可以并处5万元以下的罚款。

第三十八条　违反本规定第十一条第一款规定的，责令停止生产，没收违法所得，并处10万元以上50万元以下的罚款。

第三十九条　违反本规定第十二条、第十三条第一、二款、第十四条、第十五条、第十六条、第十七条、第十九条、第二十条第一款、第二十一条、第二十二条规定的，给予警告，并处1万元以上3万元以下的罚款。

第四十条　违反本规定第二十三条、第二十四条、第二十五条、第二十八条规定的，给予警告，并处2万元以下的罚款。

第四十一条　本规定规定的行政处罚由安全生产监督管理部门决定。法律、行政法规对行政处罚另有规定的，依照其规定。

第五章　附　则

第四十二条　省、自治区、直辖市人民政府安全生产监督管理部门可以根据本规定制定实施细则，报国家安全生产监督管理总局备案。

第四十三条　本规定自2011年7月1日起施行。2004年12月28日原国家安全生产监督管理局（国家煤矿安全监察局）公布的《小型露天采石场安全生产暂行规定》（原国家安全生产监督管理局（国家煤矿安全监察局）令第19号）同时废止。

关于依法做好金属非金属矿山整顿工作的意见

（安全监管总局　发展改革委　工业和信息化部　公安部　财政部
国土资源部　环境保护部　工商总局　电监会　2012 年 11 月 4 日发布）

近年来，各地区、各有关部门持续开展金属非金属矿山（含尾矿库，以下统称矿山）整顿和矿产资源开发整合等工作，取得了明显成效。“十一五”期间，全国矿山事故起数和死亡人数分别下降 47% 和 45%。但是全国矿山数量多、规模小、分布散、基础差的状况尚未得到根本改善，生产安全事故仍然多发，安全生产形势依然严峻。根据《国务院关于坚持科学发展安全发展促进安全生产形势持续稳定好转的意见》（国发〔2011〕40 号）等一系列文件精神，学习借鉴煤矿整顿工作经验，为从根本上改善矿山安全生产条件，降低事故总量，决定于 2012 ~ 2015 年组织开展矿山整顿攻坚战，现就有关事项提出如下意见：

一、总体要求和目标任务

（一）总体要求。深入贯彻落实科学发展观，大力实施安全发展战略，按照严格依法、淘汰落后、标本兼治、稳步推进的原则，统筹采取“关闭、整合、整改、提升”等措施，依法取缔和关闭无证开采、不具备安全生产条件和破坏生态、污染环境等各类矿山尤其是小矿山，全面提高矿山安全生产水平和安全保障能力，促进矿山安全生产形势持续稳定好转。

（二）目标任务。到 2015 年底，无证开采等非法违法行为得到有效制止，不符合产业政策、安全保障能力低下的小型矿山得到依法整顿关闭，浪费破坏矿产资源、严重污染环境等行为得到有效遏制，小型矿山数量有较大幅度减少，安全基础工作进一步加强，矿山安全生产条件进一步改善，矿山规模化、机械化、标准化、信息化、科学化水平进一步提高，生产安全事故持续下降，较大、重大事故得到有效遏制，努力杜绝特别重大事故。

二、矿山整顿重点

（一）对存在非法违法开采行为的矿山依法予以取缔关闭：

1. 未依法取得采矿许可证、工商营业执照、安全生产许可证等证照，擅自从事矿产资源开采的；

2. 关闭后擅自恢复生产的；

3. 存在持勘查许可证采矿、越界开采等违法行为，且拒不整改的；

4. 违反建设项目安全设施、污染治理设施“三同时”（同时设计、同时施工、同时投入生产和使用）规定，拒不执行安全环保监管指令、逾期未完善相关手续的；

5. 采矿许可证和安全生产许可证到期未提出延期换证申请，经限期整改仍不申请办理延期换证手续的。

（二）对限期停产整改后仍不具备安全生产条件的矿山依法予以关闭：

1. 存在重大安全和环境隐患，且整改无望的；

2. 技术装备落后、安全生产和环境保护得不到保障的；

3. 小型露天矿山无正规设计或不按设计规范建设、应采用而未采用中深孔爆破、未实行机械铲装和机械二次破碎，以及未实行分台阶（分层）开采的；

4. 相邻小型露天采石场开采范围之间最小距离不符合有关规定的；

5. 地下矿山井下生产系统尤其是通风系统不完善、未实行机械通风，以及采场管理混乱的；

6. 尾矿库危库、险库未按要求治理或治理后仍不符合安全环保要求，以及未经审批擅自回采尾矿的；

7. 地下矿山在规定期限内未完成安全避险“六大系统”（监测监控系统、人员定位系统、紧急避险系统、压风自救系统、供水施救系统和通信联络系统）建设的；

8. 三等以上尾矿库在规定期限内未安装在线安全监控系统的；

9. 在规定期限内未完成安全生产标准化建设的；

10. 发生较大以上生产安全责任事故或次生较大以上突发环境事件的。

（三）对工艺、技术、装备落后，不符合产业发展政策的矿山限期予以关闭：

1. 一个矿体存在多个开采主体、不符合矿产资源规划和矿业权设置方案，已经纳入资源整合范围要求进行关闭的；

2. 不符合国家或地方政府规定的有关矿种最小开采规模、最低服务年限的；

3. 使用国家或地方政府明令淘汰的落后工艺、技术和装备，在规定期限内未整改的；

4. 独立选矿厂无固定、合法矿石来源的；

5. 砖瓦用粘土、页岩等资源开采不符合国家关于保护土地资源、保护环境相关政策的。

三、矿山整顿标准

1. 吊销或注销采矿许可证、安全生产许可证、工商营业执照等相关证照。

2. 拆除供电、供水、通风、提升、运输等直接用于生产的设施和设备。

3. 地下矿山要炸毁或填实矿井井筒，露天矿山要恢复生态环境或治理边坡，尾矿库要履行闭库程序。

4. 消除重大安全、地质灾害和环境隐患，地表设立明显警示标志。

5. 清理收缴矿山留存的民用爆炸物品和危险化学品。

6. 妥善安排关闭矿山的从业人员。

四、工作要求

（一）抓紧制定工作方案。各省级人民政府要结合本地区经济社会发展规划和安全生产规划，组织制定 2012 ~ 2015 年矿山整顿关闭工作方案，并于 2012 年 12 月 31 日前报送国务院安全生产委员会办公室备案。工作方案应明确整顿关闭工作目标、方法步骤和配套的政策措施等，细化关闭矿山的范围和对象，将整顿关闭任务指标逐年分解到市、县。

（二）完善联合执法机制。地方各级人民政府要建立专门的组织和协调机制，细化落实各有关部门工作责任，建立健全联合执法工作机制，采取有力有效措施，努力推动整顿关闭工作顺利实施。国务院安全生产委员会有关成员单位要按照职责分工，加强协调配合，研究提出有关政策措施，协商解决存在的问题，积极指导和推进矿山整顿关闭工作。

（三）狠抓整顿工作效果。对决定关闭的矿山，由县级以上地方人民政府组织有关部门依法实施关闭，并组织验收。各有关部门要对照整顿关闭标准，严格履行工作职责和关闭程序，认真落实吊销证照、拆除设备设施、炸毁井筒等各项工作措施，确保关闭到位。要积极探索矿山整顿关闭工作常态化措施和手段，防止已关闭矿山死灰复燃，巩固整顿关闭工作成果。要依照相关法律法规，妥善解决整顿关闭工作中的突出问题，确保社会和谐稳定。

（四）加强社会监督和督导检查。要加强宣传引导和社会监督，按照确定的矿山关闭计划，分期分批将关闭对象在当地主流媒体进行公告，同时设立举报电话、举报信箱，鼓励广大群众积极举报非法违法开采、存在重大安全隐患仍冒险作业等违法行为。加大督促检查力度，强化责任落实，对不认真履行职责，工作中互相推诿，导致不能按计划完成整顿关闭工作任务或仍然存在非法违法矿山的，要依法依规严肃追究相关责任人的责任。

国家安全监管总局　国家煤矿安监局关于加快推进煤矿井下紧急避险系统建设的通知

（国家安全监管总局　国家煤矿安监局
2013 年 2 月 1 日发布　安监总煤装〔2013〕10 号）

各产煤省、自治区、直辖市及新疆生产建设兵团煤矿安全监管部门、煤炭行业管理部门，各省级煤矿安全监察局，司法部直属煤矿管理局，有关中央企业：

为进一步贯彻落实《国务院关于进一步加强企业安全生产工作的通知》（国发〔2010〕23 号）要求，确保按期完成煤矿井下紧急避险系统建设任务，现就加快推进紧急避险系统建设有关事项通知如下：

一、所有煤矿必须按照国发〔2010〕23 号文件的规定，于 2013 年 6 月底前完成煤矿井下紧急避险系统建设。各地区、各有关部门和各煤矿企业要进一步加强组织领导，按照规定的时限倒排工期，把任务、措施和进度落实到位，确保按期完成紧急避险系统建设任务。

二、各煤矿企业应当按照国家安全监管总局、国家煤矿安监局《关于印发煤矿井下紧急避险系统建设管理暂行规定的通知》（安监总煤装〔2011〕15 号）和《关于煤矿井下紧急避险系统建设管理有关事项的通知》（安监总煤装〔2012〕15 号）要求，按照科学合理、因地制宜、安全实用的原则建设井下紧急避险系统，优先建设避难硐室。避难硐室应当优先选择专用钻孔、专用管路供氧（风）等方式，为避险人员提供可靠的生存保障。

三、采用井下压风管路作为避难硐室专用管路供风的，应当对压风系统采取必要的防护措施，以防止灾变时压风系统被破坏。

四、采用专用钻孔或专用管路为避难硐室供氧（风）的，在满足人员避险需求的前提下，可以简化或不再配置避难硐室高压氧气瓶、有毒有害气体去除和温湿度调节装置。

五、煤矿企业要加强紧急避险系统的日常维护管理，确保其始终处于正常待用状态。要建立应急演练制度，科学确定避灾路线，编制应急预案。要加强入井人员培训，使其熟悉各种灾害的避灾路线，能够正确使用安全避险设施，充分发挥安全避险设施的作用。

请各省级煤矿安全监管部门及时将本通知要求传达到辖区内各煤矿企业。

国家安全监管总局
国家煤矿安监局
2013 年 2 月 1 日

民用爆炸物品安全生产许可实施办法

（2006年8月22日国防科工委第43次主任办公会议审议通过　2006年8月31日国防科学技术工业委员会令第17号公布　自2006年9月1日起施行）

第一章　总　则

第一条　为了加强民用爆炸物品安全生产监督管理，预防安全生产事故，根据《中华人民共和国安全生产法》、《安全生产许可证条例》和《民用爆炸物品安全管理条例》，制定本办法。

第二条　凡取得《民用爆炸物品生产许可证》的企业，在基本建设完成后，应当依照本办法申请民用爆炸物品安全生产许可。

企业未获得安全生产许可的，不得从事民用爆炸物品生产活动。

第三条　国防科学技术工业委员会（以下简称国防科工委）负责全国民用爆炸物品生产企业安全生产许可的审批和监督管理。

省、自治区、直辖市人民政府国防科技工业主管部门（以下简称省级国防科技工业主管部门）负责本行政区内民用爆炸物品生产企业安全生产许可申请的受理、审查和民用爆炸物品生产作业场所安全生产的日常监督管理，对地（市）、县级人民政府民用爆炸物品主管部门进行业务指导，并对其监管人员进行业务培训。

地（市）、县级人民政府民用爆炸物品主管部门，依照本办法，协助省级国防科技工业主管部门做好本行政区内民用爆炸物品安全生产的监督管理工作，其职责由省级国防科技工业主管部门规定。

第四条　民用爆炸物品生产作业场所的安全生产，实行属地管理的原则。民用爆炸物品生产作业场所（含现场混装作业场所）安全生产应接受生产作业场所所在地民用爆炸物品主管部门的监督和管理。

第二章　申请与审批

第五条　申请民用爆炸物品安全生产许可，应当具备下列条件：

（一）具有健全的企业、车间、班组三级安全生产责任制以及完备的安全生产规章制度和操作规程；

（二）安全投入符合民用爆炸物品安全生产要求；

（三）设置安全生产管理机构，配备专职安全生产管理人员；

（四）主要负责人和安全生产管理人员经过民用爆炸物品安全生产培训，取得安全资格证书；

（五）特种作业人员经有关业务主管部门考核合格，取得特种作业操作资格证书；

（六）生产作业人员必须通过有关民用爆炸物品基本知识的安全生产教育和培训，并经考试合格取得上岗资格证书；

（七）依法参加工伤保险，为从业人员交纳保险费；

（八）厂房、库房、作业场所和安全设施、设备、工艺符合《民用爆破器材工厂设计安全规范》（GB50089）、《建筑物防雷设计规范》（GB50057）、《建筑物防火规范》（GBJ16）、《民用爆破器材企业安全管理规程》（WJ9049）等有关安全生产法律、法规、标准和规程的要求；

（九）有职业危害防治措施，并为从业人员配备符合国家标准或者行业标准的劳动保护用品；

（十）有民用爆炸物品安全评价机构进行的安全评价，并达到安全级标准；

（十一）有重大危险源检测、评估、监控措施和应急预案；

（十二）有安全生产事故应急救援预案、应急救援组织，或应急救援人员，配备必要的应急救援器材、设备；

（十三）法律、法规规定的其他条件。

第六条　申请安全生产许可的企业自主选择具有民用爆炸物品安全评价资质的安全评价机构，对本企业的生产条件进行安全评价。

第七条　安全评价机构应当按照《民用爆破器材安全评价导则》及有关安全技术标准、规范的要求，对申请安全生产许可的企业是否符合本办法第五条规定的条件逐项进行安全评价，出具安全评价报告。

安全评价机构对其安全评价结论承担法律责任。

第八条　企业对安全评价报告中提出的问题应及时加以整改，安全评价机构应对企业的整改情况进行确认，并将有关确认资料作为安全评价报告的附件。

第九条　取得《民用爆炸物品生产许可证》的生产企业在从事民用爆炸物品生产活动前，应当向所在地省级国防科技工业主管部门提出安全生产许可申请，填写申请表，并完整、真实地提供本办法第五条规定的相关文件、材料。

第十条　省级国防科技工业主管部门自收到申请之日起 5 日内，根据下列情况分别作出处理：

（一）申请事项不属于本行政机关职权范围的，应当即时作出不予受理的决定，并告知申请人向有关行政机关申请；

（二）申请材料存在错误，可以当场更正的，应当允许申请人当场更正；

（三）申请材料不齐全或者不符合法定形式的，应当场或在 5 日内一次告知申请人需要补正的全部内容，逾期不告知的，自收到申请材料之日起即为受理；

（四）申请事项属于本行政机关职权范围，申请材料齐全、符合法定形式，或者申请人按照本行政机关的要求提交全部补正申请材料的，应当予以受理。

第十一条　省级国防科技工业主管部门应当自受理申请之日起 20 日内完成对申请材料的审查及必要的安全生产条件核查，并将下列材料报送国防科工委：

（一）《民用爆炸物品安全生产许可申请审批表》（一式 3 份，见附件 1）；

（二）企业提交的全部申请材料；

（三）对申请企业安全生产条件的考核意见。

第十二条　国防科工委自收到材料之日起 20 日内进行审查。对符合本办法第五条规定条件的，在《民用爆炸物品生产许可证》安全生产许可年检栏内标注“安全生产许可”；对不符合条件的，不予标注“安全生产许可”，书面通知申请人并说明理由。

安全生产许可需要组织专家现场核查的，应当书面告知申请人。现场核查所需时间不计算在许可期限内。

第十三条　安全生产许可有效期3年，有效期届满时与《民用爆炸物品生产许可证》一并申请办理换发手续。

第三章　监督管理

第十四条　国防科工委对安全生产许可实行年检制度。民用爆炸物品生产企业应当于每年3月，将《民用爆炸物品安全生产许可年检表》（一式3份，见附件2）报送省级国防科技工业主管部门审查。

省级国防科技工业主管部门自收到《民用爆炸物品安全生产许可年检表》之日起20日内，根据下列情况分别作出处理：

（一）企业严格遵守有关安全生产的法律法规和民用爆炸物品行业安全生产有关规定，安全生产条件没有发生变化，没有发生死亡事故的，在《民用爆炸物品生产许可证》安全生产许可年检栏内标注“年检合格”；

（二）企业出现严重违反有关安全生产的法律法规和民用爆炸物品行业安全生产有关规定的或发生死亡事故的，责令企业限期整改；在规定期限内，整改仍不合格的，在《民用爆炸物品生产许可证》安全生产许可年检栏内标注“年检不合格”；

（三）企业出现安全生产条件降低现象的，由省级国防科技工业主管部门在《民用爆炸物品生产许可证》安全生产许可年检栏内标注“年检不合格”。

第十五条　省级国防科技工业主管部门应于每年3月底前将年检情况报送国防科工委。

对安全生产许可年检不合格的企业，由国防科工委责令其限期停产整顿。整顿完成后，企业重新申请年检。

第十六条　企业生产条件发生重大变化或发生安全生产事故造成人员死亡的，企业必须向所在地省级国防科技工业主管部门和国防科工委报告。

第十七条　以欺骗、贿赂等不正当手段取得安全生产许可的，国防科工委撤销其安全生产许可，3年内不再受理其该项许可申请。

第四章　法律责任

第十八条　企业未获得安全生产许可擅自组织民用爆炸物品生产的，由国防科工委责令停止生产，处10万元以上50万元以下的罚款，没收违法所得；构成犯罪的，依法追究刑事责任。

第十九条　企业安全生产条件降低，或者发生安全生产事故造成人员死亡隐瞒不报的，由省级国防科技工业主管部门责令停止生产，处3万元以下的罚款；情节严重的，报请国防科工委撤销安全生产许可。

第二十条　安全评价机构出具虚假安评结论或者出具的安全评价结论严重失实的，由国防科工委提请有关部门取消安全评价机构资质和安全评价人员执业资格。

第二十一条　负责民用爆炸物品安全生产许可的工作人员，在安全生产许可的受理、审查、审批和监督管理工作中，有索取或者接受企业财物，谋取个人利益的，依法给予行政处分；构成犯罪的，依法追究刑事责任。

第五章　附　则

第二十二条　在本办法施行前已经取得民用爆炸物品安全生产许可的企业，应当自本办法施行之日起 1 年内，依照本办法的规定重新申请办理安全生产许可。

第二十三条　本办法规定的许可期限以工作日计算，不含法定节假日。

第二十四条　本办法自 2006 年 9 月 1 日起施行。原《民用爆破器材安全生产许可证实施办法》（科工法字〔2004〕1080 号）同时废止。

附件：1. 民用爆炸物品安全生产许可申请审批表（略）

　　　2. 民用爆炸物品安全生产许可年检表（略）

第三编　危险化学品安全生产类政策法规

国务院安委会办公室关于进一步加强危险化学品安全生产工作的指导意见

（国务院安全生产委员会　2008年9月14日
发布　安委办〔2008〕26号）

各省、自治区、直辖市及新疆生产建设兵团安全生产委员会，有关中央企业：

近年来，各地区、各部门、各单位高度重视危险化学品安全生产工作，采取了一系列强化安全监管的措施，全国危险化学品安全生产形势呈现稳定好转的发展态势。但是，我国部分危险化学品从业单位工艺落后，设备简陋陈旧，自动控制水平低，本质安全水平低，从业人员素质低，安全管理不到位；有关危险化学品安全管理的法规和标准不健全，监管力量薄弱，危险化学品事故总量大，较大、重大事故时有发生，安全生产形势依然严峻。为深入贯彻党的十七大精神，全面落实科学发展观，坚持安全发展的理念和“安全第一、预防为主、综合治理”的方针，按照“合理规划、严格准入，改造提升、固本强基，完善法规、加大投入，落实责任、强化监管”的要求，构建危险化学品安全生产长效机制，实现危险化学品安全生产形势明显好转，现就加强危险化学品安全生产工作提出以下指导意见：

一、科学制定发展规划，严格安全许可条件

1. 合理规划产业安全发展布局。县级以上地方人民政府要制定化工行业安全发展规划，按照“产业集聚”与“集约用地”的原则，确定化工集中区域或化工园区，明确产业定位，完善水电气风、污水处理等公用工程配套和安全保障设施。2009年底前，完成化工行业安全发展规划编制工作，确定危险化学品生产、储存的专门区域。从2010年起，危险化学品生产、储存建设项目必须在依法规划的专门区域内建设，负责固定资产投资管理部门和安全监管部门不再受理没有划定危险化学品生产、储存专门区域的地区提出的立项申请和安全审查申请。要通过财政、税收、差别水电价等经济手段，引导和推动企业结构调整、产业升级和技术进步。新的化工建设项目必须进入产业集中区或化工园区，逐步推动现有化工企业进区入园。

2. 严格危险化学品安全生产、经营许可。危险化学品安全生产、经营许可证发证机关要严格按照有关规定，认真审核危险化学品企业安全生产、经营条件。对首次申请安全生产许可证或申请经营许可证且带有储存设施的企业，许可证发证机关要组织专家进行现场审核，符合条件的，方可颁发许可证。申请延期换发安全生产许可证的一级或二级安全生产标准化的企业，许可证发证机关可直接为其办理延期换证手续，并提出该企业下次换证时的安全生产条件。要把涉及硝化、氧化、磺化、氯化、氟化或重氮化反应等危险工艺（以下统称危险工艺）的生产装置实现自动控制，纳入换（发）安全生产许可证的条件。地方各级安全监管部门要结合本地区实际，制定工作计划，指导和

督促企业开展涉及危险工艺的生产装置自动化改造工作，在2010年底前必须完成，否则一律不予换（发）安全生产许可证。

要规范危险化学品生产企业人员从业条件。各省（自治区、直辖市）安全监管部门要会同行业主管部门研究制定本地区危险化学品生产企业人员从业条件，提高从业人员的准入门槛。从2009年起，安全监管部门要把从业人员是否达到从业条件纳入危险化学品生产企业行政许可条件。

3. 严格建设项目安全许可。地方各级人民政府投资管理部门要把危险化学品建设项目设立安全审查纳入建设项目立项审批程序，建立由投资管理部门牵头、安全监管等部门参加的危险化学品建设项目会审制度。危险化学品建设项目未经安全监管部门安全审查通过的，投资管理部门不予批准。

要从严审批剧毒化学品、易燃易爆化学品、合成氨和涉及危险工艺的建设项目，严格限制涉及光气的建设项目。安全监管部门组织建设项目安全设施设计审查时，要严格审查高温、高压、易燃、易爆和使用危险工艺的新建化工装置是否设计装备集散控制系统，大型和高度危险的化工装置是否设计装备紧急停车系统；进行建设项目试生产（使用）方案备案时，要认真了解试生产装置生产准备和应急措施等情况，必要时组织有关专家对试生产方案进行审查；组织建设项目安全设施验收时，要同时验收安全设施投入使用情况与装置自动控制系统安装投入使用情况。

4. 继续关闭工艺落后、设备设施简陋、不符合安全生产条件的危险化学品生产企业。安全监管部门检查发现不符合安全生产条件的危险化学品企业，要责令其限期整改；整改不合格或在规定期限内未进行整改的，应依法吊销许可证并提请企业所在地人民政府依法予以关闭。对使用淘汰工艺和设备、不符合安全生产条件的危险化学品生产企业，企业所在地设区的市级安全监管部门要提请同级或县级人民政府依法予以关闭，有关人民政府要组织限期予以关闭。

二、加强企业安全基础管理，提高安全管理水平

5. 完善并落实安全生产责任制。危险化学品从业单位主要负责人要认真履行安全生产第一责任人职责，完善全员安全生产责任制、安全生产管理制度和岗位操作规程，健全安全生产管理机构，保障安全投入，建立内部监督机制，确保企业安全生产主体责任落实到位。

6. 严格执行建设项目安全设施“三同时”制度。企业要加强建设项目特别是改扩建项目的安全管理，安全设施要与主体工程同时设计、同时施工、同时投入使用，确保采用安全、可靠的工艺技术和装备，确保建设项目工艺可靠、安全设施齐全有效、自动化控制水平满足安全生产需要。要严格遵守设计规范、标准和有关规定，委托具备相应资质的单位负责设计、施工、监理。建设项目试生产前，要组织设计、施工、监理和建设单位的工程技术人员进行“三查四定”（查设计漏项、查工程质量、查工程隐患，定任务、定人员、定时间、定整改措施），制定试车方案，严格按试车方案和有关规范、标准组织试生产。操作人员经上岗考核合格，方可参加试生产操作。工程项目验收时，要同时验收安全设施。

7. 全面开展安全生产标准化工作。要按照《危险化学品从业单位安全标准化规范》，全面开展安全生产标准化工作，规范企业安全生产管理。要将安全生产标准化工作与贯彻落实安全生产法律法规、深化安全生产专项整治相结合，纳入企业安全管理工作计划和目标考核，通过实施安全生产标准化工作，强化企业安全生产“双基”工作，建立企业安全生产长效机制。剧毒化学品、易燃易爆化学品生产企业和涉及危险工艺的企业（以下称重点企业）要在2010年底前，实现安全生产标准化全面达标。

8. 建立规范化的隐患排查治理制度。危险化学品从业单位要建立健全定期隐患排查制度，把隐

患排查治理纳入企业的日常安全管理，形成全面覆盖、全员参与的隐患排查治理工作机制，使隐患排查治理工作制度化和常态化。

危险化学品从业单位要根据生产特点和季节变化，组织开展综合性检查、季节性检查、专业性检查、节假日检查以及操作工和生产班组的日常检查。对检查出的问题和隐患，要及时整改；对不能及时整改的，要制定整改计划，采取防范措施，限期解决。

9. 认真落实危险化学品登记制度。危险化学品生产、储存、使用单位应做好危险化学品普查工作，向所在省（自治区、直辖市）危险化学品登记机构提交登记材料，办理登记手续，取得危险化学品登记证书，在2009年底前完成危险化学品登记工作。危险化学品生产单位必须向用户提供危险化学品“一书一签”（安全技术说明书和安全标签）。

10. 提高事故应急能力。危险化学品从业单位要按照有关标准和规范，编制危险化学品事故应急预案，配备必要的应急装备和器材，建立应急救援队伍。要定期开展事故应急演练，对演练效果进行评估，适时修订完善应急预案。中小危险化学品从业单位应与当地政府应急管理部门、应急救援机构、大型石油化工企业建立联系机制，通过签订应急服务协议，提高应急处置能力。

11. 建立安全生产情况报告制度。每年第一季度，重点企业要向当地县级安全监管部门、行业主管部门报告上年度安全生产情况，有关中央企业要向所在地设区的市级安全监管部门、行业主管部门报告上年度安全生产情况，并接受有关部门的现场核查。企业发生伤亡事故时，要按有关规定及时报告。受县级人民政府委托组织一般危险化学品事故调查的企业，调查工作结束后要向县级人民政府及其安全监管、行业主管部门报送事故调查报告。

12. 加强安全生产教育培训。要按照《安全生产培训管理办法》（原国家安全监管局令第20号）、《生产经营单位安全培训规定》（国家安全监管总局令第3号）的要求，健全并落实安全教育培训制度，建立安全教育培训档案，实行全员培训，严格持证上岗。要制定切实可行的安全教育培训计划，采取多种有效措施，分类别、分层次开展安全意识、法律法规、安全管理规章制度、操作规程、安全技能、事故案例、应急管理、职业危害与防护、遵章守纪、杜绝“三违”（违章指挥、违章操作、违反劳动纪律）等教育培训活动。企业每年至少进行一次全员安全培训考核，考核成绩记入员工教育培训档案。

三、加大安全投入，提升本质安全水平

13. 建立企业安全生产投入保障机制。要严格执行财政部、国家安全监管总局《高危行业企业安全生产费用财务管理暂行办法》（财企〔2006〕478号），完善安全投入保障制度，足额提取安全费用，保证用于安全生产的资金投入和有效实施，通过技术改造，不断提高企业本质安全水平。

14. 改造提升现有企业，逐步提高安全技术水平。重点企业要积极采用新技术改造提升现有装置以满足安全生产的需要。工艺技术自动控制水平低的重点企业要制定技术改造计划，加大安全生产投入，在2010年底前，完成自动化控制技术改造，通过装备集散控制和紧急停车系统，提高生产装置自动化控制水平。新开发的危险化学品生产工艺必须在小试、中试、工业化试验的基础上逐步放大到工业化生产。

新建的涉及危险工艺的化工装置必须装备自动化控制系统，选用安全可靠的仪表、联锁控制系统，配备必要的有毒有害、易燃易爆气体泄漏检测报警系统和火灾报警系统，提高装置安全可靠性。

15. 加强重大危险源安全监控。危险化学品生产、经营单位要定期开展危险源识别、检查、评估工作，建立重大危险源档案，加强对重大危险源的监控，按照有关规定或要求做好重大危险源备

案工作。重大危险源涉及的压力、温度、液位、泄漏报警等要有远传和连续记录，液化气体、剧毒液体等重点储罐要设置紧急切断装置。要建立并严格执行重大危险源安全监控责任制，定期检查重大危险源压力容器及附件、应急预案修订及演练、应急器材准备等情况。

16. 积极推动安全生产科技进步工作。鼓励和支持科研机构、大专院校和有关企业开发化工安全生产技术和危险化学品储存、运输、使用安全技术。在危险化学品槽车充装环节，推广使用万向充装管道系统代替充装软管，禁止使用软管充装液氯、液氨、液化石油气、液化天然气等液化危险化学品。指导有关中央企业开展风险评估，提高事故风险控制管理水平；组织有条件的中央企业应用危险与可操作性分析技术（HAZOP），提高化工生产装置潜在风险辨识能力。

四、深化专项整治，完善法规标准

17. 深化危险化学品安全生产专项整治。各地区要继续开展化工企业安全生产整治工作，通过相关部门联合执法，运用法律、行政、经济等手段，采取鼓励转产、关闭、搬迁、部门托管或企业兼并等多种措施，进一步淘汰不符合产业规划、周边安全防护距离不符合要求、能耗高、污染重和安全生产没有保障的化工企业。化工企业搬迁任务重的地区要研究制定化工企业搬迁政策，对周边安全防护距离不符合要求和在城区的化工企业搬迁给予政策扶持。

18. 加强危险化学品道路运输安全监控和协查。各省（自治区、直辖市）交通管理部门要统筹规划并在2009年6月底前完成本地区危险化学品道路运输安全监控平台建设工作，保证监控覆盖范围，减少监管盲点，共享监控资源，实时动态监控危险化学品运输车辆运行安全状况。在2009年底前，危险化学品道路运输车辆都要安装符合标准规范要求的车载监控终端。

推进危险化学品道路运输联合执法和协查机制。县级以上地方人民政府要建立和完善本地区公安、交通、环保、质监、安全监管等部门联合执法工作制度，形成合力，提高监督检查效果。要针对危险化学品道路运输活动跨行政区的特点，建立地区间有关部门的协查机制，认真查处危险化学品违法违规运输活动和道路运输事故。要在危险化学品主要运输道路沿线建立重点危险化学品超载车辆卸载基地。

19. 推进危险化学品经营市场专业化。贸易管理、安全监管部门要积极推广建立危险化学品集中交易市场的成功经验，推进集仓储、配送、物流、销售和商品展示为一体的危险化学品交易市场建设，指导企业完善危险化学品集中交易、统一管理、指定储存、专业配送、信息服务。

20. 加强危险化学品安全生产法制建设。加强调查研究，进一步完善危险化学品安全管理部门规章和规范性文件，健全危险化学品安全生产法规体系。各省（自治区、直辖市）安全监管部门要认真总结近年来危险化学品安全管理工作的经验和教训，以《危险化学品安全管理条例（修订）》即将发布施行为契机，积极通过地方立法，结合本地区实际，制定和完善危险化学品安全生产地方性法规和规章，提高危险化学品领域安全生产准入条件，完善安全管理体制、机制，保障危险化学品安全生产有法可依。

21. 加快制修订安全技术标准。全国安全生产标准化技术委员会要组织研究、规划我国危险化学品安全技术标准体系，优先制定和修订当前亟须的危险化学品安全技术标准。有关部门和单位要制定工作计划，组织修订现行的化工行业与石油、石化行业建设标准，提高新建化工装置安全设防水平。

五、落实监管责任，提高执法能力

22. 加强安全生产执法检查，规范执法工作。各省（自治区、直辖市）安全监管部门、行业主管部门要结合本地区危险化学品从业单位实际，制定年度执法检查工作计划，明确检查频次、程序、内容、标准、要求。要重点检查企业主要负责人组织制定安全生产责任制、安全生产管理规章制度和应急预案并监督执行的情况，企业员工安全教育培训、重大危险源监控、安全生产隐患排查治理、安全费用提取与有效使用、安全生产标准化实施等情况。

安全生产执法机构要严格按照安全生产法律法规和有关标准规范，开展执法检查工作。要提高执法检查的能力，保证执法检查的客观性，严格规范执法检查工作，提高执法的权威性。要充分发挥专业应急救援队伍和专家的作用，提高事故应急救援能力和应急管理水平，参与安全监管、行业主管部门组织的执法检查工作。要加大对违法违规企业处罚的力度，推动企业进一步落实安全生产主体责任。

23. 严格执行事故调查处理“四不放过”原则，加强对事故调查工作的监督检查。发生生产安全事故的企业所在地县级以上地方人民政府要严格按照《生产安全事故报告和调查处理条例》的规定，认真履行职责，做好事故调查处理工作，查清事故原因，制定防范措施，严格责任追究，开展警示教育。安全监管部门、行业主管部门要加强对企业受县级人民政府委托组织的一般危险化学品事故调查处理工作的监督，检查防范措施和责任人处理意见落实情况。

县级以上安全监管部门要在每年 3 月底以前，向上一级安全监管部门报送本地区上年度危险化学品死亡事故的调查报告、负责事故调查的人民政府批复文件（复印件）；省级安全监管部门要将一次死亡 6 人以上的危险化学品事故调查报告、负责事故调查的人民政府批复文件（复印件）报送国家安全监管总局。

24. 加强事故统计分析，及时通报典型事故。各级安全监管部门要认真做好危险化学品事故统计工作，按时逐级上报统计数据；同时收集没有造成人员伤亡的危险化学品事故及其他行业、领域发生的危险化学品事故信息；定期分析本地区危险化学品事故的特点和规律，更好地指导安全监管工作。安全监管、行业主管等部门对典型危险化学品事故，要及时向相关企业和部门发出事故通报，吸取事故教训，举一反三，防止发生同类事故。

25. 加强安全监管队伍建设，提高执法水平。地方各级人民政府要加强安全监管机构和监管队伍建设，重点地区要在安全监管部门设立危险化学品安全监管机构，专门负责本行政区危险化学品安全监督管理工作；要结合本地区危险化学品从业单位的数量和分布情况，为危险化学品安全监管机构配备相应的专业人员和技术装备；要加强业务培训，提高危险化学品安全监管人员依法行政能力和执法水平。

26. 进一步发挥中介组织和专家作用。各级安全监管部门要指导专业协会、中介组织积极开展危险化学品安全管理咨询服务，帮助指导危险化学品从业单位健全安全生产责任制、安全生产管理制度，加强基础管理，提高安全管理水平。有条件的地方可依法成立注册安全工程师事务所，为中小化工企业安全生产提供咨询服务。

各级安全监管部门要建立危险化学品安全生产专家数据库，为专家参与危险化学品安全生产工作创造条件；建立重大问题研究和重要制度、措施实施前的专家咨询制度；鼓励和督促中小化工企业聘请专家（注册安全工程师）指导，加强企业安全生产工作。

六、加强组织领导，着力建立危险化学品安全生产长效机制

27. 加强对危险化学品安全生产工作的领导。地方各级人民政府及其有关部门要从建设社会主义和谐社会、维护社会稳定、保障人民群众安全健康的高度，在地方党委的领导下，发挥政府监督管理作用，加强对危险化学品安全生产工作的领导，把危险化学品安全生产纳入本地区经济社会发

展规划，定期研究危险化学品安全生产工作，协调解决危险化学品安全生产工作中的重大问题，构建党委领导、政府监管、企业负责的危险化学品安全生产长效机制。

28. 建立和完善危险化学品安全监管部门联席会议制度。危险化学品安全监管涉及部门多、环节多。县级以上地方人民政府要建立并逐步完善由负有危险化学品安全监管责任的单位参加的部门联席会议制度，进一步加强对本地区危险化学品安全生产工作的协调，研究解决危险化学品安全管理的深层次问题；督促各相关部门相互配合，密切协作，提高执法检查效果。

29. 加强危险化学品安全监督管理综合工作。各级安全监管部门要加强综合监管职能，协调负有危险化学品安全监管职责的各个部门，各负其责、通力协作，强化危险化学品生产、储存、经营、运输、使用、处置废弃各个环节的安全监管。上级安全监管部门要指导、协调下级安全监管部门充分发挥危险化学品综合监管职能的作用，构建管理有力、监督有效的危险化学品综合监管网络。

各省、自治区、直辖市及新疆生产建设兵团安全生产委员会要迅速把本指导意见转发给本辖区各相关部门和单位，结合本地区情况制定实施意见，认真组织贯彻落实；加强综合协调，开展现状调研，注意树立典型，推广先进经验，把指导意见提出的各项措施落到实处，取得实效，推动危险化学品安全生产形势稳定好转。

国务院安全生产委员会办公室
二○○八年九月十四日

化工（危险化学品）企业保障生产安全十条规定

国家安全生产监督管理总局令

第 64 号

《化工（危险化学品）企业保障生产安全十条规定》已经于 2013 年 7 月 15 日国家安全生产监督管理总局局长办公会议审议通过，现予公布，自公布之日起施行。

局长　杨栋梁

二〇一三年九月十八日

化工（危险化学品）企业保障生产安全十条规定

一、必须依法设立、证照齐全有效。

二、必须建立健全并严格落实全员安全生产责任制，严格执行领导带班值班制度。

三、必须确保从业人员符合录用条件并培训合格，依法持证上岗。

四、必须严格管控重大危险源，严格变更管理，遇险科学施救。

五、必须按照《危险化学品企业事故隐患排查治理实施导则》要求排查治理隐患。

六、严禁设备设施带病运行和未经审批停用报警联锁系统。

七、严禁可燃和有毒气体泄漏等报警系统处于非正常状态。

八、严禁未经审批进行动火、进入受限空间、高处、吊装、临时用电、动土、检维修、盲板抽堵等作业。

九、严禁违章指挥和强令他人冒险作业。

十、严禁违章作业、脱岗和在岗做与工作无关的事。

《化工（危险化学品）企业保障生产安全十条规定》条文释义

《化工（危险化学品）企业保障生产安全十条规定》（以下简称《十条规定》）由 5 个必须和 5 个严禁组成，紧抓化工（危险化学品）企业生产安全的主要矛盾和关键问题，规范了化工（危险化学品）企业安全生产过程中集中多发的问题，其主要特点是：

一是重点突出，针对性强。《十条规定》在归纳总结近年来造成危险化学品生产安全事故主要因素的基础上，从企业必须依法取得相关证照、建立健全并落实安全生产责任制等安全管理规章制度、严格从业人员资格及培训要求等方面强调了化工（危险化学品）企业保障生产安全的最基本的规定，突出了遏制危险化学品生产安全事故的关键因素。

二是编制依法，执行有据。《十条规定》中的每一个必须、每一个严禁，都是以《中华人民共和国安全生产法》、《危险化学品安全管理条例》及其配套规章等重要法规标准为依据，都是有法可依的，化工（危险化学品）企业必须严格执行。违反了规定，就要依法进行处罚。

三是简明扼要，便于普及。《十条规定》的内容只有十句话，239个字，言简意赅，一目了然。虽然这些内容过去都有规定，但散落在多项法规标准之中，许多化工（危险化学品）企业负责人、安全管理人员和从业人员对其不够熟悉。《十条规定》明确将法规标准中规定的化工（危险化学品）企业应该做、必须做的最基本的要求规范出来，便于企业及相关人员记忆和执行。

为深刻领会、准确理解《十条规定》的内容和要求，现逐条进行简要解释说明如下：

一、必须依法设立、证照齐全有效

依法设立是要求：企业的设立应当符合国家产业政策和当地产业结构规划；企业的选址应当符合当地城乡规划；新建化工企业必须按照有关规定进入化工园区（或集中区），必须经过正规设计、必须装备自动监控系统及必要的安全仪表系统，周边距离不足和城区内的化工企业要搬迁进入化工园区。

证照齐全主要是指各种企业安全许可证照，包括建设项目“三同时”审查和各类相应的安全许可证不仅要齐全，还要确保在有效期内。

依法设立是企业安全生产的首要条件和前提保障。安全生产行政审批是危险化学品企业准入的首要关口，是检查企业是否具备基本安全生产条件的重要环节，是安全监管部门强化安全生产监管的重要行政手段。而非法生产行为一直是引发事故，特别是较大以上群死群伤事故的主要原因之一。例如，2013年3月1日，辽宁省朝阳市建平县鸿燊商贸有限责任公司硫酸储罐爆炸泄漏事故，导致7人死亡、2人受伤。事故企业未取得工商注册，在项目建设过程中，除办理了临时占地手续外，项目可研、环评、安全评价、设计等相关手续均未办理。

二、必须建立健全并严格落实全员安全生产责任制，严格执行领导带班值班制度

安全生产责任制是生产经营单位安全生产的重要制度，建立健全并严格落实全员安全生产责任制，是企业加强安全管理的重要基础。严格领导带班值班制度是强化企业领导安全生产责任意识、及时掌握安全生产动态的重要途径，是及时应对突发事件的重要保障。

安全生产责任制不健全、不落实，领导带班值班制度执行不严格往往是事故发生的首要潜在因素。例如，2012年12月31日，山西省潞城市山西潞安集团天脊煤化工集团股份有限公司苯胺泄漏事故，造成区域环境污染事件，直接经济损失约235.92万元。事故直接原因虽然是事故储罐进料管道上的金属软管破裂导致的，但经调查发现安全生产责任制不落实（当班员工18个小时不巡检）和领导带班值班制度未严格落实是导致事故发生的重要原因。

三、必须确保从业人员符合录用条件并培训合格，依法持证上岗

化工生产、储存、使用过程中涉及品种繁多、特性各异的危险化学品，涉及复杂多样的工艺技术、设备、仪表、电气等设施。特别是近年来，化工生产呈现出装置大型化、集约化的发展，对从

业人员提出了更高的要求。因此，从业人员的良好素质是化工企业实现安全生产必须具备的基础条件。只有经过严格的培训，掌握生产工艺及设备操作技能、熟知本岗位存在的安全隐患及防范措施、需要取证的岗位依法取证后，才能承担并完成自己的本职工作，保证自身和装置的安全。

不符合录用条件、不具备相关知识和技能、不持证上岗的“三不”人员从事化工生产极易发生事故。例如，2012 年 2 月 28 日，河北省石家庄市赵县河北克尔化工有限公司重大爆炸事故，造成 29 人死亡、46 人受伤，直接经济损失 4459 万元。事故暴露出的主要问题之一就是公司从业人员不具备化工生产的专业技能。该公司车间主任和重要岗位员工多为周边村里的农民（初中以下文化程度），缺乏化工生产必备的专业知识和技能，未经有效的安全教育培训即上岗作业，把危险程度较低的生产过程变成了高度危险的生产过程，针对突发异常情况，缺乏及时有效应对紧急情况的知识和能力，最终导致事故发生。

四、必须严格管控重大危险源，严格变更管理，遇险科学施救

严格管控危险化学品重大危险源是有效预防、遏制重特大事故的重要途径和基础性、长效性措施。2011 年 12 月 1 日起施行的《危险化学品重大危险源监督管理暂行规定》（国家安全监管总局令第 40 号）明确提出了对危险化学品重大危险源要完善监测监控手段和落实安全监督管理责任等要求。由于构成危险化学品重大危险源的危险化学品数量较大，一旦发生事故，造成的后果和影响十分巨大。例如，2008 年 8 月 26 日，广西河池市广维化工股份有限公司爆炸事故，造成 21 人死亡、59 人受伤，厂区附近 3 公里范围共 11500 多名群众疏散，直接经济损失 7586 万元。事后调查发现，该起事故与罐区重大危险源监控措施不到位有直接关系，事故储罐没有安装液位、温度、压力测量监控仪表和可燃气体泄漏报警仪表。

变更管理是指对人员、工作过程、工作程序、技术、设施等永久性或暂时性的变化进行有计划的控制，确保变更带来的危害得到充分识别，风险得到有效控制。变更按内容分为工艺技术变更、设备设施变更和管理变更等。变更管理在我国化工企业安全管理中是薄弱环节。发生变更时，如果未对风险进行分析并采取安全措施，就极易形成重大事故隐患，甚至造成事故。例如，2010 年 7 月 16 日，辽宁省大连市的大连中石油国际储运有限公司原油罐区发生的输油管道爆炸事故，造成严重环境污染和 1 名作业人员失踪、1 名消防战士牺牲。该起事故是未严格执行变更管理程序导致事故发生的典型案例。事故单位的原油硫化氢脱除剂的活性组分由有机胺类变更为双氧水，脱除剂组分发生了变更，加注过程操作条件也发生了变化，但企业没有针对这些变更进行风险分析，也没有制定风险控制方案，导致了在加剂过程中发生火灾爆炸事故，大火持续燃烧 15 个小时，泄漏原油流入附近海域。

在作业遇险时，不能保证自身安全的情况下盲目施救，往往会使事故扩大，造成施救者受到伤害甚至死亡。例如，2012 年 5 月 26 日，江苏省盐城市大丰跃龙化学有限公司中毒事故，导致 2 人死亡。事故原因是尾气吸收岗位因有毒气体外逸并在密闭空间积聚，导致当班操作人员中毒，当班职工在组织救援的过程中因防范措施不当，盲目施救，致使 3 名救援人员在施救过程中相继中毒。

五、必须按照《危险化学品企业事故隐患排查治理实施导则》要求排查治理隐患

隐患是事故的根源。排查治理隐患，是安全生产工作的最基本任务，是预防和减少事故的最有效手段，也是安全生产的重要基础性工作。

《危险化学品企业事故隐患排查治理实施导则》对企业建立并不断完善隐患排查体制机制、制定完善管理制度、扎实开展隐患排查治理工作提出了明确要求和细致的规定。隐患排查走过场、隐患消除不及时，都可能成为事故的诱因。例如，2011 年 11 月 6 日，吉林省松原市松原石油化工股份有限公司气体分馏车间发生爆炸引起火灾，造成 4 人死亡、1 人重伤、6 人轻伤。事后调查发现，事故发生时，气体分馏装置存在硫化氢腐蚀，事发前曾出现硫化氢严重超标现象，企业没有据此缩短设备监测检查周期，排查隐患，加强维护保养，充分暴露出企业隐患治理工作没有落实到位，为事故发生埋下伏笔。

六、严禁设备设施带病运行和未经审批停用报警联锁系统

设备、设施是化工生产的基础，设备、设施带病运行是事故的主要根源之一。例如，2010 年 5 月 9 日，上海中石化高桥分公司炼油事业部储运 2 号罐区石脑油储罐火灾事故，造成 1613#罐罐顶掀开，1615#罐罐顶局部开裂，经济损失 60 余万元。事故直接原因是 1613#油罐铝制浮盘腐蚀穿孔，造成罐内硫化亚铁遇空气自燃。事故企业 2003 年至事发时只做过一次内壁防腐，石脑油罐罐壁和铝制浮盘严重腐蚀，一直带病运行，最终导致了事故的发生。

报警联锁系统是规范危险化学品企业安全生产管理、降低安全风险、保证装置的平稳运行、安全生产的有效手段，是防止事故发生的重要措施，也是提升企业本质安全水平的有效途径。未经审批、随意停用报警联锁系统会给安全生产造成极大的隐患。例如，2011 年 7 月 11 日，广东省惠州市中海油炼化公司惠州炼油分公司芳烃联合装置火灾事故，造成重整生成油分离塔塔底泵的轴承、密封及进出口管线及附近管线、电缆及管廊结构等损毁。直接原因是重整生成油分离塔塔底泵非驱动端的止推轴承损坏，造成轴剧烈震动和轴位移，导致该泵非驱动端的两级机械密封的严重损坏造成泄漏，泄漏的介质遇到轴套与密封端盖发生硬摩擦产生的高温导致着火。但是调查发现，事故发生的一个重要原因是由于 DCS 通道不足，仪表系统没有按照规范设置泵的机械密封油罐低液位信号，进入控制室的信号只设置了状态显示，没有声光报警，致使控制室值班人员未能及时发现异常情况。

七、严禁可燃和有毒气体泄漏等报警系统处于非正常状态

可燃气体和有毒气体泄漏等报警系统是可燃有毒气体泄漏的重要预警手段。可燃和有毒气体含量超出安全规定要求但不能被检测出时，极易发生事故。例如，2010 年 11 月 20 日，榆社化工股份有限公司树脂二厂 2#聚合厂房内发生了空间爆炸，造成 4 人死亡、2 人重伤、3 人轻伤，经济损失 2500 万元。虽然事故直接原因是位于 2#聚合厂房四层南侧待出料的 9 号釜顶部氯乙烯单体进料管与总排空管控制阀下连接的上弯头焊缝开裂导致氯乙烯泄漏，泄漏的氯乙烯漏进 9 号釜一层东侧出料泵旁的混凝土柱上的聚合釜出料泵启动开关，产生电气火花，引起厂房内的氯乙烯气体空间爆炸，但是本应起到报警作用的泄漏气体检测仪却没有发出报警，未起到预防事故发生的作用，最终导致了事故的发生。

八、严禁未经审批进行动火、进入受限空间、高处、吊装、临时用电、动土、检维修、盲板抽堵等作业

化工企业动火、进入受限空间、高处、吊装、临时用电、动土、检维修、盲板抽堵等作业均具

有很大的风险。严格八大作业的安全管理，就是要审查作业过程中风险是否分析全面，确认作业条件是否具备、安全措施是否足够并落实，相关人员是否按要求现场确认、签字。同时，必须加强作业过程监督，作业过程中必须有监护人进行现场监护。作业过程中因审批制度不完善、执行不到位导致的人身伤亡的事故时有发生。例如，2010 年 6 月 29 日，辽宁省辽阳市中石油辽阳石化分公司炼油厂原油输转站 1 个 3 万立方米的原油罐在清罐作业过程中，发生可燃气体爆燃事故，致使罐内作业人员 3 人死亡、7 人受伤。事故的主要原因之一就是作业现场负责人在没有监护人员在场的情况下，带领作业人员进入作业现场作业，同时，在“有限空间作业票”和“进入有限空间作业安全监督卡”上的安全措施未落实，用阀门代替盲板，就签字确认，使工人在存在较大事故隐患的环境里作业，导致了事故的发生。

九、严禁违章指挥和强令他人冒险作业

违章指挥，往往会造成额外的风险，给作业者带来伤害，甚至是血的教训，违章指挥和强令他人冒险作业是不顾他人安全的恶劣行为，经常成为事故的诱因。例如，2010 年 7 月 28 日，江苏省南京市扬州鸿运建设配套工程有限公司在江苏省南京市栖霞区迈皋桥街道万寿村 15 号的原南京塑料四厂旧址，平整拆迁土地过程中，挖掘机挖穿了地下丙烯管道，丙烯泄漏后遇到明火发生爆燃事故，造成22 人死亡、120 人住院治疗，事故还造成周边近两平方公里范围内的3000 多户居民住房及部分商店玻璃、门窗不同程度受损。事故的主要原因之一就是因为现场施工安全管理缺失，施工队伍盲目施工，现场作业负责人在明知拆除地块内有地下丙烯管道的情况下，不顾危险，违章指挥，野蛮操作，造成管道被挖穿，从而酿成重大事故。

十、严禁违章作业、脱岗和在岗做与工作无关的事

作业人员在岗期间，若脱岗、酒后上岗，从事与工作无关的事，一旦生产过程中出现异常情况，不能及时发现和处理，往往造成严重后果。例如，2008 年 9 月 14 日，辽宁省辽阳市金航石油化工有限公司爆炸事故，造成 2 人死亡、1 人下落不明、2 人受轻伤。事故原因就是在滴加异辛醇进行硝化反应的过程中，当班操作工违章脱岗，反应失控时没能及时发现和处置导致的。

城镇燃气管理条例

（国务院令第583号公布　自2011年3月1日起施行）

第一章　总　则

第一条　为了加强城镇燃气管理，保障燃气供应，防止和减少燃气安全事故，保障公民生命、财产安全和公共安全，维护燃气经营者和燃气用户的合法权益，促进燃气事业健康发展，制定本条例。

第二条　城镇燃气发展规划与应急保障、燃气经营与服务、燃气使用、燃气设施保护、燃气安全事故预防与处理及相关管理活动，适用本条例。

天然气、液化石油气的生产和进口，城市门站以外的天然气管道输送，燃气作为工业生产原料的使用，沼气、秸秆气的生产和使用，不适用本条例。

本条例所称燃气，是指作为燃料使用并符合一定要求的气体燃料，包括天然气（含煤层气）、液化石油气和人工煤气等。

第三条　燃气工作应当坚持统筹规划、保障安全、确保供应、规范服务、节能高效的原则。

第四条　县级以上人民政府应当加强对燃气工作的领导，并将燃气工作纳入国民经济和社会发展规划。

第五条　国务院建设主管部门负责全国的燃气管理工作。

县级以上地方人民政府燃气管理部门负责本行政区域内的燃气管理工作。

县级以上人民政府其他有关部门依照本条例和其他有关法律、法规的规定，在各自职责范围内负责有关燃气管理工作。

第六条　国家鼓励、支持燃气科学技术研究，推广使用安全、节能、高效、环保的燃气新技术、新工艺和新产品。

第七条　县级以上人民政府有关部门应当建立健全燃气安全监督管理制度，宣传普及燃气法律、法规和安全知识，提高全民的燃气安全意识。

第二章　燃气发展规划与应急保障

第八条　国务院建设主管部门应当会同国务院有关部门，依据国民经济和社会发展规划、土地利用总体规划、城乡规划以及能源规划，结合全国燃气资源总量平衡情况，组织编制全国燃气发展规划并组织实施。

县级以上地方人民政府燃气管理部门应当会同有关部门，依据国民经济和社会发展规划、土地利用总体规划、城乡规划、能源规划以及上一级燃气发展规划，组织编制本行政区域的燃气发展规划，报本级人民政府批准后组织实施，并报上一级人民政府燃气管理部门备案。

第九条 燃气发展规划的内容应当包括：燃气气源、燃气种类、燃气供应方式和规模、燃气设施布局和建设时序、燃气设施建设用地、燃气设施保护范围、燃气供应保障措施和安全保障措施等。

第十条 县级以上地方人民政府应当根据燃气发展规划的要求，加大对燃气设施建设的投入，并鼓励社会资金投资建设燃气设施。

第十一条 进行新区建设、旧区改造，应当按照城乡规划和燃气发展规划配套建设燃气设施或者预留燃气设施建设用地。

对燃气发展规划范围内的燃气设施建设工程，城乡规划主管部门在依法核发选址意见书时，应当就燃气设施建设是否符合燃气发展规划征求燃气管理部门的意见；不需要核发选址意见书的，城乡规划主管部门在依法核发建设用地规划许可证或者乡村建设规划许可证时，应当就燃气设施建设是否符合燃气发展规划征求燃气管理部门的意见。

燃气设施建设工程竣工后，建设单位应当依法组织竣工验收，并自竣工验收合格之日起 15 日内，将竣工验收情况报燃气管理部门备案。

第十二条 县级以上地方人民政府应当建立健全燃气应急储备制度，组织编制燃气应急预案，采取综合措施提高燃气应急保障能力。

燃气应急预案应当明确燃气应急气源和种类、应急供应方式、应急处置程序和应急救援措施等内容。

县级以上地方人民政府燃气管理部门应当会同有关部门对燃气供求状况实施监测、预测和预警。

第十三条 燃气供应严重短缺、供应中断等突发事件发生后，县级以上地方人民政府应当及时采取动用储备、紧急调度等应急措施，燃气经营者以及其他有关单位和个人应当予以配合，承担相关应急任务。

第三章 燃气经营与服务

第十四条 政府投资建设的燃气设施，应当通过招标投标方式选择燃气经营者。

社会资金投资建设的燃气设施，投资方可以自行经营，也可以另行选择燃气经营者。

第十五条 国家对燃气经营实行许可证制度。从事燃气经营活动的企业，应当具备下列条件：

（一）符合燃气发展规划要求；

（二）有符合国家标准的燃气气源和燃气设施；

（三）有固定的经营场所、完善的安全管理制度和健全的经营方案；

（四）企业的主要负责人、安全生产管理人员以及运行、维护和抢修人员经专业培训并考核合格；

（五）法律、法规规定的其他条件。

符合前款规定条件的，由县级以上地方人民政府燃气管理部门核发燃气经营许可证。

申请人凭燃气经营许可证到工商行政管理部门依法办理登记手续。

第十六条 禁止个人从事管道燃气经营活动。

个人从事瓶装燃气经营活动的，应当遵守省、自治区、直辖市的有关规定。

第十七条 燃气经营者应当向燃气用户持续、稳定、安全供应符合国家质量标准的燃气，指导燃气用户安全用气、节约用气，并对燃气设施定期进行安全检查。

燃气经营者应当公示业务流程、服务承诺、收费标准和服务热线等信息，并按照国家燃气服务标准提供服务。

第十八条　燃气经营者不得有下列行为：

（一）拒绝向市政燃气管网覆盖范围内符合用气条件的单位或者个人供气；

（二）倒卖、抵押、出租、出借、转让、涂改燃气经营许可证；

（三）未履行必要告知义务擅自停止供气、调整供气量，或者未经审批擅自停业或者歇业；

（四）向未取得燃气经营许可证的单位或者个人提供用于经营的燃气；

（五）在不具备安全条件的场所储存燃气；

（六）要求燃气用户购买其指定的产品或者接受其提供的服务；

（七）擅自为非自有气瓶充装燃气；

（八）销售未经许可的充装单位充装的瓶装燃气或者销售充装单位擅自为非自有气瓶充装的瓶装燃气；

（九）冒用其他企业名称或者标识从事燃气经营、服务活动。

第十九条　管道燃气经营者对其供气范围内的市政燃气设施、建筑区划内业主专有部分以外的燃气设施，承担运行、维护、抢修和更新改造的责任。

管道燃气经营者应当按照供气、用气合同的约定，对单位燃气用户的燃气设施承担相应的管理责任。

第二十条　管道燃气经营者因施工、检修等原因需要临时调整供气量或者暂停供气的，应当将作业时间和影响区域提前48小时予以公告或者书面通知燃气用户，并按照有关规定及时恢复正常供气；因突发事件影响供气的，应当采取紧急措施并及时通知燃气用户。

燃气经营者停业、歇业的，应当事先对其供气范围内的燃气用户的正常用气作出妥善安排，并在90个工作日前向所在地燃气管理部门报告，经批准方可停业、歇业。

第二十一条　有下列情况之一的，燃气管理部门应当采取措施，保障燃气用户的正常用气：

（一）管道燃气经营者临时调整供气量或者暂停供气未及时恢复正常供气的；

（二）管道燃气经营者因突发事件影响供气未采取紧急措施的；

（三）燃气经营者擅自停业、歇业的；

（四）燃气管理部门依法撤回、撤销、注销、吊销燃气经营许可的。

第二十二条　燃气经营者应当建立健全燃气质量检测制度，确保所供应的燃气质量符合国家标准。

县级以上地方人民政府质量监督、工商行政管理、燃气管理等部门应当按照职责分工，依法加强对燃气质量的监督检查。

第二十三条　燃气销售价格，应当根据购气成本、经营成本和当地经济社会发展水平合理确定并适时调整。县级以上地方人民政府价格主管部门确定和调整管道燃气销售价格，应当征求管道燃气用户、管道燃气经营者和有关方面的意见。

第二十四条　通过道路、水路、铁路运输燃气的，应当遵守法律、行政法规有关危险货物运输安全的规定以及国务院交通运输部门、国务院铁路部门的有关规定；通过道路或者水路运输燃气的，还应当分别依照有关道路运输、水路运输的法律、行政法规的规定，取得危险货物道路运输许可或者危险货物水路运输许可。

第二十五条　燃气经营者应当对其从事瓶装燃气送气服务的人员和车辆加强管理，并承担相应的责任。

从事瓶装燃气充装活动，应当遵守法律、行政法规和国家标准有关气瓶充装的规定。

第二十六条　燃气经营者应当依法经营，诚实守信，接受社会公众的监督。

燃气行业协会应当加强行业自律管理，促进燃气经营者提高服务质量和技术水平。

第四章　燃气使用

第二十七条　燃气用户应当遵守安全用气规则，使用合格的燃气燃烧器具和气瓶，及时更换国家明令淘汰或者使用年限已届满的燃气燃烧器具、连接管等，并按照约定期限支付燃气费用。

单位燃气用户还应当建立健全安全管理制度，加强对操作维护人员燃气安全知识和操作技能的培训。

第二十八条　燃气用户及相关单位和个人不得有下列行为：

（一）擅自操作公用燃气阀门；

（二）将燃气管道作为负重支架或者接地引线；

（三）安装、使用不符合气源要求的燃气燃烧器具；

（四）擅自安装、改装、拆除户内燃气设施和燃气计量装置；

（五）在不具备安全条件的场所使用、储存燃气；

（六）盗用燃气；

（七）改变燃气用途或者转供燃气。

第二十九条　燃气用户有权就燃气收费、服务等事项向燃气经营者进行查询，燃气经营者应当自收到查询申请之日起 5 个工作日内予以答复。

燃气用户有权就燃气收费、服务等事项向县级以上地方人民政府价格主管部门、燃气管理部门以及其他有关部门进行投诉，有关部门应当自收到投诉之日起 15 个工作日内予以处理。

第三十条　安装、改装、拆除户内燃气设施的，应当按照国家有关工程建设标准实施作业。

第三十一条　燃气管理部门应当向社会公布本行政区域内的燃气种类和气质成分等信息。

燃气燃烧器具生产单位应当在燃气燃烧器具上明确标识所适应的燃气种类。

第三十二条　燃气燃烧器具生产单位、销售单位应当设立或者委托设立售后服务站点，配备经考核合格的燃气燃烧器具安装、维修人员，负责售后的安装、维修服务。

燃气燃烧器具的安装、维修，应当符合国家有关标准。

第五章　燃气设施保护

第三十三条　县级以上地方人民政府燃气管理部门应当会同城乡规划等有关部门按照国家有关标准和规定划定燃气设施保护范围，并向社会公布。

在燃气设施保护范围内，禁止从事下列危及燃气设施安全的活动：

（一）建设占压地下燃气管线的建筑物、构筑物或者其他设施；

（二）进行爆破、取土等作业或者动用明火；

（三）倾倒、排放腐蚀性物质；

（四）放置易燃易爆危险物品或者种植深根植物；

（五）其他危及燃气设施安全的活动。

第三十四条　在燃气设施保护范围内，有关单位从事敷设管道、打桩、顶进、挖掘、钻探等可能影响燃气设施安全活动的，应当与燃气经营者共同制定燃气设施保护方案，并采取相应的安全保护措施。

第三十五条 燃气经营者应当按照国家有关工程建设标准和安全生产管理的规定，设置燃气设施防腐、绝缘、防雷、降压、隔离等保护装置和安全警示标志，定期进行巡查、检测、维修和维护，确保燃气设施的安全运行。

第三十六条 任何单位和个人不得侵占、毁损、擅自拆除或者移动燃气设施，不得毁损、覆盖、涂改、擅自拆除或者移动燃气设施安全警示标志。

任何单位和个人发现有可能危及燃气设施和安全警示标志的行为，有权予以劝阻、制止；经劝阻、制止无效的，应当立即告知燃气经营者或者向燃气管理部门、安全生产监督管理部门和公安机关报告。

第三十七条 新建、扩建、改建建设工程，不得影响燃气设施安全。

建设单位在开工前，应当查明建设工程施工范围内地下燃气管线的相关情况；燃气管理部门以及其他有关部门和单位应当及时提供相关资料。

建设工程施工范围内有地下燃气管线等重要燃气设施的，建设单位应当会同施工单位与管道燃气经营者共同制定燃气设施保护方案。建设单位、施工单位应当采取相应的安全保护措施，确保燃气设施运行安全；管道燃气经营者应当派专业人员进行现场指导。法律、法规另有规定的，依照有关法律、法规的规定执行。

第三十八条 燃气经营者改动市政燃气设施，应当制定改动方案，报县级以上地方人民政府燃气管理部门批准。

改动方案应当符合燃气发展规划，明确安全施工要求，有安全防护和保障正常用气的措施。

第六章 燃气安全事故预防与处理

第三十九条 燃气管理部门应当会同有关部门制定燃气安全事故应急预案，建立燃气事故统计分析制度，定期通报事故处理结果。

燃气经营者应当制定本单位燃气安全事故应急预案，配备应急人员和必要的应急装备、器材，并定期组织演练。

第四十条 任何单位和个人发现燃气安全事故或者燃气安全事故隐患等情况，应当立即告知燃气经营者，或者向燃气管理部门、公安机关消防机构等有关部门和单位报告。

第四十一条 燃气经营者应当建立健全燃气安全评估和风险管理体系，发现燃气安全事故隐患的，应当及时采取措施消除隐患。

燃气管理部门以及其他有关部门和单位应当根据各自职责，对燃气经营、燃气使用的安全状况等进行监督检查，发现燃气安全事故隐患的，应当通知燃气经营者、燃气用户及时采取措施消除隐患；不及时消除隐患可能严重威胁公共安全的，燃气管理部门以及其他有关部门和单位应当依法采取措施，及时组织消除隐患，有关单位和个人应当予以配合。

第四十二条 燃气安全事故发生后，燃气经营者应当立即启动本单位燃气安全事故应急预案，组织抢险、抢修。

燃气安全事故发生后，燃气管理部门、安全生产监督管理部门和公安机关消防机构等有关部门和单位，应当根据各自职责，立即采取措施防止事故扩大，根据有关情况启动燃气安全事故应急预案。

第四十三条 燃气安全事故经调查确定为责任事故的，应当查明原因、明确责任，并依法予以追究。

对燃气生产安全事故，依照有关生产安全事故报告和调查处理的法律、行政法规的规定报告和调查处理。

第七章　法律责任

第四十四条　违反本条例规定，县级以上地方人民政府及其燃气管理部门和其他有关部门，不依法作出行政许可决定或者办理批准文件的，发现违法行为或者接到对违法行为的举报不予查处的，或者有其他未依照本条例规定履行职责的行为的，对直接负责的主管人员和其他直接责任人员，依法给予处分；直接负责的主管人员和其他直接责任人员的行为构成犯罪的，依法追究刑事责任。

第四十五条　违反本条例规定，未取得燃气经营许可证从事燃气经营活动的，由燃气管理部门责令停止违法行为，处 5 万元以上 50 万元以下罚款；有违法所得的，没收违法所得；构成犯罪的，依法追究刑事责任。

违反本条例规定，燃气经营者不按照燃气经营许可证的规定从事燃气经营活动的，由燃气管理部门责令限期改正，处 3 万元以上 20 万元以下罚款；有违法所得的，没收违法所得；情节严重的，吊销燃气经营许可证；构成犯罪的，依法追究刑事责任。

第四十六条　违反本条例规定，燃气经营者有下列行为之一的，由燃气管理部门责令限期改正，处 1 万元以上 10 万元以下罚款；有违法所得的，没收违法所得；情节严重的，吊销燃气经营许可证；造成损失的，依法承担赔偿责任；构成犯罪的，依法追究刑事责任：

（一）拒绝向市政燃气管网覆盖范围内符合用气条件的单位或者个人供气的；

（二）倒卖、抵押、出租、出借、转让、涂改燃气经营许可证的；

（三）未履行必要告知义务擅自停止供气、调整供气量，或者未经审批擅自停业或者歇业的；

（四）向未取得燃气经营许可证的单位或者个人提供用于经营的燃气的；

（五）在不具备安全条件的场所储存燃气的；

（六）要求燃气用户购买其指定的产品或者接受其提供的服务；

（七）燃气经营者未向燃气用户持续、稳定、安全供应符合国家质量标准的燃气，或者未对燃气用户的燃气设施定期进行安全检查。

第四十七条　违反本条例规定，擅自为非自有气瓶充装燃气或者销售未经许可的充装单位充装的瓶装燃气的，依照国家有关气瓶安全监察的规定进行处罚。

违反本条例规定，销售充装单位擅自为非自有气瓶充装的瓶装燃气的，由燃气管理部门责令改正，可以处 1 万元以下罚款。

违反本条例规定，冒用其他企业名称或者标识从事燃气经营、服务活动，依照有关反不正当竞争的法律规定进行处罚。

第四十八条　违反本条例规定，燃气经营者未按照国家有关工程建设标准和安全生产管理的规定，设置燃气设施防腐、绝缘、防雷、降压、隔离等保护装置和安全警示标志的，或者未定期进行巡查、检测、维修和维护的，或者未采取措施及时消除燃气安全事故隐患的，由燃气管理部门责令限期改正，处 1 万元以上 10 万元以下罚款。

第四十九条　违反本条例规定，燃气用户及相关单位和个人有下列行为之一的，由燃气管理部门责令限期改正；逾期不改正的，对单位可以处 10 万元以下罚款，对个人可以处 1000 元以下罚款；造成损失的，依法承担赔偿责任；构成犯罪的，依法追究刑事责任：

（一）擅自操作公用燃气阀门的；

（二）将燃气管道作为负重支架或者接地引线的；

（三）安装、使用不符合气源要求的燃气燃烧器具的；

（四）擅自安装、改装、拆除户内燃气设施和燃气计量装置的；

（五）在不具备安全条件的场所使用、储存燃气的；

（六）改变燃气用途或者转供燃气的；

（七）未设立售后服务站点或者未配备经考核合格的燃气燃烧器具安装、维修人员的；

（八）燃气燃烧器具的安装、维修不符合国家有关标准的。

盗用燃气的，依照有关治安管理处罚的法律规定进行处罚。

第五十条 违反本条例规定，在燃气设施保护范围内从事下列活动之一的，由燃气管理部门责令停止违法行为，限期恢复原状或者采取其他补救措施，对单位处5万元以上10万元以下罚款，对个人处5000元以上5万元以下罚款；造成损失的，依法承担赔偿责任；构成犯罪的，依法追究刑事责任：

（一）进行爆破、取土等作业或者动用明火的；

（二）倾倒、排放腐蚀性物质的；

（三）放置易燃易爆物品或者种植深根植物的；

（四）未与燃气经营者共同制定燃气设施保护方案，采取相应的安全保护措施，从事敷设管道、打桩、顶进、挖掘、钻探等可能影响燃气设施安全活动的。

违反本条例规定，在燃气设施保护范围内建设占压地下燃气管线的建筑物、构筑物或者其他设施的，依照有关城乡规划的法律、行政法规的规定进行处罚。

第五十一条 违反本条例规定，侵占、毁损、擅自拆除、移动燃气设施或者擅自改动市政燃气设施的，由燃气管理部门责令限期改正，恢复原状或者采取其他补救措施，对单位处5万元以上10万元以下罚款，对个人处5000元以上5万元以下罚款；造成损失的，依法承担赔偿责任；构成犯罪的，依法追究刑事责任。

违反本条例规定，毁损、覆盖、涂改、擅自拆除或者移动燃气设施安全警示标志的，由燃气管理部门责令限期改正，恢复原状，可以处5000元以下罚款。

第五十二条 违反本条例规定，建设工程施工范围内有地下燃气管线等重要燃气设施，建设单位未会同施工单位与管道燃气经营者共同制定燃气设施保护方案，或者建设单位、施工单位未采取相应的安全保护措施的，由燃气管理部门责令改正，处1万元以上10万元以下罚款；造成损失的，依法承担赔偿责任；构成犯罪的，依法追究刑事责任。

第八章　附　则

第五十三条 本条例下列用语的含义：

（一）燃气设施，是指人工煤气生产厂、燃气储配站、门站、气化站、混气站、加气站、灌装站、供应站、调压站、市政燃气管网等的总称，包括市政燃气设施、建筑区划内业主专有部分以外的燃气设施以及户内燃气设施等。

（二）燃气燃烧器具，是指以燃气为燃料的燃烧器具，包括居民家庭和商业用户所使用的燃气灶、热水器、沸水器、采暖器、空调器等器具。

第五十四条 农村的燃气管理参照本条例的规定执行。

第五十五条 本条例自2011年3月1日起施行。

国家安全监管总局关于公布首批重点监管的危险化学品名录的通知

（国家安全生产监督管理总局　2011年6月21日　安监总管三〔2011〕95号）

各省、自治区、直辖市及新疆生产建设兵团安全生产监督管理局，有关中央企业：

为深入贯彻落实《国务院关于进一步加强企业安全生产工作的通知》（国发〔2010〕23号）和《国务院安委会办公室关于进一步加强危险化学品安全生产工作的指导意见》（安委办〔2008〕26号）精神，进一步突出重点、强化监管，指导安全监管部门和危险化学品单位切实加强危险化学品安全管理工作，在综合考虑2002年以来国内发生的化学品事故情况、国内化学品生产情况、国内外重点监管化学品品种、化学品固有危险特性和近四十年来国内外重特大化学品事故等因素的基础上，国家安全监管总局组织对现行《危险化学品名录》中的3800余种危险化学品进行了筛选，编制了《首批重点监管的危险化学品名录》（见附件，以下简称《名录》），现予公布，并就有关事项通知如下：

一、重点监管的危险化学品是指列入《名录》的危险化学品以及在温度20℃和标准大气压101.3kPa条件下属于以下类别的危险化学品：

1. 易燃气体类别1（爆炸下限≤13%或爆炸极限范围≥12%的气体）；

2. 易燃液体类别1（闭杯闪点＜23℃并初沸点≤35℃的液体）；

3. 自燃液体类别1（与空气接触不到5分钟便燃烧的液体）；

4. 自燃固体类别1（与空气接触不到5分钟便燃烧的固体）；

5. 遇水放出易燃气体的物质类别1（在环境温度下与水剧烈反应所产生的气体通常显示自燃的倾向，或释放易燃气体的速度等于或大于每公斤物质在任何1分钟内释放10升的任何物质或混合物）；

6. 三光气等光气类化学品。

二、涉及重点监管的危险化学品的生产、储存装置，原则上须由具有甲级资质的化工行业设计单位进行设计。

三、地方各级安全监管部门应当将生产、储存、使用、经营重点监管的危险化学品的企业，优先纳入年度执法检查计划，实施重点监管。

四、生产、储存重点监管的危险化学品的企业，应根据本企业工艺特点，装备功能完善的自动化控制系统，严格工艺、设备管理。对使用重点监管的危险化学品数量构成重大危险源的企业的生产储存装置，应装备自动化控制系统，实现对温度、压力、液位等重要参数的实时监测。

五、生产重点监管的危险化学品的企业，应针对产品特性，按照有关规定编制完善的、可操作性强的危险化学品事故应急预案，配备必要的应急救援器材、设备，加强应急演练，提高应急处置能力。

六、各省级安全监管部门可根据本辖区危险化学品安全生产状况，补充和确定本辖区内实施重点监管的危险化学品类项及具体品种。在安全监管工作中如发现重点监管的危险化学品存在问题，请认真研究提出处理意见，并及时报告国家安全监管总局。

地方各级安全监管部门在做好危险化学品重点监管工作的同时，要全面推进本地区危险化学品安全生产工作，督促企业落实安全生产主体责任，切实提高企业本质安全水平，有效防范和坚决遏制危险化学品重特大事故发生，促进全国危险化学品安全生产形势持续稳定好转。

请各省级安全监管部门及时将本通知精神传达至本辖区内有关企业。

附件：首批重点监管的危险化学品名录

国家安全生产监督管理总局
二〇一一年六月二十一日

附件

首批重点监管的危险化学品名录

序号	化学品名称	别名	CAS 号
1	氯	液氯、氯气	7782－50－5
2	氨	液氨、氨气	7664－41－7
3	液化石油气		68476－85－7
4	硫化氢		7783－06－4
5	甲烷、天然气		74－82－8（甲烷）
6	原油		
7	汽油（含甲醇汽油、乙醇汽油）、石脑油		8006－61－9（汽油）
8	氢	氢气	1333－74－0
9	苯（含粗苯）		71－43－2
10	碳酰氯	光气	75－44－5
11	二氧化硫		7446－09－5
12	一氧化碳		630－08－0
13	甲醇	木醇、木精	67－56－1
14	丙烯腈	氰基乙烯、乙烯基氰	107－13－1
15	环氧乙烷	氧化乙烯	75－21－8
16	乙炔	电石气	74－86－2
17	氟化氢、氢氟酸		7664－39－3
18	氯乙烯		75－01－4
19	甲苯	甲基苯、苯基甲烷	108－88－3
20	氰化氢、氢氰酸		74－90－8
21	乙烯		74－85－1
22	三氯化磷		7719－12－2

续表

序号	化学品名称	别名	CAS 号
23	硝基苯		98-95-3
24	苯乙烯		100-42-5
25	环氧丙烷		75-56-9
26	一氯甲烷		74-87-3
27	1，3-丁二烯		106-99-0
28	硫酸二甲酯		77-78-1
29	氰化钠		143-33-9
30	1-丙烯、丙烯		115-07-1
31	苯胺		62-53-3
32	甲醚		115-10-6
33	丙烯醛、2-丙烯醛		107-02-8
34	氯苯		108-90-7
35	乙酸乙烯酯		108-05-4
36	二甲胺		124-40-3
37	苯酚	石炭酸	108-95-2
38	四氯化钛		7550-45-0
39	甲苯二异氰酸酯	TDI	584-84-9
40	过氧乙酸	过乙酸、过醋酸	79-21-0
41	六氯环戊二烯		77-47-4
42	二硫化碳		75-15-0
43	乙烷		74-84-0
44	环氧氯丙烷	3-氯-1，2-环氧丙烷	106-89-8
45	丙酮氰醇	2-甲基-2-羟基丙腈	75-86-5
46	磷化氢	膦	7803-51-2
47	氯甲基甲醚		107-30-2
48	三氟化硼		7637-07-2
49	烯丙胺	3-氨基丙烯	107-11-9
50	异氰酸甲酯	甲基异氰酸酯	624-83-9
51	甲基叔丁基醚		1634-04-4
52	乙酸乙酯		141-78-6
53	丙烯酸		79-10-7
54	硝酸铵		6484-52-2
55	三氧化硫	硫酸酐	7446-11-9
56	三氯甲烷	氯仿	67-66-3
57	甲基肼		60-34-4
58	一甲胺		74-89-5
59	乙醛		75-07-0
60	氯甲酸三氯甲酯	双光气	503-38-8

危险化学品生产企业安全生产许可证实施办法

（国家安全生产监督管理总局令第41号公布　自2011年12月1日起施行）

第一章　总　则

第一条　为了严格规范危险化学品生产企业安全生产条件，做好危险化学品生产企业安全生产许可证的颁发和管理工作，根据《安全生产许可证条例》、《危险化学品安全管理条例》等法律、行政法规，制定本实施办法。

第二条　本办法所称危险化学品生产企业（以下简称企业），是指依法设立且取得工商营业执照或者工商核准文件从事生产最终产品或者中间产品列入《危险化学品目录》的企业。

第三条　企业应当依照本办法的规定取得危险化学品安全生产许可证（以下简称安全生产许可证）。未取得安全生产许可证的企业，不得从事危险化学品的生产活动。

企业涉及使用有毒物品的，除安全生产许可证外，还应当依法取得职业卫生安全许可证。

第四条　安全生产许可证的颁发管理工作实行企业申请、两级发证、属地监管的原则。

第五条　国家安全生产监督管理总局指导、监督全国安全生产许可证的颁发管理工作，并负责涉及危险化学品生产的中央企业及其直接控股涉及危险化学品生产的企业（总部）安全生产许可证的颁发管理。

省、自治区、直辖市安全生产监督管理部门（以下简称省级安全生产监督管理部门）负责本行政区域内本条第一款规定以外的企业安全生产许可证的颁发管理。

第六条　省级安全生产监督管理部门可以将其负责的安全生产许可证颁发工作，委托企业所在地设区的市级或者县级安全生产监督管理部门实施。涉及剧毒化学品生产的企业安全生产许可证颁发工作，不得委托实施。国家安全生产监督管理总局公布的涉及危险化工工艺和重点监管危险化学品的企业安全生产许可证颁发工作，不得委托县级安全生产监督管理部门实施。

受委托的设区的市级或者县级安全生产监督管理部门在受委托的范围内，以省级安全生产监督管理部门的名义实施许可，但不得再委托其他组织和个人实施。

国家安全生产监督管理总局、省级安全生产监督管理部门和受委托的设区的市级或者县级安全生产监督管理部门统称实施机关。

第七条　省级安全生产监督管理部门应当将受委托的设区的市级或者县级安全生产监督管理部门以及委托事项予以公告。

省级安全生产监督管理部门应当指导、监督受委托的设区的市级或者县级安全生产监督管理部门颁发安全生产许可证，并对其法律后果负责。

第二章　申请安全生产许可证的条件

第八条　企业选址布局、规划设计以及与重要场所、设施、区域的距离应当符合下列要求：

（一）国家产业政策；当地县级以上（含县级）人民政府的规划和布局；新设立企业建在地方人民政府规划的专门用于危险化学品生产、储存的区域内；

（二）危险化学品生产装置或者储存危险化学品数量构成重大危险源的储存设施，与《危险化学品安全管理条例》第十九条第一款规定的八类场所、设施、区域的距离符合有关法律、法规、规章和国家标准或者行业标准的规定；

（三）总体布局符合《化工企业总图运输设计规范》（GB50489）、《工业企业总平面设计规范》（GB50187）、《建筑设计防火规范》（GB50016）等标准的要求。

石油化工企业除符合本条第一款规定条件外，还应当符合《石油化工企业设计防火规范》（GB50160）的要求。

第九条　企业的厂房、作业场所、储存设施和安全设施、设备、工艺应当符合下列要求：

（一）新建、改建、扩建建设项目经具备国家规定资质的单位设计、制造和施工建设；涉及危险化工工艺、重点监管危险化学品的装置，由具有综合甲级资质或者化工石化专业甲级设计资质的化工石化设计单位设计；

（二）不得采用国家明令淘汰、禁止使用和危及安全生产的工艺、设备；新开发的危险化学品生产工艺必须在小试、中试、工业化试验的基础上逐步放大到工业化生产；国内首次使用的化工工艺，必须经过省级人民政府有关部门组织的安全可靠性论证；

（三）涉及危险化工工艺、重点监管危险化学品的装置装设自动化控制系统；涉及危险化工工艺的大型化工装置装设紧急停车系统；涉及易燃易爆、有毒有害气体化学品的场所装设易燃易爆、有毒有害介质泄漏报警等安全设施；

（四）生产区与非生产区分开设置，并符合国家标准或者行业标准规定的距离；

（五）危险化学品生产装置和储存设施之间及其与建（构）筑物之间的距离符合有关标准规范的规定。

同一厂区内的设备、设施及建（构）筑物的布置必须适用同一标准的规定。

第十条　企业应当有相应的职业危害防护设施，并为从业人员配备符合国家标准或者行业标准的劳动防护用品。

第十一条　企业应当依据《危险化学品重大危险源辨识》（GB18218），对本企业的生产、储存和使用装置、设施或者场所进行重大危险源辨识。

对已确定为重大危险源的生产和储存设施，应当执行《危险化学品重大危险源监督管理暂行规定》。

第十二条　企业应当依法设置安全生产管理机构，配备专职安全生产管理人员。配备的专职安全生产管理人员必须能够满足安全生产的需要。

第十三条　企业应当建立全员安全生产责任制，保证每位从业人员的安全生产责任与职务、岗位相匹配。

第十四条　企业应当根据化工工艺、装置、设施等实际情况，制定完善下列主要安全生产规章制度：

（一）安全生产例会等安全生产会议制度；

（二）安全投入保障制度；

（三）安全生产奖惩制度；

（四）安全培训教育制度；

（五）领导干部轮流现场带班制度；

（六）特种作业人员管理制度；

（七）安全检查和隐患排查治理制度；

（八）重大危险源评估和安全管理制度；

（九）变更管理制度；

（十）应急管理制度；

（十一）生产安全事故或者重大事件管理制度；

（十二）防火、防爆、防中毒、防泄漏管理制度；

（十三）工艺、设备、电气仪表、公用工程安全管理制度；

（十四）动火、进入受限空间、吊装、高处、盲板抽堵、动土、断路、设备检维修等作业全管理制度；

（十五）危险化学品安全管理制度；

（十六）职业健康相关管理制度；

（十七）劳动防护用品使用维护管理制度；

（十八）承包商管理制度；

（十九）安全管理制度及操作规程定期修订制度。

第十五条 企业应当根据危险化学品的生产工艺、技术、设备特点和原辅料、产品的危险性编制岗位操作安全规程。

第十六条 企业主要负责人、分管安全负责人和安全生产管理人员必须具备与其从事的生产经营活动相适应的安全生产知识和管理能力，依法参加安全生产培训，并经考核合格，取得安全资格证书。

企业分管安全负责人、分管生产负责人、分管技术负责人应当具有一定的化工专业知识或者相应的专业学历，专职安全生产管理人员应当具备国民教育化工化学类（或安全工程）中等职业教育以上学历或者化工化学类中级以上专业技术职称，或者具备危险物品安全类注册安全工程师资格。

特种作业人员应当依照《特种作业人员安全技术培训考核管理规定》，经专门的安全技术培训并考核合格，取得特种作业操作证书。

本条第一、二、三款规定以外的其他从业人员应当按照国家有关规定，经安全教育培训合格。

第十七条 企业应当按照国家规定提取与安全生产有关的费用，并保证安全生产所必须的资金投入。

第十八条 企业应当依法参加工伤保险，为从业人员缴纳保险费。

第十九条 企业应当依法委托具备国家规定资质的安全评价机构进行安全评价，并按照安全评价报告的意见对存在的安全生产问题进行整改。

第二十条 企业应当依法进行危险化学品登记，为用户提供化学品安全技术说明书，并在危险化学品包装（包括外包装件）上粘贴或者拴挂与包装内危险化学品相符的化学品安全标签。

第二十一条 企业应当符合下列应急管理要求：

（一）按照国家有关规定编制危险化学品事故应急预案并报有关部门备案；

（二）建立应急救援组织或者明确应急救援人员，配备必要的应急救援器材、设备设施，并定期进行演练。

生产、储存和使用氯气、氨气、光气、硫化氢等吸入性有毒有害气体的企业，除符合本条第一款的规定外，还应当配备至少两套以上全封闭防化服；构成重大危险源的，还应当设立气体防护站（组）。

第二十二条　企业除符合本章规定的安全生产条件，还应当符合有关法律、行政法规和国家标准或者行业标准规定的其他安全生产条件。

第三章　安全生产许可证的申请

第二十三条　中央企业及其直接控股涉及危险化学品生产的企业（总部）向国家安全生产监督管理总局申请安全生产许可证。

本条第一款规定以外的企业向所在地省级安全生产监督管理部门或其委托的安全生产监督管理部门申请安全生产许可证。

第二十四条　新建企业安全生产许可证的申请，应当在危险化学品生产建设项目安全设施竣工验收通过后10个工作日内提出。

第二十五条　企业申请安全生产许可证时，应当提交下列文件、资料，并对其内容的真实性负责：

（一）申请安全生产许可证的文件及申请书；

（二）安全生产责任制文件，安全生产规章制度、岗位操作安全规程清单；

（三）设置安全生产管理机构，配备专职安全生产管理人员的文件复制件；

（四）主要负责人、分管安全负责人、安全生产管理人员和特种作业人员的安全资格证或者特种作业操作证复制件；

（五）与安全生产有关的费用提取和使用情况报告，新建企业提交有关安全生产费用提取和使用规定的文件；

（六）为从业人员缴纳工伤保险费的证明材料；

（七）危险化学品事故应急救援预案的备案证明文件；

（八）危险化学品登记证复制件；

（九）工商营业执照副本或者工商核准文件复制件；

（十）具备资质的中介机构出具的安全评价报告；

（十一）新建企业的竣工验收意见书复制件；

（十二）应急救援组织或者应急救援人员，以及应急救援器材、设备设施清单。

中央企业及其直接控股涉及危险化学品生产的企业（总部）提交除本条第一款第四项中的特种作业操作证复制件和第八项、第十项、第十一项规定以外的文件、资料。

有危险化学品重大危险源的企业，除提交本条第一款规定的文件、资料外，还应当提供重大危险源及其应急预案的备案证明文件、资料。

第四章　安全生产许可证的颁发

第二十六条　实施机关收到企业申请文件、资料后，应当按照下列情况分别作出处理：

（一）申请事项依法不需要取得安全生产许可证的，即时告知企业不予受理；

（二）申请事项依法不属于本实施机关职责范围的，即时作出不予受理的决定，并告知企业向相应的实施机关申请；

（三）申请材料存在可以当场更正的错误的，允许企业当场更正，并受理其申请；

（四）申请材料不齐全或者不符合法定形式的，当场告知或者在5个工作日内出具补正告知书，一次告知企业需要补正的全部内容；逾期不告知的，自收到申请材料之日起即为受理；

（五）企业申请材料齐全、符合法定形式，或者按照实施机关要求提交全部补正材料的，立即受理其申请。

实施机关受理或者不予受理行政许可申请，应当出具加盖本机关专用印章和注明日期的书面凭证。

第二十七条　安全生产许可证申请受理后，实施机关应当组织对企业提交的申请文件、资料进行审查。对企业提交的文件、资料实质内容存在疑问，需要到现场核查的，应当指派工作人员就有关内容进行现场核查。工作人员应当如实提出现场核查意见。

第二十八条　实施机关应当在受理之日起45个工作日内作出是否准予许可的决定。审查过程中的现场核查所需时间不计算在本条规定的期限内。

第二十九条　实施机关作出准予许可决定的，应当自决定之日起10个工作日内颁发安全生产许可证。

实施机关作出不予许可的决定的，应当在10个工作日内书面告知企业并说明理由。

第三十条　企业在安全生产许可证有效期内变更主要负责人、企业名称或者注册地址的，应当自工商营业执照或者隶属关系变更之日起10个工作日内向实施机关提出变更申请，并提交下列文件、资料：

（一）变更后的工商营业执照副本复制件；

（二）变更主要负责人的，还应当提供主要负责人经安全生产监督管理部门考核合格后颁发的安全资格证复制件；

（三）变更注册地址的，还应当提供相关证明材料。

对已经受理的变更申请，实施机关应当在对企业提交的文件、资料审查无误后，方可办理安全生产许可证变更手续。

企业在安全生产许可证有效期内变更隶属关系的，仅需提交隶属关系变更证明材料报实施机关备案。

第三十一条　企业在安全生产许可证有效期内，当原生产装置新增产品或者改变工艺技术对企业的安全生产产生重大影响时，应当对该生产装置或者工艺技术进行专项安全评价，并对安全评价报告中提出的问题进行整改；在整改完成后，向原实施机关提出变更申请，提交安全评价报告。实施机关按照本办法第三十条的规定办理变更手续。

第三十二条　企业在安全生产许可证有效期内，有危险化学品新建、改建、扩建建设项目（以下简称建设项目）的，应当在建设项目安全设施竣工验收合格之日起10个工作日内向原实施机关提出变更申请，并提交建设项目安全设施竣工验收意见书等相关文件、资料。实施机关按照本办法第二十七条、第二十八条和第二十九条的规定办理变更手续。

第三十三条　安全生产许可证有效期为3年。企业安全生产许可证有效期届满后继续生产危险化学品的，应当在安全生产许可证有效期届满前3个月提出延期申请，并提交延期申请书和本办法第二十五条规定的申请文件、资料。

实施机关按照本办法第二十六条、第二十七条、第二十八条、第二十九条的规定进行审查，并作出是否准予延期的决定。

第三十四条　企业在安全生产许可证有效期内，符合下列条件的，其安全生产许可证届满时，经原实施机关同意，可不提交第二十五条第一款第二、七、八、十、十一项规定的文件、资料，直接办理延期手续：

（一）严格遵守有关安全生产的法律、法规和本办法的；

（二）取得安全生产许可证后，加强日常安全生产管理，未降低安全生产条件，并达到安全生产标准化等级二级以上的；

（三）未发生死亡事故的。

第三十五条 安全生产许可证分为正、副本，正本为悬挂式，副本为折页式，正、副本具有同等法律效力。

实施机关应当分别在安全生产许可证正、副本上载明编号、企业名称、主要负责人、注册地址、经济类型、许可范围、有效期、发证机关、发证日期等内容。其中，正本上的“许可范围”应当注明“危险化学品生产”，副本上的“许可范围”应当载明生产场所地址和对应的具体品种、生产能力。

安全生产许可证有效期的起始日为实施机关作出许可决定之日，截止日为起始日至三年后同一日期的前一日。有效期内有变更事项的，起始日和截止日不变，载明变更日期。

第三十六条 企业不得出租、出借、买卖或者以其他形式转让其取得的安全生产许可证，或者冒用他人取得的安全生产许可证、使用伪造的安全生产许可证。

第五章 监督管理

第三十七条 实施机关应当坚持公开、公平、公正的原则，依照本办法和有关安全生产行政许可的法律、法规规定，颁发安全生产许可证。

实施机关工作人员在安全生产许可证颁发及其监督管理工作中，不得索取或者接受企业的财物，不得谋取其他非法利益。

第三十八条 实施机关应当加强对安全生产许可证的监督管理，建立、健全安全生产许可证档案管理制度。

第三十九条 有下列情形之一的，实施机关应当撤销已经颁发的安全生产许可证：

（一）超越职权颁发安全生产许可证的；

（二）违反本办法规定的程序颁发安全生产许可证的；

（三）以欺骗、贿赂等不正当手段取得安全生产许可证的。

第四十条 企业取得安全生产许可证后有下列情形之一的，实施机关应当注销其安全生产许可证：

（一）安全生产许可证有效期届满未被批准延续的；

（二）终止危险化学品生产活动的；

（三）安全生产许可证被依法撤销的；

（四）安全生产许可证被依法吊销的。

安全生产许可证注销后，实施机关应当在当地主要新闻媒体或者本机关网站上发布公告，并通报企业所在地人民政府和县级以上安全生产监督管理部门。

第四十一条 省级安全生产监督管理部门应当在每年 1 月 15 日前，将本行政区域内上年度安全生产许可证的颁发和管理情况报国家安全生产监督管理总局。

国家安全生产监督管理总局、省级安全生产监督管理部门应当定期向社会公布企业取得安全生产许可的情况，接受社会监督。

第六章　法律责任

第四十二条　实施机关工作人员有下列行为之一的，给予降级或者撤职的处分；构成犯罪的，依法追究刑事责任：

（一）向不符合本办法第二章规定的安全生产条件的企业颁发安全生产许可证的；

（二）发现企业未依法取得安全生产许可证擅自从事危险化学品生产活动，不依法处理的；

（三）发现取得安全生产许可证的企业不再具备本办法第二章规定的安全生产条件，不依法处理的；

（四）接到对违反本办法规定行为的举报后，不及时依法处理的；

（五）在安全生产许可证颁发和监督管理工作中，索取或者接受企业的财物，或者谋取其他非法利益的。

第四十三条　企业取得安全生产许可证后发现其不具备本办法规定的安全生产条件的，依法暂扣其安全生产许可证1个月以上6个月以下；暂扣期满仍不具备本办法规定的安全生产条件的，依法吊销其安全生产许可证。

第四十四条　企业出租、出借或者以其他形式转让安全生产许可证的，没收违法所得，处10万元以上50万元以下的罚款，并吊销安全生产许可证；构成犯罪的，依法追究刑事责任。

第四十五条　企业有下列情形之一的，责令停止生产危险化学品，没收违法所得，并处10万元以上50万元以下的罚款；构成犯罪的，依法追究刑事责任：

（一）未取得安全生产许可证，擅自进行危险化学品生产的；

（二）接受转让的安全生产许可证的；

（三）冒用或者使用伪造的安全生产许可证的。

第四十六条　企业在安全生产许可证有效期届满未办理延期手续，继续进行生产的，责令停止生产，限期补办延期手续，没收违法所得，并处5万元以上10万元以下的罚款；逾期仍不办理延期手续，继续进行生产的，依照本办法第四十五条的规定进行处罚。

第四十七条　企业在安全生产许可证有效期内主要负责人、企业名称、注册地址、隶属关系发生变更或者新增产品、改变工艺技术对企业安全生产产生重大影响，未按照本办法第三十条规定的时限提出安全生产许可证变更申请的，责令限期申请，处1万元以上3万元以下的罚款。

第四十八条　企业在安全生产许可证有效期内，其危险化学品建设项目安全设施竣工验收合格后，未按照本办法第三十二条规定的时限提出安全生产许可证变更申请并且擅自投入运行的，责令停止生产，限期申请，没收违法所得，并处1万元以上3万元以下的罚款。

第四十九条　发现企业隐瞒有关情况或者提供虚假材料申请安全生产许可证的，实施机关不予受理或者不予颁发安全生产许可证，并给予警告，该企业在1年内不得再次申请安全生产许可证。

企业以欺骗、贿赂等不正当手段取得安全生产许可证的，自实施机关撤销其安全生产许可证之日起3年内，该企业不得再次申请安全生产许可证。

第五十条　安全评价机构有下列情形之一的，给予警告，并处1万元以下的罚款；情节严重的，暂停资质半年，并处1万元以上3万元以下的罚款；对相关责任人依法给予处理：

（一）从业人员不到现场开展安全评价活动的；

（二）安全评价报告与实际情况不符，或者安全评价报告存在重大疏漏，但尚未造成重大损失的；

（三）未按照有关法律、法规、规章和国家标准或者行业标准的规定从事安全评价活动的。

第五十一条　承担安全评价、检测、检验的机构出具虚假报告和证明，构成犯罪的，依照刑法有关规定追究刑事责任；尚不够刑事处罚的，没收违法所得，违法所得在5千元以上的，并处违法所得2倍以上5倍以下的罚款，没有违法所得或者违法所得不足5千元的，单处或者并处5千元以上2万元以下的罚款，对其直接负责的主管人员和其他直接责任人员处5千元以上5万元以下的罚款；给他人造成损害的，与企业承担连带赔偿责任。

对有本条第一款违法行为的机构，依法撤销其相应资格；该机构取得的资质由其他部门颁发的，将其违法行为通报相关部门。

第五十二条　本办法规定的行政处罚，由国家安全生产监督管理总局、省级安全生产监督管理部门决定。省级安全生产监督管理部门可以委托设区的市级或者县级安全生产监督管理部门实施。

第七章　附　则

第五十三条　将纯度较低的化学品提纯至纯度较高的危险化学品的，适用本办法。购买某种危险化学品进行分装（包括充装）或者加入非危险化学品的溶剂进行稀释，然后销售或者使用的，不适用本办法。

第五十四条　本办法下列用语的含义：

（一）危险化学品目录，是指国家安全生产监督管理总局会同国务院工业和信息化、公安、环境保护、卫生、质量监督检验检疫、交通运输、铁路、民用航空、农业主管部门，依据《危险化学品安全管理条例》公布的危险化学品目录。

（二）中间产品，是指为满足生产的需要，生产一种或者多种产品为下一个生产过程参与化学反应的原料。

（三）作业场所，是指可能使从业人员接触危险化学品的任何作业活动场所，包括从事危险化学品的生产、操作、处置、储存、装卸等场所。

第五十五条　安全生产许可证由国家安全生产监督管理总局统一印制。

危险化学品安全生产许可的文书、安全生产许可证的格式、内容和编号办法，由国家安全生产监督管理总局另行规定。

第五十六条　省级安全生产监督管理部门可以根据当地实际情况制定安全生产许可证颁发管理的细则，并报国家安全生产监督管理总局备案。

第五十七条　本办法自2011年12月1日起施行。原国家安全生产监督管理局（国家煤矿安全监察局）2004年5月17日公布的《危险化学品生产企业安全生产许可证实施办法》同时废止。

危险化学品输送管道安全管理规定

（国家安全生产监督管理总局令第43号　自2012年3月1日起施行）

第一章　总　则

第一条　为了加强危险化学品输送管道的安全管理，预防和减少危险化学品输送管道生产安全事故，保护人民群众生命财产安全，根据《中华人民共和国安全生产法》和《危险化学品安全管理条例》，制定本规定。

第二条　生产、储存危险化学品的单位在厂区外公共区域埋地、地面和架空的危险化学品输送管道及其附属设施（以下简称危险化学品管道）的安全管理，适用本规定。

原油、天然气、煤层气和城镇燃气管道的安全管理，不适用本规定。

第三条　对危险化学品管道享有所有权或者运行管理权的单位（以下简称管道单位）应当依照有关安全生产法律法规和本规定，落实安全生产主体责任，建立、健全有关危险化学品管道安全生产的规章制度和操作规程并实施，接受安全生产监督管理部门依法实施的监督检查。

第四条　各级安全生产监督管理部门负责危险化学品管道安全生产的监督检查，并依法对危险化学品管道建设项目实施安全条件审查。

第五条　任何单位和个人不得实施危害危险化学品管道安全生产的行为。

对危害危险化学品管道安全生产的行为，任何单位和个人均有权向安全生产监督管理部门举报。接受举报的安全生产监督管理部门应当依法予以处理。

第二章　危险化学品管道的规划

第六条　危险化学品管道建设应当遵循安全第一、节约用地和经济合理的原则，并按照相关国家标准、行业标准和技术规范进行科学规划。

第七条　禁止光气、氯气等剧毒气体化学品管道穿（跨）越公共区域。

严格控制氨、硫化氢等其他有毒气体的危险化学品管道穿（跨）越公共区域。

第八条　危险化学品管道建设的选线应当避开地震活动断层和容易发生洪灾、地质灾害的区域；确实无法避开的，应当采取可靠的工程处理措施，确保不受地质灾害影响。

危险化学品管道与居民区、学校等公共场所以及建筑物、构筑物、铁路、公路、航道、港口、市政设施、通讯设施、军事设施、电力设施的距离，应当符合有关法律、行政法规和国家标准、行业标准的规定。

第三章　危险化学品管道的建设

第九条　对新建、改建、扩建的危险化学品管道，建设单位应当依照国家安全生产监督管理总局有关危险化学品建设项目安全监督管理的规定，依法办理安全条件审查、安全设施设计审查、试生产（使用）方案备案和安全设施竣工验收手续。

第十条　对新建、改建、扩建的危险化学品管道，建设单位应当依照有关法律、行政法规的规定，委托具备相应资质的设计单位进行设计。

第十一条　承担危险化学品管道的施工单位应当具备有关法律、行政法规规定的相应资质。施工单位应当按照有关法律、法规、国家标准、行业标准和技术规范的规定，以及经过批准的安全设施设计进行施工，并对工程质量负责。

参加危险化学品管道焊接、防腐、无损检测作业的人员应当具备相应的操作资格证书。

第十二条　负责危险化学品管道工程的监理单位应当对管道的总体建设质量进行全过程监督，并对危险化学品管道的总体建设质量负责。管道施工单位应当严格按照有关国家标准、行业标准的规定对管道的焊缝和防腐质量进行检查，并按照设计要求对管道进行压力试验和气密性试验。

对敷设在江、河、湖泊或者其他环境敏感区域的危险化学品管道，应当采取增加管道压力设计等级、增加防护套管等措施，确保危险化学品管道安全。

第十三条　危险化学品管道试生产（使用）前，管道单位应当对有关保护措施进行安全检查，科学制定安全投入生产（使用）方案，并严格按照方案实施。

第十四条　危险化学品管道试压半年后一直未投入生产（使用）的，管道单位应当在其投入生产（使用）前重新进行气密性试验；对敷设在江、河或者其他环境敏感区域的危险化学品管道，应当相应缩短重新进行气密性试验的时间间隔。

第四章　危险化学品管道的运行

第十五条　危险化学品管道应当设置明显标志。发现标志毁损的，管道单位应当及时予以修复或者更新。

第十六条　管道单位应当建立、健全危险化学品管道巡护制度，配备专人进行日常巡护。巡护人员发现危害危险化学品管道安全生产情形的，应当立即报告单位负责人并及时处理。

第十七条　管道单位对危险化学品管道存在的事故隐患应当及时排除；对自身排除确有困难的外部事故隐患，应当向当地安全生产监督管理部门报告。

第十八条　管道单位应当按照有关国家标准、行业标准和技术规范对危险化学品管道进行定期检测、维护，确保其处于完好状态；对安全风险较大的区段和场所，应当进行重点监测、监控；对不符合安全标准的危险化学品管道，应当及时更新、改造或者停止使用，并向当地安全生产监督管理部门报告。对涉及更新、改造的危险化学品管道，还应当按照本办法第九条的规定办理安全条件审查手续。

第十九条　管道单位发现下列危害危险化学品管道安全运行行为的，应当及时予以制止，无法处置时应当向当地安全生产监督管理部门报告：

（一）擅自开启、关闭危险化学品管道阀门；

（二）采用移动、切割、打孔、砸撬、拆卸等手段损坏管道及其附属设施；

（三）移动、毁损、涂改管道标志；

（四）在埋地管道上方和巡查便道上行驶重型车辆；

（五）对埋地、地面管道进行占压，在架空管道线路和管桥上行走或者放置重物；

（六）利用地面管道、架空管道、管架桥等固定其他设施缆绳悬挂广告牌、搭建构筑物；

（七）其他危害危险化学品管道安全运行的行为。

第二十条 禁止在危险化学品管道附属设施的上方架设电力线路、通信线路。

第二十一条 在危险化学品管道及其附属设施外缘两侧各5米地域范围内，管道单位发现下列危害管道安全运行的行为的，应当及时予以制止，无法处置时应当向当地安全生产监督管理部门报告：

（一）种植乔木、灌木、藤类、芦苇、竹子或者其他根系深达管道埋设部位可能损坏管道防腐层的深根植物；

（二）取土、采石、用火、堆放重物、排放腐蚀性物质、使用机械工具进行挖掘施工、工程钻探；

（三）挖塘、修渠、修晒场、修建水产养殖场、建温室、建家畜棚圈、建房以及修建其他建（构）筑物。

第二十二条 在危险化学品管道中心线两侧及危险化学品管道附属设施外缘两侧5米外的周边范围内，管道单位发现下列建（构）筑物与管道线路、管道附属设施的距离不符合国家标准、行业标准要求的，应当及时向当地安全生产监督管理部门报告：

（一）居民小区、学校、医院、餐饮娱乐场所、车站、商场等人口密集的建筑物；

（二）加油站、加气站、储油罐、储气罐等易燃易爆物品的生产、经营、存储场所；

（三）变电站、配电站、供水站等公用设施。

第二十三条 在穿越河流的危险化学品管道线路中心线两侧500米地域范围内，管道单位发现有实施抛锚、拖锚、挖沙、采石、水下爆破等作业的，应当及时予以制止，无法处置时应当向当地安全生产监督管理部门报告。但在保障危险化学品管道安全的条件下，为防洪和航道通畅而实施的养护疏浚作业除外。

第二十四条 在危险化学品管道专用隧道中心线两侧1000米地域范围内，管道单位发现有实施采石、采矿、爆破等作业的，应当及时予以制止，无法处置时应当向当地安全生产监督管理部门报告。

在前款规定的地域范围内，因修建铁路、公路、水利等公共工程确需实施采石、爆破等作业的，应当按照本规定第二十五条的规定执行。

第二十五条 实施下列可能危及危险化学品管道安全运行的施工作业的，施工单位应当在开工的7日前书面通知管道单位，将施工作业方案报管道单位，并与管道单位共同制定应急预案，采取相应的安全防护措施，管道单位应当指派专人到现场进行管道安全保护指导：

（一）穿（跨）越管道的施工作业；

（二）在管道线路中心线两侧5米至50米和管道附属设施周边100米地域范围内，新建、改建、扩建铁路、公路、河渠，架设电力线路，埋设地下电缆、光缆，设置安全接地体、避雷接地体；

（三）在管道线路中心线两侧200米和管道附属设施周边500米地域范围内，实施爆破、地震法勘探或者工程挖掘、工程钻探、采矿等作业。

第二十六条 施工单位实施本规定第二十四条第二款、第二十五条规定的作业，应当符合下列条件：

（一）已经制定符合危险化学品管道安全运行要求的施工作业方案；

（二）已经制定应急预案；

（三）施工作业人员已经接受相应的危险化学品管道保护知识教育和培训；

（四）具有保障安全施工作业的设备、设施。

第二十七条 危险化学品管道的专用设施、水工防护设施、专用隧道等附属设施不得用于其他用途；确需用于其他用途的，应当征得管道单位的同意，并采取相应的安全防护措施。

第二十八条 管道单位应当按照有关规定制定本单位危险化学品管道事故应急预案，配备相应的应急救援人员和设备物资，定期组织应急演练。

发生危险化学品管道生产安全事故，管道单位应当立即启动应急预案及响应程序，采取有效措施进行紧急处置，消除或者减轻事故危害，并按照国家规定立即向事故发生地县级以上安全生产监督管理部门报告。

第二十九条 对转产、停产、停止使用的危险化学品管道，管道单位应当采取有效措施及时妥善处置，并将处置方案报县级以上安全生产监督管理部门。

第五章 监督管理

第三十条 省级、设区的市级安全生产监督管理部门应当按照国家安全生产监督管理总局有关危险化学品建设项目安全监督管理的规定，对新建、改建、扩建管道建设项目办理安全条件审查、安全设施设计审查、试生产（使用）方案备案和安全设施竣工验收手续。

第三十一条 安全生产监督管理部门接到管道单位依照本规定第十七条、第十九条、第二十一条、第二十二条、第二十三条、第二十四条提交的有关报告后，应当及时依法予以协调、移送有关主管部门处理或者报请本级人民政府组织处理。

第三十二条 县级以上安全生产监督管理部门接到危险化学品管道生产安全事故报告后，应当按照有关规定及时上报事故情况，并根据实际情况采取事故处置措施。

第六章 法律责任

第三十三条 新建、改建、扩建危险化学品管道建设项目未经安全条件审查的，由安全生产监督管理部门责令停止建设，限期改正；逾期不改正的，处50万元以上100万元以下的罚款；构成犯罪的，依法追究刑事责任。

危险化学品管道建设单位将管道建设项目发包给不具备相应资质等级的勘察、设计、施工单位或者委托给不具有相应资质等级的工程监理单位的，由安全生产监督管理部门移送建设行政主管部门依照《建设工程质量管理条例》第五十四条规定予以处罚。

第三十四条 有下列情形之一的，由安全生产监督管理部门责令改正，可以处5万元以下的罚款；拒不改正的，处5万元以上10万元以下的罚款；情节严重的，责令停产停业整顿。

（一）管道单位未对危险化学品管道设置明显标志或者未按照本规定对管道进行检测、维护的；

（二）进行可能危及危险化学品管道安全的施工作业，施工单位未按照规定书面通知管道单位，或者未与管道单位共同制定应急预案并采取相应的防护措施，或者管道单位未指派专人到现场进行管道安全保护指导的。

第三十五条 对转产、停产、停止使用的危险化学品管道，管道单位未采取有效措施及时、妥善处置的，由安全生产监督管理部门责令改正，处5万元以上10万元以下的罚款；构成犯罪的，依法追究刑事责任。

对转产、停产、停止使用的危险化学品管道，管道单位未按照本规定将处置方案报县级以上安全生产监督管理部门的，由安全生产监督管理部门责令改正，可以处 1 万元以下的罚款；拒不改正的，处 1 万元以上 5 万元以下的罚款。

第三十六条　违反本规定，采用移动、切割、打孔、砸撬、拆卸等手段实施危害危险化学品管道安全行为，尚不构成犯罪的，由有关主管部门依法给予治安管理处罚。

第七章　附　则

第三十七条　本规定所称公共区域是指厂区（包括化工园区、工业园区）以外的区域。

第三十八条　本规定所称危险化学品管道附属设施包括：

（一）管道的加压站、计量站、阀室、阀井、放空设施、储罐、装卸栈桥、装卸场、分输站、减压站等站场；

（二）管道的水工保护设施、防风设施、防雷设施、抗震设施、通信设施、安全监控设施、电力设施、管堤、管桥以及管道专用涵洞、隧道等穿跨越设施；

（三）管道的阴极保护站、阴极保护测试桩、阳极地床、杂散电流排流站等防腐设施；

（四）管道的其他附属设施。

第三十九条　本规定施行前在管道保护距离内已经建成的人口密集场所和易燃易爆物品的生产、经营、存储场所，应当由所在地人民政府根据当地的实际情况，有计划、分步骤地搬迁、清理或者采取必要的防护措施。

第四十条　本规定自 2012 年 3 月 1 日起施行。

危险化学品经营许可证管理办法

（国家安全生产监督管理总局令第55号发布　自2012年9月1日起施行）

第一章　总　则

第一条　为了严格危险化学品经营安全条件，规范危险化学品经营活动，保障人民群众生命、财产安全，根据《中华人民共和国安全生产法》和《危险化学品安全管理条例》，制定本办法。

第二条　在中华人民共和国境内从事列入《危险化学品目录》的危险化学品的经营（包括仓储经营）活动，适用本办法。

民用爆炸物品、放射性物品、核能物质和城镇燃气的经营活动，不适用本办法。

第三条　国家对危险化学品经营实行许可制度。经营危险化学品的企业，应当依照本办法取得危险化学品经营许可证（以下简称经营许可证）。未取得经营许可证，任何单位和个人不得经营危险化学品。

从事下列危险化学品经营活动，不需要取得经营许可证：

（一）依法取得危险化学品安全生产许可证的危险化学品生产企业在其厂区范围内销售本企业生产的危险化学品的；

（二）依法取得港口经营许可证的港口经营人在港区内从事危险化学品仓储经营的。

第四条　经营许可证的颁发管理工作实行企业申请、两级发证、属地监管的原则。

第五条　国家安全生产监督管理总局指导、监督全国经营许可证的颁发和管理工作。

省、自治区、直辖市人民政府安全生产监督管理部门指导、监督本行政区域内经营许可证的颁发和管理工作。

设区的市级人民政府安全生产监督管理部门（以下简称市级发证机关）负责下列企业的经营许可证审批、颁发：

（一）经营剧毒化学品的企业；

（二）经营易制爆危险化学品的企业；

（三）经营汽油加油站的企业；

（四）专门从事危险化学品仓储经营的企业；

（五）从事危险化学品经营活动的中央企业所属省级、设区的市级公司（分公司）；

（六）带有储存设施经营除剧毒化学品、易制爆危险化学品以外的其他危险化学品的企业。

县级人民政府安全生产监督管理部门（以下简称县级发证机关）负责本行政区域内本条第三款规定以外企业的经营许可证审批、颁发；没有设立县级发证机关的，其经营许可证由市级发证机关审批、颁发。

第二章 申请经营许可证的条件

第六条 从事危险化学品经营的单位（以下统称申请人）应当依法登记注册为企业，并具备下列基本条件：

（一）经营和储存场所、设施、建筑物符合《建筑设计防火规范》（GB50016）、《石油化工企业设计防火规范》（GB50160）、《汽车加油加气站设计与施工规范》（GB50156）、《石油库设计规范》（GB50074）等相关国家标准、行业标准的规定；

（二）企业主要负责人和安全生产管理人员具备与本企业危险化学品经营活动相适应的安全生产知识和管理能力，经专门的安全生产培训和安全生产监督管理部门考核合格，取得相应安全资格证书；特种作业人员经专门的安全作业培训，取得特种作业操作证书；其他从业人员依照有关规定经安全生产教育和专业技术培训合格；

（三）有健全的安全生产规章制度和岗位操作规程；

（四）有符合国家规定的危险化学品事故应急预案，并配备必要的应急救援器材、设备；

（五）法律、法规和国家标准或者行业标准规定的其他安全生产条件。

前款规定的安全生产规章制度，是指全员安全生产责任制度、危险化学品购销管理制度、危险化学品安全管理制度（包括防火、防爆、防中毒、防泄漏管理等内容）、安全投入保障制度、安全生产奖惩制度、安全生产教育培训制度、隐患排查治理制度、安全风险管理制度、应急管理制度、事故管理制度、职业卫生管理制度等。

第七条 申请人经营剧毒化学品的，除符合本办法第六条规定的条件外，还应当建立剧毒化学品双人验收、双人保管、双人发货、双把锁、双本账等管理制度。

第八条 申请人带有储存设施经营危险化学品的，除符合本办法第六条规定的条件外，还应当具备下列条件：

（一）新设立的专门从事危险化学品仓储经营的，其储存设施建立在地方人民政府规划的用于危险化学品储存的专门区域内；

（二）储存设施与相关场所、设施、区域的距离符合有关法律、法规、规章和标准的规定；

（三）依照有关规定进行安全评价，安全评价报告符合《危险化学品经营企业安全评价细则》的要求；

（四）专职安全生产管理人员具备国民教育化工化学类或者安全工程类中等职业教育以上学历，或者化工化学类中级以上专业技术职称，或者危险物品安全类注册安全工程师资格；

（五）符合《危险化学品安全管理条例》、《危险化学品重大危险源监督管理暂行规定》、《常用危险化学品贮存通则》（GB15603）的相关规定。

申请人储存易燃、易爆、有毒、易扩散危险化学品的，除符合本条第一款规定的条件外，还应当符合《石油化工可燃气体和有毒气体检测报警设计规范》（GB50493）的规定。

第三章 经营许可证的申请与颁发

第九条 申请人申请经营许可证，应当依照本办法第五条规定向所在地市级或者县级发证机关（以下统称发证机关）提出申请，提交下列文件、资料，并对其真实性负责：

（一）申请经营许可证的文件及申请书；

（二）安全生产规章制度和岗位操作规程的目录清单；

（三）企业主要负责人、安全生产管理人员、特种作业人员的相关资格证书（复制件）和其他从业人员培训合格的证明材料；

（四）经营场所产权证明文件或者租赁证明文件（复制件）；

（五）工商行政管理部门颁发的企业性质营业执照或者企业名称预先核准文件（复制件）；

（六）危险化学品事故应急预案备案登记表（复制件）。

带有储存设施经营危险化学品的，申请人还应当提交下列文件、资料：

（一）储存设施相关证明文件（复制件）；租赁储存设施的，需要提交租赁证明文件（复制件）；储存设施新建、改建、扩建的，需要提交危险化学品建设项目安全设施竣工验收意见书（复制件）；

（二）重大危险源备案证明材料、专职安全生产管理人员的学历证书、技术职称证书或者危险物品安全类注册安全工程师资格证书（复制件）；

（三）安全评价报告。

第十条　发证机关收到申请人提交的文件、资料后，应当按照下列情况分别作出处理：

（一）申请事项不需要取得经营许可证的，当场告知申请人不予受理；

（二）申请事项不属于本发证机关职责范围的，当场作出不予受理的决定，告知申请人向相应的发证机关申请，并退回申请文件、资料；

（三）申请文件、资料存在可以当场更正的错误的，允许申请人当场更正，并受理其申请；

（四）申请文件、资料不齐全或者不符合要求的，当场告知或者在5个工作日内出具补正告知书，一次告知申请人需要补正的全部内容；逾期不告知的，自收到申请文件、资料之日起即为受理；

（五）申请文件、资料齐全，符合要求，或者申请人按照发证机关要求提交全部补正材料的，立即受理其申请。

发证机关受理或者不予受理经营许可证申请，应当出具加盖本机关印章和注明日期的书面凭证。

第十一条　发证机关受理经营许可证申请后，应当组织对申请人提交的文件、资料进行审查，指派2名以上工作人员对申请人的经营场所、储存设施进行现场核查，并自受理之日起30日内作出是否准予许可的决定。

发证机关现场核查以及申请人整改现场核查发现的有关问题和修改有关申请文件、资料所需时间，不计算在前款规定的期限内。

第十二条　发证机关作出准予许可决定的，应当自决定之日起10个工作日内颁发经营许可证；发证机关作出不予许可决定的，应当在10个工作日内书面告知申请人并说明理由，告知书应当加盖本机关印章。

第十三条　经营许可证分为正本、副本，正本为悬挂式，副本为折页式。正本、副本具有同等法律效力。

经营许可证正本、副本应当分别载明下列事项：

（一）企业名称；

（二）企业住所（注册地址、经营场所、储存场所）；

（三）企业法定代表人姓名；

（四）经营方式；

（五）许可范围；

（六）发证日期和有效期限；

（七）证书编号；

（八）发证机关；

（九）有效期延续情况。

第十四条　已经取得经营许可证的企业变更企业名称、主要负责人、注册地址或者危险化学品储存设施及其监控措施的，应当自变更之日起20个工作日内，向本办法第五条规定的发证机关提出书面变更申请，并提交下列文件、资料：

（一）经营许可证变更申请书；

（二）变更后的工商营业执照副本（复制件）；

（三）变更后的主要负责人安全资格证书（复制件）；

（四）变更注册地址的相关证明材料；

（五）变更后的危险化学品储存设施及其监控措施的专项安全评价报告。

第十五条　发证机关受理变更申请后，应当组织对企业提交的文件、资料进行审查，并自收到申请文件、资料之日起10个工作日内作出是否准予变更的决定。

发证机关作出准予变更决定的，应当重新颁发经营许可证，并收回原经营许可证；不予变更的，应当说明理由并书面通知企业。

经营许可证变更的，经营许可证有效期的起始日和截止日不变，但应当载明变更日期。

第十六条　已经取得经营许可证的企业有新建、改建、扩建危险化学品储存设施建设项目的，应当自建设项目安全设施竣工验收合格之日起20个工作日内，向本办法第五条规定的发证机关提出变更申请，并提交危险化学品建设项目安全设施竣工验收意见书（复制件）等相关文件、资料。发证机关应当按照本办法第十条、第十五条的规定进行审查，办理变更手续。

第十七条　已经取得经营许可证的企业，有下列情形之一的，应当按照本办法的规定重新申请办理经营许可证，并提交相关文件、资料：

（一）不带有储存设施的经营企业变更其经营场所的；

（二）带有储存设施的经营企业变更其储存场所的；

（三）仓储经营的企业异地重建的；

（四）经营方式发生变化的；

（五）许可范围发生变化的。

第十八条　经营许可证的有效期为3年。有效期满后，企业需要继续从事危险化学品经营活动的，应当在经营许可证有效期满3个月前，向本办法第五条规定的发证机关提出经营许可证的延期申请，并提交延期申请书及本办法第九条规定的申请文件、资料。

企业提出经营许可证延期申请时，可以同时提出变更申请，并向发证机关提交相关文件、资料。

第十九条　符合下列条件的企业，申请经营许可证延期时，经发证机关同意，可以不提交本办法第九条规定的文件、资料：

（一）严格遵守有关法律、法规和本办法；

（二）取得经营许可证后，加强日常安全生产管理，未降低安全生产条件；

（三）未发生死亡事故或者对社会造成较大影响的生产安全事故。

带有储存设施经营危险化学品的企业，除符合前款规定条件的外，还需要取得并提交危险化学品企业安全生产标准化二级达标证书（复制件）。

第二十条　发证机关受理延期申请后，应当依照本办法第十条、第十一条、第十二条的规定，对延期申请进行审查，并在经营许可证有效期满前作出是否准予延期的决定；发证机关逾期未作出决定的，视为准予延期。

发证机关作出准予延期决定的，经营许可证有效期顺延 3 年。

第二十一条　任何单位和个人不得伪造、变造经营许可证，或者出租、出借、转让其取得的经营许可证，或者使用伪造、变造的经营许可证。

第四章　经营许可证的监督管理

第二十二条　发证机关应当坚持公开、公平、公正的原则，严格依照法律、法规、规章、国家标准、行业标准和本办法规定的条件及程序，审批、颁发经营许可证。

发证机关及其工作人员在经营许可证的审批、颁发和监督管理工作中，不得索取或者接受当事人的财物，不得谋取其他利益。

第二十三条　发证机关应当加强对经营许可证的监督管理，建立、健全经营许可证审批、颁发档案管理制度，并定期向社会公布企业取得经营许可证的情况，接受社会监督。

第二十四条　发证机关应当及时向同级公安机关、环境保护部门通报经营许可证的发放情况。

第二十五条　安全生产监督管理部门在监督检查中，发现已经取得经营许可证的企业不再具备法律、法规、规章、国家标准、行业标准和本办法规定的安全生产条件，或者存在违反法律、法规、规章和本办法规定的行为的，应当依法作出处理，并及时告知原发证机关。

第二十六条　发证机关发现企业以欺骗、贿赂等不正当手段取得经营许可证的，应当撤销已经颁发的经营许可证。

第二十七条　已经取得经营许可证的企业有下列情形之一的，发证机关应当注销其经营许可证：

（一）经营许可证有效期届满未被批准延期的；

（二）终止危险化学品经营活动的；

（三）经营许可证被依法撤销的；

（四）经营许可证被依法吊销的。

发证机关注销经营许可证后，应当在当地主要新闻媒体或者本机关网站上发布公告，并通报企业所在地人民政府和县级以上安全生产监督管理部门。

第二十八条　县级发证机关应当将本行政区域内上一年度经营许可证的审批、颁发和监督管理情况报告市级发证机关。

市级发证机关应当将本行政区域内上一年度经营许可证的审批、颁发和监督管理情况报告省、自治区、直辖市人民政府安全生产监督管理部门。

省、自治区、直辖市人民政府安全生产监督管理部门应当按照有关统计规定，将本行政区域内上一年度经营许可证的审批、颁发和监督管理情况报告国家安全生产监督管理总局。

第五章　法律责任

第二十九条　未取得经营许可证从事危险化学品经营的，依照《中华人民共和国安全生产法》有关未经依法批准擅自生产、经营、储存危险物品的法律责任条款并处罚款；构成犯罪的，依法追究刑事责任。

企业在经营许可证有效期届满后，仍然从事危险化学品经营的，依照前款规定给予处罚。

第三十条　带有储存设施的企业违反《危险化学品安全管理条例》规定，有下列情形之一的，责令改正，处 5 万元以上 10 万元以下的罚款；拒不改正的，责令停产停业整顿；经停产停业整顿仍不具备法律、法规、规章、国家标准和行业标准规定的安全生产条件的，吊销其经营许可证：

（一）对重复使用的危险化学品包装物、容器，在重复使用前不进行检查的；

（二）未根据其储存的危险化学品的种类和危险特性，在作业场所设置相关安全设施、设备，或者未按照国家标准、行业标准或者国家有关规定对安全设施、设备进行经常性维护、保养的；

（三）未将危险化学品储存在专用仓库内，或者未将剧毒化学品以及储存数量构成重大危险源的其他危险化学品在专用仓库内单独存放的；

（四）未对其安全生产条件定期进行安全评价的；

（五）危险化学品的储存方式、方法或者储存数量不符合国家标准或者国家有关规定的；

（六）危险化学品专用仓库不符合国家标准、行业标准的要求的；

（七）未对危险化学品专用仓库的安全设施、设备定期进行检测、检验的。

第三十一条 伪造、变造或者出租、出借、转让经营许可证，或者使用伪造、变造的经营许可证的，处10万元以上20万元以下的罚款，有违法所得的，没收违法所得；构成违反治安管理行为的，依法给予治安管理处罚；构成犯罪的，依法追究刑事责任。

第三十二条 已经取得经营许可证的企业不再具备法律、法规和本办法规定的安全生产条件的，责令改正；逾期不改正的，责令停产停业整顿；经停产停业整顿仍不具备法律、法规、规章、国家标准和行业标准规定的安全生产条件的，吊销其经营许可证。

第三十三条 已经取得经营许可证的企业出现本办法第十四条、第十六条规定的情形之一，未依照本办法的规定申请变更的，责令限期改正，处1万元以下的罚款；逾期仍不申请变更的，处1万元以上3万元以下的罚款。

第三十四条 安全生产监督管理部门的工作人员徇私舞弊、滥用职权、弄虚作假、玩忽职守，未依法履行危险化学品经营许可证审批、颁发和监督管理职责的，依照有关规定给予处分。

第三十五条 承担安全评价的机构和安全评价人员出具虚假评价报告的，依照有关法律、法规、规章的规定给予行政处罚；构成犯罪的，依法追究刑事责任。

第三十六条 本办法规定的行政处罚，由安全生产监督管理部门决定。其中，本办法第三十一条规定的行政处罚和第三十条、第三十二条规定的吊销经营许可证的行政处罚，由发证机关决定。

第六章 附 则

第三十七条 购买危险化学品进行分装、充装或者加入非危险化学品的溶剂进行稀释，然后销售的，依照本办法执行。

使用长输管道输送并经营危险化学品的，应当向经营地点所在地发证机关申请经营许可证。

本办法所称储存设施，是指按照《危险化学品重大危险源辨识》（GB18218）确定，储存的危险化学品数量构成重大危险源的设施。

第三十八条 本办法施行前已取得经营许可证的企业，在其经营许可证有效期内可以继续从事危险化学品经营；经营许可证有效期届满后需要继续从事危险化学品经营的，应当依照本办法的规定重新申请经营许可证。

本办法施行前取得经营许可证的非企业的单位或者个人，在其经营许可证有效期内可以继续从事危险化学品经营；经营许可证有效期届满后需要继续从事危险化学品经营的，应当先依法登记为企业，再依照本办法的规定申请经营许可证。

第三十九条 经营许可证由国家安全生产监督管理总局统一印制。

第四十条 本办法自2012年9月1日起施行。原国家经济贸易委员会2002年10月8日公布的《危险化学品经营许可证管理办法》同时废止。

危险化学品登记管理办法

（国家安全生产监督管理总局令第53号发布　自2012年8月1日起施行）

第一章　总　则

第一条　为了加强对危险化学品的安全管理，规范危险化学品登记工作，为危险化学品事故预防和应急救援提供技术、信息支持，根据《危险化学品安全管理条例》，制定本办法。

第二条　本办法适用于危险化学品生产企业、进口企业（以下统称登记企业）生产或者进口《危险化学品目录》所列危险化学品的登记和管理工作。

第三条　国家实行危险化学品登记制度。危险化学品登记实行企业申请、两级审核、统一发证、分级管理的原则。

第四条　国家安全生产监督管理总局负责全国危险化学品登记的监督管理工作。

县级以上地方各级人民政府安全生产监督管理部门负责本行政区域内危险化学品登记的监督管理工作。

第二章　登记机构

第五条　国家安全生产监督管理总局化学品登记中心（以下简称登记中心），承办全国危险化学品登记的具体工作和技术管理工作。

省、自治区、直辖市人民政府安全生产监督管理部门设立危险化学品登记办公室或者危险化学品登记中心（以下简称登记办公室），承办本行政区域内危险化学品登记的具体工作和技术管理工作。

第六条　登记中心履行下列职责：

（一）组织、协调和指导全国危险化学品登记工作；

（二）负责全国危险化学品登记内容审核、危险化学品登记证的颁发和管理工作；

（三）负责管理与维护全国危险化学品登记信息管理系统（以下简称登记系统）以及危险化学品登记信息的动态统计分析工作；

（四）负责管理与维护国家危险化学品事故应急咨询电话，并提供24小时应急咨询服务；

（五）组织化学品危险性评估，对未分类的化学品统一进行危险性分类；

（六）对登记办公室进行业务指导，负责全国登记办公室危险化学品登记人员的培训工作；

（七）定期将危险化学品的登记情况通报国务院有关部门，并向社会公告。

第七条　登记办公室履行下列职责：

（一）组织本行政区域内危险化学品登记工作；

（二）对登记企业申报材料的规范性、内容一致性进行审查；

（三）负责本行政区域内危险化学品登记信息的统计分析工作；

（四）提供危险化学品事故预防与应急救援信息支持；

（五）协助本行政区域内安全生产监督管理部门开展登记培训，指导登记企业实施危险化学品登记工作。

第八条 登记中心和登记办公室（以下统称登记机构）从事危险化学品登记的工作人员（以下简称登记人员）应当具有化工、化学、安全工程等相关专业大学专科以上学历，并经统一业务培训，取得培训合格证，方可上岗作业。

第九条 登记办公室应当具备下列条件：

（一）有 3 名以上登记人员；

（二）有严格的责任制度、保密制度、档案管理制度和数据库维护制度；

（三）配备必要的办公设备、设施。

第三章 登记的时间、内容和程序

第十条 新建的生产企业应当在竣工验收前办理危险化学品登记。

进口企业应当在首次进口前办理危险化学品登记。

第十一条 同一企业生产、进口同一品种危险化学品的，按照生产企业进行一次登记，但应当提交进口危险化学品的有关信息。

进口企业进口不同制造商的同一品种危险化学品的，按照首次进口制造商的危险化学品进行一次登记，但应当提交其他制造商的危险化学品的有关信息。

生产企业、进口企业多次进口同一制造商的同一品种危险化学品的，只进行一次登记。

第十二条 危险化学品登记应当包括下列内容：

（一）分类和标签信息，包括危险化学品的危险性类别、象形图、警示词、危险性说明、防范说明等；

（二）物理、化学性质，包括危险化学品的外观与性状、溶解性、熔点、沸点等物理性质，闪点、爆炸极限、自燃温度、分解温度等化学性质；

（三）主要用途，包括企业推荐的产品合法用途、禁止或者限制的用途等；

（四）危险特性，包括危险化学品的物理危险性、环境危害性和毒理特性；

（五）储存、使用、运输的安全要求，其中，储存的安全要求包括对建筑条件、库房条件、安全条件、环境卫生条件、温度和湿度条件的要求，使用的安全要求包括使用时的操作条件、作业人员防护措施、使用现场危害控制措施等，运输的安全要求包括对运输或者输送方式的要求、危害信息向有关运输人员的传递手段、装卸及运输过程中的安全措施等；

（六）出现危险情况的应急处置措施，包括危险化学品在生产、使用、储存、运输过程中发生火灾、爆炸、泄漏、中毒、窒息、灼伤等化学品事故时的应急处理方法，应急咨询服务电话等。

第十三条 危险化学品登记按照下列程序办理：

（一）登记企业通过登记系统提出申请；

（二）登记办公室在 3 个工作日内对登记企业提出的申请进行初步审查，符合条件的，通过登记系统通知登记企业办理登记手续；

（三）登记企业接到登记办公室通知后，按照有关要求在登记系统中如实填写登记内容，并向登记办公室提交有关纸质登记材料；

（四）登记办公室在收到登记企业的登记材料之日起20个工作日内，对登记材料和登记内容逐项进行审查，必要时可进行现场核查，符合要求的，将登记材料提交给登记中心；不符合要求的，通过登记系统告知登记企业并说明理由；

（五）登记中心在收到登记办公室提交的登记材料之日起15个工作日内，对登记材料和登记内容进行审核，符合要求的，通过登记办公室向登记企业发放危险化学品登记证；不符合要求的，通过登记系统告知登记办公室、登记企业并说明理由。

登记企业修改登记材料和整改问题所需时间，不计算在前款规定的期限内。

第十四条 登记企业办理危险化学品登记时，应当提交下列材料，并对其内容的真实性负责：

（一）危险化学品登记表一式2份；

（二）生产企业的工商营业执照，进口企业的对外贸易经营者备案登记表、中华人民共和国进出口企业资质证书、中华人民共和国外商投资企业批准证书或者台港澳侨投资企业批准证书复制件1份；

（三）与其生产、进口的危险化学品相符并符合国家标准的化学品安全技术说明书、化学品安全标签各1份；

（四）满足本办法第二十二条规定的应急咨询服务电话号码或者应急咨询服务委托书复制件1份；

（五）办理登记的危险化学品产品标准（采用国家标准或者行业标准的，提供所采用的标准编号）。

第十五条 登记企业在危险化学品登记证有效期内，企业名称、注册地址、登记品种、应急咨询服务电话发生变化，或者发现其生产、进口的危险化学品有新的危险特性的，应当在15个工作日内向登记办公室提出变更申请，并按照下列程序办理登记内容变更手续：

（一）通过登记系统填写危险化学品登记变更申请表，并向登记办公室提交涉及变更事项的证明材料1份；

（二）登记办公室初步审查登记企业的登记变更申请，符合条件的，通知登记企业提交变更后的登记材料，并对登记材料进行审查，符合要求的，提交给登记中心；不符合要求的，通过登记系统告知登记企业并说明理由；

（三）登记中心对登记办公室提交的登记材料进行审核，符合要求且属于危险化学品登记证载明事项的，通过登记办公室向登记企业发放登记变更后的危险化学品登记证并收回原证；符合要求但不属于危险化学品登记证载明事项的，通过登记办公室向登记企业提供书面证明文件。

第十六条 危险化学品登记证有效期为3年。登记证有效期满后，登记企业继续从事危险化学品生产或者进口的，应当在登记证有效期届满前3个月提出复核换证申请，并按下列程序办理复核换证：

（一）通过登记系统填写危险化学品复核换证申请表；

（二）登记办公室审查登记企业的复核换证申请，符合条件的，通过登记系统告知登记企业提交本规定第十四条规定的登记材料；不符合条件的，通过登记系统告知登记企业并说明理由；

（三）按照本办法第十三条第一款第三项、第四项、第五项规定的程序办理复核换证手续。

第十七条 危险化学品登记证分为正本、副本，正本为悬挂式，副本为折页式。正本、副本具有同等法律效力。

危险化学品登记证正本、副本应当载明证书编号、企业名称、注册地址、企业性质、登记品种、有效期、发证机关、发证日期等内容。其中，企业性质应当注明危险化学品生产企业、危险化学品进口企业或者危险化学品生产企业（兼进口）。

第四章 登记企业的职责

第十八条 登记企业应当对本企业的各类危险化学品进行普查，建立危险化学品管理档案。

危险化学品管理档案应当包括危险化学品名称、数量、标识信息、危险性分类和化学品安全技术说明书、化学品安全标签等内容。

第十九条 登记企业应当按照规定向登记机构办理危险化学品登记，如实填报登记内容和提交有关材料，并接受安全生产监督管理部门依法进行的监督检查。

第二十条 登记企业应当指定人员负责危险化学品登记的相关工作，配合登记人员在必要时对本企业危险化学品登记内容进行核查。

登记企业从事危险化学品登记的人员应当具备危险化学品登记相关知识和能力。

第二十一条 对危险特性尚未确定的化学品，登记企业应当按照国家关于化学品危险性鉴定的有关规定，委托具有国家规定资质的机构对其进行危险性鉴定；属于危险化学品的，应当依照本办法的规定进行登记。

第二十二条 危险化学品生产企业应当设立由专职人员 24 小时值守的国内固定服务电话，针对本办法第十二条规定的内容向用户提供危险化学品事故应急咨询服务，为危险化学品事故应急救援提供技术指导和必要的协助。专职值守人员应当熟悉本企业危险化学品的危险特性和应急处置技术，准确回答有关咨询问题。

危险化学品生产企业不能提供前款规定应急咨询服务的，应当委托登记机构代理应急咨询服务。

危险化学品进口企业应当自行或者委托进口代理商、登记机构提供符合本条第一款要求的应急咨询服务，并在其进口的危险化学品安全标签上标明应急咨询服务电话号码。

从事代理应急咨询服务的登记机构，应当设立由专职人员 24 小时值守的国内固定服务电话，建有完善的化学品应急救援数据库，配备在线数字录音设备和 8 名以上专业人员，能够同时受理 3 起以上应急咨询，准确提供化学品泄漏、火灾、爆炸、中毒等事故应急处置有关信息和建议。

第二十三条 登记企业不得转让、冒用或者使用伪造的危险化学品登记证。

第五章 监督管理

第二十四条 安全生产监督管理部门应当将危险化学品登记情况纳入危险化学品安全执法检查内容，对登记企业未按照规定予以登记的，依法予以处理。

第二十五条 登记办公室应当对本行政区域内危险化学品的登记数据及时进行汇总、统计、分析，并报告省、自治区、直辖市人民政府安全生产监督管理部门。

第二十六条 登记中心应当定期向国务院工业和信息化、环境保护、公安、卫生、交通运输、铁路、质量监督检验检疫等部门提供危险化学品登记的有关信息和资料，并向社会公告。

第二十七条 登记办公室应当在每年 1 月 31 日前向所属省、自治区、直辖市人民政府安全生产监督管理部门和登记中心书面报告上一年度本行政区域内危险化学品登记的情况。

登记中心应当在每年 2 月 15 日前向国家安全生产监督管理总局书面报告上一年度全国危险化学品登记的情况。

第六章　法律责任

第二十八条　登记机构的登记人员违规操作、弄虚作假、滥发证书，在规定限期内无故不予登记且无明确答复，或者泄露登记企业商业秘密的，责令改正，并追究有关责任人员的责任。

第二十九条　登记企业不办理危险化学品登记，登记品种发生变化或者发现其生产、进口的危险化学品有新的危险特性不办理危险化学品登记内容变更手续的，责令改正，可以处5万元以下的罚款；拒不改正的，处5万元以上10万元以下的罚款；情节严重的，责令停产停业整顿。

第三十条　登记企业有下列行为之一的，责令改正，可以处3万元以下的罚款：

（一）未向用户提供应急咨询服务或者应急咨询服务不符合本办法第二十二条规定的；

（二）在危险化学品登记证有效期内企业名称、注册地址、应急咨询服务电话发生变化，未按规定按时办理危险化学品登记变更手续的；

（三）危险化学品登记证有效期满后，未按规定申请复核换证，继续进行生产或者进口的；

（四）转让、冒用或者使用伪造的危险化学品登记证，或者不如实填报登记内容、提交有关材料的；

（五）拒绝、阻挠登记机构对本企业危险化学品登记情况进行现场核查的。

第七章　附　则

第三十一条　本办法所称危险化学品进口企业，是指依法设立且取得工商营业执照，并取得下列证明文件之一，从事危险化学品进口的企业：

（一）对外贸易经营者备案登记表；

（二）中华人民共和国进出口企业资质证书；

（三）中华人民共和国外商投资企业批准证书；

（四）台港澳侨投资企业批准证书。

第三十二条　登记企业在本办法施行前已经取得的危险化学品登记证，其有效期不变；有效期满后继续从事危险化学品生产、进口活动的，应当依照本办法的规定办理危险化学品登记证复核换证手续。

第三十三条　危险化学品登记证由国家安全生产监督管理总局统一印制。

第三十四条　本办法自2012年8月1日起施行。原国家经济贸易委员会2002年10月8日公布的《危险化学品登记管理办法》同时废止。

危险化学品安全使用许可证实施办法

（国家安全生产监督管理总局令第57号　自2013年5月1日起施行）

第一章　总　则

第一条　为了严格使用危险化学品从事生产的化工企业安全生产条件，规范危险化学品安全使用许可证的颁发和管理工作，根据《危险化学品安全管理条例》和有关法律、行政法规，制定本办法。

第二条　本办法适用于列入危险化学品安全使用许可适用行业目录、使用危险化学品从事生产并且达到危险化学品使用量的数量标准的化工企业（危险化学品生产企业除外，以下简称企业）。

使用危险化学品作为燃料的企业不适用本办法。

第三条　企业应当依照本办法的规定取得危险化学品安全使用许可证（以下简称安全使用许可证）。

第四条　安全使用许可证的颁发管理工作实行企业申请、市级发证、属地监管的原则。

第五条　国家安全生产监督管理总局负责指导、监督全国安全使用许可证的颁发管理工作。

省、自治区、直辖市人民政府安全生产监督管理部门（以下简称省级安全生产监督管理部门）负责指导、监督本行政区域内安全使用许可证的颁发管理工作。

设区的市级人民政府安全生产监督管理部门（以下简称发证机关）负责本行政区域内安全使用许可证的审批、颁发和管理，不得再委托其他单位、组织或者个人实施。

第二章　申请安全使用许可证的条件

第六条　企业与重要场所、设施、区域的距离和总体布局应当符合下列要求，并确保安全：

（一）储存危险化学品数量构成重大危险源的储存设施，与《危险化学品安全管理条例》第十九条第一款规定的八类场所、设施、区域的距离符合国家有关法律、法规、规章和国家标准或者行业标准的规定；

（二）总体布局符合《工业企业总平面设计规范》（GB50187）、《化工企业总图运输设计规范》（GB50489）、《建筑设计防火规范》（GB50016）等相关标准的要求；石油化工企业还应当符合《石油化工企业设计防火规范》（GB50160）的要求；

（三）新建企业符合国家产业政策、当地县级以上（含县级）人民政府的规划和布局。

第七条　企业的厂房、作业场所、储存设施和安全设施、设备、工艺应当符合下列要求：

（一）新建、改建、扩建使用危险化学品的化工建设项目（以下统称建设项目）由具备国家规定资质的设计单位设计和施工单位建设；其中，涉及国家安全生产监督管理总局公布的重点监管危险化工工艺、重点监管危险化学品的装置，由具备石油化工医药行业相应资质的设计单位设计；

（二）不得采用国家明令淘汰、禁止使用和危及安全生产的工艺、设备；新开发的使用危险化学品从事化工生产的工艺（以下简称化工工艺），在小试、中试、工业化试验的基础上逐步放大到工业化生产；国内首次使用的化工工艺，经过省级人民政府有关部门组织的安全可靠性论证；

（三）涉及国家安全生产监督管理总局公布的重点监管危险化工工艺、重点监管危险化学品的装置装设自动化控制系统；涉及国家安全生产监督管理总局公布的重点监管危险化工工艺的大型化工装置装设紧急停车系统；涉及易燃易爆、有毒有害气体化学品的作业场所装设易燃易爆、有毒有害介质泄漏报警等安全设施；

（四）新建企业的生产区与非生产区分开设置，并符合国家标准或者行业标准规定的距离；

（五）新建企业的生产装置和储存设施之间及其建（构）筑物之间的距离符合国家标准或者行业标准的规定。

同一厂区内（生产或者储存区域）的设备、设施及建（构）筑物的布置应当适用同一标准的规定。

第八条　企业应当依法设置安全生产管理机构，按照国家规定配备专职安全生产管理人员。配备的专职安全生产管理人员必须能够满足安全生产的需要。

第九条　企业主要负责人、分管安全负责人和安全生产管理人员必须具备与其从事生产经营活动相适应的安全知识和管理能力，参加安全资格培训，并经考核合格，取得安全资格证书。

特种作业人员应当依照《特种作业人员安全技术培训考核管理规定》，经专门的安全技术培训并考核合格，取得特种作业操作证书。

本条第一款、第二款规定以外的其他从业人员应当按照国家有关规定，经安全教育培训合格。

第十条　企业应当建立全员安全生产责任制，保证每位从业人员的安全生产责任与职务、岗位相匹配。

第十一条　企业根据化工工艺、装置、设施等实际情况，至少应当制定、完善下列主要安全生产规章制度：

（一）安全生产例会等安全生产会议制度；

（二）安全投入保障制度；

（三）安全生产奖惩制度；

（四）安全培训教育制度；

（五）领导干部轮流现场带班制度；

（六）特种作业人员管理制度；

（七）安全检查和隐患排查治理制度；

（八）重大危险源的评估和安全管理制度；

（九）变更管理制度；

（十）应急管理制度；

（十一）生产安全事故或者重大事件管理制度；

（十二）防火、防爆、防中毒、防泄漏管理制度；

（十三）工艺、设备、电气仪表、公用工程安全管理制度；

（十四）动火、进入受限空间、吊装、高处、盲板抽堵、临时用电、动土、断路、设备检维修等作业安全管理制度；

（十五）危险化学品安全管理制度；

（十六）职业健康相关管理制度；

（十七）劳动防护用品使用维护管理制度；

（十八）承包商管理制度；

（十九）安全管理制度及操作规程定期修订制度。

第十二条　企业应当根据工艺、技术、设备特点和原辅料的危险性等情况编制岗位安全操作规程。

第十三条　企业应当依法委托具备国家规定资质条件的安全评价机构进行安全评价，并按照安全评价报告的意见对存在的安全生产问题进行整改。

第十四条　企业应当有相应的职业病危害防护设施，并为从业人员配备符合国家标准或者行业标准的劳动防护用品。

第十五条　企业应当依据《危险化学品重大危险源辨识》（GB18218），对本企业的生产、储存和使用装置、设施或者场所进行重大危险源辨识。

对于已经确定为重大危险源的，应当按照《危险化学品重大危险源监督管理暂行规定》进行安全管理。

第十六条　企业应当符合下列应急管理要求：

（一）按照国家有关规定编制危险化学品事故应急预案，并报送有关部门备案；

（二）建立应急救援组织，明确应急救援人员，配备必要的应急救援器材、设备设施，并按照规定定期进行应急预案演练。

储存和使用氯气、氨气等对皮肤有强烈刺激的吸入性有毒有害气体的企业，除符合本条第一款的规定外，还应当配备至少两套以上全封闭防化服；构成重大危险源的，还应当设立气体防护站（组）。

第十七条　企业除符合本章规定的安全使用条件外，还应当符合有关法律、行政法规和国家标准或者行业标准规定的其他安全使用条件。

第三章　安全使用许可证的申请

第十八条　企业向发证机关申请安全使用许可证时，应当提交下列文件、资料，并对其内容的真实性负责：

（一）申请安全使用许可证的文件及申请书；

（二）新建企业的选址布局符合国家产业政策、当地县级以上人民政府的规划和布局的证明材料复制件；

（三）安全生产责任制文件，安全生产规章制度、岗位安全操作规程清单；

（四）设置安全生产管理机构，配备专职安全生产管理人员的文件复制件；

（五）主要负责人、分管安全负责人、安全生产管理人员安全资格证和特种作业人员操作证复制件；

（六）危险化学品事故应急救援预案的备案证明文件；

（七）由供货单位提供的所使用危险化学品的安全技术说明书和安全标签；

（八）工商营业执照副本或者工商核准文件复制件；

（九）安全评价报告及其整改结果的报告；

（十）新建企业的建设项目安全设施竣工验收意见书或备案证明复制件；

（十一）应急救援组织、应急救援人员，以及应急救援器材、设备设施清单。

有危险化学品重大危险源的企业，除应当提交本条第一款规定的文件、资料外，还应当提交重大危险源的备案证明文件。

第十九条　新建企业安全使用许可证的申请，应当在建设项目安全设施竣工验收通过之日起10个工作日内提出。

第四章　安全使用许可证的颁发

第二十条　发证机关收到企业申请文件、资料后，应当按照下列情况分别作出处理：

（一）申请事项依法不需要取得安全使用许可证的，当场告知企业不予受理；

（二）申请材料存在可以当场更正的错误的，允许企业当场更正；

（三）申请材料不齐全或者不符合法定形式的，当场或者在5个工作日内一次告知企业需要补正的全部内容，并出具补正告知书；逾期不告知的，自收到申请材料之日起即为受理；

（四）企业申请材料齐全、符合法定形式，或者按照发证机关要求提交全部补正申请材料的，立即受理其申请。

发证机关受理或者不予受理行政许可申请，应当出具加盖本机关专用印章和注明日期的书面凭证。

第二十一条　安全使用许可证申请受理后，发证机关应当组织人员对企业提交的申请文件、资料进行审查。对企业提交的文件、资料内容存在疑问，需要到现场核查的，应当指派工作人员对有关内容进行现场核查。工作人员应当如实提出书面核查意见。

第二十二条　发证机关应当在受理之日起45日内作出是否准予许可的决定。发证机关现场核查和企业整改有关问题所需时间不计算在本条规定的期限内。

第二十三条　发证机关作出准予许可的决定的，应当自决定之日起10个工作日内颁发安全使用许可证。

发证机关作出不予许可的决定的，应当在10个工作日内书面告知企业并说明理由。

第二十四条　企业在安全使用许可证有效期内变更主要负责人、企业名称或者注册地址的，应当自工商营业执照变更之日起10个工作日内提出变更申请，并提交下列文件、资料：

（一）变更申请书；

（二）变更后的工商营业执照副本复制件；

（三）变更主要负责人的，还应当提供主要负责人经安全生产监督管理部门考核合格后颁发的安全资格证复制件；

（四）变更注册地址的，还应当提供相关证明材料。

对已经受理的变更申请，发证机关对企业提交的文件、资料审查无误后，方可办理安全使用许可证变更手续。

企业在安全使用许可证有效期内变更隶属关系的，应当在隶属关系变更之日起10日内向发证机关提交证明材料。

第二十五条　企业在安全使用许可证有效期内，有下列情形之一的，发证机关按照本办法第二十条、第二十一条、第二十二条、第二十三条的规定办理变更手续：

（一）增加使用的危险化学品品种，且达到危险化学品使用量的数量标准规定的；

（二）涉及危险化学品安全使用许可范围的新建、改建、扩建建设项目的；

（三）改变工艺技术对企业的安全生产条件产生重大影响的。

有本条第一款第一项规定情形的企业，应当在增加前提出变更申请。

有本条第一款第二项规定情形的企业，应当在建设项目安全设施竣工验收合格之日起10个工作日内向原发证机关提出变更申请，并提交建设项目安全设施竣工验收意见书或备案证明等相关文件、资料。

有本条第一款第一项、第三项规定情形的企业，应当进行专项安全验收评价，并对安全评价报告中提出的问题进行整改；在整改完成后，向原发证机关提出变更申请并提交安全验收评价报告。

第二十六条 安全使用许可证有效期为3年。企业安全使用许可证有效期届满后需要继续使用危险化学品从事生产，且达到危险化学品使用量的数量标准规定的，应当在安全使用许可证有效期届满前3个月提出延期申请，并提交本办法第十八条规定的文件、资料。

发证机关按照本办法第二十条、第二十一条、第二十二条、第二十三条的规定进行审查，并作出是否准予延期的决定。

第二十七条 企业取得安全使用许可证后，符合下列条件的，其安全使用许可证届满办理延期手续时，经原发证机关同意，可以不提交第十八条第一款第二项、第五项、第九项和第十八条第二款规定的文件、资料，直接办理延期手续：

（一）严格遵守有关法律、法规和本办法的；

（二）取得安全使用许可证后，加强日常安全管理，未降低安全使用条件，并达到安全生产标准化等级二级以上的；

（三）未发生造成人员死亡的生产安全责任事故的。

企业符合本条第一款第二项、第三项规定条件的，应当在延期申请书中予以说明，并出具二级以上安全生产标准化证书复印件。

第二十八条 安全使用许可证分为正本、副本，正本为悬挂式，副本为折页式，正、副本具有同等法律效力。

发证机关应当分别在安全使用许可证正、副本上注明编号、企业名称、主要负责人、注册地址、经济类型、许可范围、有效期、发证机关、发证日期等内容。其中，“许可范围”正本上注明“危险化学品使用”，副本上注明使用危险化学品从事生产的地址和对应的具体品种、年使用量。

第二十九条 企业不得伪造、变造安全使用许可证，或者出租、出借、转让其取得的安全使用许可证，或者使用伪造、变造的安全使用许可证。

第五章 监督管理

第三十条 发证机关应当坚持公开、公平、公正的原则，依照本办法和有关行政许可的法律法规规定，颁发安全使用许可证。

发证机关工作人员在安全使用许可证颁发及其监督管理工作中，不得索取或者接受企业的财物，不得谋取其他非法利益。

第三十一条 发证机关应当加强对安全使用许可证的监督管理，建立、健全安全使用许可证档案管理制度。

第三十二条 有下列情形之一的，发证机关应当撤销已经颁发的安全使用许可证：

（一）滥用职权、玩忽职守颁发安全使用许可证的；

（二）超越职权颁发安全使用许可证的；

（三）违反本办法规定的程序颁发安全使用许可证的；

（四）对不具备申请资格或者不符合法定条件的企业颁发安全使用许可证的；

（五）以欺骗、贿赂等不正当手段取得安全使用许可证的。

第三十三条 企业取得安全使用许可证后有下列情形之一的，发证机关应当注销其安全使用许可证：

（一）安全使用许可证有效期届满未被批准延期的；

（二）终止使用危险化学品从事生产的；

（三）继续使用危险化学品从事生产，但使用量降低后未达到危险化学品使用量的数量标准规定的；

（四）安全使用许可证被依法撤销的；

（五）安全使用许可证被依法吊销的。

安全使用许可证注销后，发证机关应当在当地主要新闻媒体或者本机关网站上予以公告，并向省级和企业所在地县级安全生产监督管理部门通报。

第三十四条 发证机关应当将其颁发安全使用许可证的情况及时向同级环境保护主管部门和公安机关通报。

第三十五条 发证机关应当于每年1月10日前，将本行政区域内上年度安全使用许可证的颁发和管理情况报省级安全生产监督管理部门，并定期向社会公布企业取得安全使用许可证的情况，接受社会监督。

省级安全生产监督管理部门应当于每年1月15日前，将本行政区域内上年度安全使用许可证的颁发和管理情况报国家安全生产监督管理总局。

第六章 法律责任

第三十六条 发证机关工作人员在对危险化学品使用许可证的颁发管理工作中滥用职权、玩忽职守、徇私舞弊，构成犯罪的，依法追究刑事责任；尚不构成犯罪的，依法给予处分。

第三十七条 企业未取得安全使用许可证，擅自使用危险化学品从事生产，且达到危险化学品使用量的数量标准规定的，责令立即停止违法行为并限期改正，处10万元以上20万元以下的罚款；逾期不改正的，责令停产整顿。

企业在安全使用许可证有效期届满后未办理延期手续，仍然使用危险化学品从事生产，且达到危险化学品使用量的数量标准规定的，依照前款规定给予处罚。

第三十八条 企业伪造、变造或者出租、出借、转让安全使用许可证，或者使用伪造、变造的安全使用许可证的，处10万元以上20万元以下的罚款，有违法所得的，没收违法所得；构成违反治安管理行为的，依法给予治安管理处罚；构成犯罪的，依法追究刑事责任。

第三十九条 企业在安全使用许可证有效期内主要负责人、企业名称、注册地址、隶属关系发生变更，未按照本办法第二十四条规定的时限提出安全使用许可证变更申请或者将隶属关系变更证明材料报发证机关的，责令限期办理变更手续，处1万元以上3万元以下的罚款。

第四十条 企业在安全使用许可证有效期内有下列情形之一，未按照本办法第二十五条的规定提出变更申请，继续从事生产的，责令限期改正，处1万元以上3万元以下的罚款：

（一）增加使用的危险化学品品种，且达到危险化学品使用量的数量标准规定的；

（二）涉及危险化学品安全使用许可范围的新建、改建、扩建建设项目，其安全设施已经竣工验收合格的；

（三）改变工艺技术对企业的安全生产条件产生重大影响的。

第四十一条 发现企业隐瞒有关情况或者提供虚假文件、资料申请安全使用许可证的，发证机关不予受理或者不予颁发安全使用许可证，并给予警告，该企业在1年内不得再次申请安全使用许可证。

企业以欺骗、贿赂等不正当手段取得安全使用许可证的，自发证机关撤销其安全使用许可证之日起3年内，该企业不得再次申请安全使用许可证。

第四十二条　安全评价机构有下列情形之一的，给予警告，并处1万元以下的罚款；情节严重的，暂停资质6个月，并处1万元以上3万元以下的罚款；对相关责任人依法给予处理：

（一）从业人员不到现场开展安全评价活动的；

（二）安全评价报告与实际情况不符，或者安全评价报告存在重大疏漏，但尚未造成重大损失的；

（三）未按照有关法律、法规、规章和国家标准或者行业标准的规定从事安全评价活动的。

第四十三条　承担安全评价的机构出具虚假报告和证明，构成犯罪的，依照刑法有关规定追究刑事责任；尚不够刑事处罚的，没收违法所得，违法所得在5千元以上的，并处违法所得2倍以上5倍以下的罚款，没有违法所得或者违法所得不足5千元的，单处或者并处5千元以上2万元以下的罚款，对其直接负责的主管人员和其他直接责任人员处5千元以上5万元以下的罚款；给他人造成损害的，与企业承担连带赔偿责任。

对有本条第一款违法行为的机构，依法吊销其相应资质；该机构取得的资质由其他部门颁发的，移送相关部门处理。

第四十四条　本办法规定的行政处罚，由安全生产监督管理部门决定；但本办法第三十八条规定的行政处罚，由发证机关决定；第四十二条、第四十三条规定的行政处罚，依照《安全评价机构管理规定》执行。

第七章　附　则

第四十五条　本办法下列用语的含义：

（一）危险化学品安全使用许可适用行业目录，是指国家安全生产监督管理总局根据《危险化学品安全管理条例》和有关国家标准、行业标准公布的需要取得危险化学品安全使用许可的化工企业类别；

（二）危险化学品使用量的数量标准，由国家安全生产监督管理总局会同国务院公安部门、农业主管部门根据《危险化学品安全管理条例》公布；

（三）本办法所称使用量，是指企业使用危险化学品的年设计使用量和实际使用量的较大值；

（四）本办法所称大型化工装置，是指按照原建设部《工程设计资质标准》（建市〔2007〕86号）中的《化工石化医药行业建设项目设计规模划分表》确定的大型项目的化工生产装置。

第四十六条　危险化学品安全使用许可的文书、危险化学品安全使用许可证的样式、内容和编号办法，由国家安全生产监督管理总局另行规定。

第四十七条　省级安全生产监督管理部门可以根据当地实际情况制定安全使用许可证管理的细则，并报国家安全生产监督管理总局备案。

第四十八条　本办法施行前已经进行生产的企业，应当自本办法施行之日起18个月内，依照本办法的规定向发证机关申请办理安全使用许可证；逾期不申请办理安全使用许可证，或者经审查不符合本办法规定的安全使用条件，未取得安全使用许可证，继续进行生产的，依照本办法第三十七条的规定处罚。

第四十九条　本办法自2013年5月1日起施行。

化学品物理危险性鉴定与分类管理办法

（国家安全生产监督管理总局令第60号发布　自2013年9月1日起施行）

第一章　总　则

第一条　为了规范化学品物理危险性鉴定与分类工作，根据《危险化学品安全管理条例》，制定本办法。

第二条　对危险特性尚未确定的化学品进行物理危险性鉴定与分类，以及安全生产监督管理部门对鉴定与分类工作实施监督管理，适用本办法。

第三条　本办法所称化学品，是指各类单质、化合物及其混合物。

化学品物理危险性鉴定，是指依据有关国家标准或者行业标准进行测试、判定，确定化学品的燃烧、爆炸、腐蚀、助燃、自反应和遇水反应等危险特性。

化学品物理危险性分类，是指依据有关国家标准或者行业标准，对化学品物理危险性鉴定结果或者相关数据资料进行评估，确定化学品的物理危险性类别。

第四条　下列化学品应当进行物理危险性鉴定与分类：

（一）含有一种及以上列入《危险化学品目录》的组分，但整体物理危险性尚未确定的化学品；

（二）未列入《危险化学品目录》，且物理危险性尚未确定的化学品；

（三）以科学研究或者产品开发为目的，年产量或者使用量超过1吨，且物理危险性尚未确定的化学品。

第五条　国家安全生产监督管理总局负责指导和监督管理全国化学品物理危险性鉴定与分类工作，公告化学品物理危险性鉴定机构（以下简称鉴定机构）名单以及免予物理危险性鉴定与分类的化学品目录，设立化学品物理危险性鉴定与分类技术委员会（以下简称技术委员会）。

县级以上地方各级人民政府安全生产监督管理部门负责监督和检查本行政区域内化学品物理危险性鉴定与分类工作。

第六条　技术委员会负责对有异议的鉴定或者分类结果进行仲裁，公布化学品物理危险性的鉴定情况。

国家安全生产监督管理总局化学品登记中心（以下简称登记中心）负责化学品物理危险性分类结果的评估与审核，建立国家化学品物理危险性鉴定与分类信息管理系统，为化学品物理危险性鉴定与分类工作提供技术支持，承担技术委员会的日常工作。

第二章　物理危险性鉴定与分类

第七条　鉴定机构应当依照有关法律法规和国家标准或者行业标准的规定，科学、公正、诚信地开展鉴定工作，保证鉴定结果真实、准确、客观，并对鉴定结果负责。

第八条　化学品生产、进口单位（以下统称化学品单位）应当对本单位生产或者进口的化学品进行普查和物理危险性辨识，对其中符合本办法第四条规定的化学品向鉴定机构申请鉴定。

化学品单位在办理化学品物理危险性鉴定过程中，不得隐瞒化学品的危险性成分、含量等相关信息或者提供虚假材料。

第九条　化学品物理危险性鉴定按照下列程序办理：

（一）申请化学品物理危险性鉴定的化学品单位向鉴定机构提交化学品物理危险性鉴定申请表以及相关文件资料，提供鉴定所需要的样品，并对样品的真实性负责；

（二）鉴定机构收到鉴定申请后，按照有关国家标准或者行业标准进行测试、判定。除与爆炸物、自反应物质、有机过氧化物相关的物理危险性外，对其他物理危险性应当在 20 个工作日内出具鉴定报告，特殊情况下由双方协商确定。

送检样品应当至少保存 180 日，有关档案材料应当至少保存 5 年。

第十条　化学品物理危险性鉴定应当包括下列内容：

（一）与爆炸物、易燃气体、气溶胶、氧化性气体、加压气体、易燃液体、易燃固体、自反应物质、自燃液体、自燃固体、自热物质、遇水放出易燃气体的物质、氧化性液体、氧化性固体、有机过氧化物、金属腐蚀物等相关的物理危险性；

（二）与化学品危险性分类相关的蒸气压、自燃温度等理化特性，以及化学稳定性和反应性等。

第十一条　化学品物理危险性鉴定报告应当包括下列内容：

（一）化学品名称；

（二）申请鉴定单位名称；

（三）鉴定项目以及所用标准、方法；

（四）仪器设备信息；

（五）鉴定结果；

（六）有关国家标准或者行业标准中规定的其他内容。

第十二条　申请化学品物理危险性鉴定的化学品单位对鉴定结果有异议的，可以在收到鉴定报告之日起 15 个工作日内向原鉴定机构申请重新鉴定，或者向技术委员会申请仲裁。技术委员会应当在收到申请之日起 20 个工作日内作出仲裁决定。

第十三条　化学品单位应当根据鉴定报告以及其他物理危险性数据资料，编制化学品物理危险性分类报告。

化学品物理危险性分类报告应当包括下列内容：

（一）化学品名称；

（二）重要成分信息；

（三）物理危险性鉴定报告或者其他有关数据及其来源；

（四）化学品物理危险性分类结果。

第十四条　化学品单位应当向登记中心提交化学品物理危险性分类报告。登记中心应当对分类报告进行综合性评估，并在 30 个工作日内向化学品单位出具审核意见。

第十五条　化学品单位对化学品物理危险性分类的审核意见有异议的，可以在收到审核意见之日起 15 个工作日内向技术委员会申请仲裁。技术委员会应当在收到申请之日起 20 个工作日内作出仲裁决定。

第十六条　化学品单位应当建立化学品物理危险性鉴定与分类管理档案，内容应当包括：

（一）已知物理危险性的化学品的危险特性等信息；

（二）已经鉴定与分类化学品的物理危险性鉴定报告、分类报告和审核意见等信息；

（三）未进行鉴定与分类化学品的名称、数量等信息。

第十七条　化学品单位对确定为危险化学品的化学品以及国家安全生产监督管理总局公告的免予物理危险性鉴定与分类的危险化学品，应当编制化学品安全技术说明书和安全标签，根据《危险化学品登记管理办法》办理危险化学品登记，按照有关危险化学品的法律、法规和标准的要求，加强安全管理。

第十八条　鉴定机构应当于每年 1 月 31 日前向国家安全生产监督管理总局上报上一年度鉴定的化学品品名和工作总结。

第三章　法律责任

第十九条　化学品单位有下列情形之一的，由安全生产监督管理部门责令限期改正，可以处 1 万元以下的罚款；拒不改正的，处 1 万元以上 3 万元以下的罚款：

（一）未按照本办法规定对化学品进行物理危险性鉴定或者分类的；

（二）未按照本办法规定建立化学品物理危险性鉴定与分类管理档案的；

（三）在办理化学品物理危险性的鉴定过程中，隐瞒化学品的危险性成分、含量等相关信息或者提供虚假材料的。

第二十条　鉴定机构在物理危险性鉴定过程中有下列行为之一的，处 1 万元以上 3 万元以下的罚款；情节严重的，由国家安全生产监督管理总局从鉴定机构名单中除名并公告：

（一）伪造、篡改数据或者有其他弄虚作假行为的；

（二）未通过安全生产监督管理部门的监督检查，仍从事鉴定工作的；

（三）泄露化学品单位商业秘密的。

第四章　附　则

第二十一条　对于用途相似、组分接近、物理危险性无显著差异的化学品，化学品单位可以向鉴定机构申请系列化学品鉴定。

多个化学品单位可以对同一化学品联合申请鉴定。

第二十二条　对已经列入《危险化学品目录》的化学品，发现其有新的物理危险性的，化学品单位应当依照本办法进行物理危险性鉴定与分类。

第二十三条　本办法自 2013 年 9 月 1 日起施行。

国家安全监管总局关于公布首批重点监管的危险化工工艺目录的通知

（国家安全生产监督管理总局　2009 年 6 月 12 日
发布　安监总管三〔2009〕116 号）

各省、自治区、直辖市及新疆生产建设兵团安全生产监督管理局，有关中央企业：

为贯彻落实《国务院安委会办公室关于进一步加强危险化学品安全生产工作的指导意见》（安委办〔2008〕26 号，以下简称《指导意见》）有关要求，提高化工生产装置和危险化学品储存设施本质安全水平，指导各地对涉及危险化工工艺的生产装置进行自动化改造，国家安全监管总局组织编制了《首批重点监管的危险化工工艺目录》和《首批重点监管的危险化工工艺安全控制要求、重点监控参数及推荐的控制方案》，现予公布，并就有关事项通知如下：

一、化工企业要按照《首批重点监管的危险化工工艺目录》、《首批重点监管的危险化工工艺安全控制要求、重点监控参数及推荐的控制方案》要求，对照本企业采用的危险化工工艺及其特点，确定重点监控的工艺参数，装备和完善自动控制系统，大型和高度危险化工装置要按照推荐的控制方案装备紧急停车系统。今后，采用危险化工工艺的新建生产装置原则上要由甲级资质化工设计单位进行设计。

二、各地安全监管部门要根据《指导意见》的要求，对本辖区化工企业采用危险化工工艺的生产装置自动化改造工作，要制定计划、落实措施、加快推进，力争在 2010 年底前完成所有采用危险化工工艺的生产装置自动化改造工作，促进化工企业安全生产条件的进一步改善。

三、在涉及危险化工工艺的生产装置自动化改造过程中，各有关单位如果发现《首批重点监管的危险化工工艺目录》和《首批重点监管的危险化工工艺安全控制要求、重点监控参数及推荐的控制方案》存在问题，请认真研究提出处理意见，并及时反馈国家安全监管总局（安全监督管理三司）。各地安全监管部门也可根据当地化工产业和安全生产的特点，补充和确定本辖区重点监管的危险化工工艺目录。

四、请各省级安全监管局将本通知转发给辖区内（或者所属）的化工企业，并抄送从事化工建设项目设计的单位，以及有关具有乙级资质的安全评价机构。

附件：1. 首批重点监管的危险化工工艺目录

2. 首批重点监管的危险化工工艺安全控制要求、重点监控参数及推荐的控制方案

国家安全生产监督管理总局

二〇〇九年六月十二日

附件 1

首批重点监管的危险化工工艺目录

一、光气及光气化工艺
二、电解工艺（氯碱）
三、氯化工艺
四、硝化工艺
五、合成氨工艺
六、裂解（裂化）工艺
七、氟化工艺
八、加氢工艺
九、重氮化工艺
十、氧化工艺
十一、过氧化工艺
十二、胺基化工艺
十三、磺化工艺
十四、聚合工艺
十五、烷基化工艺

附件 2

首批重点监管的危险化工工艺安全控制要求、重点监控参数及推荐的控制方案

1. 光气及光气化工艺

反应类型	放热反应	重点监控单元	光气化反应釜、光气储运单元
工艺简介			
光气及光气化工艺包含光气的制备工艺，以及以光气为原料制备光气化产品的工艺路线，光气化工艺主要分为气相和液相两种。			
工艺危险特点			
（1）光气为剧毒气体，在储运、使用过程中发生泄漏后，易造成大面积污染、中毒事故； （2）反应介质具有燃爆危险性； （3）副产物氯化氢具有腐蚀性，易造成设备和管线泄漏使人员发生中毒事故。			
典型工艺			
一氧化碳与氯气的反应得到光气； 光气合成双光气、三光气； 采用光气作单体合成聚碳酸酯； 甲苯二异氰酸酯（TDI）的制备； 4，4′-二苯基甲烷二异氰酸酯（MDI）的制备等。			

续表

反应类型	放热反应	重点监控单元	光气化反应釜、光气储运单元
重点监控工艺参数			
一氧化碳、氯气含水量；反应釜温度、压力；反应物质的配料比；光气进料速度；冷却系统中冷却介质的温度、压力、流量等。			
安全控制的基本要求			
事故紧急切断阀；紧急冷却系统；反应釜温度、压力报警联锁；局部排风设施；有毒气体回收及处理系统；自动泄压装置；自动氨或碱液喷淋装置；光气、氯气、一氧化碳监测及超限报警；双电源供电。			
宜采用的控制方式			
光气及光气化生产系统一旦出现异常现象或发生光气及其剧毒产品泄漏事故时，应通过自控联锁装置启动紧急停车并自动切断所有进出生产装置的物料，将反应装置迅速冷却降温，同时将发生事故设备内的剧毒物料导入事故槽内，开启氨水、稀碱液喷淋，启动通风排毒系统，将事故部位的有毒气体排至处理系统。			

2. 电解工艺（氯碱）

反应类型	吸热反应	重点监控单元	电解槽、氯气储运单元
工艺简介			
电流通过电解质溶液或熔融电解质时，在两个极上所引起的化学变化称为电解反应。涉及电解反应的工艺过程为电解工艺。许多基本化学工业产品（氢、氧、氯、烧碱、过氧化氢等）的制备，都是通过电解来实现的。			
工艺危险特点			
（1）电解食盐水过程中产生的氢气是极易燃烧的气体，氯气是氧化性很强的剧毒气体，两种气体混合极易发生爆炸，当氯气中含氢量达到5%以上，则随时可能在光照或受热情况下发生爆炸。 （2）如果盐水中存在的铵盐超标，在适宜的条件（pH<4.5）下，铵盐和氯作用可生成氯化铵，浓氯化铵溶液与氯还可生成黄色油状的三氯化氮。三氯化氮是一种爆炸性物质，与许多有机物接触或加热至90℃以上以及被撞击、摩擦等，即发生剧烈的分解而爆炸。 （3）电解溶液腐蚀性强。 （4）液氯的生产、储存、包装、输送、运输可能发生液氯的泄漏。			
典型工艺			
氯化钠（食盐）水溶液电解生产氯气、氢氧化钠、氢气； 氯化钾水溶液电解生产氯气、氢氧化钾、氢气。			
重点监控工艺参数			
电解槽内液位；电解槽内电流和电压；电解槽进出物料流量；可燃和有毒气体浓度；电解槽的温度和压力；原料中铵含量；氯气杂质含量（水、氢气、氧气、三氯化氮等）等。			
安全控制的基本要求			
电解槽温度、压力、液位、流量报警和联锁；电解供电整流装置与电解槽供电的报警和联锁；紧急联锁切断装置；事故状态下氯气吸收中和系统；可燃和有毒气体检测报警装置等。			
宜采用的控制方式			
将电解槽内压力、槽电压等形成联锁关系，系统设立联锁停车系统。 安全设施，包括安全阀、高压阀、紧急排放阀、液位计、单向阀及紧急切断装置等。			

3. 氯化工艺

反应类型	放热反应	重点监控单元	氯化反应釜、氯气储运单元
工艺简介			
氯化是化合物的分子中引入氯原子的反应，包含氯化反应的工艺过程为氯化工艺，主要包括取代氯化、加成氯化、氧氯化等。			
工艺危险特点			
（1）氯化反应是一个放热过程，尤其在较高温度下进行氯化，反应更为剧烈，速度快，放热量较大； （2）所用的原料大多具有燃爆危险性； （3）常用的氯化剂氯气本身为剧毒化学品，氧化性强，储存压力较高，多数氯化工艺采用液氯生产是先汽化再氯化，一旦泄漏危险性较大； （4）氯气中的杂质，如水、氢气、氧气、三氯化氮等，在使用中易发生危险，特别是三氯化氮积累后，容易引发爆炸危险； （5）生成的氯化氢气体遇水后腐蚀性强； （6）氯化反应尾气可能形成爆炸性混合物。			
典型工艺			
（1）取代氯化 氯取代烷烃的氢原子制备氯代烷烃； 氯取代苯的氢原子生产六氯化苯； 氯取代萘的氢原子生产多氯化萘； 甲醇与氯反应生产氯甲烷； 乙醇和氯反应生产氯乙烷（氯乙醛类）； 醋酸与氯反应生产氯乙酸； 氯取代甲苯的氢原子生产苄基氯等。 （2）加成氯化 乙烯与氯加成氯化生产1，2－二氯乙烷； 乙炔与氯加成氯化生产1，2－二氯乙烯； 乙炔和氯化氢加成生产氯乙烯等。 （3）氧氯化 乙烯氧氯化生产二氯乙烷； 丙烯氧氯化生产1，2－二氯丙烷； 甲烷氧氯化生产甲烷氯化物； 丙烷氧氯化生产丙烷氯化物等。 （4）其他工艺 硫与氯反应生成一氯化硫； 四氯化钛的制备； 黄磷与氯气反应生产三氯化磷、五氯化磷等。			
重点监控工艺参数			
氯化反应釜温度和压力；氯化反应釜搅拌速率；反应物料的配比；氯化剂进料流量；冷却系统中冷却介质的温度、压力、流量等；氯气杂质含量（水、氢气、氧气、三氯化氮等）；氯化反应尾气组成等。			
安全控制的基本要求			
反应釜温度和压力的报警和联锁；反应物料的比例控制和联锁；搅拌的稳定控制；进料缓冲器；紧急进料切断系统；紧急冷却系统；安全泄放系统；事故状态下氯气吸收中和系统；可燃和有毒气体检测报警装置等。			
宜采用的控制方式			
将氯化反应釜内温度、压力与釜内搅拌、氯化剂流量、氯化反应釜夹套冷却水进水阀形成联锁关系，设立紧急停车系统。 安全设施，包括安全阀、高压阀、紧急放空阀、液位计、单向阀及紧急切断装置等。			

4. 硝化工艺

反应类型	放热反应	重点监控单元	硝化反应釜、分离单元

工艺简介

硝化是有机化合物分子中引入硝基（$-NO_2$）的反应，最常见的是取代反应。硝化方法可分成直接硝化法、间接硝化法和亚硝化法，分别用于生产硝基化合物、硝胺、硝酸酯和亚硝基化合物等。涉及硝化反应的工艺过程为硝化工艺。

工艺危险特点

（1）反应速度快，放热量大。大多数硝化反应是在非均相中进行的，反应组分的不均匀分布容易引起局部过热导致危险。尤其在硝化反应开始阶段，停止搅拌或由于搅拌叶片脱落等造成搅拌失效是非常危险的，一旦搅拌再次开动，就会突然引发局部激烈反应，瞬间释放大量的热量，引起爆炸事故。
（2）反应物料具有燃爆危险性。
（3）硝化剂具有强腐蚀性、强氧化性，与油脂、有机化合物（尤其是不饱和有机化合物）接触能引起燃烧或爆炸。
（4）硝化产物、副产物具有爆炸危险性。

典型工艺

（1）直接硝化法
丙三醇与混酸反应制备硝酸甘油；
氯苯硝化制备邻硝基氯苯、对硝基氯苯；
苯硝化制备硝基苯；
蒽醌硝化制备1－硝基蒽醌；
甲苯硝化生产三硝基甲苯（俗称梯恩梯，TNT）；
丙烷等烷烃与硝酸通过气相反应制备硝基烷烃等。
（2）间接硝化法
苯酚采用磺酰基的取代硝化制备苦味酸等。
（3）亚硝化法
2－萘酚与亚硝酸盐反应制备1－亚硝基－2－萘酚；
二苯胺与亚硝酸钠和硫酸水溶液反应制备对亚硝基二苯胺等。

重点监控工艺参数

硝化反应釜内温度、搅拌速率；硝化剂流量；冷却水流量；pH值；硝化产物中杂质含量；精馏分离系统温度；塔釜杂质含量等。

安全控制的基本要求

反应釜温度的报警和联锁；自动进料控制和联锁；紧急冷却系统；搅拌的稳定控制和联锁系统；分离系统温度控制与联锁；塔釜杂质监控系统；安全泄放系统等。

宜采用的控制方式

将硝化反应釜内温度与釜内搅拌、硝化剂流量、硝化反应釜夹套冷却水进水阀形成联锁关系，在硝化反应釜处设立紧急停车系统，当硝化反应釜内温度超标或搅拌系统发生故障，能自动报警并自动停止加料。分离系统温度与加热、冷却形成联锁，温度超标时，能停止加热并紧急冷却。
硝化反应系统应设有泄爆管和紧急排放系统。

5. 合成氨工艺

反应类型	吸热反应	重点监控单元	合成塔、压缩机、氨储存系统
工艺简介			
氮和氢两种组分按一定比例（1:3）组成的气体（合成气），在高温、高压下（一般为400～450℃，15～30MPa）经催化反应生成氨的工艺过程。			
工艺危险特点			
（1）高温、高压使可燃气体爆炸极限扩宽，气体物料一旦过氧（亦称透氧），极易在设备和管道内发生爆炸； （2）高温、高压气体物料从设备管线泄漏时会迅速膨胀与空气混合形成爆炸性混合物，遇到明火或因高流速物料与裂（喷）口处摩擦产生静电火花引起着火和空间爆炸； （3）气体压缩机等转动设备在高温下运行会使润滑油挥发裂解，在附近管道内造成积炭，可导致积炭燃烧或爆炸； （4）高温、高压可加速设备金属材料发生蠕变、改变金相组织，还会加剧氢气、氮气对钢材的氢蚀及渗氮，加剧设备的疲劳腐蚀，使其机械强度减弱，引发物理爆炸； （5）液氨大规模事故性泄漏会形成低温云团引起大范围人群中毒，遇明火还会发生空间爆炸。			
典型工艺			
（1）节能AMV法； （2）德士古水煤浆加压气化法； （3）凯洛格法； （4）甲醇与合成氨联合生产的联醇法； （5）纯碱与合成氨联合生产的联碱法； （6）采用变换催化剂、氧化锌脱硫剂和甲烷催化剂的“三催化”气体净化法等。			
重点监控工艺参数			
合成塔、压缩机、氨储存系统的运行基本控制参数，包括温度、压力、液位、物料流量及比例等。			
安全控制的基本要求			
合成氨装置温度、压力报警和联锁；物料比例控制和联锁；压缩机的温度、入口分离器液位、压力报警联锁；紧急冷却系统；紧急切断系统；安全泄放系统；可燃、有毒气体检测报警装置。			
宜采用的控制方式			
将合成氨装置内温度、压力与物料流量、冷却系统形成联锁关系；将压缩机温度、压力、入口分离器液位与供电系统形成联锁关系；紧急停车系统。 合成单元自动控制还需要设置以下几个控制回路： （1）氨分、冷交液位；（2）废锅液位；（3）循环量控制；（4）废锅蒸汽流量；（5）废锅蒸汽压力。 安全设施，包括安全阀、爆破片、紧急放空阀、液位计、单向阀及紧急切断装置等。			

6. 裂解（裂化）工艺

反应类型	高温吸热反应	重点监控单元	裂解炉、制冷系统、压缩机、引风机、分离单元
工艺简介			
裂解是指石油系的烃类原料在高温条件下，发生碳链断裂或脱氢反应，生成烯烃及其他产物的过程。产品以乙烯、丙烯为主，同时副产丁烯、丁二烯等烯烃和裂解汽油、柴油、燃料油等产品。 烃类原料在裂解炉内进行高温裂解，产出组成为氢气、低/高碳烃类、芳烃类以及馏分为288℃以上的裂解燃料油的裂解气混合物。经过急冷、压缩、激冷、分馏以及干燥和加氢等方法，分离出目标产品和副产品。 在裂解过程中，同时伴随缩合、环化和脱氢等反应。由于所发生的反应很复杂，通常把反应分成两个阶段。第一阶段，原料变成的目的产物为乙烯、丙烯，这种反应称为一次反应。第二阶段，一次反应生成的乙烯、丙烯继续反应转化为炔烃、二烯烃、芳烃、环烷烃，甚至最终转化为氢气和焦炭，这种反应称为二次反应。裂解产物往往是多种组分混合物。影响裂解的基本因素主要为温度和反应的持续时间。化工生产中用热裂解的方法生产小分子烯烃、炔烃和芳香烃，如乙烯、丙烯、丁二烯、乙炔、苯和甲苯等。			
工艺危险特点			
（1）在高温（高压）下进行反应，装置内的物料温度一般超过其自燃点，若漏出会立即引起火灾； （2）炉管内壁结焦会使流体阻力增加，影响传热，当焦层达到一定厚度时，因炉管壁温度过高，而不能继续运行下去，必须进行清焦，否则会烧穿炉管，裂解气外泄，引起裂解炉爆炸； （3）如果由于断电或引风机机械故障而使引风机突然停转，则炉膛内很快变成正压，会从窥视孔或烧嘴等处向外喷火，严重时会引起炉膛爆炸； （4）如果燃料系统大幅度波动，燃料气压力过低，则可能造成裂解炉烧嘴回火，使烧嘴烧坏，甚至会引起爆炸； （5）有些裂解工艺产生的单体会自聚或爆炸，需要向生产的单体中加阻聚剂或稀释剂等。			
典型工艺			
热裂解制烯烃工艺； 重油催化裂化制汽油、柴油、丙烯、丁烯； 乙苯裂解制苯乙烯； 二氟一氯甲烷（HCFC－22）热裂解制得四氟乙烯（TFE）； 二氟一氯乙烷（HCFC－142b）热裂解制得偏氟乙烯（VDF）； 四氟乙烯和八氟环丁烷热裂解制得六氟乙烯（HFP）等。			
重点监控工艺参数			
裂解炉进料流量；裂解炉温度；引风机电流；燃料油进料流量；稀释蒸汽比及压力；燃料油压力；滑阀差压超驰控制、主风流量控制、外取热器控制、机组控制、锅炉控制等。			
安全控制的基本要求			
裂解炉进料压力、流量控制报警与联锁；紧急裂解炉温度报警和联锁；紧急冷却系统；紧急切断系统；反应压力与压缩机转速及入口放火炬控制；再生压力的分程控制；滑阀差压与料位；温度的超驰控制；再生温度与外取热器负荷控制；外取热器汽包和锅炉汽包液位的三冲量控制；锅炉的熄火保护；机组相关控制；可燃与有毒气体检测报警装置等。			
宜采用的控制方式			
将引风机电流与裂解炉进料阀、燃料油进料阀、稀释蒸汽阀之间形成联锁关系，一旦引风机故障停车，则裂解炉自动停止进料并切断燃料供应，但应继续供应稀释蒸汽，以带走炉膛内的余热。 将燃料油压力与燃料油进料阀、裂解炉进料阀之间形成联锁关系，燃料油压力降低，则切断燃料油进料阀，同时切断裂解炉进料阀。 分离塔应安装安全阀和放空管，低压系统与高压系统之间应有逆止阀并配备固定的氮气装置、蒸汽灭火装置。 将裂解炉电流与锅炉给水流量、稀释蒸汽流量之间形成联锁关系；一旦水、电、蒸汽等公用工程出现故障，裂解炉能自动紧急停车。 反应压力正常情况下由压缩机转速控制，开工及非正常工况下由压缩机入口放火炬控制。			

续表

反应类型	高温吸热反应	重点监控单元	裂解炉、制冷系统、压缩机、引风机、分离单元
再生压力由烟机入口蝶阀和旁路滑阀（或蝶阀）分程控制。 再生、待生滑阀正常情况下分别由反应温度信号和反应器料位信号控制，一旦滑阀差压出现低限，则转由滑阀差压控制。 再生温度由外取热器催化剂循环量或流化介质流量控制。 外取热汽包和锅炉汽包液位采用液位、补水量和蒸发量三冲量控制。 带明火的锅炉设置熄火保护控制。 大型机组设置相关的轴温、轴震动、轴位移、油压、油温、防喘振等系统控制。 在装置存在可燃气体、有毒气体泄漏的部位设置可燃气体报警仪和有毒气体报警仪。			

7. 氟化工艺

反应类型	放热反应	重点监控单元	氟化剂储运单元
工艺简介			
氟化是化合物的分子中引入氟原子的反应，涉及氟化反应的工艺过程为氟化工艺。氟与有机化合物作用是强放热反应，放出大量的热可使反应物分子结构遭到破坏，甚至着火爆炸。氟化剂通常为氟气、卤族氟化物、惰性元素氟化物、高价金属氟化物、氟化氢、氟化钾等。			
工艺危险特点			
（1）反应物料具有燃爆危险性； （2）氟化反应为强放热反应，不及时排除反应热量，易导致超温超压，引发设备爆炸事故； （3）多数氟化剂具有强腐蚀性、剧毒，在生产、贮存、运输、使用等过程中，容易因泄漏、操作不当、误接触以及其他意外而造成危险。			
典型工艺			
（1）直接氟化 黄磷氟化制备五氟化磷等。 （2）金属氟化物或氟化氢气体氟化 SbF_3、AgF_2、CoF_3 等金属氟化物与烃反应制备氟化烃； 氟化氢气体与氢氧化铝反应制备氟化铝等。 （3）置换氟化 三氯甲烷氟化制备二氟一氯甲烷； 2，4，5，6－四氯嘧啶与氟化钠制备2，4，6－三氟－5－氟嘧啶等。 （4）其他氟化物的制备 浓硫酸与氟化钙（萤石）制备无水氟化氢等。			
重点监控工艺参数			
氟化反应釜内温度、压力；氟化反应釜内搅拌速率；氟化物流量；助剂流量；反应物的配料比；氟化物浓度。			
安全控制的基本要求			
反应釜内温度和压力与反应进料、紧急冷却系统的报警和联锁；搅拌的稳定控制系统；安全泄放系统；可燃和有毒气体检测报警装置等。			
宜采用的控制方式			
氟化反应操作中，要严格控制氟化物浓度、投料配比、进料速度和反应温度等。必要时应设置自动比例调节装置和自动联锁控制装置。 将氟化反应釜内温度、压力与釜内搅拌、氟化物流量、氟化反应釜夹套冷却水进水阀形成联锁控制，在氟化反应釜处设立紧急停车系统，当氟化反应釜内温度或压力超标或搅拌系统发生故障时自动停止加料并紧急停车。安全泄放系统。			

8. 加氢工艺

反应类型	放热反应	重点监控单元	加氢反应釜、氢气压缩机
工艺简介			
加氢是在有机化合物分子中加入氢原子的反应，涉及加氢反应的工艺过程为加氢工艺，主要包括不饱和键加氢、芳环化合物加氢、含氮化合物加氢、含氧化合物加氢、氢解等。			
工艺危险特点			
（1）反应物料具有燃爆危险性，氢气的爆炸极限为4%～75%，具有高燃爆危险特性； （2）加氢为强烈的放热反应，氢气在高温高压下与钢材接触，钢材内的碳分子易与氢气发生反应生成碳氢化合物，使钢制设备强度降低，发生氢脆； （3）催化剂再生和活化过程中易引发爆炸； （4）加氢反应尾气中有未完全反应的氢气和其他杂质在排放时易引发着火或爆炸。			
典型工艺			
（1）不饱和炔烃、烯烃的三键和双键加氢 环戊二烯加氢生产环戊烯等。 （2）芳烃加氢 苯加氢生成环己烷； 苯酚加氢生产环己醇等。 （3）含氧化合物加氢 一氧化碳加氢生产甲醇； 丁醛加氢生产丁醇； 辛烯醛加氢生产辛醇等。 （4）含氮化合物加氢 己二腈加氢生产己二胺； 硝基苯催化加氢生产苯胺等。 （5）油品加氢 馏分油加氢裂化生产石脑油、柴油和尾油； 渣油加氢改质； 减压馏分油加氢改质； 催化（异构）脱蜡生产低凝柴油、润滑油基础油等。			
重点监控工艺参数			
加氢反应釜或催化剂床层温度、压力；加氢反应釜内搅拌速率；氢气流量；反应物质的配料比；系统氧含量；冷却水流量；氢气压缩机运行参数、加氢反应尾气组成等。			
安全控制的基本要求			
温度和压力的报警和联锁；反应物料的比例控制和联锁系统；紧急冷却系统；搅拌的稳定控制系统；氢气紧急切断系统；加装安全阀、爆破片等安全设施；循环氢压缩机停机报警和联锁；氢气检测报警装置等。			
宜采用的控制方式			
将加氢反应釜内温度、压力与釜内搅拌电流、氢气流量、加氢反应釜夹套冷却水进水阀形成联锁关系，设立紧急停车系统。加入急冷氮气或氢气的系统。当加氢反应釜内温度或压力超标或搅拌系统发生故障时自动停止加氢，泄压，并进入紧急状态。安全泄放系统。			

9. 重氮化工艺

反应类型	绝大多数是放热反应	重点监控单元	重氮化反应釜、后处理单元

工艺简介

一级胺与亚硝酸在低温下作用，生成重氮盐的反应。脂肪族、芳香族和杂环的一级胺都可以进行重氮化反应。涉及重氮化反应的工艺过程为重氮化工艺。通常重氮化试剂是由亚硝酸钠和盐酸作用临时制备的。除盐酸外，也可以使用硫酸、高氯酸和氟硼酸等无机酸。脂肪族重氮盐很不稳定，即使在低温下也能迅速自发分解，芳香族重氮盐较为稳定。

工艺危险特点

（1）重氮盐在温度稍高或光照的作用下，特别是含有硝基的重氮盐极易分解，有的甚至在室温时亦能分解。在干燥状态下，有些重氮盐不稳定，活性强，受热或摩擦、撞击等作用能发生分解甚至爆炸；
（2）重氮化生产过程所使用的亚硝酸钠是无机氧化剂，175℃时能发生分解、与有机物反应导致着火或爆炸；
（3）反应原料具有燃爆危险性。

典型工艺

（1）顺法
对氨基苯磺酸钠与2－萘酚制备酸性橙－II染料；
芳香族伯胺与亚硝酸钠反应制备芳香族重氮化合物等。
（2）反加法
间苯二胺生产二氟硼酸间苯二重氮盐；
苯胺与亚硝酸钠反应生产苯胺基重氮苯等。
（3）亚硝酰硫酸法
2－氰基－4－硝基苯胺、2－氰基－4－硝基－6－溴苯胺、2，4－二硝基－6－溴苯胺、2，6－二氰基－4－硝基苯胺和2，4－二硝基－6－氰基苯胺为重氮组分与端氨基含醚基的偶合组分经重氮化、偶合成单偶氮分散染料；
2－氰基－4－硝基苯胺为原料制备蓝色分散染料等。
（4）硫酸铜触媒法
邻、间氨基苯酚用弱酸（醋酸、草酸等）或易于水解的无机盐和亚硝酸钠反应制备邻、间氨基苯酚的重氮化合物等。
（5）盐析法
氨基偶氮化合物通过盐析法进行重氮化生产多偶氮染料等。

重点监控工艺参数

重氮化反应釜内温度、压力、液位、pH值；重氮化反应釜内搅拌速率；亚硝酸钠流量；反应物质的配料比；后处理单元温度等。

安全控制的基本要求

反应釜温度和压力的报警和联锁；反应物料的比例控制和联锁系统；紧急冷却系统；紧急停车系统；安全泄放系统；后处理单元配置温度监测、惰性气体保护的联锁装置等。

宜采用的控制方式

将重氮化反应釜内温度、压力与釜内搅拌、亚硝酸钠流量、重氮化反应釜夹套冷却水进水阀形成联锁关系，在重氮化反应釜处设立紧急停车系统，当重氮化反应釜内温度超标或搅拌系统发生故障时自动停止加料并紧急停车。安全泄放系统。
重氮盐后处理设备应配置温度检测、搅拌、冷却联锁自动控制调节装置，干燥设备应配置温度测量、加热热源开关、惰性气体保护的联锁装置。
安全设施，包括安全阀、爆破片、紧急放空阀等。

10. 氧化工艺

反应类型	放热反应	重点监控单元	氧化反应釜
工艺简介			
氧化为有电子转移的化学反应中失电子的过程，即氧化数升高的过程。多数有机化合物的氧化反应表现为反应原料得到氧或失去氢。涉及氧化反应的工艺过程为氧化工艺。常用的氧化剂有：空气、氧气、双氧水、氯酸钾、高锰酸钾、硝酸盐等。			
工艺危险特点			
（1）反应原料及产品具有燃爆危险性； （2）反应气相组成容易达到爆炸极限，具有闪爆危险； （3）部分氧化剂具有燃爆危险性，如氯酸钾、高锰酸钾、铬酸酐等都属于氧化剂，如遇高温或受撞击、摩擦以及与有机物、酸类接触，皆能引起火灾爆炸； （4）产物中易生成过氧化物，化学稳定性差，受高温、摩擦或撞击作用易分解、燃烧或爆炸。			
典型工艺			
乙烯氧化制环氧乙烷； 甲醇氧化制备甲醛； 对二甲苯氧化制备对苯二甲酸； 异丙苯经氧化－酸解联产苯酚和丙酮； 环己烷氧化制环己酮； 天然气氧化制乙炔； 丁烯、丁烷、C_4 馏分或苯的氧化制顺丁烯二酸酐； 邻二甲苯或萘的氧化制备邻苯二甲酸酐； 均四甲苯的氧化制备均苯四甲酸二酐； 苊的氧化制1，8－萘二甲酸酐； 3－甲基吡啶氧化制3－吡啶甲酸（烟酸）； 4－甲基吡啶氧化制4－吡啶甲酸（异烟酸）； 2－乙基己醇（异辛醇）氧化制备2－乙基己酸（异辛酸）； 对氯甲苯氧化制备对氯苯甲醛和对氯苯甲酸； 甲苯氧化制备苯甲醛、苯甲酸； 对硝基甲苯氧化制备对硝基苯甲酸； 环十二醇/酮混合物的开环氧化制备十二碳二酸； 环己酮/醇混合物的氧化制己二酸； 乙二醛硝酸氧化法合成乙醛酸； 丁醛氧化制丁酸； 氨氧化制硝酸等。			
重点监控工艺参数			
氧化反应釜内温度和压力；氧化反应釜内搅拌速率；氧化剂流量；反应物料的配比；气相氧含量；过氧化物含量等。			
安全控制的基本要求			
反应釜温度和压力的报警和联锁；反应物料的比例控制和联锁及紧急切断动力系统；紧急断料系统；紧急冷却系统；紧急送入惰性气体的系统；气相氧含量监测、报警和联锁；安全泄放系统；可燃和有毒气体检测报警装置等。			
宜采用的控制方式			
将氧化反应釜内温度和压力与反应物的配比和流量、氧化反应釜夹套冷却水进水阀、紧急冷却系统形成联锁关系，在氧化反应釜处设立紧急停车系统，当氧化反应釜内温度超标或搅拌系统发生故障时自动停止加料并紧急停车。配备安全阀、爆破片等安全设施。			

11. 过氧化工艺

反应类型	吸热反应或放热反应	重点监控单元	过氧化反应釜
工艺简介			
向有机化合物分子中引入过氧基（-O-O-）的反应称为过氧化反应，得到的产物为过氧化物的工艺过程为过氧化工艺。			
工艺危险特点			
（1）过氧化物都含有过氧基（-O-O-），属含能物质，由于过氧键结合力弱，断裂时所需的能量不大，对热、振动、冲击或摩擦等都极为敏感，极易分解甚至爆炸； （2）过氧化物与有机物、纤维接触时易发生氧化、产生火灾； （3）反应气相组成容易达到爆炸极限，具有燃爆危险。			
典型工艺			
双氧水的生产； 乙酸在硫酸存在下与双氧水作用，制备过氧乙酸水溶液； 酸酐与双氧水作用直接制备过氧二酸； 苯甲酰氯与双氧水的碱性溶液作用制备过氧化苯甲酰； 异丙苯经空气氧化生产过氧化氢异丙苯等。			
重点监控工艺参数			
过氧化反应釜内温度；pH值；过氧化反应釜内搅拌速率；（过）氧化剂流量；参加反应物质的配料比；过氧化物浓度；气相氧含量等。			
安全控制的基本要求			
反应釜温度和压力的报警和联锁；反应物料的比例控制和联锁及紧急切断动力系统；紧急断料系统；紧急冷却系统；紧急送入惰性气体的系统；气相氧含量监测、报警和联锁；紧急停车系统；安全泄放系统；可燃和有毒气体检测报警装置等。			
宜采用的控制方式			
将过氧化反应釜内温度与釜内搅拌电流、过氧化物流量、过氧化反应釜夹套冷却水进水阀形成联锁关系，设置紧急停车系统。 过氧化反应系统应设置泄爆管和安全泄放系统。			

12. 胺基化工艺

反应类型	放热反应	重点监控单元	胺基化反应釜
工艺简介			
胺化是在分子中引入胺基（R_2N-）的反应，包括 $R-CH_3$ 烃类化合物（R：氢、烷基、芳基）在催化剂存在下，与氨和空气的混合物进行高温氧化反应，生成腈类等化合物的反应。涉及上述反应的工艺过程为胺基化工艺。			
工艺危险特点			
（1）反应介质具有燃爆危险性； （2）在常压下20℃时，氨气的爆炸极限为15%～27%，随着温度、压力的升高，爆炸极限的范围增大。因此，在一定的温度、压力和催化剂的作用下，氨的氧化反应放出大量热，一旦氨气与空气比失调，就可能发生爆炸事故； （3）由于氨呈碱性，具有强腐蚀性，在混有少量水分或湿气的情况下无论是气态或液态氨都会与铜、银、锡、锌及其合金发生化学作用； （4）氨易与氧化银或氧化汞反应生成爆炸性化合物（雷酸盐）。			

续表

反应类型	放热反应	重点监控单元	胺基化反应釜
典型工艺			
邻硝基氯苯与氨水反应制备邻硝基苯胺； 对硝基氯苯与氨水反应制备对硝基苯胺； 间甲酚与氯化铵的混合物在催化剂和氨水作用下生成间甲苯胺； 甲醇在催化剂和氨气作用下制备甲胺； 1－硝基蒽醌与过量的氨水在氯苯中制备1－氨基蒽醌； 2，6－蒽醌二磺酸氨解制备2，6－二氨基蒽醌； 苯乙烯与胺反应制备N－取代苯乙胺； 环氧乙烷或亚乙基亚胺与胺或氨发生开环加成反应，制备氨基乙醇或二胺； 甲苯经氨氧化制备苯甲腈； 丙烯氨氧化制备丙烯腈等。			
重点监控工艺参数			
胺基化反应釜内温度、压力；胺基化反应釜内搅拌速率；物料流量；反应物质的配料比；气相氧含量等。			
安全控制的基本要求			
反应釜温度和压力的报警和联锁；反应物料的比例控制和联锁系统；紧急冷却系统；气相氧含量监控联锁系统；紧急送入惰性气体的系统；紧急停车系统；安全泄放系统；可燃和有毒气体检测报警装置等。			
宜采用的控制方式			
将胺基化反应釜内温度、压力与釜内搅拌、胺基化物料流量、胺基化反应釜夹套冷却水进水阀形成联锁关系，设置紧急停车系统。 安全设施，包括安全阀、爆破片、单向阀及紧急切断装置等。			

13. 磺化工艺

反应类型	放热反应	重点监控单元	磺化反应釜
工艺简介			
磺化是向有机化合物分子中引入磺酰基（$-SO_3H$）的反应。磺化方法分为三氧化硫磺化法、共沸去水磺化法、氯磺酸磺化法、烘焙磺化法和亚硫酸盐磺化法等。涉及磺化反应的工艺过程为磺化工艺。磺化反应除了增加产物的水溶性和酸性外，还可以使产品具有表面活性。芳烃经磺化后，其中的磺酸基可进一步被其他基团［如羟基（$-OH$）、氨基（$-NH_2$）、氰基（$-CN$）等］取代，生产多种衍生物。			
工艺危险特点			
（1）应原料具有燃爆危险性；磺化剂具有氧化性、强腐蚀性；如果投料顺序颠倒、投料速度过快、搅拌不良、冷却效果不佳等，都有可能造成反应温度异常升高，使磺化反应变为燃烧反应，引起火灾或爆炸事故； （2）氧化硫易冷凝堵管，泄漏后易形成酸雾，危害较大。			
典型工艺			
（1）三氧化硫磺化法 气体三氧化硫和十二烷基苯等制备十二烷基苯磺酸钠； 硝基苯与液态三氧化硫制备间硝基苯磺酸； 甲苯磺化生产对甲基苯磺酸和对位甲酚； 对硝基甲苯磺化生产对硝基甲苯邻磺酸等。 （2）共沸去水磺化法 苯磺化制备苯磺酸；			

续表

反应类型	放热反应	重点监控单元	磺化反应釜
甲苯磺化制备甲基苯磺酸等。 （3）氯磺酸磺化法 芳香族化合物与氯磺酸反应制备芳磺酸和芳磺酰氯； 乙酰苯胺与氯磺酸生产对乙酰氨基苯磺酰氯等。 （4）烘焙磺化法 苯胺磺化制备对氨基苯磺酸等。 （5）亚硫酸盐磺化法 2，4－二硝基氯苯与亚硫酸氢钠制备2，4－二硝基苯磺酸钠； 1－硝基蒽醌与亚硫酸钠作用得到α－蒽醌硝酸等。			
重点监控工艺参数			
磺化反应釜内温度；磺化反应釜内搅拌速率；磺化剂流量；冷却水流量。			
安全控制的基本要求			
反应釜温度的报警和联锁；搅拌的稳定控制和联锁系统；紧急冷却系统；紧急停车系统；安全泄放系统；三氧化硫泄漏监控报警系统等。			
宜采用的控制方式			
将磺化反应釜内温度与磺化剂流量、磺化反应釜夹套冷却水进水阀、釜内搅拌电流形成联锁关系，紧急断料系统，当磺化反应釜内各参数偏离工艺指标时，能自动报警、停止加料，甚至紧急停车。 磺化反应系统应设有泄爆管和紧急排放系统。			

14. 聚合工艺

反应类型	放热反应	重点监控单元	聚合反应釜、粉体聚合物料仓
工艺简介			
聚合是一种或几种小分子化合物变成大分子化合物（也称高分子化合物或聚合物，通常分子量为$1\times10^4-1\times10^7$）的反应，涉及聚合反应的工艺过程为聚合工艺。聚合工艺的种类很多，按聚合方法可分为本体聚合、悬浮聚合、乳液聚合、溶液聚合等。			
工艺危险特点			
（1）聚合原料具有自聚和燃爆危险性； （2）如果反应过程中热量不能及时移出，随物料温度上升，发生裂解和暴聚，所产生的热量使裂解和暴聚过程进一步加剧，进而引发反应器爆炸； （3）部分聚合助剂危险性较大。			
典型工艺			
（1）聚烯烃生产 聚乙烯生产； 聚丙烯生产； 聚苯乙烯生产等。 （2）聚氯乙烯生产 （3）合成纤维生产 涤纶生产； 锦纶生产； 维纶生产； 腈纶生产；			

续表

反应类型	放热反应	重点监控单元	聚合反应釜、粉体聚合物料仓
尼龙生产等。 （4）橡胶生产 丁苯橡胶生产； 顺丁橡胶生产； 丁腈橡胶生产等。 （5）乳液生产 醋酸乙烯乳液生产； 丙烯酸乳液生产等。 （6）涂料粘合剂生产 醇酸油漆生产； 聚酯涂料生产； 环氧涂料粘合剂生产； 丙烯酸涂料粘合剂生产等。 （7）氟化物聚合 四氟乙烯悬浮法、分散法生产聚四氟乙烯； 四氟乙烯（TFE）和偏氟乙烯（VDF）聚合生产氟橡胶和偏氟乙烯－全氟丙烯共聚弹性体（俗称26型氟橡胶或氟橡胶－26）等。			
重点监控工艺参数			
聚合反应釜内温度、压力，聚合反应釜内搅拌速率；引发剂流量；冷却水流量；料仓静电、可燃气体监控等。			
安全控制的基本要求			
反应釜温度和压力的报警和联锁；紧急冷却系统；紧急切断系统；紧急加入反应终止剂系统；搅拌的稳定控制和联锁系统；料仓静电消除、可燃气体置换系统，可燃和有毒气体检测报警装置；高压聚合反应釜设有防爆墙和泄爆面等。			
宜采用的控制方式			
将聚合反应釜内温度、压力与釜内搅拌电流、聚合单体流量、引发剂加入量、聚合反应釜夹套冷却水进水阀形成联锁关系，在聚合反应釜处设立紧急停车系统。当反应超温、搅拌失效或冷却失效时，能及时加入聚合反应终止剂。安全泄放系统。			

15. 烷基化工艺

反应类型	放热反应	重点监控单元	烷基化反应釜
工艺简介			
把烷基引入有机化合物分子中的碳、氮、氧等原子上的反应称为烷基化反应。涉及烷基化反应的工艺过程为烷基化工艺，可分为C－烷基化反应、N－烷基化反应、O－烷基化反应等。			
工艺危险特点			
（1）反应介质具有燃爆危险性； （2）烷基化催化剂具有自燃危险性，遇水剧烈反应，放出大量热量，容易引起火灾甚至爆炸； （3）烷基化反应都是在加热条件下进行，原料、催化剂、烷基化剂等加料次序颠倒、加料速度过快或者搅拌中断停止等异常现象容易引起局部剧烈反应，造成跑料，引发火灾或爆炸事故。			
典型工艺			
（1）C－烷基化反应 乙烯、丙烯以及长链α－烯烃，制备乙苯、异丙苯和高级烷基苯； 苯系物与氯代高级烷烃在催化剂作用下制备高级烷基苯； 用脂肪醛和芳烃衍生物制备对称的二芳基甲烷衍生物；			

续表

反应类型	放热反应	重点监控单元	烷基化反应釜

苯酚与丙酮在酸催化下制备2，2－对（对羟基苯基）丙烷（俗称双酚A）；
乙烯与苯发生烷基化反应生产乙苯等。
（2）N－烷基化反应
苯胺和甲醚烷基化生产苯甲胺；
苯胺与氯乙酸生产苯基氨基乙酸；
苯胺和甲醇制备N，N－二甲基苯胺；
苯胺和氯乙烷制备N，N－二烷基芳胺；
对甲苯胺与硫酸二甲酯制备N，N－二甲基对甲苯胺；
环氧乙烷与苯胺制备N－（β－羟乙基）苯胺；
氨或脂肪胺和环氧乙烷制备乙醇胺类化合物；
苯胺与丙烯腈反应制备N－（β－氰乙基）苯胺等。
（3）　O－烷基化反应
对苯二酚、氢氧化钠水溶液和氯甲烷制备对苯二甲醚；
硫酸二甲酯与苯酚制备苯甲醚；
高级脂肪醇或烷基酚与环氧乙烷加成生成聚醚类产物等。

重点监控工艺参数
烷基化反应釜内温度和压力；烷基化反应釜内搅拌速率；反应物料的流量及配比等。
安全控制的基本要求
反应物料的紧急切断系统；紧急冷却系统；安全泄放系统；可燃和有毒气体检测报警装置等。
宜采用的控制方式
将烷基化反应釜内温度和压力与釜内搅拌、烷基化物料流量、烷基化反应釜夹套冷却水进水阀形成联锁关系，当烷基化反应釜内温度超标或搅拌系统发生故障时自动停止加料并紧急停车。 安全设施包括安全阀、爆破片、紧急放空阀、单向阀及紧急切断装置等。

国家安全监管总局关于公布第二批重点监管危险化工工艺目录和调整首批重点监管危险化工工艺中部分典型工艺的通知

（国家安全监管总局　2013 年 1 月 15 日发布　安监总管三〔2013〕3 号）

各省、自治区、直辖市及新疆生产建设兵团安全生产监督管理局，有关中央企业：

《首批重点监管的危险化工工艺目录》（安监总管三〔2009〕116 号）发布后，对指导各地区开展涉及危险化工工艺的生产装置自动化控制改造，提升化工生产装置本质安全水平起到了积极推动作用。根据 3 年来各地区施行情况，我局研究确定了第二批重点监管危险化工工艺（见附件 1），组织编制了《第二批重点监管危险化工工艺重点监控参数、安全控制基本要求及推荐的控制方案》（见附件 2），并对首批重点监管危险化工工艺中的部分典型工艺进行了调整（见附件 3），现予公布，并就有关事项通知如下：

一、化工企业要根据第二批重点监管危险化工工艺目录及其重点监控参数、安全控制基本要求和推荐的控制方案要求，对照本企业采用的危险化工工艺及其特点，确定重点监控的工艺参数，装备和完善自动控制系统，大型和高度危险的化工装置要按照推荐的控制方案装备安全仪表系统（紧急停车或安全联锁）。

二、地方各级安全监管部门要督促本辖区涉及第二批重点监管危险化工工艺的化工企业积极开展自动化控制改造工作，并确保于 2014 年年底前完成。

三、各省级安全监管部门可以根据本辖区内化工产业和安全生产的特点，补充本辖区内重点监管的危险化工工艺目录和自动化控制要求。

四、请各省级安全监管部门立即将本通知精神（《重点监管危险化工工艺目录（2013 年完整版）》可从国家安全监管总局网站“在线办事”栏目中“表格下载”之“危化品”下载）传达至辖区内的化工企业和其他相关单位。

各单位在执行中如发现问题，请及时反馈国家安全监管总局监管三司。

附件：1. 第二批重点监管危险化工工艺目录

2. 第二批重点监管危险化工工艺重点监控参数、安全控制基本要求及推荐的控制方案

3. 调整的首批重点监管危险化工工艺中的部分典型工艺

国家安全监管总局

2013 年 1 月 15 日

附件 1

第二批重点监管危险化工工艺目录

一、新型煤化工工艺：煤制油（甲醇制汽油、费—托合成油）、煤制烯烃（甲醇制烯烃）、煤制二甲醚、煤制乙二醇（合成气制乙二醇）、煤制甲烷气（煤气甲烷化）、煤制甲醇、甲醇制醋酸等工艺。

二、电石生产工艺。

三、偶氮化工艺。

附件 2

第二批重点监管危险化工工艺重点监控参数、安全控制基本要求及推荐的控制方案

一、新型煤化工工艺

反应类型	放热反应	重点监控单元	煤气化炉
工艺简介			
以煤为原料，经化学加工使煤直接或者间接转化为气体、液体和固体燃料、化工原料或化学品的工艺过程。主要包括煤制油（甲醇制汽油、费—托合成油）、煤制烯烃（甲醇制烯烃）、煤制二甲醚、煤制乙二醇（合成气制乙二醇）、煤制甲烷气（煤气甲烷化）、煤制甲醇、甲醇制醋酸等工艺。			
工艺危险特点			
1. 反应介质涉及一氧化碳、氢气、甲烷、乙烯、丙烯等易燃气体，具有燃爆危险性； 2. 反应过程多为高温、高压过程，易发生工艺介质泄漏，引发火灾、爆炸和一氧化碳中毒事故； 3. 反应过程可能形成爆炸性混合气体； 4. 多数煤化工新工艺反应速度快，放热量大，造成反应失控； 5. 反应中间产物不稳定，易造成分解爆炸。			
典型工艺			
煤制油（甲醇制汽油、费—托合成油）； 煤制烯烃（甲醇制烯烃）； 煤制二甲醚； 煤制乙二醇（合成气制乙二醇）； 煤制甲烷气（煤气甲烷化）； 煤制甲醇； 甲醇制醋酸。			
重点监控工艺参数			
反应器温度和压力；反应物料的比例控制；料位；液位；进料介质温度、压力与流量；氧含量；外取热器蒸汽温度与压力；风压和风温；烟气压力与温度；压降；H_2/CO 比；NO/O_2 比；NO/醇比；H_2、H_2S、CO_2 含量等。			

续表

反应类型	放热反应	重点监控单元	煤气化炉
安全控制的基本要求			
反应器温度、压力报警与联锁；进料介质流量控制与联锁；反应系统紧急切断进料联锁；料位控制回路；液位控制回路；H_2/CO 比例控制与联锁；NO/O_2 比例控制与联锁；外取热器蒸汽热水泵联锁；主风流量联锁；可燃和有毒气体检测报警装置；紧急冷却系统；安全泄放系统。			
宜采用的控制方式			
将进料流量、外取热蒸汽流量、外取热蒸汽包液位、H_2/CO 比例与反应器进料系统设立联锁关系，一旦发生异常工况启动联锁，紧急切断所有进料，开启事故蒸汽阀或氮气阀，迅速置换反应器内物料，并将反应器进行冷却、降温。 安全设施，包括安全阀、防爆膜、紧急切断阀及紧急排放系统等。			

二、电石生产工艺

反应类型	吸热反应	重点监控单元	电石炉
工艺简介			
电石生产工艺是以石灰和炭素材料（焦炭、兰炭、石油焦、冶金焦、白煤等）为原料，在电石炉内依靠电弧热和电阻热在高温进行反应，生成电石的工艺过程。电石炉型式主要分为两种：内燃型和全密闭型。			
工艺危险特点			
1. 电石炉工艺操作具有火灾、爆炸、烧伤、中毒、触电等危险性； 2. 电石遇水会发生激烈反应，生成乙炔气体，具有燃爆危险性； 3. 电石的冷却、破碎过程具有人身伤害、烫伤等危险性； 4. 反应产物一氧化碳有毒，与空气混合到 12.5% ~74% 时会引起燃烧和爆炸； 5. 生产中漏糊造成电极软断时，会使炉气出口温度突然升高，炉内压力突然增大，造成严重的爆炸事故。			
典型工艺			
石灰和碳素材料（焦炭、兰炭、石油焦、冶金焦、白煤等）反应制备电石。			
重点监控工艺参数			
炉气温度；炉气压力；料仓料位；电极压放量；一次电流；一次电压；电极电流；电极电压；有功功率；冷却水温度、压力；液压箱油位、温度；变压器温度；净化过滤器入口温度、炉气组分分析等。			
安全控制的基本要求			
设置紧急停炉按钮；电炉运行平台和电极压放视频监控、输送系统视频监控和启停现场声音报警；原料称重和输送系统控制；电石炉炉压调节、控制；电极升降控制；电极压放控制；液压泵站控制；炉气组分在线检测、报警和联锁；可燃和有毒气体检测和声光报警装置；设置紧急停车按钮等。			
宜采用的控制方式			
将炉气压力、净化总阀与放散阀形成联锁关系；将炉气组分氢、氧含量高与净化系统形成联锁关系；将料仓超料位、氢含量与停炉形成联锁关系。 安全设施，包括安全阀、重力泄压阀、紧急放空阀、防爆膜等。			

三、偶氮化工艺

反应类型	放热反应	重点监控单元	偶氮化反应釜、后处理单元
工艺简介			
合成通式为 R－N＝N－R 的偶氮化合物的反应为偶氮化反应，式中 R 为脂烃基或芳烃基，两个 R 基可相同或不同。涉及偶氮化反应的工艺过程为偶氮化工艺。脂肪族偶氮化合物由相应的肼经过氧化或脱氢反应制取。芳香族偶氮化合物一般由重氮化合物的偶联反应制备。			
工艺危险特点			
1. 部分偶氮化合物极不稳定，活性强，受热或摩擦、撞击等作用能发生分解甚至爆炸； 2. 偶氮化生产过程所使用的肼类化合物，高毒，具有腐蚀性，易发生分解爆炸，遇氧化剂能自燃； 3. 反应原料具有燃爆危险性。			
典型工艺			
1. 脂肪族偶氮化合物合成：水合肼和丙酮氰醇反应，再经液氯氧化制备偶氮二异丁腈；次氯酸钠水溶液氧化氨基庚腈，或者甲基异丁基酮和水合肼缩合后与氰化氢反应，再经氯气氧化制取偶氮二异庚腈；偶氮二甲酸二乙酯（DEAD）和偶氮二甲酸二异丙酯（DIAD）的生产工艺。 2. 芳香族偶氮化合物合成：由重氮化合物的偶联反应制备的偶氮化合物。			
重点监控工艺参数			
偶氮化反应釜内温度、压力、液位、pH 值；偶氮化反应釜内搅拌速率；肼流量；反应物质的配料比；后处理单元温度等。			
安全控制的基本要求			
反应釜温度和压力的报警和联锁；反应物料的比例控制和联锁系统；紧急冷却系统；紧急停车系统；安全泄放系统；后处理单元配置温度监测、惰性气体保护的联锁装置等。			
宜采用的控制方式			
将偶氮化反应釜内温度、压力与釜内搅拌、肼流量、偶氮化反应釜夹套冷却水进水阀形成联锁关系。在偶氮化反应釜处设立紧急停车系统，当偶氮化反应釜内温度超标或搅拌系统发生故障时，自动停止加料，并紧急停车。 后处理设备应配置温度检测、搅拌、冷却联锁自动控制调节装置，干燥设备应配置温度测量、加热热源开关、惰性气体保护的联锁装置。 安全设施，包括安全阀、爆破片、紧急放空阀等。			

附件 3

调整的首批重点监管危险化工工艺中的部分典型工艺

一、涉及涂料、粘合剂、油漆等产品的常压条件生产工艺不再列入“聚合工艺”。

二、将“异氰酸酯的制备”列入“光气及光气化工艺”的典型工艺中。

三、将“次氯酸、次氯酸钠或 N－氯代丁二酰亚胺与胺反应制备 N－氯化物”、“氯化亚砜作为氯化剂制备氯化物”列入“氯化工艺”的典型工艺中。

四、将“硝酸胍、硝基胍的制备”、“浓硝酸、亚硝酸钠和甲醇制备亚硝酸甲酯”列入“硝化工艺”的典型工艺中。

五、将“三氟化硼的制备”列入“氟化工艺”的典型工艺中。

六、将“克劳斯法气体脱硫”、“一氧化氮、氧气和甲（乙）醇制备亚硝酸甲（乙）酯”、“以双氧水或有机过氧化物为氧化剂生产环氧丙烷、环氧氯丙烷”列入“氧化工艺”的典型工艺中。

七、将“叔丁醇与双氧水制备叔丁基过氧化氢”列入“过氧化工艺”的典型工艺中。

八、将“氯氨法生产甲基肼”列入“胺基化工艺”的典型工艺中。

国家安全监管总局关于公布第二批重点监管危险化学品名录的通知

（国家安全监管总局　2013 年 2 月 5 日发布　安监总管三〔2013〕12 号）

各省、自治区、直辖市及新疆生产建设兵团安全生产监督管理局，有关中央企业：

为进一步做好重点监管的危险化学品安全管理工作，国家安全监管总局在分析国内危险化学品生产情况和近年来国内发生的危险化学品事故情况、国内外重点监管化学品品种、化学品固有危险特性及国内外重特大化学品事故等因素的基础上，研究确定了《第二批重点监管的危险化学品名录》（见附件），现予公布，并就有关事项通知如下：

一、生产、储存、使用重点监管的危险化学品的企业，应当积极开展涉及重点监管危险化学品的生产、储存设施自动化监控系统改造提升工作，高度危险和大型装置要依法装备安全仪表系统（紧急停车或安全联锁），并确保于 2014 年年底前完成。

二、地方各级安全监管部门应当按照有关法律法规和本通知的要求，对生产、储存、使用、经营重点监管的危险化学品的企业实施重点监管。

三、各省级安全监管部门可以根据本辖区危险化学品安全生产状况，补充和确定本辖区内实施重点监管的危险化学品类项及具体品种。

四、请各省级安全监管部门立即将本通知要求（《重点监管的危险化学品名录（2013 年完整版）》可从国家安全监管总局网站“在线办事”栏目中“表格下载”之“危化品”下载）传达至辖区内的化工企业和其他相关单位。

各单位在执行中如发现问题，请及时反馈国家安全监管总局监管三司。

附件：1. 第二批重点监管的危险化学品名录

2. 第二批重点监管的危险化学品安全措施和应急处置原则

国家安全监管总局

2013 年 2 月 5 日

附件1

第二批重点监管的危险化学品名录

序号	化学品品名	CAS号
1	氯酸钠	7775-9-9
2	氯酸钾	3811-4-9
3	过氧化甲乙酮	1338-23-4
4	过氧化（二）苯甲酰	94-36-0
5	硝化纤维素	9004-70-0
6	硝酸胍	506-93-4
7	高氯酸铵	7790-98-9
8	过氧化苯甲酸叔丁酯	614-45-9
9	N，N′-二亚硝基五亚甲基四胺	101-25-7
10	硝基胍	556-88-7
11	2，2′-偶氮二异丁腈	78-67-1
12	2，2′-偶氮-二-（2，4-二甲基戊腈）（偶氮二异庚腈）	4419-11-8
13	硝化甘油	55-63-0
14	乙醚	60-29-7

附件2

第二批重点监管的危险化学品安全措施和应急处置原则

1. 氯酸钠

风险提示	与易燃物、可燃物混合或急剧加热会发生爆炸。
理化特性	无色无味结晶，味咸而凉，有潮解性。易溶于水，微溶于乙醇。分子量106.44，熔点248℃，沸点300℃（分解），相对密度（水=1）2.5。 主要用途：用于生产二氧化氯、亚氯酸盐、高氯酸盐及其他氯酸盐，还用于印染、冶金、造纸、皮革行业。
危害信息	【燃烧和爆炸危险性】 助燃。与易（可）燃物混合或急剧加热会发生爆炸。如被有机物等污染，对撞击敏感。 【活性反应】 强氧化剂，与还原剂、强酸、铵盐、有机物、易燃物如硫、磷或金属粉末等混合可形成爆炸性混合物。 【健康危害】 粉尘对呼吸道、眼及皮肤有刺激性。口服急性中毒，表现为高铁血红蛋白血症、肠胃炎、肝肾损伤，甚至发生窒息。

续表

风险提示	与易燃物、可燃物混合或急剧加热会发生爆炸。
安全措施	【一般要求】 操作人员必须经过专门培训，严格遵守操作规程，熟练掌握操作技能，具备应急处置知识。 生产过程密闭，加强通风。使用防爆型的通风系统和设备，提供安全淋浴和洗眼设备。可能接触其粉尘时，建议佩戴自吸过滤式防尘口罩。戴化学安全防护眼镜，戴橡胶手套。作业现场禁止吸烟、进食和饮水。 远离火种、热源。应与禁配物分开存放，切忌混储。 生产、储存区域应设置安全警示标志。禁止震动、撞击和摩擦。配备相应品种和数量的消防器材及泄漏应急处理设备。 输送装置应有防止固体物料粘结器壁的技术保障措施，并应结合工艺特点和生产情况制定定期清扫的管理制度。严禁轴承设置在粉状危险物料中混药、输送等；输送螺旋和混药设备应有应急消防雨淋装置，输送螺旋和混药设备应选择有利于泄爆、清扫、应急处理的封闭方式。 采用湿法粉碎工艺时，应待物料全部浸湿后方可开机；当采用金属球和金属球磨筒方式进行粉碎时，宜用水或含水溶剂作为介质。粉碎混合加工过程中应设置自动导出静电的装置，出料时应将接料车和出料器用导线可靠连接并整体接地。 生产过程中易引起燃烧爆炸的机械化作业应设置自动报警、自动停机、自动泄爆、自动雨淋等安全自控装置；自动化生产线的单机设备除有自动控制系统监控外，在现场还应设置应急控制操作装置。 生产过程中产生的不合格品和废品应隔离存放、及时处理；内包装材料应统一回收存放在远离热源的场所，并及时销毁。 【特殊要求】 【操作安全】 （1）可能接触粉尘时，操作人员佩戴自吸过滤式防尘口罩，戴化学安全防护眼镜，穿静电工作服，戴橡胶手套。 （2）避免产生粉尘。避免与还原剂、强酸、铵盐、有机物、易（可）燃物接触。搬运时要轻装轻卸，防止包装及容器损坏。配备相应品种和数量的消防器材及泄漏应急处理设备。 （3）生产过程中需用热媒加热或加工过程中可能引起物料温升的作业点，均应设置温度检测仪器并采取温控措施。 【储存安全】 （1）储存于阴凉、通风、干燥的库房。远离火种、热源。工业氯酸钠保质期为3年；逾期可重新检验，检验结果符合要求时，方可继续使用。库房温度不超过30℃，相对湿度不超过80%。 （2）应与还原剂、强酸、铵盐、有机物、易（可）燃物分开存放，切忌混储。存放时，应距加热器（包括暖气片）和热力管线300毫米以上。储存区应备有合适的材料收容泄漏物。禁止震动、撞击和摩擦。禁止使用易产生火花的机械设备和工具。 【运输安全】 （1）运输车辆应有危险货物运输标志、安装具有行驶记录功能的卫星定位装置。未经公安机关批准，运输车辆不得进入危险化学品运输车辆限制通行的区域。 （2）运输过程中应有遮盖物，防止曝晒和雨淋、猛烈撞击、包装破损，不得倒置。严禁与酸类、铵盐、有机物、易（可）燃物、还原剂、自燃物品、遇湿易燃物品等同车混运。运输过程中要确保容器不泄漏、不倒塌、不坠落、不损坏。运输时运输车辆应配备相应品种和数量的消防器材。搬运时要轻装轻卸，防止包装及容器损坏。禁止震动、撞击和摩擦。 （3）拥有齐全的危险化学品运输资质，必须配备押运人员，并随时处于押运人员的监管之下，不得超装、超载，不得进入危险化学品运输车辆禁止通行的区域；确需进入禁止通行区域的，应当事先向当地公安部门报告，运输时车速不宜过快，不得强行超车。运输车辆装卸前后，均应彻底清扫、洗净，严禁混入有机物、易燃物等杂质。
应急处置原则	【急救措施】 吸入：迅速脱离现场至空气新鲜处，休息。就医。 食入：漱口。就医。 眼睛接触：立即提起眼睑，用流动清水或生理盐水冲洗。就医。 皮肤接触：立即用大量水冲洗，然后脱去污染的衣着，接着再冲洗，就医。 【灭火方法】 灭火剂：用水灭火。禁止使用沙土、干粉灭火。 大火时，远距离用大量水灭火。消防人员应佩戴防毒面具、穿全身消防服，在上风向灭火。在确保安全的前提下将容器移离火场。用大量水冷却容器，直至火扑灭。切勿开动已处于火场中的货船或车辆。 如果在火场中有储罐、槽车或罐车，周围至少隔离800米；同时初始疏散距离也至少为800米。 【泄漏应急处置】 隔离泄漏污染区，限制出入。建议应急处理人员戴防尘面具（全面罩），穿防毒服。不要直接接触泄漏物。勿使泄漏物与有机物、还原剂、易燃物接触。小量泄漏：避免扬尘，用洁净的铲子收集于干燥、洁净且盖子较松的容器中，并将容器移离泄漏区。大量泄漏：收集回收或运至废物处理场所处置，泄漏物回收后，用水冲洗泄漏区。 作为一项紧急预防措施，泄漏隔离距离至少为25米。如果为大量泄漏，下风向的初始疏散距离应至少为100米。

2. 氯酸钾

<table>
<tr><td>风险提示</td><td>与易燃物、可燃物混合或急剧加热会发生爆炸。</td></tr>
<tr><td>理化特性</td><td>无色片状结晶或白色颗粒粉末，味咸而凉。溶于水，不溶于醇、甘油。分子量 122.55，熔点 357℃，沸点 400℃（分解），相对密度（水 =1）2.34。
主要用途：用于火柴、焰火、冶金、医药行业中的氧化剂及制造其他氯酸盐。</td></tr>
<tr><td>危害信息</td><td>【燃烧和爆炸危险性】
助燃。与易（可）燃物混合或急剧加热会发生爆炸。如被有机物等污染，对撞击敏感。
【活性反应】
强氧化剂，与还原剂、铵盐、硫化物、有机物、易燃物如硫、磷或金属粉末等混合可形成爆炸性混合物。
【健康危害】
粉尘对呼吸道有刺激性。口服急性中毒，表现为高铁血红蛋白血症、胃肠炎、肝肾损伤，甚至发生窒息。</td></tr>
<tr><td>安全措施</td><td>【一般要求】
操作人员必须经过专门培训，严格遵守操作规程，熟练掌握操作技能，具备应急处置知识。
生产过程密闭，加强通风。使用防爆型的通风系统和设备，提供安全淋浴和洗眼设备。可能接触其粉尘时，建议佩戴自吸过滤式防尘口罩。戴化学安全防护眼镜，戴橡胶手套。工作业现场禁止吸烟、进食和饮水。
远离火种、热源。应与禁配物分开存放，切忌混储。
生产、储存区域应设置安全警示标志。禁止震动、撞击和摩擦。配备相应品种和数量的消防器材及泄漏应急处理设备。
输送装置应有防止固体物料粘结器壁的技术保障措施，并应结合工艺特点和生产情况制定定期清扫的管理制度。严禁轴承设置在粉状危险物料中混药、输送等；输送螺旋和混药设备应有应急消防雨淋装置，输送螺旋和混药设备应选择有利于泄爆、清扫、应急处理的封闭方式。
采用湿法粉碎工艺时，应待物料全部浸湿后方可开机；当采用金属球和金属球磨筒方式进行粉碎时，宜用水或含水溶剂作为介质。粉碎混合加工过程中应设置自动导出静电的装置，出料时应将接料车和出料器用导线可靠连接并整体接地。
生产过程中易引起燃烧爆炸的机械化作业应设置自动报警、自动停机、自动泄爆、自动雨淋等安全自控装置；自动化生产线的单机设备除有自动控制系统监控外，在现场还应设置应急控制操作装置。
生产过程中产生的不合格品和废品应隔离存放、及时处理；内包装材料应统一回收存放在远离热源的场所，并及时销毁。
【特殊要求】
【操作安全】
（1）可能接触粉尘时，操作人员佩戴自吸过滤式防尘口罩，戴化学安全防护眼镜，穿静电工作服，戴橡胶手套。
（2）避免产生粉尘。避免与还原剂、强酸、铵盐、有机物、易（可）燃物接触。搬运时要轻装轻卸，防止包装及容器损坏。配备相应品种和数量的消防器材及泄漏应急处理设备。
（3）生产过程中需用热媒加热或加工过程中可能引起物料温升的作业点，均应设置温度检测仪器并采取温控措施。
【储存安全】
（1）储存于阴凉、通风、干燥的库房。远离火种、热源。库房温度不超过 30℃，相对湿度不超过 80%。
（2）应与还原剂、强酸、铵盐、硫化物、有机物、易（可）燃物分开存放，切忌混储。存放时，应距加热器（包括暖气片）和热力管线 300 毫米以上。储存区应备有合适的材料收容泄漏物。禁止震动、撞击和摩擦。禁止使用易产生火花的机械设备和工具。
【运输安全】
（1）运输车辆应有危险货物运输标志、安装具有行驶记录功能的卫星定位装置。未经公安机关批准，运输车辆不得进入危险化学品运输车辆限制通行的区域。
（2）运输过程中应有遮盖物，防止曝晒和雨淋、猛烈撞击、包装破损，不得倒置。严禁与酸类、铵盐、硫化物、有机物、易（可）燃物、还原剂、自燃物品、遇湿易燃物品等同车混运。运输过程中要确保容器不泄漏、不倒塌、不坠落、不损坏。运输时运输车辆应配备相应品种和数量的消防器材。搬运时要轻装轻卸，防止包装及容器损坏。禁止震动、撞击和摩擦。
（3）拥有齐全的危险化学品运输资质，必须配备押运人员，并随时处于押运人员的监管之下，不得超装、超载，不得进入危险化学品运输车辆禁止通行的区域；确需进入禁止通行区域的，应当事先向当地公安部门报告，运输时车速不宜过快，不得强行超车。运输车辆装卸前后，均应彻底清扫、洗净，严禁混入有机物、易燃物等杂质。</td></tr>
</table>

续表

风险提示	与易燃物、可燃物混合或急剧加热会发生爆炸。
应急处置原则	【急救措施】 吸入：迅速脱离现场至空气新鲜处，休息。就医。 食入：漱口，饮一杯水，催吐。就医。 眼睛接触：立即提起眼睑，用流动清水或生理盐水冲洗。就医。 皮肤接触：立即用大量水冲洗，然后脱去污染的衣着，接着再冲洗，就医。 【灭火方法】 灭火剂：用水灭火。禁止使用沙土、干粉灭火。 大火时，远距离用大量水灭火。消防人员应佩戴防毒面具、穿全身消防服，在上风向灭火。在确保安全的前提下将容器移离火场。用大量水冷却容器，直至火扑灭。切勿开动已处于火场中的货船或车辆。 如果在火场中有储罐、槽车或罐车，周围至少隔离800米；同时初始疏散距离也至少为800米。 【泄漏应急处置】 隔离泄漏污染区，限制出入。建议应急处理人员戴防尘面具（全面罩），穿防毒服。不要直接接触泄漏物。勿使泄漏物与有机物、还原剂、易燃物接触。小量泄漏：用塑料布、帆布覆盖，减少飞散，避免扬尘，用洁净的铲子收集于干燥、洁净且盖子较松的容器中，并将容器移离泄漏区。大量泄漏：收集回收或运至废物处理场所处置，泄漏物回收后，用水冲洗泄漏区。 作为一项紧急预防措施，泄漏隔离距离至少为25米。如果为大量泄漏，下风向的初始疏散距离应至少为100米。

3. 过氧化甲乙酮

风险提示	遇明火、高热、摩擦、震动、撞击可能引起激烈燃烧或爆炸。可致眼和皮肤灼伤。
理化特性	无色或微黄色液体，带有刺激性气味。不溶于水，溶于乙醇、乙醚等多数有机溶剂。分子量176.21，相对密度（水=1）1.042，闪点82.22℃。 主要用途：用作不饱和聚酯的交联剂和引发剂、硅橡胶硫化剂。
危害信息	【燃烧和爆炸危险性】 可燃。受撞击、摩擦、遇明火或点火源可能引起激烈燃烧或爆炸。 【活性反应】 强氧化剂，与还原剂、促进剂、强酸、胺、有机物、可燃物等接触会发生剧烈反应，有燃烧爆炸的危险。被丙酮污染后可产生对振动敏感的过氧化沉积物。 【健康危害】 蒸气有强烈刺激性，吸入引起咽痛、咳嗽、呼吸困难，严重者可引起迟发性肺水肿。口服灼伤消化道，可有肝肾损伤，可致死。可致眼和皮肤灼伤。
安全措施	【一般要求】 操作人员必须经过专门培训，严格遵守操作规程，熟练掌握操作技能，具备应急处置知识。 生产过程密闭，加强通风。使用防爆型的通风系统和设备，提供安全淋浴和洗眼设备。穿防静电工作服，戴化学安全防护眼镜、橡胶防护手套。空气中浓度超标时，佩戴防毒面具。作业现场禁止吸烟、进食和饮水。 远离火种、热源。应与禁配物分开存放，切忌混储。 生产、储存区域应设置安全警示标志。禁止震动、撞击和摩擦。配备相应品种和数量的消防器材及泄漏应急处理设备。 生产过程中易引起燃烧爆炸的机械化作业应设置自动报警、自动停机、自动泄爆、自动雨淋等安全自控装置；自动化生产线的单机设备除有自动控制系统监控外，在现场还应设置应急控制操作装置。 生产过程中产生的不合格品和废品应隔离存放、及时处理；内包装材料应统一回收存放在远离热源的场所，并及时销毁。 【特殊要求】 【操作安全】 （1）装置内配备防毒面具等防护用品，操作人员在操作、取样、检维修时宜佩戴防毒面具。

续表

风险提示	遇明火、高热、摩擦、震动、撞击可能引起激烈燃烧或爆炸。可致眼和皮肤灼伤。
安全措施	(2) 避免与还原剂、促进剂、强酸、胺、有机物、易(可)燃物接触。搬运时要轻装轻卸,防止包装及容器损坏。配备相应品种和数量的消防器材及泄漏应急处理设备。 (3) 不得与促进剂直接接触。如必须使用促进剂,可先加入促进剂,搅拌均匀后再慢慢地,逐渐加入本品,避免引发剂堆积或局部过热。 (4) 生产过程中需用热媒加热或加工过程中可能引起物料温升的作业点,均应设置温度检测仪器并采取温控措施。 【储存安全】 (1) 储存于阴凉、通风的库房。远离火种、热源,避免阳光直射。库房温度不超过25℃。 (2) 应与还原剂、促进剂、强酸、胺、有机物、易(可)燃物分开存放,切忌混储。储存区应备有合适的材料收容泄漏物。禁止震动、撞击和摩擦。禁止使用易产生火花的机械设备和工具。 【运输安全】 (1) 运输车辆应有危险货物运输标志、安装具有行驶记录功能的卫星定位装置。未经公安机关批准,运输车辆不得进入危险化学品运输车辆限制通行的区域。 (2) 运输过程中应有遮盖物,防止曝晒和雨淋、猛烈撞击、包装破损,不得倒置。严禁与还原剂、促进剂、强酸、胺、有机物、易(可)燃物等同车混运,尤其是促进剂。运输过程中要确保容器不泄漏、不倒塌、不坠落、不损坏。运输时运输车辆应配备相应品种和数量的消防器材。搬运时要轻装轻卸,防止包装及容器损坏。禁止震动、撞击和摩擦。 (3) 拥有齐全的危险化学品运输资质,必须配备押运人员,并随时处于押运人员的监管之下,不得超装、超载,不得进入危险化学品运输车辆禁止通行的区域;确需进入禁止通行区域的,应当事先向当地公安部门报告,运输时车速不宜过快,不得强行超车。运输车辆装卸前后,均应彻底清扫、洗净,严禁混入有机物、易燃物等杂质。
应急处置原则	【急救措施】 吸入:迅速脱离现场至空气新鲜处,休息,采取半卧体位。就医。 食入:漱口,饮足量温水,不要催吐。就医。 眼睛接触:立即提起眼睑,用大量流动清水或生理盐水彻底冲洗至少15分钟。就医。 皮肤接触:立即脱去污染的衣着,用大量流动清水冲洗至少15分钟。就医。 【灭火方法】 灭火剂:小火,首选用雾状水灭火。无水时,可用泡沫、干粉灭火。 大火时,远距离用大量水灭火。消防人员应佩戴防毒面具、穿全身消防服,在上风向灭火。在确保安全的前提下将容器移离火场。喷水保持火场容器冷却,直至灭火结束。切勿开动已处于火场中的货船或车辆。处在火场中的容器若已变色或从安全泄压装置中产生声音,必须马上撤离。 如果在火场中有储罐、槽车或罐车,周围至少隔离800米;同时初始疏散距离也至少为800米。 【泄漏应急处置】 根据液体流动和蒸汽扩散的影响区域划定警戒区,无关人员从侧风、上风向撤离至安全区。消除所有点火源(泄漏区附近禁止吸烟、消除所有明火、火花或火焰)。建议应急处理人员戴自给正压式呼吸器,穿防毒服。尽可能切断泄漏源。防止流入下水道、排洪沟等限制性空间。小量泄漏:用惰性、湿润的不燃材料吸收,使用洁净的非火花工具收集,置于盖子较松的塑料容器中以待处理。大量泄漏:用水湿润,并筑堤收容。防止泄漏物进入水体、下水道、地下室或密闭空间。在专业人员指导下清除。 作为一项紧急预防措施,泄漏隔离距离至少为50米。如果为大量泄漏,下风向的初始疏散距离应至少为250米。

4. 过氧化(二)苯甲酰

风险提示	干燥时极度易燃,急剧加热时可发生爆炸。
理化特性	白色或淡黄色晶体或粉末,微有苦杏仁味。微溶于水、甲醇,溶于乙醇、乙醚、丙酮、苯、二硫化碳等。分子量242.24,熔点105℃(分解),相对密度(水=1)1.3,自燃温度80℃,燃烧热6855.2kJ/mol,蒸汽压20℃时0.1kPa。 主要用途:用作塑料催化剂、油脂的精制、蜡的脱色、医药的制造等。

续表

风险提示	干燥时极度易燃，急剧加热时可发生爆炸。
危害信息	【燃烧和爆炸危险性】 干燥时极度易燃，遇热、摩擦、震动、撞击或杂质污染均可能引起爆炸性分解。急剧加热时可发生爆炸。 【活性反应】 强氧化剂，与强酸、强碱、硫化物、还原剂、促进剂、胺类、金属烷基酸盐等接触会发生剧烈反应，有燃烧爆炸的危险。 【健康危害】 对呼吸道、眼睛和皮肤有刺激。对皮肤有致敏作用。
安全措施	【一般要求】 操作人员必须经过专门培训，严格遵守操作规程，熟练掌握操作技能，具备应急处置知识。 生产过程密闭，加强通风。使用防爆型的通风系统和设备，提供安全淋浴和洗眼设备。可能接触其粉尘时，建议佩戴自吸过滤式防尘口罩。戴化学安全防护眼镜，戴橡胶手套。工作业现场禁止吸烟、进食和饮水。 远离火种、热源。应与禁配物分开存放，切忌混储。 生产、储存区域应设置安全警示标志。禁止震动、撞击和摩擦。配备相应品种和数量的消防器材及泄漏应急处理设备。 采用湿法粉碎工艺时，应待物料全部浸湿后方可开机；当采用金属球和金属球磨筒方式进行粉碎时，宜用水或含水溶剂作为介质。粉碎混合加工过程中应设置自动导出静电的装置，出料时应将接料车和出料器用导线可靠连接并整体接地。 生产过程中易引起燃烧爆炸的机械化作业应设置自动报警、自动停机、自动泄爆、自动雨淋等安全自控装置；自动化生产线的单机设备除有自动控制系统监控外，在现场还应设置应急控制操作装置。 生产过程中产生的不合格品和废品应隔离存放、及时处理；内包装材料应统一回收存放在远离热源的场所，并及时销毁。 【特殊要求】 【操作安全】 （1）可能接触粉尘时，操作人员佩戴自吸过滤式防尘口罩，戴化学安全防护眼镜，穿防静电工作服，戴橡胶手套。 （2）避免产生粉尘。避免与强酸、强碱、硫化物、还原剂、促进剂、胺类、金属烷基酸盐接触。搬运时要轻装轻卸，防止包装及容器损坏。配备相应品种和数量的消防器材及泄漏应急处理设备。 （3）生产过程中需用热媒加热或加工过程中可能引起物料温升的作业点，均应设置温度检测仪器并采取温控措施。 【储存安全】 （1）储存时以水作稳定剂，一般含水30%。储存于阴凉、通风的库房。远离火种、热源，避免阳光直射。库房温度保持在2～25℃。 （2）应与还原剂、促进剂、强酸、胺、有机物、易（可）燃物分开存放，切忌混储。储存区应备有合适的材料收容泄漏物。禁止震动、撞击和摩擦。禁止使用易产生火花的机械设备和工具。 【运输安全】 （1）运输车辆应有危险货物运输标志、安装具有行驶记录功能的卫星定位装置。未经公安机关批准，运输车辆不得进入危险化学品运输车辆限制通行的区域。 （2）运输过程中应有遮盖物，防止曝晒和雨淋、猛烈撞击、包装破损，不得倒置。严禁与强酸、强碱、硫化物、还原剂、促进剂、胺类、金属烷基酸盐等同车混运，尤其是促进剂。运输过程中要确保容器不泄漏、不倒塌、不坠落、不损坏。运输时运输车辆应配备相应品种和数量的消防器材。搬运时要轻装轻卸，防止包装及容器损坏。禁止震动、撞击和摩擦。 （3）拥有齐全的危险化学品运输资质，必须配备押运人员，并随时处于押运人员的监管之下，不得超装、超载，不得进入危险化学品运输车辆禁止通行的区域；确需进入禁止通行区域的，应当事先向当地公安部门报告，运输时车速不宜过快，不得强行超车。运输车辆装卸前后，均应彻底清扫、洗净，严禁混入有机物、易燃物等杂质。

续表

风险提示	干燥时极度易燃，急剧加热时可发生爆炸。
应急处置原则	【急救措施】 吸入：将病人移到空气新鲜处，休息。就医。 食入：漱口，饮 1 ~2 杯温水稀释化学品，就医。 眼睛接触：如果佩戴隐形眼镜的话，首先摘除隐形眼镜。立即用大量清水或者生理盐水冲洗 15 分钟，就医。 皮肤接触：立即脱去污染的衣着，用大量流动清水冲洗，至少 15 分钟。如有不适感，就医。 【灭火方法】 灭火剂：小火，首选用雾状水灭火。无水时，可用泡沫、干粉灭火。 大火时，远距离用大量水灭火。消防人员应佩戴防毒面具、穿全身消防服，在上风向灭火。在确保安全的前提下将容器移离火场。喷水保持火场容器冷却，直至灭火结束。切勿开动已处于火场中的货船或车辆。处在火场中的容器若已变色或从安全泄压装置中产生声音，必须马上撤离。 如果在火场中有储罐、槽车或罐车，周围至少隔离 800 米；同时初始疏散距离也至少为 800 米。 【泄漏应急处置】 迅速撤离泄漏污染区人员至安全区，并进行隔离，严格限制出入。消除所有点火源（泄漏区附近禁止吸烟、消除所有明火、火花或火焰）。建议应急处理人员戴自给正压式呼吸器，穿防毒服。尽可能切断泄漏源。防止流入下水道、排洪沟等限制性空间。小量泄漏：用惰性、湿润的不燃材料吸收，使用洁净的非火花工具收集，置于盖子较松的塑料容器中以待处理。大量泄漏：用水湿润，并筑堤收容。防止泄漏物进入水体、下水道、地下室或密闭空间。在专业人员指导下清除。 作为一项紧急预防措施，泄漏隔离距离至少为 25 米。如果为大量泄漏，下风向的初始疏散距离应至少为 250 米。

5. 硝化纤维素

风险提示	干燥时能自燃。遇高热、火星有燃烧爆炸的危险。
理化特性	白色或微黄色各种形态固体，如棉絮状、纤维状等。不溶于水，溶于酯、丙酮。典型分子量 504.3，自燃温度 160 ~ 170℃，相对密度（水 =1）1.66。 主要用途：用于生产赛璐珞、摄影底片、照相底片、漆片、炸药等。
危害信息	【燃烧和爆炸危险性】 属爆炸品的硝化纤维素大量堆积或密闭容器中燃烧能转化为爆轰；干燥硝化棉因摩擦产生静电而自燃，也可在较低温度下自行缓慢分解放热而自燃。 【活性反应】 与氧化剂、大多数有机胺等接触会发生剧烈反应，有燃烧爆炸的危险。 【健康危害】 本身基本无害。使用商业产品时需关注溶剂的危害。
安全措施	【一般要求】 操作人员必须经过专门培训，严格遵守操作规程，熟练掌握操作技能，具备应急处置知识。 生产过程密闭，加强通风。使用防爆型的通风系统和设备，提供安全淋浴和洗眼设备。可能接触其粉尘时，建议佩戴自吸过滤式防尘口罩。戴化学安全防护眼镜，戴橡胶手套。工作业现场禁止吸烟、进食和饮水。 远离火种、热源。应与禁配物分开存放，切忌混储。 生产、储存区域应设置安全警示标志。禁止震动、撞击和摩擦。配备相应品种和数量的消防器材及泄漏应急处理设备。 生产过程中易引起燃烧爆炸的机械化作业应设置自动报警、自动停机、自动泄爆、自动雨淋等安全自控装置；自动化生产线的单机设备除有自动控制系统监控外，在现场还应设置应急控制操作装置。 生产过程中产生的不合格品和废品应隔离存放、及时处理；内包装材料应统一回收存放在远离热源的场所，并及时销毁。 【特殊要求】 【操作安全】

续表

风险提示	干燥时能自燃。遇高热、火星有燃烧爆炸的危险。
安全措施	(1) 穿防静电服，戴手套；空气中粉尘浓度较高时，操作人员佩戴自吸过滤式防尘口罩，戴化学安全防护眼镜。 (2) 避免产生粉尘。避免与氧化剂、有机胺等接触。搬运时要轻装轻卸，防止包装及容器损坏。配备相应品种和数量的消防器材及泄漏应急处理设备。 (3) 生产过程中需用热媒加热或加工过程中可能引起物料温升的作业点，均应设置温度检测仪器并采取温控措施。 【储存安全】 (1) 储存于阴凉、通风、干燥的专用库房。远离火种、热源。库房温度不超过25℃，相对湿度不超过80%。 (2) 应与氧化剂、有机胺等分开存放，切忌混储。存放时，应距加热器（包括暖气片）和热力管线300毫米以上。储存区应备有合适的材料收容泄漏物。禁止震动、撞击和摩擦。禁止使用易产生火花的机械设备和工具。 【运输安全】 (1) 运输车辆应有危险货物运输标志、安装具有行驶记录功能的卫星定位装置。未经公安机关批准，运输车辆不得进入危险化学品运输车辆限制通行的区域。 (2) 运输过程中应有遮盖物，防止曝晒和雨淋、猛烈撞击、包装破损，不得倒置。严禁与氧化剂、有机胺等同车混运。运输过程中要确保容器不泄漏、不倒塌、不坠落、不损坏。运输时运输车辆应配备相应品种和数量的消防器材。搬运时要轻装轻卸，防止包装及容器损坏。禁止震动、撞击和摩擦。 (3) 拥有齐全的危险化学品运输资质，必须配备押运人员，并随时处于押运人员的监管之下，不得超装、超载，不得进入危险化学品运输车辆禁止通行的区域；确需进入禁止通行区域的，应当事先向当地公安部门报告，运输时车速不宜过快，不得强行超车。
应急处置原则	【急救措施】 吸入：将病人移到空气清新处，休息。就医。 食入：漱口，就医。 眼睛接触：用大量清水冲洗数分钟，就医。 皮肤接触：脱去污染的衣物，用大量清水和肥皂清洗接触部分。 【灭火方法】 灭火剂：货物着火时，严禁灭火！因为可能爆炸。切勿开动已处于火场中的货船或车辆。 其他情况下，小火，用大量水灭火，无水时，可用二氧化碳、干粉、泡沫灭火。 大火时，远距离用大量水扑救。消防人员应戴好防毒面具，在上风向灭火。如果可能，并且无危险，可使用无人操作的灭火喷头或可监视喷头远距离灭火。禁止一切通行，清理方圆至少800米范围内的区域，任其自行燃烧。 如果在火场中有储罐、槽车或罐车，周围至少隔离800米；同时初始疏散距离也至少为800米。 【泄漏应急处置】 隔离泄漏污染区，限制出入。消除所有点火源（泄漏区附近禁止吸烟、消除所有明火、火花或火焰）。建议应急处理人员戴防尘口罩，穿消防防护服。作业时使用的所有设备应接地。禁止接触或跨越泄漏物。小量泄漏：用大量水冲洗泄漏区。大量泄漏：用水润湿，并筑堤收容。通过慢慢加入大量水保持泄漏物湿润。 作为一项紧急预防措施，泄漏隔离距离至少为100米。如果是大量泄漏，下风向的初始疏散距离应至少为500米。

6. 硝酸胍

风险提示	加热至150℃时分解并爆炸。
理化特性	白色晶体粉末或颗粒。溶于水、乙醇，微溶于丙酮，不溶于苯、乙醚。分子量122.11，沸点212~217℃，低于沸点分解，相对密度（水=1）。 主要用途：用于制造炸药、消毒剂、照相化学品等。
危害信息	【燃烧和爆炸危险性】 受热、接触明火或受到摩擦、震动、撞击时可发生爆炸。加热至150℃时分解并爆炸。 【活性反应】 强氧化剂，与硝基化合物和氯酸盐组成的混合物对振动和摩擦敏感并可能爆炸。 【健康危害】 对眼睛、皮肤、黏膜和呼吸道有刺激性。

续表

风险提示	加热至150℃时分解并爆炸。
安全措施	【一般要求】 操作人员必须经过专门培训，严格遵守操作规程，熟练掌握操作技能，具备应急处置知识。 生产过程密闭，加强通风。使用防爆型的通风系统和设备，提供安全淋浴和洗眼设备。可能接触其粉尘时，建议佩戴自吸过滤式防尘口罩。戴化学安全防护眼镜，戴橡胶手套。工作业现场禁止吸烟、进食和饮水。 远离火种、热源。应与禁配物分开存放，切忌混储。 生产、储存区域应设置安全警示标志。禁止震动、撞击和摩擦。配备相应品种和数量的消防器材及泄漏应急处理设备。 输送装置应有防止固体物料粘结器壁的技术保障措施，并应结合工艺特点和生产情况制定定期清扫的管理制度。严禁轴承设置在粉状危险物料中混药、输送等；输送螺旋和混药设备应有应急消防雨淋装置，输送螺旋和混药设备应选择有利于泄爆、清扫、应急处理的封闭方式。 采用湿法粉碎工艺时，应待物料全部浸湿后方可开机；当采用金属球和金属球磨筒方式进行粉碎时，宜用水或含水溶剂作为介质。粉碎混合加工过程中应设置自动导出静电的装置，出料时应将接料车和出料器用导线可靠连接并整体接地。 生产过程中易引起燃烧爆炸的机械化作业应设置自动报警、自动停机、自动泄爆、自动雨淋等安全自控装置；自动化生产线的单机设备除有自动控制系统监控外，在现场还应设置应急控制操作装置。 生产过程中产生的不合格品和废品应隔离存放、及时处理；内包装材料应统一回收存放在远离热源的场所，并及时销毁。 【特殊要求】 【操作安全】 (1) 可能接触粉尘时，操作人员佩戴自吸过滤式防尘口罩，戴化学安全防护眼镜，穿防静电工作服，戴橡胶手套。 (2) 避免产生粉尘。避免与硝基化合物、氯酸盐等接触。搬运时要轻装轻卸，防止包装及容器损坏。配备相应品种和数量的消防器材及泄漏应急处理设备。 (3) 生产过程中需用热媒加热或加工过程中可能引起物料温升的作业点，均应设置温度检测仪器并采取温控措施。 【储存安全】 (1) 储存于阴凉、通风、干燥的专用库房。远离火种、热源。库房温度不超过30℃，相对湿度不超过80%。 (2) 应与硝基化合物、氯酸盐等分开存放，切忌混储。存放时，应距加热器（包括暖气片）和热力管线300毫米以上。储存区应备有合适的材料收容泄漏物。禁止震动、撞击和摩擦。禁止使用易产生火花的机械设备和工具。 【运输安全】 (1) 运输车辆应有危险货物运输标志、安装具有行驶记录功能的卫星定位装置。未经公安机关批准，运输车辆不得进入危险化学品运输车辆限制通行的区域。 (2) 运输过程中应有遮盖物，防止曝晒和雨淋、猛烈撞击、包装破损，不得倒置。严禁与硝基化合物、氯酸盐等同车混运。运输过程中要确保容器不泄漏、不倒塌、不坠落、不损坏。运输时运输车辆应配备相应品种和数量的消防器材。搬运时要轻装轻卸，防止包装及容器损坏。禁止震动、撞击和摩擦。 (3) 拥有齐全的危险化学品运输资质，必须配备押运人员，并随时处于押运人员的监管之下，不得超装、超载，不得进入危险化学品运输车辆禁止通行的区域；确需进入禁止通行区域的，应当事先向当地公安部门报告，运输时车速不宜过快，不得强行超车。运输车辆装卸前后，均应彻底清扫、洗净，严禁混入有机物、易燃物等杂质。
应急处置原则	【急救措施】 吸入：迅速脱离现场至空气新鲜处，休息。就医。 食入：饮足量温水，不要催吐。就医。 眼睛接触：立即提起眼睑，用流动清水或生理盐水冲洗。就医。 皮肤接触：立即用大量水冲洗，然后脱去污染的衣着，接着再冲洗，就医。 【灭火方法】 灭火剂：用水灭火。禁止使用沙土、干粉灭火。 大火时，远距离用大量水灭火。消防人员应佩戴防毒面具、穿全身消防服，在上风向灭火。在确保安全的前提下将容器移离火场。切勿开动已处于火场中的货船或车辆。筑堤收容消防废水。 如果在火场中有储罐、槽车或罐车，周围至少隔离800米；同时初始疏散距离也至少为800米。 【泄漏应急处置】 隔离泄漏污染区，限制出入。消除所有点火源（泄漏区附近禁止吸烟、消除所有明火、火花或火焰）。建议应急处理人员戴防尘面具（全面罩），穿防毒服。不要直接接触泄漏物。勿使泄漏物与有机物、还原剂、易燃物接触。防止泄漏物进入水体、下水道、地下室或密闭空间。小量泄漏：用大量水冲洗泄漏区。大量泄漏：在专业人员指导下清除。 作为一项紧急预防措施，泄漏隔离距离至少为25米。如果为大量泄漏，在初始隔离距离的基础上加大下风向的疏散距离。

7. 高氯酸铵

风险提示	急剧加热时可发生爆炸。
理化特性	无色或白色晶体。溶于水、甲醇，不溶于乙醇、丙酮。分子量 117.49，熔点 130℃（分解），相对密度（水=1）1.95。 主要用途：用于制造焰火、无烟炸药、摄影药剂、人工防雹火箭用药和氧化剂等。
危害信息	【燃烧和爆炸危险性】 急剧加热时可发生爆炸。130℃开始分解，380℃爆炸。 【活性反应】 强氧化剂，与还原剂、有机物、易燃物如硫、磷或金属粉末等混合可形成爆炸性混合物，遇明火、高热、摩擦、震动、撞击可能引起激烈燃烧或爆炸。 【健康危害】 对眼睛、皮肤、黏膜和呼吸道有刺激性。长期或反复接触，可致甲状腺激素水平降低。
安全措施	【一般要求】 操作人员必须经过专门培训，严格遵守操作规程，熟练掌握操作技能，具备应急处置知识。 生产过程密闭，加强通风。使用防爆型的通风系统和设备，提供安全淋浴和洗眼设备。可能接触其粉尘时，建议佩戴自吸过滤式防尘口罩。戴化学安全防护眼镜，戴橡胶手套。工作业现场禁止吸烟、进食和饮水。 远离火种、热源。应与禁配物分开存放，切忌混储。 生产、储存区域应设置安全警示标志。禁止震动、撞击和摩擦。配备相应品种和数量的消防器材及泄漏应急处理设备。 输送装置应有防止固体物料粘结器壁的技术保障措施，并应结合工艺特点和生产情况制定定期清扫的管理制度。严禁轴承设置在粉状危险物料中混药、输送等；输送螺旋和混药设备应有应急消防雨淋装置，输送螺旋和混药设备应选择有利于泄爆、清扫、应急处理的封闭方式。 采用湿法粉碎工艺时，应待物料全部浸湿后方可开机；当采用金属球和金属球磨筒方式进行粉碎时，宜用水或含水溶剂作为介质。粉碎混合加工过程中应设置自动导出静电的装置，出料时应将接料车和出料器用导线可靠连接并整体接地。 生产过程中易引起燃烧爆炸的机械化作业应设置自动报警、自动停机、自动泄爆、自动雨淋等安全自控装置；自动化生产线的单机设备除有自动控制系统监控外，在现场还应设置应急控制操作装置。 生产过程中产生的不合格品和废品应隔离存放、及时处理；内包装材料应统一回收存放在远离热源的场所，并及时销毁。 【特殊要求】 【操作安全】 （1）可能接触粉尘时，操作人员佩戴自吸过滤式防尘口罩，戴化学安全防护眼镜，穿防静电工作服，戴橡胶手套。 （2）避免产生粉尘。避免与还原剂、有机物、易（可）燃物接触。搬运时要轻装轻卸，防止包装及容器损坏。配备相应品种和数量的消防器材及泄漏应急处理设备。 （3）生产过程中需用热媒加热或加工过程中可能引起物料温升的作业点，均应设置温度检测仪器并采取温控措施。 【储存安全】 （1）储存于阴凉、通风、干燥的库房。远离火种、热源。工业高氯酸铵保质期为 5 年；逾期可重新检验，检验结果符合要求时，方可继续使用。库房温度不超过 30℃，相对湿度不超过 80%。 （2）应与还原剂、有机物、易（可）燃物分开存放，切忌混储。存放时，应距加热器（包括暖气片）和热力管线 300 毫米以上。储存区应备有合适的材料收容泄漏物。禁止震动、撞击和摩擦。禁止使用易产生火花的机械设备和工具。 【运输安全】 （1）运输车辆应有危险货物运输标志、安装具有行驶记录功能的卫星定位装置。未经公安机关批准，运输车辆不得进入危险化学品运输车辆限制通行的区域。 （2）运输过程中应有遮盖物，防止曝晒和雨淋、猛烈撞击、包装破损，不得倒置。严禁与还原剂、有机物、易（可）燃物等同车混运。运输过程中要确保容器不泄漏、不倒塌、不坠落、不损坏。运输时运输车辆应配备相应品种和数量的消防器材。搬运时要轻装轻卸，防止包装及容器损坏。禁止震动、撞击和摩擦。 （3）拥有齐全的危险化学品运输资质，必须配备押运人员，并随时处于押运人员的监管之下，不得超装、超载，不得进入危险化学品运输车辆禁止通行的区域；确需进入禁止通行区域的，应当事先向当地公安部门报告，运输时车速不宜过快，不得强行超车。运输车辆装卸前后，均应彻底清扫、洗净，严禁混入有机物、易燃物等杂质。

续表

风险提示	急剧加热时可发生爆炸。
应急处置原则	【急救措施】 吸入：迅速脱离现场至空气新鲜处。保持呼吸道通畅。如呼吸困难，给输氧。如呼吸停止，立即进行心肺复苏术。就医。 食入：漱口，给饮牛奶或蛋清，不要催吐。就医。 眼睛接触：立即提起眼睑，用流动清水或生理盐水冲洗。就医。 皮肤接触：立即脱去污染的衣着，用肥皂和清水彻底冲洗皮肤。 【灭火方法】 灭火剂：本品不燃。根据着火原因选择适当灭火剂灭火。 如果高氯酸铵处于火场中，严禁灭火！因为可能爆炸。禁止一切通行，清理方圆至少 1600 米范围内的区域，任其自行燃烧。切勿开动已处于火场中的货船或车辆。 如果在火场中有储罐、槽车或罐车，周围至少隔离 1600 米；同时初始疏散距离也至少为 1600 米。 【泄漏应急处置】 隔离泄漏污染区，限制出入。消除所有点火源（泄漏区附近禁止吸烟、消除所有明火、火花或火焰）。建议应急处理人员戴防尘面具（全面罩），穿防毒服。不要直接接触泄漏物。作业时所有设备应接地。避免震动、撞击和摩擦。泄漏源附近 100 米内禁止开启电雷管和无线电发送设备。用水润湿泄漏物。严禁清扫干的泄漏物。在专业人员指导下清除。 作为一项紧急预防措施，泄漏隔离距离至少为 500 米。如果为大量泄漏，下风向的初始疏散距离应至少为 800 米。

8. 过氧化苯甲酸叔丁酯

风险提示	急剧加热或震动会发生爆炸。
理化特性	无色至微黄色液体，略有芳香味。不溶于水，溶于多数有机溶剂。分子量 194.27，熔点 8℃，沸点 112℃（分解），相对密度（水 =1）1.02，闪点 93℃，蒸汽压 0.044kPa（50℃）。 主要用途：用作化学中间体、聚合引发剂。
危害信息	【燃烧和爆炸危险性】 遇明火、高热、摩擦、震动、撞击可能引起激烈燃烧或爆炸。加热至 115℃以上有爆炸危险。 【活性反应】 强氧化剂，与还原剂、促进剂、有机物、易燃物、酸类或胺类等接触会发生剧烈反应，有燃烧爆炸的危险。 【健康危害】 对眼睛、皮肤、黏膜和呼吸道有刺激性。
安全措施	【一般要求】 操作人员必须经过专门培训，严格遵守操作规程，熟练掌握操作技能，具备应急处置知识。 生产过程密闭，加强通风。使用防爆型的通风系统和设备，提供安全淋浴和洗眼设备。穿防静电工作服，戴化学安全防护眼镜、橡胶防护手套。空气中浓度超标时，佩戴防毒面具。作业现场禁止吸烟、进食和饮水。 远离火种、热源。应与禁配物分开存放，切忌混储。 生产、储存区域应设置安全警示标志。禁止震动、撞击和摩擦。配备相应品种和数量的消防器材及泄漏应急处理设备。 生产过程中易引起燃烧爆炸的机械化作业应设置自动报警、自动停机、自动泄爆、自动雨淋等安全自控装置；自动化生产线的单机设备除有自动控制系统监控外，在现场还应设置应急控制操作装置。 生产过程中产生的不合格品和废品应隔离存放、及时处理；内包装材料应统一回收存放在远离热源的场所，并及时销毁。 【特殊要求】 【操作安全】 （1）装置内配备防毒面具等防护用品，操作人员在操作、取样、检维修时宜佩戴防毒面具。 （2）避免与还原剂、促进剂、有机物、酸类、胺类、易（可）燃物接触。搬运时要轻装轻卸，防止包装及容器损坏。配备相应品种和数量的消防器材及泄漏应急处理设备。 （3）不得与促进剂直接接触。如必须使用促进剂，可先加入促进剂，搅拌均匀后再慢慢地，逐渐加入本品，避免引发剂堆积或局部过热。 （4）生产过程中需用热媒加热或加工过程中可能引起物料温升的作业点，均应设置温度检测仪器并采取温控措施。 【储存安全】 （1）储存于阴凉、通风的库房。远离火种、热源，避免阳光直射。库房温度不超过 30℃，相对湿度不超过 80%。

续表

风险提示	急剧加热或振动会发生爆炸。
安全措施	（2）应与还原剂、促进剂、有机物、酸类、胺类、易（可）燃物分开存放，切忌混储。储存区应备有合适的材料收容泄漏物。禁止震动、撞击和摩擦。禁止使用易产生火花的机械设备和工具。 【运输安全】 （1）运输车辆应有危险货物运输标志、安装具有行驶记录功能的卫星定位装置。未经公安机关批准，运输车辆不得进入危险化学品运输车辆限制通行的区域。 （2）运输过程中应有遮盖物，防止曝晒和雨淋、猛烈撞击、包装破损，不得倒置。严禁与还原剂、促进剂、有机物、酸类、胺类、易（可）燃物等同车混运，尤其是促进剂。运输过程中要确保容器不泄漏、不倒塌、不坠落、不损坏。运输时运输车辆应配备相应品种和数量的消防器材。搬运时要轻装轻卸，防止包装及容器损坏。禁止震动、撞击和摩擦。 （3）拥有齐全的危险化学品运输资质，必须配备押运人员，并随时处于押运人员的监管之下，不得超装、超载，不得进入危险化学品运输车辆禁止通行的区域；确需进入禁止通行区域的，应当事先向当地公安部门报告，运输时车速不宜过快，不得强行超车。运输车辆装卸前后，均应彻底清扫、洗净，严禁混入有机物、易燃物等杂质。
应急处置原则	【急救措施】 吸入：迅速脱离现场至空气新鲜处。保持呼吸道通畅。如呼吸困难，给输氧。如呼吸停止，立即进行心肺复苏术。就医。 食入：用水漱口，不要催吐，就医。 眼睛接触：立即提起眼睑，用流动清水或生理盐水冲洗。就医。 皮肤接触：立即脱去污染的衣着，用肥皂和清水彻底冲洗皮肤。 【灭火方法】 灭火剂：小火，首选用雾状水灭火。无水时，可用泡沫、干粉灭火。 大火时，远距离用大量水灭火。消防人员应佩戴防毒面具、穿全身消防服，在上风向灭火。在确保安全的前提下将容器移离火场。喷水保持火场容器冷却，直至灭火结束。切勿开动已处于火场中的货船或车辆。处在火场中的容器若已变色或从安全泄压装置中产生声音，必须马上撤离。 如果在火场中有储罐、槽车或罐车，周围至少隔离 800 米；同时初始疏散距离也至少为 800 米。 【泄漏应急处置】 根据液体流动和蒸汽扩散的影响区域划定警戒区，无关人员从侧风、上风向撤离至安全区。消除所有点火源（泄漏区附近禁止吸烟、消除所有明火、火花或火焰）。建议应急处理人员戴正压自给式呼吸器，穿防静电、防腐、防毒服。勿使泄漏物与可燃物质（如木材、纸、油等）接触。穿上适当的防护服前严禁接触破裂的容器和泄漏物。尽可能切断泄漏源。防止泄漏物进入水体、下水道、地下室或密闭性空间。小量泄漏：用惰性、湿润的不燃材料吸收泄漏物，用洁净的无火花工具收集于一盖子较松的塑料容器中。大量泄漏：用水湿润，并筑堤收容。防止泄漏物进入水体、下水道、地下室或密闭空间。在专业人员指导下清除。 作为一项紧急预防措施，泄漏隔离距离至少为 50 米。如果为大量泄漏，下风向的初始疏散距离应至少为 250 米。

9. N，N′－二亚硝基五亚甲基四胺

风险提示	高度易燃，与胺、亚胺混合或急剧加热会发生爆炸。
理化特性	浅黄色粉末。微溶于水、乙醇、氯仿，不溶于乙醚，溶于丙酮。分子量 186.21，熔点 207℃（分解），相对密度（水＝1）1.4～1.45。 主要用途：用于橡胶、聚氯乙烯等塑料发生微空孔，制造微孔塑料。
危害信息	【燃烧和爆炸危险性】 高度易燃，遇明火、高温能引起分解爆炸和燃烧。 【活性反应】 与胺、亚胺接触会发生剧烈反应，有燃烧爆炸的危险。与碱、酸或酸雾、氯化锌接触将迅速起火燃烧。与氧化剂混合能形成爆炸性混合物。 【健康危害】 吞咽有害。

续表

<table>
<tr><td>风险提示</td><td>高度易燃，与胺、亚胺混合或急剧加热会发生爆炸。</td></tr>
<tr><td>安全措施</td><td>【一般要求】
操作人员必须经过专门培训，严格遵守操作规程，熟练掌握操作技能，具备应急处置知识。
生产过程密闭，加强通风。使用防爆型的通风系统和设备，提供安全淋浴和洗眼设备。可能接触其粉尘时，建议佩戴自吸过滤式防尘口罩。戴化学安全防护眼镜，戴橡胶手套。工作业现场禁止吸烟、进食和饮水。
远离火种、热源。应与禁配物分开存放，切忌混储。
生产、储存区域应设置安全警示标志。禁止震动、撞击和摩擦。配备相应品种和数量的消防器材及泄漏应急处理设备。
采用湿法粉碎工艺时，应待物料全部浸湿后方可开机；当采用金属球和金属球磨筒方式进行粉碎时，宜用水或含水溶剂作为介质。粉碎混合加工过程中应设置自动导出静电的装置，出料时应将接料车和出料器用导线可靠连接并整体接地。
生产过程中易引起燃烧爆炸的机械化作业应设置自动报警、自动停机、自动泄爆、自动雨淋等安全自控装置；自动化生产线的单机设备除有自动控制系统监控外，在现场还应设置应急控制操作装置。
生产过程中产生的不合格品和废品应隔离存放、及时处理；内包装材料应统一回收存放在远离热源的场所，并及时销毁。
【特殊要求】
【操作安全】
（1）可能接触粉尘时，操作人员佩戴自吸过滤式防尘口罩，戴化学安全防护眼镜，穿防静电工作服，戴橡胶手套。
（2）避免产生粉尘。避免与氧化剂、胺、亚胺、酸碱、氯化锌等接触。搬运时要轻装轻卸，防止包装及容器损坏。配备相应品种和数量的消防器材及泄漏应急处理设备。
（3）生产过程中需用热媒加热或加工过程中可能引起物料温升的作业点，均应设置温度检测仪器并采取温控措施。
【储存安全】
（1）储存于阴凉、通风的库房。远离火种、热源。库房温度不超过35℃。
（2）应与氧化剂、胺、亚胺、酸碱、氯化锌等分开存放，切忌混储。存放时，应距加热器（包括暖气片）和热力管线300毫米以上。储存区应备有合适的材料收容泄漏物。禁止震动、撞击和摩擦。禁止使用易产生火花的机械设备和工具。
【运输安全】
（1）运输车辆应有危险货物运输标志、安装具有行驶记录功能的卫星定位装置。未经公安机关批准，运输车辆不得进入危险化学品运输车辆限制通行的区域。
（2）运输过程中应有遮盖物，防止曝晒和雨淋、猛烈撞击、包装破损，不得倒置。严禁与氧化剂、胺、亚胺、酸碱、氯化锌物品等同车混运。运输过程中要确保容器不泄漏、不倒塌、不坠落、不损坏。运输时运输车辆应配备相应品种和数量的消防器材。搬运时要轻装轻卸，防止包装及容器损坏。禁止震动、撞击和摩擦。
（3）拥有齐全的危险化学品运输资质，必须配备押运人员，并随时处于押运人员的监管之下，不得超装、超载，不得进入危险化学品运输车辆禁止通行的区域；确需进入禁止通行区域的，应当事先向当地公安部门报告，运输时车速不宜过快，不得强行超车。</td></tr>
<tr><td>应急处置原则</td><td>【急救措施】
吸入：迅速脱离现场至空气新鲜处。保持呼吸道通畅。如呼吸困难，给输氧。如呼吸停止，立即进行心肺复苏术。就医。
食入：给饮牛奶或蛋清，不要催吐。就医。
眼睛接触：立即提起眼睑，用流动清水或生理盐水冲洗至少15分钟。就医。
皮肤接触：立即脱去污染的衣着，用肥皂和清水彻底冲洗皮肤。
【灭火方法】
灭火剂：小火，用水、泡沫、二氧化碳、干粉灭火。
大火时，用大量水灭火。从远处或使用遥控水枪、水炮灭火。消防人员应佩戴空气呼吸器、穿全身防火防毒服。在确保安全的前提下将容器移离火场。用大量水冷却容器，直至火扑灭。如果安全阀发出声响或储罐变色，立即撤离。
如果在火场中有储罐、槽车或罐车，周围至少隔离800米；同时初始疏散距离也至少为800米。
【泄漏应急处置】
隔离泄漏污染区，限制出入。消除所有点火源（泄漏区附近禁止吸烟、消除所有明火、火花或火焰）。建议应急处理人员戴防尘面具（全面罩），穿防毒服。不要直接接触泄漏物。避免震动、撞击和摩擦。小量泄漏：用惰性、湿润的不燃材料吸收，使用无火花工具收集于干燥、洁净、有盖的容器中。防止泄漏物进入水体、下水道、地下室或密闭空间。
作为一项紧急预防措施，泄漏隔离距离至少为25米。如果为大量泄漏，下风向的初始疏散距离应至少为250米。</td></tr>
</table>

10. 硝基胍

风险提示	遇明火、高热、摩擦、震动、撞击可能引起激烈燃烧或爆炸。
理化特性	白色针状晶体。微溶于水、乙醇、甲醇，溶于热水、碱液，不溶于醚。分子量 104.07，熔点 239℃（分解），相对密度（水 =1）1.71。 主要用途：是硝化纤维火药、硝化甘油火药以及二甘醇二硝酸酯的掺合剂、固体火箭推进剂的重要组分。
危害信息	【燃烧和爆炸危险性】 遇明火、高热、摩擦、震动、撞击可能引起激烈燃烧或爆炸。（干的或含水 <20% 为爆炸品，受热 150℃分解爆炸；含水 >20% 为易燃固体，为脱敏爆炸品，受热 275℃发生强烈爆炸） 【活性反应】 与氧化剂等接触会发生剧烈反应，有燃烧爆炸的危险。 【健康危害】 对眼睛、皮肤、黏膜和呼吸道有刺激性。
安全措施	【一般要求】 操作人员必须经过专门培训，严格遵守操作规程，熟练掌握操作技能，具备应急处置知识。 生产过程密闭，加强通风。使用防爆型的通风系统和设备，提供安全淋浴和洗眼设备。可能接触其粉尘时，建议佩戴自吸过滤式防尘口罩。戴化学安全防护眼镜，戴橡胶手套。工作业现场禁止吸烟、进食和饮水。 远离火种、热源。应与禁配物分开存放，切忌混储。 生产、储存区域应设置安全警示标志。禁止震动、撞击和摩擦。配备相应品种和数量的消防器材及泄漏应急处理设备。 输送装置应有防止固体物料粘结器壁的技术保障措施，并应结合工艺特点和生产情况制定定期清扫的管理制度。严禁轴承设置在粉状危险物料中混药、输送等；输送螺旋和混药设备应有应急消防雨淋装置，输送螺旋和混药设备应选择有利于泄爆、清扫、应急处理的封闭方式。 采用湿法粉碎工艺时，应待物料全部浸湿后方可开机；当采用金属球和金属球磨筒方式进行粉碎时，宜用水或含水溶剂作为介质。粉碎混合加工过程中应设置自动导出静电的装置，出料时应将接料车和出料器用导线可靠连接并整体接地。 生产过程中易引起燃烧爆炸的机械化作业应设置自动报警、自动停机、自动泄爆、自动雨淋等安全自控装置；自动化生产线的单机设备除有自动控制系统监控外，在现场还应设置应急控制操作装置。 生产过程中产生的不合格品和废品应隔离存放、及时处理；内包装材料应统一回收存放在远离热源的场所，并及时销毁。 【特殊要求】 【操作安全】 （1）可能接触粉尘时，操作人员佩戴自吸过滤式防尘口罩，戴化学安全防护眼镜，穿防静电工作服，戴橡胶手套。 （2）避免产生粉尘。避免与氧化剂、强还原剂、强碱等接触。搬运时要轻装轻卸，防止包装及容器损坏。配备相应品种和数量的消防器材及泄漏应急处理设备。 （3）生产过程中需用热媒加热或加工过程中可能引起物料温升的作业点，均应设置温度检测仪器并采取温控措施。 【储存安全】 （1）为安全起见，储存时可加不少于 15% 的水作稳定剂。储存于阴凉、通风的爆炸品专用库房。远离火种、热源。库房温度不超过 30℃，相对湿度小于 80%。 （2）应与氧化剂、还原剂、强碱分开存放，切忌混储。存放时，应距加热器（包括暖气片）和热力管线 300 毫米以上。储存区应备有合适的材料收容泄漏物。禁止震动、撞击和摩擦。禁止使用易产生火花的机械设备和工具。 【运输安全】 （1）运输车辆应有危险货物运输标志、安装具有行驶记录功能的卫星定位装置。未经公安机关批准，运输车辆不得进入危险化学品运输车辆限制通行的区域。 （2）运输过程中应有遮盖物，防止曝晒和雨淋、猛烈撞击、包装破损，不得倒置。严禁与氧化剂、还原剂、强碱等同车混运。运输过程中要确保容器不泄漏、不倒塌、不坠落、不损坏。运输时运输车辆应配备相应品种和数量的消防器材。搬运时要轻装轻卸，防止包装及容器损坏。禁止震动、撞击和摩擦。 （3）拥有齐全的危险化学品运输资质，必须配备押运人员，并随时处于押运人员的监管之下，不得超装、超载，不得进入危险化学品运输车辆禁止通行的区域；确需进入禁止通行区域的，应当事先向当地公安部门报告，运输时车速不宜过快，不得强行超车。运输车辆装卸前后，均应彻底清扫、洗净，严禁混入有机物、易燃物等杂质。

续表

风险提示	遇明火、高热、摩擦、震动、撞击可能引起激烈燃烧或爆炸。
应急处置原则	【急救措施】 吸入：迅速脱离现场至空气新鲜处。保持呼吸道通畅。如呼吸困难，给输氧。如呼吸停止，立即进行心肺复苏术。就医。 食入：用水漱口。就医。 眼睛接触：立即提起眼睑，用大量流动清水或生理盐水彻底冲洗至少 15 分钟。就医。 皮肤接触：立即脱去污染的衣着，用肥皂和清水彻底冲洗皮肤。就医。 【灭火方法】 灭火剂：用水灭火。 如果硝基胍处于火场中，严禁灭火！因为可能爆炸。禁止一切通行，清理方圆至少 1600 米范围内的区域，任其自行燃烧。切勿开动已处于火场中的货船或车辆。 如果在火场中有储罐、槽车或罐车，周围至少隔离 1600 米；同时初始疏散距离也至少为 1600 米。 【泄漏应急处置】 隔离泄漏污染区，限制出入。消除所有点火源（泄漏区附近禁止吸烟、消除所有明火、火花或火焰）。建议应急处理人员戴防尘面具（全面罩），穿防毒服。不要直接接触泄漏物。作业时所有设备应接地。避免震动、撞击和摩擦。泄漏源附近 100 米内禁止开启电雷管和无线电发送设备。用水润湿泄漏物。严禁清扫干的泄漏物。在专业人员指导下清除。 作为一项紧急预防措施，泄漏隔离距离至少为 500 米。如果为大量泄漏，下风向的初始疏散距离应至少为 800 米。

11.2，2′-偶氮二异丁腈

风险提示	遇明火、高热、摩擦、震动、撞击可能引起激烈燃烧或爆炸。受热时性质不稳定，逐渐分解甚至能引起爆炸。
理化特性	白色晶体或粉末。不溶于水，溶于乙醇、乙醚、甲苯等。分子量 164.24，熔点 105℃（分解），相对密度(水=1)1.1。 主要用途：作为橡胶、塑料等发泡剂，也用于其他有机合成。
危害信息	【燃烧和爆炸危险性】 遇明火、高热、摩擦、震动、撞击可能引起激烈燃烧或爆炸。受热时性质不稳定，40℃逐渐分解，至 103～104℃时激烈分解，释放出大量热和有毒气体，能引起爆炸。溶解在有机溶剂时，有燃烧爆炸危险。易累积静电。 【活性反应】 与醇类、酸类、氧化剂、丙酮、醛类和烃类混合，有燃烧爆炸危险。 【健康危害】 大量接触可出现头痛、头胀、易疲劳、流涎和呼吸困难等症状。对本品作发泡剂的泡沫塑料加热或切割时产生的挥发性物质可刺激咽喉，口中有苦味，并可致呕吐和腹痛。本品分解能产生剧毒的甲基琥珀腈。长期接触可引起神经衰弱综合征，呼吸道刺激症状以及肝、肾损害。
安全措施	【一般要求】 操作人员必须经过专门培训，严格遵守操作规程，熟练掌握操作技能，具备应急处置知识。 生产过程密闭，加强通风。使用防爆型的通风系统和设备，提供安全淋浴和洗眼设备。建议佩戴自吸过滤式防尘口罩，戴化学安全防护眼镜，戴橡胶手套。工作业现场禁止吸烟、进食和饮水。 远离火种、热源。应与禁配物分开存放，切忌混储。 生产、储存区域应设置安全警示标志。禁止震动、撞击和摩擦。配备相应品种和数量的消防器材及泄漏应急处理设备。

续表

风险提示	遇明火、高热、摩擦、震动、撞击可能引起激烈燃烧或爆炸。受热时性质不稳定，逐渐分解甚至能引起爆炸。
安全措施	采用湿法粉碎工艺时，应待物料全部浸湿后方可开机；当采用金属球和金属球磨筒方式进行粉碎时，宜用水或含水溶剂作为介质。粉碎混合加工过程中应设置自动导出静电的装置，出料时应将接料车和出料器用导线可靠连接并整体接地。 生产过程中易引起燃烧爆炸的机械化作业应设置自动报警、自动停机、自动泄爆、自动雨淋等安全自控装置；自动化生产线的单机设备除有自动控制系统监控外，在现场还应设置应急控制操作装置。 生产过程中产生的不合格品和废品应隔离存放、及时处理；内包装材料应统一回收存放在远离热源的场所，并及时销毁。 【特殊要求】 【操作安全】 （1）操作人员佩戴自吸过滤式防尘口罩，戴化学安全防护眼镜，穿防静电工作服，戴橡胶手套。 （2）避免产生粉尘。避免与醇类、酸类、氧化剂、丙酮、醛类和烃类等接触。搬运时要轻装轻卸，防止包装及容器损坏。配备相应品种和数量的消防器材及泄漏应急处理设备。 （3）生产过程中需用热媒加热或加工过程中可能引起物料温升的作业点，均应设置温度检测仪器并采取温控措施。 【储存安全】 （1）储存于阴凉、通风的库房。远离火种、热源。库房温度不超过35℃。 （2）应与醇类、氧化剂、丙酮、醛类和烃类等分开存放，切忌混储。存放时，应距加热器（包括暖气片）和热力管线300毫米以上。储存区应备有合适的材料收容泄漏物。禁止震动、撞击和摩擦。禁止使用易产生火花的机械设备和工具。 【运输安全】 （1）运输车辆应有危险货物运输标志、安装具有行驶记录功能的卫星定位装置。未经公安机关批准，运输车辆不得进入危险化学品运输车辆限制通行的区域。 （2）运输过程中应有遮盖物，防止曝晒和雨淋、猛烈撞击、包装破损，不得倒置。严禁与醇类、酸类、氧化剂、丙酮、醛类和烃类等同车混运。运输过程中要确保容器不泄漏、不倒塌、不坠落、不损坏。运输时运输车辆应配备相应品种和数量的消防器材。搬运时要轻装轻卸，防止包装及容器损坏。禁止震动、撞击和摩擦。 （3）拥有齐全的危险化学品运输资质，必须配备押运人员，并随时处于押运人员的监管之下，不得超装、超载，不得进入危险化学品运输车辆禁止通行的区域；确需进入禁止通行区域的，应当事先向当地公安部门报告，运输时车速不宜过快，不得强行超车。
应急处置原则	【急救措施】 吸入：迅速脱离现场至空气新鲜处。保持呼吸道通畅。如呼吸困难，给输氧。呼吸、心跳停止，立即进行人工呼吸（勿用口对口）和胸外心脏按压术。如出现中毒症状给予吸氧和吸入亚硝酸异戊酯，将亚硝酸异戊酯的安瓿放在手帕里或单衣内打碎放在面罩内使伤员吸入15秒，然后移去15秒，重复5~6次。口服4-D米AP（4-二甲基氨基苯酚）1片（180毫克）和PAPP（氨基苯丙酮）1片（90毫克）。 食入：如伤者神志清醒，催吐，洗胃。如果出现中毒症状，处理同吸入。 眼睛接触：立即提起眼睑，用流动清水或生理盐水冲洗。如有不适感，就医。 皮肤接触：立即脱去污染的衣着，用流动清水或5%硫代硫酸钠溶液彻底冲洗。如果出现中毒症状，处理同吸入。 【灭火方法】 灭火剂：小火，用水、泡沫、二氧化碳、干粉灭火。 大火时，用大量水扑救。从远处或使用遥控水枪、水炮灭火。消防人员应佩戴空气呼吸器、穿全身防火防毒服。在确保安全的前提下将容器移离火场。用大量水冷却容器，直至火扑灭。 如果在火场中有储罐、槽车或罐车，周围至少隔离800米；同时初始疏散距离也至少为800米。 【泄漏应急处置】 隔离泄漏污染区，限制出入。消除所有点火源（泄漏区附近禁止吸烟、消除所有明火、火花或火焰）。建议应急处理人员戴防尘面具（全面罩），穿防毒服。不要直接接触泄漏物。避免震动、撞击和摩擦。小量泄漏：用惰性、湿润的不燃材料吸收，使用无火花工具收集于干燥、洁净、有盖的容器中。防止泄漏物进入水体、下水道、地下室或密闭空间。 作为一项紧急预防措施，泄漏隔离距离至少为25米。如果为大量泄漏，下风向的初始疏散距离应至少为250米。

12. 2，2′-偶氮-二-（2，4-二甲基戊腈）（偶氮二异庚腈）

风险提示	易燃，急剧加热或震动会发生激烈燃烧或爆炸。
理化特性	白色晶体。不溶于水，溶于甲醇、甲苯和丙酮等有机溶剂。分子量 248.42，有顺式和反式两种异构体，熔点分别为 55.5～57℃和 74～76℃，相对密度（水=1）0.99，在甲苯中温度为 64℃和 51℃时分解半衰期分别约为 1 小时和 10 小时，活化能 122kJ/mol。 主要用途：用于本体聚合、悬浮聚合与溶液聚合。
危害信息	【燃烧和爆炸危险性】 易燃，遇明火、高热、摩擦、震动、撞击可能引起激烈燃烧或爆炸。 【活性反应】 与醇类、酸类、氧化剂、丙酮、醛类和烃类混合，有燃烧爆炸危险。 【健康危害】 皮肤接触、吸入和吞咽有害。
安全措施	【一般要求】 操作人员必须经过专门培训，严格遵守操作规程，熟练掌握操作技能，具备应急处置知识。 生产过程密闭，加强通风。使用防爆型的通风系统和设备，提供安全淋浴和洗眼设备。可能接触其粉尘时，建议佩戴自吸过滤式防尘口罩，戴化学安全防护眼镜，戴橡胶手套。工作业现场禁止吸烟、进食和饮水。 远离火种、热源。应与禁配物分开存放，切忌混储。 生产、储存区域应设置安全警示标志。禁止震动、撞击和摩擦。配备相应品种和数量的消防器材及泄漏应急处理设备。 采用湿法粉碎工艺时，应待物料全部浸湿后方可开机；当采用金属球和金属球磨筒方式进行粉碎时，宜用水或含水溶剂作为介质。粉碎混合加工过程中应设置自动导出静电的装置，出料时应将接料车和出料器用导线可靠连接并整体接地。 生产过程中易引起燃烧爆炸的机械化作业应设置自动报警、自动停机、自动泄爆、自动雨淋等安全自控装置；自动化生产线的单机设备除有自动控制系统监控外，在现场还应设置应急控制操作装置。 生产过程中产生的不合格品和废品应隔离存放、及时处理；内包装材料应统一回收存放在远离热源的场所，并及时销毁。 【特殊要求】 【操作安全】 （1）可能接触其粉尘时，操作人员佩戴自吸过滤式防尘口罩，戴化学安全防护眼镜，穿防静电工作服，戴橡胶手套。 （2）避免产生粉尘。避免与醇类、酸类、氧化剂、丙酮、醛类和烃类等接触。搬运时要轻装轻卸，防止包装及容器损坏。配备相应品种和数量的消防器材及泄漏应急处理设备。 （3）生产过程中需用热媒加热或加工工程中可能引起物料温升的作业点，均应设置温度检测仪器并采取温控措施。 【储存安全】 （1）储存于阴凉、通风的库房。远离火种、热源。库房温度不超过 10℃。 （2）应与醇类、氧化剂、丙酮、醛类和烃类等分开存放，切忌混储。存放时，应距加热器（包括暖气片）和热力管线 300 毫米以上。储存区应备有合适的材料收容泄漏物。禁止震动、撞击和摩擦。禁止使用易产生火花的机械设备和工具。 【运输安全】 （1）运输车辆应有危险货物运输标志、安装具有行驶记录功能的卫星定位装置。未经公安机关批准，运输车辆不得进入危险化学品运输车辆限制通行的区域。 （2）低温运输。运输过程中应有遮盖物，防止曝晒和雨淋、猛烈撞击、包装破损，不得倒置。严禁与醇类、酸类、氧化剂、丙酮、醛类和烃类等同车混运。运输过程中要确保容器不泄漏、不倒塌、不坠落、不损坏。运输时运输车辆应配备相应品种和数量的消防器材。搬运时要轻装轻卸，防止包装及容器损坏。禁止震动、撞击和摩擦。 （3）拥有齐全的危险化学品运输资质，必须配备押运人员，并随时处于押运人员的监管之下，不得超装、超载，不得进入危险化学品运输车辆禁止通行的区域；确需进入禁止通行区域的，应当事先向当地公安部门报告，运输时车速不宜过快，不得强行超车。

续表

风险提示	易燃，急剧加热或震动会发生激烈燃烧或爆炸。
应急处置原则	【急救措施】 吸入：迅速脱离现场至空气新鲜处。保持呼吸道通畅。如呼吸困难，给输氧。呼吸、心跳停止，立即进行人工呼吸（勿用口对口）和胸外心脏按压术。如出现中毒症状给予吸氧和吸入亚硝酸异戊酯，将亚硝酸异戊酯的安瓿放在手帕里或单衣内打碎放在面罩内使伤员吸入15秒，然后移去15秒，重复5~6次。口服4-D米AP（4-二甲基氨基苯酚）1片（180毫克）和PAPP（氨基苯丙酮）1片（90毫克）。 食入：如伤者神志清醒，催吐，洗胃。如果出现中毒症状，处理同吸入。 眼睛接触：立即提起眼睑，用流动清水或生理盐水冲洗。如有不适感，就医。 皮肤接触：立即脱去污染的衣着，用流动清水或5%硫代硫酸钠溶液彻底冲洗。如果出现中毒症状，处理同吸入。 【灭火方法】 灭火剂：小火，用水、泡沫、二氧化碳、干粉灭火。 大火时，远距离用大量水灭火。从远处或使用遥控水枪、水炮灭火。消防人员应佩戴空气呼吸器、穿全身防火防毒服。在确保安全的前提下将容器移离火场。用大量水冷却容器，直至火扑灭。如果安全阀发出声响或储罐变色，立即撤离。 如果在火场中有储罐、槽车或罐车，周围至少隔离800米；同时初始疏散距离也至少为800米。 【泄漏应急处置】 隔离泄漏污染区，限制出入。消除所有点火源（泄漏区附近禁止吸烟、消除所有明火、火花或火焰）。建议应急处理人员戴防尘面具（全面罩），穿防毒服。不要直接接触泄漏物。避免震动、撞击和摩擦。小量泄漏：用惰性、湿润的不燃材料吸收，使用无火花工具收集于干燥、洁净、有盖的容器中。防止泄漏物进入水体、下水道、地下室或密闭空间。在专业人员指导下清除。 作为一项紧急预防措施，泄漏隔离距离至少为25米。如果为大量泄漏，下风向的初始疏散距离应至少为250米。

13. 硝化甘油

风险提示	受撞击、摩擦，或遇点火源及易爆炸；有毒。
理化特性	白色或淡黄色黏稠液体，低温易冻结。微溶于水，与乙醇、乙醚、苯等混溶。分子量227.11，熔点13℃，沸点218℃（爆炸），相对密度（水=1）1.6，相对蒸汽密度（空气=1）7.8，燃烧热1540kJ/mol，饱和蒸汽压0.03Pa（20℃）。 主要用途：制造军事和商业用炸药。
危害信息	【燃烧和爆炸危险性】 遇明火、高热、摩擦、震动、撞击可能引起激烈燃烧或爆炸。50~60℃开始分解，大于145℃剧烈分解，在215~218℃爆炸。强烈紫外线照射，使其至100℃时产生爆炸。 【活性反应】 与路易氏酸、臭氧等接触会发生剧烈反应，有燃烧爆炸的危险。 【健康危害】 少量吸收即可引起剧烈的搏动性头痛，常有恶心、心悸，有时有呕吐和腹痛，面部发热、潮红；较大量产生低血压、抑郁、精神错乱，偶见谵妄、高铁血红蛋白血症和紫绀。饮酒后，上述症状加剧，并可发生躁狂。本品易经皮肤吸收，应防止皮肤接触。慢性影响：可有头痛、疲乏等不适。
安全措施	【一般要求】 操作人员必须经过专门培训，严格遵守操作规程，熟练掌握操作技能，具备应急处置知识。 生产过程密闭，加强通风。使用防爆型的通风系统和设备，提供安全淋浴和洗眼设备。建议佩戴自吸过滤式防毒面具，戴化学安全防护眼镜，戴橡胶手套。作业现场禁止吸烟、进食和饮水。 远离火种、热源。应与禁配物分开存放，切忌混储。

续表

<table>
<tr><td>风险提示</td><td>受撞击、摩擦，或遇点火源及易爆炸；有毒。</td></tr>
<tr><td>安全措施</td><td>生产、储存区域应设置安全警示标志。禁止震动、撞击和摩擦。配备相应品种和数量的消防器材及泄漏应急处理设备。
生产过程中易引起燃烧爆炸的机械化作业应设置自动报警、自动停机、自动泄爆、自动雨淋等安全自控装置；自动化生产线的单机设备除有自动控制系统监控外，在现场还应设置应急控制操作装置。
生产过程中产生的不合格品和废品应隔离存放、及时处理；内包装材料应统一回收存放在远离热源的场所，并及时销毁。
【特殊要求】
【操作安全】
（1）操作人员佩戴自吸过滤式防毒面具，戴化学安全防护眼镜，穿聚乙烯防护服，戴橡胶手套。
（2）避免与路易氏酸、臭氧、氧化剂等接触。搬运时要轻装轻卸，防止包装及容器损坏。配备相应品种和数量的消防器材及泄漏应急处理设备。
（3）生产过程中需用热媒加热或加工过程中可能引起物料温升的作业点，均应设置温度检测仪器并采取温控措施。
【储存安全】
（1）储存于阴凉、通风的爆炸品专用库房。远离火种、热源。库房温度不超过32℃，相对湿度不超过80%。
（2）应与路易氏酸、臭氧、氧化剂等分开存放，切忌混储。存放时，应距加热器（包括暖气片）和热力管线300毫米以上。储存区应备有合适的材料收容泄漏物。禁止震动、撞击和摩擦。禁止使用易产生火花的机械设备和工具。
【运输安全】
（1）运输车辆应有危险货物运输标志、安装具有行驶记录功能的卫星定位装置。未经公安机关批准，运输车辆不得进入危险化学品运输车辆限制通行的区域。
（2）运输过程中应有遮盖物，防止曝晒和雨淋、猛烈撞击、包装破损，不得倒置。严禁与路易氏酸、臭氧、氧化剂等同车混运，尤其是促进剂。运输过程中要确保容器不泄漏、不倒塌、不坠落、不损坏。运输时运输车辆应配备相应品种和数量的消防器材。搬运时要轻装轻卸，防止包装及容器损坏。禁止震动、撞击和摩擦。
（3）拥有齐全的危险化学品运输资质，必须配备押运人员，并随时处于押运人员的监管之下，不得超装、超载，不得进入危险化学品运输车辆禁止通行的区域；确需进入禁止通行区域的，应当事先向当地公安部门报告，运输时车速不宜过快，不得强行超车。
（4）车辆遇有临时停车时，应避开人员密集地区和重要设施，并设专人监护；车辆故障必须进行检修时，严禁在车辆周围近50米范围内进行明火作业。</td></tr>
<tr><td>应急处置原则</td><td>【急救措施】
吸入：迅速脱离现场至空气新鲜处。保持呼吸道通畅。如呼吸困难，给输氧。如呼吸停止，立即进行心肺复苏术。就医。
食入：漱口，催吐，给服活性炭浆，就医。
眼睛接触：立即提起眼睑，用流动清水或生理盐水冲洗。就医。
皮肤接触：立即脱去污染的衣着，用肥皂和清水彻底冲洗皮肤。
【灭火方法】
灭火剂：用水灭火。
如果硝化甘油处于火场中，严禁灭火！因为可能爆炸。禁止一切通行，清理方圆至少1600米范围内的区域，任其自行燃烧。切勿开动已处于火场中的货船或车辆。
如果在火场中有储罐、槽车或罐车，周围至少隔离1600米；同时初始疏散距离也至少为1600米。
【泄漏应急处置】
隔离泄漏污染区，限制出入。消除所有点火源（泄漏区附近禁止吸烟、消除所有明火、火花或火焰）。建议应急处理人员戴防尘面具（全面罩），穿防毒服。不要直接接触泄漏物。作业时所有设备应接地。避免震动、撞击和摩擦。泄漏源附近100米内禁止开启电雷管和无线电发送设备。用水润湿泄漏物。严禁清扫干的泄漏物。在专业人员指导下清除。
作为一项紧急预防措施，泄漏隔离距离至少为500米。如果为大量泄漏，下风向的初始疏散距离应至少为800米。</td></tr>
</table>

14. 乙醚

特别警示	极易燃液体，不得使用直流水扑救（用水灭火无效）；有全身麻醉作用。
理化特性	无色透明液体，有芳香气味，极易挥发。微溶于水，溶于乙醇、苯、氯仿等多数有机溶剂。分子量 74.1，熔点 -116℃，沸点 35℃，相对密度（水 = 1）0.7，相对蒸汽密度（空气 = 1）2.6，临界压力 3.61MPa，临界温度 192.7℃，闪点 -45℃（闭杯），爆炸极限 1.7% ~48%（体积比），自燃温度 160 ~180℃，燃烧热 2748.4kJ/mol。 主要用途：工业上用作溶剂、萃取剂，医药上用作麻醉剂。
危害信息	【燃烧和爆炸危险性】 极易燃，与空气可形成爆炸性混合物，遇明火、高热有燃烧爆炸的危险。蒸汽比空气重，能在较低处扩散到相当远的地方，遇火源会着火回燃和爆炸。 【活性反应】 与过氯酸、氯气、氧气、臭氧等氧化剂强烈反应，有发生燃烧爆炸的危险。 【健康危害】 本品的主要作用为全身麻醉。饮用含酒精饮料可能增加危害。 急性影响：大量接触，早期出现兴奋，继而嗜睡、呕吐、面色苍白、脉缓、体温下降和呼吸不规则，而有生命危险。急性接触后的暂时后作用有头痛、易激动或抑郁、流涎、呕吐、食欲下降和多汗等。液体或高浓度蒸汽对眼有刺激性。 慢性影响：长期低浓度吸入，有头痛、头晕、疲倦、嗜睡、蛋白尿、红细胞增多症。长期皮肤接触，可发生皮肤干燥、皲裂。 职业接触限值：PC - TWA（时间加权平均容许浓度）（米 g/米^3）：300；PC - STEL（短时间接触容许浓度）（米 g/米^3）：500。
安全措施	【一般要求】 操作人员必须经过专门培训，严格遵守操作规程，熟练掌握操作技能，具备应急处置知识。 密闭操作，防止泄漏，全面通风。 生产、使用及储存场所应设置泄漏检测报警仪，使用防爆型的通风系统和设备。操作人员应穿防静电工作服，戴耐油橡胶手套，当空气中浓度超标时，佩戴过滤式防毒面具。远离火种、热源，工作场所严禁吸烟。 储罐等压力容器和设备应设置安全阀、压力表、液位计、温度计，并应装有带压力、液位、温度远传记录和报警功能的安全装置。 避免与氧化剂接触。 生产、储存区域应设置安全警示标志。搬运时要轻装轻卸，防止包装及容器损坏。配备相应品种和数量的消防器材及泄漏应急处理设备。 【特殊要求】 【操作安全】 （1）设置必要的安全联锁及紧急排放系统、易燃物质检测报警系统以及正常及事故通风设施，通风设施应每年进行一次检查。 （2）在传送过程中，容器、管道必须接地和跨接，防止产生静电。 （3）保持设备的压力正常，有关管线要畅通。维护保养好设备，消除跑、冒、滴、漏等现象，使设备处于完好状态。 （4）生产区域内，严禁明火和可能产生明火、火花的作业。生产需要或检修期间需动火时，必须办理动火审批手续。 【储存安全】 （1）储存于阴凉、通风良好的专用库房或储罐内，远离火种、热源。库房温度不宜超过 29℃，保持容器密封。 （2）应与氧化剂等分开存放，切忌混储。采用防爆型照明、通风设施。禁止使用易产生火花的机械设备和工具。储存区应备有泄漏应急处理设备和合适的收容材料。搬运时要轻装轻卸，防止包装及容器损坏。仓库内设置乙醚检测报警仪。 （3）注意防雷、防静电，厂（车间）内的储罐应按《建筑物防雷设计规范》（GB50057）的规定设置防雷防静电设施。

续表

特别警示	极易燃液体，不得使用直流水扑救（用水灭火无效）；有全身麻醉作用。
安全措施	【运输安全】 (1) 运输车辆应有危险货物运输标志、安装具有行驶记录功能的卫星定位装置。未经公安机关批准，运输车辆不得进入危险化学品运输车辆限制通行的区域。 (2) 采用专用槽罐车运输，配备相应品种和数量的消防器材及泄漏应急处理设备。运输时所用的槽（罐）车应有接地链，槽内可设孔隔板以减少震荡产生静电。装运该物品的车辆排气管必须配备阻火装置，禁止使用易产生火花的机械设备和工具装卸，禁止溜放。严禁与氧化剂等混装混运。运输途中应防曝晒、防雨淋、防高温。中途停留时应远离火种、热源、高温区，勿在居民区和人口稠密区停留。高温季节最好早晚运输。 (3) 拥有齐全的危险化学品运输资质，必须配备押运人员，并随时处于押运人员的监管之下，不得超装、超载，不得进入危险化学品运输车辆禁止通行的区域；确需进入禁止通行区域的，应当事先向当地公安部门报告，运输时车速不宜过快，不得强行超车。
应急处置原则	【急救措施】 吸入：迅速脱离现场至空气新鲜处。保持呼吸道通畅。如呼吸困难，给输氧。呼吸、心跳停止，立即进行心肺复苏术。就医。 食入：饮水，禁止催吐。如有不适感，就医。 眼睛接触：提起眼睑，用流动清水或生理盐水冲洗。如有不适感，就医。 皮肤接触：脱去污染的衣着，用肥皂水和清水彻底冲洗皮肤。如有不适感，就医。 【灭火方法】 灭火剂：闪点很低，用水灭火无效。 小火时，用干粉、二氧化碳、水幕或抗醇泡沫灭火。 大火时，用水幕、雾状水或抗醇泡沫灭火，不得使用直流水扑救。消防人员应佩戴防毒面具、穿全身消防服，在上风向灭火。在确保安全的前提下将容器移离火场。用大量水冷却容器，直至火扑灭。切勿开动已处于火场中的货船或车辆。处在火场中的容器若已变色或从安全泄压装置中产生声音，必须马上撤离。 如果在火场中有储罐、槽车或罐车，周围至少隔离 800 米；同时初始疏散距离也至少为 800 米。 【泄漏应急处置】 根据液体流动和蒸汽扩散的影响区域划定警戒区，无关人员从侧风、上风向撤离至安全区。消除所有点火源（泄漏区附近禁止吸烟、消除所有明火、火花或火焰）。建议应急处理人员戴自给正压式呼吸器，穿防毒服。尽可能切断泄漏源。小量泄漏：用干土、沙或其他不燃性材料吸收或覆盖并收集于容器中，使用洁净的非火花工具收集。大量泄漏：在液体泄漏物前方筑堤收容。雾状水能抑制蒸汽的产生，但在密闭空间中的蒸汽仍能被引燃。防止泄漏物进入水体、下水道、地下室或密闭空间。在专业人员指导下清除。 作为一项紧急预防措施，泄漏隔离距离至少为 50 米。如果为大量泄漏，下风向的初始疏散距离应至少为 300 米。

危险化学品使用量的数量标准（2013年版）

（国家安全监管总局等 2013年4月19日发布）

序号	化学品名称	别名	最低年设计使用量（吨/年）	CAS号
1	氯	液氯、氯气	180	7782－50－5
2	氨	液氨、氨气	360	7664－41－7
3	液化石油气		1800	68476－85－7
4	硫化氢		180	7783－06－4
5	甲烷、天然气		1800	74－82－8（甲烷）
6	原油		180000	
7	汽油（含甲醇汽油、乙醇汽油）、石脑油		7300	8006－61－9（汽油）
8	氢	氢气	180	1333－74－0
9	苯（含粗苯）		1800	71－43－2
10	碳酰氯	光气	11	75－44－5
11	二氧化硫		730	7446－09－5
12	一氧化碳		360	630－08－0
13	甲醇	木醇、木精	18000	67－56－1
14	丙烯腈	氰基乙烯、乙烯基氰	1800	107－13－1
15	环氧乙烷	氧化乙烯	360	75－21－8
16	乙炔	电石气	40	74－86－2
17	氟化氢、氢氟酸		40	7664－39－3
18	氯乙烯		1800	75－01－4
19	甲苯	甲基苯、苯基甲烷	18000	108－88－3
20	氰化氢、氢氰酸		40	74－90－8
21	乙烯		1800	74－85－1
22	三氯化磷		7300	7719－12－2
23	硝基苯		1800	98－95－3
24	苯乙烯		18000	100－42－5
25	环氧丙烷		360	75－56－9
26	一氯甲烷		1800	74－87－3
27	1，3－丁二烯		180	106－99－0

续表

序号	化学品名称	别名	最低年设计使用量（吨/年）	CAS 号
28	硫酸二甲酯		1800	77－78－1
29	氰化钠		1800	143－33－9
30	1－丙烯、丙烯		360	115－07－1
31	苯胺		1800	62－53－3
32	甲醚		1800	115－10－6
33	丙烯醛、2－丙烯醛		730	107－02－8
34	氯苯		180000	108－90－7
35	乙酸乙烯酯		36000	108－05－4
36	二甲胺		360	124－40－3
37	苯酚	石炭酸	2700	108－95－2
38	四氯化钛		2700	7550－45－0
39	甲苯二异氰酸酯	TDI	3600	584－84－9
40	过氧乙酸	过乙酸、过醋酸	360	79－21－0
41	六氯环戊二烯		1800	77－47－4
42	二硫化碳		1800	75－15－0
43	乙烷		360	74－84－0
44	环氧氯丙烷	3－氯－1，2－环氧丙烷	730	106－89－8
45	丙酮氰醇	2－甲基－2－羟基丙腈	730	75－86－5
46	磷化氢	膦	40	7803－51－2
47	氯甲基甲醚		1800	107－30－2
48	三氟化硼		180	7637－07－2
49	烯丙胺	3－氨基丙烯	730	107－11－9
50	异氰酸甲酯	甲基异氰酸酯	30	624－83－9
51	甲基叔丁基醚		36000	1634－04－4
52	乙酸乙酯		18000	141－78－6
53	丙烯酸		180000	79－10－7
54	硝酸铵		180	6484－52－2
55	三氧化硫	硫酸酐	2700	7446－11－9
56	三氯甲烷	氯仿	1800	67－66－3
57	甲基肼		1800	60－34－4
58	一甲胺		180	74－89－5
59	乙醛		360	75－07－0
60	氯甲酸三氯甲酯	双光气	22	503－38－8
61	二（三氯甲基）碳酸酯	三光气	33	32315－10－9
62	2，2′－偶氮－二－（2，4－二甲基戊腈）	偶氮二异庚腈	18000	4419－11－8
63	2，2′－偶氮二异丁腈		18000	78－67－1
64	氯酸钠		3600	7775－9－9

续表

序号	化学品名称	别名	最低年设计使用量（吨/年）	CAS 号
65	氯酸钾		3600	3811-4-9
66	过氧化甲乙酮		360	1338-23-4
67	过氧化（二）苯甲酰		1800	94-36-0
68	硝化纤维素		360	9004-70-0
69	硝酸胍		7200	506-93-4
70	高氯酸铵	过氯酸铵	7200	7790-98-9
71	过氧化苯甲酸叔丁酯	过氧化叔丁基苯甲酸酯	1800	614-45-9
72	N，N′-二亚硝基五亚甲基四胺	发泡剂 H	18000	101-25-7
73	硝基胍		1800	556-88-7
74	硝化甘油		36	55-63-0
75	乙醚	二乙（基）醚	360	60-29-7

注：1. 企业需要取得安全使用许可的危险化学品的使用量，由企业使用危险化学品的最低年设计使用量和实际使用量的较大值确定。

2. “CAS 号”是指美国化学文摘社对化学品的唯一登记号。

第四编　工贸企业与道路交通安全作业类政策法规

国家安全监管总局等部门关于全面推进全国工贸行业企业安全生产标准化建设的意见

（国家安全监管总局等　2013 年 1 月 29 日发布　安监总管四〔2013〕8 号）

各省、自治区、直辖市及新疆生产建设兵团安全生产监督管理局、工业和信息化主管部门、人力资源社会保障厅（局）、国资委、工商行政管理局、质量技术监督局，各银监局，有关中央企业：

近年来，全国工贸行业企业安全生产标准化建设从宣传动员、基础建设阶段进入了全面铺开、全力推进阶段，有力促进了全国安全生产状况持续稳定好转。但当前企业安全生产标准化建设仍存在认识不到位、发展不平衡、激励约束机制不完善等问题，必须采取切实措施，抓紧研究解决。为全面推进全国工贸行业企业安全生产标准化建设，现提出如下意见：

一、总体要求

深入贯彻落实党的十八大精神，坚持“安全第一、预防为主、综合治理”的方针，牢固树立以人为本、安全发展理念，按照《安全生产“十二五”规划》（国办发〔2011〕47 号）的要求，根据《企业安全生产标准化基本规范》（AQ/T9006）及相关行业安全生产标准和规范的规定，全面推进工贸行业企业安全生产标准化建设，实现岗位达标、专业达标和企业达标，落实企业安全生产主体责任，夯实企业安全管理基础，提高企业本质安全水平，推动企业转型升级，为实现科学发展、安全发展，全面建成小康社会作出更大的贡献。

二、主要任务和工作目标

一是进一步建立健全工贸行业企业安全生产标准化建设政策法规体系，加强企业安全生产规范化管理，推进全员、全方位、全过程安全管理；二是完善企业安全生产标准化考评管理体系和信息化管理系统，严格评审管理，提高工作效率；三是督促企业改造或淘汰落后的工艺技术设备，改善作业环境，提高安全保障能力；四是强化企业安全管理制度建设，建立健全事故隐患排查治理制度；五是建立完善工作机制和激励约束机制，推动企业对标检查、对标整改、对标达标，持续改进，建立企业安全生产标准化建设长效机制。通过努力，实现企业安全管理标准化、作业现场标准化和操作过程标准化，2015 年年底前所有工贸行业企业实现安全生产标准化达标，企业安全生产基础得到明显强化。

三、推进措施

（一）加强领导，强化服务。各有关部门要把工贸行业企业安全生产标准化建设作为实施安全生产分类指导、分级监管的重要依据和创新监管模式、提升监管水平、实施安全发展战略的重要抓手，在各级政府的统一领导下，协调联动，齐抓共管，形成合力，结合实际制定有力的政策措施，大力推进企业安全生产标准化建设。要组织力量深入基层，深入企业，加强对企业安全生产标准化建设工作的服务和指导。

（二）明确责任，全力推进。一是坚持政府推动、企业为主，落实安全生产企业主体责任、部门监管责任和属地管理责任。二是充分发挥基层首创作用，实行重心下移、权力下放，调动各方积极性。三是抓好示范企业创建工作，发挥先进典型的引领作用。四是把企业安全生产标准化建设列入各级各有关部门考核内容。五是要把企业安全生产标准化达标作为相关安全生产许可的前置条件。

（三）加强执法检查。加快安全生产标准化立法工作，实现依法行政。实行分类分级管理，及时向各有关部门、单位通报企业安全生产标准化达标水平情况，向社会公开企业安全生产标准化达标水平信息。加强联合执法，强化对未开展安全生产标准化建设或未达到安全生产标准化规定等级的工贸行业企业的监管。在企业年检中严格审查企业提交的涉及安全生产的前置许可文件，发现因不具备基本安全生产条件被吊销相关前置许可文件的，责令其办理变更登记、注销登记，直至依法吊销营业执照。

（四）淘汰落后产能，促进产业结构调整。将工贸行业企业安全生产标准化建设与促进产业结构调整和企业技术改造、淘汰落后产能相结合，鼓励企业通过技术改造淘汰安全水平低等落后工艺技术装备，开展安全科技课题攻关，推广应用先进适用的安全科技成果，不断提高企业本质安全水平。

（五）发挥国有企业排头兵作用。国有企业尤其是中央企业在安全生产标准化建设中要落实安全生产主体责任，发挥排头兵的示范引领作用，勇于创新，先行先试，为企业安全生产标准化建设积累经验，建立经验推广学习机制，鼓励有条件的企业开展集团整体达标。

（六）加强工伤保险和安全生产责任保险对企业安全生产标准化建设的支持。经核准公告达到国家规定等级的安全生产标准化企业，符合工伤保险费率下浮条件的，按规定下浮其工伤保险费率，对其缴纳的安全生产责任保险按有关政策规定给予支持。

（七）加大信贷支持力度。将企业达标水平作为信贷信用等级评定的重要依据之一。支持鼓励金融信贷机构向符合条件的安全生产标准化达标企业优先提供信贷服务。对未按国家有关规定开展安全生产标准化建设或达不到最低达标等级要求的企业，要从严管理，严格控制贷款。对不具备基本安全生产条件的企业，不予贷款。

（八）加大评先创优支持力度。安全生产标准化达标企业申报国家和地方质量奖励、优秀品牌等资格和荣誉的，予以优先支持或推荐。对符合评选推荐条件的安全生产标准化达标企业，优先推荐其参加各地区、各行业及领域的先进单位（集体）等评选。对未开展安全生产标准化建设和达不到安全生产标准化达标要求的企业，不予受理其申报国家和地方质量奖励、优秀品牌等资格和荣誉。

国家安全监管总局
工业和信息化部
人力资源社会保障部
国务院国资委
国家工商总局
国家质检总局
银监会
2013 年 1 月 29 日

工贸企业有限空间作业安全管理与监督暂行规定

（国家安全生产监督管理总局令第59号发布　自2013年7月1日起施行）

第一章　总　则

第一条　为了加强对冶金、有色、建材、机械、轻工、纺织、烟草、商贸企业（以下统称工贸企业）有限空间作业的安全管理与监督，预防和减少生产安全事故，保障作业人员的安全与健康，根据《中华人民共和国安全生产法》等法律、行政法规，制定本规定。

第二条　工贸企业有限空间作业的安全管理与监督，适用本规定。

本规定所称有限空间，是指封闭或者部分封闭，与外界相对隔离，出入口较为狭窄，作业人员不能长时间在内工作，自然通风不良，易造成有毒有害、易燃易爆物质积聚或者氧含量不足的空间。工贸企业有限空间的目录由国家安全生产监督管理总局确定、调整并公布。

第三条　工贸企业是本企业有限空间作业安全的责任主体，其主要负责人对本企业有限空间作业安全全面负责，相关负责人在各自职责范围内对本企业有限空间作业安全负责。

第四条　国家安全生产监督管理总局对全国工贸企业有限空间作业安全实施监督管理。

县级以上地方各级安全生产监督管理部门按照属地监管、分级负责的原则，对本行政区域内工贸企业有限空间作业安全实施监督管理。省、自治区、直辖市人民政府对工贸企业有限空间作业的安全生产监督管理职责另有规定的，依照其规定。

第二章　有限空间作业的安全保障

第五条　存在有限空间作业的工贸企业应当建立下列安全生产制度和规程：

（一）有限空间作业安全责任制度；

（二）有限空间作业审批制度；

（三）有限空间作业现场安全管理制度；

（四）有限空间作业现场负责人、监护人员、作业人员、应急救援人员安全培训教育制度；

（五）有限空间作业应急管理制度；

（六）有限空间作业安全操作规程。

第六条　工贸企业应当对从事有限空间作业的现场负责人、监护人员、作业人员、应急救援人员进行专项安全培训。专项安全培训应当包括下列内容：

（一）有限空间作业的危险有害因素和安全防范措施；

（二）有限空间作业的安全操作规程；

（三）检测仪器、劳动防护用品的正确使用；

（四）紧急情况下的应急处置措施。

安全培训应当有专门记录，并由参加培训的人员签字确认。

第七条 工贸企业应当对本企业的有限空间进行辨识，确定有限空间的数量、位置以及危险有害因素等基本情况，建立有限空间管理台账，并及时更新。

第八条 工贸企业实施有限空间作业前，应当对作业环境进行评估，分析存在的危险有害因素，提出消除、控制危害的措施，制定有限空间作业方案，并经本企业负责人批准。

第九条 工贸企业应当按照有限空间作业方案，明确作业现场负责人、监护人员、作业人员及其安全职责。

第十条 工贸企业实施有限空间作业前，应当将有限空间作业方案和作业现场可能存在的危险有害因素、防控措施告知作业人员。现场负责人应当监督作业人员按照方案进行作业准备。

第十一条 工贸企业应当采取可靠的隔断（隔离）措施，将可能危及作业安全的设施设备、存在有毒有害物质的空间与作业地点隔开。

第十二条 有限空间作业应当严格遵守“先通风、再检测、后作业”的原则。检测指标包括氧浓度、易燃易爆物质（可燃性气体、爆炸性粉尘）浓度、有毒有害气体浓度。检测应当符合相关国家标准或者行业标准的规定。

未经通风和检测合格，任何人员不得进入有限空间作业。检测的时间不得早于作业开始前30分钟。

第十三条 检测人员进行检测时，应当记录检测的时间、地点、气体种类、浓度等信息。检测记录经检测人员签字后存档。

检测人员应当采取相应的安全防护措施，防止中毒窒息等事故发生。

第十四条 有限空间内盛装或者残留的物料对作业存在危害时，作业人员应当在作业前对物料进行清洗、清空或者置换。经检测，有限空间的危险有害因素符合《工作场所有害因素职业接触限值第一部分化学有害因素》（GBZ2. 1）的要求后，方可进入有限空间作业。

第十五条 在有限空间作业过程中，工贸企业应当采取通风措施，保持空气流通，禁止采用纯氧通风换气。

发现通风设备停止运转、有限空间内氧含量浓度低于或者有毒有害气体浓度高于国家标准或者行业标准规定的限值时，工贸企业必须立即停止有限空间作业，清点作业人员，撤离作业现场。

第十六条 在有限空间作业过程中，工贸企业应当对作业场所中的危险有害因素进行定时检测或者连续监测。

作业中断超过30分钟，作业人员再次进入有限空间作业前，应当重新通风、检测合格后方可进入。

第十七条 有限空间作业场所的照明灯具电压应当符合《特低电压限值》（GB/T3805）等国家标准或者行业标准的规定；作业场所存在可燃性气体、粉尘的，其电气设施设备及照明灯具的防爆安全要求应当符合《爆炸性环境第一部分：设备通用要求》（GB3836. 1）等国家标准或者行业标准的规定。

第十八条 工贸企业应当根据有限空间存在危险有害因素的种类和危害程度，为作业人员提供符合国家标准或者行业标准规定的劳动防护用品，并教育监督作业人员正确佩戴与使用。

第十九条 工贸企业有限空间作业还应当符合下列要求：

（一）保持有限空间出入口畅通；

（二）设置明显的安全警示标志和警示说明；

（三）作业前清点作业人员和工器具；

（四）作业人员与外部有可靠的通讯联络；

（五）监护人员不得离开作业现场，并与作业人员保持联系；

（六）存在交叉作业时，采取避免互相伤害的措施。

第二十条　有限空间作业结束后，作业现场负责人、监护人员应当对作业现场进行清理，撤离作业人员。

第二十一条　工贸企业应当根据本企业有限空间作业的特点，制定应急预案，并配备相关的呼吸器、防毒面罩、通讯设备、安全绳索等应急装备和器材。有限空间作业的现场负责人、监护人员、作业人员和应急救援人员应当掌握相关应急预案内容，定期进行演练，提高应急处置能力。

第二十二条　工贸企业将有限空间作业发包给其他单位实施的，应当发包给具备国家规定资质或者安全生产条件的承包方，并与承包方签订专门的安全生产管理协议或者在承包合同中明确各自的安全生产职责。存在多个承包方时，工贸企业应当对承包方的安全生产工作进行统一协调、管理。

工贸企业对其发包的有限空间作业安全承担主体责任。承包方对其承包的有限空间作业安全承担直接责任。

第二十三条　有限空间作业中发生事故后，现场有关人员应当立即报警，禁止盲目施救。应急救援人员实施救援时，应当做好自身防护，佩戴必要的呼吸器具、救援器材。

第三章　有限空间作业的安全监督管理

第二十四条　安全生产监督管理部门应当加强对工贸企业有限空间作业的监督检查，将检查纳入年度执法工作计划。对发现的事故隐患和违法行为，依法作出处理。

第二十五条　安全生产监督管理部门对工贸企业有限空间作业实施监督检查时，应当重点抽查有限空间作业安全管理制度、有限空间管理台账、检测记录、劳动防护用品配备、应急救援演练、专项安全培训等情况。

第二十六条　安全生产监督管理部门应当加强对行政执法人员的有限空间作业安全知识培训，并为检查有限空间作业安全的行政执法人员配备必需的劳动防护用品、检测仪器。

第二十七条　安全生产监督管理部门及其行政执法人员发现有限空间作业存在重大事故隐患的，应当责令立即或者限期整改；重大事故隐患排除前或者排除过程中无法保证安全的，应当责令暂时停止作业，撤出作业人员；重大事故隐患排除后，经审查同意，方可恢复作业。

第四章　法律责任

第二十八条　工贸企业有下列行为之一的，由县级以上安全生产监督管理部门责令限期改正；逾期未改正的，责令停产停业整顿，可以并处5万元以下的罚款：

（一）未在有限空间作业场所设置明显的安全警示标志的；

（二）未按照本规定为作业人员提供符合国家标准或者行业标准的劳动防护用品的。

第二十九条　工贸企业有下列情形之一的，由县级以上安全生产监督管理部门给予警告，可以并处2万元以下的罚款：

（一）未按照本规定对有限空间作业进行辨识、提出防范措施、建立有限空间管理台账的；

（二）未按照本规定对有限空间的现场负责人、监护人员、作业人员和应急救援人员进行专项安全培训的；

（三）未按照本规定对有限空间作业制定作业方案或者方案未经审批擅自作业的；

（四）有限空间作业未按照本规定进行危险有害因素检测或者监测，并实行专人监护作业的；

（五）未教育和监督作业人员按照本规定正确佩戴与使用劳动防护用品的；

（六）未按照本规定对有限空间作业制定应急预案，配备必要的应急装备和器材，并定期进行演练的。

第五章 附 则

第三十条 本规定自 2013 年 7 月 1 日起施行。

国务院安委会办公室关于深入开展全国冶金等工贸企业安全生产标准化建设的实施意见

（国务院安全生产委员会办公室　2011年5月13日发布　安委办〔2011〕18号）

各省、自治区、直辖市及新疆生产建设兵团安全生产委员会，国务院安委会有关成员单位，有关中央企业：

为深入贯彻落实《国务院关于进一步加强企业安全生产工作的通知》（国发〔2010〕23号）和《国务院办公厅关于继续深化“安全生产年”活动的通知》（国办发〔2011〕11号）精神，按照《国务院安委会关于深入开展企业安全生产标准化建设的指导意见》（安委〔2011〕4号）的总体要求，结合冶金、有色、建材、机械、轻工、纺织、烟草、商贸等工贸行业企业（以下简称工贸企业）的特点，全面推进工贸企业安全生产标准化建设工作，提出以下实施意见。

一、指导思想、工作原则和工作目标

（一）指导思想

以科学发展观为统领，坚持“安全第一、预防为主、综合治理”的方针，牢固树立以人为本、安全发展的理念，全面落实国发〔2010〕23号和国办发〔2011〕11号文件精神，以落实企业安全生产主体责任为主线，以创新安全监管体制机制为着力点，以《企业安全生产标准化基本规范（AQ/T9006—2010）》为依据，通过企业安全生产标准化建设，全面夯实安全生产工作基础，提高企业防范事故能力，提升安全生产监管水平，为推动企业转型升级，加快转变经济发展方式提供安全保障。

（二）工作原则

1. 统筹规划，分步实施。认真制定工作方案，合理确定阶段目标，分阶段分步骤实施。2011年重点抓好政策法规和评定标准的制订、考评体系的建立及典型示范的创建等基础工作；2012年全面开展安全生产标准化建设工作，成熟一批、评审一批、公告一批，确保2015年底前所有工贸企业实现安全达标。

2. 突出重点，分类指导。抓住重点地区、重点行业和重点企业，加大工作力度，力争取得突破；区别不同行业、不同企业，采取有效措施，创新达标途径，实现共同达标。

3. 典型引路，全面推进。创建示范地区，树立典型企业，发挥榜样作用，创新体制机制；加强经验交流，以点带面，推动各地区、各行业企业全面达标。

4. 法律约束，政策引导。加强相关立法工作，以法律手段督促达标；完善考核制度，落实工作责任，以行政手段推进达标；建立有效激励机制，激发企业自觉性，以经济手段引导达标。

5. 企业为主，政府推动。立足企业创建为主，注重企业安全生产标准化建设过程；加强政府推动和政策引导，调动各级各方面的积极性，共同推进安全达标工作。

（三）工作目标

1. 全面实现安全达标。工贸企业全面开展安全生产标准化建设工作，实现企业安全管理标准化、作业现场标准化和操作过程标准化。2013 年底前，规模以上工贸企业实现安全达标；2015 年底前，所有工贸企业实现安全达标。

2. 安全状况明显改善。一般事故隐患能够及时排查治理，重大事故隐患得到整治或监控，职工安全意识和操作技能得到提高，“三违”现象得到有效禁止，企业本质安全水平明显提高，防范事故能力明显加强。

3. 各类事故明显下降。较大以上事故明显下降，各类伤亡事故不断下降，2015 年工贸企业事故总死亡人数比 2010 年下降 12.5% 以上，为全国安全生产形势根本好转创造条件、奠定基础。

二、明确安全生产标准化建设的主要途径

（一）制订工作方案

地方各级安全监管部门要摸清本地区工贸企业的基本情况，包括企业数量、规模、种类、从业人员、生产工艺和安全管理等，并根据本实施意见，制定本地区规模以上企业三年达标、所有企业五年达标的工作方案，明确工作进度安排和保障措施。请各省级安全监管局于 2011 年 6 月底前将工作方案报国家安全监管总局。

（二）建立和完善评定标准体系

1. 按照“既与国际先进标准接轨，又符合国情”的原则，充分发挥有关科研机构、行业协会和大型企业的技术优势，完善危险性较大和重点行业的企业安全生产标准化评定标准。在已发布轧钢、冶金焦化、烧结球团、铁合金、氧化铝、电解铝、水泥企业安全生产标准化评定标准的基础上，2011 年底前抓紧完成炼铁、炼钢、冶金煤气、有色重金属冶炼、有色金属延压加工、平板玻璃、建筑卫生陶瓷、机械制造、造纸、家具、白酒、啤酒、乳制品、食品、纺织、烟草、商业、现代物流商贸等评定标准的制修订工作。随着安全生产标准化建设的不断深入，进一步制订、细化、完善和提高各行业的评定标准。

2. 为保证评定标准的统一性和评定结果的可对比性，对于国家安全监管总局已制订的评定标准，各地要严格执行；对于国家安全监管总局尚未制订评定标准的行业（领域），原则上按照《企业安全生产标准化基本规范评分细则》，并参照有关评定标准，进行二级、三级安全生产标准化企业的评定。

（三）建立和健全考评体系

1. 制定考评办法。国家安全监管总局组织制定和发布《全国冶金等工贸企业安全生产标准化考评办法》，对考评过程实行统一、规范化管理。工贸企业安全生产标准化考评程序主要包括：企业自评和申请、评审组织单位对申请进行初步审查、评审单位进行现场评审并形成评审报告、安全监管部门进行审核和公告、安全监管部门或其确定的评审组织单位颁发证书和牌匾。各地安全监管部门可制订该考评办法的实施细则；对规模以下企业的考评工作，要创新方式方法，简化程序和内容，提高工作效率。

2. 确定评审单位。一级安全生产标准化企业的评审组织单位和评审单位由国家安全监管总局确定。二级、三级安全生产标准化企业的评审组织单位和评审单位由省级安全监管局综合考虑本地企业类型、数量和分布情况，以及评审单位应具备的基本条件和技术力量等因素确定，并报国家安全监管总局备案。沈阳、广州、宁波三个试点城市可以自行确定评审组织单位和评审单位，并报所在

地的省级安全监管局和国家安全监管总局备案；试点城市诸城市的评审组织单位和评审单位由山东省安全监管局给予政策倾斜。确定的评审组织单位和评审单位应向社会公布。各级安全监管部门要发挥安全评价机构的作用，原则上具备工贸企业安全评价资质的评价机构经省级安全监管局认可后，可以参加相应企业的评审工作。各评审单位都应有一定数量经过安全生产标准化培训合格的评审人员。

3. 加强考评管理。各级安全监管部门要总结经验，不断完善安全生产标准化考评工作程序，严格考评流程控制，加强对评审组织单位和评审单位的管理，规范考评工作，严把考评质量关。对于违反规定、弄虚作假的评审单位，要严肃处理；情节严重的，要取消评审资格。

（四）加大培训工作力度

1. 加强安全生产标准化有关法规、标准的宣贯培训，把安全生产标准化的宣贯培训工作列为各级安全监管部门、各企业教育培训工作的一项重点内容，以培训促进安全生产标准化建设工作。

2. 要加强企业培训。各级安全监管部门要按照职责分工，分层次、分专业开展企业负责人、安全管理人员的培训，重点解决安全生产标准化建设的思想认识和关键问题。企业要开展各种形式的安全生产标准化培训，尤其是要加强基层职工培训，提高职工按照安全规程作业的意识和技能，促进岗位达标。

3. 要加强安全监管人员的培训。国家安全监管总局负责组织省级安全监管人员的培训，省级安全监管局负责组织省级以下安全监管人员的培训，培训内容主要是安全生产标准化的内涵和意义、考评制度和程序等。

4. 要加强评审人员的培训。国家安全监管总局负责组织培训师资和一级安全生产标准化企业评审人员的培训，省级安全监管局负责组织二级、三级安全生产标准化企业评审人员的培训。培训内容主要是评定标准和考评程序等。

（五）树立典型示范

1. 根据产业分布和经济特点，国家安全监管总局确定在广州市、沈阳市、宁波市和山东省诸城市等地区开展工贸企业安全生产标准化建设示范城市试点。试点城市要大胆先行先试，进一步创新工作思路，创新达标模式，创新监管体制机制，建立一套切实可行的激励约束机制，为全国深入开展安全生产标准化建设工作积累经验，发挥示范引领作用。

2. 国家安全监管总局在每个行业选择 2 至 4 家大型企业或行业领先企业作为典型企业，为同类企业有效开展安全生产标准化工作树立标杆和样板，为评定标准的制修订、加快与国际先进标准对接提供技术支持，为企业之间的交流提供平台。

3. 地方各级安全监管部门要结合本地区实际，积极创建安全生产标准化建设示范地区和示范园区，在每个行业树立多家典型企业，以点带面，推动安全生产标准化建设工作。

（六）推进达标建设

1. 各地要按照达标工作方案的安排和要求，指导和督促企业、评审组织单位和评审单位积极开展安全生产标准化建设和评审工作，按期完成工作任务，确保工作质量，防止搞形式、走过场。

2. 企业要加强对安全生产标准化建设工作的领导，组织专门的技术力量，或聘请熟悉安全生产标准化工作的单位或专家开展技术咨询，对照相关评定标准，开展自查自纠，全面深入查找隐患和问题，认真加以整改，确保企业通过自评达到评定标准的要求，并依照有关规定向当地安全监管部门申报。

3. 国有企业和行业领先企业要在安全生产标准化建设工作中发挥表率作用，推动下属单位积极开展安全生产标准化建设工作，原则上以集团公司或上市股份公司为主体申报达标评级，实现整个企业的全面达标。

4. 鼓励大型企业发挥带动辐射作用，在采购招标过程中逐步把关联企业和配套企业安全达标作为必要条件，带动关联企业和配套企业实现共同达标。

5. 在安全生产标准化建设过程中，要从基础、基层抓起，充分发挥班组安全生产的基础作用，切实加强班组安全建设，强化现场安全管理责任和措施落实，提高职工安全操作技能，杜绝“三违”行为，实现岗位达标，以岗位达标推动企业达标。

6. 建立长效机制。已经达标的企业，要进一步巩固安全生产标准化建设成果，做到持续改进和升级，不断提高安全生产标准化建设水平。

三、落实安全生产标准化建设的保障措施

（一）加强组织领导

各地区要进一步提高对开展工贸企业安全生产标准化建设工作重要性的认识，切实加强组织领导，精心组织，明确职责，协调联动，落实经费，周密安排，科学实施。各级安全监管部门要落实专门的机构和人员，集中精力抓好工贸企业安全生产标准化建设工作，以安全生产标准化建设带动其他各项安全监管工作。

（二）加强检查指导

一是结合日常安全监管工作，加强对安全生产标准化建设工作的监督检查，督促工作方案的落实，加快企业安全生产标准化建设进度，及时掌握达标进展情况，提高达标进度和质量。二是通过举办宣贯培训班、组织专家现场咨询等方式，寓服务于监管之中，深入企业宣传辅导、答疑解惑，及时研究解决安全生产标准化建设工作中的新问题，为企业安全生产标准化建设提供有效的指导服务。三是适时组织召开不同形式、层次、行业和区域的安全生产标准化建设现场交流会、专题座谈会，交流经验，分析原因，制定对策，分类指导，推动安全生产标准化建设工作。

（三）建立约束机制

一是把开展安全生产标准化建设工作作为深入贯彻落实科学发展观，创新社会公共管理，促进企业转型升级和加快转变经济发展方式的重要内容，将安全生产标准化建设工作列入安全生产“十二五”规划和地方各级政府及企业年度业绩考核工作中。二是将安全生产标准化建设工作纳入有关安全生产法律法规中，依法促进安全达标。抓住《安全生产法》等法律、行政法规和地方法规修订、起草的契机，在法规层面上作出规定，把安全生产标准化建设纳入法制范畴。国家安全监管总局要加大部门规章制定工作力度，抓紧制定《冶金等工贸企业安全生产标准化建设工作管理规定》、《机械制造企业安全生产监督管理规定》和《建材企业安全生产监督管理规定》等部门规章，把企业安全生产标准化建设工作作为安全监管的重要内容。三是将安全达标与安全行政许可、监管频次和行政处罚等挂钩，与日常监管工作有机结合起来，通过强化安全监管促进安全达标。四是建设项目必须严格执行安全设施“三同时”制度，投产后半年内其安全管理和安全设施要达到三级以上安全标准的要求。

（四）健全激励机制

一是各地区要结合本地实际，研究制定推进安全生产标准化建设工作的激励机制等政策措施，将企业安全生产标准化建设与项目立项审批（核准）、采购招投标、保险费率、融资贷款、信贷信用等级评定、现代管理企业评定、劳模评选和企业申报上市、上市公司增发等涉及企业利益和企业荣誉的事项挂钩。二是充分发挥安全监管部门的作用，将安全生产标准化建设与监管执法、评优评先、奖惩考核、事故处理及“安康杯”竞赛、安全文化示范企业创建等有机结合起来，区别对待达标企业和未达标企业，有效推动安全生产标准化建设工作。

（五）加强安全生产标准化建设信息化管理

建立安全生产标准化建设工作信息化管理平台，充分利用信息化管理工具，加强对工作进展的实时管理，及时掌握安全生产标准化建设工作的动态信息，提高考评工作效率和服务水平。

（六）加强舆论宣传和监督

一是要采取多种形式，加强对安全生产标准化思想内涵、目的意义的宣传，使社会各界达成共识，形成良好的社会氛围。二是对每批经考评达标的企业，要在新闻媒体上公告，并加强对达标企业的正面宣传，使达标企业为社会所了解，从安全生产标准化建设中得实惠，并带动其他企业做好安全达标工作。三是加大舆论监督力度，对在规定时间不达标的企业，要在媒体公开曝光，促使企业主动开展安全生产标准化建设工作。

国务院安全生产委员会办公室

二〇一一年五月十三日

中华人民共和国船舶污染海洋环境应急防备和应急处置管理规定

（中华人民共和国交通运输部令2011年第4号令　自2011年6月1日起施行）

第一章　总　则

第一条　为提高船舶污染事故应急处置能力，控制、减轻、消除船舶污染事故造成的海洋环境污染损害，依据《中华人民共和国防治船舶污染海洋环境管理条例》等有关法律、行政法规和中华人民共和国缔结或者加入的有关国际条约，制定本规定。

第二条　在中华人民共和国管辖海域内，防治船舶及其有关作业活动污染海洋环境的应急防备和应急处置，适用本规定。

船舶在中华人民共和国管辖海域外发生污染事故，造成或者可能造成中华人民共和国管辖海域污染的，其应急防备和应急处置，也适用本规定。

本规定所称“应急处置”是指在发生或者可能发生船舶污染事故时，为控制、减轻、消除船舶造成海洋环境污染损害而采取的响应行动；“应急防备”是指为应急处置的有效开展而预先采取的相关准备工作。

第三条　交通运输部主管全国防治船舶及其有关作业活动污染海洋环境的应急防备和应急处置工作。

国家海事管理机构负责统一实施船舶及其有关作业活动污染海洋环境应急防备和应急处置工作。

沿海各级海事管理机构依照各自职责负责具体实施防治船舶及其有关作业活动污染海洋环境的应急防备和应急处置工作。

第四条　船舶及其有关作业活动污染海洋环境应急防备和应急处置工作应当遵循统一领导、综合协调、分级负责、属地管理、责任共担的原则。

第二章　应急能力建设和应急预案

第五条　国家防治船舶及其有关作业活动污染海洋环境应急能力建设规划，应当根据全国防治船舶及其有关作业活动污染海洋环境的需要，由国务院交通运输主管部门组织编制，报国务院批准后公布实施。

沿海省级防治船舶及其有关作业活动污染海洋环境应急能力建设规划，应当根据国家防治船舶及其有关作业活动污染海洋环境应急能力建设规划和本地实际情况，由沿海省、自治区、直辖市人民政府组织编制并公布实施。

沿海市级防治船舶及其有关作业活动污染海洋环境应急能力建设规划，应当根据所在地省级人民政府防治船舶及其有关作业活动污染海洋环境应急能力建设规划和本地实际情况，由沿海设区的市级人民政府组织编制并公布实施。

编制防治船舶及其有关作业活动污染海洋环境应急能力建设规划，应当对污染风险和应急防备需求进行评估，合理规划应急力量建设布局。

沿海各级海事管理机构应当积极协助、配合相关地方人民政府完成应急能力建设规划的编制工作。

第六条　交通运输部、沿海设区的市级以上地方人民政府应当根据相应的防治船舶及其有关作业活动污染海洋环境应急能力建设规划，建立健全船舶污染事故应急防备和应急反应机制，建立专业应急队伍，建设船舶污染应急专用设施、设备和器材储备库。

第七条　沿海各级海事管理机构应当根据防治船舶及其有关作业活动污染海洋环境的需要，会同海洋主管部门建立健全船舶及其有关作业活动污染海洋环境的监测、监视机制，加强对船舶及其有关作业活动污染海洋环境的监测、监视。

港口、码头、装卸站以及从事船舶修造的单位应当配备与其装卸货物种类和吞吐能力或者修造船舶能力相适应的污染监视设施和污染物接收设施，并使其处于良好状态。

第八条　交通运输部应当根据国家突发公共事件总体应急预案，制定国家防治船舶及其有关作业活动污染海洋环境的专项应急预案。

沿海省、自治区、直辖市人民政府应当根据国家防治船舶及其有关作业活动污染海洋环境的专项应急预案，制定省级防治船舶及其有关作业活动污染海洋环境应急预案。

沿海设区的市级人民政府应当根据所在地省级防治船舶及其有关作业活动污染海洋环境的应急预案，制定市级防治船舶及其有关作业活动污染海洋环境应急预案。

交通运输部、沿海设区的市级以上地方人民政府应当定期组织防治船舶及其有关作业活动污染海洋环境应急预案的演练。

第九条　中国籍船舶所有人、经营人、管理人以及有关作业单位应当按照国家海事管理机构制定的应急预案编制指南，制定或者修订防治船舶及其有关作业活动污染海洋环境的应急预案，并报海事管理机构批准。

港口、码头、装卸站的经营人应当制定防治船舶及其有关作业活动污染海洋环境的应急预案，并报海事管理机构备案。

船舶以及有关作业单位应当按照制定的应急预案定期组织应急演练，根据演练情况对应急预案进行评估，按照实际需要和情势变化，适时修订应急预案，并对应急预案的演练情况、评估结果和修订情况如实记录。

第十条　中国籍船舶防治污染设施、设备和器材应当符合国家有关标准，并按照国家有关要求通过形式和使用性能检验，其生产、供应单位应当将其所生产、销售的设施、设备和器材的种类及其检验证书向国家海事管理机构备案。

国家海事管理机构应当及时将符合国家有关标准的船舶防治污染设施、设备和器材及其生产单位向社会公布。

第三章　专项验收

第十一条　港口、码头、装卸站以及从事船舶修造、打捞、拆解等作业活动的单位应当按照交通运输部的要求制定有关安全营运和防治污染的管理制度，按照国家有关防治船舶及其有关作业活动污染海洋环境的规范和标准，配备必须的防治污染设备和器材，确保防治污染设备和器材符合防治船舶及其有关作业活动污染海洋环境的要求，并通过海事管理机构的专项验收。

前款所称防治污染设备和器材符合防治船舶及其有关作业活动污染海洋环境的要求，是指港口、码头、装卸站以及船舶修造、打捞、拆解等有关作业活动单位所配备的防治污染设备和器材，应当能够与其装卸货物种类、吞吐能力或者修造、打捞、拆解活动所必须的污染监视、监测能力，船舶污染物接收处理能力以及船舶污染事故应急处置能力相适应。

第十二条　港口、码头、装卸站以及从事船舶修造、打捞、拆解等作业活动的单位申请专项验收应当具备以下条件：

（一）已经按照交通运输部的要求制定并实施了有关安全营运和防治污染管理制度；

（二）已经按照交通运输部颁布的有关技术规范和标准配备了相应的防治船舶污染设备和器材，并完成主要防治船舶污染设备和器材的调试工作；

（三）提供配备的防治船舶污染设备和器材符合防治船舶及其有关作业活动污染海洋环境要求并能够正常运行的说明材料；

（四）已经完成专项验收申请报告，有关资料齐全。

第十三条　申请专项验收的单位应当向当地直属海事管理机构提出专项验收申请，并提交证明符合第十二条规定条件的申请材料。

第十四条　负责专项验收的海事管理机构应当在专项验收工作过程中征求港口、环保、设计等单位的意见。

专项验收应当对防治船舶污染设备和器材的配备情况进行全面检查，对其是否符合防治船舶及其有关作业活动污染海洋环境的要求做出评价。

第十五条　海事管理机构组织的专项验收应当自受理申请之日起20日内完成，并做出是否通过专项验收的决定；20日内不能完成的，经海事管理机构负责人批准，可以延长10日。

海事管理机构应当及时向社会公布通过专项验收的港口、码头、装卸站以及船舶修造、打捞、拆解单位。

专项验收不合格的，其申请单位应当按照海事管理机构提出的处理意见进行限期整改，并应当按照本规定重新提出专项验收申请。

第十六条　通过专项验收的单位发生以下情况应当按照本规定的要求重新申请专项验收：

（一）港口、码头、装卸站等工程建设项目发生改建、扩建重大变化的；

（二）船舶修造、打捞、拆解单位从事的作业活动发生重大改变的。

第四章　船舶污染清除单位

第十七条　船舶污染清除单位是指按照本规定取得相应资质并与船舶签订污染清除协议，为船舶提供污染事故应急防备和应急处置服务的单位。

根据服务区域和污染清除能力的不同，船舶污染清除单位的能力等级由高到低分为四级，其中：

（一）一级单位能够在我国管辖海域为船舶提供溢油和其他散装液体污染危害性货物泄漏污染事故应急服务；

（二）二级单位能够在距岸20海里以内的我国管辖海域为船舶提供溢油和其他散装液体污染危害性货物泄漏污染事故应急服务；

（三）三级单位能够在港区水域为船舶提供溢油应急服务；

（四）四级单位能够在港区水域内的一个作业区、独立码头附近水域为船舶提供溢油应急服务。

第十八条　从事船舶污染清除的单位应当具备以下条件，并经海事管理机构批准：

（一）应急清污能力符合《船舶污染清除单位应急清污能力要求》（附件）的规定；

（二）制定的污染清除作业方案符合防治船舶及其有关作业活动污染海洋环境的要求；

（三）污染物处理方案符合国家有关防治污染规定。

第十九条　申请取得船舶污染清除作业资质的单位应当向当地直属海事管理机构提交证明符合第十八条规定条件的申请材料。

直属海事管理机构受理申请后，应当对申请单位是否具备本规定第十八条规定的条件进行现场核验。

对申请等级为二级、三级、四级的单位，直属海事管理机构应当自受理之日起30日内作出批准或者不予批准的决定，并将能力等级为二级的单位，向国家海事管理机构备案。

对申请等级为一级的单位，直属海事管理机构应当将现场核验报告报国家海事管理机构。国家海事管理机构应当自直属海事管理机构受理申请之日起30日内作出批准或者不予批准的决定。

对予以批准的船舶污染清除单位，海事管理机构应当发给《船舶污染清除单位资质证书》；对不予批准的，应当书面通知申请人并说明理由。

第二十条　《船舶污染清除单位资质证书》应当载明船舶污染清除单位的名称、法定代表人姓名、地址、能力等级、服务区域、有效期限以及其他有关事项。《船舶污染清除单位资质证书》的有效期为3年。

船舶污染清除单位应当在资质证书载明的能力等级和服务区域内提供服务。

直属海事管理机构应当及时将本辖区内取得资质的船舶污染清除单位的名称、等级和服务区域向社会公布。

第二十一条　《船舶污染清除单位资质证书》记载事项发生变更的，船舶污染清除单位应当向原发证海事管理机构申请办理变更手续。

变更能力等级和服务区域的，应当按照本规定重新提出申请。

第二十二条　船舶污染清除单位应当在《船舶污染清除单位资质证书》有效期届满之日30日以前，向原发证海事管理机构申请办理《船舶污染清除单位资质证书》延续手续。相关海事管理机构应当自受理延续申请之日起30日内，做出批准或者不予批准的决定。

第二十三条　有下列情形之一的，相关海事管理机构应当办理《船舶污染清除单位资质证书》注销手续：

（一）船舶污染清除单位自行申请注销的；

（二）法人依法终止的；

（三）《船舶污染清除单位资质证书》被依法撤销或者吊销的。

第二十四条　船舶污染清除单位应当于每年1月31日前将下列情况向发证海事管理机构备案：

（一）上一年度参与船舶污染事故应急处置工作情况；

（二）船舶污染清除设施、设备、器材和应急人员情况；

（三）上年度船舶污染清除协议的签订和履行情况；

（四）船舶污染应急演习情况。

第五章　船舶污染清除协议的签订

第二十五条　载运散装油类货物的船舶，其经营人应当在船舶进港前或者港外装卸、过驳作业前，按照以下要求与相应的船舶污染清除单位签订船舶污染清除协议：

（一）600 总吨以下仅在港区水域航行或作业的船舶，应当与四级以上等级的船舶污染清除单位签订船舶污染清除协议；

（二）600 总吨以上 2000 总吨以下仅在港区水域航行或作业的船舶，应当与三级以上等级的船舶污染清除单位签订船舶污染清除协议；

（三）2000 总吨以上仅在港区水域航行或作业的船舶以及所有进出港口和从事过驳作业的船舶应当与二级以上等级的船舶污染清除单位签订船舶污染清除协议。

第二十六条 载运油类之外的其他散装液体污染危害性货物的船舶，其经营人应当在船舶进港前或者港外装卸、过驳作业前，按照以下要求与相应的船舶污染清除单位签订船舶污染清除协议：

（一）进出港口的船舶以及在距岸 20 海里之内的我国管辖水域从事过驳作业的船舶应当与二级以上等级的船舶污染清除单位签订船舶污染清除协议；

（二）在距岸 20 海里以外的我国管辖水域从事过驳作业的载运其他散装液体污染危害性货物的船舶应当与一级船舶污染清除单位签订船舶污染清除协议。

第二十七条 1 万总吨以上的载运非散装液体污染危害性货物的船舶，其经营人应当在船舶进港前或者港外装卸、过驳作业前，按照以下要求与相应的船舶污染清除单位签订船舶污染清除协议：

（一）进出港口的 2 万总吨以下的船舶应当与四级以上等级的船舶污染清除单位签订船舶污染清除协议；

（二）进出港口的 2 万总吨以上 3 万总吨以下的船舶应当与三级以上等级的船舶污染清除单位签订船舶污染清除协议；

（三）进出港口的 3 万总吨以上的船舶以及在我国管辖水域从事过驳作业的船舶应当与二级以上等级的船舶污染清除单位签订船舶污染清除协议。

第二十八条 与一级、二级船舶污染清除单位签订污染清除协议的船舶划分标准由国家海事管理机构确定。

第二十九条 国家海事管理机构应当制定并公布船舶污染清除协议样本，明确协议双方的权利和义务。

船舶和污染清除单位应当按照国家海事管理机构公布的协议样本签订船舶污染清除协议。

第三十条 船舶应当将所签订的船舶污染清除协议留船备查，并在办理船舶进出港口手续或者作业申请时向海事管理机构出示。

船舶发现船舶污染清除单位存在违反本规定的行为，或者未履行船舶污染清除协议的，应当向船舶污染清除单位所在地的直属海事管理机构报告。

第六章 应急处置

第三十一条 船舶发生污染事故或者可能造成海洋环境污染的，船舶及有关作业单位应当立即启动相应的应急预案，按照有关规定的要求就近向海事管理机构报告，通知签订船舶污染清除协议的船舶污染清除单位，并根据应急预案采取污染控制和清除措施。

船舶在终止清污行动前应当向海事管理机构报告，经海事管理机构同意后方可停止应急处置措施。

第三十二条 船舶污染清除单位接到船舶污染事故通知后，应当根据船舶污染清除协议及时开展污染控制和清除作业，并及时向海事管理机构报告污染控制和清除工作的进展情况。

第三十三条　接到船舶造成或者可能造成海洋环境污染的报告后，海事管理机构应当立即核实有关情况，并加强监测、监视。

发生船舶污染事故的，海事管理机构应当立即组织对船舶污染事故的等级进行评估，并按照应急预案的要求进行报告和通报。

第三十四条　发生船舶污染事故后，应当根据《中华人民共和国防治船舶污染海洋环境管理条例》的规定，成立事故应急指挥机构。事故应急指挥机构应当根据船舶污染事故的等级和特点，启动相应的应急预案，有关部门、单位应当在事故应急指挥机构的统一组织和指挥下，按照应急预案的分工，开展相应的应急处置工作。

第三十五条　发生船舶污染事故或者船舶沉没，可能造成中华人民共和国管辖海域污染的，有关沿海设区的市级以上地方人民政府、海事管理机构根据应急处置的需要，可以征用有关单位和个人的船舶、防治污染设施、设备、器材以及其他物资。有关单位和个人应当予以配合。

有关单位和个人所提供的船舶和防治污染设施、设备、器材应当处于良好可用状态，有关物资质量符合国家有关技术标准、规范的要求。

被征用的船舶和防治污染设施、设备、器材以及其他物资使用完毕或者应急处置工作结束，应当及时返还。船舶和防治污染设施、设备、器材以及其他物资被征用或者征用后毁损、灭失的，应当给予补偿。

第三十六条　发生船舶污染事故，海事管理机构可以组织并采取海上交通管制、清除、打捞、拖航、引航、护航、过驳、水下抽油、爆破等必要措施。采取上述措施的相关费用由造成海洋环境污染的船舶、有关作业单位承担。

需要承担前款规定费用的船舶，应当在开航前缴清有关费用或者提供相应的财务担保。

本条规定的财务担保应由境内银行或者境内保险机构出具。

第三十七条　船舶发生事故有沉没危险时，船员离船前，应当按照规定采取防止溢油措施，尽可能关闭所有货舱（柜）、油舱（柜）管系的阀门，堵塞货舱（柜）、油舱（柜）通气孔。

船舶沉没的，其所有人、经营人或者管理人应当及时向海事管理机构报告船舶燃油、污染危害性货物以及其他污染物的性质、数量、种类及装载位置等情况，委托具有资质的船舶污染清除单位采取污染监视和控制措施，并在必要的时候采取抽出、打捞等措施。

第三十八条　船舶应当在污染事故清除作业结束后，对污染清除行动进行评估，并将评估报告报送当地直属海事管理机构，评估报告至少应包括下列内容：

（一）事故概况和应急处置情况；

（二）设施、设备、器材以及人员的使用情况；

（三）回收污染物的种类、数量以及处置情况；

（四）污染损害情况；

（五）船舶污染应急预案存在的问题和修改情况。

事故应急指挥机构应当在污染事故清除作业结束后，组织对污染清除作业的总体效果和污染损害情况进行评估，并根据评估结果和实际需要修订相应的应急预案。

第七章　法律责任

第三十九条　海事管理机构应当建立、健全防治船舶污染应急防备和处置的监督检查制度，对船舶以及有关作业单位的防治船舶污染能力以及污染清除作业实施监督检查，并对监督检查情况予以记录。

海事管理机构实施监督检查时，有关单位和个人应当予以协助和配合，不得拒绝、妨碍或者阻挠。

第四十条　海事管理机构发现船舶及其有关作业单位和个人存在违反本规定行为的，应当责令改正；拒不改正的，海事管理机构可以责令停止作业、强制卸载，禁止船舶进出港口、靠泊、过境停留，或者责令停航、改航、离境、驶向指定地点。

第四十一条　违反本规定的规定，船舶未制定防治船舶及其有关作业活动污染海洋环境应急预案，或者应急预案未报海事管理机构批准的，由海事管理机构处 2 万元以下的罚款；港口、码头、装卸站的经营人未制定防治船舶及其有关作业活动污染海洋环境应急预案的，由海事管理机构予以警告，或者责令限期改正。

第四十二条　违反本规定的规定，船舶和有关作业单位未配备防污设施、设备、器材的，或者配备的防污设施、设备、器材不符合国家有关规定和标准的，由海事管理机构予以警告，或者处 2 万元以上 10 万元以下的罚款。

第四十三条　违反本规定的规定，有下列情形之一的，由海事管理机构处 1 万元以上 5 万元以下的罚款：

（一）载运散装液体污染危害性货物的船舶和 1 万吨以上的其他船舶，其经营人未按照规定签订污染清除作业协议的；

（二）未取得污染清除作业资质的单位擅自签订污染清除作业协议并从事污染清除作业的。

第四十四条　违反本规定的规定，有下列情形之一的，由海事管理机构处 2 万元以上 10 万元以下的罚款：

（一）船舶沉没后，其所有人、经营人未及时向海事管理机构报告船舶燃油、污染危害性货物以及其他污染物的性质、数量、种类及装载位置等情况的；

（二）船舶沉没后，其所有人、经营人未及时采取措施清除船舶燃油、污染危害性货物以及其他污染物的。

第四十五条　违反本规定的规定，发生船舶污染事故，船舶、有关作业单位迟报、漏报事故的，对船舶、有关作业单位，由海事管理机构处 5 万元以上 25 万元以下的罚款；对直接负责的主管人员和其他直接责任人员，由海事管理机构处 1 万元以上 5 万元以下的罚款；直接负责的主管人员和其他直接责任人员属于船员的，给予暂扣适任证书或者其他有关证件 3 个月至 6 个月的处罚。瞒报、谎报事故的，对船舶、有关作业单位，由海事管理机构处 25 万元以上 50 万元以下的罚款；对直接负责的主管人员和其他直接责任人员，由海事管理机构处 5 万元以上 10 万元以下的罚款；直接负责的主管人员和其他直接责任人员属于船员的，并处给予吊销适任证书或者其他有关证件的处罚。

第四十六条　违反本规定的规定，发生船舶污染事故，船舶、有关作业单位未立即启动应急预案的，对船舶、有关作业单位，由海事管理机构处 2 万元以上 10 万元以下的罚款；对直接负责的主管人员和其他直接责任人员，由海事管理机构处 1 万元以上 2 万元以下的罚款；直接负责的主管人员和其他直接责任人员属于船员的，并处给予暂扣适任证书或者其他适任证件 1 个月至 3 个月的处罚。

第八章　附　则

第四十七条　本规定所称“以上”、“以内”包括本数，“以下”、“以外”不包括本数。

第四十八条　本规定自 2011 年 6 月 1 日起施行。

烟花爆竹生产企业安全生产许可证实施办法

（国家安全生产监督管理总局令第54号发布　自2012年8月1日起施行）

第一章　总　则

第一条　为了严格烟花爆竹生产企业安全生产准入条件，规范烟花爆竹安全生产许可证的颁发和管理工作，根据《安全生产许可证条例》、《烟花爆竹安全管理条例》等法律、行政法规，制定本办法。

第二条　本办法所称烟花爆竹生产企业（以下简称企业），是指依法设立并取得工商营业执照或者企业名称工商预先核准文件，从事烟花爆竹生产的企业。

第三条　企业应当依照本办法的规定取得烟花爆竹安全生产许可证（以下简称安全生产许可证）。

未取得安全生产许可证的，不得从事烟花爆竹生产活动。

第四条　安全生产许可证的颁发和管理工作实行企业申请、一级发证、属地监管的原则。

第五条　国家安全生产监督管理总局负责指导、监督全国安全生产许可证的颁发和管理工作，并对安全生产许可证进行统一编号。

省、自治区、直辖市人民政府安全生产监督管理部门按照全国统一配号，负责本行政区域内安全生产许可证的颁发和管理工作。

第二章　申请安全生产许可证的条件

第六条　企业的设立应当符合国家产业政策和当地产业结构规划，企业的选址应当符合当地城乡规划。

企业与周边建筑、设施的安全距离必须符合国家标准、行业标准的规定。

第七条　企业的基本建设项目应当依照有关规定经县级以上人民政府或者有关部门批准，并符合下列条件：

（一）建设项目的设计由具有乙级以上军工行业的弹箭、火炸药、民爆器材工程设计类别工程设计资质或者化工石化医药行业的有机化工、石油冶炼、石油产品深加工工程设计类型工程设计资质的单位承担；

（二）建设项目的设计符合《烟花爆竹工程设计安全规范》（GB50161）的要求，并依法进行安全设施设计审查和竣工验收。

第八条　企业的厂房和仓库等基础设施、生产设备、生产工艺以及防火、防爆、防雷、防静电等安全设备设施必须符合《烟花爆竹工程设计安全规范》（GB50161）、《烟花爆竹作业安全技术规程》（GB11652）等国家标准、行业标准的规定。

从事礼花弹生产的企业除符合前款规定外，还应当符合礼花弹生产安全条件的规定。

第九条　企业的药物和成品总仓库、药物和半成品中转库、机械混药和装药工房、晾晒场、烘干房等重点部位应当根据《烟花爆竹企业安全监控系统通用技术条件》（AQ4101）的规定安装视频监控和异常情况报警装置，并设置明显的安全警示标志。

第十条　企业的生产厂房数量和储存仓库面积应当与其生产品种及规模相适应。

第十一条　企业生产的产品品种、类别、级别、规格、质量、包装、标志应当符合《烟花爆竹安全与质量》（GB10631）等国家标准、行业标准的规定。

第十二条　企业应当设置安全生产管理机构，配备专职安全生产管理人员，并符合下列要求：

（一）确定安全生产主管人员；

（二）配备占本企业从业人员总数1%以上且至少有2名专职安全生产管理人员；

（三）配备占本企业从业人员总数5%以上的兼职安全员。

第十三条　企业应当建立健全主要负责人、分管负责人、安全生产管理人员、职能部门、岗位的安全生产责任制，制定下列安全生产规章制度和操作规程：

（一）符合《烟花爆竹作业安全技术规程》（GB11652）等国家标准、行业标准规定的岗位安全操作规程；

（二）药物存储管理、领取管理和余（废）药处理制度；

（三）企业负责人及涉裸药生产线负责人值（带）班制度；

（四）特种作业人员管理制度；

（五）从业人员安全教育培训制度；

（六）安全检查和隐患排查治理制度；

（七）产品购销合同和销售流向登记管理制度；

（八）新产品、新药物研发管理制度；

（九）安全设施设备维护管理制度；

（十）原材料购买、检验、储存及使用管理制度；

（十一）职工出入厂（库）区登记制度；

（十二）厂（库）区门卫值班（守卫）制度；

（十三）重大危险源（重点危险部位）监控管理制度；

（十四）安全生产费用提取和使用制度；

（十五）劳动防护用品配备、使用和管理制度；

（十六）工作场所职业病危害防治制度。

第十四条　企业主要负责人、分管安全生产负责人和专职安全生产管理人员应当经专门的安全生产培训和安全生产监督管理部门考核合格，取得安全资格证。

从事药物混合、造粒、筛选、装药、筑药、压药、切引、搬运等危险工序和烟花爆竹仓库保管、守护的特种作业人员，应当接受专业知识培训，并经考核合格取得特种作业操作证。

其他岗位从业人员应当依照有关规定经本岗位安全生产知识教育和培训合格。

第十五条　企业应当依法参加工伤保险，为从业人员缴纳保险费。

第十六条　企业应当依照国家有关规定提取和使用安全生产费用，不得挪作他用。

第十七条　企业必须为从业人员配备符合国家标准或者行业标准的劳动防护用品，并依照有关规定对从业人员进行职业健康检查。

第十八条 企业应当建立生产安全事故应急救援组织，制定事故应急预案，并配备应急救援人员和必要的应急救援器材、设备。

第十九条 企业应当根据《烟花爆竹流向登记通用规范》（AQ4102）和国家有关烟花爆竹流向信息化管理的规定，建立并应用烟花爆竹流向管理信息系统。

第二十条 企业应当依法进行安全评价。安全评价报告应当包括本办法第六条、第七条、第八条、第九条、第十条、第十七条、第十八条规定条件的符合性评价内容。

第三章 安全生产许可证的申请和颁发

第二十一条 企业申请安全生产许可证，应当向所在地设区的市级人民政府安全生产监督管理部门（以下统称初审机关）提出安全审查申请，提交下列文件、资料，并对其真实性负责：

（一）安全生产许可证申请书（一式三份）；

（二）工商营业执照或者企业名称工商预先核准文件（复制件）；

（三）建设项目安全设施设计审查和竣工验收的证明材料；

（四）安全生产管理机构及安全生产管理人员配备情况的书面文件；

（五）各种安全生产责任制文件（复制件）；

（六）安全生产规章制度和岗位安全操作规程目录清单；

（七）企业主要负责人、分管安全生产负责人、专职安全生产管理人员名单和安全资格证（复制件）；

（八）特种作业人员的特种作业操作证（复制件）和其他从业人员安全生产教育培训合格的证明材料；

（九）为从业人员缴纳工伤保险费的证明材料；

（十）安全生产费用提取和使用情况的证明材料；

（十一）具备资质的中介机构出具的安全评价报告。

第二十二条 新建企业申请安全生产许可证，应当在建设项目竣工验收通过之日起20个工作日内向所在地初审机关提出安全审查申请。

第二十三条 初审机关收到企业提交的安全审查申请后，应当对企业的设立是否符合国家产业政策和当地产业结构规划、企业的选址是否符合城乡规划以及有关申请文件、资料是否符合要求进行初步审查，并自收到申请之日起20个工作日内提出初步审查意见（以下简称初审意见），连同申请文件、资料一并报省、自治区、直辖市人民政府安全生产监督管理部门（以下简称发证机关）。

初审机关在审查过程中，可以就企业的有关情况征求企业所在地县级人民政府的意见。

第二十四条 发证机关收到初审机关报送的申请文件、资料和初审意见后，应当按照下列情况分别作出处理：

（一）申请文件、资料不齐全或者不符合要求的，当场告知或者在5个工作日内出具补正通知书，一次告知企业需要补正的全部内容；逾期不告知的，自收到申请材料之日起即为受理；

（二）申请文件、资料齐全，符合要求或者按照发证机关要求提交全部补正材料的，自收到申请文件、资料或者全部补正材料之日起即为受理。

发证机关应当将受理或者不予受理决定书面告知申请企业和初审机关。

第二十五条 发证机关受理申请后，应当结合初审意见，组织有关人员对申请文件、资料进行审查。需要到现场核查的，应当指派2名以上工作人员进行现场核查；对从事黑火药、引火线、礼花弹生产的企业，应当指派2名以上工作人员进行现场核查。

发证机关应当自受理之日起45个工作日内作出颁发或者不予颁发安全生产许可证的决定。

对决定颁发的，发证机关应当自决定之日起10个工作日内送达或者通知企业领取安全生产许可证；对不予颁发的，应当在10个工作日内书面通知企业并说明理由。

现场核查所需时间不计算在本条规定的期限内。

第二十六条　安全生产许可证分为正副本，正本为悬挂式，副本为折页式。正本、副本具有同等法律效力。

第四章　安全生产许可证的变更和延期

第二十七条　企业在安全生产许可证有效期内有下列情形之一的，应当按照本办法第二十八条的规定申请变更安全生产许可证：

（一）改建、扩建烟花爆竹生产（含储存）设施的；

（二）变更产品类别、级别范围的；

（三）变更企业主要负责人的；

（四）变更企业名称的。

第二十八条　企业有本办法第二十七条第一项情形申请变更的，应当自建设项目通过竣工验收之日起20个工作日内向所在地初审机关提出安全审查申请，并提交安全生产许可证变更申请书（一式三份）和建设项目安全设施设计审查和竣工验收的证明材料。

企业有本办法第二十七条第二项情形申请变更的，应当向所在地初审机关提出安全审查申请，并提交安全生产许可证变更申请书（一式三份）和专项安全评价报告（减少生产产品品种的除外）。

企业有本办法第二十七条第三项情形申请变更的，应当向所在地发证机关提交安全生产许可证变更申请书（一式三份）和主要负责人安全资格证（复制件）。

企业有本办法第二十七条第四项情形申请变更的，应当自取得变更后的工商营业执照或者企业名称工商预先核准文件之日起10个工作日内，向所在地发证机关提交安全生产许可证变更申请书（一式三份）和工商营业执照或者企业名称工商预先核准文件（复制件）。

第二十九条　对本办法第二十七条第一项、第二项情形的安全生产许可证变更申请，初审机关、发证机关应当按照本办法第二十三条、第二十四条、第二十五条的规定进行审查，并办理变更手续。

对本办法第二十七条第三项、第四项情形的安全生产许可证变更申请，发证机关应当自收到变更申请材料之日起5个工作日内完成审查，并办理变更手续。

第三十条　安全生产许可证有效期为3年。安全生产许可证有效期满需要延期的，企业应当于有效期届满前3个月向原发证机关申请办理延期手续。

第三十一条　企业提出延期申请的，应当向发证机关提交下列文件、资料：

（一）安全生产许可证延期申请书（一式三份）；

（二）本办法第二十一条第四项至第十一项规定的文件、资料；

（三）达到安全生产标准化三级的证明材料。

发证机关收到延期申请后，应当按照本办法第二十四条、第二十五条的规定办理延期手续。

第三十二条　企业在安全生产许可证有效期内符合下列条件，在许可证有效期届满时，经原发证机关同意，不再审查，直接办理延期手续：

（一）严格遵守有关安全生产法律、法规和本办法；

（二）取得安全生产许可证后，加强日常安全生产管理，不断提升安全生产条件，达到安全生产标准化二级以上；

（三）接受发证机关及所在地人民政府安全生产监督管理部门的监督检查；

（四）未发生生产安全死亡事故。

第三十三条　对决定批准延期、变更安全生产许可证的，发证机关应当收回原证，换发新证。

第五章　监督管理

第三十四条　安全生产许可证发证机关和初审机关应当坚持公开、公平、公正的原则，严格依照有关行政许可的法律法规和本办法，审查、颁发安全生产许可证。

发证机关和初审机关工作人员在安全生产许可证审查、颁发、管理工作中，不得索取或者接受企业的财物，不得谋取其他不正当利益。

第三十五条　发证机关及所在地人民政府安全生产监督管理部门应当加强对烟花爆竹生产企业的监督检查，督促其依照法律、法规、规章和国家标准、行业标准的规定进行生产。

第三十六条　发证机关发现企业以欺骗、贿赂等不正当手段取得安全生产许可证的，应当撤销已颁发的安全生产许可证。

第三十七条　取得安全生产许可证的企业有下列情形之一的，发证机关应当注销其安全生产许可证：

（一）安全生产许可证有效期满未被批准延期的；

（二）终止烟花爆竹生产活动的；

（三）安全生产许可证被依法撤销的；

（四）安全生产许可证被依法吊销的。

发证机关注销安全生产许可证后，应当在当地主要媒体或者本机关政府网站上及时公告被注销安全生产许可证的企业名单，并通报同级人民政府有关部门和企业所在地县级人民政府。

第三十八条　发证机关应当建立健全安全生产许可证档案管理制度，并应用信息化手段管理安全生产许可证档案。

第三十九条　发证机关应当每6个月向社会公布一次取得安全生产许可证的企业情况，并于每年1月15日前将本行政区域内上一年度安全生产许可证的颁发和管理情况报国家安全生产监督管理总局。

第四十条　企业取得安全生产许可证后，不得出租、转让安全生产许可证，不得将企业、生产线或者工（库）房转包、分包给不具备安全生产条件或者相应资质的其他任何单位或者个人，不得多股东各自独立进行烟花爆竹生产活动。

企业不得从其他企业购买烟花爆竹半成品加工后销售或者购买其他企业烟花爆竹成品加贴本企业标签后销售，不得向其他企业销售烟花爆竹半成品。从事礼花弹生产的企业不得将礼花弹销售给未经公安机关批准的燃放活动。

第四十一条　任何单位或者个人对违反《安全生产许可证条例》、《烟花爆竹安全管理条例》和本办法规定的行为，有权向安全生产监督管理部门或者监察机关等有关部门举报。

第六章　法律责任

第四十二条　发证机关、初审机关及其工作人员有下列行为之一的，给予降级或者撤职的行政处分；构成犯罪的，依法追究刑事责任：

（一）向不符合本办法规定的安全生产条件的企业颁发安全生产许可证的；

（二）发现企业未依法取得安全生产许可证擅自从事烟花爆竹生产活动，不依法处理的；

（三）发现取得安全生产许可证的企业不再具备本办法规定的安全生产条件，不依法处理的；

（四）接到违反本办法规定行为的举报后，不及时处理的；

（五）在安全生产许可证颁发、管理和监督检查工作中，索取或者接受企业财物、帮助企业弄虚作假或者谋取其他不正当利益的。

第四十三条 企业有下列行为之一的，责令停止违法活动或者限期改正，并处1万元以上3万元以下的罚款：

（一）变更企业主要负责人或者名称，未办理安全生产许可证变更手续的；

（二）从其他企业购买烟花爆竹半成品加工后销售，或者购买其他企业烟花爆竹成品加贴本企业标签后销售，或者向其他企业销售烟花爆竹半成品的。

第四十四条 企业有下列行为之一的，依法暂扣其安全生产许可证：

（一）多股东各自独立进行烟花爆竹生产活动的；

（二）从事礼花弹生产的企业将礼花弹销售给未经公安机关批准的燃放活动的；

（三）改建、扩建烟花爆竹生产（含储存）设施未办理安全生产许可证变更手续的；

（四）发生较大以上生产安全责任事故的；

（五）不再具备本办法规定的安全生产条件的。

企业有前款第一项、第二项、第三项行为之一的，并处1万元以上3万元以下的罚款。

第四十五条 企业有下列行为之一的，依法吊销其安全生产许可证：

（一）出租、转让安全生产许可证的；

（二）被暂扣安全生产许可证，经停产整顿后仍不具备本办法规定的安全生产条件的。

企业有前款第一项行为的，没收违法所得，并处10万元以上50万元以下的罚款。

第四十六条 企业有下列行为之一的，责令停止生产，没收违法所得，并处10万元以上50万元以下的罚款：

（一）未取得安全生产许可证擅自进行烟花爆竹生产的；

（二）变更产品类别或者级别范围未办理安全生产许可证变更手续的。

第四十七条 企业取得安全生产许可证后，将企业、生产线或者工（库）房转包、分包给不具备安全生产条件或者相应资质的其他单位或者个人，依照《中华人民共和国安全生产法》的有关规定给予处罚。

第四十八条 本办法规定的行政处罚，由安全生产监督管理部门决定，暂扣、吊销安全生产许可证的行政处罚由发证机关决定。

第七章 附 则

第四十九条 安全生产许可证由国家安全生产监督管理总局统一印制。

第五十条 本办法自2012年8月1日起施行。原国家安全生产监督管理局、国家煤矿安全监察局2004年5月17日公布的《烟花爆竹生产企业安全生产许可证实施办法》同时废止。

公路安全保护条例

（国务院第144次常务会议通过　自2011年7月1日起施行）

第一章　总　则

第一条　为了加强公路保护，保障公路完好、安全和畅通，根据《中华人民共和国公路法》，制定本条例。

第二条　各级人民政府应当加强对公路保护工作的领导，依法履行公路保护职责。

第三条　国务院交通运输主管部门主管全国公路保护工作。

县级以上地方人民政府交通运输主管部门主管本行政区域的公路保护工作；但是，县级以上地方人民政府交通运输主管部门对国道、省道的保护职责，由省、自治区、直辖市人民政府确定。

公路管理机构依照本条例的规定具体负责公路保护的监督管理工作。

第四条　县级以上各级人民政府发展改革、工业和信息化、公安、工商、质检等部门按照职责分工，依法开展公路保护的相关工作。

第五条　县级以上各级人民政府应当将政府及其有关部门从事公路管理、养护所需经费以及公路管理机构行使公路行政管理职能所需经费纳入本级人民政府财政预算。但是，专用公路的公路保护经费除外。

第六条　县级以上各级人民政府交通运输主管部门应当综合考虑国家有关车辆技术标准、公路使用状况等因素，逐步提高公路建设、管理和养护水平，努力满足国民经济和社会发展以及人民群众生产、生活需要。

第七条　县级以上各级人民政府交通运输主管部门应当依照《中华人民共和国突发事件应对法》的规定，制定地震、泥石流、雨雪冰冻灾害等损毁公路的突发事件（以下简称公路突发事件）应急预案，报本级人民政府批准后实施。

公路管理机构、公路经营企业应当根据交通运输主管部门制定的公路突发事件应急预案，组建应急队伍，并定期组织应急演练。

第八条　国家建立健全公路突发事件应急物资储备保障制度，完善应急物资储备、调配体系，确保发生公路突发事件时能够满足应急处置工作的需要。

第九条　任何单位和个人不得破坏、损坏、非法占用或者非法利用公路、公路用地和公路附属设施。

第二章　公路线路

第十条　公路管理机构应当建立健全公路管理档案，对公路、公路用地和公路附属设施调查核实、登记造册。

第十一条 县级以上地方人民政府应当根据保障公路运行安全和节约用地的原则以及公路发展的需要，组织交通运输、国土资源等部门划定公路建筑控制区的范围。

公路建筑控制区的范围，从公路用地外缘起向外的距离标准为：

（一）国道不少于20米；

（二）省道不少于15米；

（三）县道不少于10米；

（四）乡道不少于5米。

属于高速公路的，公路建筑控制区的范围从公路用地外缘起向外的距离标准不少于30米。

公路弯道内侧、互通立交以及平面交叉道口的建筑控制区范围根据安全视距等要求确定。

第十二条 新建、改建公路的建筑控制区的范围，应当自公路初步设计批准之日起30日内，由公路沿线县级以上地方人民政府依照本条例划定并公告。

公路建筑控制区与铁路线路安全保护区、航道保护范围、河道管理范围或者水工程管理和保护范围重叠的，经公路管理机构和铁路管理机构、航道管理机构、水行政主管部门或者流域管理机构协商后划定。

第十三条 在公路建筑控制区内，除公路保护需要外，禁止修建建筑物和地面构筑物；公路建筑控制区划定前已经合法修建的不得扩建，因公路建设或者保障公路运行安全等原因需要拆除的应当依法给予补偿。

在公路建筑控制区外修建的建筑物、地面构筑物以及其他设施不得遮挡公路标志，不得妨碍安全视距。

第十四条 新建村镇、开发区、学校和货物集散地、大型商业网点、农贸市场等公共场所，与公路建筑控制区边界外缘的距离应当符合下列标准，并尽可能在公路一侧建设：

（一）国道、省道不少于50米；

（二）县道、乡道不少于20米。

第十五条 新建、改建公路与既有城市道路、铁路、通信等线路交叉或者新建、改建城市道路、铁路、通信等线路与既有公路交叉的，建设费用由新建、改建单位承担；城市道路、铁路、通信等线路的管理部门、单位或者公路管理机构要求提高既有建设标准而增加的费用，由提出要求的部门或者单位承担。

需要改变既有公路与城市道路、铁路、通信等线路交叉方式的，按照公平合理的原则分担建设费用。

第十六条 禁止将公路作为检验车辆制动性能的试车场地。

禁止在公路、公路用地范围内摆摊设点、堆放物品、倾倒垃圾、设置障碍、挖沟引水、打场晒粮、种植作物、放养牲畜、采石、取土、采空作业、焚烧物品、利用公路边沟排放污物或者进行其他损坏、污染公路和影响公路畅通的行为。

第十七条 禁止在下列范围内从事采矿、采石、取土、爆破作业等危及公路、公路桥梁、公路隧道、公路渡口安全的活动：

（一）国道、省道、县道的公路用地外缘起向外100米，乡道的公路用地外缘起向外50米；

（二）公路渡口和中型以上公路桥梁周围200米；

（三）公路隧道上方和洞口外100米。

在前款规定的范围内，因抢险、防汛需要修筑堤坝、压缩或者拓宽河床的，应当经省、自治区、直辖市人民政府交通运输主管部门会同水行政主管部门或者流域管理机构批准，并采取安全防护措施方可进行。

第十八条　除按照国家有关规定设立的为车辆补充燃料的场所、设施外，禁止在下列范围内设立生产、储存、销售易燃、易爆、剧毒、放射性等危险物品的场所、设施：

（一）公路用地外缘起向外100米；

（二）公路渡口和中型以上公路桥梁周围200米；

（三）公路隧道上方和洞口外100米。

第十九条　禁止擅自在中型以上公路桥梁跨越的河道上下游各1000米范围内抽取地下水、架设浮桥以及修建其他危及公路桥梁安全的设施。

在前款规定的范围内，确需进行抽取地下水、架设浮桥等活动的，应当经水行政主管部门、流域管理机构等有关单位会同公路管理机构批准，并采取安全防护措施方可进行。

第二十条　禁止在公路桥梁跨越的河道上下游的下列范围内采砂：

（一）特大型公路桥梁跨越的河道上游500米，下游3000米；

（二）大型公路桥梁跨越的河道上游500米，下游2000米；

（三）中小型公路桥梁跨越的河道上游500米，下游1000米。

第二十一条　在公路桥梁跨越的河道上下游各500米范围内依法进行疏浚作业的，应当符合公路桥梁安全要求，经公路管理机构确认安全方可作业。

第二十二条　禁止利用公路桥梁进行牵拉、吊装等危及公路桥梁安全的施工作业。

禁止利用公路桥梁（含桥下空间）、公路隧道、涵洞堆放物品，搭建设施以及铺设高压电线和输送易燃、易爆或者其他有毒有害气体、液体的管道。

第二十三条　公路桥梁跨越航道的，建设单位应当按照国家有关规定设置桥梁航标、桥柱标、桥梁水尺标，并按照国家标准、行业标准设置桥区水上航标和桥墩防撞装置。桥区水上航标由航标管理机构负责维护。

通过公路桥梁的船舶应当符合公路桥梁通航净空要求，严格遵守航行规则，不得在公路桥梁下停泊或者系缆。

第二十四条　重要的公路桥梁和公路隧道按照《中华人民共和国人民武装警察法》和国务院、中央军委的有关规定由中国人民武装警察部队守护。

第二十五条　禁止损坏、擅自移动、涂改、遮挡公路附属设施或者利用公路附属设施架设管道、悬挂物品。

第二十六条　禁止破坏公路、公路用地范围内的绿化物。需要更新采伐护路林的，应当向公路管理机构提出申请，经批准方可更新采伐，并及时补种；不能及时补种的，应当交纳补种所需费用，由公路管理机构代为补种。

第二十七条　进行下列涉路施工活动，建设单位应当向公路管理机构提出申请：

（一）因修建铁路、机场、供电、水利、通信等建设工程需要占用、挖掘公路、公路用地或者使公路改线；

（二）跨越、穿越公路修建桥梁、渡槽或者架设、埋设管道、电缆等设施；

（三）在公路用地范围内架设、埋设管道、电缆等设施；

（四）利用公路桥梁、公路隧道、涵洞铺设电缆等设施；

（五）利用跨越公路的设施悬挂非公路标志；

（六）在公路上增设或者改造平面交叉道口；

（七）在公路建筑控制区内埋设管道、电缆等设施。

第二十八条　申请进行涉路施工活动的建设单位应当向公路管理机构提交下列材料：

（一）符合有关技术标准、规范要求的设计和施工方案；

（二）保障公路、公路附属设施质量和安全的技术评价报告；

（三）处置施工险情和意外事故的应急方案。

公路管理机构应当自受理申请之日起20日内作出许可或者不予许可的决定；影响交通安全的，应当征得公安机关交通管理部门的同意；涉及经营性公路的，应当征求公路经营企业的意见；不予许可的，公路管理机构应当书面通知申请人并说明理由。

第二十九条　建设单位应当按照许可的设计和施工方案进行施工作业，并落实保障公路、公路附属设施质量和安全的防护措施。

涉路施工完毕，公路管理机构应当对公路、公路附属设施是否达到规定的技术标准以及施工是否符合保障公路、公路附属设施质量和安全的要求进行验收；影响交通安全的，还应当经公安机关交通管理部门验收。

涉路工程设施的所有人、管理人应当加强维护和管理，确保工程设施不影响公路的完好、安全和畅通。

第三章　公路通行

第三十条　车辆的外廓尺寸、轴荷和总质量应当符合国家有关车辆外廓尺寸、轴荷、质量限值等机动车安全技术标准，不符合标准的不得生产、销售。

第三十一条　公安机关交通管理部门办理车辆登记，应当当场查验，对不符合机动车国家安全技术标准的车辆不予登记。

第三十二条　运输不可解体物品需要改装车辆的，应当由具有相应资质的车辆生产企业按照规定的车型和技术参数进行改装。

第三十三条　超过公路、公路桥梁、公路隧道限载、限高、限宽、限长标准的车辆，不得在公路、公路桥梁或者公路隧道行驶；超过汽车渡船限载、限高、限宽、限长标准的车辆，不得使用汽车渡船。

公路、公路桥梁、公路隧道限载、限高、限宽、限长标准调整的，公路管理机构、公路经营企业应当及时变更限载、限高、限宽、限长标志；需要绕行的，还应当标明绕行路线。

第三十四条　县级人民政府交通运输主管部门或者乡级人民政府可以根据保护乡道、村道的需要，在乡道、村道的出入口设置必要的限高、限宽设施，但是不得影响消防和卫生急救等应急通行需要，不得向通行车辆收费。

第三十五条　车辆载运不可解体物品，车货总体的外廓尺寸或者总质量超过公路、公路桥梁、公路隧道的限载、限高、限宽、限长标准，确需在公路、公路桥梁、公路隧道行驶的，从事运输的单位和个人应当向公路管理机构申请公路超限运输许可。

第三十六条　申请公路超限运输许可按照下列规定办理：

（一）跨省、自治区、直辖市进行超限运输的，向公路沿线各省、自治区、直辖市公路管理机构提出申请，由起运地省、自治区、直辖市公路管理机构统一受理，并协调公路沿线各省、自治区、直辖市公路管理机构对超限运输申请进行审批，必要时可以由国务院交通运输主管部门统一协调处理；

（二）在省、自治区范围内跨设区的市进行超限运输，或者在直辖市范围内跨区、县进行超限运输的，向省、自治区、直辖市公路管理机构提出申请，由省、自治区、直辖市公路管理机构受理并审批；

（三）在设区的市范围内跨区、县进行超限运输的，向设区的市公路管理机构提出申请，由设区的市公路管理机构受理并审批；

（四）在区、县范围内进行超限运输的，向区、县公路管理机构提出申请，由区、县公路管理机构受理并审批。

公路超限运输影响交通安全的，公路管理机构在审批超限运输申请时，应当征求公安机关交通管理部门意见。

第三十七条　公路管理机构审批超限运输申请，应当根据实际情况勘测通行路线，需要采取加固、改造措施的，可以与申请人签订有关协议，制定相应的加固、改造方案。

公路管理机构应当根据其制定的加固、改造方案，对通行的公路桥梁、涵洞等设施进行加固、改造；必要时应当对超限运输车辆进行监管。

第三十八条　公路管理机构批准超限运输申请的，应当为超限运输车辆配发国务院交通运输主管部门规定式样的超限运输车辆通行证。

经批准进行超限运输的车辆，应当随车携带超限运输车辆通行证，按照指定的时间、路线和速度行驶，并悬挂明显标志。

禁止租借、转让超限运输车辆通行证。禁止使用伪造、变造的超限运输车辆通行证。

第三十九条　经省、自治区、直辖市人民政府批准，有关交通运输主管部门可以设立固定超限检测站点，配备必要的设备和人员。

固定超限检测站点应当规范执法，并公布监督电话。公路管理机构应当加强对固定超限检测站点的管理。

第四十条　公路管理机构在监督检查中发现车辆超过公路、公路桥梁、公路隧道或者汽车渡船的限载、限高、限宽、限长标准的，应当就近引导至固定超限检测站点进行处理。

车辆应当按照超限检测指示标志或者公路管理机构监督检查人员的指挥接受超限检测，不得故意堵塞固定超限检测站点通行车道、强行通过固定超限检测站点或者以其他方式扰乱超限检测秩序，不得采取短途驳载等方式逃避超限检测。

禁止通过引路绕行等方式为不符合国家有关载运标准的车辆逃避超限检测提供便利。

第四十一条　煤炭、水泥等货物集散地以及货运站等场所的经营人、管理人应当采取有效措施，防止不符合国家有关载运标准的车辆出场（站）。

道路运输管理机构应当加强对煤炭、水泥等货物集散地以及货运站等场所的监督检查，制止不符合国家有关载运标准的车辆出场（站）。

任何单位和个人不得指使、强令车辆驾驶人超限运输货物，不得阻碍道路运输管理机构依法进行监督检查。

第四十二条　载运易燃、易爆、剧毒、放射性等危险物品的车辆，应当符合国家有关安全管理规定，并避免通过特大型公路桥梁或者特长公路隧道；确需通过特大型公路桥梁或者特长公路隧道的，负责审批易燃、易爆、剧毒、放射性等危险物品运输许可的机关应当提前将行驶时间、路线通知特大型公路桥梁或者特长公路隧道的管理单位，并对在特大型公路桥梁或者特长公路隧道行驶的车辆进行现场监管。

第四十三条　车辆应当规范装载，装载物不得触地拖行。车辆装载物易掉落、遗洒或者飘散的，应当采取厢式密闭等有效防护措施方可在公路上行驶。

公路上行驶车辆的装载物掉落、遗洒或者飘散的，车辆驾驶人、押运人员应当及时采取措施处理；无法处理的，应当在掉落、遗洒或者飘散物来车方向适当距离外设置警示标志，并迅速报告公路管理机构或者公安机关交通管理部门。其他人员发现公路上有影响交通安全的障碍物的，也应当及时报告公路管理机构或者公安机关交通管理部门。公安机关交通管理部门应当责令改正车辆装载物掉落、遗洒、飘散等违法行为；公路管理机构、公路经营企业应当及时清除掉落、遗洒、飘散在公路上的障碍物。

车辆装载物掉落、遗洒、飘散后，车辆驾驶人、押运人员未及时采取措施处理，造成他人人身、财产损害的，道路运输企业、车辆驾驶人应当依法承担赔偿责任。

第四章　公路养护

第四十四条　公路管理机构、公路经营企业应当加强公路养护，保证公路经常处于良好技术状态。

前款所称良好技术状态，是指公路自身的物理状态符合有关技术标准的要求，包括路面平整，路肩、边坡平顺，有关设施完好。

第四十五条　公路养护应当按照国务院交通运输主管部门规定的技术规范和操作规程实施作业。

第四十六条　从事公路养护作业的单位应当具备下列资质条件：

（一）有一定数量的符合要求的技术人员；

（二）有与公路养护作业相适应的技术设备；

（三）有与公路养护作业相适应的作业经历；

（四）国务院交通运输主管部门规定的其他条件。

公路养护作业单位资质管理办法由国务院交通运输主管部门另行制定。

第四十七条　公路管理机构、公路经营企业应当按照国务院交通运输主管部门的规定对公路进行巡查，并制作巡查记录；发现公路坍塌、坑槽、隆起等损毁的，应当及时设置警示标志，并采取措施修复。

公安机关交通管理部门发现公路坍塌、坑槽、隆起等损毁，危及交通安全的，应当及时采取措施，疏导交通，并通知公路管理机构或者公路经营企业。

其他人员发现公路坍塌、坑槽、隆起等损毁的，应当及时向公路管理机构、公安机关交通管理部门报告。

第四十八条　公路管理机构、公路经营企业应当定期对公路、公路桥梁、公路隧道进行检测和评定，保证其技术状态符合有关技术标准；对经检测发现不符合车辆通行安全要求的，应当进行维修，及时向社会公告，并通知公安机关交通管理部门。

第四十九条　公路管理机构、公路经营企业应当定期检查公路隧道的排水、通风、照明、监控、报警、消防、救助等设施，保持设施处于完好状态。

第五十条　公路管理机构应当统筹安排公路养护作业计划，避免集中进行公路养护作业造成交通堵塞。

在省、自治区、直辖市交界区域进行公路养护作业，可能造成交通堵塞的，有关公路管理机构、公安机关交通管理部门应当事先书面通报相邻的省、自治区、直辖市公路管理机构、公安机关交通管理部门，共同制定疏导预案，确定分流路线。

第五十一条　公路养护作业需要封闭公路的，或者占用半幅公路进行作业，作业路段长度在2公里以上，并且作业期限超过30日的，除紧急情况外，公路养护作业单位应当在作业开始之日前5日向社会公告，明确绕行路线，并在绕行处设置标志；不能绕行的，应当修建临时道路。

第五十二条　公路养护作业人员作业时，应当穿着统一的安全标志服。公路养护车辆、机械设备作业时，应当设置明显的作业标志，开启危险报警闪光灯。

第五十三条 发生公路突发事件影响通行的，公路管理机构、公路经营企业应当及时修复公路、恢复通行。设区的市级以上人民政府交通运输主管部门应当根据修复公路、恢复通行的需要，及时调集抢修力量，统筹安排有关作业计划，下达路网调度指令，配合有关部门组织绕行、分流。

设区的市级以上公路管理机构应当按照国务院交通运输主管部门的规定收集、汇总公路损毁、公路交通流量等信息，开展公路突发事件的监测、预报和预警工作，并利用多种方式及时向社会发布有关公路运行信息。

第五十四条 中国人民武装警察交通部队按照国家有关规定承担公路、公路桥梁、公路隧道等设施的抢修任务。

第五十五条 公路永久性停止使用的，应当按照国务院交通运输主管部门规定的程序核准后作报废处理，并向社会公告。

公路报废后的土地使用管理依照有关土地管理的法律、行政法规执行。

第五章 法律责任

第五十六条 违反本条例的规定，有下列情形之一的，由公路管理机构责令限期拆除，可以处5万元以下的罚款。逾期不拆除的，由公路管理机构拆除，有关费用由违法行为人承担：

（一）在公路建筑控制区内修建、扩建建筑物、地面构筑物或者未经许可埋设管道、电缆等设施的；

（二）在公路建筑控制区外修建的建筑物、地面构筑物以及其他设施遮挡公路标志或者妨碍安全视距的。

第五十七条 违反本条例第十八条、第十九条、第二十三条规定的，由安全生产监督管理部门、水行政主管部门、流域管理机构、海事管理机构等有关单位依法处理。

第五十八条 违反本条例第二十条规定的，由水行政主管部门或者流域管理机构责令改正，可以处3万元以下的罚款。

第五十九条 违反本条例第二十二条规定的，由公路管理机构责令改正，处2万元以上10万元以下的罚款。

第六十条 违反本条例的规定，有下列行为之一的，由公路管理机构责令改正，可以处3万元以下的罚款：

（一）损坏、擅自移动、涂改、遮挡公路附属设施或者利用公路附属设施架设管道、悬挂物品，可能危及公路安全的；

（二）涉路工程设施影响公路完好、安全和畅通的。

第六十一条 违反本条例的规定，未经批准更新采伐护路林的，由公路管理机构责令补种，没收违法所得，并处采伐林木价值3倍以上5倍以下的罚款。

第六十二条 违反本条例的规定，未经许可进行本条例第二十七条第一项至第五项规定的涉路施工活动的，由公路管理机构责令改正，可以处3万元以下的罚款；未经许可进行本条例第二十七条第六项规定的涉路施工活动的，由公路管理机构责令改正，处5万元以下的罚款。

第六十三条 违反本条例的规定，非法生产、销售外廓尺寸、轴荷、总质量不符合国家有关车辆外廓尺寸、轴荷、质量限值等机动车安全技术标准的车辆的，依照《中华人民共和国道路交通安全法》的有关规定处罚。

具有国家规定资质的车辆生产企业未按照规定车型和技术参数改装车辆的，由原发证机关责令改正，处4万元以上20万元以下的罚款；拒不改正的，吊销其资质证书。

第六十四条　违反本条例的规定，在公路上行驶的车辆，车货总体的外廓尺寸、轴荷或者总质量超过公路、公路桥梁、公路隧道、汽车渡船限定标准的，由公路管理机构责令改正，可以处3万元以下的罚款。

第六十五条　违反本条例的规定，经批准进行超限运输的车辆，未按照指定时间、路线和速度行驶的，由公路管理机构或者公安机关交通管理部门责令改正；拒不改正的，公路管理机构或者公安机关交通管理部门可以扣留车辆。

未随车携带超限运输车辆通行证的，由公路管理机构扣留车辆，责令车辆驾驶人提供超限运输车辆通行证或者相应的证明。

租借、转让超限运输车辆通行证的，由公路管理机构没收超限运输车辆通行证，处1000元以上5000元以下的罚款。使用伪造、变造的超限运输车辆通行证的，由公路管理机构没收伪造、变造的超限运输车辆通行证，处3万元以下的罚款。

第六十六条　对1年内违法超限运输超过3次的货运车辆，由道路运输管理机构吊销其车辆营运证；对1年内违法超限运输超过3次的货运车辆驾驶人，由道路运输管理机构责令其停止从事营业性运输；道路运输企业1年内违法超限运输的货运车辆超过本单位货运车辆总数10%的，由道路运输管理机构责令道路运输企业停业整顿；情节严重的，吊销其道路运输经营许可证，并向社会公告。

第六十七条　违反本条例的规定，有下列行为之一的，由公路管理机构强制拖离或者扣留车辆，处3万元以下的罚款：

（一）采取故意堵塞固定超限检测站点通行车道、强行通过固定超限检测站点等方式扰乱超限检测秩序的；

（二）采取短途驳载等方式逃避超限检测的。

第六十八条　违反本条例的规定，指使、强令车辆驾驶人超限运输货物的，由道路运输管理机构责令改正，处3万元以下的罚款。

第六十九条　车辆装载物触地拖行、掉落、遗洒或者飘散，造成公路路面损坏、污染的，由公路管理机构责令改正，处5000元以下的罚款。

第七十条　违反本条例的规定，公路养护作业单位未按照国务院交通运输主管部门规定的技术规范和操作规程进行公路养护作业的，由公路管理机构责令改正，处1万元以上5万元以下的罚款；拒不改正的，吊销其资质证书。

第七十一条　造成公路、公路附属设施损坏的单位和个人应当立即报告公路管理机构，接受公路管理机构的现场调查处理；危及交通安全的，还应当设置警示标志或者采取其他安全防护措施，并迅速报告公安机关交通管理部门。

发生交通事故造成公路、公路附属设施损坏的，公安机关交通管理部门在处理交通事故时应当及时通知有关公路管理机构到场调查处理。

第七十二条　造成公路、公路附属设施损坏，拒不接受公路管理机构现场调查处理的，公路管理机构可以扣留车辆、工具。

公路管理机构扣留车辆、工具的，应当当场出具凭证，并告知当事人在规定期限内到公路管理机构接受处理。逾期不接受处理，并且经公告3个月仍不来接受处理的，对扣留的车辆、工具，由公路管理机构依法处理。

公路管理机构对被扣留的车辆、工具应当妥善保管，不得使用。

第七十三条　违反本条例的规定，公路管理机构工作人员有下列行为之一的，依法给予处分：

（一）违法实施行政许可的；

（二）违反规定拦截、检查正常行驶的车辆的；

（三）未及时采取措施处理公路坍塌、坑槽、隆起等损毁的；

（四）违法扣留车辆、工具或者使用依法扣留的车辆、工具的；

（五）有其他玩忽职守、徇私舞弊、滥用职权行为的。

公路管理机构有前款所列行为之一的，对负有直接责任的主管人员和其他直接责任人员依法给予处分。

第七十四条　违反本条例的规定，构成违反治安管理行为的，由公安机关依法给予治安管理处罚；构成犯罪的，依法追究刑事责任。

第六章　附　则

第七十五条　村道的管理和养护工作，由乡级人民政府参照本条例的规定执行。

专用公路的保护不适用本条例。

第七十六条　军事运输使用公路按照国务院、中央军事委员会的有关规定执行。

第七十七条　本条例自 2011 年 7 月 1 日起施行。1987 年 10 月 13 日国务院发布的《中华人民共和国公路管理条例》同时废止。

中华人民共和国水上水下活动通航安全管理规定

（中华人民共和国交通运输部令2011年第5号令　自2011年3月1日起施行）

第一条　为了维护水上交通秩序，保障船舶航行、停泊和作业安全，保护水域环境，依据《中华人民共和国海上交通安全法》、《中华人民共和国内河交通安全管理条例》等法律法规，制定本规定。

第二条　公民、法人或者其他组织在中华人民共和国内河通航水域或者岸线上和国家管辖海域从事下列可能影响通航安全的水上水下活动，适用本规定：

（一）勘探、采掘、爆破；

（二）构筑、设置、维修、拆除水上水下构筑物或者设施；

（三）架设桥梁、索道；

（四）铺设、检修、拆除水上水下电缆或者管道；

（五）设置系船浮筒、浮趸、缆桩等设施；

（六）航道建设，航道、码头前沿水域疏浚；

（七）举行大型群众性活动、体育比赛；

（八）打捞沉船、沉物；

（九）在国家管辖海域内进行调查、测量、过驳、大型设施和移动式平台拖带、捕捞、养殖、科学试验等水上水下施工活动以及在港区、锚地、航道、通航密集区进行的其他有碍航行安全的活动；

（十）在内河通航水域进行的气象观测、测量、地质调查，航道日常养护、大面积清除水面垃圾和可能影响内河通航水域交通安全的其他行为。

第三条　水上水下活动通航安全管理应当遵循安全第一、预防为主、方便群众、依法管理的原则。

第四条　国务院交通运输主管部门主管全国水上水下活动通航安全管理工作。

国家海事管理机构在国务院交通运输主管部门的领导下，负责全国水上水下活动通航安全监督管理工作。

各级海事管理机构依照各自的职责权限，负责本辖区水上水下活动通航安全监督管理工作。

第五条　从事本规定第二条第（一）项至第（九）项的水上水下活动的建设单位、主办单位或者对工程总负责的施工作业者，应当按照《中华人民共和国海事行政许可条件规定》明确的相应条件向活动地的海事管理机构提出申请并报送相应的材料。在取得海事管理机构颁发的《中华人民共和国水上水下活动许可证》（以下简称许可证）后，方可进行相应的水上水下活动。

第六条　水上水下活动水域涉及两个以上海事管理机构的，许可证的申请应当向其共同的上一级海事管理机构或者共同的上一级海事管理机构指定的海事管理机构提出。

第七条 从事水上水下活动需要设置安全作业区的，应当经海事管理机构核准公告。

建设单位或者主办单位申请设置安全作业区，可以在向海事管理机构申请许可证时一并提出。

第八条 遇有紧急情况，需要对航道进行修复或者对航道、码头前沿水域进行疏浚的，作业单位可以边申请边施工。

第九条 许可证应当注明允许从事水上水下活动的单位名称、船名、时间、水域、活动内容、有效期等事项。

第十条 许可证的有效期由海事管理机构根据活动的期限及水域环境的特点确定，最长不得超过三年。许可证有效期届满不能结束施工作业的，申请人应当于许可证有效期届满 20 日前到海事管理机构办理延期手续，由海事管理机构在原证上签注延期期限后方能继续从事相应活动。

第十一条 许可证上注明的船舶在水上水下活动期间发生变更的，建设单位或者主办单位应当及时到作出许可决定的海事管理机构办理变更手续。在变更手续未办妥前，变更的船舶不得从事相应的水上水下活动。

许可证上注明的实施施工作业的单位、活动内容、水域发生变更的，建设单位或者主办单位应当重新申请许可证。

第十二条 有下列情形之一的，许可证的申请者应当及时向原发证的海事管理机构报告，并办理许可证注销手续：

（一）涉水工程及其设施中止的；

（二）三个月以上不开工的；

（三）提前完工的；

（四）因许可事项变更而重新办理了新的许可证的；

（五）因不可抗力导致批准的水上水下活动无法实施的；

（六）法律、行政法规规定的应当注销行政许可的其他情形。

第十三条 从事本规定第二条第（十）项列明的活动的，应当在活动前将作业或者活动方案报海事管理机构备案。

第十四条 从事按规定需要发布航行警告、航行通告的水上水下活动，应当在活动开始前办妥相关手续。

第十五条 按照国家规定需要立项的对通航安全可能产生影响的涉水工程，在工程立项前交通运输主管部门应当按照职责组织通航安全影响论证审查，论证审查意见作为工程立项审批的条件。

水上水下活动在建设期间或者活动期间对通航安全、防治船舶污染可能构成重大影响的，建设单位或者主办单位应当在申请海事管理机构水上水下活动许可之前进行通航安全评估。

第十六条 涉水工程建设单位、施工单位、业主单位和经营管理单位应当按照《中华人民共和国安全生产法》的要求，建立健全涉水工程水上交通安全制度和管理体系，严格履行涉水工程建设期和使用期水上交通安全有关职责。

第十七条 涉水工程建设单位应当在工程招投标前对参与施工作业的船舶、浮动设施明确应具备的安全标准和条件，在工程招投标后督促施工单位落实施工过程中各项安全保障措施，将施工作业船舶、浮动设施及人员和为施工作业或者活动服务的所有船舶纳入水上交通安全管理体系，并与其签订安全协议。

第十八条 涉水工程建设单位、业主单位应当加强安全生产管理，落实安全生产主体责任。根据国家有关法律、法规及规章要求，明确本单位和施工单位、经营管理单位安全责任人。督促施工单位落实水上交通安全和防治船舶污染的各项要求，并落实通航安全评估以及活动方案中提出的各项安全和防污染的措施。

第十九条 涉水工程建设单位、业主单位应当确保水上交通安全设施与主体工程同时设计、同时施工、同时投入生产和使用。

第二十条 涉水工程勘察设计单位、施工单位应当具备法律、法规规定的资质。

第二十一条 涉水工程施工单位应当落实国家安全作业和防火、防爆、防污染等有关法律法规，制定施工安全保障方案，完善安全生产条件，采取有效安全防范措施，制定水上应急预案，保障涉水工程的水域通航安全。

第二十二条 涉水工程业主单位、经营管理单位，应当采取有效安全措施，保证涉水工程试运行期、竣工后的水上交通安全。

第二十三条 在水上水下活动进行过程中，施工单位和作业人员应当遵守以下规定：

（一）按照海事管理机构批准的作业内容、核定的水域范围和使用核准的船舶进行作业，不得妨碍其他船舶的正常航行。

（二）及时向海事管理机构通报施工进度及计划，并保持工程水域良好的通航环境。

（三）使船舶、浮动设施保持在适于安全航行、停泊或者从事有关活动的状态。

（四）实施施工作业或者活动的船舶、设施应当按照有关规定在明显处昼夜显示规定的号灯号型。在现场作业船舶或者警戒船上配备有效的通信设备，施工作业或者活动期间指派专人警戒，并在指定的频道上守听。

（五）制定、落实有效的防范措施，禁止随意倾倒废弃物，禁止违章向水体投弃施工建筑垃圾、船舶垃圾、排放船舶污染物、生活污水和其他有害物质。

（六）遵守有关水上交通安全和防治污染的相关规定，不得有超载等违法行为。

第二十四条 水上水下活动经海事管理机构核准公告设置安全作业区的，建设单位或者主办单位应当设置相关的安全警示标志和配备必要的安全设施或者警戒船，切实落实通航安全评估中提出的各项安全防范措施和对策，并做好施工与通航及其他有关水上交通安全的协调工作。

第二十五条 与批准的水上水下活动无关的船舶、设施不得进入安全作业区。

建设单位、主办单位或者施工单位不得擅自改变施工作业安全作业区的范围。需要改变的，应当报经海事管理机构重新核准公告。

第二十六条 对水上水下活动产生的可能影响航行安全的障碍物，建设单位或者主办单位应当将形状、尺寸、位置和深度准确地报告海事管理机构，按照海事管理机构的要求设置标志，并按照通航要求及有关规定的要求及时清除遗留物。

第二十七条 水上水下活动完成后，建设单位或者主办单位不得遗留任何妨碍航行的物体，并应当向海事管理机构提交通航安全报告。

海事管理机构收到通航安全报告后，应当及时予以核查。核查中发现存在有碍航行和作业的安全隐患的，海事管理机构有权暂停或者限制涉水工程投入使用。

第二十八条 海事管理机构应当建立涉水工程施工作业或活动现场监督检查制度，依法检查有关建设单位和施工作业单位所属船舶、设施、人员水上通航安全作业条件和采取的通航保障措施落实情况。有关单位和人员应当予以配合。

第二十九条 有下列情形之一的，海事管理机构应当责令建设单位、施工单位立即停止施工作业，并采取安全防范措施。

（一）因恶劣自然条件严重影响安全的；

（二）施工作业水域内发生水上交通事故，危及周围人命、财产安全的；

（三）其他严重影响施工作业安全或通航安全的情形。

第三十条 有下列情形之一的，海事管理机构应当责令改正，拒不改正的，海事管理机构应当责令其停止作业：

（一）建设单位或者业主单位未履行安全管理主体责任的；

（二）未落实通航安全评估提出的安全防范措施的；

（三）未经批准擅自更换或者增加施工作业船舶的；

（四）未按规定采取安全和防污染措施进行水上水下活动的；

（五）雇佣不符合安全标准的船舶和设施进行水上水下活动的；

（六）其他不满足安全生产的情形。

第三十一条 海事管理机构应当建立涉水工程施工单位水上交通安全诚信制度和奖惩机制。在监督检查过程中对发生的下列情形予以通告：

（一）施工过程中发生水上交通事故和船舶污染事故，造成人员伤亡和重大水域污染的；

（二）以不正当手段取得许可证并违法施工的；

（三）不服从管理、未按规定落实水上交通安全保障措施或者存在重大通航安全隐患，拒不改正而强行施工的。

第三十二条 违反本规定，隐瞒有关情况或者提供虚假材料，以欺骗或其他不正当手段取得许可证的，由海事管理机构撤销其水上水下施工作业许可，注销其许可证，并处5000元以上3万元以下的罚款。

第三十三条 有下列行为或者情形之一的，海事管理机构应当责令施工作业单位、施工作业的船舶和设施立即停止施工作业，责令限期改正，并处5000元以上3万元以下的罚款。属于内河通航水域水上水下活动的，处5000元以上5万元以下的罚款：

（一）应申请许可证而未取得，擅自进行水上水下活动的；

（二）许可证失效后仍进行水上水下活动的；

（三）使用涂改或者非法受让的许可证进行水上水下活动的；

（四）未按本规定报备水上水下活动的。

第三十四条 有下列行为或者情形之一的，海事管理机构应当责令改正，并可以处以2000元以下的罚款；拒不改正的，海事管理机构应当责令施工作业单位、施工作业的船舶和设施停止作业。

（一）未按有关规定申请发布航行警告、航行通告即行实施水上水下活动的；

（二）水上水下活动与航行警告、航行通告中公告的内容不符的。

第三十五条 未按本规定取得许可证，擅自构筑、设置水上水下建筑物或设施的，禁止任何船舶进行靠泊作业。影响通航环境的，应当责令构筑、设置者限期搬迁或拆除，搬迁或拆除的有关费用由构筑、设置者自行承担。

第三十六条 违反本规定，未妥善处理有碍航行和作业安全隐患并按照海事管理机构的要求采取清除、设置标志、显示信号等措施的，由海事管理机构责令改正，并处5000元以上3万元以下的罚款。

第三十七条 海事管理机构工作人员不按法定的条件进行海事行政许可或者不依法履行职责进行监督检查，有滥用职权、徇私舞弊、玩忽职守等行为的，由其所在机构或上级机构依法给予行政处分；构成犯罪的，由司法机关依法追究刑事责任。

第三十八条 在军港、渔港内从事相关水上水下活动，按照国家有关规定执行。

第三十九条 本规定自2011年3月1日起施行。1999年10月8日原交通部发布的《中华人民共和国水上水下施工作业通航安全管理规定》（交通部令1999年第4号）同时废止。

第五编　建设工程项目安全管理类政策法规

中华人民共和国建筑法

（1997 年 11 月 1 日第八届全国人民代表大会常务委员会第二十八次会议通过　根据 2011 年 4 月 22 日第十一届全国人民代表大会常务委员会第二十次会议《关于修改〈中华人民共和国建筑法〉的决定》修正）

第一章　总　则

第一条　为了加强对建筑活动的监督管理，维护建筑市场秩序，保证建筑工程的质量和安全，促进建筑业健康发展，制定本法。

第二条　在中华人民共和国境内从事建筑活动，实施对建筑活动的监督管理，应当遵守本法。

本法所称建筑活动，是指各类房屋建筑及其附属设施的建造和与其配套的线路、管道、设备的安装活动。

第三条　建筑活动应当确保建筑工程质量和安全，符合国家的建筑工程安全标准。

第四条　国家扶持建筑业的发展，支持建筑科学技术研究，提高房屋建筑设计水平，鼓励节约能源和保护环境，提倡采用先进技术、先进设备、先进工艺、新型建筑材料和现代管理方式。

第五条　从事建筑活动应当遵守法律、法规，不得损害社会公共利益和他人的合法权益。

任何单位和个人都不得妨碍和阻挠依法进行的建筑活动。

第六条　国务院建设行政主管部门对全国的建筑活动实施统一监督管理。

第二章　建筑许可

第一节　建筑工程施工许可

第七条　建筑工程开工前，建设单位应当按照国家有关规定向工程所在地县级以上人民政府建设行政主管部门申请领取施工许可证；但是，国务院建设行政主管部门确定的限额以下的小型工程除外。

按照国务院规定的权限和程序批准开工报告的建筑工程，不再领取施工许可证。

第八条　申请领取施工许可证，应当具备下列条件：

（一）已经办理该建筑工程用地批准手续；

（二）在城市规划区的建筑工程，已经取得规划许可证；

（三）需要拆迁的，其拆迁进度符合施工要求；

（四）已经确定建筑施工企业；

（五）有满足施工需要的施工图纸及技术资料；

（六）有保证工程质量和安全的具体措施；

（七）建设资金已经落实；

（八）法律、行政法规规定的其他条件。

建设行政主管部门应当自收到申请之日起十五日内，对符合条件的申请颁发施工许可证。

第九条 建设单位应当自领取施工许可证之日起三个月内开工。因故不能按期开工的，应当向发证机关申请延期；延期以两次为限，每次不超过三个月。既不开工又不申请延期或者超过延期时限的，施工许可证自行废止。

第十条 在建的建筑工程因故中止施工的，建设单位应当自中止施工之日起一个月内，向发证机关报告，并按照规定做好建筑工程的维护管理工作。

建筑工程恢复施工时，应当向发证机关报告；中止施工满一年的工程恢复施工前，建设单位应当报发证机关核验施工许可证。

第十一条 按照国务院有关规定批准开工报告的建筑工程，因故不能按期开工或者中止施工的，应当及时向批准机关报告情况。因故不能按期开工超过六个月的，应当重新办理开工报告的批准手续。

第二节 从业资格

第十二条 从事建筑活动的建筑施工企业、勘察单位、设计单位和工程监理单位，应当具备下列条件：

（一）有符合国家规定的注册资本；

（二）有与其从事的建筑活动相适应的具有法定执业资格的专业技术人员；

（三）有从事相关建筑活动所应有的技术装备；

（四）法律、行政法规规定的其他条件。

第十三条 从事建筑活动的建筑施工企业、勘察单位、设计单位和工程监理单位，按照其拥有的注册资本、专业技术人员、技术装备和已完成的建筑工程业绩等资质条件，划分为不同的资质等级，经资质审查合格，取得相应等级的资质证书后，方可在其资质等级许可的范围内从事建筑活动。

第十四条 从事建筑活动的专业技术人员，应当依法取得相应的执业资格证书，并在执业资格证书许可的范围内从事建筑活动。

第三章 建筑工程发包与承包

第一节 一般规定

第十五条 建筑工程的发包单位与承包单位应当依法订立书面合同，明确双方的权利和义务。

发包单位和承包单位应当全面履行合同约定的义务。不按照合同约定履行义务的，依法承担违约责任。

第十六条 建筑工程发包与承包的招标投标活动，应当遵循公开、公正、平等竞争的原则，择优选择承包单位。

建筑工程的招标投标，本法没有规定的，适用有关招标投标法律的规定。

第十七条 发包单位及其工作人员在建筑工程发包中不得收受贿赂、回扣或者索取其他好处。

承包单位及其工作人员不得利用向发包单位及其工作人员行贿、提供回扣或者给予其他好处等不正当手段承揽工程。

第十八条　建筑工程造价应当按照国家有关规定，由发包单位与承包单位在合同中约定。公开招标发包的，其造价的约定，须遵守招标投标法律的规定。

发包单位应当按照合同的约定，及时拨付工程款项。

第二节　发　包

第十九条　建筑工程依法实行招标发包，对不适于招标发包的可以直接发包。

第二十条　建筑工程实行公开招标的，发包单位应当依照法定程序和方式，发布招标公告，提供载有招标工程的主要技术要求、主要的合同条款、评标的标准和方法以及开标、评标、定标的程序等内容的招标文件。

开标应当在招标文件规定的时间、地点公开进行。开标后应当按照招标文件规定的评标标准和程序对标书进行评价、比较，在具备相应资质条件的投标者中，择优选定中标者。

第二十一条　建筑工程招标的开标、评标、定标由建设单位依法组织实施，并接受有关行政主管部门的监督。

第二十二条　建筑工程实行招标发包的，发包单位应当将建筑工程发包给依法中标的承包单位。建筑工程实行直接发包的，发包单位应当将建筑工程发包给具有相应资质条件的承包单位。

第二十三条　政府及其所属部门不得滥用行政权力，限定发包单位将招标发包的建筑工程发包给指定的承包单位。

第二十四条　提倡对建筑工程实行总承包，禁止将建筑工程肢解发包。

建筑工程的发包单位可以将建筑工程的勘察、设计、施工、设备采购一并发包给一个工程总承包单位，也可以将建筑工程勘察、设计、施工、设备采购的一项或者多项发包给一个工程总承包单位；但是，不得将应当由一个承包单位完成的建筑工程肢解成若干部分发包给几个承包单位。

第二十五条　按照合同约定，建筑材料、建筑构配件和设备由工程承包单位采购的，发包单位不得指定承包单位购入用于工程的建筑材料、建筑构配件和设备或者指定生产厂、供应商。

第三节　承　包

第二十六条　承包建筑工程的单位应当持有依法取得的资质证书，并在其资质等级许可的业务范围内承揽工程。

禁止建筑施工企业超越本企业资质等级许可的业务范围或者以任何形式用其他建筑施工企业的名义承揽工程。禁止建筑施工企业以任何形式允许其他单位或者个人使用本企业的资质证书、营业执照，以本企业的名义承揽工程。

第二十七条　大型建筑工程或者结构复杂的建筑工程，可以由两个以上的承包单位联合共同承包。共同承包的各方对承包合同的履行承担连带责任。

两个以上不同资质等级的单位实行联合共同承包的，应当按照资质等级低的单位的业务许可范围承揽工程。

第二十八条　禁止承包单位将其承包的全部建筑工程转包给他人，禁止承包单位将其承包的全部建筑工程肢解以后以分包的名义分别转包给他人。

第二十九条　建筑工程总承包单位可以将承包工程中的部分工程发包给具有相应资质条件的分包单位；但是，除总承包合同中约定的分包外，必须经建设单位认可。施工总承包的，建筑工程主体结构的施工必须由总承包单位自行完成。

建筑工程总承包单位按照总承包合同的约定对建设单位负责；分包单位按照分包合同的约定对总承包单位负责。总承包单位和分包单位就分包工程对建设单位承担连带责任。

禁止总承包单位将工程分包给不具备相应资质条件的单位。禁止分包单位将其承包的工程再分包。

第四章 建筑工程监理

第三十条 国家推行建筑工程监理制度。

国务院可以规定实行强制监理的建筑工程的范围。

第三十一条 实行监理的建筑工程，由建设单位委托具有相应资质条件的工程监理单位监理。建设单位与其委托的工程监理单位应当订立书面委托监理合同。

第三十二条 建筑工程监理应当依照法律、行政法规及有关的技术标准、设计文件和建筑工程承包合同，对承包单位在施工质量、建设工期和建设资金使用等方面，代表建设单位实施监督。

工程监理人员认为工程施工不符合工程设计要求、施工技术标准和合同约定的，有权要求建筑施工企业改正。

工程监理人员发现工程设计不符合建筑工程质量标准或者合同约定的质量要求的，应当报告建设单位要求设计单位改正。

第三十三条 实施建筑工程监理前，建设单位应当将委托的工程监理单位、监理的内容及监理权限，书面通知被监理的建筑施工企业。

第三十四条 工程监理单位应当在其资质等级许可的监理范围内，承担工程监理业务。

工程监理单位应当根据建设单位的委托，客观、公正地执行监理任务。

工程监理单位与被监理工程的承包单位以及建筑材料、建筑构配件和设备供应单位不得有隶属关系或者其他利害关系。

工程监理单位不得转让工程监理业务。

第三十五条 工程监理单位不按照委托监理合同的约定履行监理义务，对应当监督检查的项目不检查或者不按照规定检查，给建设单位造成损失的，应当承担相应的赔偿责任。

工程监理单位与承包单位串通，为承包单位谋取非法利益，给建设单位造成损失的，应当与承包单位承担连带赔偿责任。

第五章 建筑安全生产管理

第三十六条 建筑工程安全生产管理必须坚持安全第一、预防为主的方针，建立健全安全生产的责任制度和群防群治制度。

第三十七条 建筑工程设计应当符合按照国家规定制定的建筑安全规程和技术规范，保证工程的安全性能。

第三十八条 建筑施工企业在编制施工组织设计时，应当根据建筑工程的特点制定相应的安全技术措施；对专业性较强的工程项目，应当编制专项安全施工组织设计，并采取安全技术措施。

第三十九条 建筑施工企业应当在施工现场采取维护安全、防范危险、预防火灾等措施；有条件的，应当对施工现场实行封闭管理。

施工现场对毗邻的建筑物、构筑物和特殊作业环境可能造成损害的，建筑施工企业应当采取安全防护措施。

第四十条　建设单位应当向建筑施工企业提供与施工现场相关的地下管线资料，建筑施工企业应当采取措施加以保护。

第四十一条　建筑施工企业应当遵守有关环境保护和安全生产的法律、法规的规定，采取控制和处理施工现场的各种粉尘、废气、废水、固体废物以及噪声、振动对环境的污染和危害的措施。

第四十二条　有下列情形之一的，建设单位应当按照国家有关规定办理申请批准手续：

（一）需要临时占用规划批准范围以外场地的；

（二）可能损坏道路、管线、电力、邮电通讯等公共设施的；

（三）需要临时停水、停电、中断道路交通的；

（四）需要进行爆破作业的；

（五）法律、法规规定需要办理报批手续的其他情形。

第四十三条　建设行政主管部门负责建筑安全生产的管理，并依法接受劳动行政主管部门对建筑安全生产的指导和监督。

第四十四条　建筑施工企业必须依法加强对建筑安全生产的管理，执行安全生产责任制度，采取有效措施，防止伤亡和其他安全生产事故的发生。

建筑施工企业的法定代表人对本企业的安全生产负责。

第四十五条　施工现场安全由建筑施工企业负责。实行施工总承包的，由总承包单位负责。分包单位向总承包单位负责，服从总承包单位对施工现场的安全生产管理。

第四十六条　建筑施工企业应当建立健全劳动安全生产教育培训制度，加强对职工安全生产的教育培训；未经安全生产教育培训的人员，不得上岗作业。

第四十七条　建筑施工企业和作业人员在施工过程中，应当遵守有关安全生产的法律、法规和建筑行业安全规章、规程，不得违章指挥或者违章作业。作业人员有权对影响人身健康的作业程序和作业条件提出改进意见，有权获得安全生产所需的防护用品。作业人员对危及生命安全和人身健康的行为有权提出批评、检举和控告。

第四十八条　建筑施工企业应当依法为职工参加工伤保险缴纳工伤保险费。鼓励企业为从事危险作业的职工办理意外伤害保险，支付保险费。

第四十九条　涉及建筑主体和承重结构变动的装修工程，建设单位应当在施工前委托原设计单位或者具有相应资质条件的设计单位提出设计方案；没有设计方案的，不得施工。

第五十条　房屋拆除应当由具备保证安全条件的建筑施工单位承担，由建筑施工单位负责人对安全负责。

第五十一条　施工中发生事故时，建筑施工企业应当采取紧急措施减少人员伤亡和事故损失，并按照国家有关规定及时向有关部门报告。

第六章　建筑工程质量管理

第五十二条　建筑工程勘察、设计、施工的质量必须符合国家有关建筑工程安全标准的要求，具体管理办法由国务院规定。

有关建筑工程安全的国家标准不能适应确保建筑安全的要求时，应当及时修订。

第五十三条　国家对从事建筑活动的单位推行质量体系认证制度。从事建筑活动的单位根据自愿原则可以向国务院产品质量监督管理部门或者国务院产品质量监督管理部门授权的部门认可的认证机构申请质量体系认证。经认证合格的，由认证机构颁发质量体系认证证书。

第五十四条　建设单位不得以任何理由，要求建筑设计单位或者建筑施工企业在工程设计或者施工作业中，违反法律、行政法规和建筑工程质量、安全标准，降低工程质量。

建筑设计单位和建筑施工企业对建设单位违反前款规定提出的降低工程质量的要求，应当予以拒绝。

第五十五条 建筑工程实行总承包的，工程质量由工程总承包单位负责，总承包单位将建筑工程分包给其他单位的，应当对分包工程的质量与分包单位承担连带责任。分包单位应当接受总承包单位的质量管理。

第五十六条 建筑工程的勘察、设计单位必须对其勘察、设计的质量负责。勘察、设计文件应当符合有关法律、行政法规的规定和建筑工程质量、安全标准、建筑工程勘察、设计技术规范以及合同的约定。设计文件选用的建筑材料、建筑构配件和设备，应当注明其规格、型号、性能等技术指标，其质量要求必须符合国家规定的标准。

第五十七条 建筑设计单位对设计文件选用的建筑材料、建筑构配件和设备，不得指定生产厂、供应商。

第五十八条 建筑施工企业对工程的施工质量负责。

建筑施工企业必须按照工程设计图纸和施工技术标准施工，不得偷工减料。工程设计的修改由原设计单位负责，建筑施工企业不得擅自修改工程设计。

第五十九条 建筑施工企业必须按照工程设计要求、施工技术标准和合同的约定，对建筑材料、建筑构配件和设备进行检验，不合格的不得使用。

第六十条 建筑物在合理使用寿命内，必须确保地基基础工程和主体结构的质量。

建筑工程竣工时，屋顶、墙面不得留有渗漏、开裂等质量缺陷；对已发现的质量缺陷，建筑施工企业应当修复。

第六十一条 交付竣工验收的建筑工程，必须符合规定的建筑工程质量标准，有完整的工程技术经济资料和经签署的工程保修书，并具备国家规定的其他竣工条件。

建筑工程竣工经验收合格后，方可交付使用；未经验收或者验收不合格的，不得交付使用。

第六十二条 建筑工程实行质量保修制度。

建筑工程的保修范围应当包括地基基础工程、主体结构工程、屋面防水工程和其他土建工程，以及电气管线、上下水管线的安装工程，供热、供冷系统工程等项目；保修的期限应当按照保证建筑物合理寿命年限内正常使用，维护使用者合法权益的原则确定。具体的保修范围和最低保修期限由国务院规定。

第六十三条 任何单位和个人对建筑工程的质量事故、质量缺陷都有权向建设行政主管部门或者其他有关部门进行检举、控告、投诉。

第七章 法律责任

第六十四条 违反本法规定，未取得施工许可证或者开工报告未经批准擅自施工的，责令改正，对不符合开工条件的责令停止施工，可以处以罚款。

第六十五条 发包单位将工程发包给不具有相应资质条件的承包单位的，或者违反本法规定将建筑工程肢解发包的，责令改正，处以罚款。

超越本单位资质等级承揽工程的，责令停止违法行为，处以罚款，可以责令停业整顿，降低资质等级；情节严重的，吊销资质证书；有违法所得的，予以没收。

未取得资质证书承揽工程的，予以取缔，并处罚款；有违法所得的，予以没收。

以欺骗手段取得资质证书的，吊销资质证书，处以罚款；构成犯罪的，依法追究刑事责任。

第六十六条　建筑施工企业转让、出借资质证书或者以其他方式允许他人以本企业的名义承揽工程的，责令改正，没收违法所得，并处罚款，可以责令停业整顿，降低资质等级；情节严重的，吊销资质证书。对因该项承揽工程不符合规定的质量标准造成的损失，建筑施工企业与使用本企业名义的单位或者个人承担连带赔偿责任。

第六十七条　承包单位将承包的工程转包的，或者违反本法规定进行分包的，责令改正，没收违法所得，并处罚款，可以责令停业整顿，降低资质等级；情节严重的，吊销资质证书。

承包单位有前款规定的违法行为的，对因转包工程或者违法分包的工程不符合规定的质量标准造成的损失，与接受转包或者分包的单位承担连带赔偿责任。

第六十八条　在工程发包与承包中索贿、受贿、行贿，构成犯罪的，依法追究刑事责任；不构成犯罪的，分别处以罚款，没收贿赂的财物，对直接负责的主管人员和其他直接责任人员给予处分。

对在工程承包中行贿的承包单位，除依照前款规定处罚外，可以责令停业整顿，降低资质等级或者吊销资质证书。

第六十九条　工程监理单位与建设单位或者建筑施工企业串通，弄虚作假、降低工程质量的，责令改正，处以罚款，降低资质等级或者吊销资质证书；有违法所得的，予以没收；造成损失的，承担连带赔偿责任；构成犯罪的，依法追究刑事责任。

工程监理单位转让监理业务的，责令改正，没收违法所得，可以责令停业整顿，降低资质等级；情节严重的，吊销资质证书。

第七十条　违反本法规定，涉及建筑主体或者承重结构变动的装修工程擅自施工的，责令改正，处以罚款；造成损失的，承担赔偿责任；构成犯罪的，依法追究刑事责任。

第七十一条　建筑施工企业违反本法规定，对建筑安全事故隐患不采取措施予以消除的，责令改正，可以处以罚款；情节严重的，责令停业整顿，降低资质等级或者吊销资质证书；构成犯罪的，依法追究刑事责任。

建筑施工企业的管理人员违章指挥、强令职工冒险作业，因而发生重大伤亡事故或者造成其他严重后果的，依法追究刑事责任。

第七十二条　建设单位违反本法规定，要求建筑设计单位或者建筑施工企业违反建筑工程质量、安全标准，降低工程质量的，责令改正，可以处以罚款；构成犯罪的，依法追究刑事责任。

第七十三条　建筑设计单位不按照建筑工程质量、安全标准进行设计的，责令改正，处以罚款；造成工程质量事故的，责令停业整顿，降低资质等级或者吊销资质证书，没收违法所得，并处罚款；造成损失的，承担赔偿责任；构成犯罪的，依法追究刑事责任。

第七十四条　建筑施工企业在施工中偷工减料的，使用不合格的建筑材料、建筑构配件和设备的，或者有其他不按照工程设计图纸或者施工技术标准施工的行为的，责令改正，处以罚款；情节严重的，责令停业整顿，降低资质等级或者吊销资质证书；造成建筑工程质量不符合规定的质量标准的，负责返工、修理，并赔偿因此造成的损失；构成犯罪的，依法追究刑事责任。

第七十五条　建筑施工企业违反本法规定，不履行保修义务或者拖延履行保修义务的，责令改正，可以处以罚款，并对在保修期内因屋顶、墙面渗漏、开裂等质量缺陷造成的损失，承担赔偿责任。

第七十六条　本法规定的责令停业整顿、降低资质等级和吊销资质证书的行政处罚，由颁发资质证书的机关决定；其他行政处罚，由建设行政主管部门或者有关部门依照法律和国务院规定的职权范围决定。

依照本法规定被吊销资质证书的，由工商行政管理部门吊销其营业执照。

第七十七条 违反本法规定，对不具备相应资质等级条件的单位颁发该等级资质证书的，由其上级机关责令收回所发的资质证书，对直接负责的主管人员和其他直接责任人员给予行政处分；构成犯罪的，依法追究刑事责任。

第七十八条 政府及其所属部门的工作人员违反本法规定，限定发包单位将招标发包的工程发包给指定的承包单位的，由上级机关责令改正；构成犯罪的，依法追究刑事责任。

第七十九条 负责颁发建筑工程施工许可证的部门及其工作人员对不符合施工条件的建筑工程颁发施工许可证的，负责工程质量监督检查或者竣工验收的部门及其工作人员对不合格的建筑工程出具质量合格文件或者按合格工程验收的，由上级机关责令改正，对责任人员给予行政处分；构成犯罪的，依法追究刑事责任；造成损失的，由该部门承担相应的赔偿责任。

第八十条 在建筑物的合理使用寿命内，因建筑工程质量不合格受到损害的，有权向责任者要求赔偿。

第八章 附 则

第八十一条 本法关于施工许可、建筑施工企业资质审查和建筑工程发包、承包、禁止转包，以及建筑工程监理、建筑工程安全和质量管理的规定，适用于其他专业建筑工程的建筑活动，具体办法由国务院规定。

第八十二条 建设行政主管部门和其他有关部门在对建筑活动实施监督管理中，除按照国务院有关规定收取费用外，不得收取其他费用。

第八十三条 省、自治区、直辖市人民政府确定的小型房屋建筑工程的建筑活动，参照本法执行。

依法核定作为文物保护的纪念建筑物和古建筑等的修缮，依照文物保护的有关法律规定执行。

抢险救灾及其他临时性房屋建筑和农民自建低层住宅的建筑活动，不适用本法。

第八十四条 军用房屋建筑工程建筑活动的具体管理办法，由国务院、中央军事委员会依据本法制定。

第八十五条 本法自 1998 年 3 月 1 日起施行。

建设工程安全生产管理条例

（中华人民共和国国务院令　第393号）

《建设工程安全生产管理条例》已经2003年11月12日国务院第28次常务会议通过，现予公布，自2004年2月1日起施行。

总理　温家宝

二○○三年十一月二十四日

建设工程安全生产管理条例

第一章　总　则

第一条　为了加强建设工程安全生产监督管理，保障人民群众生命和财产安全，根据《中华人民共和国建筑法》、《中华人民共和国安全生产法》，制定本条例。

第二条　在中华人民共和国境内从事建设工程的新建、扩建、改建和拆除等有关活动及实施对建设工程安全生产的监督管理，必须遵守本条例。

本条例所称建设工程，是指土木工程、建筑工程、线路管道和设备安装工程及装修工程。

第三条　建设工程安全生产管理，坚持安全第一、预防为主的方针。

第四条　建设单位、勘察单位、设计单位、施工单位、工程监理单位及其他与建设工程安全生产有关的单位，必须遵守安全生产法律、法规的规定，保证建设工程安全生产，依法承担建设工程安全生产责任。

第五条　国家鼓励建设工程安全生产的科学技术研究和先进技术的推广应用，推进建设工程安全生产的科学管理。

第二章　建设单位的安全责任

第六条　建设单位应当向施工单位提供施工现场及毗邻区域内供水、排水、供电、供气、供热、通信、广播电视等地下管线资料，气象和水文观测资料，相邻建筑物和构筑物、地下工程的有关资料，并保证资料的真实、准确、完整。

建设单位因建设工程需要，向有关部门或者单位查询前款规定的资料时，有关部门或者单位应当及时提供。

第七条　建设单位不得对勘察、设计、施工、工程监理等单位提出不符合建设工程安全生产法律、法规和强制性标准规定的要求，不得压缩合同约定的工期。

第八条　建设单位在编制工程概算时，应当确定建设工程安全作业环境及安全施工措施所需费用。

第九条　建设单位不得明示或者暗示施工单位购买、租赁、使用不符合安全施工要求的安全防护用具、机械设备、施工机具及配件、消防设施和器材。

第十条　建设单位在申请领取施工许可证时，应当提供建设工程有关安全施工措施的资料。

依法批准开工报告的建设工程，建设单位应当自开工报告批准之日起 15 日内，将保证安全施工的措施报送建设工程所在地的县级以上地方人民政府建设行政主管部门或者其他有关部门备案。

第十一条　建设单位应当将拆除工程发包给具有相应资质等级的施工单位。

建设单位应当在拆除工程施工 15 日前，将下列资料报送建设工程所在地的县级以上地方人民政府建设行政主管部门或者其他有关部门备案：

（一）施工单位资质等级证明；

（二）拟拆除建筑物、构筑物及可能危及毗邻建筑的说明；

（三）拆除施工组织方案；

（四）堆放、清除废弃物的措施。

实施爆破作业的，应当遵守国家有关民用爆炸物品管理的规定。

第三章　勘察、设计、工程监理及其他有关单位的安全责任

第十二条　勘察单位应当按照法律、法规和工程建设强制性标准进行勘察，提供的勘察文件应当真实、准确，满足建设工程安全生产的需要。

勘察单位在勘察作业时，应当严格执行操作规程，采取措施保证各类管线、设施和周边建筑物、构筑物的安全。

第十三条　设计单位应当按照法律、法规和工程建设强制性标准进行设计，防止因设计不合理导致生产安全事故的发生。

设计单位应当考虑施工安全操作和防护的需要，对涉及施工安全的重点部位和环节在设计文件中注明，并对防范生产安全事故提出指导意见。

采用新结构、新材料、新工艺的建设工程和特殊结构的建设工程，设计单位应当在设计中提出保障施工作业人员安全和预防生产安全事故的措施建议。

设计单位和注册建筑师等注册执业人员应当对其设计负责。

第十四条　工程监理单位应当审查施工组织设计中的安全技术措施或者专项施工方案是否符合工程建设强制性标准。

工程监理单位在实施监理过程中，发现存在安全事故隐患的，应当要求施工单位整改；情况严重的，应当要求施工单位暂时停止施工，并及时报告建设单位。施工单位拒不整改或者不停止施工的，工程监理单位应当及时向有关主管部门报告。

工程监理单位和监理工程师应当按照法律、法规和工程建设强制性标准实施监理，并对建设工程安全生产承担监理责任。

第十五条　为建设工程提供机械设备和配件的单位，应当按照安全施工的要求配备齐全有效的保险、限位等安全设施和装置。

第十六条　出租的机械设备和施工机具及配件，应当具有生产（制造）许可证、产品合格证。

出租单位应当对出租的机械设备和施工机具及配件的安全性能进行检测，在签订租赁协议时，应当出具检测合格证明。

禁止出租检测不合格的机械设备和施工机具及配件。

第十七条　在施工现场安装、拆卸施工起重机械和整体提升脚手架、模板等自升式架设设施，必须由具有相应资质的单位承担。

安装、拆卸施工起重机械和整体提升脚手架、模板等自升式架设设施，应当编制拆装方案、制定安全施工措施，并由专业技术人员现场监督。

施工起重机械和整体提升脚手架、模板等自升式架设设施安装完毕后，安装单位应当自检，出具自检合格证明，并向施工单位进行安全使用说明，办理验收手续并签字。

第十八条　施工起重机械和整体提升脚手架、模板等自升式架设设施的使用达到国家规定的检验检测期限的，必须经具有专业资质的检验检测机构检测。经检测不合格的，不得继续使用。

第十九条　检验检测机构对检测合格的施工起重机械和整体提升脚手架、模板等自升式架设设施，应当出具安全合格证明文件，并对检测结果负责。

第四章　施工单位的安全责任

第二十条　施工单位从事建设工程的新建、扩建、改建和拆除等活动，应当具备国家规定的注册资本、专业技术人员、技术装备和安全生产等条件，依法取得相应等级的资质证书，并在其资质等级许可的范围内承揽工程。

第二十一条　施工单位主要负责人依法对本单位的安全生产工作全面负责。施工单位应当建立健全安全生产责任制度和安全生产教育培训制度，制定安全生产规章制度和操作规程，保证本单位安全生产条件所需资金的投入，对所承担的建设工程进行定期和专项安全检查，并做好安全检查记录。

施工单位的项目负责人应当由取得相应执业资格的人员担任，对建设工程项目的安全施工负责，落实安全生产责任制度、安全生产规章制度和操作规程，确保安全生产费用的有效使用，并根据工程的特点组织制定安全施工措施，消除安全事故隐患，及时、如实报告生产安全事故。

第二十二条　施工单位对列入建设工程概算的安全作业环境及安全施工措施所需费用，应当用于施工安全防护用具及设施的采购和更新、安全施工措施的落实、安全生产条件的改善，不得挪作他用。

第二十三条　施工单位应当设立安全生产管理机构，配备专职安全生产管理人员。

专职安全生产管理人员负责对安全生产进行现场监督检查。发现安全事故隐患，应当及时向项目负责人和安全生产管理机构报告；对违章指挥、违章操作的，应当立即制止。

专职安全生产管理人员的配备办法由国务院建设行政主管部门会同国务院其他有关部门制定。

第二十四条　建设工程实行施工总承包的，由总承包单位对施工现场的安全生产负总责。

总承包单位应当自行完成建设工程主体结构的施工。

总承包单位依法将建设工程分包给其他单位的，分包合同中应当明确各自的安全生产方面的权利、义务。总承包单位和分包单位对分包工程的安全生产承担连带责任。

分包单位应当服从总承包单位的安全生产管理，分包单位不服从管理导致生产安全事故的，由分包单位承担主要责任。

第二十五条　垂直运输机械作业人员、安装拆卸工、爆破作业人员、起重信号工、登高架设作业人员等特种作业人员，必须按照国家有关规定经过专门的安全作业培训，并取得特种作业操作资格证书后，方可上岗作业。

第二十六条 施工单位应当在施工组织设计中编制安全技术措施和施工现场临时用电方案，对下列达到一定规模的危险性较大的分部分项工程编制专项施工方案，并附具安全验算结果，经施工单位技术负责人、总监理工程师签字后实施，由专职安全生产管理人员进行现场监督：

（一）基坑支护与降水工程；

（二）土方开挖工程；

（三）模板工程；

（四）起重吊装工程；

（五）脚手架工程；

（六）拆除、爆破工程；

（七）国务院建设行政主管部门或者其他有关部门规定的其他危险性较大的工程。

对前款所列工程中涉及深基坑、地下暗挖工程、高大模板工程的专项施工方案，施工单位还应当组织专家进行论证、审查。

本条第一款规定的达到一定规模的危险性较大工程的标准，由国务院建设行政主管部门会同国务院其他有关部门制定。

第二十七条 建设工程施工前，施工单位负责项目管理的技术人员应当对有关安全施工的技术要求向施工作业班组、作业人员作出详细说明，并由双方签字确认。

第二十八条 施工单位应当在施工现场入口处、施工起重机械、临时用电设施、脚手架、出入通道口、楼梯口、电梯井口、孔洞口、桥梁口、隧道口、基坑边沿、爆破物及有害危险气体和液体存放处等危险部位，设置明显的安全警示标志。安全警示标志必须符合国家标准。

施工单位应当根据不同施工阶段和周围环境及季节、气候的变化，在施工现场采取相应的安全施工措施。施工现场暂时停止施工的，施工单位应当做好现场防护，所需费用由责任方承担，或者按照合同约定执行。

第二十九条 施工单位应当将施工现场的办公、生活区与作业区分开设置，并保持安全距离；办公、生活区的选址应当符合安全性要求。职工的膳食、饮水、休息场所等应当符合卫生标准。施工单位不得在尚未竣工的建筑物内设置员工集体宿舍。

施工现场临时搭建的建筑物应当符合安全使用要求。施工现场使用的装配式活动房屋应当具有产品合格证。

第三十条 施工单位对因建设工程施工可能造成损害的毗邻建筑物、构筑物和地下管线等，应当采取专项防护措施。

施工单位应当遵守有关环境保护法律、法规的规定，在施工现场采取措施，防止或者减少粉尘、废气、废水、固体废物、噪声、振动和施工照明对人和环境的危害和污染。

在城市市区内的建设工程，施工单位应当对施工现场实行封闭围挡。

第三十一条 施工单位应当在施工现场建立消防安全责任制度，确定消防安全责任人，制定用火、用电、使用易燃易爆材料等各项消防安全管理制度和操作规程，设置消防通道、消防水源，配备消防设施和灭火器材，并在施工现场入口处设置明显标志。

第三十二条 施工单位应当向作业人员提供安全防护用具和安全防护服装，并书面告知危险岗位的操作规程和违章操作的危害。

作业人员有权对施工现场的作业条件、作业程序和作业方式中存在的安全问题提出批评、检举和控告，有权拒绝违章指挥和强令冒险作业。

在施工中发生危及人身安全的紧急情况时，作业人员有权立即停止作业或者在采取必要的应急措施后撤离危险区域。

第三十三条　作业人员应当遵守安全施工的强制性标准、规章制度和操作规程，正确使用安全防护用具、机械设备等。

第三十四条　施工单位采购、租赁的安全防护用具、机械设备、施工机具及配件，应当具有生产（制造）许可证、产品合格证，并在进入施工现场前进行查验。

施工现场的安全防护用具、机械设备、施工机具及配件必须由专人管理，定期进行检查、维修和保养，建立相应的资料档案，并按照国家有关规定及时报废。

第三十五条　施工单位在使用施工起重机械和整体提升脚手架、模板等自升式架设设施前，应当组织有关单位进行验收，也可以委托具有相应资质的检验检测机构进行验收；使用承租的机械设备和施工机具及配件的，由施工总承包单位、分包单位、出租单位和安装单位共同进行验收。验收合格的方可使用。

《特种设备安全监察条例》规定的施工起重机械，在验收前应当经有相应资质的检验检测机构监督检验合格。

施工单位应当自施工起重机械和整体提升脚手架、模板等自升式架设设施验收合格之日起30日内，向建设行政主管部门或者其他有关部门登记。登记标志应当置于或者附着于该设备的显著位置。

第三十六条　施工单位的主要负责人、项目负责人、专职安全生产管理人员应当经建设行政主管部门或者其他有关部门考核合格后方可任职。

施工单位应当对管理人员和作业人员每年至少进行一次安全生产教育培训，其教育培训情况记入个人工作档案。安全生产教育培训考核不合格的人员，不得上岗。

第三十七条　作业人员进入新的岗位或者新的施工现场前，应当接受安全生产教育培训。未经教育培训或者教育培训考核不合格的人员，不得上岗作业。

施工单位在采用新技术、新工艺、新设备、新材料时，应当对作业人员进行相应的安全生产教育培训。

第三十八条　施工单位应当为施工现场从事危险作业的人员办理意外伤害保险。

意外伤害保险费由施工单位支付。实行施工总承包的，由总承包单位支付意外伤害保险费。意外伤害保险期限自建设工程开工之日起至竣工验收合格止。

第五章　监督管理

第三十九条　国务院负责安全生产监督管理的部门依照《中华人民共和国安全生产法》的规定，对全国建设工程安全生产工作实施综合监督管理。

县级以上地方人民政府负责安全生产监督管理的部门依照《中华人民共和国安全生产法》的规定，对本行政区域内建设工程安全生产工作实施综合监督管理。

第四十条　国务院建设行政主管部门对全国的建设工程安全生产实施监督管理。国务院铁路、交通、水利等有关部门按照国务院规定的职责分工，负责有关专业建设工程安全生产的监督管理。

县级以上地方人民政府建设行政主管部门对本行政区域内的建设工程安全生产实施监督管理。县级以上地方人民政府交通、水利等有关部门在各自的职责范围内，负责本行政区域内的专业建设工程安全生产的监督管理。

第四十一条　建设行政主管部门和其他有关部门应当将本条例第十条、第十一条规定的有关资料的主要内容抄送同级负责安全生产监督管理的部门。

第四十二条 建设行政主管部门在审核发放施工许可证时，应当对建设工程是否有安全施工措施进行审查，对没有安全施工措施的，不得颁发施工许可证。

建设行政主管部门或者其他有关部门对建设工程是否有安全施工措施进行审查时，不得收取费用。

第四十三条 县级以上人民政府负有建设工程安全生产监督管理职责的部门在各自的职责范围内履行安全监督检查职责时，有权采取下列措施：

（一）要求被检查单位提供有关建设工程安全生产的文件和资料；

（二）进入被检查单位施工现场进行检查；

（三）纠正施工中违反安全生产要求的行为；

（四）对检查中发现的安全事故隐患，责令立即排除；重大安全事故隐患排除前或者排除过程中无法保证安全的，责令从危险区域内撤出作业人员或者暂时停止施工。

第四十四条 建设行政主管部门或者其他有关部门可以将施工现场的监督检查委托给建设工程安全监督机构具体实施。

第四十五条 国家对严重危及施工安全的工艺、设备、材料实行淘汰制度。具体目录由国务院建设行政主管部门会同国务院其他有关部门制定并公布。

第四十六条 县级以上人民政府建设行政主管部门和其他有关部门应当及时受理对建设工程生产安全事故及安全事故隐患的检举、控告和投诉。

第六章 生产安全事故的应急救援和调查处理

第四十七条 县级以上地方人民政府建设行政主管部门应当根据本级人民政府的要求，制定本行政区域内建设工程特大生产安全事故应急救援预案。

第四十八条 施工单位应当制定本单位生产安全事故应急救援预案，建立应急救援组织或者配备应急救援人员，配备必要的应急救援器材、设备，并定期组织演练。

第四十九条 施工单位应当根据建设工程施工的特点、范围，对施工现场易发生重大事故的部位、环节进行监控，制定施工现场生产安全事故应急救援预案。实行施工总承包的，由总承包单位统一组织编制建设工程生产安全事故应急救援预案，工程总承包单位和分包单位按照应急救援预案，各自建立应急救援组织或者配备应急救援人员，配备救援器材、设备，并定期组织演练。

第五十条 施工单位发生生产安全事故，应当按照国家有关伤亡事故报告和调查处理的规定，及时、如实地向负责安全生产监督管理的部门、建设行政主管部门或者其他有关部门报告；特种设备发生事故的，还应当同时向特种设备安全监督管理部门报告。接到报告的部门应当按照国家有关规定，如实上报。

实行施工总承包的建设工程，由总承包单位负责上报事故。

第五十一条 发生生产安全事故后，施工单位应当采取措施防止事故扩大，保护事故现场。需要移动现场物品时，应当做出标记和书面记录，妥善保管有关证物。

第五十二条 建设工程生产安全事故的调查、对事故责任单位和责任人的处罚与处理，按照有关法律、法规的规定执行。

第七章 法律责任

第五十三条 违反本条例的规定，县级以上人民政府建设行政主管部门或者其他有关行政管理部门的工作人员，有下列行为之一的，给予降级或者撤职的行政处分；构成犯罪的，依照刑法有关规定追究刑事责任：

（一）对不具备安全生产条件的施工单位颁发资质证书的；

（二）对没有安全施工措施的建设工程颁发施工许可证的；

（三）发现违法行为不予查处的；

（四）不依法履行监督管理职责的其他行为。

第五十四条 违反本条例的规定，建设单位未提供建设工程安全生产作业环境及安全施工措施所需费用的，责令限期改正；逾期未改正的，责令该建设工程停止施工。

建设单位未将保证安全施工的措施或者拆除工程的有关资料报送有关部门备案的，责令限期改正，给予警告。

第五十五条 违反本条例的规定，建设单位有下列行为之一的，责令限期改正，处 20 万元以上 50 万元以下的罚款；造成重大安全事故，构成犯罪的，对直接责任人员，依照刑法有关规定追究刑事责任；造成损失的，依法承担赔偿责任：

（一）对勘察、设计、施工、工程监理等单位提出不符合安全生产法律、法规和强制性标准规定的要求的；

（二）要求施工单位压缩合同约定的工期的；

（三）将拆除工程发包给不具有相应资质等级的施工单位的。

第五十六条 违反本条例的规定，勘察单位、设计单位有下列行为之一的，责令限期改正，处 10 万元以上 30 万元以下的罚款；情节严重的，责令停业整顿，降低资质等级，直至吊销资质证书；造成重大安全事故，构成犯罪的，对直接责任人员，依照刑法有关规定追究刑事责任；造成损失的，依法承担赔偿责任：

（一）未按照法律、法规和工程建设强制性标准进行勘察、设计的；

（二）采用新结构、新材料、新工艺的建设工程和特殊结构的建设工程，设计单位未在设计中提出保障施工作业人员安全和预防生产安全事故的措施建议的。

第五十七条 违反本条例的规定，工程监理单位有下列行为之一的，责令限期改正；逾期未改正的，责令停业整顿，并处 10 万元以上 30 万元以下的罚款；情节严重的，降低资质等级，直至吊销资质证书；造成重大安全事故，构成犯罪的，对直接责任人员，依照刑法有关规定追究刑事责任；造成损失的，依法承担赔偿责任：

（一）未对施工组织设计中的安全技术措施或者专项施工方案进行审查的；

（二）发现安全事故隐患未及时要求施工单位整改或者暂时停止施工的；

（三）施工单位拒不整改或者不停止施工，未及时向有关主管部门报告的；

（四）未依照法律、法规和工程建设强制性标准实施监理的。

第五十八条 注册执业人员未执行法律、法规和工程建设强制性标准的，责令停止执业 3 个月以上 1 年以下；情节严重的，吊销执业资格证书，5 年内不予注册；造成重大安全事故的，终身不予注册；构成犯罪的，依照刑法有关规定追究刑事责任。

第五十九条 违反本条例的规定，为建设工程提供机械设备和配件的单位，未按照安全施工的要求配备齐全有效的保险、限位等安全设施和装置的，责令限期改正，处合同价款 1 倍以上 3 倍以下的罚款；造成损失的，依法承担赔偿责任。

第六十条 违反本条例的规定，出租单位出租未经安全性能检测或者经检测不合格的机械设备和施工机具及配件的，责令停业整顿，并处5万元以上10万元以下的罚款；造成损失的，依法承担赔偿责任。

第六十一条 违反本条例的规定，施工起重机械和整体提升脚手架、模板等自升式架设设施安装、拆卸单位有下列行为之一的，责令限期改正，处5万元以上10万元以下的罚款；情节严重的，责令停业整顿，降低资质等级，直至吊销资质证书；造成损失的，依法承担赔偿责任：

（一）未编制拆装方案、制定安全施工措施的；

（二）未由专业技术人员现场监督的；

（三）未出具自检合格证明或者出具虚假证明的；

（四）未向施工单位进行安全使用说明，办理移交手续的。

施工起重机械和整体提升脚手架、模板等自升式架设设施安装、拆卸单位有前款规定的第（一）项、第（三）项行为，经有关部门或者单位职工提出后，对事故隐患仍不采取措施，因而发生重大伤亡事故或者造成其他严重后果，构成犯罪的，对直接责任人员，依照刑法有关规定追究刑事责任。

第六十二条 违反本条例的规定，施工单位有下列行为之一的，责令限期改正；逾期未改正的，责令停业整顿，依照《中华人民共和国安全生产法》的有关规定处以罚款；造成重大安全事故，构成犯罪的，对直接责任人员，依照刑法有关规定追究刑事责任：

（一）未设立安全生产管理机构、配备专职安全生产管理人员或者分部分项工程施工时无专职安全生产管理人员现场监督的；

（二）施工单位的主要负责人、项目负责人、专职安全生产管理人员、作业人员或者特种作业人员，未经安全教育培训或者经考核不合格即从事相关工作的；

（三）未在施工现场的危险部位设置明显的安全警示标志，或者未按照国家有关规定在施工现场设置消防通道、消防水源、配备消防设施和灭火器材的；

（四）未向作业人员提供安全防护用具和安全防护服装的；

（五）未按照规定在施工起重机械和整体提升脚手架、模板等自升式架设设施验收合格后登记的；

（六）使用国家明令淘汰、禁止使用的危及施工安全的工艺、设备、材料的。

第六十三条 违反本条例的规定，施工单位挪用列入建设工程概算的安全生产作业环境及安全施工措施所需费用的，责令限期改正，处挪用费用20%以上50%以下的罚款；造成损失的，依法承担赔偿责任。

第六十四条 违反本条例的规定，施工单位有下列行为之一的，责令限期改正；逾期未改正的，责令停业整顿，并处5万元以上10万元以下的罚款；造成重大安全事故，构成犯罪的，对直接责任人员，依照刑法有关规定追究刑事责任：

（一）施工前未对有关安全施工的技术要求作出详细说明的；

（二）未根据不同施工阶段和周围环境及季节、气候的变化，在施工现场采取相应的安全施工措施，或者在城市市区内的建设工程的施工现场未实行封闭围挡的；

（三）在尚未竣工的建筑物内设置员工集体宿舍的；

（四）施工现场临时搭建的建筑物不符合安全使用要求的；

（五）未对因建设工程施工可能造成损害的毗邻建筑物、构筑物和地下管线等采取专项防护措施的。

施工单位有前款规定第（四）项、第（五）项行为，造成损失的，依法承担赔偿责任。

第六十五条　违反本条例的规定，施工单位有下列行为之一的，责令限期改正；逾期未改正的，责令停业整顿，并处10万元以上30万元以下的罚款；情节严重的，降低资质等级，直至吊销资质证书；造成重大安全事故，构成犯罪的，对直接责任人员，依照刑法有关规定追究刑事责任；造成损失的，依法承担赔偿责任：

（一）安全防护用具、机械设备、施工机具及配件在进入施工现场前未经查验或者查验不合格即投入使用的；

（二）使用未经验收或者验收不合格的施工起重机械和整体提升脚手架、模板等自升式架设设施的；

（三）委托不具有相应资质的单位承担施工现场安装、拆卸施工起重机械和整体提升脚手架、模板等自升式架设设施的；

（四）在施工组织设计中未编制安全技术措施、施工现场临时用电方案或者专项施工方案的。

第六十六条　违反本条例的规定，施工单位的主要负责人、项目负责人未履行安全生产管理职责的，责令限期改正；逾期未改正的，责令施工单位停业整顿；造成重大安全事故、重大伤亡事故或者其他严重后果，构成犯罪的，依照刑法有关规定追究刑事责任。

作业人员不服管理、违反规章制度和操作规程冒险作业造成重大伤亡事故或者其他严重后果，构成犯罪的，依照刑法有关规定追究刑事责任。

施工单位的主要负责人、项目负责人有前款违法行为，尚不够刑事处罚的，处2万元以上20万元以下的罚款或者按照管理权限给予撤职处分；自刑罚执行完毕或者受处分之日起，5年内不得担任任何施工单位的主要负责人、项目负责人。

第六十七条　施工单位取得资质证书后，降低安全生产条件的，责令限期改正；经整改仍未达到与其资质等级相适应的安全生产条件的，责令停业整顿，降低其资质等级直至吊销资质证书。

第六十八条　本条例规定的行政处罚，由建设行政主管部门或者其他有关部门依照法定职权决定。

违反消防安全管理规定的行为，由公安消防机构依法处罚。

有关法律、行政法规对建设工程安全生产违法行为的行政处罚决定机关另有规定的，从其规定。

第八章　附　则

第六十九条　抢险救灾和农民自建低层住宅的安全生产管理，不适用本条例。

第七十条　军事建设工程的安全生产管理，按照中央军事委员会的有关规定执行。

第七十一条　本条例自2004年2月1日起施行。

工程建设领域预防施工起重机械脚手架等坍塌事故专项整治工作方案

（国务院　2012 年 4 月 1 日发布　安委办函〔2012〕25 号）

为认真贯彻落实《国务院关于进一步加强企业安全生产工作的通知》（国发〔2010〕23 号）、《国务院关于坚持科学发展安全发展促进安全生产形势持续稳定好转的意见》（国发〔2011〕40 号）、《国务院办公厅关于继续深入扎实开展“安全生产年”活动的通知》（国办发〔2012〕14 号）和全国安全生产电视电话会议、全国安全生产工作会议精神，进一步加强工程建设领域现场施工安全管理，落实企业安全生产主体责任，重点解决施工起重机械、脚手架等坍塌事故多发、频发的问题，有效防范和坚决遏制重特大事故发生，经研究，国务院安委会办公室决定自 2012 年 4 月至 12 月，在工程建设领域开展预防施工起重机械、脚手架等坍塌事故专项整治工作（以下简称专项整治）。专项整治工作方案如下：

一、总体要求

坚持“安全第一、预防为主、综合治理”的方针和科学发展、安全发展的理念，以继续深入扎实开展“安全生产年”活动为载体，以《安全生产法》、《建筑法》、《建设工程安全生产管理条例》、《安全生产许可证条例》、《特种设备安全监察条例》等有关安全生产法律法规和标准为依据，以落实建设工程参建各方企业安全生产主体责任为重点，以强化施工现场安全管理责任和落实防范措施为手段，以进一步减少工程建设领域施工起重机械、脚手架等坍塌事故为目标，有效防范和坚决遏制重特大事故，集中整治，突出重点，夯实基础，促进工程建设领域安全生产形势持续稳定好转。

二、专项整治目标

通过专项整治，进一步落实工程建设项目施工现场各环节作业过程的安全管理责任，强化建设工程参建各方企业安全生产主体责任；切实加强政府安全监管，履行行业监管职责，完善安全生产监管体系；突出源头治理，依靠先进科技等手段，有效预防工程建设领域施工起重机械、脚手架等坍塌事故，进一步减少事故总量，努力实现 2012 年度工程建设领域施工起重机械、脚手架等坍塌事故起数和死亡人数同比有所降低，较大事故起数下降幅度不低于 3.2% 的目标，杜绝重特大事故的发生。

三、专项整治重点

本次专项整治由住房城乡建设部、交通运输部、铁道部、水利部、电监会、国务院南水北调办在各自的职责范围内，结合本行业领域实际，分别组织实施。国家安全监管总局做好综合协调和监督检查工作，国家质检总局做好起重机械整治的有关协调和督查工作。

（一）专项整治的重点范围。房屋和市政工程、工业、铁路、高速公路、电力（含核电）和水利（含南水北调）等建设工程项目，特别是国家重点建设工程项目、省级重点投资开发项目等，以及房地产开发项目、保障性住房工程和城市轨道交通建设等工程项目。

（二）专项整治的重点内容。建设工程项目施工工地上使用的各类起重机械，包括龙门吊、架桥机等，特别是塔式起重机的坍塌、坠落事故等，以及塔式起重机安装、拆卸过程中的各种隐患和事故；建设工程项目施工工地上使用的各类脚手架，特别是支架、脚手架支撑体系的坍塌事故，包括因管件材质、各类模板使用等引发的坍塌事故。

四、主要任务和措施

各有关行业主管部门开展专项整治的主要任务和措施：

（一）落实企业主体责任，强化建筑施工安全监督管理。强化建设工程建设单位与参建各方企业安全生产主体责任，特别是建设单位要加强对参建各方企业安全生产主体责任落实情况的监督。强化建设工程参建各方主要负责人和实际控制人安全生产第一责任人的责任，将安全责任落实到每个岗位与人员，合理组织施工，严格执行各项规章制度与作业规程，通过严格落实施工企业或项目负责人现场带班责任，严格企业跟踪落实隐患整改措施，严格查处“三违”行为，切实做到不安全不施工。要按照“谁发证、谁审批、谁负责”的原则，进一步落实政府行业监管责任，明确监管职责，消除监管盲区和死角，采取切实有效的监管措施和手段，从建设工程项目的立项审查、土地使用、规划审核、招投标、资质审批、施工许可、设计审查和现场监管等各个环节强化落实政府有关部门的行业监管职责，特别是行业主管部门要加强对起重机械、脚手架的制造、安装、检验、操作、使用和防护等环节的安全监管，督促建设工程各方切实落实企业和施工现场安全责任。

（二）规范建筑市场秩序，严厉打击施工非法违法行为。建设工程建设单位要落实对参建各方企业相关资质资格及违法分包、转包等行为的监督检查责任。相关行业主管部门要完善监管方式和途径，做好日常执法监管、重点执法监管、跟踪执法监管，健全完善联合执法监管机制，结合集中开展打击非法违法行为专项行动，依法强化停工整顿、关闭取缔、从重处罚和厉行问责的惩治措施，规范建设工程市场秩序，严厉打击超越资质范围承揽工程、施工企业无相关资质证书、违法分包、转包工程等违法行为。特别要加强发证后的安全执法监管，重点打击起重机械、脚手架无产品合格证、无许可证、无备案登记、无方案设计施工、操作人员无资质证书等非法违法行为。

（三）强化基层基础建设，增强建筑施工安全保障能力。着力推进企业安全生产达标创建，制定和完善建筑施工安全生产标准，全面推进施工企业和工程项目标准化达标工程建设；进一步加强企业职工特别是一线作业人员的安全教育培训，完善安全培训体系，提高培训质量和效果；特别要严格对施工起重机械、脚手架作业人员的资格培训、考核，不合格人员不得上岗作业。督促企业完善施工起重机械的技术档案制度，严格起重机械、脚手架的验收制度，健全完善对起重机械、脚手架现场管理及施工监理工作的检查监督体系。要有针对性地制定和完善应急预案，加强培训和演练，提高施工现场应急处置能力。研究制定加强建设工程安全生产信息系统、施工企业和从业人员安全诚信体系建设的具体措施和办法。

（四）强化施工现场管理，提高施工企业安全生产水平。督促建设工程参建各方责任主体加强项目实施全过程的管理，细化现场监管措施，特别是施工企业要编制完善的总体施工方案以及危险性较大的分部分项工程和施工起重机械、脚手架搭设等专项施工方案，突出建设单位和监理单位对施工方案的报备和审核作用，完善和加强建设工程中危险性较大工程安全专项施工方案专家论证制度。督促监理单位对重大施工项目及危险性较大的施工工序落实旁站监理责任。要从项目管理、方案实施、材料管理、验收审查等各个环节加强和完善监督管理工作。起重机械未经检测、验收或检测不合格的不得使用，脚手架及支架使用的钢管、扣件等不符合有关标准规范要求的不得使用。对铁路、高速公路、水利、核电等重点工程项目中施工风险较大的分项工程以及隧道桥梁工程，要建立安全风险评估制度。落实各项施工安全技术措施，加大安全投入，按规定和工程建设需要提取安全生产费用，加强对施工重点部位和重点环节危险源的管控，严格对施工起重机械、脚手架工程的检查，及时排查治理各类事故隐患。

（五）强化科技支撑作用，积极推广施工先进适用技术。建立完善以企业为主体、以市场为导向、产学研用相结合的安全技术创新体系，通过科研计划、专项课题等形式，引导企业和有关方面加强安全生产科技研发，加大技术研发投入，提高施工安全技术装备水平。抓好大型起重机械安装安全监控管理系统工作，加大相关试点工作力度，并拓展到其他起重机械领域，特别是架桥机、塔式起重机等起重机械的安全监控方面，强化源头控制，提高企业事故预防预警和施工安全技术管理水平。

五、工作进度安排

专项整治工作总体上分四个阶段进行。

（一）部署启动阶段：4 月，研究制定专项整治方案，部署有关工作。各有关行业主管部门根据本行业建设工程的特点，研究制定有针对性的、具体的专项整治实施方案，并部署实施。

（二）自查自纠阶段：5 月至 9 月，具体实施专项整治。各有关行业主管部门将专项整治方案及有关要求贯彻落实到建设工程各有关责任主体单位和地方相关部门，开展自查自纠。各有关行业主管部门应加强分类指导、监督检查。

（三）检查督导阶段：10 月至 11 月中旬，组织督查和抽查。对重点地区、重点企业和重点工程进行抽查，发现存在突出问题和重大隐患的，要责令企业立即整改，并严肃处理。

（四）总结分析阶段：11 月下旬至 12 月，总结分析，归纳评估。各有关行业主管部门对已开展的工作进行分析、研究，全面总结、评估，形成本行业领域专项整治总结报告。

六、工作要求

（一）加强领导，落实责任。各有关行业主管部门要切实加强组织领导，落实工作责任，精心安排，周密部署。要结合本行业领域建设工程的实际，制定切实可行的实施工作方案，明确整治范围、重点、步骤、要求和保障措施，认真组织实施；为确保专项整治工作的进度和质量，要适时组织对重点地区、重点企业和重点工程的监督检查，采取巡检、抽检、互检等方式进行逐级检查，注意及时掌握工作动态，定期分析、研究有关情况和问题，并在 9 月底和 12 月底分别将专项整治阶段性工作进展情况和专项整治工作总结报告报送国务院安委会办公室。

（二）注重预防，强化整改。各地区、各有关行业主管部门要持续深入开展工程建设领域安全生产突出问题排查整改，特别强化对重点建设工程隐患排查工作的监督管理，树立“隐患就是事故”的预防理念，细化施工起重机械、脚手架工程隐患排查治理措施，对排查出的突出问题，要认真进行分类和梳理，切实督促有关部门和企业落实整改责任，逐一整改到位。对因隐患排查治理工作不力，特别是引发事故的，要依法严厉查处，追究相关单位和人员的责任，确保各项工作落到实处，取得实效。

（三）突出重点，抓好落实。各有关行业主管部门要结合本行业领域工程建设的特点，紧紧抓住施工起重机械及脚手架坍塌事故易发、多发的主要问题和薄弱环节，针对重点场所、要害部位、关键环节，重点突破，标本兼治，重在治本，抓出成效。要有针对性地开展专项整治工作，重点抓好夏季、汛期、党的十八大期间等重点时段的安全生产工作。要注重制定完善施工起重机械使用环节和脚手架工程安全标准规程、规章制度，使相关制度标准落到实处，切实提高施工现场从业人员对制度标准的执行力。国务院安委会办公室将组织有关行业部门适时对专项整治工作开展情况进行督促检查，通过召开整治工作推进会、现场交流会等形式，推动工作落实。

（四）加强协作，统筹推进。各有关行业主管部门与国务院安委会有关成员单位要认真落实安全生产职责，各司其职、各尽其责，加强协调配合，加强信息沟通，全面落实行业管理部门的安全监管和指导职责。各省级安委会办公室和有关行业主管部门要加强对专项整治工作的宣传，形成良好社会舆论氛围，总结推广好的经验和做法。同时，要将专项整治工作与继续深入扎实开展“安全生产年”活动、日常安全监管、建筑施工安全生产标准化建设和推进“一树立”、“三坚持”、“三强化”工作有机结合起来。国务院安委会办公室及各省级安委会办公室要加强指导协调和监督检查，加强与有关行业主管部门的协调联动，做好督促落实等有关工作，形成专项整治工作合力。

关于印发《建筑施工企业安全生产许可证管理规定实施意见》的通知

（建质〔2004〕148 号）

各省、自治区建设厅，直辖市建委，江苏省、山东省建管局，新疆生产建设兵团建设局，国务院有关部门建设司（局），中央管理的建筑施工企业：

现将《建筑施工企业安全生产许可证管理规定实施意见》印发给你们，请遵照执行。在执行过程中遇到的问题，请及时反馈我部工程质量安全监督与行业发展司。

中华人民共和国建设部

二〇〇四年八月二十七日

建筑施工企业安全生产许可证管理规定实施意见

为了贯彻落实《建筑施工企业安全生产许可证管理规定》（建设部令第 128 号，以下简称《规定》），制定本实施意见。

一、安全生产许可证的适用对象

（一）建筑施工企业安全生产许可证的适用对象为：在中华人民共和国境内从事土木工程、建筑工程、线路管道和设备安装工程及装修工程的新建、扩建、改建和拆除等有关活动，依法取得工商行政管理部门颁发的《企业法人营业执照》，符合《规定》要求的安全生产条件的建筑施工企业。

二、安全生产许可证的申请

（二）安全生产许可证颁发管理机关应当在办公场所、本机关网站上公示审批安全生产许可证的依据、条件、程序、期限，申请所需提交的全部资料目录以及申请书示范文本等。

（三）建筑施工企业从事建筑施工活动前，应当按照分级、属地管理的原则，向企业注册地省级以上人民政府建设主管部门申请领取安全生产许可证。

（四）中央管理的建筑施工企业（集团公司、总公司）应当向建设部申请领取安全生产许可证，建设部主管业务司局为工程质量安全监督与行业发展司。中央管理的建筑施工企业（集团公司、总公司）是指国资委代表国务院履行出资人职责的建筑施工类企业总部（名单见附件一）。

（五）中央管理的建筑施工企业（集团公司、总公司）下属的建筑施工企业，以及其他建筑施工企业向注册所在地省、自治区、直辖市人民政府建设主管部门申请领取安全生产许可证。

三、申请材料

（六）申请人申请安全生产许可证时，应当按照《规定》第六条的要求，向安全生产许可证颁发管理机关提供下列材料（括号里为材料的具体要求）：

1. 建筑施工企业安全生产许可证申请表（一式三份，样式见附件二）；
2. 企业法人营业执照（复印件）；
3. 各级安全生产责任制和安全生产规章制度目录及文件，操作规程目录；
4. 保证安全生产投入的证明文件（包括企业保证安全生产投入的管理办法或规章制度、年度安全资金投入计划及实施情况）；
5. 设置安全生产管理机构和配备专职安全生产管理人员的文件（包括企业设置安全管理机构的文件、安全管理机构的工作职责、安全机构负责人的任命文件、安全管理机构组成人员明细表）；
6. 主要负责人、项目负责人、专职安全生产管理人员安全生产考核合格名单及证书（复印件）；
7. 本企业特种作业人员名单及操作资格证书（复印件）；
8. 本企业管理人员和作业人员年度安全培训教育材料（包括企业培训计划、培训考核记录）；
9. 从业人员参加工伤保险以及施工现场从事危险作业人员参加意外伤害保险有关证明；
10. 施工起重机械设备检测合格证明；
11. 职业危害防治措施（要针对本企业业务特点可能会导致的职业病种类制定相应的预防措施）；
12. 危险性较大分部分项工程及施工现场易发生重大事故的部位、环节的预防监控措施和应急预案（根据本企业业务特点，详细列出危险性较大分部分项工程和事故易发部位、环节及有针对性和可操作性的控制措施和应急预案）；
13. 生产安全事故应急救援预案（应本着事故发生后有效救援原则，列出救援组织人员详细名单、救援器材、设备清单和救援演练记录）。

其中，第 2 项至第 13 项统一装订成册。企业在申请安全生产许可证时，需要交验所有证件、凭证原件。

（七）申请人应对申请材料实质内容的真实性负责。

四、安全生产许可证申请的受理和颁发

（八）安全生产许可证颁发管理机关对申请人提交的申请，应当按照下列规定分别处理：

1. 对申请事项不属于本机关职权范围的申请，应当及时作出不予受理的决定，并告知申请人向有关安全生产许可证颁发管理机关申请；
2. 对申请材料存在可以当场更正的错误的，应当允许申请人当场更正；
3. 申请材料不齐全或者不符合要求的，应当当场或者在 5 个工作日内书面一次告知申请人需要补正的全部内容，逾期不告知的，自收到申请材料之日起即为受理；
4. 申请材料齐全、符合要求或者按照要求全部补正的，自收到申请材料或者全部补正之日起为受理。

（九）对于隐瞒有关情况或者提供虚假材料申请安全生产许可证的，安全生产许可证颁发管理机关不予受理，该企业一年之内不得再次申请安全生产许可证。

（十）对已经受理的申请，安全生产许可证颁发管理机关对申请材料进行审查，必要时应到企业施工现场进行抽查。涉及铁路、交通、水利等有关专业工程时，可以征求铁道、交通、水利等部门的意见。安全生产许可证颁发管理机关在受理申请之日起 45 个工作日内应作出颁发或者不予颁发安全生产许可证的决定。

安全生产许可证颁发管理机关作出准予颁发申请人安全生产许可证决定的，应当自决定之日起 10 个工作日内向申请人颁发、送达安全生产许可证；对作出不予颁发决定的，应当在 10 个工作日内书面通知申请人并说明理由。

（十一）安全生产许可证有效期为 3 年。安全生产许可证有效期满需要延期的，企业应当于期满前 3 个月向原安全生产许可证颁发管理机关提出延期申请，并提交本意见第 6 条规定的文件、资料以及原安全生产许可证。

建筑施工企业在安全生产许可证有效期内，严格遵守有关安全生产法律、法规和规章，未发生死亡事故的，安全生产许可证有效期届满时，经原安全生产许可证颁发管理机关同意，不再审查，直接办理延期手续。

对于本条第二款规定情况以外的建筑施工企业，安全生产许可证颁发管理机关应当对其安全生产条件重新进行审查，审查合格的，办理延期手续。

（十二）对申请延期的申请人审查合格或有效期满经原安全生产许可证颁发管理机关同意不再审查直接办理延期手续的企业，安全生产许可证颁发管理机关收回原安全生产许可证，换发新的安全生产许可证。

五、安全生产许可证证书

（十三）建筑施工企业安全生产许可证采用国家安全生产监督管理局规定的统一样式。证书分为正本和副本，正本为悬挂式，副本为折页式，正、副本具有同等法律效力。建筑施工企业安全生产许可证证书由建设部统一印制，实行全国统一编码。证书式样、编码方法和证书订购等有关事宜见附件三。

（十四）中央管理的建筑施工企业（集团公司、总公司）的安全生产许可证加盖建设部公章有效。中央管理的建筑施工企业（集团公司、总公司）下属的建筑施工企业，以及其他建筑施工企业的安全生产许可证加盖省、自治区、直辖市人民政府建设主管部门公章有效。由建设部以及各省、自治区、直辖市人民政府建设主管部门颁发的安全生产许可证均在全国范围内有效。

（十五）每个具有独立企业法人资格的建筑施工企业只能取得一套安全生产许可证，包括一个正本，两个副本。企业需要增加副本的，经原安全生产许可证颁发管理机关批准，可以适当增加。

（十六）建筑施工企业的名称、地址、法定代表人等内容发生变化的，应当自工商营业执照变更之日起 10 个工作日内提出申请，持原安全生产许可证和变更后的工商营业执照、变更批准文件等相关证明材料，向原安全生产许可证颁发管理机关申请变更安全生产许可证。安全生产许可证颁发管理机关在对申请人提交的相关文件、资料审查后，及时办理安全生产许可证变更手续。

（十七）建筑施工企业遗失安全生产许可证，应持申请补办的报告及在公众媒体上刊登的遗失作废声明向原安全生产许可证颁发管理机关申请补办。

六、对取得安全生产许可证单位的监督管理

（十八）2005年1月13日以后，建设主管部门在向建设单位审核发放施工许可证时，应当对已经确定的建筑施工企业是否取得安全生产许可证进行审查，没有取得安全生产许可证的，不得颁发施工许可证。对于依法批准开工报告的建设工程，在建设单位报送建设工程所在地县级以上地方人民政府或者其他有关部门备案的安全施工措施资料中，应包括承接工程项目的建筑施工企业的安全生产许可证。

（十九）市、县级人民政府建设主管部门负责本行政区域内取得安全生产许可证的建筑施工企业的日常监督管理工作。在监督检查过程中发现企业有违反《规定》行为的，市、县级人民政府建设主管部门应及时、逐级向本地安全生产许可证颁发管理机关报告。本行政区域内取得安全生产许可证的建筑施工企业既包括在本地区注册的建筑施工企业，也包括跨省在本地区从事建筑施工活动的建筑施工企业。

跨省从事建筑施工活动的建筑施工企业有违反《规定》行为的，由工程所在地的省级人民政府建设主管部门将其在本地区的违法事实、处理建议和处理结果抄告其安全生产许可证颁发管理机关。

安全生产许可证颁发管理机关根据下级建设主管部门报告或者其他省级人民政府建设主管部门抄告的违法事实、处理建议和处理结果，按照《规定》对企业进行相应处罚，并将处理结果通告原报告或抄告部门。

（二十）根据《建设工程安全生产管理条例》，县级以上地方人民政府交通、水利等有关部门负责本行政区域内有关专业建设工程安全生产的监督管理，对从事有关专业建设工程的建筑施工企业违反《规定》的，将其违法事实抄告同级建设主管部门；铁路建设安全生产监督管理机构负责铁路建设工程安全生产监督管理，对从事铁路建设工程的建筑施工企业违反《规定》的，将其违法事实抄告省级以上人民政府建设主管部门。

（二十一）安全生产许可证颁发管理机关或者其上级行政机关发现有下列情形之一的，可以撤销已经颁发的安全生产许可证：

1. 安全生产许可证颁发管理机关工作人员滥用职权、玩忽职守颁发安全生产许可证的；
2. 超越法定职权颁发安全生产许可证的；
3. 违反法定程序颁发安全生产许可证的；
4. 对不具备安全生产条件的建筑施工企业颁发安全生产许可证的；
5. 依法可以撤销已经颁发的安全生产许可证的其他情形。

依照前款规定撤销安全生产许可证，建筑施工企业的合法权益受到损害的，建设主管部门应当依法给予赔偿。

（二十二）发生下列情形之一的，安全生产许可证颁发管理机关应当依法注销已经颁发的安全生产许可证：

1. 企业依法终止的；
2. 安全生产许可证有效期届满未延续的；
3. 安全生产许可证依法被撤销、吊销的；
4. 因不可抗力导致行政许可事项无法实施的；
5. 依法应当注销安全生产许可证的其他情形。

（二十三）安全生产许可证颁发管理机关应当建立健全安全生产许可证档案，定期通过报纸、

网络等公众媒体向社会公布企业取得安全生产许可证的情况，以及暂扣、吊销安全生产许可证等行政处罚情况。

七、对取得安全生产许可证单位的行政处罚

（二十四）安全生产许可证颁发管理机关或市、县级人民政府建设主管部门发现取得安全生产许可证的建筑施工企业不再具备《规定》第四条规定安全生产条件的，责令限期改正；经整改仍未达到规定安全生产条件的，处以暂扣安全生产许可证 7 日至 30 日的处罚；安全生产许可证暂扣期间，拒不整改或经整改仍未达到规定安全生产条件的，处以延长暂扣期 7 日至 15 日直至吊销安全生产许可证的处罚。

（二十五）企业发生死亡事故的，安全生产许可证颁发管理机关应当立即对企业安全生产条件进行复查，发现企业不再具备《规定》第四条规定安全生产条件的，处以暂扣安全生产许可证 30 日至 90 日的处罚；安全生产许可证暂扣期间，拒不整改或经整改仍未达到规定安全生产条件的，处以延长暂扣期 30 日至 60 日直至吊销安全生产许可证的处罚。

（二十六）企业安全生产许可证被暂扣期间，不得承揽新的工程项目，发生问题的在建项目停工整改，整改合格后方可继续施工；企业安全生产许可证被吊销后，该企业不得进行任何施工活动，且一年之内不得重新申请安全生产许可证。

八、附　则

（二十七）由建设部直接实施的建筑施工企业安全生产许可证审批，按照《关于印发〈建设部机关实施行政许可工作规程〉的通知》（建法〔2004〕111 号）进行，使用规范许可文书并加盖建设部行政许可专用章。各省、自治区、直辖市人民政府建设主管部门参照上述文件规定，规范许可程序和各项许可文书。

（二十八）各省、自治区、直辖市人民政府建设主管部门可依照《规定》和本意见，制定本地区的实施细则。

建设项目安全设施“三同时”监督管理暂行办法

（国家安全生产监督管理总局　自2011年2月1日起施行）

第一章　总　则

第一条　为加强建设项目安全管理，预防和减少生产安全事故，保障从业人员生命和财产安全，根据《中华人民共和国安全生产法》和《国务院关于进一步加强企业安全生产工作的通知》等法律、行政法规和规定，制定本办法。

第二条　经县级以上人民政府及其有关主管部门依法审批、核准或者备案的生产经营单位新建、改建、扩建工程项目（以下统称建设项目）安全设施的建设及其监督管理，适用本办法。

法律、行政法规及国务院对建设项目安全设施建设及其监督管理另有规定的，依照其规定。

第三条　本办法所称的建设项目安全设施，是指生产经营单位在生产经营活动中用于预防生产安全事故的设备、设施、装置、构（建）筑物和其他技术措施的总称。

第四条　生产经营单位是建设项目安全设施建设的责任主体。建设项目安全设施必须与主体工程同时设计、同时施工、同时投入生产和使用（以下简称“三同时”）。安全设施投资应当纳入建设项目概算。

第五条　国家安全生产监督管理总局对全国建设项目安全设施“三同时”实施综合监督管理，并在国务院规定的职责范围内承担国务院及其有关主管部门审批、核准或者备案的建设项目安全设施“三同时”的监督管理。

县级以上地方各级安全生产监督管理部门对本行政区域内的建设项目安全设施“三同时”实施综合监督管理，并在本级人民政府规定的职责范围内承担本级人民政府及其有关主管部门审批、核准或者备案的建设项目安全设施“三同时”的监督管理。

跨两个及两个以上行政区域的建设项目安全设施“三同时”由其共同的上一级人民政府安全生产监督管理部门实施监督管理。

上一级人民政府安全生产监督管理部门根据工作需要，可以将其负责监督管理的建设项目安全设施“三同时”工作委托下一级人民政府安全生产监督管理部门实施监督管理。

第六条　安全生产监督管理部门应当加强建设项目安全设施建设的日常安全监管，落实有关行政许可及其监管责任，督促生产经营单位落实安全设施建设责任。

第二章　建设项目安全条件论证与安全预评价

第七条　下列建设项目在进行可行性研究时，生产经营单位应当分别对其安全生产条件进行论证和安全预评价：

（一）非煤矿矿山建设项目；

（二）生产、储存危险化学品（包括使用长输管道输送危险化学品，下同）的建设项目；

（三）生产、储存烟花爆竹的建设项目；

（四）化工、冶金、有色、建材、机械、轻工、纺织、烟草、商贸、军工、公路、水运、轨道交通、电力等行业的国家和省级重点建设项目；

（五）法律、行政法规和国务院规定的其他建设项目。

第八条 生产经营单位对本办法第七条规定的建设项目进行安全条件论证时，应当编制安全条件论证报告。安全条件论证报告应当包括下列内容：

（一）建设项目内在的危险和有害因素及对安全生产的影响；

（二）建设项目与周边设施（单位）生产、经营活动和居民生活在安全方面的相互影响；

（三）当地自然条件对建设项目安全生产的影响；

（四）其他需要论证的内容。

第九条 生产经营单位应当委托具有相应资质的安全评价机构，对其建设项目进行安全预评价，并编制安全预评价报告。

建设项目安全预评价报告应当符合国家标准或者行业标准的规定。

生产、储存危险化学品的建设项目安全预评价报告除符合本条第二款的规定外，还应当符合有关危险化学品建设项目的规定。

第十条 本办法第七条规定以外的其他建设项目，生产经营单位应当对其安全生产条件和设施进行综合分析，形成书面报告，并按照本办法第五条的规定报安全生产监督管理部门备案。

第三章 建设项目安全设施设计审查

第十一条 生产经营单位在建设项目初步设计时，应当委托有相应资质的设计单位对建设项目安全设施进行设计，编制安全专篇。

安全设施设计必须符合有关法律、法规、规章和国家标准或者行业标准、技术规范的规定，并尽可能采用先进适用的工艺、技术和可靠的设备、设施。本办法第七条规定的建设项目安全设施设计还应当充分考虑建设项目安全预评价报告提出的安全对策措施。

安全设施设计单位、设计人应当对其编制的设计文件负责。

第十二条 建设项目安全专篇应当包括下列内容：

（一）设计依据；

（二）建设项目概述；

（三）建设项目涉及的危险、有害因素和危险、有害程度及周边环境安全分析；

（四）建筑及场地布置；

（五）重大危险源分析及检测监控；

（六）安全设施设计采取的防范措施；

（七）安全生产管理机构设置或者安全生产管理人员配备情况；

（八）从业人员教育培训情况；

（九）工艺、技术和设备、设施的先进性和可靠性分析；

（十）安全设施专项投资概算；

（十一）安全预评价报告中的安全对策及建议采纳情况；

（十二）预期效果以及存在的问题与建议；

（十三）可能出现的事故预防及应急救援措施；

（十四）法律、法规、规章、标准规定需要说明的其他事项。

第十三条 本办法第七条第（一）项、第（二）项、第（三）项规定的建设项目安全设施设计完成后，生产经营单位应当按照本办法第五条的规定向安全生产监督管理部门提出审查申请，并提交下列文件资料：

（一）建设项目审批、核准或者备案的文件；

（二）建设项目安全设施设计审查申请；

（三）设计单位的设计资质证明文件；

（四）建设项目初步设计报告及安全专篇；

（五）建设项目安全预评价报告及相关文件资料；

（六）法律、行政法规、规章规定的其他文件资料。

安全生产监督管理部门收到申请后，对属于本部门职责范围内的，应当及时进行审查，并在收到申请后5个工作日内作出受理或者不予受理的决定，书面告知申请人；对不属于本部门职责范围内的，应当将有关文件资料转送有审查权的安全生产监督管理部门，并书面告知申请人。

本办法第七条第（四）项规定的建设项目安全设施设计完成后，生产经营单位应当按照本办法第五条的规定向安全生产监督管理部门备案，并提交下列文件资料：

（一）建设项目审批、核准或者备案的文件；

（二）建设项目初步设计报告及安全专篇；

（三）建设项目安全预评价报告及相关文件资料。

第十四条 对已经受理的建设项目安全设施设计审查申请，安全生产监督管理部门应当自受理之日起20个工作日内作出是否批准的决定，并书面告知申请人。20个工作日内不能作出决定的，经本部门负责人批准，可以延长10个工作日，并应当将延长期限的理由书面告知申请人。

第十五条 建设项目安全设施设计有下列情形之一的，不予批准，并不得开工建设：

（一）无建设项目审批、核准或者备案文件的；

（二）未委托具有相应资质的设计单位进行设计的；

（三）安全预评价报告由未取得相应资质的安全评价机构编制的；

（四）未按照有关安全生产的法律、法规、规章和国家标准或者行业标准、技术规范的规定进行设计的；

（五）未采纳安全预评价报告中的安全对策和建议，且未作充分论证说明的；

（六）不符合法律、行政法规规定的其他条件的。

建设项目安全设施设计审查未予批准的，生产经营单位经过整改后可以向原审查部门申请再审。

第十六条 已经批准的建设项目及其安全设施设计有下列情形之一的，生产经营单位应当报原批准部门审查同意；未经审查同意的，不得开工建设：

（一）建设项目的规模、生产工艺、原料、设备发生重大变更的；

（二）改变安全设施设计且可能降低安全性能的；

（三）在施工期间重新设计的。

第十七条 本办法第七条规定以外的建设项目安全设施设计，由生产经营单位组织审查，形成书面报告，并按照本办法第五条的规定报安全生产监督管理部门备案。

第四章 建设项目安全设施施工和竣工验收

第十八条 建设项目安全设施的施工应当由取得相应资质的施工单位进行，并与建设项目主体工程同时施工。

施工单位应当在施工组织设计中编制安全技术措施和施工现场临时用电方案，同时对危险性较大的分部分项工程依法编制专项施工方案，并附具安全验算结果，经施工单位技术负责人、总监理工程师签字后实施。

施工单位应当严格按照安全设施设计和相关施工技术标准、规范施工，并对安全设施的工程质量负责。

第十九条 施工单位发现安全设施设计文件有错漏的，应当及时向生产经营单位、设计单位提出。生产经营单位、设计单位应当及时处理。

施工单位发现安全设施存在重大事故隐患时，应当立即停止施工并报告生产经营单位进行整改。整改合格后，方可恢复施工。

第二十条 工程监理单位应当审查施工组织设计中的安全技术措施或者专项施工方案是否符合工程建设强制性标准。

工程监理单位在实施监理过程中，发现存在事故隐患的，应当要求施工单位整改；情况严重的，应当要求施工单位暂时停止施工，并及时报告生产经营单位。施工单位拒不整改或者不停止施工的，工程监理单位应当及时向有关主管部门报告。

工程监理单位、监理人员应当按照法律、法规和工程建设强制性标准实施监理，并对安全设施工程的工程质量承担监理责任。

第二十一条 建设项目安全设施建成后，生产经营单位应当对安全设施进行检查，对发现的问题及时整改。

第二十二条 本办法第七条规定的建设项目竣工后，根据规定建设项目需要试运行（包括生产、使用，下同）的，应当在正式投入生产或者使用前进行试运行。

试运行时间应当不少于30日，最长不得超过180日，国家有关部门有规定或者特殊要求的行业除外。

生产、储存危险化学品的建设项目，应当在建设项目试运行前将试运行方案报负责建设项目安全许可的安全生产监督管理部门备案。

第二十三条 建设项目安全设施竣工或者试运行完成后，生产经营单位应当委托具有相应资质的安全评价机构对安全设施进行验收评价，并编制建设项目安全验收评价报告。

建设项目安全验收评价报告应当符合国家标准或者行业标准的规定。

生产、储存危险化学品的建设项目安全验收评价报告除符合本条第二款的规定外，还应当符合有关危险化学品建设项目的规定。

第二十四条 本办法第七条第（一）项、第（二）项、第（三）项规定的建设项目竣工投入生产或者使用前，生产经营单位应当按照本办法第五条的规定向安全生产监督管理部门申请安全设施竣工验收，并提交下列文件资料：

（一）安全设施竣工验收申请；

（二）安全设施设计审查意见书（复印件）；

（三）施工单位的资质证明文件（复印件）；

（四）建设项目安全验收评价报告及其存在问题的整改确认材料；

（五）安全生产管理机构设置或者安全生产管理人员配备情况；

（六）从业人员安全培训教育及资格情况；

（七）法律、行政法规、规章规定的其他文件资料。

安全设施需要试运行（生产、使用）的，还应当提供自查报告。

安全生产监督管理部门收到申请后，对属于本部门职责范围内的，应当及时审查，并在收到申请后5个工作日内作出受理或者不予受理的决定，并书面告知申请人；对不属于本部门职责范围内的，应当将有关文件资料转送有审查权的安全生产监督管理部门，并书面告知申请人。

本办法第七条第（四）项规定的建设项目竣工投入生产或者使用前，生产经营单位应当按照本办法第五条的规定向安全生产监督管理部门备案，并提交下列文件资料：

（一）安全设施设计备案意见书（复印件）；

（二）施工单位的施工资质证明文件（复印件）；

（三）建设项目安全验收评价报告及其存在问题的整改确认材料；

（四）安全生产管理机构设置或者安全生产管理人员配备情况；

（五）从业人员安全教育培训及资格情况。

安全设施需要试运行（生产、使用）的，还应当提供自查报告。

第二十五条　对已经受理的建设项目安全设施竣工验收申请，安全生产监督管理部门应当自受理之日起20个工作日内作出是否合格的决定，并书面告知申请人。20个工作日内不能作出决定的，经本部门负责人批准，可以延长10个工作日，并应当将延长期限的理由书面告知申请人。

第二十六条　建设项目的安全设施有下列情形之一的，竣工验收不合格，并不得投入生产或者使用：

（一）未选择具有相应资质的施工单位施工的；

（二）未按照建设项目安全设施设计文件施工或者施工质量未达到建设项目安全设施设计文件要求的；

（三）建设项目安全设施的施工不符合国家有关施工技术标准的；

（四）未选择具有相应资质的安全评价机构进行安全验收评价或者安全验收评价不合格的；

（五）安全设施和安全生产条件不符合有关安全生产法律、法规、规章和国家标准或者行业标准、技术规范规定的；

（六）发现建设项目试运行期间存在事故隐患未整改的；

（七）未依法设置安全生产管理机构或者配备安全生产管理人员的；

（八）从业人员未经过安全教育培训或者不具备相应资格的；

（九）不符合法律、行政法规规定的其他条件的。

建设项目安全设施竣工验收未通过的，生产经营单位经过整改后可以向原验收部门再次申请验收。

第二十七条　本办法第七条规定以外的建设项目安全设施竣工验收，由生产经营单位组织实施，形成书面报告，并按照本办法第五条的规定报安全生产监督管理部门备案。

第二十八条　生产经营单位应当按照档案管理的规定，建立建设项目安全设施“三同时”文件资料档案，并妥善保存。

第二十九条　建设项目安全设施未与主体工程同时设计、同时施工或者同时投入使用的，安全生产监督管理部门对与此有关的行政许可一律不予审批，同时责令生产经营单位立即停止施工、限期改正违法行为，对有关生产经营单位和人员依法给予行政处罚。

第五章　法律责任

第三十条　建设项目安全设施“三同时”违反本办法的规定，安全生产监督管理部门及其工作人员给予审批通过或者颁发有关许可证的，依法给予行政处分。

第三十一条　生产经营单位违反本办法的规定，对本办法第七条规定的建设项目未进行安全生产条件论证和安全预评价的，给予警告，可以并处1万元以上3万元以下的罚款。

生产经营单位违反本办法的规定，对本办法第七条规定以外的建设项目未进行安全生产条件和设施综合分析，形成书面报告，并报安全生产监督管理部门备案的，给予警告，可以并处5000元以上2万元以下的罚款。

第三十二条　本办法第七条第（一）项、第（二）项、第（三）项规定的建设项目有下列情形之一的，责令限期改正；逾期未改正的，责令停止建设或者停产停业整顿，可以并处5万元以下的罚款：

（一）没有安全设施设计或者安全设施设计未按照规定报经安全生产监督管理部门审查同意，擅自开工的；

（二）施工单位未按照批准的安全设施设计施工的；

（三）投入生产或者使用前，安全设施未经验收合格的。

第三十三条　本办法第七条第（四）项规定的建设项目有下列情形之一的，给予警告，并处1万元以上3万元以下的罚款：

（一）没有安全设施设计或者安全设施设计未按照规定向安全生产监督管理部门备案的；

（二）施工单位未按照安全设施设计施工的；

（三）投入生产或者使用前，安全设施竣工验收情况未按照规定向安全生产监督管理部门备案的。

第三十四条　已经批准的建设项目安全设施设计发生重大变更，生产经营单位未报原批准部门审查同意擅自开工建设的，责令限期改正，可以并处1万元以上3万元以下的罚款。

第三十五条　本办法第七条规定以外的建设项目有下列情形之一的，对生产经营单位责令限期改正，可以并处5000元以上3万元以下的罚款：

（一）没有安全设施设计的；

（二）安全设施设计未组织审查，形成书面审查报告，并报安全生产监督管理部门备案的；

（三）施工单位未按照安全设施设计施工的；

（四）未组织安全设施竣工验收，形成书面报告，并报安全生产监督管理部门备案的。

第三十六条　承担建设项目安全评价的机构弄虚作假、出具虚假报告，尚未构成犯罪的，没收违法所得，违法所得在5000元以上的，并处违法所得二倍以上五倍以下的罚款；没有违法所得或者违法所得不足5000元的，单处或者并处5000元以上2万元以下的罚款，对其直接负责的主管人员和其他直接责任人员处5000元以上5万元以下的罚款；给他人造成损害的，与生产经营单位承担连带赔偿责任。

对有前款违法行为的机构，撤销其相应资格。

第三十七条　本办法规定的行政处罚由安全生产监督管理部门决定。法律、行政法规对行政处罚的种类、幅度和决定机关另有规定的，依照其规定。

安全生产监督管理部门对应当由其他有关部门进行处理的“三同时”问题，应当及时移送有关部门并形成记录备查。

第六章　附　则

第三十八条　本办法自2011年2月1日起施行。

危险化学品建设项目安全监督管理办法

（国家安全生产监督管理总局令第45号发布　自2012年4月1日起施行）

第一章　总　则

第一条　为了加强危险化学品建设项目安全监督管理，规范危险化学品建设项目安全审查，根据《中华人民共和国安全生产法》和《危险化学品安全管理条例》等法律、行政法规，制定本办法。

第二条　中华人民共和国境内新建、改建、扩建危险化学品生产、储存的建设项目以及伴有危险化学品产生的化工建设项目（包括危险化学品长输管道建设项目，以下统称建设项目），其安全审查及其监督管理，适用本办法。

危险化学品的勘探、开采及其辅助的储存，原油和天然气勘探、开采的配套输送及储存，城镇燃气的输送及储存等建设项目，不适用本办法。

第三条　本办法所称建设项目安全审查，是指建设项目安全条件审查、安全设施的设计审查和竣工验收。

建设项目的安全审查由建设单位申请，安全生产监督管理部门根据本办法分级负责实施。建设项目未经安全审查的，不得开工建设或者投入生产（使用）。

第四条　国家安全生产监督管理总局指导、监督全国建设项目安全审查的实施工作，并负责实施下列建设项目的安全审查：

（一）国务院审批（核准、备案）的；

（二）跨省、自治区、直辖市的。

省、自治区、直辖市人民政府安全生产监督管理部门（以下简称省级安全生产监督管理部门）指导、监督本行政区域内建设项目安全审查的监督管理工作，确定并公布本部门和本行政区域内由设区的市级人民政府安全生产监督管理部门（以下简称市级安全生产监督管理部门）实施的前款规定以外的建设项目范围，并报国家安全生产监督管理总局备案。

第五条　建设项目有下列情形之一的，应当由省级安全生产监督管理部门负责安全审查：

（一）国务院投资主管部门审批（核准、备案）的；

（二）生产剧毒化学品的；

（三）省级安全生产监督管理部门确定的本办法第四条第一款规定以外的其他建设项目。

第六条　负责实施建设项目安全审查的安全生产监督管理部门根据工作需要，可以将其负责实施的建设项目安全审查工作，委托下一级安全生产监督管理部门实施。委托实施安全审查的，审查结果由委托的安全生产监督管理部门负责。跨省、自治区、直辖市的建设项目和生产剧毒化学品的建设项目，不得委托实施安全审查。

建设项目有下列情形之一的，不得委托县级人民政府安全生产监督管理部门实施安全审查：

（一）涉及国家安全生产监督管理总局公布的重点监管危险化工工艺的；

（二）涉及国家安全生产监督管理总局公布的重点监管危险化学品中的有毒气体、液化气体、易燃液体、爆炸品，且构成重大危险源的。

接受委托的安全生产监督管理部门不得将其受托的建设项目安全审查工作再委托其他单位实施。

第七条 建设项目的设计、施工、监理单位和安全评价机构应当具备相应的资质，并对其工作成果负责。

涉及重点监管危险化工工艺、重点监管危险化学品或者危险化学品重大危险源的建设项目，应当由具有石油化工医药行业相应资质的设计单位设计。

第二章 建设项目安全条件审查

第八条 建设单位应当在建设项目的可行性研究阶段，对下列安全条件进行论证，编制安全条件论证报告：

（一）建设项目是否符合国家和当地政府产业政策与布局；

（二）建设项目是否符合当地政府区域规划；

（三）建设项目选址是否符合《工业企业总平面设计规范》（GB50187）、《化工企业总图运输设计规范》（GB50489）等相关标准；涉及危险化学品长输管道的，是否符合《输气管道工程设计规范》（GB50251）、《石油天然气工程设计防火规范》（GB50183）等相关标准；

（四）建设项目周边重要场所、区域及居民分布情况，建设项目的设施分布和连续生产经营活动情况及其相互影响情况，安全防范措施是否科学、可行；

（五）当地自然条件对建设项目安全生产的影响和安全措施是否科学、可行；

（六）主要技术、工艺是否成熟可靠；

（七）依托原有生产、储存条件的，其依托条件是否安全可靠。

第九条 建设单位应当在建设项目的可行性研究阶段，委托具备相应资质的安全评价机构对建设项目进行安全评价。

安全评价机构应当根据有关安全生产法律、法规、规章和国家标准、行业标准，对建设项目进行安全评价，出具建设项目安全评价报告。安全评价报告应当符合《危险化学品建设项目安全评价细则》的要求。

第十条 建设项目有下列情形之一的，应当由甲级安全评价机构进行安全评价：

（一）国务院及其投资主管部门审批（核准、备案）的；

（二）生产剧毒化学品的；

（三）跨省、自治区、直辖市的；

（四）法律、法规、规章另有规定的。

第十一条 建设单位应当在建设项目开始初步设计前，向与本办法第四条、第五条规定相应的安全生产监督管理部门申请建设项目安全条件审查，提交下列文件、资料，并对其真实性负责：

（一）建设项目安全条件审查申请书及文件；

（二）建设项目安全条件论证报告；

（三）建设项目安全评价报告；

（四）建设项目批准、核准或者备案文件和规划相关文件（复制件）；

（五）工商行政管理部门颁发的企业营业执照或者企业名称预先核准通知书（复制件）。

第十二条　建设单位申请安全条件审查的文件、资料齐全，符合法定形式的，安全生产监督管理部门应当当场予以受理，并书面告知建设单位。

建设单位申请安全条件审查的文件、资料不齐全或者不符合法定形式的，安全生产监督管理部门应当自收到申请文件、资料之日起五个工作日内一次性书面告知建设单位需要补正的全部内容；逾期不告知的，收到申请文件、资料之日起即为受理。

第十三条　对已经受理的建设项目安全条件审查申请，安全生产监督管理部门应当指派有关人员或者组织专家对申请文件、资料进行审查，并自受理申请之日起四十五日内向建设单位出具建设项目安全条件审查意见书。建设项目安全条件审查意见书的有效期为两年。

根据法定条件和程序，需要对申请文件、资料的实质内容进行核实的，安全生产监督管理部门应当指派两名以上工作人员对建设项目进行现场核查。

建设单位整改现场核查发现的有关问题和修改申请文件、资料所需时间不计算在本条规定的期限内。

第十四条　建设项目有下列情形之一的，安全条件审查不予通过：

（一）安全条件论证报告或者安全评价报告存在重大缺陷、漏项的，包括建设项目主要危险、有害因素辨识和评价不全或者不准确的；

（二）建设项目与周边场所、设施的距离或者拟建场址自然条件不符合有关安全生产法律、法规、规章和国家标准、行业标准的规定的；

（三）主要技术、工艺未确定，或者不符合有关安全生产法律、法规、规章和国家标准、行业标准的规定的；

（四）国内首次使用的化工工艺，未经省级人民政府有关部门组织的安全可靠性论证的；

（五）对安全设施设计提出的对策与建议不符合法律、法规、规章和国家标准、行业标准的规定的；

（六）未委托具备相应资质的安全评价机构进行安全评价的；

（七）隐瞒有关情况或者提供虚假文件、资料的。

建设项目未通过安全条件审查的，建设单位经过整改后可以重新申请建设项目安全条件审查。

第十五条　已经通过安全条件审查的建设项目有下列情形之一的，建设单位应当重新进行安全条件论证和安全评价，并申请审查：

（一）建设项目周边条件发生重大变化的；

（二）变更建设地址的；

（三）主要技术、工艺路线、产品方案或者装置规模发生重大变化的；

（四）建设项目在安全条件审查意见书有效期内未开工建设，期限届满后需要开工建设的。

第三章　建设项目安全设施设计审查

第十六条　设计单位应当根据有关安全生产的法律、法规、规章和国家标准、行业标准以及建设项目安全条件审查意见书，按照《化工建设项目安全设计管理导则》（AQ/T3033），对建设项目安全设施进行设计，并编制建设项目安全设施设计专篇。建设项目安全设施设计专篇应当符合《危险化学品建设项目安全设施设计专篇编制导则》的要求。

第十七条　建设单位应当在建设项目初步设计完成后、详细设计开始前，向出具建设项目安全条件审查意见书的安全生产监督管理部门申请建设项目安全设施设计审查，提交下列文件、资料，并对其真实性负责：

（一）建设项目安全设施设计审查申请书及文件；

（二）设计单位的设计资质证明文件（复制件）；

（三）建设项目安全设施设计专篇。

第十八条 建设单位申请安全设施设计审查的文件、资料齐全，符合法定形式的，安全生产监督管理部门应当当场予以受理；未经安全条件审查或者审查未通过的，不予受理。受理或者不予受理的情况，安全生产监督管理部门应当书面告知建设单位。

安全设施设计审查申请文件、资料不齐全或者不符合要求的，安全生产监督管理部门应当自收到申请文件、资料之日起五个工作日内一次性书面告知建设单位需要补正的全部内容；逾期不告知的，收到申请文件、资料之日起即为受理。

第十九条 对已经受理的建设项目安全设施设计审查申请，安全生产监督管理部门应当指派有关人员或者组织专家对申请文件、资料进行审查，并在受理申请之日起二十个工作日内作出同意或者不同意建设项目安全设施设计专篇的决定，向建设单位出具建设项目安全设施设计的审查意见书；二十个工作日内不能出具审查意见的，经本部门负责人批准，可以延长十个工作日，并应当将延长的期限和理由告知建设单位。

根据法定条件和程序，需要对申请文件、资料的实质内容进行核实的，安全生产监督管理部门应当指派两名以上工作人员进行现场核查。

建设单位整改现场核查发现的有关问题和修改申请文件、资料所需时间不计算在本条规定的期限内。

第二十条 建设项目安全设施设计有下列情形之一的，审查不予通过：

（一）设计单位资质不符合相关规定的；

（二）未按照有关安全生产的法律、法规、规章和国家标准、行业标准的规定进行设计的；

（三）对未采纳的建设项目安全评价报告中的安全对策和建议，未作充分论证说明的；

（四）隐瞒有关情况或者提供虚假文件、资料的。

建设项目安全设施设计审查未通过的，建设单位经过整改后可以重新申请建设项目安全设施设计的审查。

第二十一条 已经审查通过的建设项目安全设施设计有下列情形之一的，建设单位应当向原审查部门申请建设项目安全设施变更设计的审查：

（一）改变安全设施设计且可能降低安全性能的；

（二）在施工期间重新设计的。

第四章 建设项目试生产（使用）

第二十二条 建设项目安全设施施工完成后，建设单位应当按照有关安全生产法律、法规、规章和国家标准、行业标准的规定，对建设项目安全设施进行检验、检测，保证建设项目安全设施满足危险化学品生产、储存的安全要求，并处于正常适用状态。

第二十三条 建设单位应当组织建设项目的设计、施工、监理等有关单位和专家，研究提出建设项目试生产（使用）［以下简称试生产（使用）］可能出现的安全问题及对策，并按照有关安全生产法律、法规、规章和国家标准、行业标准的规定，制定周密的试生产（使用）方案。试生产（使用）方案应当包括下列有关安全生产的内容：

（一）建设项目设备及管道试压、吹扫、气密、单机试车、仪表调校、联动试车等生产准备的完成情况；

（二）投料试车方案；

（三）试生产（使用）过程中可能出现的安全问题、对策及应急预案；

（四）建设项目周边环境与建设项目安全试生产（使用）相互影响的确认情况；

（五）危险化学品重大危险源监控措施的落实情况；

（六）人力资源配置情况；

（七）试生产（使用）起止日期。

第二十四条　建设单位在采取有效安全生产措施后，方可将建设项目安全设施与生产、储存、使用的主体装置、设施同时进行试生产（使用）。

试生产（使用）前，建设单位应当组织专家对试生产（使用）方案进行审查。

试生产（使用）时，建设单位应当组织专家对试生产（使用）条件进行确认，对试生产（使用）过程进行技术指导。

第二十五条　建设单位应当在试生产（使用）前，将试生产（使用）方案，报送出具安全设施设计审查意见书的安全生产监督管理部门备案，提交下列文件、资料，并对其真实性负责：

（一）试生产（使用）方案备案表；

（二）试生产（使用）方案；

（三）设计、施工、监理单位对试生产（使用）方案以及是否具备试生产（使用）条件的意见；

（四）专家对试生产（使用）方案的审查意见；

（五）安全设施设计重大变更情况的报告；

（六）施工过程中安全设施设计落实情况的报告；

（七）组织设计漏项、工程质量、工程隐患的检查情况，以及整改措施的落实情况报告；

（八）建设项目施工、监理单位资质证书（复制件）；

（九）建设项目质量监督手续（复制件）；

（十）主要负责人、安全生产管理人员、注册安全工程师资格证书（复制件），以及特种作业人员名单；

（十一）从业人员安全教育、培训合格的证明材料；

（十二）劳动防护用品配备情况说明；

（十三）安全生产责任制文件，安全生产规章制度清单、岗位操作安全规程清单；

（十四）设置安全生产管理机构和配备专职安全生产管理人员的文件（复制件）。

第二十六条　安全生产监督管理部门应当对建设单位报送备案的文件、资料进行审查；符合法定形式的，应当自收到备案文件、资料之日起五个工作日内出具试生产（使用）备案意见书。

第二十七条　建设项目试生产期限应当不少于三十日，不超过一年。需要延期的，可以向原备案部门提出申请。经两次延期后仍不能稳定生产的，建设单位应当立即停止试生产，组织设计、施工、监理等有关单位和专家分析原因，整改问题后，按照本章的规定重新制定试生产（使用）方案并报安全生产监督管理部门备案。

第五章　建设项目安全设施竣工验收

第二十八条　建设项目安全设施施工完成后，施工单位应当编制建设项目安全设施施工情况报告。建设项目安全设施施工情况报告应当包括下列内容：

（一）施工单位的基本情况，包括施工单位以往所承担的建设项目施工情况；

（二）施工单位的资质情况（提供相关资质证明材料复印件）；

（三）施工依据和执行的有关法律、法规、规章和国家标准、行业标准；

（四）施工质量控制情况；

（五）施工变更情况，包括建设项目在施工和试生产期间有关安全生产的设施改动情况。

第二十九条 建设项目试生产期间，建设单位应当按照本办法的规定委托有相应资质的安全评价机构对建设项目及其安全设施试生产（使用）情况进行安全验收评价，且不得委托在可行性研究阶段进行安全评价的同一安全评价机构。

安全评价机构应当根据有关安全生产的法律、法规、规章和国家标准、行业标准进行评价。建设项目安全验收评价报告应当符合《危险化学品建设项目安全评价细则》的要求。

第三十条 建设单位应当在建设项目试生产期限结束前向出具建设项目安全设施设计审查意见书的安全生产监督管理部门申请建设项目安全设施竣工验收，提交下列文件、资料，并对其真实性负责：

（一）建设项目安全设施竣工验收申请书及文件；

（二）建设项目安全设施施工、监理情况报告；

（三）建设项目安全验收评价报告；

（四）试生产（使用）期间是否发生事故、采取的防范措施以及整改情况报告；

（五）为从业人员缴纳工伤保险费的证明材料（复制件）；

（六）危险化学品事故应急预案备案登记表（复制件）；

（七）构成危险化学品重大危险源的，还应当提交危险化学品重大危险源备案证明文件（复制件）。

第三十一条 建设单位提交的建设项目安全设施竣工验收申请文件、资料齐全，符合法定形式的，安全生产监督管理部门应当予以受理，并书面告知建设单位。

建设项目安全设施竣工验收申请文件、资料不齐全或者不符合法定形式的，安全生产监督管理部门应当自收到申请文件、资料之日起五个工作日内一次性书面告知建设单位需要补正的全部内容；逾期不告知的，收到申请文件、资料之日起即为受理。

第三十二条 已经受理的建设项目安全设施竣工验收申请，安全生产监督管理部门应当指派有关人员或者组织专家对申请文件、资料进行审查，并自受理申请之日起二十个工作日内作出同意或者不同意建设项目安全设施投入生产（使用）的决定，向建设单位出具建设项目安全设施竣工验收意见书；二十个工作日内不能出具验收意见书的，经本部门负责人批准，可以延长十个工作日，但应当将延长的期限和理由告知建设单位。

根据法定条件和程序，需要对申请文件、资料的实质内容进行核实的，安全生产监督管理部门应当指派两名以上工作人员进行现场核查。

建设单位整改现场核查发现的有关问题和修改申请文件、资料所需时间不计算在本条规定的期限内。

第三十三条 建设项目安全设施有下列情形之一的，建设项目安全设施竣工验收不予通过：

（一）未委托具备相应资质的施工单位施工的；

（二）未按照已经通过审查的建设项目安全设施设计施工或者施工质量未达到建设项目安全设施设计文件要求的；

（三）建设项目安全设施的施工不符合国家标准、行业标准的规定的；

（四）建设项目安全设施竣工后未按照本办法的规定进行检验、检测，或者经检验、检测不合格的；

（五）未委托具备相应资质的安全评价机构进行安全验收评价的；

（六）安全设施和安全生产条件不符合或者未达到有关安全生产法律、法规、规章和国家标准、行业标准的规定的；

（七）安全验收评价报告存在重大缺陷、漏项，包括建设项目主要危险、有害因素辨识和评价不正确的；

（八）隐瞒有关情况或者提供虚假文件、资料的。

建设项目安全设施竣工验收未通过的，建设单位经过整改后可以再次向原验收部门申请建设项目安全设施竣工验收。

第三十四条　建设单位应当自收到同意投入生产（使用）的建设项目安全设施竣工验收意见书之日起十个工作日内，按照有关法律法规及其配套规章的规定申请有关危险化学品的其他安全许可。

建设项目安全设施竣工验收意见，可以作为生产、经营、使用安全许可的现场核查意见。

第六章　监督管理

第三十五条　建设项目在通过安全条件审查之后、安全设施竣工验收之前，建设单位发生变更的，变更后的建设单位应当及时将证明材料和有关情况报送负责建设项目安全审查的安全生产监督管理部门。

第三十六条　有下列情形之一的，负责审查的安全生产监督管理部门或者其上级安全生产监督管理部门可以撤销建设项目的安全审查：

（一）滥用职权、玩忽职守的；

（二）超越法定职权的；

（三）违反法定程序的；

（四）申请人不具备申请资格或者不符合法定条件的；

（五）依法可以撤销的其他情形。

建设单位以欺骗、贿赂等不正当手段通过安全审查的，应当予以撤销。

第三十七条　安全生产监督管理部门应当建立健全建设项目安全审查档案及其管理制度，并及时将建设项目的安全审查情况通报有关部门。

第三十八条　各级安全生产监督管理部门应当按照各自职责，依法对建设项目安全审查情况进行监督检查，对检查中发现的违反本办法的情况，应当依法作出处理，并通报实施安全审查的安全生产监督管理部门。

第三十九条　市级安全生产监督管理部门应当在每年 1 月 31 日前，将本行政区域内上一年度建设项目安全审查的实施情况报告省级安全生产监督管理部门。

省级安全生产监督管理部门应当在每年 2 月 15 日前，将本行政区域内上一年度建设项目安全审查的实施情况报告国家安全生产监督管理总局。

第七章　法律责任

第四十条　安全生产监督管理部门工作人员徇私舞弊、滥用职权、玩忽职守，未依法履行危险化学品建设项目安全审查和监督管理职责的，依法给予处分。

第四十一条　未经安全条件审查或者安全条件审查未通过，新建、改建、扩建生产、储存危险化学品的建设项目的，责令停止建设，限期改正；逾期不改正的，处五十万元以上一百万元以下的罚款；构成犯罪的，依法追究刑事责任。

建设项目发生本办法第十五条规定的变化后，未重新申请安全条件审查，以及审查未通过擅自建设的，依照前款规定处罚。

第四十二条　建设单位有下列行为之一的，依照《中华人民共和国安全生产法》有关建设项目安全设施设计审查、竣工验收的法律责任条款给予处罚：

（一）建设项目安全设施设计未经审查或者审查未通过，擅自建设的；

（二）建设项目安全设施设计发生本办法第二十一条规定的情形之一，未经变更设计审查或者变更设计审查未通过，擅自建设的；

（三）建设项目的施工单位未根据批准的安全设施设计施工的；

（四）建设项目安全设施未经竣工验收或者验收不合格，擅自投入生产（使用）的。

第四十三条　建设单位有下列行为之一的，责令改正，可以处一万元以下的罚款；逾期未改正的，处一万元以上三万元以下的罚款：

（一）建设项目安全设施竣工后未进行检验、检测的；

（二）在申请建设项目安全审查时提供虚假文件、资料的；

（三）未组织有关单位和专家研究提出试生产（使用）可能出现的安全问题及对策，或者未制定周密的试生产（使用）方案，进行试生产（使用）的；

（四）未组织有关专家对试生产（使用）方案进行审查、对试生产（使用）条件进行检查确认的；

（五）试生产（使用）方案未报安全生产监督管理部门备案的。

第四十四条　建设单位隐瞒有关情况或者提供虚假材料申请建设项目安全审查的，不予受理或者审查不予通过，给予警告，并自安全生产监督管理部门发现之日起一年内不得再次申请该审查。

建设单位采用欺骗、贿赂等不正当手段取得建设项目安全审查的，自安全生产监督管理部门撤销建设项目安全审查之日起三年内不得再次申请该审查。

第四十五条　承担安全评价、检验、检测工作的机构出具虚假报告、证明的，依照《中华人民共和国安全生产法》的有关规定给予处罚。

第八章　附　则

第四十六条　对于规模较小、危险程度较低和工艺路线简单的建设项目，安全生产监督管理部门可以适当简化建设项目安全审查的程序和内容。

第四十七条　建设项目分期建设的，安全生产监督管理部门可以分期进行安全条件审查、安全设施设计审查、试生产方案备案及安全设施竣工验收。

第四十八条　本办法所称新建项目，是指有下列情形之一的项目：

（一）新设立的企业建设危险化学品生产、储存装置（设施），或者现有企业建设与现有生产、储存活动不同的危险化学品生产、储存装置（设施）的；

（二）新设立的企业建设伴有危险化学品产生的化学品生产装置（设施），或者现有企业建设与现有生产活动不同的伴有危险化学品产生的化学品生产装置（设施）的。

第四十九条　本办法所称改建项目，是指有下列情形之一的项目：

（一）企业对在役危险化学品生产、储存装置（设施），在原址更新技术、工艺、主要装置（设施）、危险化学品种类的；

（二）企业对在役伴有危险化学品产生的化学品生产装置（设施），在原址更新技术、工艺、主要装置（设施）的。

第五十条　本办法所称扩建项目，是指有下列情形之一的项目：

（一）企业建设与现有技术、工艺、主要装置（设施）、危险化学品品种相同，但生产、储存装置（设施）相对独立的；

（二）企业建设与现有技术、工艺、主要装置（设施）相同，但生产装置（设施）相对独立的伴有危险化学品产生的。

第五十一条　实施建设项目安全审查所需的有关文书的内容和格式，由国家安全生产监督管理总局另行规定。

第五十二条　省级安全生产监督管理部门可以根据本办法的规定，制定和公布本行政区域内需要简化安全条件审查和分期安全条件审查的建设项目范围及其审查内容，并报国家安全生产监督管理总局备案。

第五十三条　本办法施行后，负责实施建设项目安全审查的安全生产监督管理部门发生变化的（已通过安全设施竣工验收的建设项目除外），原安全生产监督管理部门应当将建设项目安全审查实施情况及档案移交根据本办法负责实施建设项目安全审查的安全生产监督管理部门。

第五十四条　本办法自 2012 年 4 月 1 日起施行。国家安全生产监督管理总局 2006 年 9 月 2 日公布的《危险化学品建设项目安全许可实施办法》同时废止。

房屋市政工程生产安全事故报告和查处工作规程

（住房和城乡建设部　2013 年 1 月 14 日发布）

第一条　为规范房屋市政工程生产安全事故报告和查处工作，落实事故责任追究制度，防止和减少事故发生，根据《建设工程安全生产管理条例》、《生产安全事故报告和调查处理条例》等有关规定，制定本规程。

第二条　房屋市政工程生产安全事故，是指在房屋建筑和市政基础设施工程施工过程中发生的造成人身伤亡或者重大直接经济损失的生产安全事故。

第三条　根据造成的人员伤亡或者直接经济损失，房屋市政工程生产安全事故分为以下等级：

（一）特别重大事故，是指造成 30 人以上死亡，或者 100 人以上重伤，或者 1 亿元以上直接经济损失的事故；

（二）重大事故，是指造成 10 人以上 30 人以下死亡，或者 50 人以上 100 人以下重伤，或者 5000 万元以上 1 亿元以下直接经济损失的事故；

（三）较大事故，是指造成 3 人以上 10 人以下死亡，或者 10 人以上 50 人以下重伤，或者 1000 万元以上 5000 万元以下直接经济损失的事故；

（四）一般事故，是指造成 3 人以下死亡，或者 10 人以下重伤，或者 100 万元以上 1000 万元以下直接经济损失的事故。

本等级划分所称的“以上”包括本数，所称的“以下”不包括本数。

第四条　房屋市政工程生产安全事故的报告，应当及时、准确、完整，任何单位和个人对事故不得迟报、漏报、谎报或者瞒报。

房屋市政工程生产安全事故的查处，应当坚持实事求是、尊重科学的原则，及时、准确地查明事故原因，总结事故教训，并对事故责任者依法追究责任。

第五条　事故发生地住房城乡建设主管部门接到施工单位负责人或者事故现场有关人员的事故报告后，应当逐级上报事故情况。

特别重大、重大、较大事故逐级上报至国务院住房城乡建设主管部门，一般事故逐级上报至省级住房城乡建设主管部门。

必要时，住房城乡建设主管部门可以越级上报事故情况。

第六条　国务院住房城乡建设主管部门应当在特别重大和重大事故发生后 4 小时内，向国务院上报事故情况。

省级住房城乡建设主管部门应当在特别重大、重大事故或者可能演化为特别重大、重大的事故发生后 3 小时内，向国务院住房城乡建设主管部门上报事故情况。

第七条　较大事故、一般事故发生后，住房城乡建设主管部门每级上报事故情况的时间不得超过 2 小时。

第八条　事故报告主要应当包括以下内容：

（一）事故的发生时间、地点和工程项目名称；

（二）事故已经造成或者可能造成的伤亡人数（包括下落不明人数）；

（三）事故工程项目的建设单位及项目负责人、施工单位及其法定代表人和项目经理、监理单位及其法定代表人和项目总监；

（四）事故的简要经过和初步原因；

（五）其他应当报告的情况。

第九条　省级住房城乡建设主管部门应当通过传真向国务院住房城乡建设主管部门书面上报特别重大、重大、较大事故情况。

特殊情形下确实不能按时书面上报的，可先电话报告，了解核实情况后及时书面上报。

第十条　事故报告后出现新情况，以及事故发生之日起30日内伤亡人数发生变化的，住房城乡建设主管部门应当及时补报。

第十一条　住房城乡建设主管部门应当及时通报事故基本情况以及事故工程项目的建设单位及项目负责人、施工单位及其法定代表人和项目经理、监理单位及其法定代表人和项目总监。

国务院住房城乡建设主管部门对特别重大、重大、较大事故进行全国通报。

第十二条　住房城乡建设主管部门应当按照有关人民政府的要求，依法组织或者参与事故调查工作。

第十三条　住房城乡建设主管部门应当积极参加事故调查工作，应当选派具有事故调查所需要的知识和专长，并与所调查的事故没有直接利害关系的人员参加事故调查工作。

参加事故调查工作的人员应当诚信公正、恪尽职守，遵守事故调查组的纪律。

第十四条　住房城乡建设主管部门应当按照有关人民政府对事故调查报告的批复，依照法律法规，对事故责任企业实施吊销资质证书或者降低资质等级、吊销或者暂扣安全生产许可证、责令停业整顿、罚款等处罚，对事故责任人员实施吊销执业资格注册证书或者责令停止执业、吊销或者暂扣安全生产考核合格证书、罚款等处罚。

第十五条　对事故责任企业或者人员的处罚权限在上级住房城乡建设主管部门的，当地住房城乡建设主管部门应当在收到有关人民政府对事故调查报告的批复后15日内，逐级将事故调查报告（附具有关证据材料）、有关人民政府批复文件、本部门处罚建议等材料报送至有处罚权限的住房城乡建设主管部门。

接收到材料的住房城乡建设主管部门应当按照有关人民政府对事故调查报告的批复，依照法律法规，对事故责任企业或者人员实施处罚，并向报送材料的住房城乡建设主管部门反馈处罚情况。

第十六条　对事故责任企业或者人员的处罚权限在其他省级住房城乡建设主管部门的，事故发生地省级住房城乡建设主管部门应当将事故调查报告（附具有关证据材料）、有关人民政府批复文件、本部门处罚建议等材料转送至有处罚权限的其他省级住房城乡建设主管部门，同时抄报国务院住房城乡建设主管部门。

接收到材料的其他省级住房城乡建设主管部门应当按照有关人民政府对事故调查报告的批复，依照法律法规，对事故责任企业或者人员实施处罚，并向转送材料的事故发生地省级住房城乡建设主管部门反馈处罚情况，同时抄报国务院住房城乡建设主管部门。

第十七条　住房城乡建设主管部门应当按照规定，对下级住房城乡建设主管部门的房屋市政工程生产安全事故查处工作进行督办。

国务院住房城乡建设主管部门对重大、较大事故查处工作进行督办，省级住房城乡建设主管部门对一般事故查处工作进行督办。

第十八条 住房城乡建设主管部门应当对发生事故的企业和工程项目吸取事故教训、落实防范和整改措施的情况进行监督检查。

第十九条 住房城乡建设主管部门应当及时向社会公布事故责任企业和人员的处罚情况，接受社会监督。

第二十条 对于经调查认定为非生产安全事故的，住房城乡建设主管部门应当在事故性质认定后10日内，向上级住房城乡建设主管部门报送有关材料。

第二十一条 省级住房城乡建设主管部门应当按照规定，通过“全国房屋市政工程生产安全事故信息报送及统计分析系统”及时、全面、准确地报送事故简要信息、事故调查信息和事故处罚信息。

第二十二条 住房城乡建设主管部门应当定期总结分析事故报告和查处工作，并将有关情况报送上级住房城乡建设主管部门。

国务院住房城乡建设主管部门定期对事故报告和查处工作进行通报。

第二十三条 省级住房城乡建设主管部门可结合本地区实际，依照本规程制定具体实施细则。

第二十四条 本规程自印发之日起施行。

国家安全监管总局　住房城乡建设部关于进一步加强危险化学品建设项目安全设计管理的通知

（国家安全监管总局　住房城乡建设部　2013 年 6 月 20 日发布　安监总管三〔2013〕76 号）

各省、自治区、直辖市及新疆生产建设兵团安全生产监督管理局、住房城乡建设主管部门，有关中央企业，有关设计单位：

为进一步加强危险化学品建设项目（以下简称建设项目）安全设计管理，切实提升危险化学品企业本质安全水平，从设计源头遏制事故发生，现就有关要求通知如下：

一、严格建设项目设计单位资质要求

（一）建设项目的设计单位必须取得原建设部《工程设计资质标准》（建市〔2007〕86 号）规定的化工石化医药、石油天然气（海洋石油）等相关工程设计资质。

（二）涉及重点监管危险化工工艺、重点监管危险化学品和危险化学品重大危险源（以下简称“两重点一重大”）的大型建设项目，其设计单位资质应为工程设计综合资质或相应工程设计化工石化医药、石油天然气（海洋石油）行业、专业资质甲级。

二、切实落实建设项目安全管理职责

（三）建设单位应委托具备国家规定资质等级的设计单位承担建设项目工程设计，依法申请建设项目的安全审查并办理相关手续。对实行工程监理的建设项目，应将安全施工质量一并委托监理。

建设单位在建设项目设计合同中应主动要求设计单位对设计进行危险与可操作性（HAZOP）审查，并派遣有生产操作经验的人员参加审查，对 HAZOP 审查报告进行审核。涉及“两重点一重大”和首次工业化设计的建设项目，必须在基础设计阶段开展 HAZOP 分析。

（四）设计单位法定代表人对建设项目安全设计全面负责。设计单位应建立安全设计责任制，制定安全设计管理规定，明确各级管理岗位及设计岗位的安全设计职责，对建设项目的安全设计终身负责。应严格按照《危险化学品建设项目安全设施设计专篇编制导则》（安监总厅管三〔2013〕39 号）的要求编制设计专篇，配合建设单位报送相关管理部门审查，并根据审查意见进行修改完善。

（五）施工单位必须按照审查批准的安全设施设计施工，并对安全设施的工程质量负责。

（六）安全监管部门应按照国家相关法规要求，对建设项目安全条件、安全设施设计及竣工验收等进行安全审查。参加审查的专家应具有建设项目的工程设计、生产运行或安全管理的相关经验，并具有相关专业高级技术职称。

三、强化安全设计过程管理

（七）在建设项目前期论证或可行性研究阶段，设计单位应开展初步的危险源辨识，认真分析拟建项目存在的工艺危险有害因素、当地自然地理条件、自然灾害和周边设施对拟建项目的影响，以及拟建项目一旦发生泄漏、火灾、爆炸等事故时对周边安全可能产生的影响。涉及“两重点一重大”建设项目的工艺包设计文件应当包括工艺危险性分析报告。

（八）在总体设计和基础工程设计阶段，设计单位应根据建设项目的特点，重点开展下列设计文件的安全评审：

1. 总平面布置图；
2. 装置设备布置图；
3. 爆炸危险区域划分图；
4. 工艺管道和仪表流程图（PID）；
5. 安全联锁、紧急停车系统及安全仪表系统；
6. 可燃及有毒物料泄漏检测系统；
7. 火炬和安全泄放系统；
8. 应急系统和设施。

（九）设计单位应加强对建设项目的安全风险分析，积极应用 HAZOP 分析等方法进行内部安全设计审查。

（十）加强设计变更的管理。在详细设计和施工安装阶段，设计发生重大变更的，设计单位应按管理程序重新报批。在采购和施工过程中的设计变更不应影响工程安全质量。设计单位在施工完成后应及时整理编制设计竣工图，涉及危险化学品介质的地下管道、阀门和设备等地下隐蔽工程必须提供完整的竣工资料。

（十一）在投料试车阶段，设计单位应参加试车前的安全审查，提供相关技术资料和数据，为安全试车提供技术支持。

（十二）建立和落实设计回访制度。在所承担设计的建设项目竣工投产后两年以内，设计单位应对建设项目进行回访，了解装置开车及生产运行中暴露出的安全问题和现场对原设计的修改情况，不断提高设计质量。

（十三）设计单位应结合国内建设项目实际情况，积极采用国外先进的安全技术和风险管理方法，努力提高本质安全设计水平。

四、安全设计实施要点

（十四）设计单位应根据建设项目危险源特点和标准规范的适用范围，确定本项目采用的标准规范。对涉及“两重点一重大”的建设项目，应至少满足下列现行标准规范的要求，并以最严格的安全条款为准：

1. 《工业企业总平面设计规范》（GB50187）；
2. 《化工企业总图运输设计规范》（GB50489）；
3. 《石油化工企业设计防火规范》（GB50160）；

4.《石油天然气工程设计防火规范》(GB50183);

5.《建筑设计防火规范》(GB50016);

6.《石油库设计规范》(GB50074);

7.《石油化工可燃气体和有毒气体检测报警设计规范》(GB50493);

8.《化工建设项目安全设计管理导则》(AQ/T3033)。

(十五)具有爆炸危险性的建设项目,其防火间距应至少满足 GB50160 的要求。当国家标准规范没有明确要求时,可根据相关标准采用定量风险分析计算并确定装置或设施之间的安全距离。

(十六)液化烃罐组或可燃液体罐组不应毗邻布置在高于工艺装置、全厂性重要设施或人员集中场所的位置;可燃液体罐组不应阶梯布置。当受条件限制或有工艺要求时,应采取防止可燃液体流入低处设施或场所的措施。

(十七)建设项目可燃液体储罐均应单独设置防火堤或防火隔堤。防火堤内的有效容积不应小于罐组内 1 个最大储罐的容积,当浮顶罐组不能满足此要求时,应设置事故存液池储存剩余部分,但罐组防火堤内的有效容积不应小于罐组内 1 个最大储罐容积的 50%。

(十八)承重钢结构的设计应按照《工程结构可靠性设计统一标准》(GB50153)和《钢结构设计规范》(GB50017)等相关规范要求,根据结构破坏可能产生后果的严重性(人员伤亡、经济损失、对社会或环境产生影响等),确定采用的安全等级。对可能产生严重后果的结构,其设计安全等级不得低于二级。

(十九)新建化工装置必须设计装备自动化控制系统。应根据工艺过程危险和风险分析结果,确定是否需要装备安全仪表系统。涉及重点监管危险化工工艺的大、中型新建项目要按照《过程工业领域安全仪表系统的功能安全》(GB/T21109)和《石油化工安全仪表系统设计规范》(GB50770)等相关标准开展安全仪表系统设计。

(二十)液化石油气、液化天然气、液氯和液氨等易燃易爆有毒有害液化气体的充装应设计万向节管道充装系统,充装设备管道的静电接地、装卸软管及仪表和安全附件应配备齐全。

(二十一)危险化学品长输管道应设置防泄漏、实时检测系统(SCADA 数据采集与监控系统)及紧急切断设施。

(二十二)有毒物料储罐、低温储罐及压力球罐进出物料管道应设置自动或手动遥控的紧急切断设施。

(二十三)装置区内控制室、机柜间面向有火灾、爆炸危险性设备侧的外墙应为无门窗洞口、耐火极限不低于 3 小时的不燃烧材料实体墙。

各有关单位要按照相关法律法规、标准规范及本通知要求,强化建设项目安全设计管理,设计单位、设计人员应把满足装置安全平稳运行作为安全设计的目标,努力消除工程设计中潜在的事故隐患。

请各省级安全监管局、住房城乡建设主管部门及时将本通知精神传达至地方各级安全监管部门、住房城乡建设主管部门及有关单位。

国家安全监管总局

住房城乡建设部

2013 年 6 月 20 日

关于切实做好国家取消和下放投资审批有关建设项目安全监管工作的通知

（国家安全监管总局　2013 年 8 月 9 日发布　安监总厅政法〔2013〕120 号）

各省、自治区、直辖市及新疆生产建设兵团安全生产监督管理局，各省级煤矿安全监察局：

为认真贯彻落实《国务院关于取消和下放一批行政审批项目等事项的决定》（国发〔2013〕19 号，以下简称《决定》）精神，确保取消和下放投资审批后的有关建设项目安全监管工作有序开展，现就有关事项通知如下：

一、《决定》取消了 13 类、下放了 12 类企业投资建设项目（见附件）的审批，并明确要求安全监管监察部门加强有关建设项目的安全监管工作。各级安全监管监察部门要按照本级人民政府确定的职责和本部门“三定”规定，加强与有关投资主管部门协调配合，切实做好有关建设项目的安全监管工作，确保《决定》的各项要求落到实处。

二、有关建设项目所涉安全生产监管监察部门的行政许可和备案等事项，按照以下规定实施：

（一）海洋石油天然气建设项目、企业投资年产 100 万吨及以上的陆上新油田开发项目、企业投资年产 20 亿立方米及以上的陆上新气田开发项目；设计生产能力 300 万吨/年以上或者设计最大开采深度 1000 米以上的金属非金属地下矿山建设项目、设计生产能力 1000 万吨/年以上或者设计边坡 200 米以上的金属非金属露天矿山建设项目、设计总库容 1 亿立方米或者设计总坝高 200 米以上的尾矿库建设项目，其安全设施设计审查和竣工验收，继续由国家安全监管总局负责实施。

（二）对于企业投资国家规划矿区内新增年生产能力低于 120 万吨的煤矿开发项目（附件第 20 项），省级投资主管部门征求安全核准意见的，由省级煤矿安全监察局负责进行安全核准；其安全设施的设计审查和竣工验收，由省级煤矿安全监察局负责。

（三）其他建设项目的行政许可和备案，下放到省级以下安全监管监察部门实施，具体按照《建设项目安全设施“三同时”监督管理暂行办法》（国家安全监管总局令第 36 号）、《危险化学品建设项目监督管理办法》（国家安全监管总局令第 45 号）、《建设项目职业卫生“三同时”监督管理暂行办法》（国家安全监管总局令第 51 号）等规定执行。

三、各级安全监管部门要进一步加大执法检查力度，发现有关建设项目未落实安全设施、职业病危害防护设施“三同时”的，要依照《安全生产法》、《职业病防治法》等有关法律法规的规定，责令生产经营单位立即停止施工、限期改正违法行为，对有关单位和人员依法给予行政处罚，对相关行政许可一律不予审批，并通知有关部门在职责范围内依法采取措施，予以制止。

附件：国务院决定取消和下放建设项目投资审批事项目录

国家安全监管总局办公厅

2013 年 8 月 9 日

附件

国务院决定取消和下放建设项目投资审批事项目录

（注：合计25项。第1项至第13项为取消审批项目，第14项至第25项为下放审批项目）

序号	项目名称	实施机关	设定依据	处理决定	备 注
1	企业投资扩建民用机场项目核准	国家发展改革委	《国务院关于投资体制改革的决定》（国发〔2004〕20号）	取消	对取消的投资审批项目，国土资源、环保、安全生产监管等有关部门要切实履行职责，加强监管，投资主管部门通过备案发现不符合国家有关规划和产业政策要求的投资项目，要通知有关部门和机构，在职责范围内依法采取措施，予以制止。
2	企业投资城市轨道交通车辆、信号系统和牵引传动控制系统制造项目核准	国家发展改革委	《国务院关于投资体制改革的决定》（国发〔2004〕20号）	取消	对取消的投资审批项目，国土资源、环保、安全生产监管等有关部门要切实履行职责，加强监管，投资主管部门通过备案发现不符合国家有关规划和产业政策要求的投资项目，要通知有关部门和机构，在职责范围内依法采取措施，予以制止。
3	企业投资纸浆项目核准	国家发展改革委	《国务院关于投资体制改革的决定》（国发〔2004〕20号）	取消	对取消的投资审批项目，国土资源、环保、安全生产监管等有关部门要切实履行职责，加强监管，投资主管部门通过备案发现不符合国家有关规划和产业政策要求的投资项目，要通知有关部门和机构，在职责范围内依法采取措施，予以制止。
4	企业投资日产300吨及以上聚酯项目核准	国家发展改革委	《国务院关于投资体制改革的决定》（国发〔2004〕20号）	取消	对取消的投资审批项目，国土资源、环保、安全生产监管等有关部门要切实履行职责，加强监管，投资主管部门通过备案发现不符合国家有关规划和产业政策要求的投资项目，要通知有关部门和机构，在职责范围内依法采取措施，予以制止。
5	企业投资日处理糖料1500吨及以上项目核准	国家发展改革委	《国务院关于投资体制改革的决定》（国发〔2004〕20号）	取消	对取消的投资审批项目，国土资源、环保、安全生产监管等有关部门要切实履行职责，加强监管，投资主管部门通过备案发现不符合国家有关规划和产业政策要求的投资项目，要通知有关部门和机构，在职责范围内依法采取措施，予以制止。

续表

序号	项目名称	实施机关	设定依据	处理决定	备注
6	企业投资年产100万吨及以上新油田开发项目核准	国家发展改革委	《国务院关于投资体制改革的决定》（国发〔2004〕20号）	取消	对取消的投资审批项目，国土资源、环保、安全生产监管等有关部门要切实履行职责，加强监管，投资主管部门通过备案发现不符合国家有关规划和产业政策要求的投资项目，要通知有关部门和机构，在职责范围内依法采取措施，予以制止。
7	企业投资年产20亿立方米及以上新气田开发项目核准	国家发展改革委	《国务院关于投资体制改革的决定》（国发〔2004〕20号）	取消	对取消的投资审批项目，国土资源、环保、安全生产监管等有关部门要切实履行职责，加强监管，投资主管部门通过备案发现不符合国家有关规划和产业政策要求的投资项目，要通知有关部门和机构，在职责范围内依法采取措施，予以制止。
8	企业投资冷轧项目核准	国家发展改革委	《国务院关于投资体制改革的决定》（国发〔2004〕20号）	取消	对取消的投资审批项目，国土资源、环保、安全生产监管等有关部门要切实履行职责，加强监管，投资主管部门通过备案发现不符合国家有关规划和产业政策要求的投资项目，要通知有关部门和机构，在职责范围内依法采取措施，予以制止。
9	企业投资乙烯改扩建项目核准	国家发展改革委	《国务院关于投资体制改革的决定》（国发〔2004〕20号）	取消	对取消的投资审批项目，国土资源、环保、安全生产监管等有关部门要切实履行职责，加强监管，投资主管部门通过备案发现不符合国家有关规划和产业政策要求的投资项目，要通知有关部门和机构，在职责范围内依法采取措施，予以制止。
10	企业投资医学城、大学城及其他园区性建设项目核准	国家发展改革委	《国务院关于投资体制改革的决定》（国发〔2004〕20号）	取消	对取消的投资审批项目，国土资源、环保、安全生产监管等有关部门要切实履行职责，加强监管，投资主管部门通过备案发现不符合国家有关规划和产业政策要求的投资项目，要通知有关部门和机构，在职责范围内依法采取措施，予以制止。
11	企业投资精对苯二甲酸（PTA）、甲苯二异氰酸酯（TDI）项目及对二甲苯（PX）改扩建项目核准	国家发展改革委	《国务院关于投资体制改革的决定》（国发〔2004〕20号）	取消	对取消的投资审批项目，国土资源、环保、安全生产监管等有关部门要切实履行职责，加强监管，投资主管部门通过备案发现不符合国家有关规划和产业政策要求的投资项目，要通知有关部门和机构，在职责范围内依法采取措施，予以制止。

续表

序号	项目名称	实施机关	设定依据	处理决定	备　注
12	企业投资卫星电视接收机及关键件、国家特殊规定的移动通信系统及终端等生产项目核准	国家发展改革委	《国务院关于投资体制改革的决定》（国发〔2004〕20号）	取消	对取消的投资审批项目，国土资源、环保、安全生产监管等有关部门要切实履行职责，加强监管，投资主管部门通过备案发现不符合国家有关规划和产业政策要求的投资项目，要通知有关部门和机构，在职责范围内依法采取措施，予以制止。
13	企业投资F1赛车场项目核准	国家发展改革委	《国务院关于投资体制改革的决定》（国发〔2004〕20号）	取消	对取消的投资审批项目，国土资源、环保、安全生产监管等有关部门要切实履行职责，加强监管，投资主管部门通过备案发现不符合国家有关规划和产业政策要求的投资项目，要通知有关部门和机构，在职责范围内依法采取措施，予以制止。
14	企业投资在非主要河流上建设的水电站项目核准	国家发展改革委	《国务院关于投资体制改革的决定》（国发〔2004〕20号）	下放地方政府投资主管部门	
15	企业投资分布式燃气发电项目核准	国家发展改革委	《国务院关于投资体制改革的决定》（国发〔2004〕20号）	下放省级投资主管部门	
16	企业投资燃煤背压热电项目核准	国家发展改革委	《国务院关于投资体制改革的决定》（国发〔2004〕20号）	下放省级投资主管部门	
17	企业投资风电站项目核准	国家发展改革委	《国务院关于投资体制改革的决定》（国发〔2004〕20号）	下放地方政府投资主管部门	
18	企业投资330千伏及以下电压等级的交流电网工程项目，列入国家规划的非跨境、跨省（区、市）500千伏电压等级的交流电网工程项目核准	国家发展改革委	《国务院关于投资体制改革的决定》（国发〔2004〕20号）	下放地方政府投资主管部门	

续表

序号	项目名称	实施机关	设定依据	处理决定	备　注
19	企业投资钾矿肥、磷矿肥项目核准	国家发展改革委	《国务院关于投资体制改革的决定》（国发〔2004〕20号）	下放省级投资主管部门	
20	企业投资国家规划矿区内新增年生产能力低于120万吨的煤矿开发项目核准	国家发展改革委	《国务院关于投资体制改革的决定》（国发〔2004〕20号）	下放省级投资主管部门	
21	企业投资非跨境、跨省（区、市）的油气输送管网项目核准	国家发展改革委	《国务院关于投资体制改革的决定》（国发〔2004〕20号）	下放省级投资主管部门	
22	企业投资除稀土矿山开发项目和已探明工业储量5000万吨及以上规模的铁矿开发项目外的其他矿山开发项目（不含煤矿、铀矿）核准	国家发展改革委	《国务院关于投资体制改革的决定》（国发〔2004〕20号）	下放省级投资主管部门	
23	企业投资稀土深加工项目核准	国家发展改革委	《国务院关于投资体制改革的决定》（国发〔2004〕20号）	下放省级投资主管部门	
24	企业投资城市快速轨道交通项目按照国家批准的规划核准	国家发展改革委	《国务院关于投资体制改革的决定》（国发〔2004〕20号）	下放省级投资主管部门	
25	企业投资国家重点风景名胜区、国家自然保护区、全国重点文物保护单位区域内总投资5000万元以上的旅游开发和资源保护项目，世界自然和文化遗产保护区内总投资3000万元及以上的项目核准	国家发展改革委	《国务院关于投资体制改革的决定》（国发〔2004〕20号）	下放省级投资主管部门	

小型水库安全管理办法

（水利部　2010年5月31日发布）

第一章　总　则

第一条　为加强小型水库安全管理，确保工程安全运行，保障人民生命财产安全，依据《水法》、《防洪法》、《安全生产法》和《水库大坝安全管理条例》等法律、法规，制定本办法。

第二条　本办法适用于总库容10万立方米以上、1000万立方米以下（不含）的小型水库安全管理。

第三条　小型水库安全管理实行地方人民政府行政首长负责制。

第四条　小型水库安全管理责任主体为相应的地方人民政府、水行政主管部门、水库主管部门（或业主）以及水库管理单位。

农村集体经济组织所属小型水库安全的主管部门职责由所在地乡、镇人民政府承担。

第五条　县级水行政主管部门会同有关主管部门对辖区内小型水库安全实施监督，上级水行政主管部门应加强对小型水库安全监督工作的指导。

第六条　小型水库防汛安全管理按照防汛管理有关规定执行，并服从防汛指挥机构的指挥调度。

第七条　小型水库安全管理工作贯彻“安全第一、预防为主、综合治理”的方针，任何单位和个人都有依法保护小型水库安全的义务。

第二章　管理责任

第八条　地方人民政府负责落实本行政区域内小型水库安全行政管理责任人，并明确其职责，协调有关部门做好小型水库安全管理工作，落实管理经费，划定工程管理范围与保护范围，组织重大安全事故应急处置。

第九条　县级以上水行政主管部门负责建立小型水库安全监督管理规章制度，组织实施安全监督检查，负责注册登记资料汇总工作，对管理（管护）人员进行技术指导与安全培训。

第十条　水库主管部门（或业主）负责所属小型水库安全管理，明确水库管理单位或管护人员，制定并落实水库安全管理各项制度，筹措水库管理经费，对所属水库大坝进行注册登记，申请划定工程管理范围与保护范围，督促水库管理单位或管护人员履行职责。

第十一条　水库管理单位或管护人员按照水库管理制度要求，实施水库调度运用，开展水库日常安全管理与工程维护，进行大坝安全巡视检查，报告大坝安全情况。

第十二条　小型水库租赁、承包或从事其他经营活动不得影响水库安全管理工作。租赁、承包后的小型水库安全管理责任仍由原水库主管部门（或业主）承担，水库承租人应协助做好水库安全管理有关工作。

第三章　工程设施

第十三条　小型水库工程建筑物应满足安全运用要求，不满足要求的应依据有关管理办法和技术标准进行改造、加固，或采取限制运用的措施。

第十四条　挡水建筑物顶高程应满足防洪安全及调度运用要求，大坝结构、渗流及抗震安全符合有关规范规定，近坝库岸稳定。

第十五条　泄洪建筑物要满足防洪安全运用要求。对调蓄能力差的小型水库，应设置具有足够泄洪能力的溢洪道或其他泄洪设施，下游泄洪通道应保持畅通。泄洪建筑物的结构及抗震安全应符合有关规范规定，控制设施应满足安全运用要求。

第十六条　放水建筑物的结构及抗震安全应符合有关规范规定。对下游有重要影响的小型水库，放水建筑物应满足紧急情况下降低水库水位的要求。

第十七条　小型水库应有到达枢纽主要建筑物的必要交通条件，配备必要的管理用房。防汛道路应到达坝肩或坝下，道路标准应满足防汛抢险要求。

第十八条　小型水库应配备必要的通信设施，满足汛期报汛或紧急情况下报警的要求。对重要小型水库应具备两种以上的有效通信手段，其他小型水库应具备一种以上的有效通信手段。

第四章　管理措施

第十九条　对重要小型水库，水库主管部门（或业主）应明确水库管理单位；其他小型水库应有专人管理，明确管护人员。小型水库管理（管护）人员应参加水行政主管部门组织的岗位技术培训。

第二十条　小型水库应建立调度运用、巡视检查、维修养护、防汛抢险、闸门操作、技术档案等管理制度并严格执行。

第二十一条　水库主管部门（或业主）应根据水库情况编制调度运用方案，按有关规定报批并严格执行。

第二十二条　水库管理单位或管护人员应按照有关规定开展日常巡视检查，重点检查水库水位、渗流和主要建筑物工况等，做好工程安全检查记录、分析、报告和存档等工作。重要小型水库应设置必要的安全监测设施。

第二十三条　水库主管部门（或业主）应按规定组织所属小型水库工程开展维修养护，对枢纽建筑物、启闭设备及备用电源等加强检查维护，对影响大坝安全的白蚁危害等安全隐患及时进行处理。

第二十四条　水库主管部门（或业主）应按规定组织所属小型水库进行大坝安全鉴定。对存在病险的水库应采取有效措施，限期消除安全隐患，确保水库大坝安全。水行政主管部门应根据水库病险情况决定限制水位运行或空库运行。对符合降等或报废条件的小型水库按规定实施降等或报废。

第二十五条　重要小型水库应建立工程基本情况、建设与改造、运行与维护、检查与观测、安全鉴定、管理制度等技术档案，对存在问题或缺失的资料应查清补齐。其他小型水库应加强技术资料积累与管理。

第五章 应急管理

第二十六条 水库主管部门（或业主）应组织所属小型水库编制大坝安全管理应急预案，报县级以上水行政主管部门备案；大坝安全管理应急预案应与防汛抢险应急预案协调一致。

第二十七条 水库管理单位或管护人员发现大坝险情时应立即报告水库主管部门（或业主）、地方人民政府，并加强观测，及时发出警报。

第二十八条 水库主管部门（或业主）应结合防汛抢险需要，成立应急抢险与救援队伍，储备必要的防汛抢险与应急救援物料器材。

第二十九条 地方人民政府、水行政主管部门、水库主管部门（或业主）应加强对应急预案的宣传，按照应急预案中确定的撤离信号、路线、方式及避难场所，适时组织群众进行撤离演练。

第六章 监督检查

第三十条 县级以上水行政主管部门应会同有关主管部门对小型水库安全责任制、机构人员、工程设施、管理制度、应急预案等落实情况进行监督检查，掌握辖区内小型水库安全总体状况，对存在问题提出整改要求，对重大安全隐患实行挂牌督办，督促水库主管部门（或业主）改进小型水库安全管理。

第三十一条 水库主管部门（或业主）应对存在的安全隐患明确治理责任，落实治理经费，按要求进行整改，限期消除安全隐患。

第三十二条 县级以上水行政主管部门每年应汇总小型水库安全监督检查和隐患整改资料信息，报上级水行政主管部门备案。县级以上水行政主管部门应督促并指导水库主管部门（或业主）加强工程管理范围与保护范围内有关活动的安全管理。

第七章 附 则

第三十三条 本办法自公布之日起施行。

第六编　部分地方政策法规

河北省重大危险源监督管理规定

（2009 年 12 月 30 日河北省政府第 48 次常务会议通过　2009 年 12 月 31 日河北省人民政府令〔2009〕第 12 号公布　自 2010 年 2 月 1 日起施行）

第一章　总　则

第一条　为加强重大危险源的监督管理，防止和减少安全事故发生，保障人民群众生命财产安全，根据《中华人民共和国安全生产法》、《河北省安全生产条例》等有关法律、法规的规定，结合本省实际，制定本规定。

第二条　本规定所称重大危险源，是指生产、搬运、使用或者储存危险物品的数量及其他存在的危险能量等于或者超过临界量的设施和场所。

第三条　本省行政区域内重大危险源的监督管理，必须遵守本规定。法律、法规另有规定的，从其规定。

第四条　具有重大危险源的生产经营单位（以下简称生产经营单位）是本单位重大危险源安全管理的责任主体，其主要负责人对本单位重大危险源的安全管理工作全面负责。

第五条　县级以上人民政府应当加强对重大危险源监督管理工作的领导，将重大危险源监督管理工作经费纳入同级财政预算，及时协调、解决监督管理工作中存在的重大问题，防范安全事故发生。

第六条　县级以上人民政府安全生产监督管理部门负责重大危险源的综合监督管理工作。

县级以上人民政府其他有关部门按各自职责，负责职责范围内重大危险源的具体监督管理工作。

第七条　县级以上人民政府安全生产监督管理部门应当建立重大危险源监控信息管理系统，掌握生产经营单位重大危险源信息，督促生产经营单位加强对重大危险源的监控。

第二章　辨识与安全评估

第八条　生产经营单位应当依据国家或者本省有关规定，对下列范围内的重大危险源进行辨识：

（一）储存易燃、易爆、有毒物质的贮罐区或者单个贮罐；

（二）储存民用爆破器材、烟火剂、烟花爆竹及易燃、易爆、有毒物质的库区或者单个库房；

（三）生产、使用民用爆破器材、烟火剂、烟花爆竹及易燃、易爆、有毒物质的生产场所；

（四）输送可燃、易爆、有毒气体的长输管道，中压以上的燃气管道，输送可燃、有毒等危险流体介质的工业管道；

（五）蒸汽锅炉，热水锅炉；

（六）易燃介质和介质毒性程度为中度以上的压力容器；

（七）高瓦斯、煤与瓦斯突出、有煤尘爆炸危险、水文地质条件复杂、煤层自燃发火期小于6个月、煤层冲击倾向为中等及以上的煤矿矿井；

（八）金属非金属地下矿井，包括瓦斯矿井、水文地质条件复杂的矿井、有自燃发火危险的矿井、有冲击地压危险的矿井；

（九）全库容大于一百万立方米或者坝高大于三十米的尾矿库；

（十）国家和本省规定的其他重大危险源。

生产经营单位应当根据辨识情况确认本单位的重大危险源，并对确认结果负责。

第九条 依据国家或者本省有关规定，重大危险源的等级按其危险程度由高到低依次划分为一级、二级、三级和四级。

第十条 生产经营单位应当委托具有安全评价资质的机构对确认的重大危险源进行安全评估，承担评估任务的评价机构应当出具安全评估报告。

第十一条 承担安全评估任务的评价机构应当对其出具的安全评估报告的真实性及所作结论负责。

安全评估报告应当包括以下内容：

（一）安全评估的主要依据；

（二）重大危险源的基本情况；

（三）危险、有害因素的辨识与分析；

（四）发生事故的可能性、类型及危害程度；

（五）可能受影响的周边单位和人员；

（六）重大危险源等级；

（七）安全管理和技术措施；

（八）评估结论与建议。

第十二条 一级重大危险源每1年进行一次安全评估，二级重大危险源每2年进行一次安全评估，三级、四级重大危险源每3年进行一次安全评估。

重大危险源具有下列情况之一的，应当重新进行安全评估：

（一）实施新建、改建、扩建工程的；

（二）生产工艺、材料及生产过程、设施等发生变更的；

（三）外部环境因素发生重大变化的；

（四）发生安全事故的；

（五）国家有关规定发生变化的。

第十三条 重大危险源的辨识、安全评估与分级标准，依照国家有关规定执行。国家尚未制定的，由省安全生产监督管理部门会同其他有关部门组织制定。

第三章 登记建档、备案与核销

第十四条 生产经营单位应当对安全评估后的重大危险源及时登记建档。

登记建档的主要内容包括：

（一）单位名称、法定代表人、单位地址、联系人、联系方式；

（二）重大危险源的基本情况；

（三）重大危险源相关技术资料；

（四）检测及监控措施；

（五）重大危险源应急预案；

（六）重大危险源安全评估报告；

（七）重大危险源的其他情况。

第十五条　生产经营单位应当在对重大危险源进行安全评估后5日内，依照有关规定将重大危险源登记建档情况报县级以上人民政府安全生产监督管理部门和其他有关部门备案。

重大危险源登记建档的主要内容发生改变时，生产经营单位应当及时更新档案并上报备案。

第十六条　对不再构成重大危险源的，生产经营单位应当及时向备案的县级以上人民政府安全生产监督管理部门和其他有关部门提出核销申请，县级以上人民政府安全生产监督管理部门和其他有关部门应当依照有关规定，组织现场核查，符合条件的予以注销。

第十七条　生产经营单位在破产或者关闭前，必须排除重大危险源，使本单位不存在重大危险源。

第四章　安全管理

第十八条　生产经营单位应当建立重大危险源安全管理制度，制定重大危险源安全管理技术措施。

第十九条　生产经营单位应当明确重大危险源安全管理负责人，指定专人负责重大危险源的监控，并落实监控责任。

第二十条　生产经营单位应当根据重大危险源的等级，建立相应的安全监控系统或者安全监控设施，保证安全监控系统或者监控设施的有效运行。

第二十一条　生产经营单位应当在重大危险源现场设置明显的安全警示标志，定期对重大危险源的工艺参数、危险物质、危险能量和安全设备进行检测，并做好记录。

第二十二条　生产经营单位应当制定重大危险源应急预案，定期组织应急演练，及时改进和完善重大危险源应急预案，提高重大危险源安全事故应急处置能力。

第二十三条　生产经营单位应当配备必要的应急救援器材、设备，并进行经常性维护、保养，保证正常运转。具有一级、二级重大危险源的生产经营单位应当建立应急救援组织，其他生产经营单位应当指定兼职的应急救援人员。

第二十四条　生产经营单位应当对重大危险源监控、管理及相关人员进行安全生产教育和技能培训，使其熟悉重大危险源安全管理制度、安全操作规程，掌握安全操作技能和在紧急情况下应当采取的应急措施。

第二十五条　生产经营单位应当将重大危险源可能发生安全事故的后果及应急措施等信息告知从业人员和相关人员。

第二十六条　生产经营单位的决策机构、主要负责人或者个人经营的投资人应当保证重大危险源安全管理所必需的资金投入，并对由于资金投入不足导致的后果承担责任。

第五章　监督检查

第二十七条　县级以上人民政府安全生产监督管理部门和其他有关部门应当加强对本规定施行

情况的监督检查，及时查处重大危险源违法行为。

第二十八条 县级以上人民政府安全生产监督管理部门和其他有关部门履行监督检查职责时，有权采取以下措施：

（一）要求生产经营单位如实提供与监督检查事项有关的资料，并进行复制；

（二）要求生产经营单位就监督检查事项涉及的问题作出解释和说明；

（三）责令生产经营单位停止重大危险源违法行为。

第二十九条 县级以上人民政府安全生产监督管理部门和其他有关部门在检查中发现重大危险源存在安全事故隐患，应当责令生产经营单位立即整改；不能立即整改的，责令限期改正。在整改前或者整改中无法保证安全的，应当责令生产经营单位从危险区域内撤出作业人员，暂时停产、停业或者停止使用。安全事故隐患排除后，方可恢复生产经营。

第三十条 县级以上人民政府安全生产监督管理部门和其他有关部门的工作人员履行监督检查职责时，应当出示行政执法证件。被检查单位应当予以配合，不得妨碍和阻挠依法进行的监督检查活动。

第三十一条 任何单位和个人有权对重大危险源存在的安全事故隐患及安全生产违法行为向安全生产监督管理部门或者其他有关部门报告、举报。接到报告、举报的部门应当按职责分工，及时组织核查并依法处理。

第六章 法律责任

第三十二条 生产经营单位有违反本规定第八条、第十五条、第十六条、第十七条规定的，责令改正，可以并处一千元以上一万元以下的罚款。

第三十三条 违反本规定第十条、第十四条、第二十一条、第二十二条规定的，依照《中华人民共和国安全生产法》的有关规定处罚。

第三十四条 违反本规定导致安全事故发生的，依照《生产安全事故报告和调查处理条例》的有关规定处罚；构成犯罪的，依法追究刑事责任。

第三十五条 本规定的行政处罚由安全生产监督管理部门决定；有关法律、法规对行政处罚的决定机关另有规定的，从其规定。

第三十六条 县级以上人民政府负有重大危险源监督管理职责部门的工作人员有下列行为之一的，依法给予处分；构成犯罪的，依法追究刑事责任：

（一）发现重大危险源存在安全事故隐患不依法处理，导致事故发生的；

（二）接到报告、举报后，未及时组织核查并依法处理的；

（三）其他滥用职权、徇私舞弊、玩忽职守的行为。

第七章 附 则

第三十七条 本规定自 2010 年 2 月 1 日起施行。

贵州省安全生产约谈制度

（贵州省人民政府办公厅　黔府办发〔2010〕5号　自2010年2月15日起执行）

第一条　根据《中华人民共和国安全生产法》、《贵州省安全生产条例》等有关法律法规，结合我省实际，制定本制度。

第二条　本制度所称安全生产约谈，是指上级人民政府或安委会对未履行或未正确履行职责，导致发生较大及以上生产安全事故，未及时排除治理重大安全隐患，未按时完成重要安全生产工作任务的下级政府及行业主管部门和生产经营单位进行问责谈话。

第三条　本制度适用于省级行业主管部门，各市（州、地）政府（行署）、各县（市、区）政府、各乡（镇）政府及所属具有安全监管责任的部门，各生产经营单位主要负责人和主管责任人，上级人民政府或安委会认为有必要约谈的人员。

第四条　约谈按照“属地管理”和“谁主管、谁负责”原则分级组织实施。

第五条　有下列情形之一的，应当对相关负责人和责任人进行约谈。

发生一次死亡10人以上重大生产安全事故的市（州、地）；一个月发生2起或一个季度发生3起或一年发生4起一次死亡3~9人较大事故的县（市、区）；一个季度发生2起或一年发生3起一次死亡3~9人较大事故的乡（镇）；所辖区域内事故应急救援不及时或事故查处不力或隐瞒事故或事故处理不落实的；所辖区域或行业范围内非法生产、非法经营、非法建设行为打击不力的；所辖区域或行业范围连续两个季度生产安全事故死亡人数超过安全生产控制指标进度的；未完成上级人民政府下达的年度安全生产控制指标的；未完成上级人民政府部署的重要安全生产工作任务的；未完成上级人民政府（安委会）挂牌督办的重大安全隐患整治任务的。

第六条　约谈分级。

（一）省人民政府或省安委会主持对各市（州、地）政府（行署）、省级行业主管部门、中央在黔或省属生产经营单位的约谈，也可以越级约谈。

（二）各市（州、地）政府（行署）或市（州、地）安委会主持对县（市、区）政府、市级行业主管部门和市级所属生产经营单位的约谈。

（三）各县（市、区）政府或县（市、区）安委会主持对乡（镇）政府、县级行业主管部门和县属生产经营单位的约谈。

第七条　约谈由人民政府或安委会、监察、安全监管、工会等有关部门负责人及相关行业技术专家组成约谈小组，可根据情况邀请组织部门、纪检部门、人民检察院和新闻媒体参加，安委会办公室负责具体实施。

第八条　约谈内容。

（一）对安全生产控制考核指标、重要安全生产工作任务未完成或重大安全隐患未及时整改的约谈。听取被约谈责任单位负责人或责任人加强基层基础管理工作情况，包括机构人员、安全生产责任制、安全生产管理规章制度、安全检查、安全投入、隐患整改排除、安全宣传教育培训、提高安全生产管理水平的措施等方面制度建设和贯彻执行情况，改进措施，整改时限，资金筹措及整改责任落实等情况汇报。

（二）对发生安全生产事故的约谈。听取被约谈责任单位负责人或责任人对安全生产监督管理工作、事故发生经过、事故现场应急救援、事故原因分析，应汲取的事故教训、采取的安全管理防范事故措施和承诺。

（三）对打击非法生产、经营、建设的约谈。听取被约谈人民政府、相关部门对现状及原因分析，采取对策措施，责任体系建设等情况汇报。

（四）约谈小组要指导帮助被约谈单位查找存在问题，提出加强安全生产工作的建议和要求，并督促落实。

第九条　约谈程序。

（一）约谈前，由组织单位发出书面通知，通知书上应注明被约谈单位名称，被约谈人姓名、约谈事项、约谈时间、约谈地点、需要提交的相关材料等。

（二）约谈时，组织单位要安排专人记录，形成约谈书面备忘录或会议纪要，并及时发送有关单位。

（三）约谈后，被约谈人要将约谈要求落实情况在15个工作日内以书面形式报告约谈小组各成员单位。

第十条　约谈时限。

（一）对发生生产安全事故的约谈在事故等级、性质确定后15日内。

（二）对上级人民政府及安委会部署的重要工作的约谈在要求的期限或重大安全隐患整改期后10日内。

第十一条　对无故不参加约谈或不认真落实约谈要求的单位和个人将进行通报批评，并按有关规定追究被约谈人的责任。因约谈事项未落实或落实不到位而引发生产安全事故的，要按相关法律法规规定的处理上限，追究被约谈人责任。

第十二条　本制度自2010年2月15日起执行。

湖北省重大安全生产事故隐患整改分级挂牌督办办法

（湖北省安全生产委员会　2010年10月26日颁布　鄂安〔2010〕20号）

第一条　为加强全省重大安全生产事故隐患（简称事故隐患）排查治理和监督管理，有效防范生产安全事故的发生，根据《中华人民共和国安全生产法》、《湖北省安全生产条例》、《安全生产事故隐患排查治理暂行规定》（国家安监总局16号令）等法律、法规、规章和《国务院关于进一步加强企业安全生产工作的通知》（国发〔2010〕23号），结合我省实际，制定本办法。

第二条　重大事故隐患的查处和挂牌督办，按事故隐患等级实行分级管理，各级安全生产委员会办公室具体承担挂牌督办事项的综合工作。

（一）四级重大事故隐患由县（市、区）安全生产委员会负责在媒体上公示，挂牌督办；

（二）三级重大事故隐患由市（州）、直管市、林区安全生产委员会负责在媒体上公示，挂牌督办；

（三）二级以上重大事故隐患由省安全生产委员会负责在媒体上公示，挂牌督办。

第三条　各级安全生产委员会依照事故隐患等级，对重大事故隐患的挂牌督办，按照以下程序办理：

（一）省安全生产委员会负责挂牌督办的二级以上重大事故隐患，由省安全生产委员会办公室提出挂牌督办事项、期限要求、责任单位的建议，报省安全生产委员会领导同意后，以省安全生产委员会名义向存在重大事故隐患企业所在的市（州）政府下达重大隐患挂牌督办通知书。省安全生产委员会办公室负责承办落实情况的指导、协调、核查、综合及上报工作。

（二）市（州）、直管市、林区安全生产委员会按省安全生产委员会下达重大隐患挂牌督办通知书提出的督办事项，提出落实建议，报安全生产委员会领导同意后，以同级政府名义下达落实挂牌督办通知书的具体意见，同级安全生产委员会办公室负责承办落实情况的指导、协调、核查、综合及上报工作。

（三）市（州）、直管市、林区安全生产委员会负责挂牌督办的三级重大事故隐患，由同级安全生产委员会办公室提出挂牌督办事项、期限要求、责任单位的建议，报安全生产委员会领导同意后，以市（州）、直管市、林区安全生产委员会名义向存在重大事故隐患企业所在的政府下达挂牌督办通知书。

（四）存在三级重大事故隐患企业所在的县（市）安全生产委员会按上级安委会下达挂牌督办通知书提出的督办事项，提出落实建议，报政府领导同意后，以县（市）政府名义下达落实挂牌督办通知书的具体意见，同级安全生产委员会办公室负责承办落实情况的指导、协调、核查、综合及上报工作。

（五）县（市、区）安全生产委员会负责挂牌督办的四级重大事故隐患，由同级安全生产委员会办公室提出挂牌督办事项、期限要求、责任单位的建议，报安全生产委员会领导同意后，以县（市、区）安全生产委员会名义向存在重大事故隐患企业的监管部门和所在地政府下达挂牌督办通知书。

（六）存在四级重大事故隐患企业所在的地方政府按上级安委会下达挂牌督办通知书提出的督办事项，以地方政府名义下达落实挂牌督办通知书的具体意见，同级安全生产委员会办公室负责承办落实情况的指导、协调、核查、综合及上报工作。

第四条　挂牌督办的重大事故隐患，应在当地主流媒体和政府网站、安全监管局网站上公布挂牌督办信息。

第五条　挂牌督办通知书包括下列内容：

（一）事故隐患的名称及责任单位；

（二）督办事项；

（三）整改期限；

（四）督办解除方式、程序。

第六条　重大事故隐患的治理，应当做到“五到位”，即整改措施到位、资金到位、期限到位、责任人到位、应急预案到位。

第七条　重大事故隐患整改方案应当包括以下内容：

1. 治理的目标和任务；
2. 采取的方法和具体措施；
3. 经费和物资的落实；
4. 负责治理的机构和责任；
5. 治理的时限和要求；
6. 安全措施和应急预案。

第八条　在重大事故隐患挂牌督办期间，被督办的人民政府安全生产委员会办公室应当加强与上一级安全生产委员会办公室的沟通，及时汇报有关情况。

第九条　已经取得安全生产许可证的生产经营单位，在其被挂牌督办的重大事故隐患治理结束前，安全生产监管部门和有关部门应当加强监督检查。对存在重大事故隐患被责令停产停业整改的企业，应提请许可证颁发机关依法暂扣其安全生产许可证。

第十条　对重大隐患到达整改限期或生产经营单位提出复查申请之日起10日内，下达挂牌督办通知书的部门应会同地方相关部门和技术专家或者根据省级指定的安全生产技术支撑机构出具的隐患整改效果评价报告组织现场验收，确认满足安全生产条件后，作出重大隐患核销和同意恢复生产经营的批复。并将整改结果在媒体上公告。在限期内没有整改到位的，应暂扣生产许可证或安全生产许可证，直至隐患排除。

第十一条　各级人民政府应当建立重大隐患治理激励约束机制，安排专项资金，对重大隐患治理效果好的地方给予奖励。建立安全生产约谈制度，对重大隐患不能如期整改、可能超年度事故控制指标的县级政府由省安全生产委员会进行约谈。

第十二条　各级人民政府应将重大隐患治理与企业用地审批、信用评级、品牌创建挂钩，对重大隐患整改不力的要实行“一票否决”和经济及行政制裁。对拒不执行监管指令的企业，要依法从重处罚。

第十三条　各级人民政府要加大对重大事故隐患治理资金的投入，在每年的预算中安排相应的专项经费，用于支持靠企业自身能力无法完全排除的，且涉及面广、整治难度大、危害后果严重、社会影响很大的重大事故隐患的整改治理。

第十四条　对政府挂牌督办的重大事故隐患的治理，各地人民政府应当加强领导，明确具体职责，协调解决治理重大事故隐患过程中的困难和问题。

第十五条　对生产经营单位拒不执行整改指令的，依法实施行政处罚，直至按要求完成整改。对经停产、停业整顿治理后，仍不具备安全生产条件的，应依法提请县级以上人民政府按照国务院规定的权限予以关闭。

第十六条　承担重大事故隐患挂牌督办事项的地方人民政府有关职能部门对督办事项无故拖延、敷衍塞责，或者在解除挂牌督办过程中弄虚作假的，依法追究相关人员责任。

第十七条　本办法自印发之日起施行。

内蒙古自治区安全生产检测机构监督管理实施办法（试行）

（内蒙古自治区安全生产监督管理局　2011 年发布
内安监科技规划字〔2011〕18 号）

第一章　总　则

第一条　为加强安全生产检测检验机构监督管理，规范安全生产检测检验行为，依据《安全生产法》、《内蒙古自治区安全生产条例》和《安全生产检测检验机构管理规定》（国家安全监管总局令第 12 号）等有关法律、法规，结合我区实际，制定本办法。

第二条　安全生产检测检验机构（以下简称检测检验机构）及其检测检验人员在自治区行政区域内从事安全生产检测检验活动及自治区各级安监部门对检测检验机构实施监督管理，适用本办法。

第三条　检测检验机构应当取得安全生产检测检验资质（以下简称检测检验资质），并在检测检验资质有效期和批准的业务范围内独立开展检测检验活动。

检测检验机构设置应当统筹规划、合理布局、规范发展，避免无序竞争。

第四条　自治区安监局负责指导、协调、监督管理自治区行政区域内安全生产检测检验工作。

县级以上安监部门对在本地区开展安全生产检测检验活动的机构进行监督。

第五条　检测检验资质分为甲级和乙级。甲级检测检验资质由国家安全生产监督管理总局审批，颁发资质证书；乙级检测检验资质由内蒙古自治区安全生产监督管理局（以下简称自治区安监局）审批、颁发资质证书。

第六条　工商注册地在自治区境内，取得甲级检测检验资质的检测检验机构，可以在全国范围内工矿商贸生产经营单位从事涉及生产安全的设施设备（特种设备除外）及产品的型式检验、安全标志检验、在用检验、监督监察检验、作业场所安全检测和事故物证分析检验等业务。

工商注册地在自治区境内，取得乙级检测检验资质的检测检验机构，可以在自治区行政区域内工矿商贸生产经营单位从事涉及生产安全的设施设备（特种设备除外）在用检验、监督监察检验、作业场所安全检测和重大事故以下的事故物证分析检验等业务。

安全生产检测检验项目按照国家安全监管总局公布的目录执行。

第七条　工商注册地在自治区境外的甲级检测检验机构，在自治区行政区域内从事检测检验活动，应将从事检测检验的项目告知自治区安监局及检测检验项目所在地盟市、旗县区安监局，并接受自治区各级安监局的监督检查。

第二章　资质的申请

第八条　申请甲级检测检验资质的条件和程序，按国家安全监管总局的有关规定执行。

第一节　乙级资质的申请程序

第九条　申请乙级检测检验资质应当具备以下条件：

（一）具有法人资格，能够独立、客观、公正地开展检测检验工作。

（二）有与申请业务相适应的固定工作场所、检测检验仪器、设备、设施和环境条件，检测检验仪器、设备、设施原值不低于150万元。

（三）在编人数不少于20人，且有与申请业务范围相适应的专业技术人员，专业技术人员不低于在编人员总数的60%，其中：中级以上技术职称人员和注册安全工程师分别不低于在编人员总数的30%和10%。

（四）主要负责人、技术负责人、质量负责人具有与申请业务相适应的中级以上技术职称或者注册安全工程师资格，技术负责人有3年以上与安全生产相关的检测检验工作经历。

（五）有满足资质认定准则要求的管理体系，并已有效运行3个月以上。

（六）以检测检验为主营业务，且从事与安全生产相关的检测检验工作3年以上。

（七）有正常开展业务所需的资金或者经费保障，注册资金不低于150万元。

（八）取得计量行政管理部门的计量认证。

（九）法律法规和规章规定的其他条件。

第十条　申请乙级检测检验资质，需提交《安全生产检测检验机构乙级资质认定申请书》（见附件1），包括：

（一）申请机构概况。

（二）申请类型及证书状况。

（三）申请机构基本信息。

（四）申请机构特殊信息。

（五）申请书附表，包括：

1. 申请的检测检验能力范围；
2. 申请批准的授权签字人一览表；
3. 授权签字人申请表；
4. 申请机构在编人员一览表；
5. 仪器设备设施一览表；
6. 仪器设备/标准物质配置表；
7. 参加能力验证/检测检验机构间比对一览表；
8. 检测检验能力变更申请表（变更时填报）。

（六）随申请书提交的有关资料，包括：

1. 法人营业执照正本复印件；
2. 组织机构框图；
3. 工作场地平面图（标明尺寸，单位：m）；
4. 现行有效的质量手册和程序文件；
5. 典型项目的检测检验报告；

6. 计量认证合格证书复印件；

7. 申请机构从事与安全生产相关的检测检验工作经历证明；

8. 在编人员学历证书、技术职称证书、注册安全工程师证书复印件；检测检验人员劳动关系证明文件复印件；技术负责人和检测检验人员简历；主要负责人、技术负责人、质量负责人和机构各部门负责人任命文件；技术负责人从事与安全生产相关的检测检验工作经历证明；

9. 检测检验仪器、设备、设施原值评估报告复印件及计量检定证复印件；

10. 办公、检测检验场地证明文件；

11. 其他资料，包括：分包单位的资质证明、租用设备协议、已取得国家、自治区实验室或其他检测检验资质的证明及需要说明的材料。

（七）申请单位声明。

（八）申请机构所在地盟市安全生产监督管理局的推荐书。

第十一条 申请材料要求：

（一）申请机构对提交申请材料的真实性负责；

（二）申请机构提交的申请资料，按要求装订成册，1 式 3 份并报电子版一份；

（三）提供文件的打印件、复印件均使用 A4 白色复印纸，证明文件的复印件需提供彩色扫描件，并加盖申请机构印章。

第十二条 申请乙级检测检验资质，按照下列程序办理：

（一）申请机构应当于每年 6 月份向自治区安监局提交申请书及相关资料。

（二）自治区安监局收到申请资料后 5 个工作日内，完成对申请资料、申报材料的符合性、形式审查工作，并填制《安全生产检测检验机构乙级资质符合性审查意见表》（附件 2）、《安全生产检测检验机构乙级资质申报材料形式审查表》（附件 3），对符合本办法第九条、第十条、第十一条的，向申请机构出具《安全生产检测检验机构乙级资质认定申请受理通知书》（见附件 4）。

经符合性审查，申请机构提交的申请资料不符合本办法第九条、第十条、第十一条规定的，自治区安监局不予受理，并向申请机构发出《安全生产检测检验机构乙级资质认定申请不予受理通知书》（见附件 5）。

经符合性审查，申请机构提交的申请资料，需要补充的，自治区安监局向申请机构发出《安全生产检测检验机构乙级资质认定申请材料补充告知书》（见附件 6），写明需要补充的材料；申请机构补齐资料并符合要求后，自治区安监局向申请机构出具《安全生产检测检验机构乙级资质认定受理通知书》。

（三）自治区安监局受理后，将有关申报材料分送相关业务处室进行专业技术能力审查。相关业务处室应当在接到相关申报材料之日起，5 个工作日内完成审查工作，并向局资质审批处室提交《安全生产检测检验机构乙级资质专业技术能力审查表》（见附件 7）。局资质审批处室收到相关处室的专业技术能力审查意见后 20 个工作日内，组织并从国家安监总局检测检验机构资质评审专家库中聘请具备相应能力的评审专家，组成现场核查评审小组，按照检测检验机构资质认定评审标准、准则、细则、规则、指南、工作文件等规范性文件，对申请机构申请范围的技术能力、授权签字人、管理能力等进行现场评审。现场评审符合要求的，形成评审报告；现场评审不符合要求的，现场核查评审小组书面向申请机构提出整改或完善意见，申请机构完成整改，现场核查评审小组验收合格后，形成评审报告。

（四）自治区安监局在接到评审报告之日起 20 个工作日内，依据评审报告结果，完成对申请机构的资质认定工作。经综合审查符合规定条件的，审定后上网公示，对无异议的，颁发资质证书，并向社会公告检测检验机构及其检测检验能力范围、授权签字人及授权签字领域；不予认定的，向申请机构出具《安全生产检测检验机构乙级资质不予认定书》（附件8），书面通知申请机构。

（五）自治区安监局在作出资质认定决定前，先进行不少于10日的公示。

（六）自治区安监局对申请乙级资质机构自批准之日起30日内，向国家安监总局上报《安全生产检测检验机构乙级资质审批备案表》（附件9）进行备案。

第二节　区外甲级机构在自治区内开展业务的告知

第十三条　自治区境外甲级检测检验机构在自治区境内开展安全生产检测检验业务实行告知制度，自治区境外甲级检测检验机构在自治区从事检测检验时应向自治区安监局提交以下材料：

（一）《开展安全生产检测检验业务告知书》（附件10）；

（二）甲级资质证书正副本复印件（加盖单位公章）；

（三）工商营业执照正本复印件（加盖单位公章）；

（四）承担项目的检测检验人员能力证明；

（五）检测检验工作主要业绩表；

（六）在自治区行政区域内从事检测检验项目明细表。

申请机构提交的告知资料，按要求装订成册，1式1份并报电子版一份。

第十四条　自治区安监局将境外甲级检测检验机构拟在自治区开展检测检验业务的甲级检测检验机构进行网上公告。同时，书面告知检测检验项目所在地盟市安监局，并由盟市、旗县区安监局对其检测检验活动进行监督检查。

第三节　资质的增项变更

第十五条　检测检验机构资质增项、变更与换证

（一）取得乙级资质证书的检测检验机构，在检测检验资质有效期内，需要增加检测检验项目的，应当于每年6月份提出增项申请，业务范围调整后资质证书有效期不变。

（二）乙级资质检测检验机构在资质有效期内，依据标准、重要试验设备、设施和环境、检测检验方法、主要负责人、授权签字人及授权签字事项、机构名称、地址、法定代表人、隶属关系、联系方式等有关情况发生变更以及减少检测检验项目的，应当向自治区安监局提出变更申请。

（三）乙级检测检验资质证书有效期为3年。资质证书有效期满需要延续的，应当在资质有效期满前6个月，向自治区安监局提出换证申请，在提出换证申请的同时，可提出增项、变更申请。逾期未提出延续申请的，其资质证书自行作废，不得继续从事检测检验活动。

检测检验机构资质增项、变更、换证，按照本办法第十二条规定的程序办理。

第十六条　对于原批准范围内相关能力的简单扩充，不涉及新的技术、方法和设备设施等的，可以在申报材料审查合格后，不再进行现场评审。

第十七条　资质检测检验机构因改制或者分立、合并等原因，组建新的检测检验机构，其检测检验资质应当依据本办法规定重新申请许可。

第十八条　自治区安监局定期向社会公布取得乙级资质的检测检验机构及其检测检验业务范围、授权签字人及授权签字事项。

第三章　检测检验

第十九条　检测检验机构应当依照法律法规、规章、执业准则和相关技术规范、标准，在批准的资质业务范围内，科学、公正、诚信地开展检测检验工作，提供及时、优质、安全的服务，保证

检测检验结果真实、准确、客观，并对检测检验结果负责。

第二十条 检测检验机构及其从业人员在开展业务活动时，应当遵守下列行为规范要求：

（一）检测检验机构承担检测检验项目时，应当向委托方提交有效的机构资质证明，并依法与委托方签订检测检验合同，明确检测检验对象、范围及双方的权利、义务和责任。检测检验机构与被检测检验对象存在利害关系的，应当回避；

（二）坚持依法经营，遵守市场竞争规则，不采取欺诈、恶性竞争等不正当手段获取利益，不得故意贬低、诋毁其他检测检验机构，不得泄露被检测检验对象的技术秘密和商业秘密，不得接受可能影响检测检验公正性的资助；

（三）不得以安全生产监督管理部门及其工作人员的名义或以欺骗手段到生产经营单位招揽业务；

（四）做到廉洁自律，坚决杜绝商业贿赂和其他形式的经济犯罪行为，牢固树立社会主义荣辱观，维护社会主义市场经济秩序，检测检验人员不得同时在两家以上检测检验单位从业；

（五）强化从业人员业务培训，不断提高整体素质和业务水平，积极采用科学先进、合理的检测检验方法，坚持技术创新，不断提高装备水平，保证检测检验结果的科学性、先进性和准确性，不剽窃、不抄袭他人成果，不得出具虚假、失实的检测检验报告；

（六）坚持质量第一，加强内部管理，严格执行检测检验质量过程控制制度，精心开展检测检验，严格校审，保证检测检验报告准确无误，不得应到而不到现场开展检测检验活动，不得擅自更改、简化检测检验程序及内容；

（七）检测检验质量过程控制记录、被检测检验对象现场勘查记录、影像资料及相关证明材料，应及时归档，妥善保管；

（八）落实检测检验机构责任，积极服务于基层安全生产工作，帮助企业开展隐患排查和治理，消除事故隐患，为推动企业安全生产标准化和规范化建设积极献计献策；

（九）不得从事与检测检验业务范围内相关的产品开发、营销等活动，不得利用检测检验机构的名义参与企业的商业性活动。

第二十一条 检测检验机构不得伪造、转让、租借或者出借资质、资格证书或冒用签名从事检测检验活动，不得超出资质证书确认的业务范围从事检测检验活动，不得将所承担的检测检验项目或工作转包给其他检测检验机构，不得设立分支机构。

检测检验机构需要外协检测检验个别项目时，必须选择有相应资质的检测机构，并对检测检验的最终结果负责。

第二十二条 检测检验收费应当符合法律、法规和有关财政收费的规定。法律、法规和有关财政收费没有规定的，按照行业自律标准或指导性收费标准收费；没有行业自律和指导性收费标准的，双方通过合同协商确定。不得有属于被取缔的各种乱收费的行为。

第二十三条 检测检验人员应当熟悉安全生产法律法规、规章、标准和有关规定，具备检测检验工作所需要的专业知识和能力，经过专业培训和考核，并应当只在一个检测检验机构中从事检测检验工作。

检测检验人员应按规定经培训取得相应资格后方可从事检测检验工作。

第二十四条 检测检验机构和检测检验人员发现被检测检验的设施设备、产品、作业场所等存在重大事故隐患，必须立即告知检测检验委托方，并及时向委托方所在地安监部门报告，不得隐瞒不报、谎报或者拖延报告。

第二十五条 检测检验机构在从事检测检验活动时，应当按照属地管理的原则，告知检测检验项目所在地安监部门，并按季度向自治区安监局报告工作情况，自觉接受各级安监部门的监督检查。

第二十六条　检测检验机构应在每个季度后5日内报送上季度工作开展情况，并在每年1月10日前向自治区安监局报送上一年度的工作总结和本年度的工作计划。

第四章　监督管理

第二十七条　监督评审与检查。

（一）检测检验机构实行年检制度，自治区安监局每年11月开始组织对安全生产检测检验机构进行年检，经年检符合本办法规定条件的，予以签章通过；经年检不符合本办法规定条件的，由自治区安监局暂停其部分或全部的业务范围，并书面说明理由。

（二）自治区安监局可根据工作需要组织专家对检测检验机构进行不定期的监督评审或者检查。

（三）监督评审和检查中发现乙级检测检验机构不再具备能力的检测检验项目及授权签字人的，取消其检测检验项目、授权签字人及授权签字领域；监督评审或者检查中发现乙级资质检测检验机构不再具备相应条件的，将重新核定或者注销其检测检验资质。

（四）对取消检测检验项目、授权签字人、授权签字领域和重新核定及注销检测检验资质的，自治区安监局将向社会公告。

（五）在检查中发现甲级检测检验机构不再具备能力的检测检验项目及授权签字人或甲级资质检测检验机构不再具备相应条件的，自治区安监局将向国家安监总局报告，并暂停其在自治区境内的检测检验活动，并向社会公告。

第二十八条　盟市、旗县区安监局对在本辖区内从事安全生产检测检验活动的检测检验机构，按照属地的原则对其检测检验行为实施监督检查。在监督检查中发现检测检验机构的检测检验行为有违反国家法律法规标准和本办法的，应立即向其下达相关行政执法文书，责令其停止检测检验活动，并将检测检验机构的违法违规行为报自治区安监局。

第二十九条　自治区安监局对安全生产检测检验机构的检测检验结果实行标志管理，经检测检验的设备，除向被检测检验单位出具检测检验报告外，还需在被检测检验设备明显位置上加挂《安全生产检测检验标志》（见附件11），标明对该设备安全生产检测检验的结果，安全生产检测检验标志牌由自治区安监局统一监制。

第三十条　检测检验机构有违反本办法规定的行为，按照国家法律法规进行处罚。

第三十一条　乙级检测检验机构有下列情形之一的，由自治区安监局注销其检测检验资质：

（一）资质有效期届满未申请换证或者未批准换证的；

（二）机构依法终止的；

（三）资质依法被撤销的；

（四）不宜继续保留资质的其他情形。

被注销资质的检测检验机构应当自决定注销其资质之日起7日内将资质证书和相关印章交还资质证书颁发机关，并不得继续以检测检验机构名义从事相关业务活动。

第三十二条　安监部门及其工作人员不得干扰检测检验机构的正常活动，不得以任何理由或者方式向检测检验机构收取费用或者变相收取费用。除另有规定外，不得强行要求生产经营单位接受指定的检测检验机构开展检测检验工作。

第三十三条　任何单位和个人对违反本办法行为的检测检验机构及其检测检验人员，有权向安监部门举报，安监部门应当认真核实、处理，并为举报人保密。

第三十四条　检测检验机构提供虚假材料申请检测检验资质的，安监部门不予受理，并对该机构的行为予以记录。该机构1年内不得再次申请检测检验资质。

第三十五条 检测检验机构和检测检验人员以及安监部门工作人员违反本办法规定的，依照《安全生产法》、《内蒙古自治区安全生产条例》、《安全生产检测检验机构管理规定》等法律法规的规定进行处罚。

第五章 附 则

第三十六条 安全生产检测检验，是指根据《安全生产法》、《内蒙古自治区安全生产条例》、《安全生产检测检验机构管理规定》（国家安全监管总局令第12号）等相关法律法规、规章等规定，依据国家有关标准、规程等技术规范，对工矿商贸生产经营单位影响从业人员安全和健康的设施、设备、产品的安全性能和作业场所存在的危险危害性等进行检测检验，并出具具有证明作用的数据和结果的活动。

安全生产检测检验机构，是指取得安监部门颁发的检测检验资质证书，为安监部门和工矿商贸生产经营单位提供安全生产检测检验技术服务的中介组织。

安全生产检测检验人员，是指在安全生产检测检验机构内从事检测检验工作的专职人员。

第三十七条 本办法自发布之日起施行。

北京市生产安全事故应急预案管理办法

（北京市安全监管局2011年第15次局务会议审议通过　自2011年5月13日起施行）

第一章　总　则

第一条　为规范本市生产安全事故应急预案（以下简称应急预案）管理工作，增强应急预案的科学性、针对性、实操性，根据《生产安全事故应急预案管理办法》（国家安全监管总局令第17号）、《北京市突发事件应急预案管理办法》等有关规定，结合本市实际，制定本办法。

第二条　本市市、区县安全生产监督管理部门应急预案的管理工作，以及矿山、危险化学品、烟花爆竹和机械、冶金、建材、轻纺、烟草行业领域内生产经营单位（以下简称生产经营单位）应急预案的管理工作，适用本办法。其他行业领域内生产经营单位应急预案管理工作，参照本办法执行。

法律、行政法规和国务院另有规定的，依照其规定。

第三条　应急预案的管理遵循政府统筹指导，企业组织实施，强化预案衔接，注重现场处置的原则。

第四条　市安全生产监督管理局负责全市应急预案的综合协调管理工作，指导全市应急预案体系建设工作；负责相关大中型国有企业的应急预案备案工作；负责建立完善应急预案信息管理系统，提高本市应急预案管理和应急救援管理信息化水平；负责《北京市危险化学品事故应急预案》、《北京市矿山事故应急预案》、《北京市烟花爆竹事故应急预案》和《北京市尾矿库事故应急预案》的编制工作。

第五条　区县安全生产监督管理局负责本区域应急预案的综合协调管理工作，按照本市应急预案体系建设要求，建立和完善本区域应急预案体系建设工作；负责属地内生产经营单位应急预案的指导、检查和备案工作；负责本办法第四条对应类别的区县级应急预案的编制工作；将本辖区应急预案信息纳入信息管理系统，实施动态管理。

第六条　生产经营单位的主要负责人负责组织制定并实施本单位的应急预案。国有集团（控股）公司负责对其子公司（分公司）等生产经营单位应急预案的管理和预案体系建设工作；指导和督促所属单位的应急预案编制和修订工作；建立应急预案数据库和组织应急预案的评审和报备工作。

第二章　应急预案的编制

第七条　区县安全生产监督管理部门应依据国家和本市有关工作要求，制定本地区、本部门应急预案，并符合下列条件：

（一）符合有关法律、法规、规章和标准的规定；

（二）结合安全生产实际情况，详细做好风险分析及应对措施；明确应急救援组织及职责分工；

（三）主要内容应包括现状，风险与隐患分析，适用范围，组织机构与职责，信息报告与发布，预测预警与物资准备，应急响应程序和处置技术，保障措施（安全费用提取和责任保险的投入），宣传教育，培训与演练，预案管理，附则，附件等；

（四）做好与相关政府部门预案在信息接收报送、现场处置等方面的衔接。

第八条 区县安全生产监督管理部门应指导街道办事处、乡镇政府掌握属地内生产经营单位安全生产及重大危险源情况，并在本地区突发事件应急预案中明确相应的应急措施。

第九条 生产经营单位应当依据《企业职工伤亡事故分类》（GB6441）明确的事故类别，对本单位存在的各类事故风险进行全面辨识和评估，在辨识和评估的基础上，广泛听取一线操作人员、专业技术人员及应急管理专家的意见，针对可能发生的事故特点，根据《生产经营单位生产安全事故应急预案编制导则》（AQ/T9002—2006）及有关标准和规定编制本单位应急预案，包括综合应急预案、专项应急预案和现场处置方案等。

第十条 生产经营单位应编制综合应急预案，明确本单位的应急组织机构及其职责、预案体系及响应程序、事故预防及应急保障、应急培训及预案演练等主要内容。规模较小生产经营单位可在专项预案中明确上述内容，不单独编制综合应急预案。

第十一条 生产经营单位应当根据《企业职工伤亡事故分类》（GB6441）明确的事故类别，结合本单位存在的各类事故风险，制定相应的专项应急预案。

专项应急预案应当包括危险性分析、可能发生的事故特征、应急组织机构与职责、应急处置程序和管理、保障要求等内容。

第十二条 生产经营单位应针对本单位可能存在较大危险性的重点部位、重点工作岗位和重要设备等，制定相应的现场处置方案。现场处置方案应当明确以下内容：

（一）可能存在的各类事故风险；

（二）针对每一类事故风险，逐一制定应急处置流程，并明确各流程的具体操作人员。流程应包括报警、紧急处置、受伤人员急救等；并明确生产现场带班人员、班组长和调度人员在遇到险情时第一时间下达停产撤人命令的直接决策权和指挥权；

（三）所需的应急处置工具、装备等，并明确数量及存放位置；

（四）现场作业人员疏散撤离路线；

（五）根据重点工作岗位的实际情况必须考虑的其他要求和条件。

第十三条 涉及重大危险源的生产经营单位应当制定重大危险源应急预案。重大危险源应急预案作为本单位的专项预案，分析、确定本单位重大危险源可能发生的事故形式及后果，明确预测预警及应急处置程序、应急救援队伍及物资保障等。同时，针对重大危险源重要设备、重点部位和重点工作岗位等制定现场处置方案。

生产经营单位重大危险源应急预案中应提出发生事故后对周边社会环境产生的影响、后果。

第十四条 生产经营单位编制的综合预案、专项预案和现场处置方案，应当按照从总公司（集团公司、总厂）到子公司、分公司直至基层单位、车间、班组，形成上下对应、相互衔接的预案体系建设要求进行编制，并遵循危害因素分析透彻，预防措施得当、应对准备充分、响应快速及时、处置救援妥当，针对性强和易操作的原则。

生产经营单位编制预案时要参照地方政府部门公布的应急预案，在信息报送、现场处置等方面有效衔接。

第三章　应急预案的评审和备案

第十五条　区县安全生产监督管理部门应当根据本市相关规定，制定本地区相关应急预案并组织评审、报备等管理工作。其中，列为区县专项应急预案的，报市安全生产监督管理局备案；列为区县部门应急预案的，报区县应急委备案并抄报市安全生产监督管理局。

第十六条　生产经营单位应当自行组织专家或委托安全生产技术服务机构对本单位编制的应急预案进行评审。

评审或论证工作按照《生产经营单位生产安全事故应急预案评审指南（试行）》（安监总厅应急〔2009〕73 号）要求的评审方法、评审程序和评审要点进行。评审应当形成书面纪要或书面报告，并附有各位专家或安全生产技术服务机构的书面评审意见、专家组会议评审意见和参加评审人员的签名材料。

第十七条　参加应急预案评审的人员应包括应急预案涉及的政府部门工作人员和有关安全生产及应急管理方面的专家。评审人员应本着对社会和生产经营单位负责的态度，严格执行有关法律、法规及标准规定，全面、科学、客观、公正开展评审工作。

评审论证人员与所评审论证预案的生产经营单位有利害关系的，应当回避。

第十八条　生产经营单位应当根据专家意见对应急预案进行修订完善；专家组会议评审论证意见要求重新组织评审论证的，应按要求修订后重新组织评审论证。

第十九条　生产经营单位编制应急预案通过专家评审或论证后，由生产经营单位主要负责人批准实施。

第二十条　生产经营单位编制的综合应急预案、专项应急预案应按下列要求报送安全生产监督管理部门备案：

（一）登录北京市安全生产监督管理信息平台（http：//210. 75. 218. 101/ajjweb/login. jsp），提交应急预案电子文本；

（二）提交下列书面材料：

1. 应急预案备案申请表；
2. 应急预案评审或论证综合意见，并附专家签字的名单；
3. 应急预案经正式批准实施的证明材料；
4. 其他需要补充说明的材料。

新成立的生产经营单位应在正式开展生产经营活动前，制定完成本单位的综合应急预案、专项应急预案，并报送安全生产监督管理部门备案。

第二十一条　安全生产监督管理部门收到生产经营单位提交的应急预案和备案申请材料后，实施形式审查。对经审查符合条件的，予以备案并出具《生产经营单位生产安全事故应急预案备案登记表》；经审查不符合条件的，通知其进行修订并说明原因。

第二十二条　实行安全生产许可的生产经营单位，在申请办理安全生产许可证时，可以不提供相应的应急预案，仅提供《生产经营单位生产安全事故应急预案备案登记表》。

第二十三条　市、区县安全生产监督管理局通过本市应急预案信息管理系统开展应急预案备案、审核和信息接报等管理工作，并建立应急预案信息数据库，满足应急预案管理和应急救援指挥决策需要。

第四章 应急预案的实施

第二十四条 生产经营单位应当采取多种形式开展应急预案的宣传教育，普及生产安全事故预防、避险、自救和互救知识，提高从业人员安全意识和应急处置技能。

第二十五条 生产经营单位应当将应急预案的培训纳入本单位安全生产培训工作计划，组织开展本单位的应急预案培训活动，使有关人员了解应急预案内容，熟悉应急职责、应急程序和岗位应急处置方案。重点部位、重点工作岗位和重要设备等的现场处置方案应张贴在对应地点的明显部位。

第二十六条 生产经营单位制定的应急预案应至少每三年修订一次，应急预案修订情况应有记录并归档。

有下列情形之一的，应急预案应及时修订：

（一）生产经营单位因兼并、重组、转制等导致隶属关系、经营方式、法定代表人发生变化的；

（二）生产经营单位生产工艺和技术发生变化的；

（三）周围环境发生变化，形成新的重大危险源的；

（四）应急组织指挥体系或者职责已经调整的；

（五）依据的法律、法规、规章和标准发生变化的；

（六）应急预案演练评估报告要求修订的；

（七）应急预案管理部门要求修订的。

第二十七条 生产经营单位应当将修订后的应急预案及时报送安全生产监督管理部门重新备案。

第二十八条 安全生产监督管理部门应当定期组织开展多种形式的应急预案演练，根据预案演练情况适时修订应急预案。并指导和督促生产经营单位开展应急预案演练。

第二十九条 生产经营单位应建立健全应急预案演练制度，每年至少组织一次综合应急预案演练或者专项应急预案演练。每半年至少组织一次现场处置方案演练。

第三十条 生产经营单位发现事故征兆后，要根据应急预案立即发布预警信息，落实防范和应急处置措施；发生生产安全事故后，单位负责人应迅速启动应急预案，采取有效措施组织抢救，防止事故扩大、减少人员伤亡和财产损失。

第三十一条 生产经营单位应急预案未按照《管理办法》规定备案的，未制定应急预案或者未按照应急预案采取预防措施，导致事故救援不力或者造成严重后果的，由安全生产监督管理部门依据有关法律、法规和规章予以处罚。

第五章 附 则

第三十二条 本办法自印发之日起30日后施行。

附件1：

生产经营单位安全生产事故应急预案编制导则

1　范　围

本标准规定了生产经营单位编制安全生产事故应急预案（以下简称应急预案）的程序、内容和要素等基本要求。

本标准适用于中华人民共和国领域内从事生产经营活动的单位。

生产经营单位结合本单位的组织结构、管理模式、风险种类、生产规模等特点，可以对应急预案框架结构等要素进行调整。

2　术语和定义

下列术语和定义适用于本标准。

2.1　应急预案 emergency response plan

针对可能发生的事故，为迅速、有序地开展应急行动而预先制定的行动方案。

2.2　应急准备 emergency preparedness

针对可能发生的事故，为迅速、有序地开展应急行动而预先进行的组织准备和应急保障。

2.3　应急响应 emergency response

事故发生后，有关组织或人员采取的应急行动。

2.4　应急救援 emergency rescue

在应急响应过程中，为消除、减少事故危害，防止事故扩大或恶化，最大限度地降低事故造成的损失或危害而采取的救援措施或行动。

2.5　恢复 recovery

事故的影响得到初步控制后，为使生产、工作、生活和生态环境尽快恢复到正常状态而采取的措施或行动。

3　应急预案的编制

3.1　编制准备

编制应急预案应做好以下准备工作：

a）全面分析本单位危险因素，可能发生的事故类型及事故的危害程度；

b）排查事故隐患的种类、数量和分布情况，并在隐患治理的基础上，预测可能发生的事故类型及事故的危害程度；

c）确定事故危险源，进行风险评估；

d）针对事故危险源和存在的问题，确定相应的防范措施；

e）客观评价本单位应急能力；

f）充分借鉴国内外同行业事故教训及应急工作经验。

3.2　编制程序

3.2.1　应急预案编制工作组

结合本单位部门职能分工，成立以单位主要负责人为领导的应急预案编制工作组，明确编制任务、职责分工，制订工作计划。

3.2.2　资料收集

收集应急预案编制所需的各种资料（包括相关法律法规、应急预案、技术标准、国内外同行业事故案例分析、本单位技术资料等）。

3.2.3　危险源与风险分析

在危险因素分析及事故隐患排查、治理的基础上，确定本单位可能发生事故的危险源、事故的类型和后果，进行事故风险分析，并指出事故可能产生的次生、衍生事故，形成分析报告，分析结果作为应急预案的编制依据。

3.2.4　应急能力评估

对本单位应急装备、应急队伍等应急能力进行评估，并结合本单位实际，加强应急能力建设。

3.2.5　应急预案编制

针对可能发生的事故，按照有关规定和要求编制应急预案。应急预案编制过程中，应注重全体人员的参与和培训，使所有与事故有关人员均掌握危险源的危险性、应急处置方案和技能。应急预案应充分利用社会应急资源，与地方政府预案、上级主管单位以及相关部门的预案相衔接。

3.2.6　应急预案评审与发布

应急预案编制完成后，应进行评审。内部评审由本单位主要负责人组织有关部门和人员进行。外部评审由上级主管部门或地方政府负责安全管理的部门组织审查。评审后，按规定报有关部门备案，并经生产经营单位主要负责人签署发布。

4　应急预案体系的构成

应急预案应形成体系，针对各级各类可能发生的事故和所有危险源制订专项应急预案和现场应急处置方案，并明确事前、事发、事中、事后的各个过程中相关部门和有关人员的职责。生产规模小、危险因素少的生产经营单位，综合应急预案和专项应急预案可以合并编写。

4.1　综合应急预案

综合应急预案是从总体上阐述事故的应急方针、政策，应急组织结构及相关应急职责，应急行动、措施和保障等基本要求和程序，是应对各类事故的综合性文件。

4.2　专项应急预案

专项应急预案是针对具体的事故类别（如煤矿瓦斯爆炸、危险化学品泄漏等事故）、危险源和应急保障而制订的计划或方案，是综合应急预案的组成部分，应按照综合应急预案的程序和要求组织制定，并作为综合应急预案的附件。专项应急预案应制定明确的救援程序和具体的应急救援措施。

4.3　现场处置方案

现场处置方案是针对具体的装置、场所或设施、岗位所制定的应急处置措施。现场处置方案应具体、简单、针对性强。现场处置方案应根据风险评估及危险性控制措施逐一编制，做到事故相关人员应知应会，熟练掌握，并通过应急演练，做到迅速反应、正确处置。

5　综合应急预案的主要内容

5.1　总则

5.1.1　编制目的

简述应急预案编制的目的、作用等。

5.1.2　编制依据

简述应急预案编制所依据的法律法规、规章，以及有关行业管理规定、技术规范和标准等。

5.1.3　适用范围

说明应急预案适用的区域范围，以及事故的类型、级别。

5.1.4　应急预案体系

说明本单位应急预案体系的构成情况。

5.1.5　应急工作原则

说明本单位应急工作的原则，内容应简明扼要、明确具体。

5.2　生产经营单位的危险性分析

5.2.1　生产经营单位概况

主要包括单位地址、从业人数、隶属关系、主要原材料、主要产品、产量等内容，以及周边重大危险源、重要设施、目标、场所和周边布局情况。必要时，可附平面图进行说明。

5.2.2　危险源与风险分析

主要阐述本单位存在的危险源及风险分析结果。

5.3　组织机构及职责

5.3.1　应急组织体系

明确应急组织形式，构成单位或人员，并尽可能以结构图的形式表示出来。

5.3.2　指挥机构及职责

明确应急救援指挥机构总指挥、副总指挥、各成员单位及其相应职责。应急救援指挥机构根据事故类型和应急工作需要，可以设置相应的应急救援工作小组，并明确各小组的工作任务及职责。

5.4　预防与预警

5.4.1　危险源监控

明确本单位对危险源监测监控的方式、方法，以及采取的预防措施。

5.4.2　预警行动

明确事故预警的条件、方式、方法和信息的发布程序。

5.4.3　信息报告与处置

按照有关规定，明确事故及未遂伤亡事故信息报告与处置办法。

a）信息报告与通知

明确24小时应急值守电话、事故信息接收和通报程序。

b）信息上报

明确事故发生后向上级主管部门和地方人民政府报告事故信息的流程、内容和时限。

c）信息传递

明确事故发生后向有关部门或单位通报事故信息的方法和程序。

5.5　应急响应

5.5.1　响应分级

针对事故危害程度、影响范围和单位控制事态的能力，将事故分为不同的等级。按照分级负责的原则，明确应急响应级别。

5.5.2　响应程序

根据事故的大小和发展态势，明确应急指挥、应急行动、资源调配、应急避险、扩大应急等响应程序。

5.5.3　应急结束

明确应急终止的条件。事故现场得以控制，环境符合有关标准，导致次生、衍生事故隐患消除后，经事故现场应急指挥机构批准后，现场应急结束。应急结束后，应明确：

a）事故情况上报事项；

b）需向事故调查处理小组移交的相关事项；

c）事故应急救援工作总结报告。

5.6　信息发布

明确事故信息发布的部门，发布原则。事故信息应由事故现场指挥部及时准确向新闻媒体通报事故信息。

5.7　后期处置

主要包括污染物处理、事故后果影响消除、生产秩序恢复、善后赔偿、抢险过程和应急救援能力评估及应急预案的修订等内容。

5.8　保障措施

5.8.1　通信与信息保障

明确与应急工作相关联的单位或人员通信联系方式和方法，并提供备用方案。建立信息通信系统及维护方案，确保应急期间信息通畅。

5.8.2　应急队伍保障

明确各类应急响应的人力资源，包括专业应急队伍、兼职应急队伍的组织与保障方案。

5.8.3　应急物资装备保障

明确应急救援需要使用的应急物资和装备的类型、数量、性能、存放位置、管理责任人及其联系方式等内容。

5.8.4　经费保障

明确应急专项经费来源、使用范围、数量和监督管理措施，保障应急状态时生产经营单位应急经费的及时到位。

5.8.5　其他保障

根据本单位应急工作需求而确定的其他相关保障措施（如：交通运输保障、治安保障、技术保障、医疗保障、后勤保障等）。

5.9　培训与演练

5.9.1　培训

明确对本单位人员开展的应急培训计划、方式和要求。如果预案涉及社区和居民，要做好宣传教育和告知等工作。

5.9.2　演练

明确应急演练的规模、方式、频次、范围、内容、组织、评估、总结等内容。

5.10　奖惩

明确事故应急救援工作中奖励和处罚的条件和内容。

5.11　附则

5.11.1　术语和定义

对应急预案涉及的一些术语进行定义。

5.11.2　应急预案备案

明确本应急预案的报备部门。

5.11.3　维护和更新

明确应急预案维护和更新的基本要求，定期进行评审，实现可持续改进。

5.11.4　制定与解释

明确应急预案负责制定与解释的部门。

5.11.5　应急预案实施

明确应急预案实施的具体时间。

6　专项应急预案的主要内容

6.1　事故类型和危害程度分析

在危险源评估的基础上，对其可能发生的事故类型和可能发生的季节及事故严重程度进行确定。

6.2　应急处置基本原则

明确处置安全生产事故应当遵循的基本原则。

6.3　组织机构及职责

6.3.1　应急组织体系

明确应急组织形式，构成单位或人员，并尽可能以结构图的形式表示出来。

6.3.2　指挥机构及职责

根据事故类型，明确应急救援指挥机构总指挥、副总指挥以及各成员单位或人员的具体职责。应急救援指挥机构可以设置相应的应急救援工作小组，明确各小组的工作任务及主要负责人职责。

6.4　预防与预警

6.4.1　危险源监控

明确本单位对危险源监测监控的方式、方法，以及采取的预防措施。

6.4.2　预警行动

明确具体事故预警的条件、方式、方法和信息的发布程序。

6.5　信息报告程序

主要包括：

a）确定报警系统及程序；

b）确定现场报警方式，如电话、警报器等；

c）确定24小时与相关部门的通讯、联络方式；

d）明确相互认可的通告、报警形式和内容；

e）明确应急反应人员向外求援的方式。

6.6　应急处置

6.6.1　响应分级

针对事故危害程度、影响范围和单位控制事态的能力，将事故分为不同的等级。按照分级负责的原则，明确应急响应级别。

6.6.2　响应程序

根据事故的大小和发展态势，明确应急指挥、应急行动、资源调配、应急避险、扩大应急等响应程序。

6.6.3　处置措施

针对本单位事故类别和可能发生的事故特点、危险性，制定的应急处置措施（如：煤矿瓦斯爆炸、冒顶片帮、火灾、透水等事故应急处置措施，危险化学品火灾、爆炸、中毒等事故应急处置措施）。

6.7　应急物资与装备保障

明确应急处置所需的物资与装备数量、管理和维护、正确使用等。

7　现场处置方案的主要内容

7.1　事故特征

主要包括：

a）危险性分析，可能发生的事故类型；

b）事故发生的区域、地点或装置的名称；

c）事故可能发生的季节和造成的危害程度；

d）事故前可能出现的征兆。

7.2　应急组织与职责

主要包括：

a）基层单位应急自救组织形式及人员构成情况；

b）应急自救组织机构、人员的具体职责，应同单位或车间、班组人员工作职责紧密结合，明确相关岗位和人员的应急工作职责。

7.3　应急处置

主要包括以下内容：

a）事故应急处置程序。根据可能发生的事故类别及现场情况，明确事故报警、各项应急措施启动、应急救护人员的引导、事故扩大及同企业应急预案的衔接的程序。

b）现场应急处置措施。针对可能发生的火灾、爆炸、危险化学品泄漏、坍塌、水患、机动车辆伤害等，从操作措施、工艺流程、现场处置、事故控制，人员救护、消防、现场恢复等方面制定明确的应急处置措施。

c）报警电话及上级管理部门、相关应急救援单位联络方式和联系人员，事故报告基本要求和内容。

7.4　注意事项

主要包括：

a）佩戴个人防护器具方面的注意事项；

b）使用抢险救援器材方面的注意事项；

c）采取救援对策或措施方面的注意事项；

d）现场自救和互救注意事项；

e）现场应急处置能力确认和人员安全防护等事项；

f）应急救援结束后的注意事项；

g）其他需要特别警示的事项。

8　附　件

8.1　有关应急部门、机构或人员的联系方式

列出应急工作中需要联系的部门、机构或人员的多种联系方式，并不断进行更新。

8.2　重要物资装备的名录或清单

列出应急预案涉及的重要物资和装备名称、型号、存放地点和联系电话等。

8.3　规范化格式文本

信息接报、处理、上报等规范化格式文本。

8.4　关键的路线、标识和图纸

主要包括：

a）警报系统分布及覆盖范围；

b）重要防护目标一览表、分布图；

c）应急救援指挥位置及救援队伍行动路线；

d）疏散路线、重要地点等的标识；

e）相关平面布置图纸、救援力量的分布图纸等。

8.5　相关应急预案名录

列出与本应急预案相关的或相衔接的应急预案名称。

8.6　有关协议或备忘录

与相关应急救援部门签订的应急支援协议或备忘录。

附录 A
（资料性附录）
应急预案编制格式和要求

A.1　封面

应急预案封面主要包括应急预案编号、应急预案版本号、生产经营单位名称、应急预案名称、编制单位名称、颁布日期等内容。

A.2　批准页

应急预案必须经发布单位主要负责人批准方可发布。

A.3　目次

应急预案应设置目次，目次中所列的内容及次序如下：

——批准页；

——章的编号、标题；

——带有标题的条的编号、标题（需要时列出）；

——附件，用序号表明其顺序。

A.4　印刷与装订

应急预案采用 A4 版面印刷，活页装订。

附件2：

关于生产经营单位应急预案备案编号的补充说明

根据《北京市突发公共事件应急委员会关于加强北京市生产经营单位应急预案管理工作的通知》（京应急委发〔2009〕11号），为切实做好生产经营单位应急预案备案工作，解决备案编号存在重复的问题，现就备案编号的确定进行说明：

一、备案编号由“区划代码、年份、备案部门代号、顺序号”四部分组成。例如“110105001—2009—11—00006”，其中“110105001”根据《北京市行政区划代码》确定，表明所处区县、街乡位置；“2009”为备案年份；“11”为备案工作部门代号；“00006”为备案顺序号。

二、备案部门代号暂时规定如下：

市发展改革委：001

市住房城乡建设委：002

市政市容委：003

市交通委：004

市水务局：005

市商务委：006

市文化局：007

市安全监管局：008

市体育局：009

市园林绿化局：010

市旅游局：011

市药监局：012

北京经济技术开发区管委会：013

各区县行业主管部门代号应与对应的市级行业主管部门代号保持一致，但只保留后两位，如区县安全监管部门代号为08，区县旅游管理部门代号为11。

如备案实际工作中出现编号问题，各区县可根据需要补充调整编号范围，并及时反馈市应急办。

四川省建设项目安全设施监督管理办法

（2011 年 3 月 2 日四川省人民政府第 77 次常务会议通过　四川省人民政府令第 254 号发布　自 2011 年 7 月 1 日起施行）

第一章　总　则

第一条　为贯彻落实安全第一、预防为主、综合治理的安全生产方针，从源头上防止和减少各类安全事故，保障人民群众的生命、健康和财产安全，根据《中华人民共和国安全生产法》、《四川省安全生产条例》等有关法律法规的规定，结合四川实际，制定本办法。

第二条　本办法适用于四川省行政区域内新建、改建、扩建的建设项目（以下简称建设项目）安全设施的建设及其监督管理。

本办法所称建设项目安全设施是指建设项目竣工后运营、使用过程中用于预防安全事故及事故应急处置的设施、设备、系统、装置、建（构）筑物。

法律、法规对建设项目安全设施的建设及其监督管理另有规定的，从其规定。

第三条　建设项目安全设施必须与主体工程同时设计、同时施工、同时投入生产和使用。安全设施投资及相关费用应当纳入建设项目概算。

建设项目安全设施应当按照法律、法规和本办法办理审查手续。未经审查或者审查不合格的，不得办理行政许可，不得开工建设；未经验收或者验收不合格的，不得投入生产和使用。

第四条　建设项目安全设施应当符合国家安全生产的法律、法规、规章和本办法，以及相关国家标准、行业标准、地方标准以及技术规范。

对没有国家标准和行业标准的安全设施，我省有关部门应当按照保障安全生产和本办法的有关要求，依法及时组织制定有关地方标准和技术规范，并根据科技进步和经济发展适时修订。

第五条　建设项目的投资个人、单位、组织（以下简称建设单位）是建设项目安全设施建设的责任主体，对建设项目安全设施与主体工程同时设计、同时施工、同时投入生产和使用承担责任。

第六条　县级以上人民政府应当加强对建设项目安全设施监督管理工作的领导，督促有关部门建立完善和落实建设项目安全设施监督管理制度，依法履行监督管理职责。

县级以上人民政府及其有关部门在制定和实施城乡规划时，应当加强安全论证。

第七条　县级以上人民政府安全生产监督管理部门负责本行政区域内建设项目安全设施的综合监督管理。

县级以上项目投资主管部门和负有安全生产监督管理职责的部门在各自职责范围内对建设项目安全设施实施监督管理，并依法办理建设项目相关行政许可。

第八条　工会依法对建设项目安全设施的建设和使用情况进行监督。生产经营单位或者负有安全生产监督管理职责的部门应当对工会提出的意见及时处理。

任何单位和个人对建设项目安全设施建设中的违法行为，均有权向负有安全生产监督管理职责的部门举报。

第二章　建设项目设立安全审查

第九条　建设项目在选址时，建设单位应当进行安全条件论证。安全条件论证应当包含以下内容：

（一）建设项目本身可能存在的危险、有害因素；

（二）建设项目对可能范围内的单位生产、经营活动或者居民生活、公众活动、农民生产生活产生的安全影响；

（三）可能范围内的单位生产、经营活动或者居民生活、公众活动、农民生产生活对建设项目产生的安全影响；

（四）当地自然条件对建设项目的影响；

（五）建设项目对当地自然条件的影响。

第十条　下列建设项目在项目立项（含审批、核准、备案，下同）前，建设单位应当委托具备相应资质的安全评价机构进行安全预评价，并编制《安全预评价报告书》：

（一）矿山（含尾矿库）建设项目；

（二）生产、经营、储存、使用危险化学品的建设项目；

（三）生产、储存烟花爆竹的建设项目；

（四）黑色及有色金属冶炼建设项目；

（五）化工、建材、机械、轻纺等工业企业的重大建设项目；

（六）机场、码头、水库、电站、重大桥梁、隧道建设项目；

（七）国家和省规定的其他建设项目。

第十一条　《安全预评价报告书》应当符合国家标准和行业标准，并包括下列内容：

（一）主要危险、有害因素种类和危害程度以及对从业人员安全、公共安全影响的定性、定量评价；

（二）预防和控制主要危险、有害因素的可能性评价；

（三）安全设施设计原则、安全对策措施、安全应急管理等方面的效果评价；

（四）预评价明确的结论；

（五）法律、法规和规章规定的其他需要说明的事项。

第十二条　本办法第十条第（一）项至第（五）项规定的建设项目，建设单位应当向建设项目立项部门的同级安全生产监督管理部门申请建设项目设立安全审查，并提交下列材料：

（一）建设项目设立安全审查申请书；

（二）建设项目选址确认书；

（三）建设项目安全条件论证报告；

（四）安全预评价报告书；

（五）企业法人营业执照或者企业名称预先核准通知书；

（六）法律、法规和规章规定的其他相关资料。

本办法第十条第（六）、（七）项规定的建设项目，建设单位应当依法向建设项目立项部门的同级负有安全生产监督管理职责的部门申请建设项目设立安全审查；国务院投资主管部门立项的建设项目，按照国家有关规定执行。有关部门应当依照法律、法规、规章和国家有关规定进行建设项目设立安全审查。

第十三条　安全生产监督管理部门及其他负有安全生产监督管理职责的部门在正式受理项目设立安全审查申请之日起20个工作日内向建设单位出具建设项目设立安全审查合格意见书或者不合格意见书。20个工作日内不能作出决定的，经本部门负责人批准，可以延长10个工作日，并将延长期限的理由书面告知建设单位。

第十四条　建设单位提交的建设项目设立安全审查申请材料有下列情形之一的，设立安全审查不予通过：

（一）未进行安全预评价或者安全预评价不合格的；

（二）建设项目涉及危险、有害的主要因素未全面分析、辨识的；

（三）建设项目涉及主要危险、有害程度分析、判断不准确的；

（四）未进行安全条件论证或者论证不充分的；

（五）主要技术、工艺或者方式和装置、设备、设施未确定的；

（六）安全设施的对策与建议不符合法律、法规、规章规定和相关标准和实际要求的；

（七）应急管理和处置方案不适应安全生产需要的；

（八）未委托具备相应资质的安全评价机构进行安全预评价的；

（九）提供虚假资料及相关情况的。

第十五条　本办法第十条第（一）项至第（三）项等法律、法规规定应当申请项目设立安全审查的建设项目，申请立项时，建设单位应当提交项目设立安全审查合格意见书。未提交项目设立安全审查合格意见书的，一律不予立项。

第十六条　对设立安全审查不合格的建设项目，建设单位经过整改后可以再次向原审查部门申请审查。

已经通过设立安全审查的建设项目有下列情形之一的，建设单位应当向原审查部门申请变更审查：

（一）建设项目外部安全防护环境发生重大变化的；

（二）变更建设地址的；

（三）变更主要装置、设备、设施平面布置的；

（四）变更技术、工艺或者方式和主要装置、设备、设施的；

（五）涉及的产品品种、类别、数量超出已经通过审查的建设项目范围的。

第三章　建设项目安全设施设计安全审查

第十七条　建设项目设计时，设计单位应当同时进行安全设施设计，并编制安全设施设计专篇。安全设施设计单位应当具备相应资质。

安全设施设计应当符合国家标准、行业标准以及地方标准和技术规范。

第十八条　建设项目安全设施设计单位应当建立健全安全设施设计质量保证制度和责任追究制度，并按照国家有关规定对安全设施设计质量负责。

第十九条　安全设施设计专篇应当包含下列内容：

（一）建设项目概述；

（二）设计依据（分项对应）；

（三）建设项目周边安全环境评价；

（四）建（构）筑物及场地布置；

（五）生产过程危险、有害因素分析；

（六）应急预案和应急能力情况；

（七）安全设施设计采取的对应防范措施；

（八）安全机构设置及人员配备情况；

（九）安全专项投资概算；

（十）安全预评价报告或者安全条件论证报告中的对策及建议采纳情况；

（十一）预期效果以及存在的问题与建议；

（十二）法律、法规和规章规定需要说明的其他事项。

第二十条　本办法第十条第（一）项至第（五）项规定的建设项目，建设单位应当向建设项目立项部门的同级安全生产监督管理部门申请安全设施设计审查，并提交下列材料：

（一）建设项目立项文件；

（二）可行性研究报告中的安全条件论证报告；

（三）安全预评价报告书及相关评审资料；

（四）安全设施设计专篇及设计报告；

（五）法律、法规和规章规定需要提交的其他材料。

第二十一条　安全生产监督管理部门在正式受理项目安全设施设计审查申请之日起20个工作日内向建设单位出具建设项目安全设施设计审查合格意见书或者不合格意见书。20个工作日内不能作出决定的，经本部门负责人批准，可以延长10个工作日，并将延长期限的理由书面告知建设单位。

第二十二条　满足下列各项条件，安全生产监督管理部门方可出具建设项目安全设施设计审查合格意见书：

（一）安全设施设计由具备相应资质的设计单位承担；

（二）建设单位组织的专家组现场有2/3以上专家签署肯定性意见或者具有合法资格资质的中介机构出具的审核合格报告书；

（三）其他可用以确认的依据。

建设项目安全设施设计审查未通过的，建设项目不得开工建设。建设项目安全设施设计发生重大变更的，建设单位应当重新组织设计和申请审查。

第二十三条　本办法第十条第（六）项、第（七）项规定的建设项目，国家和省规定需要进行建设项目设计审查的，有关部门在审批该建设项目设计时，应当依照法律、法规、规章和国家有关规定同时对建设项目的安全设施设计进行审查。

第四章　建设项目安全设施施工和竣工验收

第二十四条　建设单位应当保证建设项目安全设施施工所需条件和经费，履行建设项目安全生产管理责任，确保建设项目安全设施施工的安全生产和安全设施质量。

第二十五条　建设项目安全设施施工单位应当按照经审查批准的设计方案施工，确保施工质量和施工安全；竣工后，应当制作建设项目安全设施施工总结验收报告。

施工单位发现安全设施设计不合理或者按原设计施工可能导致重大安全隐患时，应当停止施工并及时报告建设单位，建设单位接到报告后应当立即组织现场核查；发现问题后，应当组织整改，整改合格后，方可恢复施工。

第二十六条　建设施工监理单位、质量监督单位应当按照建设项目施工监理和质量监督的有关规定，对建设项目安全设施施工进行专项监理和质量监督，发现问题及时督促整改或者向建设单位报告，并出具监理报告和质量监督报告。

建设单位、监理单位、施工单位、质量监督单位不得擅自修改经审查批准的安全设施设计文件或者其他安全防范措施计划。

第二十七条　建设项目竣工后，建设单位应当对安全设施进行严格检查，对发现的问题及时采取有效措施进行整改。

第二十八条　建设项目需要试运行的，其安全设施必须同时试运行；建设单位应当对安全设施试运行情况作详细记录，发现问题及时组织处理，并形成安全设施试运行自查报告。

第二十九条　本办法第十条第（一）项至第（五）项规定的建设项目在竣工验收前，建设单位应当委托具备相应资质的安全评价机构对安全设施进行安全验收评价。安全评价机构对其出具的安全验收评价结果负责。

第三十条　本办法第十条第（一）项至第（五）项规定的建设项目，建设单位应当向建设项目立项部门的同级安全生产监督管理部门申请安全设施竣工验收，并提交下列材料：

（一）安全设施试运行自查报告；

（二）安全验收评价报告；

（三）监理单位的监理报告；

（四）质量监督单位的质量监督报告；

（五）施工单位的施工总结验收报告；

（六）法律、法规和规章规定需要提交的其他材料。

第三十一条　安全生产监督管理部门在正式受理项目安全设施竣工验收申请之日起 20 个工作日内完成验收工作，作出验收合格或者不合格的决定，并书面告知建设单位。20 个工作日内不能作出决定的，经本部门负责人批准，可以延长 10 个工作日，并将延长期限的理由书面告知建设单位。

第三十二条　安全设施竣工验收中有下列情形之一的，不得通过验收：

（一）安全设施未达到设计要求的；

（二）违反本办法，经整改仍未合格的；

（三）验收申请材料提交不全的；

（四）验收申请材料中有一项否定结论的；

（五）不符合法律、法规和规章规定的其他条件的。

安全设施未经竣工验收或者竣工验收不合格的，建设项目不得投入生产使用。

第三十三条　本办法第十条第（六）项、第（七）项规定的建设项目，国家和省规定需要有关部门组织竣工验收的，有关部门应当依照国家法律、法规、规章和国家有关规定同时对建设项目的安全设施进行竣工验收。

第三十四条　本办法第十条、第三十三条规定以外的其他建设项目竣工后，建设单位应当及时组织安全设施竣工验收，并出具验收报告。安全设施竣工验收报告应当载明下列主要内容：

（一）安全设施设计是否符合安全生产国家标准、行业标准、地方标准和技术规范要求；

（二）安全设施施工是否符合设计要求；

（三）安全设施试运行情况；

（四）竣工验收单位、人员出具的验收意见；

（五）建设单位对竣工验收结果的意见；

（六）应当载明的其他事项。

安全设施未经竣工验收或者竣工验收不合格的，建设项目不得投入生产使用。

第五章 监督管理

第三十五条 建设项目安全设施监督管理工作由县级以上人民政府及其负有安全生产监督管理职责的部门分级负责实施：

（一）省人民政府及其有关部门立项的建设项目由省人民政府有关部门负责；

（二）设区的市（州）人民政府及其有关部门立项的建设项目由设区的市（州）人民政府有关部门负责；

（三）县级人民政府及其有关部门立项的建设项目由县级人民政府有关部门负责；

（四）上级有关部门可以监督下级政府及其有关部门立项的建设项目；

（五）上级有关部门可以委托下级有关部门监督管理其负责的建设项目。

第三十六条 负有安全生产监督管理职责的部门应当按照各自的职责分工，建立和完善安全设施的监督管理制度，加强监督管理，督促建设单位落实安全设施建设责任。

县级以上安全生产监督管理部门应当加强对本行政区域内其他有关部门安全设施监督管理工作的监督、指导和协调，发现违反本办法进行项目立项、办理行政许可等，应当提出安全监察意见。

第三十七条 建设项目安全设施设立安全审查、设计安全审查、竣工验收时，根据项目的具体情况，由安全生产监督管理部门组织的，应当通知其他有关部门参加；由其他有关部门组织的，应当通知安全生产监督管理部门参加。

县级以上负有安全生产监督管理职责的部门应当加强信息沟通和交流，实现建设项目安全设施监督管理信息共享。有关部门应当将本行业建设项目安全设施的监督管理情况抄送同级安全生产监督管理部门。

第三十八条 负有安全生产监督管理职责的部门依法对建设单位进行监督检查时，发现安全设施建设违反有关法律、法规、规章和本办法规定的，应当责令其改正；对依法应当给予行政处罚的行为，依照有关法律、法规、规章和本办法的规定作出行政处罚决定。

第三十九条 负有安全生产监督管理职责的部门在建设项目安全设施审查过程中，可以组织不少于 3 人组成的专家组或者委托具备相应资质的专业机构承担有关专业审查工作。

有关部门对申请人提供的材料进行书面审查，必要时可以派员或者组织专家组、专业机构进行实地核查，实地核查的时间不计入审查时限。

建设项目安全设施审查所依据的文件、结论性意见等有关材料，由出具材料的单位对其真实性、完整性、科学性承担责任。

第六章 法律责任

第四十条 违反本办法规定的行为，有关法律、法规、规章已有行政处罚、行政处分规定的，从其规定。

本办法规定的行政处罚，由县级以上安全生产监督管理部门决定；法律、法规、规章对行政处罚的决定机关另有规定的，从其规定。

第四十一条 建设单位违反本办法规定，有下列行为之一的，责令限期改正；逾期未改正的，责令停止建设或者停产停业整顿，可以并处 1 万元以上 3 万元以下的罚款；导致事故的，依法追究事故责任；构成犯罪的，依法追究刑事责任：

（一）未经项目设立安全审查或者经审查不合格骗取立项手续的；

（二）没有安全设施设计或者安全设施设计未经审查的；

（三）安全设施未经竣工验收或者竣工验收不合格，擅自投入生产使用的；

（四）已经通过安全审查的建设项目发生重大变更，建设单位未重新申请审查的。

第四十二条　安全评价机构违反本办法规定，出具虚假证明，构成犯罪的，依法追究刑事责任；尚不构成犯罪的，依照《中华人民共和国安全生产法》规定没收违法所得，违法所得在5000元以上的，并处违法所得2倍以上5倍以下罚款；没有违法所得或者违法所得不足5000元的，单处或者并处5000元以上2万元以下罚款，对其直接负责的主管人员和其他直接责任人员处3000元以上1万元以下罚款；给他人造成损害的，与建设单位承担连带赔偿责任。

对有前款违法行为的安全评价机构，应当依法撤销其相应资质，对直接参与安全评价的评价人员，依法撤销其相应资质。

第四十三条　县级以上人民政府及其有关部门、有关工作人员，有下列行为之一的，对个人依法给予行政处分，造成损害的，依法承担赔偿责任；构成犯罪的，依法追究刑事责任：

（一）违反法律、法规、规章和本办法规定，擅自立项及办理建设项目行政许可的；

（二）违反本办法规定审查建设项目安全设施的；

（三）经监督检查发现建设项目安全设施未经审查、验收，或者接到举报后不依法予以查处的；

（四）发现投入生产使用的建设项目安全设施不再具备安全生产条件而不撤销原许可或者发现安全生产违法行为不予查处的；

（五）指定建设项目安全设施设计单位或者安全评价机构的；

（六）其他滥用职权、玩忽职守、徇私舞弊的行为。

第七章　附　则

第四十四条　本办法自2011年7月1日起实施。

上海市安全生产条例

（2005年1月6日上海市第十二届人民代表大会常务委员会第十七次会议通过
2011年9月22日上海市第十三届人民代表大会常务委员会
第二十九次会议修订　自2012年1月1日起施行）

第一章　总　则

第一条　为了加强本市安全生产监督管理，防止和减少生产安全事故，保障人民群众生命和财产安全，促进经济发展和社会稳定，根据《中华人民共和国安全生产法》和其他有关法律、行政法规，结合本市实际，制定本条例。

第二条　本市行政区域内生产经营单位的安全生产及其相关监督管理活动，适用本条例。有关法律、法规对消防安全、道路交通安全、铁路交通安全、水上交通安全、民用航空安全等另有规定的，适用其规定。

第三条　安全生产管理应当以人为本，坚持安全第一、预防为主、综合治理的方针，实行政府领导、部门监管、单位负责、群众参与、社会监督的原则。

本市建立和健全各级安全生产责任制。

第四条　生产经营单位是安全生产的责任主体。

生产经营单位主要负责人对本单位的安全生产工作全面负责；分管安全生产的负责人协助主要负责人履行安全生产职责；其他负责人应当按照各自分工，负责其职责范围内的安全生产工作。

第五条　从业人员依法享有平等获得安全生产保障的权利，并应当依法履行安全生产方面的义务。

第六条　市和区、县人民政府应当加强对安全生产工作的领导，建立和完善安全生产监控体系、责任制度和考核制度，并将安全生产工作纳入国民经济和社会发展规划以及年度工作计划。

市安全生产委员会负责研究部署、统筹协调本市安全生产工作中的重大事项，并根据有关法律、法规和规章的规定，编制成员单位安全生产工作职责，报经市人民政府批准后执行。

乡、镇人民政府和街道办事处按照本条例规定，做好本辖区内相关的安全生产监督工作。

第七条　市和区、县安全生产监督管理部门（以下简称安全生产监管部门）对本行政区域内的安全生产工作实施综合监督管理，履行下列职责：

（一）会同有关部门编制、实施安全生产专项规划；

（二）指导、协调和监督同级人民政府有关部门和下级人民政府履行安全生产工作职责；

（三）依法对生产经营单位的安全生产工作实施监督检查；

（四）按照法律、法规和规章的规定，对涉及安全生产的有关事项实施审批、处罚；

（五）根据同级人民政府的授权或者委托，组织、协调、指挥安全生产应急救援，组织生产安全事故调查处理；

（六）法律、法规规定的其他职责。

第八条 本市公安、建设、质量技术监督、交通港口等依法对涉及安全生产的事项负有审批、处罚等监督管理职责的部门（以下统称专项监管部门），应当严格按照有关法律、法规和规章的规定，实施安全生产专项监督管理。

其他有关部门在各自职责范围内，做好有关的安全生产工作。

第九条 各级工会依法组织从业人员参加本单位安全生产工作的民主管理，对本单位执行安全生产法律、法规等情况进行民主监督，依法参加事故调查，维护从业人员在安全生产方面的合法权益。

第十条 各级人民政府及其有关部门应当采取多种形式，开展安全生产法律、法规和安全生产知识的宣传教育，增强全社会和从业人员的安全生产意识以及事故预防、自救互救的能力。

报刊、广播、电视、网络等单位有进行安全生产宣传教育的义务，有对违反安全生产法律、法规的行为进行舆论监督的权利。

第十一条 市和区、县人民政府及其有关部门应当鼓励安全生产科学技术研究，支持安全生产技术、装备、工艺的推广应用，扶持技术含量高、社会效益好的安全生产科技项目和相关生产经营单位，提高安全生产技术水平。

第十二条 本市推进安全生产社会化服务体系建设，支持有关中介服务机构依法开展安全生产评价、检测、检验、培训等活动。

从事安全生产评价、检测、检验、培训等活动的中介服务机构，应当具有法律、行政法规规定的资质，并依法对其提供的服务承担责任。

第二章 生产经营单位的安全生产保障

第十三条 生产经营单位应当具备法律、法规和强制性标准规定的安全生产条件。不具备安全生产条件的，不得从事生产经营活动。

生产经营单位应当遵守下列安全生产规定：

（一）生产经营场所和设施、设备符合安全生产的要求；

（二）建立安全生产规章制度和操作规程；

（三）保证安全生产所必需的资金投入；

（四）提供符合国家标准或者行业标准的劳动防护用品；

（五）设置安全生产管理机构或者配备安全生产管理人员；

（六）主要负责人和安全生产管理人员经安全生产培训、考核合格；

（七）从业人员经安全生产教育和培训合格，特种作业人员经专门的安全作业培训，并取得特种作业操作资格证书；

（八）采取职业危害防治措施。

第十四条 生产经营单位主要负责人应当履行《中华人民共和国安全生产法》和其他法律、法规规定的职责，定期研究安全生产问题，向职工代表大会、股东大会报告安全生产情况，接受安全生产监管部门和有关部门的监督检查，接受工会、从业人员对安全生产工作的民主监督。

第十五条 生产经营单位的安全生产管理机构和安全生产管理人员负有下列职责：

（一）贯彻国家安全生产的法律、法规和标准；

（二）协助制订安全生产规章制度和安全技术操作规程；

（三）开展安全生产检查，发现事故隐患，督促有关业务部门及时整改；

（四）开展安全生产宣传、教育培训，总结和推广安全生产的经验；

（五）参与新建、改建、扩建的建设项目安全设施的审查，管理和发放劳动防护用品；

（六）组织编制本单位的生产安全事故应急预案，并定期开展演练；

（七）协助调查和处理生产安全事故，进行伤亡事故的统计、分析，提出报告；

（八）其他安全生产工作。

生产经营单位的安全生产管理机构负责人应当具有注册安全工程师资格或者相应的安全生产管理能力。

第十六条 有下列情形之一的生产经营单位应当建立安全生产委员会，其他生产经营单位可以建立安全生产委员会：

（一）属于矿山、建筑施工和危险物品生产经营等高度危险性行业（以下简称高危行业）以及危险物品使用、储存、运输单位；

（二）属于金属冶炼、船舶修造、电力、装卸、道路交通运输等较大危险性行业（以下简称较大危险行业）的；

（三）从业人员三百人以上的。

生产经营单位的安全生产委员会由本单位的主要负责人、分管安全生产的负责人、安全生产管理机构及相关机构负责人、安全生产管理人员和工会代表及从业人员代表组成。

安全生产委员会审查本单位年度安全生产工作计划和实施、重大安全生产技术项目、安全生产各项投入等情况，研究和审查本单位有关安全生产的重大事项，督促落实消除事故隐患的措施。安全生产委员会至少每季度召开一次会议，会议应当有书面记录。

生产经营单位使用劳务派遣人员从事作业的，劳务派遣人员应当计入该生产经营单位的从业人员人数。

第十七条 生产经营单位应当建立安全生产的检查、教育培训、奖惩以及设施设备安全管理、职业危害防治、劳动防护用品配备和管理、危险作业安全管理、特种作业管理、事故报告处理等规章制度。

第十八条 生产经营单位应当建立、健全安全生产责任制，明确各岗位的责任人员、责任内容和考核要求。

第十九条 生产经营单位的决策机构、主要负责人或者个人经营的投资人应当保证安全生产所必需的资金投入，安全生产资金纳入年度生产经营计划和财务预算。

安全生产资金用于安全生产的技术项目、设施和设备，宣传、教育培训和奖励，劳动防护用品，安全生产的新技术、新工艺、新材料，重大危险源的监控和管理，应急救援器材、物资的储备，以及其他安全生产方面。安全生产资金不得挪作他用。

高危行业和较大危险行业的生产经营单位应当按照国家和本市有关规定建立安全生产费用管理制度，并于每年三月底前将本单位当年度安全生产费用提取、使用计划和上一年度安全生产费用提取、使用情况，报财政、安全生产监管部门备案。

第二十条 除法律、法规另有规定外，高危行业的生产经营单位，从业人员三百人以下的，至少配备一名专职安全生产管理人员；从业人员三百人以上的，至少配备三名专职安全生产管理人员；从业人员一千人以上的，至少配备八名专职安全生产管理人员；从业人员五千人以上的，至少配备十五名专职安全生产管理人员。

较大危险行业的生产经营单位，从业人员三百人以上的，至少配备两名专职安全生产管理人员；从业人员一千人以上的，至少配备五名专职安全生产管理人员；从业人员五千人以上的，至少配备十名专职安全生产管理人员。

前两款规定以外的其他生产经营单位，从业人员三百人以上的，至少配备一名专职安全生产管理人员；从业人员一千人以上的，至少配备两名专职安全生产管理人员；从业人员五千人以上的，至少配备五名专职安全生产管理人员。

第二十一条　矿山、建筑施工单位和危险物品的生产经营单位的主要负责人和分管安全生产的负责人任职前应当参加安全培训，并经考核合格；其他生产经营单位的主要负责人和分管安全生产的负责人在任职三个月内，应当参加安全培训，并经考核合格。

安全生产管理人员任职前应当参加安全培训，并经考核合格。

第二十二条　生产经营单位应当对下列人员及时进行安全生产教育和培训：

（一）新进从业人员；

（二）离岗六个月以上的或者换岗的从业人员；

（三）采用新工艺、新技术、新材料或者使用新设备后的有关从业人员。

生产经营单位应当对在岗的从业人员进行定期的安全生产教育和培训。从业人员未经安全生产教育和培训合格的，不得上岗作业。

第二十三条　安全生产教育和培训内容主要包括安全生产的法律、法规和规章制度，安全操作基本技能和安全技术基础知识，作业场所和工作岗位存在的危险因素、防范措施以及事故应急措施，劳动防护用品的性能和使用方法以及其他需要掌握的安全生产知识。

安全生产教育和培训情况应当记入从业人员安全生产记录卡，记录卡应当由考核人员和从业人员本人签名。

安全生产教育和培训的时间按照国家和本市有关规定执行，费用由生产经营单位承担。

生产经营单位可以委托安全生产中介服务机构或者相关的行业组织实施安全生产教育和培训。

第二十四条　从事电工作业、焊接与热切割作业、高处作业、制冷与空调作业、冶金生产安全作业、危险化学品安全作业、烟花爆竹安全作业等特种作业的人员，应当按照国家有关规定经专门的安全作业培训，经考核合格取得特种作业操作资格证书后，方可上岗作业。

生产经营单位不得安排无特种作业操作资格证书的人员从事特种作业。

生产经营单位指派从业人员参加专门的安全作业培训和特种作业操作资格考试的，应当承担该从业人员的培训和考试费用，并可以与该从业人员订立协议约定服务期限。

第二十五条　矿山企业、建筑施工企业和危险化学品、烟花爆竹、民用爆破器材生产企业在生产前，应当依照《安全生产许可证条例》，向有关部门申请领取安全生产许可证。

用于生产、储存危险物品的建设项目的安全设施设计，在报送安全生产监管部门和专项监管部门审查时，应当提供安全条件论证报告和具有相应资质的机构出具的安全评价报告。审查部门对审查结果负责。

用于生产、储存危险物品的建设项目竣工正式投入生产或者使用前，安全生产监管部门和专项监管部门应当对项目中的安全设施进行验收。项目经验收合格后，方可正式投入生产和使用。

第二十六条　生产经营单位应当对新建、改建、扩建生产、储存危险化学品的建设项目进行安全条件论证，并委托具有安全生产评价资质的中介服务机构进行项目安全评价。

生产、储存危险化学品的企业以及使用危险化学品从事生产的企业应当按照国家有关规定，委托具有安全生产评价资质的中介服务机构，对本企业的安全生产条件每三年进行一次安全评价，提出安全评价报告。安全评价报告应当包括对安全生产条件存在的问题进行整改的方案。

生产、储存危险化学品的企业以及使用危险化学品从事生产的企业应当及时将安全评价报告及整改方案的落实情况报安全生产监管部门备案。安全生产监管部门应当对安全评价报告及整改方案的落实情况进行抽查。

第二十七条　生产经营单位应当按照国家有关规定办理重大危险源备案，并采取下列监控措施：

（一）建立运行管理档案，对运行情况进行全程监控；

（二）定期对设施、设备进行检测、检验；

（三）定期进行安全评价；

（四）定期检查重大危险源的安全状态；

（五）制定应急救援预案，定期组织应急救援演练。

生产经营单位可以委托具有相应资质的中介服务机构，对重大危险源进行检测和安全评价，并提出完善监控的措施。

生产经营单位应当至少每半年向安全生产监管部门和专项监管部门报告重大危险源的监控措施实施情况；发生紧急情况时，应当立即报告安全生产监管部门和专项监管部门。

第二十八条　生产经营单位进行爆破、大型设备（构件）吊装、危险装置设备试生产、危险场所动火作业、有毒有害及受限空间作业、重大危险源作业等危险作业的，应当按批准权限由相关负责人现场带班，确定专人进行现场作业的统一指挥，由专职安全生产管理人员进行现场安全检查和监督，并由具有专业资质的人员实施作业。

生产经营单位委托其他有专业资质的单位进行危险作业的，应当在作业前与受托方签订安全生产管理协议。安全生产管理协议应当明确各自的安全生产职责。

生产经营单位或者接受委托的作业单位在危险作业前应当制定危险作业的方案和安全防范措施，并设置作业现场的安全区域。

从事危险作业时，作业人员应当服从现场的统一指挥和调度，并严格遵守作业方案、操作规程和安全防范措施。

第二十九条　生产经营单位为大型公共活动所设的临时性建筑物、构筑物及设施、设备的安全性能，应当经具有相应资质的机构检测、检验合格。

第三十条　生产经营单位不得将厂房、场所出租给不具备安全生产条件或者相应资质的单位或者个人。

生产经营单位出租厂房、场所给其他单位从事生产经营活动的，其出租的厂房、场所应当具备基本的安全生产条件，并书面告知承租人涉及厂房、场所安全的有关情况。租赁双方应当签订安全生产管理协议，明确双方对出租厂房、场所的安全管理责任。

出租方应当查验承租方所从事的生产经营范围，统一协调、管理同一区域多个承租单位的安全生产工作，加强对各承租人涉及厂房、场所安全行为的监督检查。发现承租方有安全生产违法行为的，应当及时劝阻并向所在地的安全生产监管部门和专项监管部门报告。

承租方应当严格遵守安全生产法律、法规，具备相应的安全生产资质和条件，并服从出租方对其安全生产工作的统一协调、管理。发生生产安全事故时，应当立即如实报告所在地的安全生产监管部门和专项监管部门。

第三十一条　生产经营单位应当为从业人员提供符合国家标准或者行业标准的劳动防护用品，并教育、督促从业人员正确佩戴、使用。生产经营单位不得以现金或者其他物品替代劳动防护用品的提供。

生产经营单位购买劳动防护用品时，应当查验产品质量合格证明；购买特种劳动防护用品时，还应当查验产品生产许可证和安全标志，并建立采购档案。

第三十二条　存在职业危害的生产经营单位应当依法建立职业危害防治制度，包括职业危害的防治责任、告知、申报、宣传教育、防护设施维护检修、日常监测、从业人员体检以及职业健康监护档案管理等内容。

存在职业危害的生产经营单位应当按照国家有关规定，委托具有相应资质的中介服务机构定期进行检测和评价。检测和评价报告应当向从业人员公布，并报安全生产监管部门备案。

生产经营单位发生职业危害事故，或者发现职业病病人、疑似职业病病人的，应当及时向安全生产监管部门和有关部门报告。

第三十三条　生产经营单位应当根据本单位的生产经营特点进行经常性的安全生产检查，定期进行专业性的安全生产检查，每月至少进行一次综合性的安全生产检查。

安全生产管理人员应当对检查中发现的事故隐患及时提出处理意见，跟踪事故隐患治理情况并记录在案。

第三十四条　生产经营单位对本单位的生产安全事故隐患治理负全部责任，发现事故隐患的，应当立即采取措施予以消除；对非本单位原因造成的事故隐患，不能及时消除或者难以消除的，应当采取必要的安全措施，并立即向安全生产监管部门和专项监管部门报告。

安全生产监管部门和专项监管部门接到报告后，应当及时进行处理。在隐患排除前，安全生产监管部门和专项监管部门可以在生产经营场所的明显位置设置事故隐患提示标志。

第三十五条　本市鼓励生产经营单位投保安全生产相关责任保险。

矿山、建筑施工、危险物品生产经营、道路交通运输、金属冶炼、船舶修造、装卸等行业的生产经营单位应当依照国家和本市的有关规定实行安全生产风险抵押金制度。发生生产安全事故时，原则上由企业先行支付抢险、救灾及善后处理费用，确实需要动用风险抵押金的，经安全生产监管部门和财政部门批准后，按照规定办理风险抵押金使用手续。生产经营单位投保安全生产相关责任保险的，经报送安全生产监管部门审核同意，可以免于存储安全生产风险抵押金。

第三十六条　生产经营单位按照国家和本市有关规定开展安全生产标准化工作，并接受安全生产监管部门的指导。

第三十七条　禁止生产经营单位及其有关负责人从事下列行为：

（一）指令或者放任从业人员违反操作规程或者安全管理规定从事作业；

（二）超过核定的生产能力、强度进行生产；

（三）隐瞒事故隐患，或者不及时处理已发现的事故隐患；

（四）违反操作规程或者安全管理规定从事作业；

（五）法律、法规规定的其他禁止行为。

第三章　从业人员的权利和义务

第三十八条　生产经营活动中，从业人员享有下列权利：

（一）在集体合同、劳动合同中，载明劳动安全、防止职业危害和工伤保险等事项；

（二）了解其作业场所、工作岗位存在的危险因素及防范、应急措施；

（三）对本单位安全生产工作中存在的问题提出建议、批评、检举和控告；

（四）拒绝违章指挥、强令冒险作业的要求；

（五）发现直接危及人身安全的紧急情况时，停止作业或者在采取可能的应急措施后撤离作业场所；

（六）因生产安全事故受到损害后提出赔偿要求；

（七）接受安全生产教育和培训，掌握本职工作所必需的安全生产技能；

（八）获得生产经营单位提供的符合国家和行业标准的劳动条件和劳动防护用品；

（九）因接触职业危害因素接受符合国家有关规定的职业健康检查；

（十）法律、法规规定的其他权利。

第三十九条　生产经营活动中，从业人员应当履行下列义务：

（一）严格遵守本单位的安全生产规章制度和操作规程；

（二）正确使用劳动防护用品；

（三）接受安全生产教育和培训；

（四）及时报告事故隐患和不安全因素；

（五）法律、法规规定的其他义务。

第四十条　生产经营单位使用劳务派遣人员从事作业的，应当将劳务派遣人员纳入本单位对从业人员安全生产的统一管理，履行安全生产保障责任，不得将安全生产保障责任转移给劳务派遣单位。

劳务派遣人员有依法向用工的生产经营单位主张安全生产的权利。

第四十一条　安全生产监管部门和有关部门应当加强对从业人员发生事故伤害的预防工作。

本市工伤保险基金按照国家和本市的有关规定安排一定比例的费用，用于工伤预防的宣传、培训等。

第四章　安全生产监督管理

第四十二条　本市实行各级人民政府和有关部门安全生产行政责任制度。

市和区、县人民政府及其有关部门的主要负责人对本地区、本行业的安全生产管理工作承担主要责任，其他分管负责人按照职责分工依法承担相应责任。

第四十三条　市和区、县人民政府应当对其所属部门和下级人民政府的安全生产工作进行年度考核，考核结果作为政府年度工作考核的重要依据。

市和区、县国有资产管理部门应当会同同级安全生产监管部门对其负责管理的国有企业的安全生产工作进行年度考核，考核结果纳入国有企业绩效考核。

第四十四条　市和区、县人民政府应当建立安全生产控制指标，对安全生产工作实行目标管理。

区、县人民政府和市有关部门每季度至少召开一次安全生产工作会议，分析本地区、本行业的安全生产形势和情况，研究、部署防范生产安全事故发生的措施和方案，协调并解决安全生产工作中的重大问题。

第四十五条　产业园区管理机构应当确定负责安全生产监督管理的机构和人员，支持、督促、检查本园区内生产经营单位的安全生产工作，并协助有关部门实施安全生产监督管理。发现安全生产违法行为或者事故隐患的，应当责令生产经营单位立即改正或者限期治理，并向有关部门报告。

第四十六条　乡、镇人民政府和街道办事处应当有相应机构和专门人员负责安全生产监督管理工作，对本辖区内高危行业和较大危险行业以外的生产经营单位实施安全生产日常检查，并协助有关部门实施安全生产监督管理。发现安全生产违法行为或者事故隐患的，应当向有关部门报告，并责令生产经营单位立即改正或者限期治理。

第四十七条　安全生产监管部门应当加强执法队伍的建设，依法开展行政执法工作。专项监管部门应当配置与其监督管理工作相适应的执法力量。

安全生产监管部门和专项监管部门应当定期对其执法人员开展安全生产技术知识、法律等方面的培训和考核。

第四十八条　市和区、县人民政府应当组织安全生产监管部门和专项监管部门对生产经营单位建立和落实安全生产责任制、生产安全事故隐患排查治理、安全生产教育和培训等安全生产工作以及容易发生事故的生产、经营场所或者施工的设备、设施和场所进行安全生产检查。

安全生产监管部门和专项监管部门可以实行联合检查，并采用定期检查、随时抽查的方式，对生产经营单位进行安全生产检查。

市安全生产监管部门应当会同有关部门组织编制危险化学品、易燃易爆物品、重大危险源、压力容器等重点事项的监督检查计划，明确实施监督检查的部门、频次等，并建立相应的监督检查记录制度。

第四十九条　安全生产监管部门和专项监管部门可以邀请专业技术人员和专家学者参与安全生产的监督检查、事故调查等工作，听取对专业技术问题的意见。

安全生产监管部门和专项监管部门应当建立、健全有关的专业技术人员和专家学者遴选、考核、奖酬、回避等制度。

第五十条　市安全生产监管部门会同有关部门组织编制安全生产重点监督管理单位目录，载明生产经营单位的名称、主要负责人姓名、监督管理部门以及监督管理的重点要求。

生产经营单位有下列情形之一的，应当列入安全生产重点监督管理单位目录：

（一）存在重大危险源的；

（二）存在重大事故隐患的；

（三）近三年内曾发生较大、重大或者特别重大生产安全事故的；

（四）市安全生产监管部门根据工作需要，认为有必要实行重点监督管理的其他情形。

第五十一条　生产经营单位存在重大生产安全事故隐患的，市和区、县人民政府应当指定有关部门督促生产经营单位制定、落实治理计划。

对于非生产经营单位原因造成，短时期内难以消除的重大生产安全事故隐患，市和区、县人民政府应当组织有关部门制定计划予以治理，并落实治理资金。任何单位和个人不得侵占治理资金或者挪作他用。

第五十二条　本市建立重大危险源信息监管系统，对重大危险源实施市和区、县两级监管。

安全生产监管部门和专项监管部门应当按照国家有关规定实施重大危险源备案。

第五十三条　本市对危险化学品行业实行统一规划、合理布局和严格控制。

本市有关部门组织编制城乡规划，应当根据本市实际情况，规划专门用于危险化学品生产、储存的区域和禁止建设危险化学品生产、储存项目的区域。

在城乡规划禁止建设危险化学品生产、储存项目的区域内，已建的危险化学品生产、储存项目，由安全生产监管部门会同有关部门督促生产经营单位在规定期限内进行调整；需要转产、停产、搬迁、关闭的，由市或者区、县人民政府组织有关部门实施，并根据有关规定给予补贴。

市安全生产监管、经济信息化部门应当会同有关部门，制定本市危险化学品产业结构调整指导目录。

市安全生产监管部门应当会同市经济信息化、发展改革、公安、交通港口、环保等部门，制定本市禁止、限制、管控危险化学品生产、储存、经营、使用、运输等的目录。

第五十四条　任何单位和个人发现生产经营单位存在重大事故隐患或者安全生产违法行为的，有权向安全生产监管部门和专项监管部门举报；对举报有功人员，由安全生产监管部门或者专项监管部门给予奖励。安全生产监管部门和专项监管部门应当为举报者保密。

本市对在改善安全生产条件、防止生产安全事故、参加抢险救护等方面取得显著成绩的单位和个人，给予奖励。

第五十五条 安全生产监管部门和专项监管部门应当通过电视、报纸、网络等媒体，对危害公共安全的安全生产违法行为及处理情况予以公布。

安全生产监管部门应当建立安全生产违法行为登录制度，在上海安全生产网上记载生产经营单位及其主要负责人、安全生产中介服务机构的有关违法行为及处理情况。任何单位和个人都有权进行查询。

第五章 生产安全事故的应急救援和调查处理

第五十六条 生产经营单位应当制定生产安全事故应急救援预案，报安全生产监管部门和专项监管部门备案。

高危行业的生产经营单位应当建立安全生产应急救援组织，配备应急救援器材、设备并进行经常性维护、保养。其他生产经营单位应当明确负责应急救援的人员。

生产经营单位应当每年至少组织一次综合应急救援预案演练或者专项应急救援预案演练。高危行业、较大危险行业的生产经营单位，应当每半年至少组织一次综合应急救援预案演练或者专项应急救援预案演练。

第五十七条 市和区、县人民政府应当建立、健全安全生产应急救援体系，根据本市突发公共事件总体预案，组织制定生产安全事故应急救援预案，确定应急救援队伍，储备应急救援物资、装备，加强安全生产应急救援资源共享和信息互通。

应急救援预案应当包括建立应急指挥体系，明确相关部门的应急救援职责，确定应急救援队伍，确定应急救援技术专家、建立抢险装备等信息数据库，确定交通、医疗、物资、经费、治安等保障措施，进行应急救援预案演练等。

第五十八条 生产经营单位发生生产安全事故后，应当在一小时内向安全生产监管部门和专项监管部门报告；情况紧急时，应当在三十分钟内向安全生产监管部门和专项监管部门报告。

安全生产监管部门和专项监管部门应当逐级上报事故情况。每级上报均应当在一小时内完成口头上报，在两小时内完成书面上报。

第五十九条 生产安全事故发生后，生产经营单位应当立即启动相应的应急救援预案，迅速采取有效措施，组织抢救，防止事故扩大，减少人员伤亡和财产损失；市或者区、县人民政府以及安全生产监管部门、相关专项监管部门接到事故报告后，应当立即组织事故救援。

第六十条 除法律、行政法规另有规定外，本市发生的生产安全事故按照下列规定进行调查：

（一）重大和较大生产安全事故，由市人民政府负责调查，市人民政府可以授权或者委托市安全生产监管部门或者其他有关部门组织调查；

（二）一般生产安全事故，由事故发生地区、县人民政府负责调查，区、县人民政府可以授权或者委托区、县安全生产监管部门或者其他有关部门组织调查。

市人民政府认为必要时，可以调查区、县人民政府负责调查的事故。

第六十一条 安全生产监管部门应当定期统计分析本行政区域内发生生产安全事故的情况，并定期向社会公布。

生产经营单位发生重大生产安全事故或者一年内发生两次以上较大生产安全事故，且对事故发生负有主要责任的，安全生产监管部门应当会同有关部门向社会公告，并向市发展改革、规划国土资源、建设交通、经济信息化以及金融监管等部门通报有关情况。

第六章 法律责任

第六十二条 违反本条例规定的行为，《中华人民共和国安全生产法》及其他有关法律、法规已有处罚规定的，依照其规定处罚；构成犯罪的，依法追究刑事责任。

生产经营单位发生生产安全事故，造成他人人身、财产损害的，依照有关法律，承担赔偿责任。

第六十三条 生产经营单位违反本条例第十九条第三款的规定，未将安全生产费用的有关情况报送备案的，由安全生产监管部门责令限期改正；逾期未改正的，处以五千元以下的罚款。

第六十四条 生产经营单位未按照本条例第二十条规定配备专职安全生产管理人员的，由安全生产监管部门责令限期改正；逾期未改正的，责令停产停业整顿，并可以依法处以罚款，罚款额按未配备安全生产管理人员人数计，每少配备一人罚款五千元。

第六十五条 生产经营单位主要负责人、分管安全生产的负责人、安全生产管理人员未按照本条例第二十一条的规定参加安全培训并经考核合格的，由安全生产监管部门责令限期改正；逾期未改正的，处以五千元以上二万元以下的罚款。

第六十六条 生产经营单位违反本条例第二十二条的规定，未对从业人员进行安全生产教育培训的，由安全生产监管部门责令限期改正；逾期未改正的，责令停产停业整顿，并可以依法处以罚款，罚款额按未培训从业人员人数计，每少培训一人罚款五百元。

第六十七条 生产经营单位违反本条例第二十八条第二款、第三款的规定，从事危险作业未签订安全生产管理协议，或者未设置作业现场安全区域的，由安全生产监管部门责令改正，并可以对生产经营单位和接受委托的作业单位处以五万元以上二十万元以下的罚款。

第六十八条 矿山、建筑施工、危险物品生产经营、道路交通运输、金属冶炼、船舶修造、装卸等行业的生产经营单位违反本条例第三十五条的规定，未足额存储安全生产风险抵押金且未投保安全生产相关责任保险的，由安全生产监管部门责令限期改正；逾期未改正的，处以一万元以上三万元以下的罚款。

第六十九条 生产经营单位及其有关负责人违反本条例第三十七条第一项至第四项的规定，从事禁止行为的，由安全生产监管部门对生产经营单位处以一万元以上三万元以下的罚款，对其有关负责人处以一千元以上一万元以下的罚款。

第七十条 各级人民政府及其有关部门的工作人员有下列情形之一的，依照《中华人民共和国公务员法》、《中华人民共和国行政监察法》等法律、法规，追究行政责任；构成犯罪的，依法追究刑事责任：

（一）未按照规定履行安全生产监督管理责任的；

（二）因其失职、渎职行为造成重大生产安全事故隐患的；

（三）发生生产安全事故，未按照规定组织救援或者玩忽职守致使人员伤亡或者财产损失扩大的；

（四）对生产安全事故隐瞒不报、谎报或者拖延报告的；

（五）阻挠、干涉生产安全事故调查处理或者生产安全事故责任追究的。

第七十一条 当事人对安全生产监管部门或者专项监管部门的具体行政行为不服的，可以依照《中华人民共和国行政复议法》或者《中华人民共和国行政诉讼法》的规定，申请行政复议或者提起行政诉讼。

当事人对具体行政行为逾期不申请复议，不提起诉讼，又不履行的，作出具体行政行为的安全生产监管部门或者专项监管部门可以申请人民法院强制执行。

第七章 附 则

第七十二条 本条例下列用语的含义是：

（一）生产经营单位，是指从事生产经营活动的企业、个体工商户以及其他能够独立承担民事责任的经营性组织。

（二）生产经营单位主要负责人，是指生产经营单位的法定代表人和实际负有本单位生产经营最高管理权限的人员。

（三）产业园区，是指依法设立并由市或者区、县人民政府派出或者指定机构管理的工业园区、高新技术产业开发区、保税区和出口加工区。

（四）危险物品，是指易燃易爆物品、危险化学品、放射性物品等能够危及人身安全和财产安全的物品。

第七十三条 国家机关、事业单位、人民团体、民办非企业单位在日常运营中的安全作业管理，参照执行本条例。法律、法规另有规定的，从其规定。

第七十四条 本条例自 2012 年 1 月 1 日起施行。

四川省安全生产重点监管煤矿管理办法（试行）

（四川省安全生产监督管理局　2012年2月9日发布　川安监〔2012〕23号）

第一条　根据《中华人民共和国安全生产法》、《四川省安全生产条例》、《国务院关于进一步加强企业安全生产工作的通知》（国发〔2010〕23号）和《国务院关于坚持科学发展安全发展促进安全生产形势持续稳定好转的意见》（国发〔2011〕40号）等法律法规的规定，结合我省实际，制定本办法。

第二条　重点监管煤矿一年一评定，半年一补充（每年初根据上年的情况，确定当年的重点监管煤矿名单，下半年将上半年发生事故的煤矿纳入下半年重点监管的范围）。

第三条　重点监管煤矿确定原则。凡具备以下条件之一的矿井，应确定为重点监管矿井。

1. 发生死亡事故的矿井；

2. 发生瓦斯或透水非伤亡事故的矿井；

3. 存在水患、煤与瓦斯突出、自燃发火以及冲击地压等重大安全隐患威胁的矿井；

4. 管理混乱、技术力量配备不足的矿井；

5. 存在非法或重大违法违规生产建设行为的矿井；

6. 隐瞒事故不报的矿井；

7. 其他需要确定为重点监管的煤矿。

第四条　重点监管煤矿数量。原则上每年初按全省煤矿总数的20%确定。

第五条　重点监管煤矿的确定。每年初由县级煤矿安全监管部门按照上述原则提出初选名单，经县人民政府同意后报市级煤矿安全监管部门会同煤监分局审核，由省安全监管局（四川煤监局）审查确定。省安全监管局（四川煤监局）通过新闻媒体向社会公布重点监管煤矿名单和省煤矿安全监管部门监督举报电话，发动社会和群众进行监督。

第六条　重点监管煤矿的监管期限原则上为一年，达到以下标准的次年不再列为重点监管煤矿，到期由市级煤矿安全监管部门会同煤监分局验收。

1. 建立完善各级管理机构，配齐相关人员，并建立健全各级岗位责任制和安全生产管理规章制度；

2. 采掘部署合理，采煤方法正规，淘汰落后的支护方式；

3. 按照“通风可靠、抽采达标、监控有效、管理到位”的要求达到瓦斯综合治理工作体系建设标准；

4. 安全避险等“六大系统”按规划按期完成；

5. 杜绝非法违法生产建设行为；

6. 煤（岩）与瓦斯（二氧化碳）突出煤矿区域综合防突和局部综合防突两个“四位一体”措施得到落实；

7. 有水患威胁的矿井，《煤矿防治水规定》的内容得到落实；

8. 安全质量标准化达二级以上。

第七条　重点监管煤矿要认真落实企业的安全生产主体责任，并应落实以下安全制度和措施：

（一）重点监管煤矿要结合监管监察部门提出的隐患整改意见和专家“会诊”提出的整改措施和建议，研究制定整改方案，明确整改内容、资金、措施、时间和责任人，报县级煤矿安全监管部门审查批准后，按“五落实”的要求积极进行整改。

（二）实行重点监管煤矿安全生产承诺制。重点监管煤矿要与县级人民政府或煤矿安全监管部门签订《重点监管煤矿安全生产承诺书》，承诺的内容主要是：自觉履行安全生产各项职责、自觉遵守安全生产法律法规、自觉遵守安全生产各项规章制度、自觉依法组织生产建设、按期完成整改任务等。

（三）落实隐患排查整治制度。重点监管煤矿要建立健全隐患排查治理制度，每周组织一次全面隐患排查工作，对发现的问题要按“五落实”的要求及时整改。

（四）实行重点监管煤矿安全工作报告制度。重点监管煤矿必须在每月 5 日前将上月隐患排查治理情况和安全生产工作情况向县级煤矿安全监管部门和驻地煤监分局报告。

第八条　各级煤矿安全监管监察部门要认真履行安全生产监管责任，并应落实以下安全监管措施：

（一）实行重点监管煤矿挂牌公告制度。县级煤矿安全监管部门要在重点监管煤矿办公楼和井门口悬挂“四川省安全生产重点监管煤矿”标志牌，并通过新闻媒体向社会公布重点监管煤矿名单和煤矿安全责任人以及省、市、县煤矿安全监管部门监督举报电话，发动社会和群众进行监督。

（二）实行重点监管煤矿定期检查督查制度。原则上县级煤矿安全监管部门每月检查一次；各产煤市级煤矿安全监管部门每季度检查一次，并对各县级煤矿安全监管部门检查情况进行督查；省煤炭产业集团、省古叙煤田公司每季度对重点监管煤矿检查一次，市级煤矿安全监管部门要按照属地监管的原则，定期对辖区内国有重点煤矿进行检查；各煤监分局每半年监察一次，并对各县级煤矿安全监管部门检查情况进行督查；省安全监管局（四川煤监局）将适时组织对各地检查情况进行督促指导。检查的主要内容是经批准的重点监管煤矿整改方案的内容和进度。

（三）严格安全监管监察执法。煤矿安全监管监察部门在检查中发现重点监管煤矿存在不履行法定安全职责、安全生产主体责任不落实、安全管理不到位、事故隐患整改不及时等问题，以及存在严重违法行为或者发生死亡事故的要依法从严查处。

（四）实行重点监管煤矿定期检查通报制度。县级煤矿安全监管部门每月要召开辖区煤矿业主和矿长会，将对重点监管煤矿检查和查处情况进行通报；各产煤市级煤矿安全监管部门、省煤炭产业集团、省古叙煤田公司每季度要将对重点监管煤矿检查和查处情况进行书面通报到各煤矿企业；各煤监分局每半年要将对重点监管煤矿检查和查处情况进行书面通报到市、县煤矿安全监管部门和各煤矿企业；省安全监管局（四川煤监局）每半年将全省检查督查情况进行通报。

（五）实行重点监管煤矿专家会诊制度。县级煤矿安全监管部门要组织专家组依据煤矿安全生产法律、法规和《煤矿安全规程》、《四川省小煤矿安全生产基本要求》对重点监管煤矿进行全面“会诊”，重点对矿井开拓系统及开采方式、“一通三防”、瓦斯治理、水患防治、安全管理机构、专业技术人员配备、劳动组织体系建立、安全生产责任制度建立落实以及现场管理等内容进行“会诊”，找出煤矿存在的问题，提出整改的措施和方案，并督促煤矿按照“会诊”报告制定整改方案。“会诊”工作要在一季度内完成。

（六）实行重点监管煤矿法定代表人、矿长学习制度。重点监管煤矿企业法定代表人、矿长分批由省局组织年度复训。县级煤矿安全监管部门每月组织辖区内的重点监管煤矿法定代表人、矿长进行法律法规、相关政策文件、技术标准规范的学习一次。

（七）实行安全否决制度。被列为重点监管的煤矿当年不能被评为安全生产先进单位，煤矿企业法定代表人、矿长不能被评为安全生产先进个人。在规定时间内不能按期完成整改任务的，由县级以上人民政府逐矿研究，整改无望的依法予以关闭。

（八）实行重点监管矿井联系人制度。县级煤矿安全监管部门和煤监分局要将辖区内的重点监管煤矿分解确定联系人，加强对重点监管煤矿的联系和服务。

（九）实行约谈制度。对重点监管煤矿数量多、工作组织实施不力、效果不明显的县级人民政府及煤矿安全监管部门，省安全监管局（四川煤监局）要组织约谈。

（十）建立重点监管矿井监督检查档案。县级煤矿安全监管部门对确定的重点监管煤矿，均应按照“一矿一档”的要求，建立健全监督检查档案和台账。内容包括：企业基本情况、“会诊”报告、整改方案、重大事故隐患排查整改记录以及历次检查记录、文书等。

第九条　建立重点监管煤矿监管监察情况定期报告制度。各产煤县级煤矿安全监管部门每月3日前要向市级煤矿安全监管部门报告；各市级煤矿安全监管部门、省煤炭产业集团、省古叙煤田开发有限公司每季度开始5日内向省安全监管局（四川煤监局）；各煤监分局每半年结束后5日内向省安全监管局（四川煤监局）报告。

各级监管监察部门要指定专人负责信息报送工作，及时将重点监管矿井检查情况形成书面总结并填报报表（见附表一、附表二）。

第十条　本办法自公布之日起执行。

山东省生产安全事故报告和调查处理办法

（2011 年 5 月 17 日山东省政府第 100 次常务会议通过　2011 年 6 月 22 日山东省人民政府令第 236 号公布　自 2011 年 8 月 1 日起施行）

第一章　总　则

第一条　为了规范生产安全事故的报告和调查处理，落实生产安全事故责任追究制度，防止和减少生产安全事故，根据《中华人民共和国安全生产法》、《生产安全事故报告和调查处理条例》等法律、法规，结合本省实际，制定本办法。

第二条　本省行政区域内生产经营活动中发生的造成人身伤亡或者直接经济损失的生产安全事故的报告和调查处理，适用本办法。法律、法规对事故的报告和调查处理另有规定的，依照其规定执行。

第三条　按照国家有关规定，生产安全事故（以下简称事故）分为一般事故、较大事故、重大事故和特别重大事故。

第四条　事故的报告应当及时、准确、完整，任何单位和个人对事故不得迟报、漏报、谎报或者瞒报。

事故的调查处理应当坚持实事求是、尊重科学的原则，及时、准确地查清事故经过、事故原因和事故损失，查明事故性质，认定事故责任，总结事故教训，提出整改措施，并对事故责任者依法追究责任。

第五条　县级以上人民政府负责事故的调查处理工作。安全生产监督管理部门和负有安全生产监督管理职责的有关部门以及其他有关部门和单位，应当依照各自职责做好事故调查处理的相关工作。

事故发生地的有关人民政府及其有关部门应当支持、配合上级人民政府或者有关部门的事故调查处理工作。

第二章　事故报告

第六条　事故发生后，事故现场有关人员应当立即向本单位负责人报告；单位负责人接到报告后，应当于 1 小时内报告事故发生地县（市、区）人民政府安全生产监督管理部门和负有安全生产监督管理职责的有关部门。

情况紧急时，事故现场有关人员可以直接向事故发生地县级以上人民政府安全生产监督管理部门和负有安全生产监督管理职责的有关部门报告。

第七条　安全生产监督管理部门和负有安全生产监督管理职责的有关部门接到事故报告后，应当按照下列规定上报事故情况，并通知公安机关、监察机关、人力资源社会保障行政部门、工会和人民检察院，同时上报本级人民政府：

（一）一般事故逐级上报至设区的市人民政府安全生产监督管理部门和负有安全生产监督管理职责的有关部门；

（二）较大事故逐级上报至省人民政府安全生产监督管理部门和负有安全生产监督管理职责的有关部门；

（三）重大事故、特别重大事故逐级上报至国务院安全生产监督管理部门和负有安全生产监督管理职责的有关部门。

前款规定的逐级上报，每一级上报时间不得超过2小时。

第八条　发生较大以上等级事故的，事故发生单位和事故发生地县（市、区）人民政府有关部门在按照本办法第六条、第七条规定上报的同时，还应当于1小时内以快报的形式上报省人民政府安全生产监督管理部门和负有安全生产监督管理职责的有关部门。

第九条　事故报告应当包括下列内容：

（一）事故发生单位的名称、地址、性质、产能等基本情况；

（二）事故发生的时间、地点以及事故现场情况；

（三）事故的简要经过；

（四）事故已经造成或者可能造成的伤亡人数（包括下落不明的人数）和初步估计的直接经济损失；

（五）已经采取的措施；

（六）其他应当报告的情况。

事故快报的内容可以适当简化；具体情况暂时不清楚的，可以先报事故总体情况。

第十条　自事故发生之日起30日内，事故造成的伤亡人数发生变化的，应当及时补报。道路交通事故、火灾事故自发生之日起7日内，事故造成的伤亡人数发生变化的，应当及时补报。

第十一条　事故发生后，有关单位和个人应当严格按照规定报告，不得有下列行为：

（一）超过规定时限报告事故；

（二）漏报事故或者事故发生的时间、地点、类别、伤亡人数、直接经济损失等内容；

（三）不如实报告事故发生的时间、地点、类别、伤亡人数、直接经济损失等内容；

（四）故意隐瞒已经发生的事故。

第十二条　事故发生后，有关单位在上报事故的同时，应当立即启动应急预案，或者采取有效措施，组织抢救，防止事故扩大，减少人员伤亡和财产损失。

事故发生地有关人民政府、安全生产监督管理部门和负有安全生产监督管理职责的有关部门接到事故报告后，其负责人应当立即赶赴事故现场，组织事故救援。

事故造成人员伤害需要抢救治疗的，有关单位应当立即就近送往医疗机构救治，医疗机构应当立即组织抢救治疗。抢救治疗费用由事故发生单位先行垫付。

第十三条　事故发生后，有关单位和人员应当妥善保护事故现场以及相关证据，任何单位和个人不得破坏事故现场、毁灭相关证据。因抢救人员、防止事故扩大以及疏通交通等原因，需要移动事故现场物件的，应当做出标志，绘制现场简图并做出书面记录，摄录音像资料等，妥善保存现场重要痕迹、物证。

第十四条　任何单位和个人应当支持、配合事故抢险救援，并提供必要的便利条件。

事故抢险救援中可能发生更大危险或者造成更大损失的，抢险救援现场主要指挥人员在听取专家意见后，可以决定暂停或者终止抢险救援。

第十五条 任何单位和个人发现事故发生，或者发现事故迟报、漏报、谎报或者瞒报等行为的，有权向政府及其有关部门报告或者举报。

安全生产监督管理部门和负有安全生产监督管理职责的有关部门应当建立24小时值班制度，并向社会公布值班电话、传真以及举报奖励的有关规定，依法受理、处理事故报告和举报。

第十六条 负有安全生产监督管理职责的有关部门接到事故报告或者举报后，应当及时将相关情况向本级人民政府安全生产监督管理部门通报。

第十七条 具有下列情形之一的较大涉险事故，按照较大事故的规定报告，并组织抢险救援：

（一）涉险10人以上的事故；

（二）造成3人以上被困或者下落不明的事故；

（三）紧急疏散人员500人以上的事故；

（四）危及重要场所和设施安全的事故；

（五）其他较大涉险事故。

发生其他涉险事故的，按照一般事故的规定报告，并组织抢险救援。

第三章 事故调查

第十八条 事故调查应当按照事故的等级分级组织。重大事故、较大事故、一般事故分别由省、设区的市、县（市、区）人民政府负责调查。县级以上人民政府可以直接组织事故调查组进行调查，也可以授权或者委托有关部门组织事故调查组进行调查。

重大事故、较大事故可以成立事故调查处理领导小组，由政府主要负责人或者分管负责人担任组长，有关部门主要负责人或者分管负责人参加。

经济技术开发区、高新技术开发区等经济功能区内发生的事故，由对该经济功能区有管辖权的县级以上人民政府负责组织事故调查。事故等级超过本级人民政府调查权限的，按照第一款规定组织事故调查。

事故发生地与事故发生单位不在同一个行政区域的，由事故发生地人民政府负责调查，事故发生单位所在地人民政府派人参加。

直接经济损失在100万元以下且未造成人员死亡或者重伤的一般事故，由县（市、区）人民政府委托事故发生单位自行组织事故调查组进行调查，事故发生单位应当将事故调查报告报其所在地县（市、区）人民政府安全生产监督管理部门备案。

第十九条 事故调查组由有关人民政府、安全生产监督管理部门、负有安全生产监督管理职责的有关部门、监察机关、公安机关以及工会派人组成，并应当邀请人民检察院派人参加。

事故调查组成员应当具有事故调查所需要的知识和专长，并与所调查的事故没有直接利害关系。

事故调查组组长由负责事故调查处理的人民政府或者事故调查处理领导小组指定。

事故调查组成员名单应当以文件、会议纪要等形式公布。

事故调查组可以聘请具有与发生事故的类别相关联的专业技能，并熟悉相关业务的专家参与事故调查。

第二十条 事故调查组可根据实际需要设立技术组、管理组、综合组，并分别履行下列职责：

（一）技术组负责查明事故经过，确定人员伤亡情况及直接经济损失，从技术角度调查分析事故发生的原因及有关责任，起草本组专项报告。

（二）管理组负责调查事故发生的管理原因，对事故发生负有责任的有关单位及人员履行主体责任和监管责任的情况进行调查分析，提出对事故相关责任人员和单位的处理建议，起草本组专项报告。

（三）综合组负责调查工作的组织协调、联络保障，总结事故教训，提出防范和整改措施，起草事故调查报告。

第二十一条 事故调查组有权向有关单位和个人了解与事故有关的情况，并要求其提供相关文件、资料，有关单位和个人不得拒绝。

事故发生单位的负责人和有关人员在事故调查期间不得擅离职守，并应当随时接受事故调查组的询问，如实提供有关情况。

事故调查中发现涉嫌犯罪的，事故调查组应当及时将有关材料或者其复印件移交司法机关处理。

第二十二条 事故调查组成员应当服从事故调查组的安排，遵守事故调查纪律，保守事故调查秘密。

未经事故调查组组长批准，事故调查组成员不得脱离调查组独自进行调查，不得擅自透露或者发布事故调查信息。

第二十三条 在事故调查过程中，经事故调查组认定属于自然灾害、治安刑事案件或者其他非生产安全事故的，由事故调查组报请本级人民政府指派有关部门另行组织调查。

由于人员伤亡和直接经济损失变化导致事故等级发生变化的，应当由有调查权限的人民政府重新组织事故调查组进行调查；上级人民政府也可以委托原调查组继续调查，或者会同原调查组联合调查。

第二十四条 事故调查组应当自事故发生之日起60日内提交事故调查报告；特殊情况下，经负责事故调查的人民政府或者事故调查处理领导小组批准，提交事故调查报告的期限可以适当延长，但延长的期限最长不超过60日。

属于本办法第十八条第五款规定的由事故发生单位自行组织调查的，事故发生单位应当自事故发生之日起30日内完成事故调查报告。

技术鉴定所需时间不计入事故调查期限。

第二十五条 事故调查报告应当包括下列内容：

（一）事故发生单位概况；

（二）事故发生经过和事故救援情况；

（三）事故造成的人员伤亡和直接经济损失；

（四）事故发生的原因和事故性质；

（五）事故责任的认定以及对事故责任者的处理建议，处理建议应当包括给予其行政处罚、处分的依据、种类、决定机关等内容；

（六）事故防范和整改措施；

（七）其他必要内容。

事故调查报告应当附具有关证据材料。事故调查组成员应当在事故调查报告上签名。

第二十六条 事故调查报告应当由事故调查组全体人员讨论通过。事故调查组成员对事故原因、事故性质、责任认定、责任者处理建议等不能取得一致意见的，报负责事故调查处理的人民政府或者事故调查处理领导小组决定。

第四章　事故处理

第二十七条　重大事故、较大事故、一般事故的事故调查报告，由负责组织事故调查的人民政府依照有关规定履行相关程序后，于收到事故调查报告之日起15日内批复给下级有关人民政府、事故调查组的有关成员单位和事故发生单位。

有关机关应当按照批复意见，依法对事故发生单位及其有关人员进行行政处罚，对负有事故责任的国家工作人员进行处分，并监督有关整改措施的落实。

对涉嫌犯罪的事故责任人员，移送司法机关依法处理。

第二十八条　事故发生单位和相关责任单位应当按照人民政府的批复，对本单位负有事故责任的人员进行处理，落实防范和整改措施，保障安全生产。

事故发生单位和相关责任单位应当在事故处理工作完结之日起10个工作日内，将落实人民政府批复的情况报告本级人民政府安全生产监督管理部门、监察机关和负有安全生产监督管理职责的有关部门。

第二十九条　事故发生地与事故发生单位不在同一个行政区域的，由事故发生地人民政府批复。对事故责任单位和责任人员的行政处罚、处分按照下列规定实施：

（一）对事故发生单位及其有关责任人员的行政处罚，由事故发生地人民政府依照法定权限和程序组织实施；事故发生单位所在地人民政府应当予以协助；

（二）对负有事故责任的人员的处分，由具有管理权限的机关、单位负责落实；需要罢免职务的，按照规定程序处理。

第三十条　建立事故查处督办制度。较大事故查处实行省人民政府安全生产委员会挂牌督办，一般事故查处实行设区的市人民政府安全生产委员会挂牌督办。

第三十一条　事故调查处理结束后，由有关部门负责整理事故调查报告、事故批复、批复落实情况以及其他有关资料，并及时存档。

第三十二条　省、设区的市人民政府应当每年度组织监察机关、安全生产监督管理等部门对本行政区域内事故责任追究的落实情况进行监督检查；发现未严格落实的，应当责令改正，并依法追究有关人员的责任。

第三十三条　对于发生重大以上事故或者一年内发生两起以上较大事故的生产经营单位，由省人民政府安全生产监督管理部门会同有关部门向社会公告，并向投资、国土资源、建设、银行、证券等主管部门通报，一年内严格限制新增的项目核准、用地审批、证券融资等，并作为银行贷款等的重要参考依据。

第三十四条　事故处理的情况由负责事故调查的人民政府或者其授权的有关部门、机构向社会公布，接受社会监督。但是依法应当保密的除外。

第五章　责任追究

第三十五条　不依法履行职责，发生较大事故的，追究乡镇人民政府（街道办事处）、县（市、区）人民政府有关工作部门分管负责人、主要负责人的纪律责任；情节严重或者一年内连续发生较大事故的，一并追究县（市、区）人民政府、设区的市人民政府有关工作部门分管负责人、主要负责人的纪律责任。

不依法履行职责，发生重大事故的，追究县（市、区）人民政府、设区的市人民政府有关工作部门分管负责人、主要负责人的纪律责任；情节严重或者一年内连续发生重大事故的，一并追究设区的市人民政府分管负责人、主要负责人的纪律责任。

第三十六条 不依法履行职责，发生特别重大事故或者在较短时间内连续发生重大事故，造成重大损失或者恶劣影响的，依照有关规定对设区的市、县（市、区）人民政府及其有关工作部门、乡镇人民政府（街道办事处）的分管负责人、主要负责人实行问责。

发生特别重大事故的设区的市、发生重大以上事故的县（市、区）、发生较大以上事故的乡镇人民政府（街道办事处），取消评先评优资格。

第三十七条 发生较大以上事故或者在较短时间内连续发生死亡事故的国有、国有控股生产经营单位负责人不得享受年终考核奖励，主要负责人取消评先评优资格。

对重大以上等级事故负有主要责任的生产经营单位，应当依照有关规定撤销其主要负责人职务，并终身禁止其担任本行业生产经营单位的负责人。

第三十八条 事故发生单位对较大涉险事故迟报、漏报、谎报或者瞒报的，由县级以上安全生产监督管理部门给予警告；造成严重后果的，对事故发生单位处1万元以上3万元以下的罚款，对有关责任人员处5000元以上2万元以下的罚款。

第三十九条 事故发生单位未对直接经济损失100万元以下且未造成人员死亡或者重伤的一般事故进行调查处理的，或者未在规定时限内将事故调查报告报安全生产监督管理部门备案的，由县级以上安全生产监督管理部门责令限期改正，并可处500元以上2000元以下罚款；逾期未改正的，处2000元以上2万元以下罚款。

第四十条 事故发生单位和相关责任单位未按照本办法规定处理责任人员、落实整改措施的，由县级以上安全生产监督管理部门责令限期改正，并可处1000元以上3000元以下罚款；逾期未改正的，处3000元以上3万元以下罚款。

第四十一条 有关机关及其工作人员在事故报告和调查处理工作中不履行法定职责，或者不落实人民政府批复的，依法追究有关人员的纪律责任。

第六章 附 则

第四十二条 国家机关、事业单位、人民团体发生的事故的报告和调查处理，参照本办法执行。

第四十三条 本办法自2011年8月1日起施行。

山东省人民政府办公厅
2011年6月22日印发

陕西省生产经营单位安全生产主体责任规定

（陕西省政府2012年第4次常务会议通过 2012年3月19日陕西省人民政府第156号令公布 自2012年5月1日起施行）

第一条 为了落实生产经营单位安全生产主体责任，加强安全生产管理，根据《中华人民共和国安全生产法》等法律法规，结合本省实际，制定本规定。

第二条 本规定所称生产经营单位安全生产主体责任，是指生产经营单位作为安全生产主体，按照安全生产有关法律法规和规章的规定，履行安全生产职责，并对未履行安全生产职责导致的后果承担法律责任。

第三条 在本省行政区域内生产经营单位履行安全生产职责，承担安全生产责任，适用本规定。

第四条 生产经营单位应当具备法律法规、规章和国家标准或者行业标准规定的安全生产条件，依法取得安全生产行政许可，方可从事生产经营活动。

第五条 生产经营单位新建、改建、扩建项目的安全设施，应当与主体工程同时设计、同时施工、同时投入生产和使用，具体达到以下要求：

（一）建设项目设计单位在编制项目设计文件时，同时按照规定编制安全设施的设计文件；

（二）编制建设项目投资计划和财务计划时，应当将安全设施所需投资一并纳入计划同时编报；

（三）需要报经有关部门批准的建设项目，在报批时应当同时报送安全设施设计文件；

（四）建设项目施工单位应当按照安全设施的施工图纸和设计要求施工；

（五）在生产设备调试阶段，应当同时对安全设施进行调试和考核，并对其效果作出评价；

（六）建设项目预验收时，应当同时对安全设施进行验收；

（七）安全设施应当与主体工程同时投入生产和使用。

第六条 生产经营单位应当为从业人员提供符合国家职业卫生标准的工作环境和条件，按照国家标准或者行业标准为从业人员无偿提供合格的劳动防护用品，并指导、监督从业人员按照使用规则正确佩戴和使用，不得以货币或者其他物品替代劳动防护用品。

第七条 生产经营单位应当依法为从业人员办理工伤保险，按照规定投保安全生产责任险，并可根据安全生产实际为从事高空、高压、易燃、易爆、剧毒、放射性、运输、野外、矿山开采等高危作业的人员办理意外伤害保险。

第八条 生产经营单位应当组织从业人员参加安全生产教育培训，从业人员培训合格后方可上岗作业。

生产经营单位应当督促从业人员遵守国家安全生产法律法规和规章，执行安全生产标准、作业规程和安全技术措施，杜绝盲目指挥、违章操作和违反劳动纪律的行为。

第九条 生产经营单位应当按照规定提取安全生产费用，并用于下列事项：

（一）安全生产设施设备的建设、改造和维护；
（二）安全事故隐患整改、职业卫生条件改善和安全标准化建设；
（三）安全生产评价评估、检测检验、咨询论证等技术服务；
（四）劳动防护用品、应急救援器材和药品配备；
（五）安全检查所需交通工具、设备仪器、通讯器材购置；
（六）安全生产科技开发与应用、宣传教育和奖励；
（七）职工伤亡事故调查处理以及善后；
（八）与安全生产保障有关的其他事项。

第十条 生产经营单位应当定期开展安全检查，根据安全生产的重点环节，及时排查治理事故隐患；暂时难以治理的，应当制定治理计划，限期治理。安全检查的内容、结果、治理情况逐项记入台账，并由检查人员、复查人员签字。

第十一条 生产经营单位应当采用先进的安全生产管理方法，落实各项安全防范措施，提高安全生产管理水平。

第十二条 生产经营单位依法将生产经营项目、场所、设备发包或者出租的，应当与承包单位、承租单位签订专门的安全生产管理协议，或者在承包合同、租赁合同中约定有关安全生产管理的事项。发包、出租单位与承包、承租单位的承包合同、租赁合同或者安全生产管理协议应当包括以下安全生产管理事项：

（一）双方安全生产职责、各自管理的区域范围；
（二）作业场所安全生产管理；
（三）在安全生产方面各自享有的权利和承担的义务；
（四）对安全生产管理奖惩、生产安全事故应急救援和善后赔偿、安全生产风险抵押金的约定；
（五）对生产安全事故的报告、配合调查处理的约定；
（六）其他应当约定的安全生产管理事项。

第十三条 生产经营单位应当依法建立健全下列各项安全生产管理制度：

（一）安全生产责任制度；
（二）建设项目安全设施与主体工程同时设计、同时施工、同时投入生产和使用制度；
（三）安全生产资金投入保障制度；
（四）安全生产管理机构设置和人员配备制度；
（五）安全生产会议制度；
（六）安全生产培训教育制度；
（七）生产经营场所安全管理制度；
（八）设备设施安全管理制度；
（九）职业危害防治制度；
（十）特殊作业安全管理制度；
（十一）安全检查和隐患排查治理制度；
（十二）重大危险源监控制度；
（十三）事故应急救援和报告制度；
（十四）劳动者权益保护和劳动防护制度；
（十五）解散关闭的安全责任制度；
（十六）其他符合本行业、本单位生产特点的安全生产管理制度。

第十四条 生产经营单位应当依法建立健全本单位安全生产责任制度，落实全员安全生产责任：

（一）主要负责人的安全生产责任；

（二）主管安全生产工作的负责人和其他分管负责人的安全生产责任；

（三）下属部门和单位负责人的安全生产责任；

（四）班组长的安全生产责任；

（五）其他岗位从业人员的安全生产责任。

第十五条 生产经营单位的主要负责人是本单位安全生产的第一责任人，对落实安全生产责任全面负责，职责如下：

（一）建立健全安全生产责任制；

（二）组织制定安全生产管理制度和操作规程；

（三）保证安全生产投入的有效实施；

（四）定期研究安全生产问题，督促、检查其他分管负责人的安全生产工作，及时消除生产安全事故隐患；

（五）组织制定并实施生产安全事故应急救援预案；

（六）及时报告生产安全事故，有效组织事故救援，协助、配合事故查处；

（七）法律法规规定的其他职责。

生产经营单位其他从业人员的安全生产责任，由本单位按照岗位分工依法确定。

第十六条 生产经营单位应当依据从业人员的安全生产责任，逐级逐岗签订安全生产责任书，并对落实安全生产责任情况定期组织考核。

第十七条 生产经营单位主要负责人应当认真履行安全生产监督职责，对未落实安全生产责任以及因此而导致的后果负责。

第十八条 生产经营单位应当建立健全内部安全生产监督机制，充分发挥董事会、股东会、职代会的安全生产监督作用，自觉接受工会和职工对安全生产的民主监督。

第十九条 生产经营单位及其从业人员应当依法接受当地人民政府及其有关部门的安全生产监督管理。

第二十条 法律法规和规章对生产经营单位安全生产职责以及未履行安全生产职责应当承担的法律责任另有规定的，从其规定。

第二十一条 本规定自 2012 年 5 月 1 日起施行。

广东省第十二届人民代表大会常务委员会公告

（第 3 号）

《广东省安全生产条例》已由广东省第十二届人民代表大会常务委员会第四次会议于 2013 年 9 月 27 日修订通过，现将修订后的《广东省安全生产条例》公布，自 2014 年 1 月 1 日起施行。

广东省人民代表大会常务委员会

2013 年 9 月 27 日

广东省安全生产条例

（2002 年 10 月 13 日广东省第九届人民代表大会常务委员会第三十七次会议通过　根据 2006 年 9 月 28 日广东省第十届人民代表大会常务委员会第二十七次会议《关于修改〈广东省安全生产条例〉的决定》修正　2013 年 9 月 27 日广东省第十二届人民代表大会常务委员会第四次会议修订）

第一章　总　则

第一条　为了加强安全生产工作，防止和减少生产安全事故（以下简称事故），保障人民群众生命、健康和财产安全，促进经济社会协调发展，根据《中华人民共和国安全生产法》等有关法律、法规，结合本省实际，制定本条例。

第二条　本条例适用于本省行政区域内生产经营单位的安全生产以及相关的监督管理活动。

法律、法规对消防安全和道路交通安全、铁路交通安全、水上交通安全、民用航空安全另有规定的，适用其规定。

第三条　安全生产工作应当坚持安全第一、预防为主、综合治理的方针，建立生产经营单位负责、政府监管、职工参与、行业自律和社会监督的机制。

第四条　生产经营单位是安全生产的责任主体，其主要负责人对本单位的安全生产工作全面负责；分管安全生产工作的负责人直接监督管理安全生产工作；其他分管负责人、相关人员在履行岗位业务工作职责的同时履行安全生产工作职责。

第五条　县级以上人民政府应当将安全生产工作纳入国民经济和社会发展规划，落实安全生产监督管理责任制，建立、健全由有关部门和单位组成的安全生产领导协调机制，统筹协调本行政区域内安全生产工作的重大事项。

县级以上人民政府安全生产监督管理部门依法对本行政区域内的安全生产工作实施综合监督管理。其他负有安全生产监督管理职责的部门（以下简称其他监管部门）依法在各自的职责范围内对安全生产工作实施监督管理。

各级人民政府及其有关部门的主要负责人对本地区、本部门安全生产工作全面负责；分管安全生产工作的负责人直接领导安全生产工作；其他分管负责人在履行岗位业务工作职责的同时履行安全生产工作职责。

第六条　工会应当依法组织职工参与本单位安全生产工作的民主管理和民主监督，督促落实安全生产责任制以及隐患排查、事故整改等制度，参与检查、事故调查等安全生产工作，并提出建议、批评和意见，维护职工的合法权益。

第七条　各级人民政府及其有关部门和生产经营单位应当采取多种形式普及安全生产法律、法规和安全生产知识，开展安全生产宣传，支持职业学校、技工学校等开展安全生产知识和技能教育，增强全社会和从业人员的安全生产意识以及事故预防、自救互救的能力。

新闻、出版、广播、电视等单位有对安全生产进行舆论监督的权利，有开展安全生产公益宣传的义务，开展切实有效的安全生产公益宣传。

第八条　各级人民政府及其有关部门应当鼓励、支持安全生产科学技术研究和安全生产先进技术推广应用，培育和发展安全生产有关行业协会和社会组织。

安全生产有关行业协会、社会组织应当加强行业自律和内部管理，依照法律、法规和有关标准，提供安全生产服务，并接受安全生产监督管理部门和其他监管部门的指导和监督。

第九条　各级人民政府及其有关部门应当对在改善安全生产条件、防止事故发生、参加事故抢险救护、举报安全生产违法行为、研究和推广应用安全生产先进科学技术等方面取得显著成绩的单位和个人给予表彰和奖励。

第二章　生产经营单位的安全生产保障

第十条　生产经营单位应当具备法律、行政法规和国家标准或者行业标准规定的安全生产条件，制定安全生产操作规程，并建立和实施下列安全生产制度：

（一）安全生产责任制度和安全生产考核、奖惩制度；

（二）安全生产岗位检查、日常安全检查和专业性安全检查制度；

（三）重大危险源辨识、监控和隐患排查、登记、治理制度；

（四）安全生产资金投入和设备、设施保障制度；

（五）具有较大危险、危害因素的生产经营场所、设备和设施的安全管理制度以及危险作业管理制度；

（六）安全生产教育、培训和持证上岗制度；

（七）劳动防护用品配备和使用管理制度以及职业健康措施保障制度；

（八）事故报告应急救援和调查处理制度；

（九）安全生产管理台账、档案制度。

第十一条　生产经营单位的主要负责人应当履行下列安全生产职责：

（一）组织制定本条例第十条规定的安全生产制度并督促实施；

（二）每半年至少组织一次安全生产全面检查，研究分析安全生产存在问题，并督促事故防范、隐患排查和整改措施的落实；

（三）每年至少组织和参与一次事故应急救援演练；

（四）发生事故时迅速组织抢险救援，并及时向安全生产监督管理等有关部门报告事故情况，做好善后处理工作，配合调查处理；

（五）每年向职工大会或者职工代表大会、股东会或者股东大会报告安全生产情况，接受工会、从业人员、股东对安全生产工作的监督；

（六）法律、法规规定的其他安全生产职责。

第十二条　生产经营单位分管安全生产工作的负责人应当履行下列安全生产职责：

（一）指导制定本条例第十条规定的安全生产制度并指导组织实施；

（二）每季度至少组织一次安全生产全面检查，听取安全生产管理机构和安全生产管理人员工作汇报，及时研究解决安全生产存在问题，并向主要负责人报告安全生产工作情况；

（三）组织落实事故防范、重大危险源监控、隐患排查整改和职业危害防治措施；

（四）每半年至少组织和参与一次事故应急救援演练；

（五）法律、法规规定的其他安全生产职责。

生产经营单位其他分管负责人应当在各自职责范围内按照前款规定履行安全生产工作职责。

第十三条　下列生产经营单位应当设置安全生产管理机构：

（一）从业人员超过五十人的矿山、建筑施工单位、危险物品生产、经营、储存、运输和废弃处置单位；

（二）从业人员超过一百人的危险物品使用、船舶修造单位；

（三）从业人员超过三百人的金属冶炼、机械制造、建材、电力、交通运输单位、农业机械作业合作组织；

（四）从业人员超过一千人的其他生产经营单位。

前款规定以外的其他生产经营单位，从业人员超过三百人的，应当设置安全生产管理机构或者配备专职安全生产管理人员；从业人员在三百人以下的，应当配备专职或者兼职的安全生产管理人员，或者委托具备相应资质的为安全生产工作和职业卫生提供服务的机构或者具有国家规定的相关专业技术资格的工程技术人员提供安全生产管理技术服务。

第十四条　生产经营单位的安全生产管理机构应当履行下列职责：

（一）参与制定本条例第十条规定的安全生产制度并具体组织实施；

（二）组织安全生产岗位检查、日常安全检查和专业性安全检查，并每月至少组织一次安全生产全面检查；

（三）制止和纠正违章指挥、违规操作等违反安全生产规定的行为，具体落实事故防范及重大危险源监控、隐患排查整改和职业病危害防治措施；

（四）组织开展安全生产宣传、教育和培训；

（五）督促各部门、安全生产管理人员履行安全生产职责，组织安全生产考核，提出奖惩意见；

（六）法律、法规规定的其他安全生产职责。

第十五条　安全生产管理人员应当履行以下职责：

（一）协助所在单位建立、完善安全生产制度，拟定年度安全生产工作计划，审核所在单位上报的有关安全生产报告、安全生产资金投入计划及资金落实和使用情况，并具体检查督促实施；

（二）每周至少组织一次班组安全生产检查，督促生产技术部门加强对生产设备、安全设施等进行定期检查维护，并督促部门负责人和职工进行生产岗位安全检查；

（三）对检查发现的事故隐患，应当提出整改意见，并及时报告安全生产负责人，督促落实整改，并将检查整改情况记录在案。发现有危及职工人身安全的紧急情况，应当指令职工暂停作业或者在采取可能的应急措施后撤离作业现场；

（四）参与所在单位事故调查，并对所在单位受委托组织事故调查的调查报告提出审查意见；

（五）法律、法规规定的其他安全生产职责。

第十六条 生产经营单位的从业人员应当在每天工作前进行本岗位安全检查，确认安全后方可进行操作。

岗位安全检查主要包括以下事项：

（一）设备的安全状态良好，安全防护装置有效；

（二）规定的安全措施落实；

（三）所用的设备、工具符合安全操作规定；

（四）作业场地以及物品堆放符合安全规范；

（五）个人防护用品、用具齐全、完好，并正确佩戴和使用；

（六）操作要领、操作规程明确。

从业人员发现安全隐患应当停止操作、采取措施解决，对无法自行解决的隐患应当向主管人员或者安全生产管理机构报告，主管人员或者安全生产管理机构应当及时解决。

在当天生产活动结束后，从业人员应当对本岗位负责的设备、设施、电器、电路、作业场地、物品存放等进行安全检查，防止非生产时间发生事故。

第十七条 生产经营单位应当在危险作业场所和生产、储存设施等设置明显的安全警示和标志、标识，将作业场所和工作岗位存在的危险、危害因素和防范措施，以及发生直接危及人身安全的紧急情况时的应急措施等事项告知从业人员，保障从业人员的知情权。

第十八条 矿山、建筑施工单位以及危险物品的生产、经营、储存单位的主要负责人和安全生产管理人员，应当依法经安全生产知识和管理能力考核合格后方可任职。

生产经营单位应当对从业人员进行安全操作基本技能、防范措施以及事故应急措施等安全生产培训，提高从业人员认识危险、规避危险和排查安全隐患的能力。未经安全生产培训合格的人员不得上岗作业。

生产经营单位应当对离岗六个月以上的或者换岗的从业人员，采用新工艺、新技术、新材料或者使用新设备后的有关从业人员，进行专门的安全生产培训。

从事特种作业的从业人员，应当按照国家有关规定经专门的安全技术培训，取得特种作业操作资格证书，方可从事特种作业。

第十九条 生产经营单位应当依法保障其从业人员享有下列权利：

（一）依法享受工伤保险待遇；

（二）参加安全生产教育和培训；

（三）了解作业场所、工作岗位存在的危险、危害因素及防范和应急措施，获得工作所需的合格劳动防护用品；

（四）对本单位安全生产工作提出建议，对存在的问题提出批评、检举和控告；

（五）拒绝违章指挥和强令冒险作业，发现直接危及人身安全紧急情况时，有权停止作业或者采取可能的应急措施后撤离作业场所；

（六）因事故受到损害后依法要求赔偿；

（七）法律、法规规定的其他权利。

第二十条 生产经营单位从业人员应当履行下列义务：

（一）遵守本单位安全生产规章制度和安全操作规程；

（二）接受安全生产教育和培训，参加应急演练；

（三）检查作业岗位（场所）事故隐患或者不安全因素并及时报告；

（四）发生事故时，应及时报告和处置。紧急撤离时，服从现场统一指挥；

（五）配合事故调查，如实提供有关情况；

（六）法律、法规规定的其他义务。

第二十一条　生产经营单位新建、改建、扩建工程项目（以下统称建设项目）的安全设施必须与主体工程同时设计、同时施工、同时投入生产和使用。安全设施投资应当纳入建设项目概算。

建设项目设计单位应当按照有关法律、法规、国家标准或者行业标准，在编制项目设计文件时，同时编制安全设施的设计文件，并对建设项目设计全面负责。

生产经营单位应当按照国家和省有关规定，对需要报经项目投资主管部门批准的建设项目，在报批时，同时报送安全设施设计文件。

从事建设项目施工的单位应当按照安全设施的设计图纸和施工技术标准进行施工。

建设项目主体工程完工后，需要进行试生产的，安全设施应当与主体工程同时投入试运行；安全设施验收应当与主体工程验收同时进行。

第二十二条　生产经营单位应当将安全生产资金纳入年度生产经营计划和财务预算，保证安全生产资金用于下列支出：

（一）安全生产宣传、教育、培训、奖励和应急救援演练；

（二）安全设施、设备和应急救援器材的购置、改造、维护；

（三）安全生产技术措施的采用；

（四）危险源、事故隐患的辨识、评估、整改、监控；

（五）职业病危害防治和劳动防护用品购置；

（六）安全条件论证、安全评价、评估和检测检验；

（七）法律、法规规定的安全生产必需的其他支出。

第二十三条　生产经营单位应当加强劳动防护用品采购和使用管理，建立采购、发放和使用登记建档制度，及时为从业人员无偿提供符合国家标准、行业标准或者地方标准的劳动防护用品，并指导和督促从业人员正确佩戴、使用，不得以现金或者其他物品替代劳动防护用品。

第二十四条　本省推行安全生产责任保险制度。矿山、建筑施工、金属冶炼、机械制造、交通运输单位和危险物品生产、经营、储存等单位，应当按照国家有关规定参加安全生产责任保险。鼓励其他生产经营单位参加安全生产责任保险。

推行安全生产责任保险制度的具体办法由省人民政府制定。

第二十五条　生产经营单位对重大危险源应当登记建档。登记建档内容包括重大危险源的名称、位置、性质、应急措施和可能造成的危害等。

生产经营单位应当对重大危险源进行实时监控，建立事故预警预报机制，定期向安全生产监督管理部门及其他监管部门报送安全生产数据信息。

第二十六条　生产经营单位应当建立隐患排查、治理、登记制度，明确日常排查、岗位排查和专业排查的内容、范围和责任。

生产经营单位的主要负责人、分管负责人、安全生产管理机构、安全生产管理人员和职工应当在各自职责范围内开展经常性的隐患排查；对排查出的隐患应当立即组织整改，在隐患整改前或者整改过程中无法保证安全的，应当采取应急防范措施，必要时应当停产、停业整改；对排查出的重大隐患及隐患整改情况应当向所在地县级人民政府安全生产监督管理部门和其他监管部门报告。

生产经营单位的主要负责人、分管负责人和安全生产管理人员应当对隐患的治理进行定期督办。

生产经营单位应当设立隐患登记台账，实时登记安全生产隐患排查治理信息。登记的信息应当准确、明晰。

第二十七条　生产经营单位的生产经营场所应当符合以下要求：

（一）整洁通风，消防通道、安全出口符合紧急疏散、救援要求；

（二）安全警示标志、标识应当明显、保持完好，便于从业人员和社会公众识别以及紧急情况下的应急救援；

（三）根据生产、使用、储存化学危险品的种类设置相应的通风、防火、防爆、防毒、防静电、隔离操作等安全设施；

（四）生产作业场所、仓库严禁住宿和从事与生产经营无关的活动；

（五）国家安全生产标准规定的其他要求。

第二十八条　生产经营单位应当确保其设备及相关安全设施符合以下要求：

（一）进行正常维护保养，定期检测、检修，保持安全防护性能良好；

（二）电气设备、线路安装符合国家标准或者行业标准；

（三）有爆炸危险的工作场所使用防爆型电气设备；

（四）对可能发生职业中毒、人身伤害或者其他事故的，根据实际需要配备必要的抢救药品、器材，并定期检查更换；

（五）对特种设备依法进行安全性能检验；

（六）国家安全生产标准规定的其他要求。

第二十九条　生产经营单位应当确保生产、经营、储存、使用危险物品的车间、商店、仓库与人员宿舍不在同一座建筑物内，并与人员宿舍保持符合国家标准规定的安全距离。

生产经营单位应当对生产经营场所和职工宿舍的安全出口进行检查，确保安全出口标志明显、保持畅通并符合紧急疏散和救援要求。发现占用、封闭、堵塞生产经营场所或者职工宿舍的疏散通道、安全出口等安全隐患，应当即时整改。

同一生产经营场所和职工宿舍由两个以上单位管理和使用的，应当明确各方的安全责任，并确定责任人对公用的疏散通道、安全出口进行统一管理。

第三十条　生产经营单位进行爆破、吊装、悬吊、挖掘、建设工程拆除等作业，临近高压输电线路、输油（气）管线、通信光（电）缆作业，有限空间内作业，应当执行危险作业管理规定以及本单位的危险作业管理制度，安排专门人员进行现场安全管理，落实下列现场安全管理措施：

（一）确认现场作业条件符合安全作业要求；

（二）确认作业人员的上岗资质、身体状况及配备的劳动防护用品符合安全作业要求；

（三）向作业人员说明危险因素、作业安全要求和应急措施；

（四）发现直接危及人身安全的紧急情况时，采取应急措施，停止作业并撤出作业人员。

生产经营单位委托其他有专业资质的单位进行危险作业的，应当在作业前与受委托方签订安全生产管理协议，明确各自的安全生产管理职责。

第三十一条　生产经营单位将生产经营项目、场所、设备发包或者出租的，应当与承包单位、承租单位签订专门的安全生产管理协议，或者在承包合同、租赁合同中规定各自的安全生产管理职责。

同一建筑物内的多个生产经营单位共同委托物业服务企业或者其他管理人进行管理的，由物业服务企业或者其他管理人依照委托协议承担其管理范围内的安全生产管理职责。

第三十二条　为安全生产工作和职业卫生提供服务的机构开展安全生产检测、检验、认证、评价、评估、教育培训、咨询等活动，应当依法取得相应的资质，并对其作出的结果负责。

第三章　安全生产的监督管理

第三十三条　县级以上人民政府安全生产监督管理部门和其他监管部门依法对生产经营单位执

行有关安全生产法律、法规和国家标准、行业标准或者地方标准的情况进行监督管理，并履行下列职责：

（一）建立安全生产监督管理和行政执法责任制，并指导、监督、检查生产经营单位建立、健全和落实安全生产责任制，事故防范、隐患排查和整改，重大危险源辨识、评估、监控等制度；

（二）对生产经营单位的安全生产情况组织检查，并根据检查情况分析安全生产形势，制定有针对性的监督管理方案；

（三）对监督检查中发现的事故隐患，应当责令立即排除，重大事故隐患排除前或者排除过程中无法保证安全的，应当责令从危险区域内撤出作业人员，责令暂时停产停业或者停止使用；

（四）按照规定报告事故情况，参加上级主管部门组织的事故调查，依法组织或者参与由本级人民政府负责的事故调查处理，指导、协调有关应急救援工作，协助做好事故善后工作，督促落实事故处理的有关决定；

（五）法律、法规规定的其他安全生产监督管理职责。

县级以上人民政府安全生产监督管理部门履行前款职责的同时，应当指导协调、监督检查同级人民政府其他监管部门和下级人民政府履行安全生产监督管理职责，依法对生产经营单位的安全生产工作实施监督管理。

第三十四条　县级以上人民政府安全生产监督管理部门和其他监管部门应当依照各自职责，对以下生产经营单位和场所进行重点检查：

（一）矿山、建筑施工、金属冶炼、机械制造、交通运输和危险物品生产、使用、储存、经营等生产经营单位；

（二）生产、经营、储存、使用危险物品的车间、商店、仓库涉嫌与职工宿舍在同一座建筑物内的生产经营场所；

（三）有安全生产不良记录和被举报、投诉的生产经营单位。

第三十五条　县级以上人民政府安全生产监督管理部门和其他监管部门应当建立安全生产日常检查制度，对本行政区域内的生产经营单位进行定期检查。

县级以上人民政府安全生产监督管理部门和其他监管部门开展日常检查应当对有关信息登记、建档，对检查中发现的安全生产隐患和违法行为提出整改要求，对拒不整改的依法予以查处。

第三十六条　县级以上人民政府安全生产监督管理部门及其他有关监管部门应当建立隐患排查治理监督管理制度，对重大隐患及其整改情况应当及时登记，并督促生产经营单位制定整改方案、落实整改措施。

隐患排查治理监督管理的具体办法由省人民政府另行制定。

第三十七条　县级以上人民政府安全生产监督管理部门和其他监管部门应当通过信息网络、新闻传媒、政务公开栏等方式，将安全生产检查结果和生产经营单位隐患排查、治理等情况向社会公开。

第三十八条　乡镇人民政府应当依法加强对安全生产工作的领导，根据安全生产工作的需要，明确安全生产工作机构或者人员并为其提供必要的保障。

街道办事处应当根据安全生产工作的需要，明确安全生产工作机构或者人员并为其提供必要的保障，按照不设区的市、市辖区人民政府确定的职责做好安全生产工作。

居民委员会、村民委员会应当协助开展安全生产宣传、教育活动，及时向当地人民政府及其有关部门报告事故隐患、安全生产违法行为和事故。

第三十九条　安全生产监督管理部门和其他监管部门应当加强安全生产信息化和安全生产诚信管理制度建设，并实现部门间信息资源共享。

安全生产监督管理部门和其他监管部门应当对生产经营单位实行安全生产诚信分类管理，建立激励和惩戒制度。

安全生产监督管理部门和其他监管部门应当将生产经营单位安全生产诚信管理信息向社会公开，为银行、保险等金融机构和行业协会、社会公众查询提供便利。公开事项包括违法单位的名称、字号、地址、法定代表人、违法行为、行政处罚决定、公开起止日期等信息。

第四十条 生产经营单位职工和社会公众对生产经营单位的事故隐患和安全生产违法行为有权向安全生产监督管理部门和其他监管部门举报。

安全生产监督管理部门和其他监管部门接到举报后，应当及时组织核查，对确有安全事故隐患和安全生产违法行为的生产经营单位进行督促整改，并依法查处。

安全生产监督管理部门和其他监管部门应当对举报者的有关信息予以保密，对经查证属实的举报，应当对举报者予以奖励。

第四章 应急救援与事故调查处理

第四十一条 县级以上人民政府应当组织制定事故应急救援预案，建立安全生产应急救援体系和指挥机构，并按照规定将本级人民政府应当承担的应急救援工作经费纳入财政预算。

安全生产监督管理部门和其他监管部门应当设立专门的值班室和值班电话，实行二十四小时值班制度，并向社会公布值班电话，受理事故报告和举报，上报事故情况。

第四十二条 事故发生后，事故发生单位及事故现场有关人员应当按照规定及时报告安全生产监督管理部门和其他监管部门。县级以上人民政府安全生产监督管理部门和其他监管部门接到事故报告后，应当立即按照规定上报事故情况、组织事故抢救、开展事故调查。

事故发生单位负责人接到事故报告后，应当立即启动事故应急预案，根据具体情况采取有效措施，组织抢救，防止事故扩大。

发生较大以上等级（含较大等级）生产安全事故的，当地人民政府应当组织有关部门及时赶赴现场进行救援；当地公安、司法机关应当依法采取有效措施，防止有关责任人员逃逸或者转移、隐匿财产。

第四十三条 负责事故调查的人民政府可以直接组织事故调查组进行调查，也可以授权或者委托本级人民政府安全生产监督管理部门或者其他监管部门组织事故调查组进行调查。

未造成人员伤亡的一般事故，负责事故调查的人民政府也可以委托事故发生单位组织事故调查组进行调查。被委托的事故发生单位应当在当地安全生产监督管理部门或者其他监管部门的指导下进行事故的调查工作。

在法定期限内，因事故伤亡人数或者直接经济损失变化导致事故等级发生变化的，应当按照变化后的事故等级组织事故调查组进行调查。

第四十四条 事故调查处理应当按照实事求是、尊重科学的原则，及时、准确地查清事故原因，查明事故性质和责任，总结事故教训，提出整改措施，并对事故责任者提出处理意见。

事故调查组对事故原因和责任认定等不能取得一致意见时，应当根据调查组多数成员的意见作出结论性意见。事故调查组成员的不同意见应当在事故调查报告的附件中说明。

第四十五条 有关机关应当依照法律、行政法规规定的权限和程序，对负有事故责任的单位和有关人员追究法律责任，并向社会公布事故调查处理结果。

事故发生单位应当对本单位负有事故责任的人员进行处理，采取安全评价等方式分析事故成因，总结经验教训，制定防范和整改方案，落实防范和整改措施，将整改落实情况向全体职工公开，并向当地安全生产监督管理部门和其他监管部门报告。

安全生产监督管理部门和其他监管部门应当采取相应措施对事故发生单位落实防范和整改措施的情况进行跟踪检查，并将检查结果向社会公开。

第五章 法律责任

第四十六条 生产经营单位未依法设置安全生产管理机构或者配备安全生产管理人员、进行安全生产考核和培训、为从业人员提供劳动防护用品的，由具体实施安全生产监督管理的部门责令限期改正；逾期未改正的，责令停产停业，并可以依法处以罚款。

第四十七条 生产经营单位未依法对重大危险源登记建档或者进行实时监控的，由具体实施安全生产监督管理的部门责令限期改正；逾期未改正的，责令停产停业，并可以依法处以罚款；构成犯罪的，依法追究刑事责任。

第四十八条 生产经营单位违反本条例第二十九条规定，生产经营场所或者宿舍不符合相关要求的，责令限期改正；逾期未改正的，责令停产停业；构成犯罪的，依法追究刑事责任。

第四十九条 为安全生产工作和职业卫生提供服务的机构为生产经营单位提供检测、检验、认证、评价、教育培训、咨询等服务时弄虚作假的，或者违反有关法律、法规受到司法机关、行政监管等部门、行业自律组织处罚或者处理的，有关部门五年内不得委托其承担政府投资项目的相关业务；尚不够刑事处罚的，依法没收违法所得、处以罚款，并对其直接负责的主管人员和其他直接责任人员依法处以罚款；构成犯罪的，依法追究刑事责任。

对有前款违法行为的机构，由发证单位依法吊销其相应资格。

第五十条 生产经营单位违反法律法规规定，经停产停业整顿仍不具备安全生产条件的，予以关闭；有关部门应当依法吊销其有关证照。未依法取得许可证、营业执照或者其他批准文件，擅自从事经营活动的场所，有关部门应当依法予以取缔，并追究相关责任人的责任。

第五十一条 各级人民政府、安全生产监督管理部门和其他监管部门及其工作人员，有下列行为之一的，由其上级机关或者监察机关责令改正；对主管人员和其他直接责任人员依法给予处分；构成犯罪的，依法追究刑事责任：

（一）未依照本条例规定建立安全生产监督管理和行政执法责任制的；

（二）未依照本条例规定对生产经营单位的安全生产情况进行检查的；

（三）对检查中发现的或者生产经营单位报告的事故隐患，未依照本条例规定采取责令排除隐患、督促落实整改等措施的；

（四）接到生产经营单位职工和社会公众举报后，未依照本条例规定及时依法查处的；

（五）未依照规定报告事故情况或参加事故调查，在事故调查处理、应急救援、善后工作和督促落实事故处理有关工作中失职、渎职的；

（六）有其他失职、渎职行为的。

第六章 附 则

第五十二条 本条例下列用语的含义：

（一）生产经营单位包括从事生产或者经营活动的企业法人、不具备企业法人资格的合伙组织、个体工商户和自然人等生产经营主体。

（二）生产经营单位的主要负责人包括生产经营单位参与经营管理的法定代表人、投资人和实际负有本单位生产经营最高管理权限的人员。

（三）安全生产管理人员包括安全主任和注册安全工程师等专职或者兼职从事安全生产管理工作的人员。

（四）从业人员包括生产经营单位从事生产经营活动的负责人、管理人员、技术人员、岗位工人和被派遣劳动者等人员。

第五十三条 本条例自2014年1月1日起施行。

增加内容

7月30日，广东省第十二届人大常委会第三次会议与会代表对《广东省安全生产条例（修订草案修改稿）》（以下简称“修改稿”）进行分组讨论。与两个月前初审的《广东省安全生产条例（修订草案）》相比，修改稿增加了不少内容，并进一步补充、细化了有关部门的责任。

建立隐患排查、治理、登记制度

为更好地保障从业人员岗位生产活动的安全，修改稿第十七条明确规定，生产经营单位的从业人员应当在每天工作前进行本岗位安全检查，确认安全后方可进行操作。同时，增加生产经营单位应当将作业场所和工作岗位存在的危险、危害因素和防范措施，以及发生直接危及人身安全的紧急情况时的应急措施等事项告知从业人员的内容。

修改稿还规定，生产经营单位应当建立隐患排查、治理、登记制度，明确日常排查、岗位排查和专业排查的内容、范围和责任。

在监管方面，修改稿明确了县级以上人民政府安全生产监督管理部门及其他有关监管部门应当建立隐患排查治理监督管理制度，对重大隐患及其整改情况应当及时登记，并督促生产经营单位制定整改方案、落实整改措施。隐患排查治理监督管理的具体办法由省人民政府另行制定。

推行安全生产责任保险制度

修改稿第二十四条规定，广东省推行安全生产责任保险制度。矿山、建筑施工、金属冶炼、机械制造、交通运输单位和危险物品生产、经营、储存等单位，应当按照国家有关规定参加安全生产责任保险。鼓励其他生产经营单位参加安全生产责任保险。

取消具体罚款额度

修改稿在法律责任这一板块做了大幅修改。其中，为与正在修订中的《安全生产法》相衔接，取消了罚款额度的具体规定，而改为援引行规定，即“依法处以罚款”。

修改稿增加了有关部门对弄虚作假和受到处罚、处理的此类机构五年内不得委托其承担政府投资项目的相关业务的规定，还增加了生产经营单位监管的法律责任——“生产经营单位违反法律法规规定，经停产停业整顿仍不具备安全生产条件的，予以关闭；有关部门应当依法吊销其有关证照。无证无照经营的生产经营场所，有关部门应当依法予以取缔。”

修改稿还将政府和有关部门也列为追责主体，进一步细化政府和有关部门及其工作人员应当追责的情形。

增加公开和举报制度

修改稿要求县级以上人民政府安全生产监督管理部门和其他监管部门应当通过信息网络、新闻传媒、政务公开栏等方式，将安全生产检查结果和生产经营单位隐患排查、治理等情况向社会公开。

同时，为发挥职工和社会公众对生产经营单位的安全生产监督作用，修改稿增加了举报制度，第四十条规定，生产经营单位职工和社会公众对生产经营单位的安全事故隐患和安全生产违法行为有权向安全生产监督管理部门和其他监管部门举报。举报经查证属实的，安全生产监督管理部门和其他监管部门应当给予奖励，并对举报者的有关信息予以保密。

广东省较大生产安全事故调查处理挂牌督办工作细则

（广东省安全生产监督管理局　2012 年 5 月 29 日印发）

第一章　总　则

第一条　为进一步规范我省范围内发生的较大生产安全事故调查处理挂牌督办工作，根据《国务院安委会办公室关于印发非法违法较大生产安全事故查处跟踪督办暂行办法的通知》和《广东省较大生产安全事故调查处理挂牌督办办法》，制定本细则。

第二条　本细则适用于省安全生产监督管理局以广东省安全生产委员会办公室名义对全省范围内发生的较大生产安全事故调查处理挂牌督办工作（以下简称“挂牌督办工作”）。

第三条　挂牌督办工作坚持“依法依规，严格审核，加强管理”的原则。

第四条　挂牌督办工作具体由省安全监管局（以省安委办名义，下同）安全生产协调处牵头组织，局相关处室予以支持配合。

第二章　督　办

第五条　本省范围内发生的较大生产安全事故的调查处理实行挂牌督办。国务院安委会（安委办）督办或省委省政府有关领导批示、指示要求督办的事故调查处理列入督办。

第六条　局值班室每周向安全生产协调处提供上周全省各地较大事故情况，安全生产协调处对较大生产安全事故或经查实存在瞒报行为的事故，以省安委办名义向事故发生地政府发函督办，并抄送相关业务处室。应急救援指挥中心应在局网站设置“事故督办专栏”同步刊登督办事项。

第七条　以下较大事故原则上不列入督办：

（一）不涉及生产经营性行为的道路交通事故。

（二）发生在民宅，且不涉及生产经营场所或生产经营行为的火灾事故。

（三）水上交通事故。

（四）按照有关规定不属于生产安全事故的。

第八条　督办事项主要包括下列内容：

（一）事故善后工作；

（二）事故调查组织工作；

（三）事故原因分析和事故性质认定工作；

（四）事故责任认定，以及对责任单位和责任人的处理意见；

（五）事故调查报告；

（六）需列入督办事项的其他内容。

第九条 督办时限按督办事项的实际情况确定，原则上不超过60日。如未能在办理期限内完成督办事项，安全生产协调处应加强督促。

第三章 审 核

第十条 被督办事故的调查报告，由各地安全生产委员会提交省安委办审核。

第十一条 安全生产协调处对以下内容进行初审，初审不符合要求的，直接退还，并要求相关市按照要求完善程序、补齐内容后重新报送。

1. 是否按规定程序上报事故调查报告；

2. 是否按照《生产安全事故报告和调查处理条例》规定的程序和要求成立事故调查组依法开展事故调查工作；

3. 事故调查报告的内容要件是否齐全，格式是否符合要求。

第十二条 对符合以上要求的事故调查报告，协调处应对以下内容进行审核，草拟审核意见，会相关业务处室，并经分管领导同意后，报省安委办主要领导审批。

（一）事故调查报告的主要内容是否符合有关法律法规规定，是否存在缺漏；

（二）事故性质认定是否准确；

（三）事故处理建议是否符合法律法规规章的规定；

（四）提出的防范和整改措施是否完善。

第十三条 必要时，安全生产协调处可提请召开局长办公会议对事故调查报告进行审核。

第十四条 必要时，安全生产协调处可以省安委办名义将提交审核的事故调查报告征求相关行业主管部门的意见，并将相关行业主管部门的意见一并反馈给事故发生地安委会。

第十五条 对责任单位和责任人的处理意见，除明显不符合法律法规要求以外，原则上尊重地方意见。

第十六条 对经审核不符合要求的事故调查报告，应提出修改建议，并书面要求相关市安委会督促事故调查组补充调查并重新上报；对符合要求的，复函同意将事故调查报告提交市政府审批。发出同意复函后，局应急救援指挥中心应同步从“事故督办专栏”中撤销督办事项。

第四章 备 案

第十七条 事故调查报告经事故发生市政府批复结案后，省安全监管局各相关处室应加强对各地落实处理情况和整改措施的跟踪和督办，安全生产协调处应督促指导各地安委办在处理工作落实后认真做好事故调查处理档案归档和管理工作，同时督促各地安委办及时向省安委办提交以下材料备案。

（一）政府对事故调查报告的批复和事故调查报告；

（二）法院对移送司法机关处理人员作出的审判文书；

（三）纪委监察机关给予相关责任人员党政纪处分的执行文件；

（四）相关部门对责任单位和人员依法作出行政处罚的决定等执法文书；

（五）给予责任单位和人员其他处理的执行文书；

（六）整改措施落实情况；

（七）其他需要存档的文件。

第十八条　安全生产协调处对各地提交的备案材料应及时整理和登记，建立事故档案，定期将事故备案材料交局档案室保存。局办公室应配合安全生产协调处做好较大事故备案材料的保存管理工作。相关事故的备案材料保存期限为自事故发生地政府批复事故调查报告后3年。

第十九条　本规则自印发之日起实施。

安徽省突发事件应对条例

（2012年12月21日安徽省第十一届人民代表大会常务委员会第三十七次会议通过　自2013年3月1日起施行）

第一章　总　则

第一条　根据《中华人民共和国突发事件应对法》和有关法律、行政法规，结合本省实际，制定本条例。

第二条　本条例所称突发事件，是指突然发生，造成或者可能造成严重社会危害，需要采取应急处置措施予以应对的自然灾害、事故灾难、公共卫生事件和社会安全事件。

按照社会危害程度、影响范围等因素，自然灾害、事故灾难、公共卫生事件按照国家规定分为特别重大、重大、较大和一般四级。

第三条　县级以上人民政府负责本行政区域内突发事件应对工作，将应急管理工作纳入对本级人民政府有关部门、下一级人民政府的目标管理考核范围，建立应急管理工作指标体系，健全责任追究制度。

县级以上人民政府应当编制突发事件应急体系建设规划，并将其纳入国民经济和社会发展规划。

县级以上人民政府应当将突发事件应对工作经费列入财政预算，确保专款专用；年度预算安排的财政预备费应当优先保障突发事件应对需要。

第四条　县级以上人民政府应当设立由本级人民政府主要负责人和相关负责人、有关部门主要负责人、驻当地中国人民解放军和中国人民武装警察部队有关负责人组成的突发事件应急指挥机构，统一领导、协调突发事件应对工作；根据实际需要，设立相关类别突发事件专项应急指挥机构，具体组织、协调、指挥该类别的突发事件应对工作。

县级以上人民政府应急管理办公室负责本级人民政府应急管理的日常工作，履行值守应急、信息报告、情况汇总、综合协调、督查指导等职能。县级以上人民政府有关部门应当在突发事件应急指挥机构的领导下，依法开展各项应对处置工作。

县级以上人民政府突发事件专项应急指挥机构成员单位应当设立或者明确应急管理办事机构，配备应急管理工作人员。

乡（镇）人民政府、街道办事处应当明确相关机构和人员，承担应急管理工作。

第五条　县级以上人民政府应当建立社会应急动员机制，增强全民公共安全和防范风险的意识，提高全社会应急避险、自救互救、参与处置等应对突发事件的能力。

鼓励公民、法人和其他组织参与突发事件应对工作。

第二章 预防与应急准备

第六条 省人民政府应当建立健全科学规范的突发事件应急预案体系，完善应急预案管理办法。

设区的市和县级人民政府应当根据有关法律、法规和上级人民政府的应急预案以及本地区的实际情况，制定突发事件总体应急预案和专项应急预案。

县级以上人民政府有关部门应当根据各自职责，制定突发事件部门应急预案。

乡（镇）人民政府、街道办事处应当根据实际情况，制定相应的突发事件应急预案，并指导居民（社区）委员会、村民委员会制定相应的突发事件应急工作方案。

第七条 下列单位应当制定突发事件具体应急预案：

（一）矿山、冶金、建筑施工、商贸等大型企业；

（二）易燃易爆物品、危险化学品、放射性物品等危险物品的生产、经营、储运、使用、处置单位；

（三）供水、排水、发电、供电、供煤、供油、供气、供热、交通运输、通信、广播电视、堤坝等生产、经营、管理单位；

（四）学校、幼儿园、图书馆、博物馆、影剧院、医院、体育场（馆）、宾馆、饭店、车站、码头、机场、娱乐场所、宗教活动场所、金融证券交易场所、旅游景区等公共场所和人员密集场所的经营、管理单位；

（五）大型群众性活动的主办单位；

（六）法律、法规规定和国家总体应急预案要求制定具体应急预案的其他单位。

第八条 县级以上人民政府应当建立健全重大决策社会稳定风险评估机制，作出重大决策前，对可能引发的风险进行科学预测、综合研判，确定风险等级并制定相应的化解处置预案。

县级以上人民政府应当依法对容易引发自然灾害、事故灾难和公共卫生事件的危险源、危险区域进行调查、登记、风险评估，按照国家规定及时向社会公布，定期进行检查、监控，并责令有关单位建立安全巡检制度，落实安全防范措施，及时消除事故隐患。

第九条 各级人民政府应当建立健全维护群众权益机制，畅通和规范群众诉求表达、利益协调、权益保障渠道；健全矛盾纠纷排查调处制度，完善人民调解、行政调解、司法调解联动工作机制。居民（社区）委员会、村民委员会应当及时化解可能引发社会安全事件的矛盾纠纷。

第十条 县级以上人民政府应当组建以公安消防、医疗救治队伍为主体的综合性应急救援队伍；依托大型企业和其他社会力量建立区域专业应急救援队伍，并给予适当补助。区域专业应急救援队伍实施跨区域救援的，受援方应当给予适当补偿。

县级以上人民政府有关部门根据实际需要建立专业应急救援队伍。

单位应当建立由本单位职工组成的专兼职应急救援队伍。

县级以上人民政府及其有关部门应当建立突发事件应对工作专业人才库，成立应急专家组。

鼓励建立由成年志愿者组成的应急救援队伍。

第十一条 县级以上人民政府及其有关部门应当建立应急物资、装备储备保障系统，完善重要应急物资、装备的监管、生产、储备、更新、调拨和紧急配送体系，并根据不同区域突发事件应对的需要，合理布局应急物资、装备储备。

县级以上人民政府应当建立应急物资、装备储备运输工作联席会议制度，日常工作由经济信息化主管部门负责。

鼓励和引导企业事业单位、其他组织和家庭储备基本的应急自救物资和生活必需品。

第十二条　通信管理部门应当组织、协调电信运营企业，优先保障应对突发事件通信系统畅通；人防、公安、广播电视、地震、气象等部门和无线电管理机构应当发挥专项通信资源优势，为处置突发事件提供技术支撑。

第十三条　县级以上人民政府在制定城市、镇总体规划与城市综合防灾减灾专项规划时，应当统筹安排应对突发事件所必需的设备和基础设施建设，并利用广场、公园、绿地、体育场（馆）、学校运动场（馆）以及人防工程等公共场所，合理规划、建设、维护应急避难场所，设置统一、规范的标识，并向社会公布。

公共场所和人员密集场所的经营、管理单位应当设置应急疏散通道，配备必要的救生、避险设备，并设置明显标识。

第十四条　县级以上人民政府及其有关部门、乡（镇）人民政府、街道办事处应当组织开展突发事件应对法律、法规和应急知识的宣传普及活动和应急演练。

机关、团体、企业、事业单位和居民（社区）委员会、村民委员会，根据当地人民政府的要求，结合各自情况，开展有关突发事件应急知识的宣传普及活动和应急演练。

学校、幼儿园应当将应急知识纳入教育内容，采取多种形式开展应急知识教育和应急演练活动，培养学生、幼儿安全防范意识和能力。

应急演练活动应当每年至少开展一次。

新闻媒体应当采取多种形式无偿开展突发事件预防与应急、自救与互救知识的公益宣传。

第十五条　县级以上人民政府应当建立健全突发事件应急管理培训制度，对负有处置突发事件职责的主管人员和工作人员定期进行培训。

应急救援队伍的组建单位应当加强对应急救援人员的专业培训，提高其抢险救援和应急处置技能。

第三章　监测与预警

第十六条　县级以上人民政府及其有关部门应当合理划分监测区域，建立专业监测站点，并根据需要实行跨地区、跨部门联合监测，完善应急预警监测体系。

水文、气象、林业、环境、卫生、地震、地质灾害、交通运输、矿山安全等专业监测机构，应当按照应急需要加强技术保障建设，确保监测数据信息完整可靠，并随时向主管部门报告异常监测信息。有关主管部门应当及时向本级人民政府报告监测信息异常情况。

第十七条　县级以上人民政府应当建立以应急平台为主体的突发事件信息系统，并与上级和下级人民政府及其有关部门、专业机构和监测网点的突发事件信息系统实现互联互通、信息共享。

第十八条　各级人民政府和县级以上人民政府有关部门、专业监测机构和本条例第七条第一至三项所列单位，应当建立健全二十四小时值守制度，保证联系渠道畅通。

第十九条　县级以上人民政府应当建立突发事件信息报告员制度，聘请新闻媒体记者，居民（社区）委员会、村民委员会成员，派出所民警，社区或者乡（镇）卫生院医务人员，企业安全员，学校安全保卫人员等担任突发事件信息报告员。

公民、法人或者其他组织获悉突发事件信息，应当立即向当地人民政府、有关主管部门或者110、119、120等公共报警电话报告。有关人民政府和部门应当立即进行调查核实。

第二十条　县级以上人民政府有关部门接到突发事件信息报告后，应当按照应急预案等规定向本级人民政府和上一级主管部门报告；县级以上人民政府接到报告后，应当按照应急预案等规定向上一级人民政府报告，必要时可以越级上报。

特别重大、重大、较大级别的自然灾害、事故灾难和公共卫生事件，以及敏感性社会安全事件信息应当同时报告省人民政府。

有关人民政府或者部门报送、报告突发事件信息，应当做到及时、客观、真实，不得迟报、漏报、瞒报、谎报。

第二十一条　可以预警的自然灾害、事故灾难和公共卫生事件的预警级别，按照突发事件发生的紧急程度、发展势态和可能造成的危害程度分为一级、二级、三级和四级，分别用红色、橙色、黄色和蓝色标示，一级为最高级别。

可以预警的自然灾害、事故灾难或者公共卫生事件即将发生或者发生的可能性增大时，县级以上人民政府应当根据有关法律、法规和国务院规定的权限和程序，发布相应级别的警报，决定并宣布有关地区进入预警期。

县级以上人民政府应当利用广播、电视、报刊、互联网、短信、电子显示屏、人防警报器、宣传车等多种渠道发布预警信息。对老、幼、病、残等特殊人群和通信、广播、电视盲区以及偏远地区的人群，应当采取足以使其知悉的有效方式发布预警信息。

第二十二条　进入预警期，县级以上人民政府及其有关部门应当立即启动应急预案，采取有效措施做好防御工作。

第四章　应急处置与救援

第二十三条　突发事件发生后，事发地人民政府应当立即采取措施控制事态发展，主要负责人或者相关负责人应当立即赶赴现场，组织开展应急处置和救援工作，并立即向上一级人民政府报告。有关单位主要负责人应当立即赶赴现场，协助做好处置工作。

突发事件依法由上级人民政府统一领导和组织处置的，事发地人民政府应当做好先期处置和配合工作。

第二十四条　突发事件发生后，县级以上人民政府按照分级负责的规定，指挥应急处置工作：

（一）一般突发事件，由发生地县级人民政府负责应急处置，县级相关类别突发事件应急指挥机构具体负责；

（二）较大突发事件，由发生地设区的市人民政府负责应急处置，设区的市相关类别突发事件应急指挥机构具体负责；

（三）重大突发事件，由省人民政府负责应急处置，省相关类别突发事件应急指挥机构具体负责；

（四）特别重大突发事件，报请国务院应急处置。

本级人民政府难以有效控制突发事件事态或者难以消除其引发的严重社会危害时，应当及时报请上一级人民政府指导处置。

第二十五条　履行统一领导职责或者组织处置突发事件的人民政府应当根据应急处置工作的需要设立现场指挥部，派出或者指定现场指挥长，统一组织、指挥现场应急救援工作。

现场指挥长有权决定现场处置方案，协调有关单位和部门的现场应急处置工作，调度现场应急救援队伍。有关的公民、法人和其他组织应当服从现场指挥长的指挥。

第二十六条　自然灾害、事故灾难或者公共卫生事件发生后，履行统一领导职责的人民政府，除采取《中华人民共和国突发事件应对法》规定的应急处置措施外，还可以采取下列措施：

（一）优先运送受到突发事件危害的人员以及处置突发事件所需的救援人员和物资；

（二）请求支援救援力量和应急救援物资；

（三）指定救治单位和应急避难场所；

（四）为受到危害的人员实施心理干预服务；

（五）协调有关企业生产、供应生活必需品和应急救援物资。

第二十七条　社会安全事件发生后，组织处置工作的人民政府，除采取《中华人民共和国突发事件应对法》规定的应急处置措施外，还可以采取下列措施：

（一）开展劝解、疏导，引导当事人理性表达诉求，防止矛盾激化和事态扩大；

（二）根据事态发展，及时采取交通管制等必要措施；

（三）对扰乱社会秩序、妨碍社会管理或者公共安全、侵犯人身安全或者财产安全的行为，依法采取强制措施。

第二十八条　县级以上人民政府应当建立健全应急交通运输综合协调机制，提高应急运输保障能力。

处置突发事件期间，公路、铁路、水运、航空等经营单位以及公安交通管理、交通运输管理等部门应当采取应急措施，保证运输线路通畅，必要时开辟应急专用通道。应急救援车辆免缴车辆通行费，具体办法由省交通运输管理部门制定。

第二十九条　县级以上人民政府应当按照有关规定，由政府新闻办公室统一组织，及时、准确发布有关突发事件事态发展和应急处置工作的信息。

任何单位和个人不得编造、传播有关突发事件虚假信息。

第三十条　县级以上人民政府为应对突发事件需要依法征用公民、法人和其他组织财产的，应当向被征用的单位或者个人签发《应急处置征用通知书》，并做好登记造册工作。情况特别紧急时，可以先行征用，事后补办手续。被征用的财产在使用完毕后，应当及时返还。财产被征用或者征用后毁损、灭失的，应当参照征用时的价值给予补偿。

第三十一条　县级以上人民政府及其有关部门在突发事件发生后应当简化财政资金的审批和划拨程序，保障应急处置所需资金。

第五章　恢复与重建

第三十二条　突发事件应急处置工作结束后，县级以上人民政府应当立即组织相关部门和专业技术力量对突发事件造成的损失和应对工作进行统计、调查和评估，总结经验教训。数据资料和评估结论应当真实、准确、可靠。

第三十三条　突发事件发生地受灾人员需要过渡性安置的，履行统一领导职责或者组织处置突发事件的人民政府应当根据突发事件发生地的实际情况，做好安置工作。

第三十四条　突发事件应急处置工作结束后，受突发事件影响地区人民政府应当及时组织力量对倒塌、损坏房屋进行重建和修缮，对道路、通信、供电、供水、供气、供热等公共设施进行修复，保障过渡期间群众基本生产生活秩序。

第三十五条　突发事件发生地或者受影响地区的县级以上人民政府应当科学编制恢复与重建规划，制定救助、补偿、抚慰、抚恤、安置、基础设施恢复等工作计划并组织实施。

突发事件发生地人民政府对受影响较大的地区和行业，应当依法给予费用减免、贷款贴息、财政转移支付等政策扶持，以及物资、人力、技术方面的支持；开展恢复重建工作需要上一级人民政府支持的，上一级人民政府应当根据情况提供资金、物资支持和技术指导，组织其他地区提供必要的支援。

第三十六条　县级以上人民政府及其有关部门、乡（镇）人民政府、街道办事处应当向社会公开抢险救灾、救济、社会捐助等款物的管理、分配和使用等情况，并接受有关部门的审计和监督。

第六章　法律责任

第三十七条　各级人民政府和县级以上人民政府有关部门违反本条例规定，不履行法定职责的，由其上级行政机关或者监察机关责令改正；有下列情形之一的，根据情节轻重，对直接负责的主管人员和其他责任人员依法给予处分：

（一）未制定应急预案或者开展应急演练的；

（二）未执行二十四小时值守制度的；

（三）未规划、建设、维护应急避难场所和设置应急避难场所标识，并向社会公布应急避难场所的；

（四）未对本行政区域内危险源、危险区域进行排查，并采取防范措施的；

（五）未对公民、法人或者其他组织报告的突发事件信息立即进行调查核实的；

（六）未向社会公开抢险救灾、救济、社会捐助等款物的管理、分配和使用等情况的；

（七）不履行法定职责的其他行为。

第三十八条　有关单位违反本条例规定，有下列情形之一的，由县级以上人民政府及其有关部门责令改正，根据情节轻重，对直接负责的主管人员和其他责任人员依法给予处分：

（一）未制定应急预案或者开展应急演练的；

（二）未落实安全防范措施，及时消除隐患的；

（三）未及时、客观、真实报告本单位突发事件信息的。

第三十九条　突发事件发生后，有关人民政府及其部门主要负责人或者相关负责人未立即赶赴现场处置的，有关单位主要负责人未立即赶赴现场协助处置的，依法给予处分。

第七章　附　则

第四十条　本条例自2013年3月1日起施行。

安徽省人民代表大会常务委员会

2012年12月24日

辽宁省煤矿安全生产监督管理条例
辽宁省人民代表大会常务委员会公告

（第49号）

《辽宁省煤矿安全生产监督管理条例》已由辽宁省第十一届人民代表大会常务委员会第26次会议于2011年11月24日审议通过，现予公布。本条例自2012年2月1日起施行。

辽宁省人民代表大会常务委员会

2011年11月24日

辽宁省煤矿安全生产监督管理条例

（2011年11月24日辽宁省第十一届人民代表大会常务委员会第26次会议通过）

第一章　总　则

第一条　为了加强煤矿安全生产监督管理，防止和减少煤矿生产安全事故，保障煤矿职工生命安全，促进经济和社会协调发展，根据有关法律、行政法规，结合本省实际，制定本条例。

第二条　本条例适用于本省行政区域内的煤矿安全生产及其监督管理活动。

第三条　煤矿安全生产应当坚持安全发展的指导原则，贯彻安全第一、预防为主、综合治理的方针，及时发现和消除安全生产隐患，纠正违法违规行为，实施监督管理与促进安全生产相结合。

第四条　省、产煤地区市、县（含县级市、区，下同）人民政府应当加强煤矿安全管理工作，制定促进煤矿安全生产的产业政策；支持煤矿企业开展安全生产技术改造和安全质量标准化活动，支持煤矿企业采用安全生产适用技术和新标准、新装备、新工艺。

第五条　省、产煤地区市、县负责煤矿安全生产监督管理职责的部门（以下简称煤矿安全生产监督管理部门）按照国家和地方人民政府规定的职责分工，对本地区煤矿安全进行日常性的监督管理。

产煤地区乡（镇）人民政府依照管理职责做好本辖区内的煤矿安全生产工作。

发展改革、公安、工商、国土资源、环保、卫生等部门在各自职责范围内依法对有关煤矿安全生产工作实施监督管理。

第六条　煤矿企业是煤矿安全生产工作的责任主体。煤矿企业的主要负责人（包括煤矿企业的实际控制人，下同）对本煤矿安全生产工作负全面责任；其他负责人对各自职责范围内的煤矿安全生产工作负责。

第二章　煤矿安全生产保障

第七条　煤矿企业应当依法取得采矿许可证、安全生产许可证、煤炭生产许可证、矿长资格证、矿长安全资格证和营业执照后，方可从事生产活动。

煤矿企业应当按照核定的生产能力合理安排生产计划和劳动定员。

禁止超能力、超强度或者超定员组织生产。不得违章指挥或者强迫职工违章、冒险作业。

第八条　煤矿企业的主要负责人对本煤矿安全生产工作负有下列职责：

（一）建立、健全并组织落实本煤矿安全生产责任制；

（二）组织制定并督促落实本煤矿安全生产规章制度和操作规程；

（三）保证本煤矿安全生产投入及其有效实施；

（四）定期研究解决安全生产问题；

（五）督促、检查本煤矿的安全生产工作，排查、治理安全生产隐患；

（六）组织制定并实施本煤矿的生产安全事故应急救援预案；

（七）在规定时间内如实报告生产安全事故，组织事故抢险，配合生产安全事故调查；

（八）向职工大会、职工代表大会、股东会或者股东大会报告安全生产情况，接受工会、从业人员、股东对安全生产工作的监督；

（九）法律、法规、规章规定的其他职责。

第九条　煤矿企业应当依法设置安全生产管理机构或者配备专职安全生产管理人员，每班应当配备专职安全检查人员负责井下安全检查。小煤矿企业配备专职安全检查人员不得少于五人。

煤矿企业应当按照国家有关规定建立、健全技术管理体系，为煤矿安全生产提供技术保障。

第十条　煤矿企业应当建立、健全安全生产教育和培训制度，按照规定对职工进行岗前、在岗、转（返）岗等安全生产教育和培训。未经安全生产教育和培训合格的职工，不得上岗作业。

煤矿企业主要负责人和安全生产管理人员应当按照国家有关规定接受安全生产教育和培训，经考核合格，取得安全资格证。

煤矿企业特种作业人员应当按照国家有关规定经专门的安全作业培训，取得特种作业操作资格证书，方可持证上岗作业。

煤矿企业应当免费为每位职工发放符合要求的煤矿职工安全手册，如实告知有关安全生产事项。

第十一条　煤矿企业开采，应当遵守下列规定：

（一）采掘作业应当按照规定编制作业规程，并按照作业规程的规定管理顶帮，采掘作业通过地质破碎带或者其他顶帮破碎地点时，应当加强支护；

（二）对机电设备及其防护装置应当定期检查、维修，并建立技术档案，保证使用安全；

（三）作业场所空气中的有毒有害物质的浓度，不得超过国家标准或者行业标准，并按照国家规定定期检测；

（四）露天采剥作业，应当按照设计规定，控制采剥工作面的阶段高度、宽度、边坡角和最终边坡角；采剥作业和排土作业，不得对深部或者邻近井巷造成危害；

（五）煤矿企业应当严格执行瓦斯检查制度，任何人不得携带烟草和点火物品下井；

（六）有瓦斯突出和冲击地压、在需要保护的建筑物、构筑物、铁路、水体下面以及在地温异常或者有热水涌出地区开采的，应当编制专门设计文件，并报煤矿安全生产监督管理部门批准；

（七）有自燃发火可能性的矿井，应当采取防火灌浆或者其他有效的综合预防自燃发火的措施；

（八）井下风量、风质、风速和作业环境的气候，应当符合煤矿安全规程的规定；

（九）对地面、井下产生粉尘的作业，应当采取综合防尘措施，控制粉尘危害；井下风动凿岩，禁止干打眼；

（十）法律、法规、规章和煤矿安全规程要求遵守的其他开采规定。

第十二条　煤矿矿井通风、瓦斯治理、防火、安全监控、防治水、防尘、防毒、防冲击地压、机电运输、爆破等安全设施和条件，应当符合国家安全标准、行业安全标准、煤矿安全规程和行业技术规范的要求。

第十三条　煤矿企业应当按照国家有关规定实施生产技术装备标准，安装监测监控系统、井下人员定位系统、紧急避险系统、压风自救系统、供水施救系统和通信联络系统等技术装备；需要抽采瓦斯的，应当按照有关规定建立瓦斯抽采系统。

煤矿企业使用的矿用产品纳入安全标志管理的，应当具备煤矿矿用产品安全标志。

禁止使用国家明令禁止或者淘汰的机电设备及工艺。

第十四条　省发展改革部门应当会同有关部门组织编制本省煤矿安全改造规划，并会同省煤矿安全生产监督管理部门、煤矿安全监察机构根据本省煤矿安全改造规划及上年度煤矿安全改造计划实施情况，提出本省煤矿安全改造年度计划。省煤矿安全改造规划是申报煤矿安全改造项目的基本依据。

煤矿企业是煤矿安全改造的责任主体，应当按照规定建立、健全煤矿安全改造项目管理的各项规章制度。

煤矿安全改造项目应当符合国家有关政策要求，不得擅自改变主要建设内容和建设标准。煤矿安全改造项目中央预算内投资和省政府配套资金应当专款专用，不得转移、侵占或者挪用。

第十五条　煤矿企业应当建立、健全职业危害防治领导机构和职业危害防治管理机构，配备专职管理人员及必要的仪器设备，依法做好职业危害防治与管理工作。

第十六条　煤矿企业应当按照国家和省有关规定提取、使用安全费用，存储、使用安全生产风险抵押金。

煤矿企业应当依法为职工参加工伤保险缴纳工伤保险费。鼓励煤矿企业为井下作业职工办理意外伤害保险，支付保险费。

煤矿企业应当为职工无偿提供符合国家标准或者行业标准的劳动防护用品。不得以货币或者其他物品代替劳动防护用品；不得采购和使用无安全标志的或者未经法定认证的单位销售的特种劳动防护用品。购买的特种劳动防护用品，应当经本煤矿企业的安全生产管理机构或者安全生产管理人员检查验收。

第十七条　煤矿企业应当按照国家有关规定建立、健全领导带班下井制度。带班负责人应当按照规定次数带班下井，并与当班职工同时下井，同时升井。

煤矿企业应当建立领导带班下井档案管理制度。带班负责人升井后，应当及时将下井的时间、地点、经过路线、发现的问题及处理情况、意见等进行登记，并由专人负责整理和存档备查。登记档案不得虚假。

第十八条　产煤地区市、县人民政府应当组织有关部门制定本行政区域内煤矿特别重大和重大生产安全事故应急救援预案，建立应急救援体系。

煤矿企业应当制定并完善事故应急救援预案，并按照规定报送有关部门备案；按照规定建立专职应急救援组织，配备救护装备，并定期进行救援演练。

不具备单独建立应急救援组织的煤矿企业，应当指定兼职应急救援人员，并与邻近专业应急救援组织签订救护协议或者联合建立应急救援组织。

第十九条　煤矿企业发生生产安全事故后，事故现场有关人员应当立即报告本企业负责人。企业负责人接到事故报告后应当迅速采取有效措施，组织抢救，并按照国家规定如实报告当地负有煤矿安全生产监督管理职责的部门。

负有煤矿安全监督管理职责的部门接到事故报告后，应当按照国家有关规定上报事故情况。事故发生地有关地方人民政府及相关部门接到事故报告后，其负责人应当立即赶到事故现场，组织事故救援。

第三章　安全生产隐患排查与治理

第二十条　煤矿企业应当建立、健全安全生产隐患排查、治理、报告和建档监控制度。依法定期组织排查，并将排查情况每季度向县以上煤矿安全生产监督管理部门写出书面报告。报告应当经煤矿企业负责人签字。

第二十一条　煤矿企业应当按照规定逐级建立并落实隐患排查治理和监控责任制。

煤矿企业主要负责人应当按照规定定期组织由相关煤矿安全生产管理人员、工程技术人员和职工参加的安全生产隐患排查。对排查出的隐患，应当按照安全生产隐患的等级进行登记，建立安全生产隐患信息档案，并按照职责分工，及时采取措施实施监控治理。

煤矿企业应当保证安全生产隐患排查治理所需要的资金，建立资金使用专项制度。

第二十二条　煤矿企业在安全生产隐患治理过程中，应当采取相应的安全防范措施，防止事故发生。安全生产隐患排除前或者排除过程中无法保证安全的，应当从危险区域内撤出作业人员，并疏散可能危及的其他人员，设置警戒标志，暂时停产或者停止使用相关生产设施、设备；对暂时难以停产或者停止使用的，应当加强维护和保养，防止事故发生。

第二十三条　煤矿企业应当加强对自然灾害的预防。对于因自然灾害可能导致安全生产隐患的，应当按照有关规定的要求排查治理，采取可靠的预防措施。在接到有关自然灾害预报时，应当及时发出预警通知；发生自然灾害可能危及煤矿和职工安全的情况时，应当采取撤离人员、停止作业、加强监测等安全措施，并及时向当地人民政府及相关部门报告。

第二十四条　煤矿安全生产监督管理部门应当建立安全生产隐患排查治理监督检查制度，定期组织开展对煤矿安全生产隐患排查治理情况的监督检查。

对重大安全生产隐患的治理，按照国家有关规定实行逐级挂牌督办、公告制度。重大安全生产隐患治理由省煤矿安全生产监督管理部门挂牌督办。

重大安全生产隐患治理工作结束后，有条件的煤矿企业应当组织本煤矿的技术人员和专家对重大安全生产隐患的治理情况进行评估；其他煤矿企业应当委托具备相应资质的安全评价机构对重大安全生产隐患的治理情况进行评估。

第四章　煤矿安全生产的监督检查

第二十五条　煤矿安全生产监督管理部门应当制定安全生产监督检查计划和相关措施，按职责分工依法对煤矿企业的安全生产进行检查。对检查出的问题，及时提出整改、处理意见，并对整改情况跟踪监督。

监督检查应当包括下列内容：

（一）制定和执行安全生产规章制度情况；

（二）安全生产隐患的排查和治理情况；

（三）设施、设备、器材符合保障安全生产的国家标准或者行业标准情况；

（四）应急救援预案的制定及落实情况；

（五）安全教育、培训和持证上岗情况；

（六）劳动防护用品的采购、发放和使用情况；

（七）安全费用、风险抵押金的提取、存储和使用情况；

（八）生产安全事故统计、报告、调查和处理情况；

（九）职业危害的防治情况；

（十）领导带班下井情况；

（十一）其他执行法律、法规、规章和安全生产国家标准、行业标准、煤矿安全规程以及行业技术规范情况。

第二十六条 省、产煤地区市煤矿安全生产监督管理部门应当采用公告、简报、新闻发布会等形式，定期向社会公布本行政区域内煤矿安全生产状况和生产安全事故情况。

煤矿安全生产监督管理部门应当按照国家有关规定组织对煤矿企业安全生产状况进行安全标准化分级考核评价，评价结果向社会公开，并向银行业、证券业、保险业、担保业等主管部门通报，作为煤矿企业信用评级的重要参考依据。

第二十七条 煤矿安全生产监督管理部门应当建立举报制度，公开举报电话、信箱或者电子邮箱，受理有关煤矿安全生产的举报。对受理的举报事项应当及时处理。对于不属于本部门管辖的，应当及时移送有管辖权的部门。

第二十八条 煤矿安全生产监督管理部门与煤矿安全监察机构在安全生产监督检查中，应当密切配合，通报和交流工作信息，协调解决监督检查中的问题。

第五章 法律责任

第二十九条 违反本条例规定，未取得煤炭生产许可证，擅自从事煤炭生产的，由煤矿安全生产监督管理部门责令停止生产，没收违法所得和开采出的煤炭以及采掘设备，并处违法所得一倍以上五倍以下的罚款；并由县以上人民政府予以关闭；构成犯罪的，依法追究刑事责任。

第三十条 违反本条例第七条第三款、第二十一条第二款规定，违章指挥或者强迫职工违章、冒险作业，或者对已发现的安全生产隐患不及时采取措施的，由煤矿安全生产监督管理部门责令立即停止作业并限期改正，对煤矿企业主要负责人或者其他主管人员给予警告；逾期未改正的，责令停产整顿，导致发生生产安全事故的，依照法律、法规规定对煤矿企业主要负责人给予行政处分，并处本人上一年年度收入百分之三十以上百分之八十以下的罚款；构成犯罪的，依法追究刑事责任。

第三十一条 违反本条例第九条第一款、第十条第二款规定，有下列行为之一的，由煤矿安全生产监督管理部门责令限期改正；逾期不改正的，责令停产整顿，可以并处两千元以上两万元以下的罚款：

（一）未按照规定设置安全生产管理机构或者未按照规定配备安全生产管理人员的；

（二）煤矿企业主要负责人或者安全生产管理人员未按照规定考核合格，取得安全资格证的。

第三十二条 违反本条例第十一条规定，未遵守开采规定进行开采的，由煤矿安全生产监督管理部门责令改正，可以处五千元以上两万元以下的罚款。

违反本条例第十二条规定，煤矿通风、瓦斯治理、防火、安全监控、防治水、防尘、防毒、防冲击地压、机电运输、爆破等安全设施和条件，不符合国家安全标准、行业安全标准、煤矿安全规程和行业技术规范要求的，由煤矿安全生产监督管理部门责令限期达到要求，逾期仍达不到要求的，责令停产整顿；经停产整顿仍不具备安全生产条件的，依法吊销煤炭生产许可证和采矿许可证。

第三十三条　违反本条例第十六条规定，有下列行为之一的，由煤矿安全生产监督管理部门按照下列规定予以处罚：

（一）未按照国家或者省有关规定提取和使用安全费用的，责令改正，可以并处一万元以上五万元以下的罚款；情节严重的，责令停产整顿；对直接负责的主管人员和其他直接责任人员由其所在单位或者上级主管部门依法给予行政处分；

（二）未按照国家或者省有关规定存储和使用安全生产风险抵押金的，责令限期改正；逾期未改正的，责令停产整顿；

（三）未为职工无偿提供符合国家标准或者行业标准的劳动防护用品，以货币或者其他物品代替劳动防护用品，采购和使用无安全标志或者未经法定认证的单位销售的特种劳动防护用品的，责令限期改正；逾期未改正的，责令停产整顿，可以并处五千元以上五万元以下的罚款；造成严重后果，构成犯罪的，依法追究刑事责任。

第三十四条　违反本条例第十七条规定，煤矿企业没有按照国家规定执行领导带班下井制度，或者下井登记档案虚假的，由煤矿安全生产监督管理部门责令改正，并对该煤矿企业处三万元以上十五万元以下的罚款。

违反本条例第二十条规定，煤矿企业未按照规定排查和报告安全生产隐患的，由煤矿安全生产监督管理部门责令限期改正；逾期未改正的，责令停产整顿，并对煤矿企业负责人处三万元以上十五万元以下的罚款。

第三十五条　煤矿企业职工不服从管理，违反安全生产规章制度或者操作规程的，由煤矿企业给予批评教育，依照有关规章制度给予处分；造成重大事故，构成犯罪的，依法追究刑事责任。

煤矿企业不具备本条例和其他有关法律、法规以及国家标准或者行业标准规定的安全生产条件，经停产整顿仍不具备安全生产条件的，由县以上人民政府按照国务院规定的权限依法予以关闭；有关部门应当依法吊销其有关证照。

煤矿企业拒不执行煤矿安全生产监督管理部门依法下达的执法指令的，由颁发证照的部门吊销矿长资格证和矿长安全资格证；构成违反治安管理行为的，由公安机关依法予以处罚；构成犯罪的，依法追究刑事责任。

第三十六条　对所辖区域内发现的非法煤矿没有采取有效措施予以查处，致使非法煤矿存在的，对县、乡（镇）人民政府主要领导以及相关责任人，根据情节轻重，给予降级、撤职或者开除的行政处分；构成犯罪的，依法追究刑事责任。国家另有规定的，从其规定。

第三十七条　煤矿安全生产监督管理部门有下列行为之一的，对直接负责的主管人员和其他直接责任人员依法给予行政处分；构成犯罪的，依法追究刑事责任：

（一）对不符合法定条件的煤矿企业安全生产事项予以批准或者验收通过的；

（二）对依法应当责令停产整顿或者取缔的煤矿企业，未责令停产整顿或者取缔的；

（三）对依法应当制止和处理的煤矿安全生产违法行为未予以制止和处理的；

（四）未履行安全生产隐患监督管理职责的；

（五）未依法对煤矿生产安全事故及时如实报告的；

（六）有其他滥用职权、玩忽职守、徇私舞弊行为的。

第三十八条　违反本条例规定，法律、法规规定由其他有关部门查处的，按照其规定执行。

对同一违法行为不得给予两次以上罚款的行政处罚。

第六章　附　则

第三十九条　本条例自 2012 年 2 月 1 日起施行。

山西省建筑工程质量和建筑安全生产管理条例

（1999 年 11 月 30 日山西省第九届人民代表大会常务委员会第十三次会议通过
2011 年 3 月 30 日山西省第十一届人民代表大会常务委员会第二十二次会议修订）

第一章　总　则

第一条　为了加强建筑工程质量和建筑安全生产管理，保障人民生命和财产安全，根据建筑法、安全生产法等法律、法规，结合本省实际，制定本条例。

第二条　在本省行政区域内，从事房屋建筑工程和市政基础设施工程（以下简称建筑工程）的新建、扩建和改建等有关活动以及对其实施监督管理，适用本条例。

第三条　建筑工程质量和建筑安全生产管理实行政府监管、属地管理、行业自律、企业负责、群众监督的原则。

第四条　各级人民政府应当加强对建筑工程质量和建筑安全生产管理工作的领导，建立和完善协调机制，研究解决建筑工程质量和建筑安全生产监督管理中的重大问题。

第五条　县级以上人民政府住房和城乡建设行政主管部门负责本行政区域内建筑工程质量和建筑安全生产的监督管理。具体监督管理工作可以依法委托其所属的建筑工程质量、安全、稽查、施工图审查、工程担保、标准定额、城建档案等监督管理机构负责实施。

除本条例第二条规定之外的其他专业建筑工程的质量和建筑安全生产由开工批准机关负责监督管理。

第六条　建筑工程建设、勘察、设计、施工、工程监理单位及其他与建筑工程质量和建筑安全生产有关的单位和机构，应当建立健全建筑工程质量和建筑安全生产管理制度，依法承担相应的建筑工程质量和建筑安全生产责任。

第七条　提倡采用先进的管理方法和符合建筑工程质量、安全、环保、节能要求的新材料、新工艺、新设备、新技术。

第八条　县级以上人民政府及其有关行政主管部门应当建立优质工程和安全文明施工激励机制，对提高工程质量和安全生产水平作出突出贡献的单位和个人给予奖励。

第九条　任何单位或者个人对违反建筑工程质量和建筑安全生产法律、法规的行为，有权向住房和城乡建设行政主管部门和其他有关部门举报。

第二章　建设单位的责任

第十条　建设单位应当按照合同约定与勘察、设计、施工图审查、施工、工程监理、检测及其他与工程建设有关的单位和机构签订工程质量和安全生产责任书。

建设单位应当按照工程质量和安全生产责任书的约定，对勘察、设计、施工图审查、施工、工程监理、检测等单位和机构实施检查，并组织协调解决工程质量和安全生产管理中的有关重大问题。

建设单位应当依法向施工单位提供工程款支付担保，保证按期支付工程款。

第十一条　建设单位应当依法将建筑工程施工图设计文件委托具有相应资质的施工图审查机构进行审查；未经审查或者审查不合格的，不得使用。

任何单位或者个人不得擅自修改经审查合格的施工图。确需修改的，由原勘察设计单位进行修改，并由建设单位将修改后的施工图送原施工图审查机构审查。

第十二条　建设单位应当将安全防护文明施工措施费计入工程造价。安全防护文明施工措施费应当在开工前一次性足额支付施工单位，施工单位不得挪作他用。

建设单位不得随意改变工程造价或者合理工期。

第十三条　建设单位应当根据建筑工程的特点和技术要求，组织勘察、设计、施工、工程监理等与工程建设有关的单位和机构进行设计图纸会审；未经会审的，不得开工建设。

第十四条　投资额在三十万元以上或者建筑面积在三百平方米以上的建筑工程，建设单位应当在领取施工许可证前，向工程项目所在地设区的市或者县（市、区）住房和城乡建设行政主管部门提出建筑工程质量、安全生产监督申请，住房和城乡建设行政主管部门应当自受理之日起十日内办结建筑工程质量、安全监督手续。

建设单位办理建筑工程质量、安全监督手续，应当提交建筑工程质量监督注册申报书、建筑工程安全监督注册申报书，并提供注册申报书中所要求的相关资料。

第十五条　建设单位按照合同约定提供的建筑材料、建筑构配件和设备应当符合技术标准、设计文件和合同要求，并依法承担相应的质量和安全责任。

第十六条　建设单位收到建筑工程竣工报告之日起二十日内，应当组织勘察、设计、施工、工程监理、工程担保等单位进行验收和安全生产总结。

建设单位应当在组织竣工验收前，向县级以上城建档案监督管理机构申请工程档案预验收；预验收合格的，由县级以上城建档案监督管理机构出具认可文件。

建筑工程经验收合格的，方可交付使用。

住宅工程在竣工验收前，建设单位应当组织施工、工程监理单位对其进行分户验收。

建设单位交付的住宅工程应当向购买人提供住宅使用说明书、住宅质量保证书和分户验收证明书。

第十七条　建设单位应当在建筑工程竣工验收合格之日起十五日内，依法办理竣工验收备案手续，并及时将竣工决算和结算情况报工程项目所在地设区的市住房和城乡建设行政主管部门备案。

第十八条　建设单位应当按照与县级以上城建档案监督管理机构签订的工程档案报送责任书，在建筑工程竣工验收合格之日起三个月内，向工程项目所在地城建档案监督管理机构报送工程档案。

第三章　勘察、设计、工程监理及其他单位的责任

第十九条　勘察单位应当按照法律、法规和工程建设强制性标准进行勘察，遵守操作规程，采取有效安全防范措施，保证各类管线、设施和周边建筑物、构筑物的安全，并对其勘察质量负责。

第二十条　设计单位应当按照法律、法规和工程建设强制性标准进行设计，达到抗震设防等要

求，防止因设计不合理导致建筑工程质量和生产安全事故发生。

设计文件应当符合国家颁布的设计文件编制深度规定。

除有特殊要求的建筑材料、专用设备、工艺生产线等外，设计单位不得指定生产企业、供应商。

第二十一条 施工图审查机构应当依法按照相关技术标准和规定对施工图进行技术性审查，并将审查结果报工程项目所在地住房和城乡建设行政主管部门备案。

第二十二条 工程监理单位应当选派具备相应资格的总监理工程师和监理工程师进驻施工现场。总监理工程师的变更应当经建设单位同意，报工程项目所在地住房和城乡建设行政主管部门备案。

第二十三条 工程监理单位和监理工程师应当按照法律、法规和工程建设强制性标准实施监理，并对建筑工程质量和建筑安全生产承担监理责任，履行下列职责：

（一）制定质量、安全监理规划和质量、安全监理实施细则；

（二）审查施工单位的安全生产许可证、质量和安全生产责任体系及预防控制体系；

（三）审查施工单位的主要负责人、项目负责人、专职工程质量管理人员、专职安全生产管理人员的考核合格证及特种作业人员的建筑施工特种作业操作资格证；

（四）审查施工单位的应急救援预案和安全防护文明施工措施费使用情况；

（五）督促施工单位对建筑工程质量和安全生产隐患进行整改；情况严重的，责令暂时停止施工，并及时通报建设单位；对拒不整改或者不停止施工的，及时报告有关行政主管部门；

（六）对建筑工程拟使用的建筑材料、构配件、设备验收认可，对建设单位拨付工程款审核签字；

（七）按照国家有关规定及时进行隐蔽工程验收和工程阶段性验收；

（八）监督审查施工档案管理情况，并将监理档案移交建设单位；

（九）法律、法规规定的其他职责。

第二十四条 工程质量检测机构应当依法取得资质证书，在资质许可范围内进行检测，保证检测报告和数据的全面、真实、准确、可靠。

工程质量检测机构应当建立检测结果不合格项目台账，将检测结果不合格情况，及时报告工程项目所在地住房和城乡建设行政主管部门。

第四章 施工单位的责任

第二十五条 施工单位应当建立健全质量和安全生产责任体系、预防控制体系和档案管理体系，按照设计文件和技术标准组织施工，对建筑工程的施工质量和安全生产负责。

施工单位与建设单位签订施工合同，应当依法提供履约担保。

第二十六条 施工单位应当设立质量、安全生产管理机构，按照国家有关规定配备相应的专职质量、安全生产管理人员。

施工单位的工程项目部应当配备相应数量的专职工程质量检查员、专职安全生产管理人员和档案资料管理员。

施工单位主要负责人、项目负责人、专职工程质量管理人员、专职安全生产管理人员，应当取得考核合格证后方可任职，并在证书有效期延期前接受相关培训。

第二十七条 施工单位项目负责人对工程项目的质量和安全生产负责，项目负责人的变更应当经建设单位书面同意，报工程项目所在地住房和城乡建设行政主管部门备案。

项目负责人不得同时承担二个以上的建筑工程项目，不得委托他人代行职责。

第二十八条　施工单位负责项目管理的技术人员在建筑工程施工前，对安全施工的有关技术要求、重大危险源和应急处置措施，应当向施工作业人员作出书面详细说明，双方签字确认。

第二十九条　施工单位应当按照国家和省有关规定，建立健全企业内部教育培训制度，对管理人员和作业人员每年进行不少于二次的工程质量和安全培训。

第三十条　施工单位应当按照工程设计要求、工程建设技术标准和合同约定，对进场的建筑材料、建筑构配件、设备、防护用品和预拌混凝土等进行检查验收；未经检查验收或者检查验收不合格的，不得使用。

施工单位应当建立健全施工质量检查评价制度，按照有关工程技术标准规范、程序，对隐蔽工程、分项分部工程进行检查、评价、报验。

工程设计、合同约定中明确由施工单位承担的检测内容，由施工单位委托有资质的检测机构进行检测。

第三十一条　安全防护用具、机械设备、施工机具及配件有下列情形之一的，施工单位不得使用：

（一）国家明令淘汰或者禁止使用的；

（二）超过制造厂家规定的使用年限的；

（三）经检验达不到安全技术标准规定的；

（四）没有完整安全技术档案的；

（五）没有齐全有效的安全保护装置的。

第三十二条　建筑起重机械和建筑施工现场专用机动车辆首次安装和使用前，产权单位应当到工商注册所在地设区的市住房和城乡建设行政主管部门备案。

施工现场内的建筑起重机械或者专用机动车辆的使用单位，应当自建筑起重机械安装验收合格和专用机动车辆验收合格之日起三十日内，到工程项目所在地住房和城乡建设行政主管部门办理使用登记。

第三十三条　下列建筑施工特种作业人员上岗作业，应当按照国家有关规定经过安全培训考核并取得资格证：

（一）建筑电工；

（二）建筑焊工；

（三）建筑施工现场内专用机动车辆司机；

（四）建筑架子工；

（五）建筑起重信号司索工；

（六）建筑起重机械司机；

（七）建筑起重机械安装拆卸工；

（八）高处作业吊篮安装拆卸工。

第三十四条　施工单位在工程竣工验收前，应当将工程档案移交建设单位。

施工单位向建设单位交付建筑工程，应当提供建筑工程使用说明书和质量保修书。质量保修书中应当明确建筑工程的保修范围、保修期限和保修责任等。保修期限和范围，不得低于国家标准。

第五章　监督检查

第三十五条　县级以上人民政府住房和城乡建设行政主管部门在建筑工程质量和建筑安全生产

管理工作中应当履行下列职责：

（一）监督检查国家、省有关建筑工程质量和建筑安全生产的法律、法规、技术标准、规范的执行情况；

（二）监督检查建筑工程各方责任主体的质量、安全行为和质量、安全生产保证体系；

（三）受理建筑工程质量、建筑安全生产方面的举报和投诉；

（四）查处违反建筑工程质量、建筑安全生产法律、法规、技术标准、规范的行为；

（五）法律、法规规定的其他职责。

第三十六条 县级以上人民政府住房和城乡建设行政主管部门履行监督检查职责，可以采取下列措施：

（一）进入施工现场进行检查；

（二）要求被检查单位提供建筑工程质量、建筑安全生产的文件和资料；

（三）纠正违反建筑工程质量和建筑安全生产规定的行为；

（四）责令被检查单位立即排除建筑工程质量、建筑安全生产事故隐患；隐患排除前或者排除过程中无法保证安全的，责令从危险区域内撤出作业人员或者暂停施工；

（五）法律、法规规定采取的其他措施。

第三十七条 工程基本完工、大型机具和作业人员撤场后，建设单位应当向工程项目所在地住房和城乡建设行政主管部门提出申请，由住房和城乡建设行政主管部门进行安全生产评价。

第三十八条 住房和城乡建设行政主管部门应当在收到建设单位竣工验收备案文件之日起十五日内予以审查，发现建设单位在竣工验收过程中有违反国家有关建筑工程质量管理规定行为的，责令停止使用，并重新组织竣工验收。

第六章 法律责任

第三十九条 本条例规定的行政处罚，由住房和城乡建设行政主管部门或者依法委托其所属的监督管理机构实施。

违反本条例规定，法律、行政法规已有处罚规定的，从其规定。

第四十条 县级以上人民政府住房和城乡建设行政主管部门及其所委托的监督管理机构工作人员，在建筑工程质量和建筑安全生产监督管理工作中，有下列行为之一的，依法给予处分；构成犯罪的，依法追究刑事责任：

（一）对不具备条件的单位和个人颁发资质、资格证书的；

（二）对企业未依法取得安全生产许可证从事生产活动，不依法处理的；

（三）对企业不再具备安全生产许可条件从事生产活动，不依法处理的；

（四）受理违反本条例规定行为的举报后，不及时处理的；

（五）索取、接受他人财物，或者谋取其他利益的；

（六）其他不依法履行监督管理职责的行为。

第四十一条 违反本条例规定，有下列行为之一的，对直接负责的主管人员和其他直接责任人员依法给予处分；构成犯罪的，依法追究刑事责任：

（一）施工单位、监理单位未向建设单位移交工程档案的；

（二）建筑工程竣工验收前，建设单位未向城建档案机构申请工程档案预验收的。

违反本条例规定，建设单位未按照规定报送工程档案的，处五万元以上十万元以下罚款；涂改、伪造工程档案，造成损失的，依法赔偿损失；构成犯罪的，依法追究刑事责任。

第四十二条　违反本条例规定，建设单位未将安全防护文明施工措施费在开工前一次性足额支付施工单位的，责令限期改正；逾期未改正的，责令停止施工，并处工程安全防护文明施工措施费三倍以上五倍以下罚款。

第四十三条　违反本条例规定，设计单位因设计不合理导致建筑工程质量和建筑安全生产事故发生的，责令限期改正，并处十万元以上三十万元以下罚款；造成损失的，依法承担赔偿责任；情节严重的，责令停业整顿，降低资质等级，直至吊销资质证书；构成犯罪的，依法追究刑事责任。

第四十四条　违反本条例规定，工程质量安全检测机构未依法取得资质或者超越资质范围进行检测的，或者出具虚假检测报告的，责令限期改正，并处五万元以上十万元以下罚款；造成损失的，依法承担赔偿责任；构成犯罪的，依法追究刑事责任。

第四十五条　违反本条例规定，施工单位有下列行为之一的，责令限期改正；逾期未改正的，处十万元以上二十万元以下罚款；造成损失的，依法承担赔偿责任；情节严重的，责令停业整顿，降低资质等级：

（一）未按照工程技术标准规范、程序对涉及结构安全的隐蔽工程、分项分部工程进行验收的；

（二）未按照建筑工程标准规范、设计及合同约定进行检测的；

（三）委托未取得检测资质的单位检测的。

第四十六条　违反本条例规定，施工单位特种作业人员未取得建筑施工特种作业操作资格上岗的，对施工单位责令限期改正；逾期未改正的，责令停止施工，并处二万元罚款；构成犯罪的，依法追究刑事责任。

第四十七条　违反本条例规定，施工单位未履行建筑工程质量保修义务，有下列行为之一的，责令限期改正；逾期未改正的，处十万元以上二十万元以下罚款：

（一）未提供建筑工程使用说明书的；

（二）未出具质量保修书或者保修范围、保修期限、保修责任不明确的；

（三）保修期限和范围低于国家标准的。

第七章　附　则

第四十八条　军事建设工程、抢险救灾工程、农民自建低层住宅以及其他临时性建筑，不适用本条例。

第四十九条　本条例自2011年7月1日起施行。

大同市煤矿安全生产监督管理条例

（2006 年 1 月 19 日大同市第十二届人民代表大会常务委员会第二十次会议通过
2006 年 3 月 31 日山西省第十届人民代表大会常务委员会第二十三次会议批准）

第一章　总　则

第一条　为了加强煤矿安全生产监督管理，防止和减少煤矿生产安全事故，保障煤矿职工的人身安全和身体健康，促进煤炭经济可持续发展，根据《中华人民共和国安全生产法》、《中华人民共和国矿山安全法》、《中华人民共和国煤炭法》等有关法律法规，结合本市实际，制定本条例。

第二条　在本市行政区域内的煤矿安全生产及监督管理活动，适用本条例。

第三条　煤矿安全生产工作，坚持安全第一、预防为主的方针，实行国家监察、地方监管、企业负责。

第四条　市、县（区）、乡（镇）人民政府应当加强对本行政区域内煤矿安全生产工作的领导和协调，支持和督促有关部门依法履行安全生产监督管理职责。

第五条　市、县（区）人民政府安全生产监督管理部门对本行政区域内煤矿安全生产工作实施监督管理，负责对相关职能部门的指导和监督。

市、县（区）人民政府煤炭行业主管部门负责本行政区域内煤矿安全生产条件的审查、安全生产的指导工作。

市、县（区）人民政府负有煤矿安全生产监督管理的其他部门，在各自职责范围内依法履行相应的煤矿安全生产监督管理职责。

第二章　煤矿建设的安全保障

第六条　煤矿新建、改建、扩建工程项目（以下统称建设项目）的安全设施，应当与主体工程同时设计、同时施工、同时投入生产和使用。

安全设施投资应当纳入建设项目概算。

第七条　煤矿建设项目应当按照国家有关规定进行安全条件论证和安全评价。

第八条　煤矿建设项目设计应当符合煤矿安全生产的相关规程和行业技术规范的要求。

煤矿建设项目安全设施应当由具有相应资质的设计单位承担。设计单位、设计人应当对安全设施设计负责。

煤矿建设项目安全设施、设备应当具备符合有关法律、法规和国家标准或者行业标准规定。

第九条　煤矿建设项目安全设施设计的审查，应当有安全生产监督管理部门和煤炭行业主管部门参加。安全设施设计未经审查批准的工程项目，不得组织施工。

第十条 煤矿建设项目安全设施应当由具有相应建筑资质的施工单位承担。

施工单位的主要负责人、项目负责人、专职安全生产管理人员应当具备相应的资格。

施工作业人员应当遵守安全施工的强制性标准、规章制度和操作规程，正确使用安全防护用具、机械设备等。

施工单位应当按照批准的安全设施设计施工，并对安全设施的工程质量负责。

第十一条 煤矿建设工程安全设施竣工验收，应当有安全生产监督管理部门和煤炭行业主管部门参加验收。未经验收或者验收不合格的工程项目，不得投入生产和使用。

第三章 煤矿生产的安全保障

第十二条 煤矿应当具备有关法律、法规和国家标准或者行业标准规定的安全生产条件，依照安全质量标准化的要求，强化现场管理，提高煤矿安全生产水平。

不具备安全生产条件的煤矿应当停产整顿。经停产整顿仍不具备安全生产条件的，应当关闭，有关部门应当依法吊销其有关证照。

第十三条 煤矿应当建立健全安全生产隐患排查、治理和报告制度，有下列重大安全生产隐患和行为之一的，应当立即停止生产，排除隐患：

（一）超能力、超强度或者超定员组织生产的；

（二）瓦斯超限作业的；

（三）煤与瓦斯突出矿井，未依照规定实施防突出措施的；

（四）高瓦斯矿井未建立瓦斯抽放系统和监控系统，或者瓦斯监控系统不能正常运行的；

（五）通风系统不完善、不可靠的；

（六）有严重水患，未采取有效措施的；

（七）超层越界开采的；

（八）有冲击地压危险，未采取有效措施的；

（九）自燃发火严重，未采取有效措施的；

（十）使用明令禁止使用或者淘汰的设备、工艺的；

（十一）煤矿没有双回路供电系统的；

（十二）新建煤矿边建设边生产，煤矿改扩建期间，在改扩建的区域生产，或者在其他区域的生产超出安全设计规定的范围和规模的；

（十三）煤矿实行整体承包生产经营后，未重新取得安全生产许可证和煤炭生产许可证，从事生产的，或者承包方再次转包的，以及煤矿将井下采掘工作面和井巷维修作业进行劳务承包的；

（十四）煤矿改制期间，未明确安全生产责任人和安全管理机构的，或者在完成改制后，未重新取得或者变更采矿许可证、安全生产许可证、煤炭生产许可证和营业执照的；

（十五）有其他重大安全生产隐患的。

第十四条 煤矿应当依法取得采矿许可证、安全生产许可证、煤炭生产许可证、营业执照，煤矿矿长应当依法取得矿长资格证和矿长安全资格证，方可组织生产。

前款规定的相关证照有效期满后应当办理延期手续。

第十五条 煤矿应当选择具备国家规定资质条件的中介机构进行评价、认证和检测、检验，并经安全生产监督管理部门审查核准。

第十六条 煤矿应当依法设置安全生产管理机构并配备专职安全生产管理人员，建立健全各项安全生产管理制度。

第十七条 煤矿的主要负责人对本单位的安全生产负有下列职责：

（一）建立健全本单位安全生产责任制并组织实施；

（二）建立健全煤矿负责人和生产经营管理人员下井带班制度，并组织实施；

（三）建立健全煤矿安全检查人员每日检查制度并负责监督；

（四）组织制定实施本单位安全生产规章制度和操作规程；

（五）保证本单位安全生产投入的有效实施；

（六）督促检查本单位的安全生产工作，及时消除生产安全事故隐患，配合安全生产的监督检查；

（七）组织制定并实施本单位生产安全事故应急救援预案；

（八）及时、如实报告生产安全事故，协助配合对生产安全事故的调查。

煤矿的法定代表人是安全生产第一责任人。

第十八条 煤矿主要负责人和安全生产管理人员应当具备与本单位所从事的生产经营活动相应的安全生产知识和管理能力，依法取得安全任职资格证书。

第十九条 煤矿应当对从业人员进行安全生产教育和培训，建立从业人员培训教育档案。从业人员经考核合格后，方可上岗作业。特种作业人员应当按照国家有关规定接受专门的安全作业培训，经考核合格，取得特种作业操作资格证书后，方可上岗作业。

煤矿从业人员和特种作业人员上岗后应当按照安全操作规程作业。

第二十条 煤矿应当按照国家、省有关规定建立提取煤炭生产安全费用制度，安全费用应当专户储存，专款专用，由市人民政府制定专门办法，确定专门机构，实施监督。

第二十一条 煤矿应当设立安全风险抵押金，专户存储，专项用于煤矿安全事故抢险、救灾和善后处理。

第二十二条 煤矿安全设备的设计、制造、安装、使用、检测、维修、改造和报废，应当符合国家标准或者行业标准。

煤矿应当对安全设备进行经常性维护、保养，定期检测，保证正常运转。维护、保养、检测应当作好记录，并由有关人员签字。

第二十三条 煤矿应当在有较大危险因素的场所和有关设备、设施上设置符合国家标准或者行业标准的安全警示标志。

煤矿应当教育和督促煤矿从业人员严格执行安全生产规章制度和安全操作规程；并向从业人员如实告知作业场所和工作岗位存在的危险因素、防范措施以及事故应急措施。

第二十四条 煤矿应当为从业人员配备符合国家标准或者行业标准的劳动防护用品，并监督、教育从业人员按照使用规则佩戴、使用。

第二十五条 煤矿对产生粉尘的作业场所，应当按照国家或者行业标准进行综合防治，或者按照规定对粉尘进行检测。

第二十六条 煤矿应当依法与从业人员签订劳动合同，并为从业人员办理工伤等社会保险。劳动合同应当载明有关保障从业人员劳动安全、防止职业危害等事项。

第二十七条 煤矿应当对安全生产状况进行经常性检查。对检查中发现的安全问题，应当立即处理；不能处理的，应当及时报告安全监督管理部门和煤炭行业主管部门，同时报告当地人民政府。检查及处理情况应当记录在案。

第二十八条 煤矿不得因从业人员对本单位安全生产工作提出批评、检举、控告或者拒绝违章指挥、强令冒险作业而降低其工资、福利等待遇或者解除与其订立的劳动合同。

第二十九条　煤矿不得将煤炭生产发包或者出租给不具备安全生产条件或者相应资质的单位或者个人。

煤矿应当与承包单位、承租单位签订专门的安全生产管理协议，或者在承包合同、租赁合同中约定各自的安全生产管理职责。

煤矿不得与承包或者承租单位签订免除或者减轻其对煤矿从业人员因生产安全事故造成伤亡进行赔偿的协议。

煤矿应当对承包单位或者承租单位的安全生产统一协调、管理。

第三十条　负有安全生产监督管理职责的部门依法进行安全检查时，煤矿应当予以配合，提供真实资料，不得拒绝、阻挠。

第四章　从业人员的权利和义务

第三十一条　煤矿从业人员应当享有下列权利：

（一）有权获得作业场所安全与职业危害方面的信息；

（二）有权向有关部门和工会组织反映煤矿安全状况和存在的问题；

（三）有权拒绝违章指挥和强令冒险作业；

（四）对危害职工安全健康的决定和行为，有权提出批评、检举和控告；

（五）发现直接危及人身安全的紧急情况时，有权停止作业或者采取紧急措施后撤离作业场所；

（六）因工受到伤害，除依法享有工伤保险外，有权获得赔偿。死亡者家属有权获得赔偿。

第三十二条　煤矿从业人员应当履行下列义务：

（一）遵守有关法律、法规和规章制度；

（二）爱护和正确使用煤矿企业的安全生产设备、设施、仪器、仪表等；

（三）自觉接受安全教育和培训；

（四）及时报告危险情况，参加抢险救护；

（五）法律、法规和规章规定的其他义务。

第五章　煤矿安全的监督管理

第三十三条　市、县（区）、乡（镇）人民政府负责本行政区域内煤矿安全生产工作的领导，履行下列职责：

（一）宣传、贯彻、落实国家及省有关煤矿安全生产的法律、法规、规章及方针政策；

（二）建立健全煤矿安全生产领导责任制；

（三）建立健全煤矿安全生产监督管理体系；

（四）组织有关部门依法查处私挖乱采煤炭资源的行为；

（五）每年组织两次以上煤矿安全生产联合执法检查；

（六）定期召开安全生产例会，协调解决煤矿安全生产中存在的重大问题；

（七）制定煤矿重特大生产安全事故的应急救援预案，建立煤矿应急救援体系，组织煤矿事故的抢险救灾工作；

（八）其他应当履行的煤矿安全生产监督管理职责。

第三十四条　负有安全生产监督管理职责的部门及其工作人员应当依法对煤矿执行有关法律、法规和国家标准或者行业标准的情况进行监督检查，行使以下职权：

（一）进入煤矿进行检查，调阅有关资料，向有关人员了解情况；

（二）对检查中发现的安全生产违法行为，当场予以纠正或者要求限期改正。对依法应当给予行政处罚的行为，依法作出行政处罚决定；

（三）对检查中发现的事故隐患，应当责令立即排除。重大事故隐患排除前或者排除过程中无法保证安全的，应当责令从危险区域内撤出作业人员，责令暂时停产。重大事故隐患排除后，经有关检查部门审查同意，方可恢复生产；

（四）对不符合国家标准或者行业标准的设施、设备、器材及劳动防护用品、用具予以查封、扣押，并在十五日内依法作出处理决定。

监督检查不得影响被检查煤矿的正常生产经营活动。

第三十五条 负有安全生产监督管理职责的部门及其工作人员发现煤矿存在的安全问题应当由其他有关部门进行处理的，应当及时移送有关部门并形成记录备查。接受移送的部门应当及时进行处理。

第三十六条 负有安全生产监督管理职责的部门及其工作人员对涉及煤矿安全生产事项需要审查批准或者验收的，应当严格依照有关法律、法规和国家标准或者行业标准规定的安全生产条件和程序进行审查；不符合安全生产条件的，不得批准或者验收通过。对未依法取得批准或者验收合格的煤矿擅自从事有关活动的，应当予以取缔。发现非法煤矿或者煤矿企业违法从事有关活动的，应当依法予以处理。

对已经依法取得批准的煤矿，负责行政审批的部门及其工作人员发现其不再具备安全生产条件的，应当撤销原批准。

第三十七条 市、县（区）人民政府负责煤矿安全生产监督管理的部门和其他有关部门应当强化煤矿安全生产监督管理，依法进行煤矿安全生产检查，并建立协调制度，互通信息、互相配合。对同一违法行为，不得给予两次以上的罚款。

安全生产监督管理部门应当认真履行煤矿安全生产的监督管理职责，加强煤矿安全生产的日常监督管理，依法组织年度煤矿安全生产基本条件审核评价，严肃查处煤矿生产和建设中的违法行为。

煤炭行业主管部门应当加强煤炭工业的规划和行业指导，实施煤矿资源整合，严格煤炭生产许可证管理。依照煤矿建设程序，严格基建和改扩建项目审批。严肃查处未经批准擅自基建、改建、扩建的矿井和超能力生产的矿井。严禁非法违法煤矿生产的煤炭进入市场流通。

国土资源部门应当加强采矿秩序的监督管理，整合煤炭资源，实行有偿使用，规范采矿权转让，及时巡查发现并制止未取得采矿许可证的非法煤矿，严肃查处越层越界煤矿。

公安部门应当加强对煤矿火工品购买、运输、储存和使用过程的监督管理，严禁向非法违法煤矿批供火工品，严厉打击非法制造、买卖、运输、储存和使用火工品的违法犯罪行为。

工商行政管理部门应当加强对煤矿工商《营业执照》的管理，对无证经营或者证照过期以及未通过年检的煤矿依法查处，对有关部门移送的违法煤矿依法吊销营业执照。

劳动社会保障部门应当加强对煤矿从业人员就业准入、煤矿全员劳动合同签订、劳动用工登记备案、在册职工工伤保险交纳和全员培训的监察。

行政监察机关应当加强对与煤矿安全有关的行政监察，严厉查处国家行政机关工作人员参与办矿或者利用职权对非法违法煤矿纵容、包庇等违法行为，严肃追究失职渎职公职人员的责任。

第三十八条 负有安全生产监督管理职责的部门的安全生产监督检查人员应当忠于职守，坚持原则，秉公执法。

负有安全生产监督管理职责的部门及其工作人员对涉及安全生产的事项进行审查、验收，不得收取费用；不得要求接受审查、验收的煤矿购买其指定品牌或者指定生产、销售单位的安全设备、器材或者其他产品。

第三十九条　承担煤矿安全评价、认证、检测、检验的机构及其工作人员应当具备国家规定的资质条件，并对其作出的安全评价、认证、检测、检验的结果负责。

安全生产中介机构及其工作人员在从事安全生产服务过程中，发现煤矿存在事故隐患的，应当及时提出事故隐患整改建议，同时报告安全生产监督管理部门。

第四十条　工会对煤矿违反安全生产法律、法规，侵犯从业人员合法权益的行为，有权要求纠正；发现煤矿违章指挥、强令冒险作业或发现事故隐患时，有权提出解决的建议，煤矿应当及时研究答复；发现危及从业人员生命安全的情况时，有权向煤矿建议组织从业人员撤离危险场所，煤矿应当立即作出处理。工会有权依法参加事故调查，向有关部门提出处理意见，并要求追究有关人员的责任。

第四十一条　市、县（区）安全生产监督管理部门应当定期统计本行政区域内发生煤矿生产安全事故的情况，定期在新闻媒体上对煤矿安全生产情况进行公告。

负有煤矿安全生产监督管理职责的部门应当建立举报制度，公开举报电话、信箱或者电子邮件地址，受理有关举报并组织核查。受理的举报事项经调查核实后，应当形成书面材料。需要落实整改措施的，报经有关负责人签字并督促落实。

任何单位和个人发现非法煤矿或者煤矿有重大安全生产隐患和违法行为的，都有权向县级以上地方人民政府负责煤矿安全生产监督管理的部门举报。

第六章　煤矿事故的应急救援和调查处理

第四十二条　市、县（区）、乡（镇）人民政府应当组织有关部门制定煤矿重特大生产安全事故应急救援预案，建立应急救援体系。

第四十三条　煤矿应当编制事故应急救援预案，建立应急救援组织，并组织对预案进行演练。

煤矿应当配备必要的应急救援器材、设备，并进行经常性维护、保养，保证正常运转。

第四十四条　煤矿发生生产安全事故后，事故现场有关人员应当立即报告本企业负责人。企业负责人接到事故报告后，应当迅速采取有效措施，组织抢救，防止事故扩大，减少人员伤亡和财产损失，并按照国家有关规定立即如实报告当地安全生产监督管理部门和煤炭行业主管部门，不得隐瞒不报、谎报或者拖延不报，不得故意破坏事故现场，毁灭有关证据。

第四十五条　负有安全生产监督管理职责的部门接到事故报告后，应当立即按照国家有关规定上报事故情况。

市、县（区）、乡（镇）人民政府和负有煤矿安全生产监督管理职责的部门的负责人接到重大生产安全事故报告后，应当立即赶到事故现场，组织事故抢救。

任何单位和个人都应当支持、配合事故抢救，并提供便利条件。

第四十六条　煤矿发生生产安全事故，经调查确定为责任事故的，应当查明事故单位的责任，并依法予以追究，还应当查明对安全生产的有关事项负有审查批准和监督职责的行政部门的责任，对有失职、渎职行为的，依法追究法律责任。

第四十七条　煤矿应当有矿山救护队为其服务。煤矿企业应当设立矿山救护队，不具备单独设立矿山救护队的煤矿企业，应当指定兼职救援人员，并与就近的救护队签订救护协议或者联合建立矿山救护队。

矿山救护队按国家、省有关规定应当提供事故应急救援和重大安全隐患排除服务。

第七章 法律责任

第四十八条 市、县（区）、乡（镇）人民政府和负有煤矿安全生产监督管理职责的部门和其他直接负责的主管部门及直接责任人员应当履行职责而未履行，或者未按照规定的职责和程序履行，导致煤矿发生生产安全事故的，依照煤矿事故调查处理的有关法律法规和国家、省有关规定追究行政责任；构成犯罪的，依法追究刑事责任；煤矿发生其他重特大事故的，依照国家有关规定追究责任。

第四十九条 县级以上地方人民政府负责煤矿安全生产监督管理的部门接到举报后，应当及时调查处理；不及时调查处理，对有关责任人，根据情节轻重，给予行政处分。

第五十条 违反本条例规定，负有煤矿安全生产监督管理职责的部门的工作人员，有下列行为之一的，给予降级或者撤职的行政处分；构成犯罪的，依法追究刑事责任：

（一）对不符合法定安全生产条件的涉及安全生产的事项予以批准或者验收通过的；

（二）发现非法煤矿或者煤矿企业违法从事有关活动或者接到举报后不依法予以处理的；

（三）发现对已经批准、许可、验收通过的煤矿不再具备安全生产基本条件或者降低标准违法从事有关活动而不予查处的。

第五十一条 负有安全生产监督管理职责的部门及其工作人员对煤矿安全生产进行审查批准或者验收时要求煤矿购买其指定的安全设备、器材或者其他产品的，由其上级机关或者监察机关责令改正，并退还收取的费用；情节严重的，对直接负责的主管人员或者其他直接责任人员依法给予行政处分。

第五十二条 国家行政机关工作人员玩忽职守，徇私舞弊，或者利用职权参股办矿，包庇袒护非法、违法、违规采矿，尚未构成犯罪的，依法给予行政处分；构成犯罪的，依法追究刑事责任。

第五十三条 违反本条例规定，承担煤矿安全生产评价、评估、论证、认证、检测、检验工作的机构，出具虚假证明或者不实报告，构成犯罪的，依法追究刑事责任；尚不够刑事处罚的，由市、县（区）安全生产监督管理部门没收违法所得，违法所得在5000元以上的，并处违法所得2倍以上5倍以下的罚款；没有违法所得或者违法所得不足5000元的，单处或者并处5000元以上2万元以下的罚款，对其直接负责的主管人员和其他直接责任人员处以5000元以上5万元以下的罚款；给他人造成损害的，承担赔偿责任。

对有前款违法行为的机构，撤销其相应的资质。

第五十四条 违反本条例规定，煤矿主要负责人和有关责任人员应当履行职责而未履行，或者未按照规定职责和程序履行，导致煤矿发生生产安全事故的，依照煤矿事故调查处理的有关法律、法规和国家、省有关规定追究责任；对非法违法煤矿的负责人和实际控制人，由市、县（区）安全生产监督管理部门处以20万元罚款，构成犯罪的，依法追究刑事责任。发生其他重特大生产安全事故的，按照国家有关规定追究责任，构成犯罪的，依法追究刑事责任。

第五十五条 违反本条例规定，煤矿有下列情形之一的，由负责煤矿安全生产监督管理的部门责令立即停止生产或者建设，没收非法所得和开采出的煤炭以及采掘设备，并处非法所得1倍以上5倍以下的罚款；并于2日内提请当地人民政府予以关闭，由颁发证照的部门吊销证照；构成犯罪的，依法追究刑事责任；尚不够刑事处罚的，对煤矿的负责人和实际控制人处以20万元罚款：

（一）无证或者证照不全非法开采或者建设的；

（二）以往关闭之后又擅自恢复生产或者建设的；

（三）存在重大安全生产隐患的行为，经停产整顿仍然达不到安全生产条件的；

（四）责令停产整顿后擅自从事生产的。拒不进行整顿或者停而不整、明停暗采的；

（五）停产整顿后验收不合格的；

（六）3 个月内 2 次或者 2 次以上发现有重大安全隐患，仍然进行生产的；

（七）1 个月内 3 次或者 3 次以上未依照国家有关规定对井下作业人员进行安全生产教育和培训或者特种作业人员无证上岗的。

非法违法煤矿发生死亡事故，除按照有关规定给予死亡职工家属的赔偿外，每死亡一人，由市、县（区）安全生产监督管理部门处以 100 万元的罚款。

第五十六条 煤矿安全生产许可证有效期满未办理延期手续，继续生产的，由负有煤矿安全生产监督管理职责的部门责令停止生产，限期补办延期手续，没收违法所得，并处 5 万元以上 10 万元以下的罚款。

第五十七条 违反本条例规定，煤矿有下列行为之一的，由市、县（区）安全生产监督管理部门责令限期改正，可以并处 5 万元以下的罚款；构成犯罪的，依法追究刑事责任：

（一）煤矿建设工程没有安全设施设计或者安全设施设计未按照规定报经有关部门审查批准的；

（二）煤矿建设工程未按照批准的安全设施设计施工的；

（三）煤矿建设工程安全设施未经验收或者验收不合格擅自投入生产或者使用的。

第五十八条 违反本条例规定，承担煤矿建设项目安全设施的设计单位未按照有关法律、法规和安全标准进行设计的，由市、县（区）煤矿安全生产监督管理部门责令改正，并处 10 万元以上 30 万元以下的罚款；情节严重的，由有关部门吊销资质证书；造成损失的，承担赔偿责任；造成重大生产安全事故，构成犯罪的，追究刑事责任。

第五十九条 违反本条例第十三条规定，煤矿仍然进行生产的，由市、县（区）人民政府负责安全生产监督管理的部门责令停产整顿，提出整顿内容、时间等具体要求，并处 50 万元以上 200 万元以下的罚款，对煤矿企业负责人处以 3 万元以上 15 万元以下的罚款。

第六十条 煤矿企业应当对本条例第十三条所列情形定期组织排查，并将排查情况每季度向市、县（区）人民政府负责安全生产监督管理的部门、煤矿安全监察机构写出书面报告。报告应当经煤矿企业负责人签字。

煤矿未依照前款规定排查和报告的，由市、县（区）负责安全生产监督管理的部门责令限期改正；逾期未改正的，责令停产整顿，并对煤矿企业负责人处以 3 万元以上 15 万元以下的罚款。

第六十一条 违反本条例规定，煤矿有下列行为之一的，由市、县（区）负责安全生产监督管理的部门责令限期改正，逾期未改正的，责令停产整顿；可以并处 2 万元以下罚款；

（一）未按照规定设立安全生产管理机构或者配备安全生产管理人员的；

（二）煤矿企业的主要负责人和安全生产管理人员未按照规定经考核合格的；

（三）未如实告知从业人员有关安全生产事项的；

（四）煤矿负责人未履行值班制度；

（五）未严格实行入井检身制度的；

（六）入井人员未配带自救器的；

（七）未严格执行瓦斯检查制度，空班漏检的或者瓦斯监控系统不开机、不显示的；

（八）对产生粉尘的作业场所，未采取综合防尘措施，或者未按照规定对粉尘进行检测的。

第六十二条 违反本条例规定，煤矿有下列行为之一的，由市、县（区）安全生产监督管理部门和质量技术监督部门责令限期改正，可以并处 5 万元以下罚款；逾期未改正的，责令停产整顿；构成犯罪的，依法追究刑事责任：

（一）未在有较大危险因素的作业场所和有关设施、设备上设置明显的安全标志的；

（二）安全设备的安装、使用、检测、改造和报废不符合国家标准或者行业标准的；

（三）未对安全设备进行经常性维护、保养和定期检测的；

（四）未为从业人员提供符合国家标准或者行业标准的劳动防护用品的。

第六十三条　违反本条例规定，煤矿未按照规定对井下作业人员进行安全生产教育和培训或者特殊工种作业人员无证上岗的，由市、县（区）安全生产监督管理部门责令限期改正，并处以10万元以上50万元以下的罚款；逾期未改正的，责令停产整顿。

第六十四条　违反本条例规定，煤矿主要负责人或者其他主管人员有下列行为之一的，由市、县（区）安全生产监督管理部门给予警告，可以并处1万元以下的罚款：

（一）违章指挥工人或者强令工人违章冒险作业的；

（二）对工人违章作业不加制止的；

（三）对已发现的事故隐患不及时采取措施的；

（四）拒不执行安全生产监督管理部门及其执法人员的安全监督指令的；

（五）拒绝、阻碍安全生产监督管理部门及其执法人员监督检查的；

（六）对查封、扣押的设施、设备、器材、劳保用品及工具，擅自启封或者使用的；

（七）提供虚假情况的；

（八）伪造、故意破坏事故现场的；

（九）阻碍、干涉事故调查工作，拒绝接受调查取证、提供有关情况和资料的。

第六十五条　违反本条例规定，煤矿将煤炭生产发包或者出租给不具备安全生产条件或者相应资质的单位或者个人的，责令限期改正，没收违法所得；违法所得5万元以上的，并处违法所得1倍以上5倍以下的罚款；没有违法所得或者违法所得不足5万元的，单处或者并处1万元以上5万元以下的罚款；导致发生生产安全事故给他人造成损害的，与承包方、承租方承担连带赔偿责任。

煤矿未与承包单位、承租单位签订专门的安全生产管理协议或者未在承包合同、租赁合同中明确各自的安全生产管理职责，或者未对承包单位、承租单位的安全生产统一协调、管理的，责令限期改正；逾期未改正的，责令停产停业整顿。

第六十六条　违反本条例规定，煤矿与其从业人员订立协议，免除或者减轻其对从业人员因生产安全事故伤亡依法应当承担的责任的，该协议无效；由市、县（区）安全生产监督管理部门对煤矿的主要负责人和实际控制人处以2万元以上10万元以下的罚款。

第六十七条　违反本条例规定，煤矿未设立专户、专款专用，保证安全生产所必需的资金投入，致使企业不具备安全生产基本条件的，导致发生生产安全事故的，由市、县（区）人民政府负责安全生产监督管理的部门责令限期改正，对煤矿主要负责人和实际控制人可以并处2万元以上20万元以下的罚款；逾期未改正的，责令停产整顿。导致发生重大以上生产安全事故的，由市、县（区）人民政府关闭，收回采矿权，重新公开拍卖。

第六十八条　煤矿发生生产安全事故造成人员伤亡、他人财产损失的，应当依法承担赔偿责任；拒不承担赔偿责任或者负责人逃匿的，由人民法院依法强制执行。

经人民法院依法采取执行措施后，仍不能对受害人给予足额赔偿的，应当继续履行赔偿义务；受害人发现责任单位或者责任人有其他财产的，可以随时请求人民法院执行。

第六十九条　违反本条例规定，煤矿对生产安全事故隐瞒不报、谎报或者拖延不报的，由市、县（区）安全生产监督管理部门对煤矿主要负责人处以1万元以上3万元以下的罚款；构成犯罪的，依法追究刑事责任。

第八章　附　则

第七十条　本条例自2006年6月1日起施行。

南京市人民代表大会常务委员会公告

（第 4 号）

《南京市安全生产条例》已由南京市第十五届人民代表大会常务委员会第四次会议于 2013 年 8 月 30 日制定，江苏省第十二届人民代表大会常务委员会第五次会议于 2013 年 9 月 27 日批准。现予公布，自 2014 年 1 月 1 日起施行。

南京市人民代表大会常务委员会
2013 年 10 月 8 日

南京市安全生产条例

（2013 年 8 月 30 日南京市第十五届人民代表大会常务委员会第 4 次会议制定　2013 年 9 月 27 日江苏省第十二届人民代表大会常务委员会第 5 次会议批准）

第一章　总　则

第一条　为了加强安全生产工作，防止和减少安全事故，保障人民群众生命和财产安全，促进经济发展和社会稳定，根据《中华人民共和国安全生产法》、《江苏省安全生产条例》等有关法律、法规，结合本市实际，制定本条例。

第二条　本市行政区域内生产经营单位的安全生产及其相关监督管理活动，适用本条例。

法律、法规对消防安全、道路交通安全、铁路交通安全、水上交通安全和民用航空安全等另有规定的，从其规定。

第三条　安全生产应当坚持安全第一、预防为主、综合治理的方针，遵循政府统一领导、部门依法监管、生产经营单位全面负责、社会参与监督的原则。

第四条　生产经营单位是安全生产的责任主体，应当遵守安全生产法律、法规和标准，加强安全管理，健全责任制度，强化保障措施，完善安全条件。

生产经营单位主要负责人应当对本单位的安全生产工作全面负责。

第五条　生产经营单位的从业人员依法享有获得安全生产保障的权利，并应当履行安全生产方面的义务。

第六条　工会依法组织本单位从业人员参加安全生产工作的民主管理和民主监督，参与生产安全事故调查，提出保障安全生产的意见和建议，督促本单位纠正违法行为、消除事故隐患，维护从业人员的合法权益。

第七条　市、区人民政府应当将安全生产工作纳入国民经济和社会发展规划，建立和完善监控体系、责任制度和考核奖惩制度，督促有关部门履行安全生产监督管理职责。

镇人民政府、街道办事处应当按照本条例规定，做好辖区内相关安全生产监督管理工作。

第八条　安全生产监督管理部门依法对本行政区域内安全生产工作实施综合监督管理，指导、协调、监督安全生产管理工作。

公安、住房和城乡建设、质量技术监督、交通运输等对涉及安全生产的事项负有审批、处罚等监督管理职责的部门（以下称专项监管部门），应当按照有关法律、法规的规定，分别对道路交通、建筑施工、特种设备、交通运输等方面的安全生产实施专项监督管理。

其他负有安全生产监督管理职责的部门，应当在各自职责范围内对安全生产工作实施监督管理。

第九条　市、区人民政府及其有关部门应当加强安全生产有关法律、法规和知识的宣传，组织开展安全生产教育和培训，推进安全文化建设，增强社会公众的安全生产意识和防范事故的能力。

报刊、电视、广播、网络等媒体有开展安全生产宣传报道的义务，对安全生产工作进行舆论监督。

第十条　市、区人民政府鼓励和支持安全生产科学技术的研究开发，鼓励和支持安全生产先进技术、装备、工艺的推广应用。

第十一条　对在改善安全生产条件、防止生产安全事故、参加应急处置等方面取得显著成绩的单位和个人，市、区人民政府及其有关部门应当给予表彰和奖励。

第二章　安全生产保障

第十二条　生产经营单位应当具备法律、法规、国家标准或者行业标准规定的安全生产条件；不具备安全生产条件的，不得从事生产经营活动。

第十三条　生产经营单位应当建立下列安全生产管理制度：

（一）安全生产责任制；

（二）安全生产例会制度；

（三）特种作业人员和特种设备作业管理制度；

（四）生产安全事故隐患排查治理制度；

（五）职业危害防治制度；

（六）法律、法规规定的其他安全生产管理制度。

第十四条　生产经营单位主要负责人应当履行下列职责：

（一）确定分管安全生产的负责人，配备安全管理人员；

（二）保证安全生产必需的资金投入和有效使用；

（三）组织开展事故隐患排查治理；

（四）组织实施职业危害防治管理措施；

（五）每年向安全生产监督管理部门、专项监管部门或者有关部门提交本单位的安全生产情况报告；

（六）法律、法规规定的其他安全生产职责。

分管安全生产的负责人应当协助主要负责人履行安全生产职责，并组织开展安全生产教育和培训、科学技术研究和应用等工作；其他负责人应当按照职责分工做好安全生产工作。

第十五条　有下列情形之一的生产经营单位应当设立安全生产委员会，其他生产经营单位可以设立安全生产委员会：

（一）属于矿山、建筑施工以及危险物品的生产、经营、使用、储存、运输等高度危险性行业（以下称高危行业），从业人员在五十人以上的；

（二）属于金属冶炼、船舶修造和拆解、电力、装卸、交通运输等较大危险性行业（以下称较大危险行业），从业人员在一百人以上的；

（三）其他行业生产经营单位从业人员在三百人以上的。

生产经营单位的安全生产委员会由本单位主要负责人、分管安全生产的负责人、安全生产管理机构及相关机构负责人、安全生产管理人员以及工会组织代表组成，未建立工会组织的，由从业人员代表参加。

安全生产委员会应当审查本单位年度安全生产工作计划、重大安全生产技术项目实施、安全生产各项投入等情况，研究和协调有关安全生产的重大事项，督促落实消除事故隐患的措施。安全生产委员会至少每季度召开一次会议，会议应当有书面记录。

第十六条 依照本条例第十五条规定应当设立安全生产委员会的生产经营单位，应当设置安全生产管理机构或者配备专职安全生产管理人员。高危行业生产经营单位从业人员在五十人以上不足一百人的，配备专职安全生产管理人员不少于一名。高危行业、较大危险行业生产经营单位从业人员在一百人以上不足三百人的，配备专职安全生产管理人员不少于两名。生产经营单位从业人员在三百人以上不足一千人的，配备专职安全生产管理人员不少于三名；从业人员在一千人以上不足五千人的，配备专职安全生产管理人员不少于八名；从业人员在五千人以上的，配备专职安全生产管理人员不少于十五名。

前款规定以外的生产经营单位，从业人员不足一百人的，应当配备安全生产管理人员，或者委托具有国家相关专业技术资格的工程技术人员提供安全生产管理服务；从业人员在一百人以上不足三百人的，应当配备专职安全生产管理人员。

第十七条 生产经营单位应当建立健全安全生产责任制，明确各岗位的责任人员、责任内容和考核要求，建立包括全体人员和全部生产经营活动的责任体系。任何人不得通过委托、授权等形式将安全生产责任转移给其他人。

第十八条 生产经营单位安全生产所需资金应当纳入年度生产经营计划和财务预算，专款专用。高危行业、较大危险行业的生产经营单位应当按照规定提取和使用安全生产费用，并接受有关部门的监督。

第十九条 生产经营单位应当建立健全事故隐患排查治理和建档监控等制度，定期组织安全生产管理人员、工程技术人员和其他相关人员排查本单位的事故隐患。对排查出的事故隐患，应当进行风险评估和登记，实行分级管理，并按照职责分工实施监控治理。

第二十条 对于一般事故隐患，生产经营单位应当立即组织整改。

对于重大事故隐患，生产经营单位应当进行风险评估，制定和落实治理方案，及时排除，并根据需要停用相关设备，全部或者局部停产停业；重大事故隐患治理结束后，应当组织对治理情况进行评估。

生产经营单位在事故隐患治理过程中，应当采取相应的安全防范措施，防止事故发生。事故隐患排除前和排除过程中无法保证安全的，应当从危险区域内撤出人员，疏散周边可能危及的其他人员，并设置警戒标志。

第二十一条 可能产生职业病危害的生产经营单位应当按照规定设置职业病防护设施，采取职业病防治管理措施，为从业人员提供符合国家职业卫生标准和要求的工作环境和条件。

第二十二条 生产经营单位应当加强高温作业和高温天气作业的劳动保护工作，采取防暑降温措施，保证作业场所符合国家职业卫生标准。

第二十三条　生产经营单位主要负责人、分管安全生产的负责人、安全生产管理人员和特种作业人员应当参加安全培训；按照国家规定需具有相应资格的，应当经考核合格取得资格后方可上岗。

生产经营单位应当对在岗的从业人员定期进行安全生产教育和培训，对新进的、离岗六个月以上的或者换岗的从业人员，使用新工艺、新技术、新材料、新设备的有关从业人员，及时进行安全生产教育和培训。

第二十四条　高危行业、较大危险行业的生产经营单位，按照国家规定实行安全生产风险抵押金制度。发生生产安全事故时，其存缴的安全生产风险抵押金转作事故抢险救灾和善后处理所需资金；生产安全事故处置后，安全生产风险抵押金存缴不足的，应当及时补足。

鼓励生产经营单位参加安全生产责任保险。生产经营单位参加安全生产责任保险的，报安全生产监督管理部门核实后，可以不再存缴安全生产风险抵押金。

第二十五条　生产经营单位应当按照规定开展安全生产标准化建设，并接受安全生产监督管理部门或者有关部门的指导。

第二十六条　生产经营单位应当推进安全生产技术研究和应用，使用新工艺、新技术、新材料、新设备并掌握其安全技术特性，淘汰陈旧落后或者安全保障性能不符合要求的安全防护设施、设备与技术，提高安全生产科技保障能力。不得使用国家明令淘汰、禁止使用的危及生产安全的工艺、设备。

第二十七条　本市推进安全生产社会化服务体系建设，支持中介服务机构依法开展安全生产评价、检测、检验、咨询、培训等活动。

中介服务机构应当具有法律、行政法规规定的资质，依法开展工作并对其提供的服务承担责任，且不得有下列行为：

（一）将承接的服务项目违法转让、转包给其他单位或者个人；

（二）违反安全评价程序；

（三）出具虚假或者失实的安全评价报告；

（四）法律、法规规定的其他违法行为。

中介服务机构应当加强自律管理，开展诚信服务，建立并完善从业人员管理制度，加强对从业人员的监督。

第二十八条　生产经营单位及其有关负责人和其他有关人员禁止下列行为：

（一）违章指挥或者放任从业人员违反操作规程、安全管理规定进行作业；

（二）违反操作规程或者安全管理规定进行作业；

（三）不按照国家规定上报事故隐患；

（四）擅自启封或者使用因不符合安全生产规定被查封、扣押的设施、设备和器材；

（五）拒绝、阻碍安全生产监督检查；

（六）在规定时间内拒不执行安全生产监察指令。

第三章　重点事项规范

第二十九条　高危行业生产经营单位的建设项目和国家规定的其他建设项目，应当进行安全条件论证，编制安全条件论证报告，并按照国家规定委托具有相应资质的中介服务机构进行安全预评价，编制安全预评价报告。

生产经营单位应当依法对本条第一款规定的建设项目安全设施进行设计，并报送有关部门审查；未经审查同意的，不得开工建设。提请审查安全设施设计时，应当提交安全预评价报告。建设项目安全设施的施工应当由具有相应资质的施工单位进行，并与建设项目主体工程同时施工、同时投入生产和使用。

本条第一款规定的建设项目竣工投入生产或者使用前，应当依照有关法律、法规的规定对安全设施进行验收；验收合格后，方可投入生产或者使用。依法需要进行生产、使用试运行的，应当按照有关规定进行试运行。

第三十条 矿山和生产、储存、使用危险物品的生产经营单位，应当委托具有资质的中介服务机构对本单位安全生产条件每三年进行一次安全评价，提出安全评价报告。安全评价报告应当包括安全生产条件存在的问题及整改方案。生产经营单位应当将安全评价报告和整改方案落实情况，及时报送安全生产监督管理部门或者相关专项监管部门备案。安全生产监督管理部门或者相关专项监管部门，应当对安全评价报告及整改方案落实情况进行检查或者抽查。

供电、供气、供热、污水处理等市政基础设施运营单位以及城市轨道交通运营单位，应当定期开展安全评价，及时排除生产安全事故隐患，保障安全运行。

第三十一条 生产经营单位应当对重大危险源登记建档，进行监控和定期检测、评估，制定应急预案，告知从业人员和相关人员在紧急情况下应当采取的应急措施。生产经营单位应当按照国家规定将本单位重大危险源及有关安全措施、应急措施报安全生产监督管理部门和有关部门备案。

第三十二条 生产经营单位进行危险场所动火作业、高处作业、有限空间作业、临近高压输电线路作业以及爆破、吊装、挖掘、建筑物和构筑物拆除、大型检修、装卸等危险作业，应当执行有关危险作业管理制度，并履行下列职责：

（一）确认现场作业条件符合安全作业要求；

（二）确认作业单位的从业资质，从业人员的上岗资格、身体状况及配备的劳动防护用品符合安全作业要求；

（三）配备相应的安全设施，采取安全防范措施，设置作业现场的安全区域，确定专人现场统一指挥和监督；

（四）进行危害风险评估，制定控制措施、作业方案、安全操作规程和应急救援预案，向从业人员详细说明危险因素、作业安全要求和应急措施；

（五）发现直接危及人身安全的紧急情况时，采取应急措施，停止作业，撤出人员。

现场作业方案应当经本单位施工技术负责人审查同意后方可实施。项目负责人应当安排有关人员在危险作业前向从业人员进行有关安全技术交底，并经双方签字确认。

第三十三条 生产经营单位发包生产经营项目、出租场所的，应当履行下列安全生产责任：

（一）发包、出租给具有相应资质的承包方、承租方；

（二）签订安全生产责任协议，明确各自安全生产责任；

（三）向承包方、承租方书面告知发包项目、出租场所及相关设备的基本情况、安全生产要求；

（四）协调解决承包方、承租方提出的安全生产问题；

（五）发现承包方、承租方有安全生产违法行为的，及时劝阻，并报告安全生产监督管理部门和有关部门；

（六）要求高危行业和较大危险行业的承包方、承租方提供相关安全评价报告。

承包方、承租方应当服从发包方、出租方对其安全生产工作的统一协调、管理，并依法负责本单位安全生产工作。发生生产安全事故时，应当立即如实报告安全生产监督管理部门和有关部门，并通报发包方、出租方。

第三十四条 建设工程施工现场安全由建筑施工单位负总责；实行施工总承包的，由总承包单位负责。总承包单位依法将建设工程的专业工程或者劳务作业分包给其他单位的，分包合同应当明确总承包单位和分包单位在安全生产方面的责任，但不得约定劳务分包单位承担主要安全生产责任。

建设工程施工单位通过租赁设备的方式将施工作业或者工程发包给设备租赁单位的，建设工程施工单位应当承担安全生产管理职责，不得将依法由其承担的安全生产责任转移给设备租赁单位。

第三十五条 建设工程监理单位应当审查施工组织设计中的安全技术措施或者专项施工方案是否符合工程建设强制性标准。

工程监理单位在实施监理过程中，发现存在安全事故隐患的，应当要求施工单位整改；情况严重的，应当要求施工单位暂时停止施工，并及时报告建设单位。施工单位拒不整改或者不停止施工的，工程监理单位应当及时向有关部门报告。

工程监理单位和监理工程师应当依照法律、法规和工程建设强制性标准实施监理，并对建设工程安全生产承担监理责任。

第三十六条 同一建筑物由两个以上产权单位所有的，产权单位之间应当签订安全生产责任协议；产权单位将同一建筑物出租给两个以上使用单位从事生产经营活动的，产权单位应当与使用单位分别签订安全生产责任协议。安全生产责任协议应当明确一个产权单位或者依法委托物业服务单位对建筑物公共区域、消防设施、重要设施进行安全管理。

使用单位应当负责本单位生产经营区域的安全生产工作，并配合产权单位、物业服务单位对建筑物公共区域、消防设施、重要设施进行安全管理。

第三十七条 使用劳务派遣人员的生产经营单位，应当履行安全生产责任，将劳务派遣人员纳入本单位对从业人员安全生产进行统一管理，对劳务派遣人员进行教育和培训，不得将由其承担的安全生产管理责任转移给劳务派遣单位。

第四章 监督管理

第三十八条 市、区人民政府及其有关部门应当按照属地管理、分级负责的原则，建立安全生产行政责任制。

市、区人民政府及其有关部门的主要负责人对本行政区域、本系统的安全生产管理工作承担主要责任，其他分管负责人按照职责分工依法承担相应安全生产管理工作责任。

第三十九条 市、区人民政府履行下列安全生产监督管理职责：

（一）建立安全生产控制指标，实行目标管理；

（二）定期研究部署、统筹协调安全生产工作中的重大事项；

（三）建立健全安全生产考核体系，考核所属部门、下级人民政府、本级人民政府派出机构的安全生产工作，并根据考核情况实施奖惩；

（四）组织调查处理生产安全事故；

（五）法律、法规规定的其他职责。

第四十条 安全生产监督管理部门履行下列职责：

（一）综合分析安全生产形势，统计分析本行政区域内生产安全事故情况，定期向本级人民政府报告安全生产工作，提出意见和建议；

（二）指导、协调、监督检查本级人民政府有关部门、下级人民政府、本级人民政府派出机构履行安全生产监督管理职责，研究、协调和解决安全生产中的重大问题；

（三）制定本行政区域安全生产发展规划，会同有关部门编制、实施安全生产专项规划；

（四）依法审批安全生产许可事项并对审批负责；

（五）依法对生产经营单位的安全生产工作实施监督检查，负责非煤矿山、危险化学品和烟花爆竹生产经营单位安全生产的监督管理；

（六）根据本级人民政府的授权或者委托，组织开展生产安全事故的应急救援和调查处理，并及时发布生产安全事故处理信息；

（七）负责生产经营单位作业场所职业危害的监督检查；

（八）法律、法规和本级人民政府规定的其他职责。

第四十一条　专项监管部门及其他负有安全生产监督管理职责的部门履行下列职责：

（一）监督检查其主管行业或者领域生产经营单位执行安全生产法律、法规的情况，督促治理重大事故隐患，依法处理安全生产违法行为；

（二）依法审批安全生产许可事项并对审批负责；

（三）参与生产安全事故应急救援和调查处理，并按照有关规定统计、上报事故调查处理情况；

（四）法律、法规和本级人民政府规定的其他职责。

第四十二条　开发区（园区）管理机构应当确定负责安全生产监督管理的机构和人员，做好本区域内的安全生产监督管理工作。

第四十三条　镇人民政府、街道办事处应当确定负责安全生产监督管理的机构和人员，对辖区内高危行业以外的生产经营单位实施安全生产日常检查，指导村民委员会、居民委员会开展安全生产活动，并协助有关部门实施安全生产监督管理。发现生产安全事故隐患或者违法行为，应当督促生产经营单位限期治理或者改正，并向有关部门报告。

第四十四条　市、区人民政府应当建立相应的资金投入和保障机制，设立安全生产专项资金，纳入本级财政预算。安全生产专项资金应当用于安全生产宣传教育和培训、应急救援、事故调查处理、工作考核奖励以及安全生产监督管理装备、设施建设等事项。

第四十五条　安全生产监督管理部门应当会同有关部门建立安全生产联合执法工作体系，按照各自职责和监督检查计划开展联合检查和专项督查，及时查处安全生产违法行为。

下列生产经营单位列入重点监督检查对象：

（一）存在重大危险源的；

（二）存在重大事故隐患的；

（三）近三年内发生较大以上等级生产安全事故的；

（四）一年内发生两次以上一般生产安全事故的；

（五）其他应当实行重点监督管理的。

第四十六条　安全生产监督管理部门应当会同有关部门建立重大事故隐患治理督办制度，对检查发现的重大事故隐患，应当及时下达整改指令书，督促整改治理；对逾期不履行重大事故隐患治理责任的，应当向本级人民政府报告，实行挂牌督办，依法查处违法行为。

第四十七条　安全生产监督管理部门应当会同有关部门建立安全生产违法行为信息库，记录生产经营单位违法行为信息。违法行为情节严重的，应当向社会公布。

生产经营单位安全生产违法行为记录应当纳入本市企业信用信息系统，为对其经营资质、市场准入、招标投标等事项进行管理提供依据。

第四十八条　安全生产监督管理部门和有关部门应当建立生产安全事故隐患和违法行为举报的受理、核查、处理、协调、督办、移送、答复、统计和报告制度，公开举报电话、电子信箱，及时受理、查处举报事项，并依法保护举报人合法权益。

第五章　应急救援和事故调查处理

第四十九条　市、区人民政府及其有关部门应当建立本行政区域、本系统安全生产应急救援体系，制定生产安全事故应急救援预案，落实应急组织、人员、通讯、装备、经费、物资等应急资源和措施，定期开展应急救援演练。

安全生产监督管理部门应当会同有关部门建立安全生产应急管理信息平台，完善包含救援队伍、救援物资、救援专家等信息的数据库。安全生产应急管理信息平台应当与生产经营单位安全生产动态监控系统互联互通、信息共享。

第五十条　生产经营单位应当根据本单位事故预防重点，落实下列安全生产应急管理措施：

（一）制定应急救援预案，报安全生产监督管理部门和有关部门备案；

（二）每年应当至少组织一次综合或者专项应急救援预案演练，高危行业、较大危险行业的生产经营单位应当每半年至少组织一次演练；

（三）高危行业、较大危险行业的生产经营单位应当建立应急救援组织，配备必要的应急救援装备和器材；其他生产经营单位可以建立应急救援组织，未建立的，应当指定兼职的应急救援人员或者与具备相应能力的专业救援队伍签订应急救援协议；

（四）建立危险化学品生产、储存、运输等环节的安全生产动态监控系统及预警预报体系，定期进行安全生产风险分析。

遇到险情时，现场有关人员应当立即向本单位负责人报告。生产经营单位应当及时启动应急预案，实施救援工作，抢救人员和财产。生产经营现场带班人员、班组长和调度人员有权在第一时间下达停止作业、撤离人员的命令。

第五十一条　发生生产安全事故造成人员伤害需要抢救的，生产经营单位应当及时将受伤人员送至医疗机构，并垫付医疗费用。生产经营单位负责人应当在生产安全事故发生一小时内，向安全生产监督管理部门和有关部门如实报告。需要组织保护事故现场、保全现场物品的，生产经营单位应当妥善保管有关物证。

生产安全事故可能危及周边公众人身安全时，事故发生地人民政府应当立即组织疏散、撤离和安置相关人员，减少人员伤亡和财产损失，防控次生和衍生事故发生。相关单位和人员应当服从当地人民政府的指挥和安排。

因生产安全事故造成供电、供气、供热、给排水、交通、通信等市政基础设施损坏的，事故发生地人民政府应当组织有关部门尽快修复，保障正常的生产、生活需要。

第五十二条　未造成人员伤亡并且直接经济损失不足三百万元的一般生产安全事故，由生产经营单位组织调查，调查情况应当报安全生产监督管理部门和有关部门备案。

下列一般生产安全事故由所在区人民政府授权或者委托区安全生产监督管理部门会同有关部门组织事故调查组进行调查：

（一）一次死亡不足三人的生产安全事故；

（二）一次重伤（含急性工业中毒）不足十人的生产安全事故；

（三）直接经济损失三百万元以上不足一千万元的生产安全事故。

下列生产安全事故由市人民政府授权或者委托市安全生产监督管理部门会同有关部门组织事故调查组进行调查：

（一）较大生产安全事故；

（二）列入市人民政府安全生产考核的生产经营单位发生的一般生产安全事故；

（三）需向市级以上住房和城乡建设部门办理安全监督备案手续的建设工程发生的一般生产安全事故；

（四）市属开发区（园区）发生的一般生产安全事故；

（五）本市行政区域内发生的具有较大影响的一般生产安全事故。

省人民政府或者上级有关部门委托调查的生产安全事故，由被委托的部门会同市安全生产监督管理部门等单位组织事故调查组进行调查，并接受委托单位的监督和指导。

第六章　法律责任

第五十三条　生产经营单位主要负责人违反本条例第十四条第三项、第四项、第五项规定的，由安全生产监督管理部门责令限期改正；逾期未改正的，处以五千元以上二万元以下罚款。

生产经营单位主要负责人、分管安全生产的负责人违反本条例第二十三条第一款规定，未参加安全培训且未取得国家规定的相应资格证书的，按照前款规定予以处罚。

第五十四条　生产经营单位违反本条例第十六条规定，未按照规定人数配备安全生产管理人员的，由安全生产监督管理部门责令限期改正；逾期未改正的，责令停产停业整顿，并可以按照应配人数，每少配一人处以五千元罚款，罚款总额不超过二万元。

第五十五条　生产经营单位违反本条例第二十条规定，未按照规定对一般事故隐患进行治理的，由安全生产监督管理部门责令限期改正；逾期未改正的，处以一万元以上五万元以下罚款。

生产经营单位未按照规定对重大事故隐患进行治理的，由安全生产监督管理部门责令限期改正，处以五万元以上二十万元以下罚款，对该单位主要负责人处以五千元以上一万元以下罚款；逾期未改正的，责令停产停业整顿；经停产停业整顿仍未改正的，提请有关部门依法吊销其相关证照；构成犯罪的，依法追究刑事责任。

第五十六条　中介服务机构违反本条例第二十七条第二款第一项规定的，由安全生产监督管理部门责令限期改正，没收违法所得，处以五万元以上二十万元以下罚款；逾期未改正的，提请有关部门吊销其相应资质。

中介服务机构违反本条例第二十七条第二款第二项规定的，由安全生产监督管理部门责令限期改正，没收违法所得，处以二万元以上十万元以下罚款；逾期未改正的，提请有关部门吊销其相应资质。

中介服务机构违反本条例第二十七条第二款第三项规定，出具失实的安全评价报告情节严重的，由安全生产监督管理部门责令限期改正，没收违法所得，处以五万元以上二十万元以下罚款；逾期未改正的，提请有关部门吊销其相应资质。

第五十七条　生产经营单位及其有关负责人和其他有关人员违反本条例第二十八条规定的，由安全生产监督管理部门给予警告，并可以对生产经营单位处以一万元以上三万元以下罚款，对其有关负责人、其他有关人员处以一千元以上一万元以下罚款。

第五十八条　生产经营单位有下列行为之一的，由安全生产监督管理部门责令限期改正，并可以处一万元以上五万元以下罚款；逾期未改正的，责令停产停业整顿：

（一）违反本条例第三十二条规定，未执行危险作业有关管理制度、措施的；

（二）违反本条例第五十一条第一款规定，未抢救生产安全事故受伤人员且未垫付医疗费用的。

第五十九条　安全生产监督管理部门、专项监管部门及其他有关部门的工作人员有下列情形之一的，依法追究行政责任；构成犯罪的，依法追究刑事责任：

（一）未按照规定履行安全生产监督管理责任的；

（二）对不符合法定安全生产条件的事项予以许可或者验收通过的；

（三）发生生产安全事故后，未按照本级人民政府的授权或者委托组织救援，或者玩忽职守，致使人员伤亡、财产损失扩大的；

（四）对生产安全事故隐瞒不报、谎报或者拖延报告的。

第七章　附　则

第六十条　本条例下列用语的含义：

（一）生产经营单位，是指从事生产经营活动的企业、个体工商户以及其他能够独立承担民事责任的经营性组织；

（二）生产经营单位主要负责人，是指生产经营单位的法定代表人或者实际拥有本单位生产经营最高管理权限的人员。

第六十一条　本市国家机关、事业单位、社会团体及其他单位在非生产经营活动中的安全作业管理，可以参照本条例执行。

第六十二条　本条例自2014年1月1日起施行。

图书在版编目（CIP）数据

中国安全生产管理政策法规汇编/《最新经济管理政策法规汇编丛书》编辑部编．—北京：经济管理出版社，2014.4

（最新经济管理政策法规汇编丛书）

ISBN 978－7－5096－3028－0

Ⅰ.①中… Ⅱ.①最… Ⅲ.①安全生产法—汇编—中国 Ⅳ.①D922.549

中国版本图书馆 CIP 数据核字(2014)第 066269 号

责任编辑：谭　伟　赵喜勤
责任印制：黄章平
责任校对：陈　颖

出版发行：经济管理出版社
（北京市海淀区北蜂窝 8 号中雅大厦 A 座 11 层　100038）
网　　址：www. E－mp. com. cn
电　　话：(010) 51915602
印　　刷：三河市海波印务有限公司
经　　销：新华书店
开　　本：880mm×1230mm/16
印　　张：39.75
字　　数：1121 千字
版　　次：2014 年 5 月第 1 版　2014 年 5 月第 1 次印刷
书　　号：ISBN 978－7－5096－3028－0
定　　价：298.00 元